Vorwort

Wir freuen uns, dass Sie sich für den Ausbildungsberuf „Immobilienkaufmann/-frau“ entschieden haben. In der nun vor Ihnen liegenden beruflichen Ausbildung werden Sie sich mit den komplexen und anspruchsvollen Leistungsprozessen immobilienwirtschaftlicher Unternehmen auseinandersetzen. Dabei eignen Sie sich z. B. umfassende Kenntnisse über das Vermieten von Wohn- und Gewerberäumen, das Begleiten von Bauprojekten sowie das Begründen und Verwalten von Wohnungseigentum an. Ihre Ausbildung bietet somit eine große Bandbreite spannender Themen. Neben dem reinen Fachwissen geht es in der Ausbildung aber auch darum, sich Handlungskompetenzen anzueignen und themenübergreifendes Arbeiten zu lernen.

Um den Anforderungen des Ausbildungsberufs und der Branche gerecht zu werden, folgt die neubearbeitete Lehrwerksreihe konsequent dem aktuell gültigen Rahmenlehrplan für den Ausbildungsberuf „Immobilienkaufmann/Immobilienkauffrau“.

Vom ersten Erscheinungstermin der Vorgängertitel bis heute sind nicht nur einige Jahre vergangen, auch alle Beteiligten sind um viele Erfahrungen reicher. Der konsequenten Arbeit der Schüler und Schülerinnen, der Lehrkräfte sowie betrieblichen Ausbilder und Ausbilderinnen mit den Lehrwerken haben wir eine Reihe von Anregungen zu verdanken, die in die Neubearbeitung eingeflossen sind.

Das Autorenteam, Praktiker und Praktikerinnen sowie erfahrene Lehrkräfte in der immobilienwirtschaftlichen Ausbildung, legen mit dieser Neubearbeitung Materialien vor, die uneingeschränkt dem Lernfeldkonzept folgen und die für einen erfolgreichen Abschluss der Ausbildung erforderlichen Kenntnisse vermitteln.

Neben den fachlichen Inhalten bietet die Neubearbeitung zu jedem Lernfeld verschiedene Situationen mit Arbeitsaufträgen, die den beruflichen Alltag abbilden und berufliche Anforderungen widerspiegeln. Weitere Aufgaben bieten zudem die Möglichkeit, das Gelernte zu wiederholen und zu festigen.

Mit der Neubearbeitung der Lehrwerksreihe „Immobilienkaufleute“ möchten wir Ihnen ein guter Begleiter auf dem Weg zur Abschlussprüfung sein und den Grundstein legen für einen erfolgreichen Berufseinstieg in die Immobilienwirtschaft. Wir wünschen Ihnen viel Spaß bei der Arbeit mit den neuen Büchern und eine spannende sowie zukunftsweisende Ausbildung.

Berlin, März 2024

Michaela Hellerforth
Manuela Lengwinat
William Münckwitz
Mira Strittmatter
Dr. Dirk Wenzel
Manfred Wünsche

LF 10 Immobilien vermitteln und mit Immobilien handeln

Situationen

Situationen

LF 11 Immobilien finanzieren

Situationen

Situationen

SB ▶ SITUATION 93 Immobilien und Steuern

SB ▶ SITUATION 94 Finanzierungsplan

SB ▶ SITUATION 95 Wirtschaftlichkeitsberechnung

Situationen

Situationen

LF 12

Gesamtwirtschaftliche Einflüsse bei immobilienwirtschaftlichen Entscheidungen berücksichtigen

Situationen

Situationen

LF 13

Jahresabschlussarbeiten und Informationen zur Unternehmenssteuerung

Situationen

Firmenportrait:
MEWOH Musterwohn GmbH

MEWOH Musterwohn GmbH
Mieten. Einziehen. Wohlfühlen.

Die MEWOH Musterwohn GmbH ist eine mittelständische Wohnungsbaugesellschaft, deren Erfolgsgeschichte im Jahr 2002 in Leipzig mit dem Zusammenschluss der Jaanson & Kassis Grundstücks- und Wohnungsverwaltung GmbH und der Frank Giger Bauträger GmbH & Co. KG begann. Von Anfang an war es ihr Ziel, bundesweit Wohnraum für jedermann zu erschließen und anzubieten. Mittlerweile verfügt die MEWOH Musterwohn GmbH über ein umfangreiches Wohnungsportfolio mit gut 8 000 Wohneinheiten. Von der kleinen „Studentenbude" bis hin zum exklusiven Loft im Szeneviertel ist für jeden Geschmack etwas dabei. Hinzu kommen zudem ca. 650 Gewerbeeinheiten.
Zu den vielfältigen Aufgaben der MEWOH Musterwohn GmbH gehören u. a. die Verwaltung der eigenen Bestandseinheiten sowie deren Instandhaltung und -setzung. Außerdem bietet sie auch den Service an, Fremdobjekte zu betreuen. Dazu zählen u. a. die WEG-Verwaltung, die Sondereigentumsverwaltung und auch das Verwalten von fremden Gewerbeimmobilien.
Da es eine eigene Baubetreuung gibt, werden entsprechende Planungs- und Überwachungsaufgaben sowie die Durchführung von Modernisierungs- und Sanierungsarbeiten firmenintern übernommen.
Im Jahr 2020 haben Frau Dr. Kerstin Pohl und Herr Karsten Riedel die Geschäftsführung der MEWOH Musterwohn GmbH gemeinschaftlich übernommen. Ihr Mitarbeiterteam setzt sich teils aus erfahrenen und teils aus jüngeren Mitarbeitern zusammen, die mit viel Know-how, Engagement und Motivation die Stützpfeiler des Unternehmens bilden. Außerdem wird das Team durch drei Auszubildende verstärkt. Eine Übersicht über wesentliche Firmendaten gibt die folgende Aufstellung.

Firma
MEWOH Musterwohn GmbH
Fangerstraße 15 – 20
04104 Leipzig

☏ 0341 9321XX-0
🖷 0341 9321XX-9

✉ info@mewoh-musterwohn.dex
🌐 www.mewoh-musterwohn.dex

Rechtsform
Gesellschaft mit beschränkter Haftung (GmbH)
Sitz: Leipzig

Handelsregister
Amtsgericht Leipzig
HRB 61175/413

Geschäftsführung
Dr. Kerstin Pohl
Karsten Riedel

Gesellschafter
Frank Giger
Fenja Jaanson
Halim Kassis
Barbara Ruths

Bankverbindungen
TopBank Leipzig
IBAN: DE24 1001 0700 0060 0521 98
BIC: TOPBE DE729

Vereinsbank Ost
IBAN: DE28 9003 0300 0180 0643 03
BIC: VBOSDEFF XXX

Finanzamt
Leipzig III
Laukenweg 102
04217 Leipzig

Steuernummer
142/0878/497

Betriebsnummer für die Sozialversicherung
75 207 490

Umsatzsteuer ID-Nr.
DE 15788 8081

Anzahl der Beschäftigten
147

Wir sind für Sie da!

Sie sind auf der Suche nach einer Mietwohnung im Großraum Leipzig?

Wollen die Verwaltung Ihres Wohneigentums in kompetente Hände geben?

Spielen mit dem Gedanken, eine Gewerbeimmobilie anzumieten?

Liebäugeln Sie mit dem Kauf einer Wohnimmobilie?

Unser kompetentes Team steht Ihnen mit Rat und Tat zur Seite. Seit 2002 bieten wir Ihnen ein umfangreiches Angebot an immobilienwirtschaftlichen Leistungen. Wir beraten, betreuen und verwalten. In unserem Immobilienbestand findet sich für jeden Geschmack und jeden Anspruch das Richtige. Darüber hinaus engagieren wir uns mit unseren Bauprojekten in der Stadtentwicklung, um das Wohnen in Leipzig und Umgebung moderner und nachhaltiger zu gestalten.

Unsere Leistungen für Sie (Auszug):

- Vertrieb von eigenen Objekten und Fremdobjekten (u. a. Bestandsvertrieb und Akquise)
- Verwaltung von eigenen Objekten und Fremdobjekten (u. a. WEG-Verwaltung, Sondereigentum und Gewerbeimmobilien)
- kaufmännische und technische Bestandsbetreuung

Sie wollen mit uns in Kontakt treten? Dann rufen Sie uns unter 0341 9321XX-0 an. Oder schicken Sie eine Mail an info@mewoh-musterwohn.dex.

Gesellschaftsvertrag

§ 1 Firma und Sitz der Gesellschaft
(1) Die Firma der Gesellschaft lautet:
MEWOH Musterwohn
Gesellschaft mit beschränkter Haftung
(2) Sitz der Gesellschaft ist Leipzig.

§ 2 Gegenstand des Unternehmens
Gegenstand des Unternehmens ist das Errichten, Vermieten und Bewirtschaften von eigenen Immobilien sowie das Betreuen und Verwalten von fremden Immobilien. Die Gesellschaft darf andere Unternehmen gleicher oder ähnlicher Art übernehmen, vertreten und sich an solchen beteiligen. Sie darf auch Zweigniederlassungen errichten.

§ 3 Stammkapital
(1) Das Stammkapital beträgt 500.000 Euro (in Worten: fünfhunderttausend Euro). Davon übernehmen
a) Herr Frank Giger, Stammeinlage: 200.000 Euro,
b) Frau Fenja Jaanson, Stammeinlage: 150.000 Euro,
c) Herr Halim Kassis, Stammeinlage: 50.000 Euro,
d) Frau Barbara Ruths, Stammeinlage: 100.000 Euro.
(2) Alle Gesellschafter leisten ihre Einlagen in Geld. Je 50 % der Stammeinlage sind sofort zur freien Verfügung der Gesellschaft einzuzahlen, die Restbeträge sind nach Aufforderung der Geschäftsführung zu leisten.

§ 4 Dauer der Gesellschaft, Geschäftsjahr, Kündigung
(1) Die Gesellschaft wird auf unbestimmte Zeit errichtet.
(2) Geschäftsjahr ist das Kalenderjahr.
(3) Jedem Gesellschafter steht ein Kündigungsrecht mit einjähriger Frist zum Jahresende zu.

§ 5 Organe der Gesellschaft
Die Organe der Gesellschaft sind
a) die Geschäftsführung,
b) die Gesellschafterversammlung.

§ 6 Geschäftsführer
(1) Die Geschäftsführung besteht aus einer oder mehreren Personen. Sind mehrere Personen bestellt, so wird die Gesellschaft durch je zwei von ihnen gemeinschaftlich vertreten.
(2) Zum Geschäftsführer wurde bestellt:
Herr Frank Giger. Er ist von den Beschränkungen des § 181 BGB befreit.

§ 7 Gesellschafterversammlung und Stimmrecht
(1) Alljährlich findet innerhalb von 6 Monaten nach Schluss des vorangegangenen Rechnungsjahres eine ordentliche Gesellschafterversammlung statt. Diese beschließt über die
- Feststellung des Jahresabschlusses für das vorangegangene Geschäftsjahr,
- Verwendung des Ergebnisses der Unternehmung,
- Entlastung der Geschäftsführung,
- Wahl einer eventuell zu bestellenden Person für die Abschlussprüfung.

(2) Je 1.000 Euro eines Geschäftsanteils gewähren eine Stimme.

§ 8 Jahresabschluss
Innerhalb der ersten drei Monate nach Abschluss eines Geschäftsjahres hat die Geschäftsführung den Jahresabschluss und den Lagebericht aufzustellen und diese zusammen mit einem Vorschlag zur Ergebnisverwendung der ordentlichen Gesellschafterversammlung vorzulegen. Der Jahresabschluss ist nach den gesetzlichen Vorschriften und Gliederungen zu erstellen.

§ 9 Bekanntmachungen
Bekanntmachungen der Gesellschaft werden im Bundesanzeiger veröffentlicht.
Leipzig, den 03.07.2002

Frank Giger Frank Giger	*Halim Kassis* Halim Kassis
Fenja Jaanson Fenja Jaanson	*Barbara Ruths* Barbara Ruths

Der Gesellschaftsvertrag wurde von Rechtsanwältin und Notarin Frau Dr. Petra Mehl-Grauer, Leipzig, notariell beglaubigt.
Änderung des Gesellschaftsvertrages § 6 (2) durch die Gesellschafterversammlung am 17. Mai 2020:
Ab dem 01. Juli 2020 werden Frau Dr. Kerstin Pohl und Herr Karsten Riedel zur gemeinschaftlichen Geschäftsführung bestellt. Sie lösen damit Herrn Frank Giger ab. Beide sind von den Beschränkungen des § 181 BGB befreit. Die Änderungen wurden von Rechtsanwältin und Notarin Frau Dr. Claudia Grehl, Leipzig, notariell beglaubigt.

Organigramm (Auszug)

- **Geschäftsführung** – Dr. Kerstin Pohl, Karsten Riedel
  - **IT und Datenschutz** – Kerstin van Moldt
  - **Sekretariat** – Edith Bernle
  - **Recht** – Dr. Ulrike Fuchs
  - **Unternehmenskommunikation** – Paul Strenner
  - **Verwaltung – eigene und Fremdobjekte** – Franz Seydlitz
    - **WEG-Verwaltung** – Irene Schmitt
    - **Sondereigentumsverwaltung** – Matthias Schneider
    - **Gewerbeimmobilien** – Kemal Aydin
    - **Mieterbetreuung** – Sabine Meyer
  - **Kaufmännisches Bestandsmanagement** – Anna Foss
    - **Hausbewirtschaftung** – Susanne Herrmann
    - **Mietenbuchhaltung** – Tüley Öztürk
    - **Rechnungsprüfung und Mahnwesen** – Ayshe Arslan
  - **Technisches Bestandsmanagement** – Oliver Hansen
    - **Objektbetreuung** – Uwe Dittmer
    - **Instandhaltung und -setzung** – Michael Meier
    - **Wartungsverträge** – Tina Welkenbach
    - **Technische Überwachung** – Jacques Schneider
  - **Vertrieb – eigene und Fremdobjekte** – Swenja Tobler
    - **Vermietung und Verpachtung** – Jens Wagner
    - **Bestandsvertrieb** – Sophie Fischer
    - **Akquise** – Aziza Weber
  - **Baubetreuung** – Dörthe Epstein
    - **Planung und Vermessung** – Bernhard Finke
    - **Bauüberwachung** – Darja Yankova
    - **Modernisierungen** – Cornelia Gruber
    - **Sanierungen** – Timo Boransky
  - **Allgemeine Verwaltung** – Florian Hamm
    - **Personalmanagement** – Marius Schurns
    - **Aus- und Weiterbildung** – Luigi Ferrara
    - **Rechnungswesen und Controlling** – Laura Deneke
    - **Finanzen und Steuern** – Heike Kolder

Hinweis:
Das Organigramm enthält nur die Geschäftsführung, Stabsstellen, Abteilungs- und Teamleitungen.

Auszubildende Immobilienkaufmann/-frau:
Isabell Ahrens (3. AJ)
Adil Koumba (2. AJ)
Anouk Bente (1. AJ)

LERNFELD 10

Immobilien vermitteln und mit Immobilien handeln

1 Der Immobilienmakler

Beispiel

Isabells Tante plant, eine geerbte Wohnung zu verkaufen. Sie hat genaue Vorstellungen hinsichtlich des Kaufpreises. In ihrem Umfeld gibt es allerdings keine Interessenten. Daher fragt sie Isabell, ob sie durch ihre Ausbildung einige Tipps für sie hat. Auf einen Makler möchte sie aber verzichten, denn die „tun ja nicht viel für ihr Geld".

Isabell kann ihrer Tante in der Tat einige Tipps geben. Und zum Thema Makler sagt sie: „Schwarze Schafe gibt es überall. Die lassen wir mal außen vor. Aber ein Makler hat Möglichkeiten, die du nicht hast. Bei dem Verkauf einer Wohnung kann er dir viel Arbeit abnehmen und sehr hilfreich sein."

Das Aufgaben- und Tätigkeitsfeld von Maklern ist umfangreich und vielfältig. Sie ermitteln z. B. den Verkaufswert einer Immobilie, kümmern sich um deren Vermarktung, treten mit Kaufinteressenten in Vertragsverhandlungen und wirken an den Vereinbarungen im Kaufvertrag mit.

Die folgenden Kapitel geben einen Überblick über die Tätigkeitsfelder, Maklerpflichten sowie die rechtlichen Grundlagen.

1.1 Tätigkeitsfelder von Maklern

Ein Immobilienmakler vermittelt zwischen Immobiliensuchenden und Immobilienanbietenden. Die Hauptaufgabe eines Immobilienmaklers besteht darin, den Prozess des Kaufs, Verkaufs oder der Vermietung von Immobilien zu erleichtern. Aufgrund der besonderen Merkmale des Immobilienmarktes werden häufiger als in anderen Märkten Makler beauftragt.

Merkmale des Immobilienmarkts

Heterogenität	Intransparente Informationen	Hohe Bedeutung der Transaktion	Unerfahrenheit der Marktteilnehmer
Immobilien sind sehr verschieden, da sie in Größe, Lage, Nutzung, Zustand und Ausstattung variieren. Jede Immobilie ist einzigartig, was die Vergleichbarkeit und Bewertung für die Marktteilnehmer erschwert.	Informationen über den Immobilienmarkt sind oft unvollständig und intransparent. Es kann schwierig sein, genaue Daten zu finden, z. B. über Preise. Dies erschwert die Marktanalyse und Kaufentscheidungen.	Die Summen, um die es bei Immobiliengeschäften geht, sind für die Marktteilnehmer meist so hoch, dass sie nur kreditfinanziert möglich sind.	Vertragsabschlüsse über Immobilien sind für die meisten Marktteilnehmer kein alltägliches Geschäft.

Ein Makler bietet den Auftraggebern einen Mehrwert, wenn er
- über Expertise im Immobiliengeschäft verfügt,
- Kontakte zu anderen Marktteilnehmern herstellen kann sowie
- Tätigkeiten wie die Exposé-Erstellung, Besichtigungen etc. übernimmt und die Auftraggeber dadurch einen geringeren (zeitlichen) Aufwand haben.

Merke!

Auftraggeber eines Maklers können Immobilienanbietende aber auch Immobiliensuchende sein.

Beispiel

Herr Meier ist Eigentümer eines Einfamilienhauses, das er vor 35 Jahren mit seiner Frau gekauft hat. Nun ist seine Frau verstorben, und die Kinder sind längst aus dem Haus. Herr Meier möchte das Haus verkaufen und in eine altersgerechte Wohnung ziehen. Er ist sich aber unsicher, welchen Preis er für das Haus verlangen kann. Zwar wurde in der Nachbarschaft in letzter Zeit ein ähnliches Grundstück veräußert, über den Preis wird jedoch geschwiegen. Zudem war dieses Objekt auch in einem wesentlich schlechteren Zustand als das Haus von Herrn Meier und damit nur bedingt vergleichbar.

Herr Meier sucht sich daher zur Unterstützung beim Verkauf seines Einfamilienhauses eine Maklerin.

Beispiel

Die MEWOH Musterwohn GmbH ist auf der Suche nach neuen Objekten im Großraum Weimar, da sie ihr Geschäftsgebiet erweitern möchte. Da sich bei der MEWOH aktuell niemand in der Region hinsichtlich der Marktpreise gut auskennt oder Kontakte pflegt, wendet sich die MEWOH an einen Makler, der einen großen Kundenstamm in Weimar hat, um ein geeignetes Objekt zu finden.

Marktpreisbildung

▶ LF 12, Kap. 4.2

Folgende Aufgaben sind u.a. typische Tätigkeitsbereiche eines Immobilienmaklers:
- **Marktrecherche:** Ein Immobilienmakler analysiert den Immobilienmarkt, um den aktuellen Wert von Immobilien zu ermitteln. Dadurch kann er den Verkäufern helfen, den richtigen Preis für ihre Immobilie festzulegen und den Käufern eine realistische Vorstellung von den Kosten zu geben.
- **Immobilienpräsentation:** Der Makler bereitet Immobilien für den Verkauf vor, indem er Fotos macht, Grundrisse anfertigt sowie virtuelle Touren und Exposés erstellt, um die Immobilie potenziellen Käufern oder Mietern zu präsentieren.
- **Marketing und Werbung:** Der Immobilienmakler vermarktet die Immobilie, um potenzielle Käufer oder Mieter anzulocken. Dies kann z.B. über Immobilienportale oder im Rahmen einer E-Mail-Kampagne erfolgen. Durch Local Listing, verschiedene Social-Media-Kanäle und das Nutzen von Netzwerken kann zudem die Reichweite erheblich erhöht werden.
- **Besichtigungen:** Der Makler führt Besichtigungen der Immobilie durch und beantwortet Fragen potenzieller Käufer oder Mieter. Er bietet den Interessenten dabei Immobilien an, welche zu deren Erwartungen passen.
- **Verhandlungsführung:** Wenn ein Käufer oder Mieter an einer Immobilie interessiert ist, agiert der Immobilienmakler unterstützend bei den Verhandlungen zwi-

Exposé

▶ LF 10, Kap. 7.4.3

Was ist Marketing?

▶ LF 10, Kap. 3

schen den Parteien, um den besten Preis und die besten Bedingungen zu erzielen. Der Makler hat Erfahrung darin, Verträge zu erstellen und rechtliche Aspekte des Immobilienkaufs oder der Vermietung zu berücksichtigen.

Aufbau, Inhalt und Abwicklung eines Grundstückskaufvertrags
▶ Band 2, LF 7, Kap. 7

- **Vertragsabwicklung:** Sobald sich Käufer und Verkäufer auf einen Preis und die Bedingungen geeinigt haben, unterstützt der Immobilienmakler bei der Erstellung und Überprüfung der Verträge und begleitet den Prozess bis zum Abschluss der Transaktion. Er sorgt dafür, dass alle rechtlichen Anforderungen erfüllt sind und alle erforderlichen Dokumente vorliegen.

1.2 Rechtliche Grundlagen der Maklertätigkeit

Die Tätigkeit des Maklers wird von zahlreichen rechtlichen Vorschriften bestimmt. Wesentliche Bestimmungen sind in folgender Übersicht zusammengestellt:

BGB
Bürgerliches Gesetzbuch

GewO
Gewerbeordnung

MaBV
Makler- und Bauträgerverordnung

WoVermRG
Wohnungsvermittlungsgesetz

UWG
Gesetz gegen den unlauteren Wettbewerb

PangV
Preisangabenverordnung

GEG
Gebäudeenergiegesetz

Gesetzliche Grundlage	Regelung zu
BGB	• Provisionsanspruch • Aufwendungsersatz • Widerrufsrecht • AGB
GewO	Zulassungsvoraussetzungen als Makler
MaBV	• Informationspflichten • Aufbewahrungspflichten • Buchführungspflichten
WoVermRG	Vermittlung von Wohnungsmietverträgen
UWG	Verhalten im Wettbewerb
PangV	Angaben von Preisen in Anzeigen
GEG	Angaben zu Energiebedarf bzw. -verbrauch des Objekts in Anzeigen

1.3 Voraussetzungen für die Maklertätigkeit

Um als Makler in Deutschland tätig zu werden, bedarf es keiner bestimmten Berufsausbildung. Dennoch ist das Vorurteil „Makler werden kann jeder" nicht ganz richtig, denn die Maklertätigkeit ist nach § 34c GewO erlaubnispflichtig.

Merke!

Die Gewerbeerlaubnis wird erteilt, wenn **„Zuverlässigkeit"** und **„geordnete Vermögensverhältnisse"** belegt sind.

Immobilienmakler, Darlehensvermittler, Bauträger, Baubetreuer, Wohnimmobilienverwalter, Verordnungsermächtigung:
§ 34c GewO

Zuverlässig nach § 34c GewO ist i. d. R.,	Geordnete Vermögensverhältnisse hat § 34c GewO i. d. R.,
... wer nicht in den letzten fünf Jahren vor Stellung des Antrages wegen eines Verbrechens oder wegen Diebstahls, Unterschlagung, Erpressung, Betruges, Untreue, Geldwäsche, Urkundenfälschung, Hehlerei, Wuchers oder einer Insolvenzstraftat rechtskräftig verurteilt worden ist.	... wer kein laufendes Insolvenzverfahren hat und nicht in das vom Vollstreckungsgericht zu führende Verzeichnis eingetragen wurde.

Der Antrag auf Erteilung einer Gewerbeerlaubnis nach § 34c GewO kann von natürlichen und juristischen Personen bei der zuständigen Behörde gestellt werden.

Merke!

Welche Behörde zuständig ist, ist regional unterschiedlich. In Baden-Württemberg ist beispielswiese die IHK damit betraut, in Berlin ist es das für den Betriebssitz zuständige Ordnungsamt.

IHK
Industrie- und Handelskammer

Ist ein Makler bei einem Unternehmen angestellt, so benötigt er keine Gewerbezulassung. Die Kosten für einen Antrag richten sich nach dem Aufwand und der Rechtsform des Antragstellers. In Berlin liegen sie beispielsweise zwischen ca. 100,00 € bis 1.800,00 €.

Dem Antrag auf Erteilung einer Erlaubnis gemäß § 34c GewO sind i. d. R. folgende Unterlagen beizufügen:

- Personaldokument
- Führungszeugnis (nicht älter als 3 Monate)
- Gewerbezentralregisterauszug (nicht älter als 3 Monate)
- Auskunft aus dem Schuldnerverzeichnis (zentrales Vollstreckungsportal)
- Auskunft aus dem Insolvenzverzeichnis
- Unbedenklichkeitsbescheinigung des Finanzamts
- eingetragene Firmen (Auszug aus dem Handelsregister)
- in Gründung befindliche juristische Personen (Satzung, Gesellschaftsvertrag)

Hinweis:
Die benötigten Unterlagen unterscheiden sich regional teilweise leicht.

Fachliche Voraussetzungen oder einschlägige Berufserfahrungen sind für die Erlaubnis der Maklertätigkeit bisher nicht nachzuweisen. Allerdings gilt für Immobilienmakler eine **Weiterbildungspflicht**. Der Umfang beläuft sich auf 20 Zeitstunden innerhalb von drei Jahren.

Merke!

Geregelt ist die Weiterbildungspflicht in § 34c Abs. 2a Gewerbeordnung (GewO) in Verbindung mit § 15b Makler- und Bauträgerverordnung (MaBV).

Weiterbildung:
§ 15b MaBV

Die Weiterbildungspflicht gilt für die gewerbetreibenden Makler und die mitwirkenden Angestellten. Für Beschäftigte mit einem Ausbildungsabschluss als Immobilienkaufmann/-frau oder eines Weiterbildungsabschlusses als Immobilienfachwirt/in beginnt die Pflicht zur Weiterbildung drei Jahre nach Erwerb des Abschlusses.

Beispiel

Die MEWOH Musterwohn GmbH muss die Gewerbezulassung nach § 34c GewO vorweisen können, um am Markt mit provisionspflichtiger Maklertätigkeit auftreten zu können. Die angestellten Mitarbeiter der MEWOH in der Abteilung Vertrtrieb benötigen diese Zulassung jedoch nicht. Allerdings gilt für sie dennoch die Weiterbildungspflicht von 20 Stunden in 3 Jahren.

1.4 Prinzipien der Maklertätigkeit

Makler haben in der Beziehung zwischen Immobilienanbietenden und Immobiliensuchenden eine besondere **Drittstellung**. Dabei können sie mit einem oder beiden Hauptvertragsparteien in einem eigenen Maklervertragsverhältnis stehen. Aus den rechtlichen und vertraglichen Verhältnissen ergeben sich folgende grundsätzlichen Prinzipien der Maklertätigkeit:

Merkmale des Immobilienmarkts

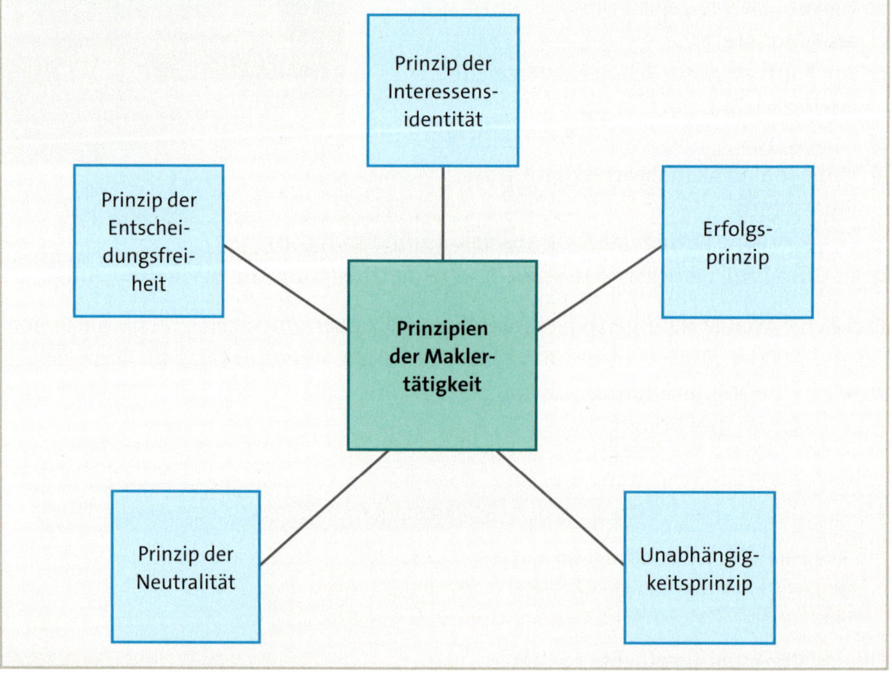

Das **Prinzip der Interessensidentität** beschreibt den Umstand, dass die Interessen des Auftraggebers, also des Immobilienanbietenden oder des Immobiliensuchenden, den Interessen des Maklers entsprechen. Die Interessen beider Seiten zielen auf einen Hauptvertragsabschluss – dies ist wesentlicher Inhalt des Maklervertrags.

Merke!

Maklervertrag = Vertrag zwischen Makler und Auftraggeber
Hauptvertrag = angestrebter Vertrag von Auftraggeber und Makler über eine Immobilie, also Miet-, Pacht- oder Kaufvertrag

Die **Interessensidentität** zwischen Auftraggeber und Makler ergibt sich auch aus dem sogenannten **Erfolgsprinzip** und leitet sich aus den Voraussetzungen des Provisionsanspruchs gemäß § 652 BGB ab. Demnach wird die Leistung des Maklers nur mit einer Provision vergütet, wenn sie auch zum Erfolg führte – also zum Abschluss eines wirksamen Hauptvertrags.

Entstehung des Lohnanspruchs:
§ 652 BGB

Erfolgsunabhängige Vergütung

Aufwendungsersatz
Es ist möglich, einen Aufwendungsersatz auch im Falle, dass kein Hauptvertrag zustande kommt, zu vereinbaren. In einem Formularvertrag ist dies jedoch nur möglich, wenn ausschließlich konkret entstandene Aufwendungen durch den Auftraggeber erstattet werden sollen oder im Falle der Vereinbarung einer Pauschale der Nachweis eines geringeren Aufwands möglich bleibt. Der Makler ist also dann verpflichtet, seine Aufwendungen, wie z. B. Kosten für die Exposéerstellung, Fahrtkosten u. ä., laufend zu dokumentieren.

Eine Aufwendungspauschale ist nur durch eine individualvertragliche Vereinbarung möglich. Eine solche Pauschale ist jedoch nur in engen Grenzen zulässig, da sie nicht zu einer erfolgsunabhängigen Provision führen soll.

Reservierungsgebühr
Reservierungsvereinbarungen zwischen Makler und Kaufinteressent regeln, dass der Makler für einen gewissen Zeitraum die Immobilie keinen weiteren Interessenten mehr anbietet und der Kaufinteressent dafür eine Gebühr entrichtet, die später auf die Provision angerechnet werden kann. Sollte es zu keinem Hauptvertrag kommen, behält der Makler die Reservierungsgebühr ein.

Solche Regelungen sind – auch wenn sie außerhalb des Maklervertrags vereinbart werden – in Allgemeinen Geschäftsbedingungen stets unwirksam, da sie dem Erfolgsprinzip widersprechen. Dies entschied der BGH im April 2023 nun eindeutig.

BGH, Urteil vom 20.04.2023, I ZR 113/22

Damit die Prinzipien der Interessensidentität und das Erfolgsprinzip greifen, gelten jedoch auch prinzipielle Grenzen zwischen den Vertragsparteien Auftraggeber und Makler.

So besagt das **Unabhängigkeitsprinzip**, dass zwischen Auftraggeber und Makler keine rechtlichen und wirtschaftlichen Abhängigkeiten bestehen dürfen. Eine Verflechtung von Auftraggeber und Makler führt dazu, dass der Makler keinen Provisionsanspruch hat.

Echte Verflechtung	Unechte Verflechtung
Hauptvertragspartei und Makler sind persönlich und/oder wirtschaftlich identisch.	Hauptvertragspartei und Makler sind nicht identisch, aber persönliche oder strukturelle Beziehungen könnten die Unabhängigkeit des Maklers beeinflussen.
Beispiel: Die Vertriebsabteilung der MEWOH Musterwohn GmbH tritt als Makler eines eigenen Bestandsobjekts der MEWOH Musterwohn GmbH auf.	**Beispiele:** ▪ Ein Angestellter der MEWOH Musterwohn GmbH ist im Nebenerwerb selbstständig als Makler tätig und vermakelt ein Objekt der MEWOH. ▪ Der Makler ist der Ehegatte des Auftraggebers.

Sonderfall

In einigen Fällen ist es möglich, dass der Verwalter einer Wohnungseigentümergemeinschaft auch als Makler für eine Wohnung im Objekt tätig wird. Dies ist z. B. möglich, wenn es um die Vermietung eines Objekts in der verwalteten Wohnungseigentümergemeinschaft geht. Übernimmt der Verwalter jedoch auch die Sondereigentumsverwaltung, ist dies nicht möglich, da das Unabhängigkeitsprinzip nicht ausreichend gewahrt ist.

Bei einer Nachweistätigkeit stellt der Makler dem Kunden Informationen zur Verfügung. Dadurch wird dem Kunden ermöglicht, in Verhandlungen hinsichtlich des Hauptvertrags einzutreten.

Neben dem Unabhängigkeitsprinzip gilt in Bezug auf die Stellung des Maklers zu den Hauptvertragsparteien das **Neutralitätsprinzip**. Im Falle der reinen Nachweistätigkeit kann von der Neutralität des Maklers ausgegangen werden, auch wenn er für beide Parteien tätig wird. Dies gilt auch, wenn er für eine der beiden Parteien als Nachweismakler und für die andere als Vermittlungsmakler tätig ist. Ist der Makler für beide Parteien als Vermittlungsmakler tätig, muss er diese Doppeltätigkeit offenlegen und ausgewogen zwischen beiden Parteien vermitteln.

Zudem darf der Auftraggeber jederzeit seine Absichten zum Abschluss eines Hauptvertrages ändern oder auch aufgeben. Er kann nicht verpflichtet werden, auf Vorschlag des Maklers den Hauptvertrag mit einer bestimmten Partei abzuschließen. Dies besagt das Prinzip der **Entscheidungsfreiheit**.

Beispiel

Die MEWOH Musterwohn GmbH tritt auf dem Markt auch selbst als Immobilienmakler auf. Sie wurde von Franz Kaminski mit dem Verkauf seiner Eigentumswohnung in einer WEG, die die MEWOH auch verwaltet, beauftragt. Die MEWOH hat die Familie Schmidt als potenziellen Käufer gewonnen. Herrn Kaminski ist die Familie Schmidt jedoch unsympathisch und er entschließt sich, nicht an sie zu veräußern. Die MEWOH hat daraus keinen Provisionsanspruch und kann Herrn Kaminski auch nicht zur Veräußerung an die Familie Schmidt verpflichten.

1.5 Pflichten laut MaBV

Mit der Makler- und Bauträgerverordnung (MaBV) hat der Gesetzgeber u. a. Immobilienmakler besonderen Berufsausübungsregeln unterworfen:

Anzeigepflicht:
§ 9 MaBV

- **Anzeigepflichten:** Nach § 9 MaBV müssen Makler unverzüglich die mit der Leitung des Betriebes bzw. Leitung einer Zweigniederlassung betraute Person dem Gewerbeamt bzw. der Behörde melden. Dies gilt auch nach personellen Veränderungen.

Buchführungspflicht:
§ 10 MaBV

- **Buchführungspflichten:** Der § 10 MaBV regelt zusätzliche Buchführungspflichten – neben den steuerrechtlichen bzw. handelsrechtlichen Bestimmungen. So müssen Makler u. a. folgende Informationen aufzeichnen:
  - Name und Vorname oder die Firma sowie die Anschrift des Auftraggebers
  - Provisionshöhe
  - Angaben zum Auftragsgegenstand (siehe Informationspflichten)
  - Vertragsdauer
  - Tag und Grund der Auftragsbeendigung

  Die in § 10 MaBV bezeichneten Geschäftsunterlagen sind 5 Jahre in den Geschäftsräumen aufzubewahren.

- **Informationspflichten:** Der Makler hat nach § 11 der MaBV den Auftraggeber in Textform über folgende Sachverhalte zu informieren:
  - unmittelbar nach der Annahme des Auftrags: Provisionshöhe, Vertragsdauer
  - spätestens bei Aufnahme der Hauptvertragsverhandlungen:

Informationspflicht und Werbung:

§ 11 MaBV

Grundstückskauf	Vermietung von Grundstücken	Vermietungen von Wohnungen und Gewerberäumen
Lage, Größe und Nutzungsmöglichkeit des Grundstücks, Art, Alter und Zustand des Gebäudes, Ausstattung, Wohn- und Nutzfläche, Zahl der Zimmer, Name und Vorname sowie Anschrift des Veräußerers/Vermieters		
Höhe der Kaufpreisforderung einschließlich zu übernehmender Belastungen	Höhe der Mietforderung sowie ggf. die Höhe eines Baukostenzuschusses, einer Kaution, einer Mietvorauszahlung, eines Mieterdarlehens oder einer Abstandssumme	

Merke!

Makler haben neben den in § 11 MaBV genannten Informationspflichten gegenüber ihren Auftraggebern eine Aufklärungspflicht über alle Umstände, die die Kaufentscheidung beeinflussen. Dies bedeutet, dass sie alle für die Kaufentscheidung relevanten Informationen weitergeben müssen – auch die, die vielleicht nachteilig für den Verkaufsprozess sind, wie z. B. Informationen über bekannte Mängel des Bauwerks. Ansonsten könnten sie haftbar gemacht werden. Dies gilt auch dann, wenn der Kunde nicht aktiv zu einem bestimmten Sachverhalt nachfragt.

Allerdings gilt diese Aufklärungspflicht nur dann, wenn der Makler über die entsprechenden Informationen verfügt. Dies bedeutet einerseits, dass Makler relevante Informationen zur Immobilie seitens des Verkäufers einholen und mit der erwartbaren Fachkenntnis analysieren müssen, gleichzeitig dürfen sie sich auf die Angaben des Verkäufers verlassen und müssen nicht jede einzelne Angabe nachprüfen. Sollten ihm Widersprüche oder Ungereimtheiten auffallen, darf der Makler sie nicht ignorieren, sondern muss darauf hinweisen bzw. diese mit dem Verkäufer klären.

Beispiele, für die Makler haftbar gemacht wurden

- Angabe im Exposé, dass das Haus vollständig unterkellert sei, dies aber nicht zutrifft (OLG München, Urteil vom 19.11.2014 – Az. 20 U 2215/14)
- Unzulässigkeit der beabsichtigten Nutzung von Kellerräumen zu Wohnzwecken (OLG Oldenburg, Urteil vom 15.05.2009 – Az. 6 U 6/09)

OLG

Oberlandesgericht

Makler sichern sich daher am besten gegen eine mögliche Haftung durch Informationsweitergabe ab, indem sie

- nur Informationen des Verkäufers weiterleiten,
- nur gesicherte eigene Angaben zum Objekt machen,
- bei Zweifeln hinsichtlich der Angaben des Verkäufers diese überprüfen,
- bei missverständlichen Aussagen diese korrigieren und
- einen Haftungsausschluss ins Exposé und in den Maklervertrag aufnehmen.

Gegen Haftungsansprüche von Dritten aufgrund von Vermögensschäden infolge einer bei der Ausübung der beruflichen Tätigkeit begangenen Pflichtverletzung, z. B. einer unbeabsichtigten Falschangabe im Exposé, schützt eine **Vermögensschadenhaftpflichtversicherung.**

Eine Vermögensschadenhaftpflichtversicherung deckt den finanziellen Schaden ab, welcher aufgrund einer Fehlberatungen entsteht.

1.6 Akquisearten

Mit Akquise werden generell alle Maßnahmen bezeichnet, die zur Gewinnung von Kunden eingesetzt werden. Für Makler bedeutet dies, dass grundsätzlich zwischen der Objekt- und Interessentenakquise unterschieden werden muss.

Marktteilnehmer
▶ LF 12, Kap. 4

Objektakquise	Interessentenakquise
alle Maßnahmen, um Marktteilnehmer zu gewinnen, die ihre Immobilien (= Objekte) veräußern oder vermieten möchten	alle Maßnahmen, um Marktteilnehmer zu gewinnen, die auf der Suche nach einer geeigneten Immobilie sind

Aufgrund der aktuellen Situation auf dem Immobilienmarkt, auf dem in vielen Segmenten ein klarer Nachfrageüberhang herrscht, stellt die Objektakquise den Makler vor deutlich größere Herausforderungen als die Interessentenakquise. Dies geht so weit, dass der Begriff „Akquise" bei Immobilienmaklern oftmals lediglich die Objektakquise meint. Auch die folgenden Darstellungen beziehen sich primär auf diese.

Beispiel

Die MEWOH Musterwohn GmbH hat in ihrer Vertriebsabteilung freie Kapazitäten und möchte auch als Makler für Fremdobjekte arbeiten. Sie bewirbt ihre Dienste nun auf der Unternehmenshomepage und durch Anzeigen auf Immobilienportalen, um potenzielle Verkäufer auf ihr Angebot aufmerksam zu machen.

Grundsätzlich werden hinsichtlich der Kontaktaufnahme die aktive und die passive Akquise und hinsichtlich der Zielgruppe die Kalt- und Warmakquise unterschieden.

Unterscheidung der Akquiseformen unter dem Aspekt der Kontaktaufnahme	
Passive Akquise	**Aktive Akquise**
Kontaktaufnahme mit Makler erfolgt durch Objektanbieter	Kontaktaufnahme mit Objektanbietern erfolgt durch den Makler

Eine Kaltakquise ist bei Privatkunden ohne deren ausdrückliche Einwilligung nicht zulässig (§ 7 Abs. 2 UWG).

Unterscheidung der Akquiseformen unter dem Aspekt der Zielgruppe	
Kaltakquise	**Warmakquise**
Ansprache von potenziellen Kunden, mit denen bisher keine Geschäftsbeziehung bestand.	Ansprache von bestehenden Kunden oder anderen Personenkreisen mit bestehender Geschäftsbeziehung zum Makler

Da die Erfolgswahrscheinlichkeit bei der Akquise von bereits vorhandenen Kunden oder Nutzung bestehender Geschäftsbeziehungen meist höher liegt als bei der Kaltakquise, sollten die Möglichkeiten der Warmakquise ausgeschöpft werden. Dazu gehört die Pflege von bestehenden Kundenkontakten, sodass der Makler in Erinnerung bleibt und bei Bedarf von den Kunden selbst angesprochen wird.

Kundenkontakte sollten stets gepflegt werden – auch ohne konkrete Vertragsabschlussmöglichkeit, z. B. durch eine Karte zum Jahrestag des Immobilienkaufs.

Es kann jedoch bereits bei der Bearbeitung eines Auftrags neuer Bedarf des Kunden festgestellt werden, z. B. bei dem Verkauf mehrere Einheiten in einer WEG. Hier gilt es, den Bedarf zu identifizieren und die Maklerleistung aktiv anzubieten (aktive Warmakquise). Dazu werden viele Instrumente des (Immobilien-)Marketings genutzt.

Was ist Marketing?
▶ LF 10, Kap. 3

1.7 Maklervertrag

SB ▶ SITUATION 78
Der Maklervertrag

1.7.1 Vertragsarten

Vertragsarten
▶ Band 1, LF 2, Kap. 1.9

Bei Verträgen mit Maklern werden drei Vertragsarten unterschieden:

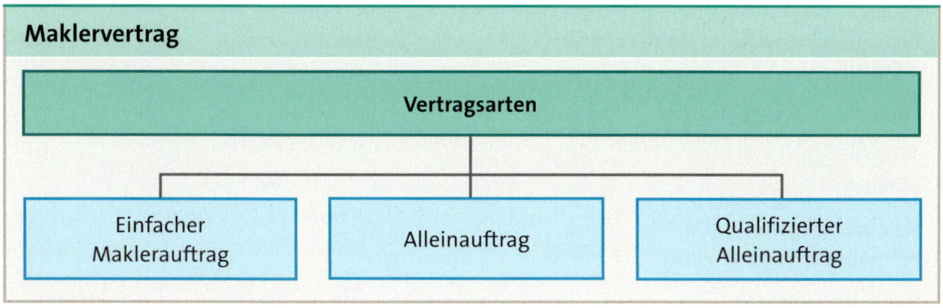

Einfacher Maklerauftrag

Beim einfachen Maklerauftrag kann der Immobilienveräußernde mehrere Makler für den gleichen Auftrag verpflichten. Die Besonderheit in diesem Auftrag liegt darin, dass der Makler nicht zu einer aktiven Tätigkeit für die Vermarktung der Immobilie verpflichtet ist. Der Makler muss also nicht unbedingt Anzeigen schalten oder auf andere Weise aktiv nach interessierten Personen für die Immobilie suchen.

Merke!

Normalerweise ist dieser Auftrag nicht befristet, d. h., er endet erst, wenn der Auftrag ordentlich gekündigt wird.

Alleinauftrag

Der große Unterschied zwischen dem einfachen Maklerauftrag und dem Alleinauftrag liegt darin, dass beim Alleinauftrag der Auftraggeber nur einen Makler beauftragt. Dabei muss der beauftragte Makler jedoch nachweislich für die Vermarktung der Immobilie aktiv werden, z.B. die Immobilie auf Immobilienportalen bewerben oder aktiv Kunden darauf ansprechen.

Sollte durch diese Aktivitäten der Immobilienverkauf zustande kommen, ist die Provision fällig, sofern die anderen Provisionsvoraussetzungen gemäß § 652 BGB erfüllt sind. Jedoch ist es beim Alleinauftrag auch möglich, dass der Auftraggeber selbst einen Käufer findet. Ist dies der Fall, ist keine Provision fällig.

Entstehung des Lohnanspruchs:
§ 652 BGB

Qualifizierter Alleinauftrag

Der qualifizierte Alleinauftrag ähnelt dem Alleinauftrag insoweit, dass auch hier eine Tätigkeitspflicht für den Makler besteht. Allerdings ist die Möglichkeit für Eigengeschäfte seitens des Auftraggebers ausgeschlossen.

Sollte eine Person, die sich für den Kauf der Immobilie interessiert, an den Auftraggeber direkt herantreten, ist der Auftraggeber verpflichtet, diese an den Makler zu verweisen bzw. den Makler hinzuzuziehen **(Hinzuziehungs- und Verweisungsklausel)**. Unterlässt er das und kommt es später zu einem Hauptvertrag zwischen diesen Personen, ist der Auftraggeber gegenüber dem Makler schadensersatzpflichtig.

Da der qualifizierte Alleinauftrag die Rechte des Auftraggebers sehr einschränkt, ist ein solcher Vertrag nicht durch einen Formularvertrag des Maklers möglich, sondern muss immer individualvertraglich vereinbart werden.

	Einfacher Maklerauftrag	Alleinauftrag	Qualifizierter Alleinauftrag
Beauftragung weiterer Makler möglich?	ja	nein	nein
Eigengeschäfte möglich?	ja	ja	nein
Tätigkeitspflicht des/der Makler?	nein	ja	ja
Vereinbarung durch AGB/ Formularverträge möglich?	ja	ja	nein
Dauer der Laufzeit?	i. d. R. unbefristet	i. d. R. befristet	i. d. R. befristet

In der Regel sind Alleinaufträge und qualifizierte Alleinaufträge zeitlich befristet. In der Praxis betragen die Fristen meist zwischen 3 und 9 Monaten. Im Falle einer Befristung enden die Aufträge mit Erreichen dieser Frist. Gekündigt werden können sie innerhalb der Frist nur außerordentlich, d. h., im Falle einer Pflichtverletzung seitens der Vertragspartner. Sofern keine Vereinbarung getroffen wurde, läuft der Vertrag über eine angemessene Laufzeit (i. d. R. ca. 6 Monate).

1.7.2 Vertragsabschluss

Willenserklärung
▶ Band 1, LF 2, Kap. 1.6

Wie für alle anderen Verträge auch, sind für den Maklervertrag zwei übereinstimmende Willenserklärungen erforderlich. Auf der einen Seite steht dabei der Makler und auf der anderen Seite können – je nach Auftrag – die Personen stehen, die eine Immobilie veräußern, vermieten oder verpachten möchten bzw. die eine Immobilie suchen.

Grundsätzliche Möglichkeiten der Vernetzung zwischen den Akteuren

Hauptvertrag, z. B. Mietvertrag, Kaufvertrag etc.	↑ Immobilienanbietende	← Maklervertrag →	Makler
	↓ Immobiliensuchende		
Hauptvertrag, z. B. Mietvertrag, Kaufvertrag etc.	↑ Immobilienanbietende		
	↓ Immobiliensuchende	← Maklervertrag →	Makler
Hauptvertrag, z. B. Mietvertrag, Kaufvertrag etc.	↑ Immobilienanbietende	← Maklervertrag 1* →	Makler
	↓ Immobiliensuchende	← Maklervertrag 2* →	

* Doppeltätigkeit → Offenlegung der Vertragsverhältnisse

Grundsätzlich ist es dem Makler möglich, nur mit einer der beiden Parteien oder aber auch mit beiden Parteien einen Maklervertrag abzuschließen. Im letzteren Fall spricht man von einer **„Doppeltätigkeit"**.

Für die notwendigen Willenserklärungen zum Vertragsschluss gibt es in den allermeisten Fällen keine Formvorschrift. Lediglich bei Aufträgen zu Wohnungsmietverträgen (§ 2 Abs. 1 WoVermG) und seit dem 23.12.2020 bei Aufträgen zu Einfamilienhäusern und Wohnungen (§ 656a BGB) muss der Maklervertrag in Textform vorliegen. Alle anderen Maklerverträge können auch durch konkludente Handlungen, mündlich oder natürlich auch in Schriftform zustande kommen.

Textform:
§ 656a BGB

konkludentes (schlüssiges) Handeln

▶ Band 1, LF 2, Kap. 1.6
▶ Band 1, LF 4, Kap. 1.2.5

Formvorschriften für Maklerverträge

Textform		formfrei
Vermittlung von Kaufverträgen über Einfamilienhäuser und Wohnungen (§ 656a BGB)	Vermittlung von Mietverträgen über Wohnungen (§ 2 Abs. 1 WoVermG)	alle anderen Hauptverträge

Beispiel

Ein Maklervertrag über die Vermittlung einer Eigentumswohnung kann per Mail geschlossen werden, eine Auftragsannahme am Telefon ist jedoch nicht möglich.

Die Anzeige zur Immobilie seitens des Maklers ist niemals als rechtlich bindender Antrag zu werten, da sie an keine bestimmte Person, sondern an die Allgemeinheit gerichtet ist. Ist in dieser Anzeige jedoch bereits ein eindeutiger Hinweis auf eine im Erfolgsfall fällige Provision enthalten, dann gilt nach einem Urteil des Bundesgerichtshofs die Reaktion einer interessierten Person, z.B. durch eine telefonische Anfrage nach einem Exposé, als Antrag und die darauffolgende Zusendung eines Exposés als Annahme seitens des Maklers.

BGH, Urteil vom 03.05.2012, III ZR 62/11

Ist der Immobilienanzeige kein eindeutiger Provisionshinweis zu entnehmen, geht der Antrag von dem Makler aus, sobald dem Kunden die Provisionsbedingungen mitgeteilt werden. Häufig ist dies dann bei der Zusendung des Exposés der Fall.

Dieser konkludente Vertragsschluss ist aber wie oben beschrieben nicht möglich bei Maklerverträgen, die einer Textformerfordernis unterliegen.

1.7.3 Widerrufsrecht

Für Haustürgeschäfte oder Fernabsatzverträge mit Verbrauchern (§ 13 BGB) gelten im Zuge des Verbraucherschutzes besondere Widerrufsrechte (§ 312 ff. BGB).

Verbraucher:
§ 13 BGB

Beispiel

Haustürgeschäft: Der Maklervertrag wird bei einer Tasse Kaffee im zu veräußernden Objekt abgeschlossen.
Fernabsatzgeschäft: Der Maklervertrag wird per E-Mail-Verkehr abgeschlossen.

Kommt der Maklervertrag außerhalb der Geschäftsräume des Maklers zustande oder wird er beispielsweise per Mail oder Telefon abgeschlossen, ist der Makler verpflichtet, den Verbraucher auf das 14-tägige Widerrufsrecht hinzuweisen. Diese **Widerrufsbelehrung** muss in Textform erfolgen, also z.B. per E-Mail oder auf einem anderen dauerhaften Datenträger.

Das Widerrufsrecht erlaubt dem Verbraucher in den oben genannten Fällen, ohne Angabe von Gründen den bereits geschlossenen Maklervertrag innerhalb von **14 Tagen** nach Vertragsschluss zu widerrufen. Sollte die Widerrufsbelehrung seitens des Maklers **nicht** oder **fehlerhaft** erfolgen, verlängert sich die Widerrufsfrist für den Verbraucher um **ein Jahr**.

Merke!

In diesem Fall hätte also ein Verbraucher nach Vertragsabschluss ein Jahr und 14 Tage Zeit, den Maklervertrag zu widerrufen (§ 356 Abs. 3 BGB). Dies ist völlig unabhängig davon, ob in dieser Zeit der Makler seinen Auftrag erfolgreich abgeschlossen hat oder nicht.

Widerrufsrecht bei außerhalb von Geschäftsräumen geschlossenen Verträgen und Fernabsatzverträgen:

§ 356 BGB

Dies birgt für den Makler erhebliche Risiken. Sollte ein Makler innerhalb der Widerrufsfrist aktiv werden oder eventuell bereits den Maklerauftrag erfüllen, könnte der Verbraucher ohne Weiteres den Vertrag formlos widerrufen und damit allen Zahlungsverpflichtungen und auch eventuell entstandenen Provisionsforderungen des Maklers entgehen.

Um dieses Risiko zu umgehen, könnte der Makler darauf verzichten, bereits innerhalb der ersten 14 Tage nach Maklervertragsschluss aktiv zu werden. Dies wäre allerdings nicht sehr serviceorientiert. Es besteht daher die gesetzliche Möglichkeit, dass der Makler bereits vor Ablauf der Widerrufsfrist mit Zustimmung des Verbrauchers tätig wird. Wenn der Makler erfolgreich ist, kann der Verbraucher aufgrund seines Verzichts den Maklervertrag nicht mehr widerrufen.

Wann ist eine Widerrufsbelehrung notwendig?

Ist ein Maklervertrag zustande gekommen?

↓

Ist der Vertragspartner ein Verbraucher?

↓

Ist der Vertrag als Fernabsatz-/Haustürgeschäft zustande gekommen?

↓

Widerrufsbelehrung notwendig

Damit wird deutlich, dass eine vorschriftsgemäße Widerrufsbelehrung sowie bei Bedarf die Erklärung über den Verzicht auf das Widerrufsrecht im Erfolgsfall von Verbrauchern im Falle von Fernabsatz- oder Haustürgeschäften eine wichtige Maßnahme zur Provisionssicherung ist.

Beispiel einer Widerrufsbelehrung

Widerrufsbelehrung

Widerrufsrecht
Sie haben das Recht, binnen vierzehn Tagen ohne Angabe von Gründen diesen Vertrag zu widerrufen.

Die Widerrufsfrist beträgt vierzehn Tage ab dem Tag des Vertragsabschlusses.

Um Ihr Widerrufsrecht auszuüben, müssen Sie der MEWOH Musterwohn GmbH, Fangerstraße 15-20, 04104 Leipzig (Tel.: 0341 9321XX-0, Telefax: 0341 9321XX-9, E-Mail: info@mewoh-musterwohn.dex) mittels einer eindeutigen Erklärung (z. B. ein mit der Post versandter Brief, Telefax oder E-Mail) über Ihren Entschluss, diesen Vertrag zu widerrufen, informieren. Sie können dafür das beigefügte Muster-Widerrufsformular verwenden, das jedoch nicht vorgeschrieben ist.

Zur Wahrung der Widerrufsfrist reicht es aus, dass Sie die Mitteilung über die Ausübung des Widerrufsrechts vor Ablauf der Widerrufsfrist absenden.

Folgen des Widerrufs
Wenn Sie diesen Vertrag widerrufen, haben wir Ihnen alle Zahlungen, die wir von Ihnen erhalten haben, einschließlich der Lieferkosten (mit Ausnahme der zusätzlichen Kosten, die sich daraus ergeben, dass Sie eine andere Art der Lieferung als die von uns angebotene, günstige Standardlieferung gewählt haben), unverzüglich und spätestens binnen vierzehn Tagen ab dem Tag zurückzuzahlen, an dem die Mitteilung über Ihren Widerruf dieses Vertrags bei uns eingegangen ist. Für diese Rückzahlung verwenden wir dasselbe Zahlungsmittel, das Sie bei der ursprünglichen Transaktion eingesetzt haben, es sei denn, mit Ihnen wurde ausdrücklich etwas anderes vereinbart; in keinem Fall werden Ihnen wegen dieser Rückzahlung Entgelte berechnet.

Quelle: https://www.bmj.de/DE/service/formulare/form_widerrufsrecht/form_widerrufsrecht_node.html (letzter Zugriff: 11.12.2023)

1.8 Provision

Provision
erfolgsabhängiges Entgelt

1.8.1 Voraussetzungen

§ 652 BGB Entstehung des Lohnanspruchs

(1) Wer für den Nachweis der Gelegenheit zum Abschluss eines Vertrags oder für die Vermittlung eines Vertrags einen Maklerlohn verspricht, ist zur Entrichtung des Lohnes nur verpflichtet, wenn der Vertrag infolge des Nachweises oder infolge der Vermittlung des Maklers zustande kommt. Wird der Vertrag unter einer aufschiebenden Bedingung geschlossen, so kann der Maklerlohn erst verlangt werden, wenn die Bedingung eintritt.
(2) Aufwendungen sind dem Makler nur zu ersetzen, wenn es vereinbart ist. Dies gilt auch dann, wenn ein Vertrag nicht zustande kommt.

Unter welchen Voraussetzungen der Makler eine Provision erhält, ist in § 652 BGB klar geregelt. Diesem Paragrafen sind die folgenden vier Voraussetzungen zu entnehmen, die eintreten müssen, damit der Makler einen Provisionsanspruch erhält.

Entstehung des Lohnanspruchs: § 652

Voraussetzungen für die Provision des Maklers (§ 652 BGB)

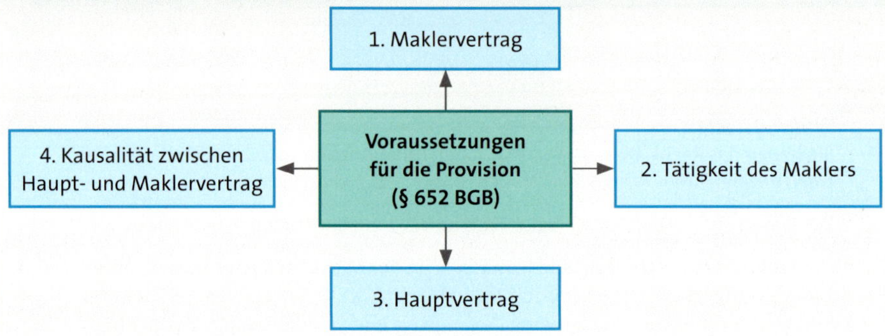

1. Maklervertrag

Es muss ein provisionspflichtiger Vertrag zwischen dem Makler und dem Auftraggeber zustande gekommen sein. Dieser unterliegt im Falle, dass der angestrebte Hauptvertrag ein Wohnungsmietvertrag oder ein Kaufvertrag über ein Einfamilienhaus oder eine Eigentumswohunng ist, der Textform.

2. Tätigkeit des Maklers (Maklerleistung)

Der Makler muss eine Leistung in Form einer Vermittlungs- oder Nachweistätigkeit erbracht haben. Eine **Nachweistätigkeit** liegt dann vor, wenn der Makler eine Gelegenheit zum Abschluss eines Hauptvertrags (Kauf-, Miet- oder Pachtvertrag) nachweisen kann. Dies erfolgt in der Regel durch die Weitergabe von Kontaktdaten zwischen dem Immobiliensuchenden und dem Immobilienveräußernden.

Vertragsarten
▶ Band 1, LF 2, Kap. 1.9

Bei einer **Vermittlungstätigkeit** dagegen greift der Makler aktiv in die Verhandlungen um die Immobilie mit ein und wirkt auf einen Vertragsabschluss hin. Eine Kombination von Nachweis- und Vermittlungstätigkeit ist möglich und üblich.

3. Hauptvertrag

Einen Hauptvertrag, d.h., je nach Vereinbarung im Maklervertrag ein Kauf-, Miet- oder Pachtvertrag, muss wirksam zustande gekommen sein. Im Falle eines Kaufvertrags bedeutet dies, dass der Vertrag notariell beurkundet worden sein muss. Der Anspruch auf Provision entsteht nicht, wenn der Hauptvertrag von Beginn an nichtig war bzw. wirksam angefochten wird.

Ersatzgeschäftsklausel, Gleichstellungsabrede

Um sich gegen Provisionsausfälle zu schützen, werden in viele Maklerverträge sogenannte Ersatzgeschäftsklauseln und/oder Gleichstellungsabreden aufgenommen:

- Mit der **Ersatzgeschäftsklausel** wird die Provision gesichert, wenn statt des ursprünglich angestrebten Hauptvertrags ein anderer Hauptvertrag zustande kommt (= Ersatzgeschäft), z. B., wenn die Immobilie nicht wie vereinbart verkauft, sondern vermietet wird.
- Mit einer **Gleichstellungsabrede** wird die Provision für den Fall gesichert, dass die Immobilie nicht verkauft, sondern im Wege der Zwangsversteigerung erworben wird. Für einen wirksamen Provisionsanspruch muss dennoch die Tätigkeit des Maklers ursächlich für den Eigentumserwerb gewesen sein. Eine solche Klausel ist nur individualvertraglich möglich.

4. Kausalität

Es muss ein ursächlicher Zusammenhang zwischen Maklerleistung und Hauptvertrag bestehen. Dies ist der Fall, wenn die Person, die die Immobilie durch den Makler kennengelernt hat, mit dem Immobilienveräußernden einen Hauptvertrag über genau diese Immobilie beschließt. Dabei ist wichtig, dass der Vertragspartner und die Immobilie sowohl im Maklervertrag als auch im Hauptvertrag identisch sein müssen.

Kausalität

bezeichnet den Zusammenhang zwischen Ursache und Wirkung.

Es muss eine persönliche als auch wirtschaftliche (inhaltliche) Identität beim Makler- und Hauptvertrag bestehen.

Persönliche Identität	Wirtschaftliche Identität
Die Person, die den Maklervertrag mit dem Makler abgeschlossen hat, ist auch der Vertragspartner beim Hauptvertrag.	Der Hauptvertrag weist die gleiche Vertragsart und nur geringfügige Preisabweichungen zum Maklervertrag – also entweder Miet-, Kauf-, oder Pachtvertrag – über dasselbe Objekt auf wie im Maklervertrag vereinbart.

Vorkenntnisklausel

Mit der **Vorkenntnisklausel** sollen Kunden, die an einer bestimmten Immobilie interessiert sind, verpflichtet werden, eine bestehende Kenntnis des Objekts innerhalb einer bestimmten Frist (z. B. 5 Tage) dem Makler mitzuteilen. Dies soll verhindern, dass Interessenten die Leistungen des Maklers (Besichtigungen, Begleitung der Vertragsverhandlungen etc.) in Anspruch nehmen und nach Hauptvertragsabschluss angeben, dass sie bereits vor dem Kontakt mit dem Makler Kenntnis über das Objekt und seine Verfügbarkeit auf dem Markt gehabt hätten. Damit wäre eine der vier Voraussetzungen für die Fälligkeit der Provision (Kausalität) nicht erfüllt. Sollten Immobilieninteressenten ihre Vorkenntnis trotz der Vorkenntnisklausel nicht innerhalb einer festgesetzten Frist offenlegen, bleibt der Provisionsanspruch zugunsten des Maklers bestehen. Wird der Makler andererseits über eine Vorkenntnis seitens der Immobilieninteressenten innerhalb der Frist informiert, kann er seine weiteren Anstrengungen einstellen.

Gibt es zu große Abweichungen zu dem im Maklervertrag vereinbarten Objekt, so liegt keine wirtschaftliche Identität und damit keine Kausalität zwischen Haupt- und Maklervertrag vor. Der Makler hätte dann keinen Anspruch auf Provision.

1.8.2 Höhe der Provision

Wer wie viel Provision bezahlt, hängt davon ab, welche Vertragsart durch den Makler vermittelt werden soll.

* keine Einfamilienhäuser und Eigentumswohnungen

Miete	Kauf		
Wohnraum	**Gewerberaum**	**Unbebaute Grundstücke, bebaute Grundstücke***	**Einfamilienhäuser und Eigentumswohnungen**
§ 2 WoVermRG			§§ 656c ff. BGB
• Bestellerprinzip: Derjenige, der den Makler beauftragt, trägt die volle Provision. • Vertragspartner = **Vermieter** Vermieter trägt Provision, Höhe frei verhandelbar • Vertragspartner = **Mieter** Mieter trägt Provision, max. 2 Nettokaltmieten	Provisionsverteilung und -höhe frei verhandelbar		• Maklervertrag mit beiden Parteien → Provision von beiden Parteien zu gleichen Teilen • Maklervertrag mit einer Partei → Kosten können nur max. bis zur Hälfte auf die andere Partei abgewälzt werden • Vereinbarung über unentgeltliche Tätigkeit für eine Partei → kein Entgelt von der anderen Partei möglich

Bei **Gewerbemiet- und Grundstückskaufverträgen** (z.B. unbebaute Grundstücke, Grundstücke mit Mehrfamilienhäusern, Grundstücke mit Gewerbeobjekten) gibt es im Grundsatz keine gesetzlichen Vorschriften zur Vergütung des Maklers, d.h., die Provisionen sind grundsätzlich frei verhandelbar. Dennoch hat sich auf den unterschiedlichen regionalen Märkten häufig ein Standard bezüglich der Provisionshöhe und Verteilung der Zahlungspflichten zwischen den Vertragspartnern durchgesetzt, an dem sich die Makler orientieren können. So ist es auf manchen Märkten üblich, dass die Provision grundsätzlich vom Käufer oder Gewerbemieter getragen wird.

Merke!

Für alle Hauptvertragsarten gilt die **Wuchergrenze** für Maklerverträge. Eine sittenwidrige Provision liegt demnach vor, wenn von einem auffälligen Missverhältnis zwischen Leistung und Gegenleistung auszugehen ist. Dies ist i. d. R. anzunehmen, wenn die vereinbarte Provision ein Mehrfaches der marktüblichen Provision darstellt. Spätestens beim Doppelten der marktüblichen Provision ist die Vereinbarung demnach nichtig.

Bei Maklerverträgen, die die Vermittlung von Kaufverträgen über **Einfamilienhäuser** oder **Wohnungen** zum Ziel haben, gilt es besondere Regelungen zur Provision zu beachten. In diesen Fällen kann der Makler, wenn er mit beiden Parteien einen Maklervertrag hat, die Provision nur von beiden zu gleichen Teilen verlangen. Vereinbart der Makler mit einer Vertragspartei, z.B. mit dem Verkäufer, dass der Makler unentgeltlich für die Partei tätig wird, darf der Makler auch von der anderen Partei kein Entgelt verlangen (§ 656c BGB).

Lohnanspruch bei Tätigkeit für beide Parteien:
§ 656c BGB

Vereinbart der Makler nur mit einer Partei einen Vertrag, ist eine Abwälzung der Kosten auf die andere Partei nur bis maximal zur Hälfte möglich. Die andere Hälfte muss die beauftragende Partei tragen (§ 656d BGB).

Vereinbarungen über die Maklerkosten:
§ 656d BGB

Somit ist eine Abwälzung der kompletten Provision von dem Verkäufer auf den Käufer bei Kaufverträgen über Einfamilienhäuser oder Wohnungen mit Verbrauchern nicht mehr möglich.

Beispiel

Der Verkäufer eines Einfamilienhauses beauftragt die MEWOH Musterwohn GmbH mit der Suche nach einem Käufer. Folgende Provisionsregelungen sind möglich:

- Der Verkäufer trägt die volle Provision
- Der Verkäufer und der Käufer teilen sich die Provision. Der Käufer trägt maximal 50 % der Provision, also ergibt sich z. B. bei einer Provision von 6 % des Verkaufspreises für beide 3 % zzgl. USt.
- Beauftragt der Verkäufer den Makler, dann ist keine Regelung möglich, nach der der Käufer die volle Provision trägt.

Auf dem Markt für die **Vermietung von Wohnimmobilien** existieren im Gegensatz zum Markt der Gewerbe- und Kaufimmobilien strikte gesetzliche Regelungen zur Höhe der Provisionen. Seit dem 01. Juni 2015 gilt zudem das sogenannte **Bestellerprinzip**, das besagt, dass diejenige Person die Provision zu tragen hat, die den Makler beauftragt hat. Ist die beauftragende Person der Immobilieneigentümer, so ist die Provision frei verhandelbar. Sucht die beauftragende Person jedoch eine Wohnung zur Miete, so ist die Provision auf zwei Nettokaltmieten zzgl. USt beschränkt.

§ 2 WoVermRG

Beispiel

- Eine Wohnung soll für 500,00 € zzgl. 200,00 € BKVZ vermietet werden.
- Die maximale Provision, die von einem beauftragenden Mieter verlangt werden kann, liegt bei 1.000,00 €.
- Die maximale Provision, die von einem beauftragenden Vermieter verlangt werden kann, ist hingegen gesetzlich nicht festgelegt.

BKVZ
Betriebskostenvorauszahlung

Es dürfen den beauftragenden Wohnungssuchenden von den Maklern nur Wohnungen angeboten werden, die vorher noch nicht auf dem Markt waren, wenn sie eine Provision verlangen wollen (§ 2 Abs. 1a WoVermRG). Das bedeutet auch, dass keine Wohnungen aus der eigenen Kundendatenbank angeboten werden können, sofern sie bereits einmal einem anderen Wohnungssuchenden offeriert wurden. Aus Sicht der Kritiker erhöht sich damit der Aufwand für Makler bei der Bearbeitung von Suchaufträgen für Mietwohnungen so sehr, dass das Angebot dieser Leistung sich in den meisten Fällen nicht lohnen wird.

Merke!

Handelt es sich um preisgebundenen, öffentlich geförderten Wohnraum, darf keine Provision von einem potenziellen Mieter verlangt werden.

§ 2 Abs. 3 WoVermRG

1.8.3 Störung des Hauptvertrags

Der Hauptvertrag ist eine der vier wesentlichen Bedingungen für den Provisionsanspruch. Kommt es hier zu Störungen, gefährdet dies den Provsionsanspruch.

Störung des Hauptvertrags	Beispiel	Folge für die Provision
Nichtigkeit, z. B. Sittenwidrigkeit, Formmangel	Der Mietvertrag ist aufgrund einer sittwenwidrig überhöhten Miete unwirksam.	kein Provisionsanspruch
Anfechtung, z.B. wegen arglistiger Täuschung	Der Käufer hat den Kaufvertrag aufgrund einer arglistigen Täuschung seitens des Verkäufers über Mängel am Bauwerk erfolgreich angefochten.	
Ausübung eines vertraglich vereinbarten Rücktrittsrechts, das über die gesetzlichen Regelungen hinausgeht	Dem Käufer wird im Kaufvertrag eine 8-wöchige Frist für einen Rücktritt eingeräumt. Er macht davon Gebrauch.	

Bei der Ausübung eines gesetzlichen Rücktrittsrechts bleibt der Provisionsanspruch des Maklers erhalten.

Beispiel

Da die Finanzierung des Käufers scheitert, macht der Verkäufer von seinem gesetzlichen Rücktrittsrecht gemäß § 323 BGB Gebrauch. Der Makler erhält dennoch seine Provision.

Rücktritt wegen nicht oder nicht vertragsgemäß erbrachter Leistung:
§ 323 BGB

2 Objekt- und Standortanalyse

Um die zielgerichtete Vermarktung einer Immobilie durchführen zu können, muss der Makler eine Vielzahl von **Analyseinstrumenten** beherrschen.

Merke!

Eine **Immobilienanalyse** ist das systematische Sammeln, Gewichten und Auswerten von Informationen/Daten, die direkt oder indirekt mit einer Immobilie im Zusammenhang stehen.

Analyseformen

Immobilienanalysen

Basisanalysen
- Marktanalyse
- Standortanalyse
- Gebäudeanalyse
- Mietanalyse

Spezialanalysen
- Bewertungsanalyse
- Investitionsanalyse
- Finanzierungsanalyse

betriebsinterne und -externe Informationsquellen
▶ LF 10, Kap. 4.2.1

Die Daten können auf vielfältige Art gewonnen werden. Insbesondere können zur Erstellung einer Analyse unter anderem folgende Datenquellen verwendet werden:
- amtliche Statistiken und Dokumente, z. B. Daten statistischer Ämter, Mietspiegel
- Veröffentlichungen des Gutachterausschusses der Gemeinde
- Veröffentlichungen von Fachverbänden, z. B. IVD
- Marktberichte überregional tätiger Maklerfirmen
- Veröffentlichungen von Forschungs- und Hochschuleinrichtungen
- Fachliteratur
- eigene Daten aus ähnlichen Projekten
- Online-Portale

Die Objekt- und Standortanalyse gehört für den Immobilienmakler zum täglichen Handwerkszeug. Sie dient hauptsächlich zwei Zielsetzungen:

Zielgruppe
▶ LF 10, Kap. 6.1

1. **Bestimmung der Zielgruppe** für die Vermarktung eines Objektes
2. Festlegung eines marktgerechten **Kauf- oder Mietpreises**

Diese Aufgabe verlangt vom Makler sehr gute Marktkenntnisse, aber auch die Fähigkeit, alle Eigenschaften des Objektes erfassen und richtig bewerten zu können. Da es sich bei Immobilien um sehr komplexe und heterogene Güter handelt, muss häufig eine Vielzahl von Eigenschaften erfasst und bewertet werden.

Merke!

Standortanalysen umfassen die spezifischen Eigenschaften, Potenziale und Probleme von Bestandsimmobilien und Entwicklungsprojekten.

Standortanalyse

Standortanalyse
Standortqualität und -nutzung in Abhängigkeit von der jeweiligen Nutzungsart

Mikrostandort Grundstück und seine unmittelbare Umgebung	**Makrostandort** Großraum, Einzugs- und Verflechtungsgebiet

Standortfaktoren – Mikrostandort

Ökonomische Faktoren und Lagefaktoren	Faktoren der Infrastruktur	Sonstige Faktoren
• Grundstücksgröße • Grundstückszuschnitt • Grundstücksbeschaffenheit, z. B. Boden, Grundwasser, Topografie • Grundstücksnutzung • Baurechtssituation • Erschließungssituation • Ausstattung • Grundstücksbelastungen, z. B. Rechte • steuerliche Rahmenbedingungen, z. B. Abschreibung, Denkmalschutz • Fördermittelgewährung • Grundstückskaufpreis	• Nahverkehrsanbindung • Einkaufsmöglichkeiten • Kitas, Schulen • Erholungs- und Freizeiteinrichtungen • Gesundheitseinrichtungen • Kultureinrichtungen • Immissionen	• Standortimage • Nachbarbebauung • Parkplatzsituation

Standortfaktoren – Makrostandort

Ökonomische Faktoren	Soziodemografische Entwicklung	Sonstige Faktoren
• Wirtschaftsstruktur • Wirtschaftswachstum • Arbeitsmarktsituation • Einkommenssituation • wirtschaftliche Rahmenbedingungen • überregionale Verkehrsinfrastruktur • Arbeitsmarktsituation • Entwicklung des Immobilienmarktes • Wettbewerbssituation	• Haushaltsentwicklung • Haushaltsstrukturen • Bevölkerungsstruktur • Bevölkerungsentwicklung • Sozialstruktur	• Standortimage • städtebauliche Aspekte • Qualität der Arbeit der öffentlichen Verwaltung • kulturelle Infrastruktur • Umweltfaktoren

Topografie
beschreibt die Beschaffenheit der Erdoberfläche, wie z. B. Geländeformen, Verkehrswege

Kita
Kindertagesstätte

Zur Entwicklung des Immobilienmarktes sind folgende Faktoren zu bewerten:
- Angebot und Nachfrage
- Leerstandsentwicklung
- Mietpreisniveau und -entwicklung
- Flächenbedarf

Es wird oftmals noch die Unterteilung in harte und weiche Standortfaktoren vorgenommen. Diese Unterteilung tritt aber in den Hintergrund, da die Entscheidungsrelevanz von der Nutzung der Immobilie abhängt.

Auch die Nachfrage nach Wohnraum für Seniorenwohngemeinschaften wird immer größer, hat aber naturgemäß andere Erfordernisse und Bedürfnisse als eine Wohngemeinschaft für Studenten.

Beispiel

Aufgrund der demografischen Entwicklung muss zukünftig ein großer Bedarf an seniorengerechten Immobilien gedeckt werden. Hier geht es aber nicht nur um die Schaffung von Pflegeeinrichtungen, sondern die heutige Seniorengeneration möchte so lange wie möglich unabhängig leben und in ihrem Wohnumfeld verbleiben. Demnach müssen Bestandsimmobilien altersgerecht angepasst bzw. neue Wohnprojekte auf die Bedürfnisse abgestimmt werden.

Das erfordert die Schaffung eines barrierefreien Umfeldes (z. B. Fußwege, Nahverkehr), von altersgerechten Infrastrukturen im Wohnumfeld, von Nachbarschaftsnetzwerken und ambulanten Betreuungsdiensten, von Notruf- und Kommunikationssystemen sowie die Anpassung von Wohnungen an die Bedürfnisse, z. B. Barrierefreiheit im Badezimmer.

Je vielfältiger die Nutzungsmöglichkeiten eines Grundstücks, desto größer wird die potenzielle Zielgruppe. Daher sollte die Analyse entsprechend ausführlich und differenziert sein.

Bebauungsplan
▶ Band 2, LF 8, Kap. 1.4

Beispiel

Ein unbebautes Grundstück in einem Kerngebiet kann für Wohnungsbaugesellschaften, Bauträger, Projektentwickler, Bauherrengemeinschaften, Betreiber von Shopping-Centern und Hotels, aber auch für Privatpersonen interessant sein.

Ist die Zielgruppe definiert, sind alle weiteren Marketingmaßnahmen darauf abzustimmen.

Da eine Immobilie immer nur einmal verkauft oder vermietet werden kann, ist es nicht sinnvoll, eine möglichst große Zielgruppe anzusprechen. Das würde nur zu Anfragen führen, die für den Makler einen großen Zeitaufwand bedeuten und für den Interessenten eine Enttäuschung nach sich ziehen.

Kündigung bei Eigenbedarf des Vermieters
▶ Band 1, LF 5, Kap. 6.2.2

Werbebotschaft
▶ LF 10, Kap. 7.4.3

Werbeträger
▶ LF 10, Kap. 7.4.3

So wird beispielsweise beim Verkauf einer vermieteten Eigentumswohnung überwiegend die Zielgruppe der Kapitalanleger angesprochen, da sich ansonsten das Problem der Eigenbedarfskündigung ergibt. Für das Marketing ergibt sich hier, dass die erzielbare Rendite im Vordergrund der Werbebotschaft stehen sollte. Erreicht wird diese Zielgruppe u. a. gut über überregionale Zeitungen und per Internet.

Wendet sich der Makler dagegen an potenzielle Selbstnutzer, so sollte die Werbebotschaft stärker emotionalisiert werden. Als Werbeträger kommen dann lokale Zeitungen, Bauschilder, Flyer, die im Umfeld verteilt werden, o. Ä. infrage.

Ebenso wichtig für die Vermarktung ist die Bestimmung eines marktgerechten Preises. Verkäufer haben mitunter überzogene und unrealistische Preisvorstellungen. Um den Auftrag zu erhalten, machen viele Makler den Fehler, den Verkäufer in diesem Glauben zu bestärken. Diese Strategie ist aber nicht ungefährlich.

Häufig wird der Markt von Interessenten über einen längeren Zeitraum beobachtet. Bemerkt ein Interessent, dass ein Anbieter mit seinen Preisvorstellungen sukzessive heruntergeht, so spekuliert er darauf, dass der Preis noch weiter herabgesetzt wird.

Mondpreis
▶ LF 10, Kap. 7.4.4

Außerdem wird der ursprüngliche Preis als „Mondpreis“ empfunden. Auf diese Weise wird dann, wie es unter Maklern heißt, ein Objekt „verbrannt“. Das heißt, es wird von potenziellen Interessenten nur noch als „Ladenhüter“ empfunden.

Durch die **Lageanalyse** werden die spezifischen Lagemerkmale und ihre Bedeutung für die jeweilige Zielgruppe erfasst. Welche Merkmale dies sind, hängt wiederum stark von der Art des Objektes ab. Bei Wohngebäuden sind es hauptsächlich die verkehrsmäßige Infrastruktur, Einkaufsmöglichkeiten, Erholungsmöglichkeiten, Nähe zu kulturellen Einrichtungen, Schulen und Kindertagesstätten usw.

Bei Gewerbeobjekten sind es z. B. Parkmöglichkeiten, Kaufkraft in einem bestimmten Gebiet, Art und Anzahl der Mitbewerber sowie gewerberechtliche Beschränkungen. Im Unterschied dazu werden Standortanalysen bereits für einen konkreten Investor unter Berücksichtigung von dessen Investitionszielen erstellt.

Neben den Eigenschaften des Grundstücks und des Gebäudes müssen zusätzlich die bestehenden Rechtsverhältnisse und die Wirtschaftlichkeit analysiert werden. Zu den zu berücksichtigenden Rechtsverhältnissen gehören u. a. vorhandene Miet- und Pachtverhältnisse, Kündigungsmöglichkeiten und -fristen, Belastungen in Abt. II des Grundbuches, bestehende Baulasten sowie bauplanungsrechtliche Vorgaben.

Abteilung II – Lasten und Beschränkungen

▶ LF 7, Kap. 3.6

Baulasten

▶ LF 7, Kap. 3.9

Zur Wirtschaftlichkeit gehören u. a. Eigenkapitalrentabilität, Analyse der Nachhaltigkeit der Erträge und steuerliche Gestaltungsmöglichkeiten.

Eigenkapitalrentabilität

▶ LF 13, Kap. 7.3.1.1

Checkliste für die Analyse eines Wohnobjektes (z. B. Eigentumswohnung)

Lage/Infrastruktur	Konstruktion	Innenausbau
• Ort (zentral, dezentral, städtisch, ländlich) • Besonnung/Ausrichtung/Aussicht • Umgebungsgestaltung • Immissionen (von Industrie, Verkehr) • Altlasten auf dem Grundstück • Erschließung des Grundstücks (Kanalisation, Elektrizität, Wasser, schnelles Internet/Glasfaser) • Sicherheit • Demografie (Altersstruktur, Sprachen der Bevölkerung) • Einkaufsmöglichkeiten (Post, Banken usw.) • Angebot an Schulen/Kitas • Verkehrserschließung (öffentliche Verkehrsmittel) • Arbeitsweg (Dauer, Staugefahr) • Schulweg (Sicherheit) • Freizeitangebot (Kultur, Sport)	• Haustyp (Einfamilienhaus, Reihenhaus usw.) • Größe, Wohn- und Nutzfläche, Anzahl der Geschosse • Ästhetik des Objektes • Alter des Objektes/Sanierungsbedarf • Bauqualität • Möglichkeit nachträglicher Um- und Ausbauten • Außenmauern (Risse, Wasserschäden) • Isolation (Energieverbrauch) • Haustechnik (Lüftung, elektrische Installationen) • Heizungstyp (Bodenheizung, Zentralheizung) • Lärmdämmung (Trennwände, Fenster, Böden) • Fensterflächen (Lichtverhältnisse) • Lift • Barrierefreiheit	• Anzahl und Art der Räume • Bodenbeläge (Material/Qualität) • Wandbeläge (Tapeten, Verputz, Kacheln) • Schließanlagen • Einbauschränke • Ausstattung der Küche • Beleuchtung/Lichtverhältnisse • Bad-/Dusche-/WC-Ausstattung (Dusche, Badewanne usw.) • TV-/Radio-Anschlüsse (Anzahl/Anordnung) • Steckdosen (Art/Anzahl/Anordnung) • Telefonanschlüsse (Art/Anzahl/Anordnung)

Fahrplan – Marketingkonzept
1. Marktsituation analysieren (Kunden, Konkurrenz, Konjunktur)
2. Marketingziele festlegen
3. Marketingstrategie und Budget
4. Marketingmaßnahmen planen und durchführen
5. Marketingcontrolling

3 Was ist Marketing?

Beispiel

Isabell räumt das Konferenzzimmer der MEWOH Musterwohn GmbH auf, in dem heute eine Besprechung stattgefunden hat. In der Besprechnung ging es um die Planung und Umsetzung der zukünftigen Marketingmaßnahmen der MEWOH. Isabell entdeckt den abgebildeten Flip-Chart-Bogen und überlegt, was wohl besprochen wurde.

Im Fokus des (Absatz-)Marketings stehen in erster Linie die Kunden des Unternehmens. Die wesentlichen Aufgaben sind dabei: Kunden akquirieren (= **Kundenakquise**) und Kunden an das Unternehmen binden (= **Kundenbindung**).

Kundenakquise
Kundengewinnung, Kundenwerbung

Merke!

(Absatz-)Marketing umfasst alle Maßnahmen, die ein Unternehmen ergreift, um sich Absatzmärkte zu schaffen, zu erhalten und zu vergrößern. Die Marketingaktivitäten sind dabei konsequent an den Erfordernissen der Kunden und Absatzmärkte auszurichten. **Marketing beinhaltet damit die Orientierung am Markt, d. h., eine Abstimmung der Tätigkeiten in Bezug auf die Kunden und den Wettbewerb.**

Marketing ist somit also als eine Denkweise zu verstehen, die alle unternehmerischen Aktivitäten an den Bedürfnissen der Märkte ausrichtet. Sie bezieht sich aber nicht nur auf den Absatzmarkt (Absatzmarketing), sondern beispielsweise auch auf den Beschaffungsmarkt (Beschaffungsmarketing) oder den Arbeitsmarkt (Personalmarketing). Zur Vereinfachung wird in diesem Lernfeld der Begriff Marketing verwendet, obwohl hier nur Aktivitäten des Absatzmarketings betrachtet werden.

Je besser Unternehmen ihre Marketingkonzepte gestalten, umso größer wird der wirtschaftliche Erfolg sein. Eine ausführliche Analyse der Marktsituation (Kundenstruktur, Kundenwünsche, Konkurrenzsituation und Marktentwicklung) bildet die Grundlage. Nach der anschließenden Festlegung konkreter Marketingziele und einer sinnvollen Marketingstrategie werden dann die Marketinginstrumente (bzw. -maßnahmen) geplant, durchgeführt und beurteilt.

Stufen eines Marketingkonzepts	
Marktsituation analysieren	Durch Marktforschung werden Informationen über die aktuelle und zukünftige Marktsituation des Unternehmens (z. B. Kundenwünsche) erfasst.
Marketingziele ableiten	Auf Grundlage der Marktsituation werden Ziele (z. B. höherer Umsatz, höherer Gewinn, besseres Image) festgelegt.
Marketingstrategie festlegen	Es wird bestimmt, mit welcher grundsätzlichen Vorgehensweise (z. B. Erschließung internationaler Märkte) die Ziele erreicht werden sollen.
Marketinginstrumente gestalten	Jetzt werden einzelne Marketingmaßnahmen (z. B. Produktdesign, Preisgestaltung, Absatzwerbung im Fernsehen) durchgeführt.
Marketingerfolg beurteilen	Zur abschließenden Beurteilung wird der Erfolg des Marketingkonzepts gemessen und kontrolliert (z. B. durch Umsatzvergleich).

Das **Immobilienmarketing** im engeren Sinne beschäftigt sich mit dem Absatz von Immobilien und ist demnach eine zentrale Aufgabe von Unternehmen mit eigenen Bestands- oder Vertriebsimmobilien. Aber auch Immobilienmakler oder Verwalter betreiben bei ihrer Tätigkeit Immobilienmarketing für Fremdimmobilien.

Viele Unternehmen aus dem Immobilienbereich verfolgen jedoch auch darüber hinausgehende Marketingaktivitäten, um ihre eigenen Dienstleistungen zu bewerben, wie z.B. ein Makler, der für seine Vermittlungstätigkeit wirbt. Dies ist Immobilienmarketing im weiteren Sinne und wird in den folgenden Kapiteln nur am Rande thematisiert.

Welche Rolle das Marketing in einem Immobilienunternehmen spielt, hängt vor allem auch vom Marktumfeld des Unternehmens ab. Einige Segmente des Immobilienmarktes zeichnen sich aktuell durch einen großen Nachfrageüberhang aus, z.B. der Mietwohnmarkt in Metropolregionen. Hier gibt es eine sehr hohe Nachfrage nach Mietwohnungen in Verbindung mit einem eingeschränkten Angebot. Man spricht in diesem Fall auch von einem **Verkäufermarkt,** da die Anbieter von Mietwohnungen eine größere Marktmacht haben, d.h., sie haben einen größeren Einfluss z.B. auf die Preisbildung oder die Vertragskonditionen als die Nachfrager. Entsprechend sind die Kundenorientierung und die Marketinganstrengungen der Unternehmen auf diesen Marktsegmenten nicht so hoch.

Nachfrageüberhang
▶ LF 12, Kap. 4.2.5

Marktformen
▶ LF 12, Kap. 4.1.1

Auf anderen Teilmärkten des Immobilienmarkts, (z.B. in ländlichen Regionen, Immobilien für bestimmte Gewerbesparten) ist die Nachfrage geringer im Vergleich zu einem höheren Angebot **(= Käufermarkt)**. Da sich die Anbieter von Immobilien hier stärker an den Kunden orientieren müssen, spielt auch das Markting eine wesentlich größere Rolle.

Verkäufermarkt		Käufermarkt
hohe Nachfrage, geringes Angebot	**Merkmale**	geringe Nachfrage, hohes Angebot
→ tendenziell hohe Preise → geringere Kundenorientierung in Bezug auf Produktgestaltung oder Serviceorientierung → wenig Vermarktungsaktivitäten, wie z. B. Werbung	**Auswirkungen auf das Marketingverhalten des Unternehmens**	→ tendenziell geringere Preise → höhere Kundenorientierung in Bezug auf Produktgestaltung oder Serviceorientierung → starke Vermarktungsaktivitäten, wie z. B. Werbung

SB ▶ SITUATION 79
Marktforschung und Marketing-Mix

4 Marktforschung

Beispiel

Frau Dr. Pohl hat Isabell erklärt, dass es bei der letzten Besprechung der MEWOH Musterwohn GmbH darum ging, die grundsätzlichen Schritte des geplanten Marketingkonzepts zu besprechen und grob zu terminieren. Isabell kann sich unter „Marktsituation analysieren" aber noch nichts Konkretes vorstellen.

Helfen Sie ihr bei der Beantwortung der folgenden Fragen:
1. Was kennzeichnet die Marktsituation von Unternehmen?
2. Wie kann man die Marktsituation analysieren?

Unternehmen müssen permanent über die **Bedingungen und Veränderungen auf dem Absatzmarkt** informiert sein, damit sie den Markt und seine Entwicklung richtig einschätzen können. Beispielsweise müssen Immobilien so gestaltet sein, dass sie den Wünschen der Kunden möglichst gut entsprechen. Zudem ist es für ein Unternehmen auch wichtig, die Preise für Immobilien sowie der Dienstleistungen der Wettbewerber zu kennen. Entsprechende Informationen berücksichtigen auch Immobilienmakler und Verwalter bei der eigenen Preisgestaltung. Um die Marktsituation rund um die Kundenwünsche, Wettbewerbssituation und wirtschaftliche Lage analysieren zu können, wird Marktforschung betrieben.

Merke!

Marktforschung ist die Beschaffung, Auswertung und Interpretation von Informationen über Märkte. Die Erkenntnisse der Marktforschung bilden die Grundlage für Marketingentscheidungen.

Im Rahmen der Marktforschung müssen zwei grundlegende Fragen geklärt werden:
- Welche Bestandteile der Marktsituation sollen untersucht werden?
  (= **Gegenstände der Marktforschung**)
- Wie sollen die Informationen beschafft werden?
  (= **Methoden der Marktforschung**)

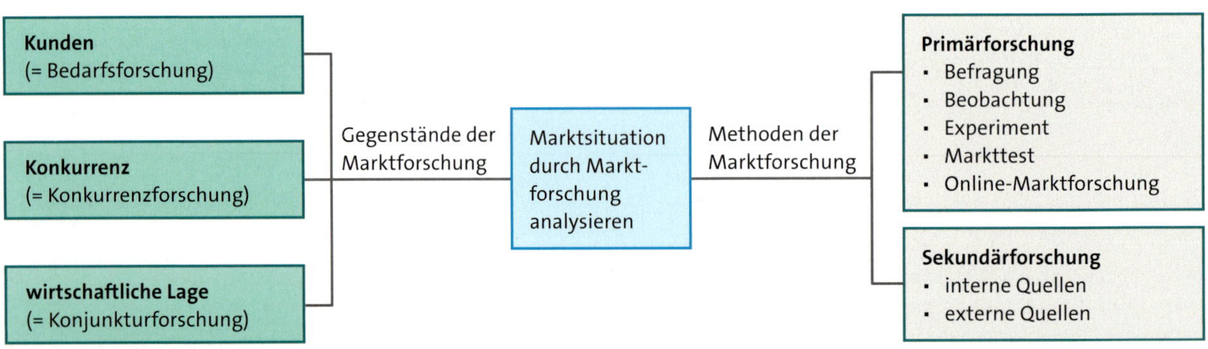

4.1 Gegenstände der Marktforschung

4.1.1 Erforschung der Kunden (Bedarfsforschung)

Merke!

Kundenorientierung bedeutet, die Aktivitäten des Unternehmens ständig an den Bedürfnissen der Kunden auszurichten.

Die Fähigkeit eines Unternehmens zur **Erfüllung der Kundenwünsche** bzw. zur Lösung der Kundenprobleme gilt als entscheidender Erfolgsfaktor. Entsprechend wichtig ist es, sich im Rahmen der Marktforschung mit den Kunden und ihren Wünschen zu beschäftigen. Nur so kann ein Unternehmen sein Leistungsangebot und seine Marketingaktivitäten an den Kunden ausrichten. Ziel der Bedarfsforschung ist es demnach, Antworten auf die folgenden Fragen zu finden:

Merke!

Wer sind meine Kunden? → Kundentypen und Kundenstruktur
Welche Bedürfnisse haben meine Kunden? → Wertvorstellungen und Kaufmotive

Kundentypen und Kundenstruktur

Die Kunden, auf die verschiedene Anbieter auf ihren Märkten treffen, sind sehr unterschiedlich. Das liegt einerseits an den unterschiedlichen Branchen, in denen Unternehmen tätig sind (z. B. hat eine Wohnungsverwaltungsgesellschaft andere Kunden als ein Makler für Gewerbeimmobilien).

Andererseits hat es ein und dasselbe Unternehmen mit verschiedenen Kundentypen zu tun (z. B. betreut eine Immobilienmaklerin häufig sowohl Privat- als auch Geschäftskunden). Nach diesen unterschiedlichen Kriterien können in diesem Zusammenhang z. B. folgende Kundentypen betrachtet werden:

- **Güterverwendung des Kunden:** Hier ist neben der Frage, ob die Immobilie gewerblich oder zum Wohnen genutzt werden soll auch wichtig, zu unterscheiden, ob Kunden die Immobilie selbst nutzen wollen oder weitervermieten werden.
- **Bedeutung des Kunden:** Gerade bei Geschäftskunden ist eine Unterscheidung hinsichtlich der „Größe" des Kunden sinnvoll (Groß- oder Kleinkunden). Als Kennzahl für die Größe dient hierbei häufig der (Jahres-)Umsatz mit dem Kunden.
- **Dauer der Kundenbeziehung:** Während es bei **Bestandskunden** darum geht, eine langjährige Geschäftsbeziehung zu pflegen, müssen **Neukunden** anders angesprochen werden, um sie zu Bestandskunden zu machen.
- **Kundentreue:** Häufig werden Kundentypen auch danach unterschieden, ob sie regelmäßig oder unregelmäßig kaufen bzw. mieten.

Ein Gut kann materiell, z. B. eine genutzte Immobilie, oder auch immateriell, z. B. die Dienstleistung einer WEG-Verwaltung oder eines Maklers, sein.

Eine gängige Klassifizierung unterscheidet A-Kunden (hoher Umsatz), B-Kunden (mittlerer Umsatz) und C-Kunden (geringer Umsatz).

Anhand der genannten Kriterien kann ein Unternehmen jetzt seine Kundenstruktur analysieren. Hierbei werden die Kriterien miteinander kombiniert, um die verschiedenen Kunden später mit differenzierten Marketingmaßnahmen ansprechen zu können.

Key-Account-Kunden
Schlüsselkunde

Häufig werden in diesem Zusammenhang **Key-Account-Kunden** mit hohem „Kundenwert" ermittelt. Diese besonders wichtigen Kunden werden in manchen Unternehmen sogar durch spezielle Key-Account-Manager intensiv betreut.

Beispiel

Die Drogerie AG in Leipzig ist einer der „besten" Kunden der MEWOH Musterwohn GmbH. Man pflegt eine langjährige Geschäftsbeziehung, da die Drogerie AG immer wieder auf der Suche nach anmietbaren Gewerbeeinheiten ist. Herr Seydlitz als Abteilungsleiter kümmert sich persönlich und regelmäßig um diesen Kunden. Mit dem Inhaber, Herrn Korte, hat sich inzwischen sogar ein freundschaftliches Verhältnis entwickelt.

Kaufmotive sind die Gründe, die einen Käufer zum Kauf veranlassen.

Eine gute Kenntnis der eigenen Kundenstruktur ist auch die Voraussetzung, um **unterschiedliches Kaufverhalten** und die **verschiedenen Kaufmotive** (vor allem von Privatkunden) bei der Marketingarbeit berücksichtigen zu können. Unterschiede im Kaufverhalten beruhen vor allem darauf, dass Menschen ganz unterschiedliche Wertvorstellungen und Bedürfnisse haben.

Kundenbedürfnisse, -bedarf und -nachfrage

Bedürfnisse
▶ LF 12, Kap. 1.1

Kundenorientierung bedeutet, Güter bzw. Dienstleistungen anzubieten, die die Wünsche der Kunden befriedigen. Wünsche werden auch als **Bedürfnisse** bezeichnet und als zentrale Antriebskräfte des wirtschaftlichen Entscheidens und Handelns angesehen. Menschen haben unterschiedliche Bedürfnisse. Diese sind z.B. abhängig von Alter, Geschlecht, sozialem und gesellschaftlichem Umfeld, der technischen Entwicklung und dem Einkommen.

Einige Bedürfnisse müssen in der Regel unmittelbar befriedigt werden, wie z.B. Hunger und Durst. Andere können mittelfristig erfüllt werden, wie z.B. der Wunsch nach Mobilität oder der nach Geborgenheit.

Zudem gibt es offene Bedürfnisse, die jemandem bereits bewusst sind, und **latente (schlummernde) Bedürfnisse**, die zu einem bestimmten Zeitpunkt noch nicht bewusst vorhanden sind. Es ist eine zentrale Aufgabe des Marketings, latente Bedürfnisse zu offenen Bedürfnissen zu machen.

Beispiel

Herr und Frau Orkut möchten sich in einer Kleinstadt ein Einfamilienhaus kaufen, das in Zenrumsnähe liegt und gut an das Verkehrsnetz angebunden ist (offenes Bedürfnis). Ihre Maklerin zeigt ihnen aber auch ein Haus, welches am Stadtrand im Grünen liegt und ebenfalls über eine gute Verkehrsanbindung verfügt. Dabei werden sich Herr und Frau Orkut bewusst, wie angenehm und enstspannend sie die ruhige Lage und das viele Grün empfinden (latentes Bedürfnis wird zum offenen Bedürfnis), sodass sie das Haus kaufen.

Kaufkraft
das zur Verfügung stehende Einkommen

Nachfrage
▶ LF 12, Kap. 1.1

Merke!

Wenn sich die **Bedürfnisse** des Menschen auf bestimmte Güter beziehen und zu ihrer Befriedigung Kaufkraft vorhanden ist, wird von einem Bedarf gesprochen. Erst wenn Güter tatsächlich gekauft werden, d. h., der Bedarf am Markt wirksam wird, handelt es sich um eine Nachfrage.

Bedürfnis, Bedarf, Nachfrage

Bedürfnis	→	Bedarf	→	Nachfrage
Wohnraum	→	Wunsch nach einer eigenen Wohnung	→	Kauf einer Wohnung

Die Bedürfnisse der Menschen sind unbegrenzt. Für die Marketingarbeit von Unternehmen ist es deswegen nicht nur wichtig, die verschiedenen Bedürfnisse der Menschen zu kennen. Sie benötigen auch Informationen über die Gründe, die ein Bedürfnis zum Bedarf und letztlich zur Nachfrage nach einem Gut werden lassen.

Beispiel

Für die Mitarbeiter der MEWOH Musterwohn GmbH ist selbstverständlich klar, dass Menschen ihre „eigenen vier Wände" haben möchten. Sie interessiert daher vor allem, wie aus diesem Bedürfnis ein Bedarf nach einer Miet- oder Kaufimmobilie wird und warum bestimmte Wohnbezirke besonders nachgefragt werden.

4.1.2 Erforschung der Wettbewerber (Konkurrenzforschung)

Anbieter müssen nicht nur über die Bedürfnisse ihrer Kunden im Bilde sein, sie sollten sich auch über das Angebot und Verhalten der Konkurrenz informieren. Die Konkurrenzforschung sollte dabei folgende Informationen liefern:

Anzahl und Marktanteil der Wettbewerber

Auf Märkten gibt es oft „große" und „kleine" Anbieter. Um die Frage nach dem Marktanteil eines Unternehmens beantworten zu können, ist es sinnvoll, zwei wichtige **Marktgrößen** zu kennen.

Marktgröße	Bedeutung	Beispiel
Marktvolumen	Menge der tatsächlich innerhalb eines Zeitraums auf einem bestimmten Markt verkauften Güter	Im Jahr 20XX wurden in Leipzig insgesamt 5.500 Eigentumswohnungen verkauft.
Marktanteil	(prozentualer) Anteil eines Unternehmens am Marktvolumen $\text{Marktanteil} = \frac{\text{Absatzvolumen} \cdot 100\,\%}{\text{Marktvolumen}}$	Die MEWOH Musterwohn GmbH hat im selben Jahr 1 375 Eigentumswohnungen verkauft. Der Marktanteil des Unternehmens am Markt für Eigentumswohnungen in Leipzig beträgt also 5 %.

Der Marktanteil der auf einem Markt agierenden Unternehmen gibt Auskunft über die **Marktmacht** der einzelnen Anbieter.

Leistungsangebot der Wettbewerber

Um die eigenen Produkte geschickt in einem Markt positionieren zu können, sollte erforscht werden, welche Angebotspalette bei der Konkurrenz vorhanden ist. Es gilt, die Leistungen der Konkurrenz z.B. hinsichtlich Lage, Ausstattung, Qualität, Eigenschaften, Preis usw. zu erfassen, um die jeweilige Konkurrenzsituation beurteilen zu können.

Konkurrenten bieten Leistungen zur Befriedigung der gleichen Kundenbedürfnisse an. Demzufolge müssen nicht nur die direkten Konkurrenten analysiert werden, sondern auch die Anbieter von Substitutionsgütern (Güter, die dieselben oder ähnliche Bedürfnisse erfüllen).

Es gilt somit:
- gleiche Produkte → **direkte Konkurrenz**
- ähnliche Produkte → **indirekte Konkurrenz**

Verhalten der Wettbewerber

Eigene Marketingkonzepte orientieren sich normalerweise immer auch an den Marketingaktivitäten der Konkurrenz. Entsprechend wichtig ist es, im Rahmen der Konkurrenzforschung permanent auch die Aktivitäten der Wettbewerber zu erforschen. In diesem Zusammenhang werden z.B. folgende Fragestellungen beantwortet:
- Welche Art von Werbemaßnahmen (z.B. aggressiv oder zurückhaltend) führt die Konkurrenz durch?
- Welche Preismaßnahmen (z.B. Preisnachlässe) führt die Konkurrenz durch?
- Welche Vertriebswege (z.B. Internet) nutzt die Konkurrenz?
- Welche Produkte hat bzw. baut die Konkurrenz?
- Welche neuen Zielgruppen erschließt sich die Konkurrenz?

Beispiel

Frau Tobler hat eine Liste mit den Wettbewerbern der MEWOH Musterwohn GmbH bekommen. Sie hat durch eine Internetrecherche auf den Homepages der Konkurrenz festgestellt, dass einige inzwischen auch virtuelle Besichtigungen der Vermietungs- und Verkaufsobjekte als Besichtigungsmethode anbieten. Interessierte Personen können somit schon einmal vorab online einen digitalen Rundgang durch das Objekt vornehmen.

4.1.3 Erforschung der wirtschaftlichen Lage (Konjunkturforschung)

Konjunktur
▶ LF 12, Kap. 6

Um das (zukünftige) Verhalten von Kunden und Konkurrenten beurteilen bzw. vorhersagen zu können, muss auch die (zukünftige) wirtschaftliche Lage berücksichtigt werden. In Zeiten einer sich abschwächenden Wirtschaft werden Kunden beispielsweise weniger kaufen, da sich ihre Einkommenssituation tendenziell verschlechtert und die Arbeitslosigkeit steigt. Damit Unternehmen auch solche gesamtwirtschaftlichen Entwicklungen berücksichtigen können, müssen sie die wirtschaftliche Lage als weiteren Gegenstand der Marktforschung einbeziehen.

Wirtschaftsschwankungen

Die wirtschaftliche Entwicklung einer Volkswirtschaft verläuft niemals völlig konstant, sondern ist verschiedenen Arten von Schwankungen unterworfen, die kurzfristiger, mittelfristiger oder langfristiger Natur sein können. Die Wirtschaftsleistung wird mithilfe des Bruttoinlandsprodukts (BIP) gemessen.

Bruttoinlandsprodukt (BIP)
▶ LF 12, Kap. 6.4

Merke!

Das Bruttoinlandsprodukt (BIP) gibt den Wert aller in einem bestimmten Zeitraum in einem Land erzeugten Waren und erbrachten Dienstleistungen an.

Bei der Betrachtung der wirtschaftlichen Lage werden insbesondere die folgenden Kriterien mit einbezogen: saisonale Schwankungen, konjunkturelle Schwankungen (Konjunkturzyklen) und langfristiger Trend.

Saisonale Schwankungen
Saisonale Schwankungen des Bruttoinlandsprodukts sind unvermeidliche, vor allem wetterbedingte Schwankungen im Verlauf der Jahreszeiten. Besonders stark davon betroffen sind wetterabhängige Branchen wie z. B. die Bauwirtschaft, die ihre Arbeit in den Wintermonaten zum Teil einstellen muss.

Konjunkturelle Schwankungen (Konjunkturzyklen)
Während von saisonalen Schwankungen vor allem einzelne Branchen betroffen sind, sind konjunkturelle Schwankungen ein gesamtwirtschaftliches Phänomen.

Hierbei handelt es sich um mittelfristige Schwankungen in der Auslastung der gesamtwirtschaftlichen Produktionskapazitäten.

Sie verlaufen zyklisch, wobei ein Konjunkturzyklus sich normalerweise über mehrere Jahre erstreckt und die folgenden vier Phasen durchläuft:

- Aufschwung (Expansion)
- Hochkonjunktur (Boom)
- Abschwung (Rezession)
- Tiefstand (Depression)

Konjunkturphasen
▶ LF 12, Kap. 6.2

Eine genauere Auseinandersetzung mit den Ursachen und Merkmalen von Konjunkturschwankungen sowie von Konjunkturindikatoren erfolgt in Lernfeld 12.

4.2 Methoden der Marktforschung

Beispiel

Frau Dr. Pohl und Herr Riedel haben über den Neubau von Eigentumswohnungen gesprochen. Nach Branchenprognosen steigt das Marktvolumen weiter. Insbesondere bei Familien mit Kindern sind größere Wohnungen ab 3,5 Zimmern zu einem fairen Verkaufspreis gefragt. Herr Riedel fragt sich zudem, ob die MEWOH Musterwohn GmbH zukünftig auch verstärkt kleinere Wohnungen mit 1-2 Zimmern für Singles einplanen soll. Frau Dr. Pohl schlägt daher vor, zunächst eine Marktforschungsstudie durchzuführen.

Um Informationen über Kundenbedürfnisse, Konkurrenzaktivitäten oder die wirtschaftliche Lage zu bekommen, muss Marktforschung betrieben werden. So benötigt man z. B. für die Beantwortung der Frage, ob ein Bauprojekt überhaupt umgesetzt werden soll, Informationen über dessen voraussichtliche Marktchancen.

Gemäß der Definition ist nicht jede Untersuchung zur Beantwortung von Marketingfragen gleich eine Marktforschung. Werden Kundenwünsche eher spontan, unsystematisch und ohne weiterreichende Vorbereitung ermittelt, so liegt eher eine Markterkundung vor (z. B. spontane Messegespräche, gelegentliche Auswertungen von Vertriebsberichten).

Merke!

Marktforschung ist die systematische, gezielt vorbereitete, auf wissenschaftlichen Methoden basierende Beschaffung, Aufbereitung und Analyse von Informationen zur Beurteilung eines Marktes und zur Beantwortung von Marketingfragen.

Marktbeobachtung – Marktanalyse – Marktprognose
Wird Marktforschung mit dem Ziel betrieben, über Entwicklungen und Veränderungen auf Märkten **ständig** unterrichtet zu sein, spricht man von **Marktbeobachtung**. Sollen Marktdaten dagegen **zu einem bestimmten Zeitpunkt** erhoben werden, handelt es sich um eine **Marktanalyse**.

In der Praxis gehen Marktanalyse und Marktbeobachtung oft ineinander über, da ein Unternehmen für seine Entscheidungen sowohl an langfristigen Entwicklungen als auch an aktuellen Informationen interessiert ist. Zudem lassen sich meist nur durch eine Kombination der beiden Forschungsmethoden zuverlässige **Marktprognosen** erstellen, die Aussagen über die **künftige Marktentwicklung** ermöglichen und die Grundlage für Marketingkonzepte bilden.

Marktbeobachtung
regelmäßige Datenerhebung zur Entwicklung eines Marktes über einen längeren Zeitraum

Bsp.: Zur besseren Planung zukünftiger Wohnungsverkaufspreise analysiert die MEWOH Musterwohn GmbH regelmäßig die Branchenpreise.

Marktanalyse
einmalige Datenerhebung über eine Marktsituation zu einem bestimmten Zeitpunkt

Bsp.: Auf der Immobilienmesse ImmoTrend werden interessierte Besucher nach ihren Interessen und Wünschen bezüglich Wohneigentums befragt.

sind Grundlage für die →

Marktprognose
Aussagen über die zukünftige Entwicklung von Märkten

Bsp.: Auf der Grundlage der regelmäßigen Analysen und der einmaligen Befragung auf der Fachmesse wird das Marktpotenzial von Wohneigentum ab 3,5 Zimmern im mittleren Preissegment als hoch eingestuft.

Bei allen Marktforschungsaktivitäten können Daten mit verschiedenen Erhebungsmethoden der Sekundär- und Primärforschung unter Verwendung unterschiedlicher Informationsquellen gewonnen werden.

4.2.1 Sekundärforschung

Als Erstes versuchen Unternehmen bei einer Marktforschung in der Regel, bereits vorliegendes Datenmaterial zu verwenden, um Informationen zu gewinnen.

Greift ein Unternehmen auf solche bereits vorhandenen Daten zurück, spricht man von **Sekundärforschung**. Da die Arbeit überwiegend am Schreibtisch erledigt wird, spricht man auch von **„Schreibtischforschung“** oder **„desk research“**.

Üblicherweise wird im Rahmen von Marktforschungsaktivitäten zunächst Sekundärforschung betrieben. Nur wenn kein ausreichendes Datenmaterial vorhanden ist, wird (anschließend) eine aufwendigere Primärforschung durchgeführt.

Die Begriffe gehen darauf zurück, dass bei der Sekundärforschung bereits vorhandene Daten ein zweites (bzw. weiteres) Mal genutzt werden, während sie bei der Primärforschung erstmalig erhoben werden.

desk (engl.): Schreibtisch
to research (engl.): forschen

Innerbetriebliche (betriebsinterne) Informationsquellen

Marktforschung beginnt häufig im eigenen Unternehmen und beruht auf Daten, die in den verschiedenen Abteilungen anfallen und gesammelt werden. Der Zugriff (vom Schreibtisch) auf diese Daten erfolgt häufig über die EDV des Unternehmens. Neben Umsatz- bzw. Absatzstatistiken oder anderen Daten aus dem Rechnungswesen können aber auch Berichte von Reisenden, Mängelrügen von Kunden, Sammlungen von Fachzeitschriften oder die Lagerdatei als Quellen genutzt werden.

Beispiel

Frau Tobler von der MEWOH Musterwohn GmbH hat gesammelte Fachzeitschriften der letzten Monate gesichtet, um sich einen Überblick über die aktuelle Verkaufspreisentwicklung bei Wohnungseigentum zu verschaffen. Zudem hat er eine Verkaufsstatistik nach den Stadtbezirken in Leipzig erstellen lassen. Er möchte die Vermutung überprüfen, dass Wohnungseigentum insbesondere in den westlichen Stadtbezirken und Ortsteilen gefragt ist.

Außerbetriebliche (betriebsexterne) Informationsquellen
Im Rahmen von Marketingentscheidungen sind häufig zusätzliche Informationen erforderlich, die im Unternehmen nicht vorliegen. Heutzutage ist der Zugriff auf solche außerbetrieblichen Informationsquellen häufig (vom Schreibtisch aus) über das Internet möglich. Neben Quellen zur Konjunkturforschung (z. B. Statistisches Bundesamt) können die Internetseiten der Konkurrenz und der Branchenverbände sowie Suchmaschinen oder Fachportale genutzt werden. Weitere betriebsexterne Informationsquellen sind Messebesuche, Geschäftspartner (z. B. Bauträger, Makler), Veröffentlichungen der Kammern und Verbände sowie Kataloge, Prospekte und Preislisten der Wettbewerber.

Konjunkturforschung
▶ LF 10, Kap. 2.1.3

Beispiel

Mitarbeiter der MEWOH Musterwohn GmbH recherchieren regelmäßig im Internet und sammeln Informationen über freie Bauflächen. Zudem werden die Preisentwicklungen bei Mietwohnungen über den Mietspiegel ausgewertet.

4.2.2 Primärforschung

SB ▶ SITUATION 80
Einen Fragebogen erstellen

Die Sekundärforschung ist kostengünstig, und umfangreiche Daten stehen sofort zur Verfügung. Allerdings sind die gewonnenen Daten häufig nicht aktuell, zu wenig speziell und damit auch weniger aussagekräftig. Zudem bieten sie in der Regel keinen Wettbewerbsvorteil, da sie auch der Konkurrenz zur Verfügung stehen

Sollen **aktuelle und bisher nicht bekannte Daten** beschafft werden, müssen diese neu und gezielt erhoben werden. Hierbei spricht man dann von einer **Primärforschung** (auch **„Feldforschung“** oder **„field research“** genannt). Die Primärerhebung bietet den Vorteil, dass ihre Ergebnisse für neue Vorhaben genau, spezifisch und aktuell sind. Allerdings ist sie auch zeitaufwendig und kostenintensiv.

field (engl.): Feld

Große Unternehmen lassen die aufwendige Primärforschung oftmals von betriebseigenen Marktforschungsabteilungen durchführen, während kleinere und mittelständische Unternehmen in der Regel Marktforschungsinstitute oder Werbeagenturen mit der Datenerhebung beauftragen.

Beispiel

Die MEWOH Musterwohn GmbH arbeitet bereits seit Jahren mit der Werbeagentur BE Partners KG zusammen. Man schätzt die Spezialisierung der Mitarbeiterinnen und Mitarbeiter auf den Immobilienbereich und erteilt regelmäßig komplexe Aufträge von der Marktforschung über die Planung und Umsetzung eines Marketingkonzepts bis zur Erfolgskontrolle.

Im Rahmen einer Primärerhebung muss zunächst eine geeignete Erhebungsmethode bestimmt werden:

Befragung
Eine Befragung ist die am häufigsten genutzte Erhebungsmethode der Primärforschung. Um sie zielgerichtet und effizient durchführen zu können, müssen zur Vorbereitung einige Aspekte (Befragungsarten) überlegt und geklärt werden:

- **Inhalt der Befragung:** Die Antworten der befragten Personen sollen eine möglichst hohe Aussagekraft hinsichtlich des Marktforschungsgegenstands haben. Es sollten also nur relevante Aspekte abgefragt werden.
- **Art der Befragten:** Bei den Befragten kann es sich um Privatpersonen **(Konsumentenbefragung)**, um (Vertreter von) Unternehmen **(Unternehmensbefragung)** oder um Spezialisten zu einem Thema **(Expertenbefragung)** handeln.
- **Anzahl der Befragten:** Bei einer **Vollerhebung** werden alle Personen befragt, über die eine Aussage getroffen werden soll. Da dies sehr aufwendig und oftmals sogar unmöglich ist, werden normalerweise **Teilerhebungen** durchgeführt. Hierbei wird ein meist zufällig ausgewählter Personenkreis aus der Gesamtgruppe (Grundgesamtheit) befragt.

Im Rahmen der Teilerhebung ist zu beachten, dass die befragte Personengruppe repräsentativ (d. h. typisch für die Gesamtgruppe) sein muss.

- **Häufigkeit der Befragung:** Dient die Befragung der einmaligen Marktanalyse, so spricht man von einer **Einmalbefragung**. Sollen jedoch im Sinne einer Marktbeobachtung auch Veränderungen in den Antworten analysiert werden, so sind **Mehrfachbefragungen (Panel)** erforderlich, bei denen die Personen wiederholt befragt werden.

Bei einem Panel wird eine festgelegte Gruppe gleichbleibender Personen (z. B. Makler, bestimmte Haushalte einer Region) über einen bestimmten Zeitraum regelmäßig befragt. So lassen sich gut Trends und Entwicklungen ermitteln (= Marktbeobachtung).

- **Durchführungsform der Befragung:**
  1. **Schriftliche Befragungen:** Hierbei werden Fragebögen beispielsweise per Post oder E-Mail zugesendet bzw. an die zu befragenden Personen persönlich oder über andere Medien verteilt **(Verteilerbefragung)**.
  2. **Mündliche Befragungen:** Diese können als **persönliche Befragung** in Face-to-Face-Interviews oder als telefonische Befragung durchgeführt werden.

Telefonische Befragungen werden häufig als Computer Aided Telephone Interview durchgeführt. Dem Fragenden werden die zu befragenden Personen (z. B. Namen und Telefonnummern) und der Fragebogen vom Computer, Tablet etc. vorgegeben. Die Antworten werden direkt elektronisch erfasst.

- **Methode der Befragung:** Befragungen werden meistens als **standardisierte Befragungen** bzw. **standardisierte Interviews** durchgeführt, bei denen die Fragen inklusive ihrer Reihenfolge festgelegt sind. Bei mündlichen Befragungen sind aber auch **strukturierte Interviews** möglich, bei denen nur Leitfragen vorgegeben werden. Der Interviewer kann während der Befragung die Reihenfolge variieren und Zusatzfragen stellen. Beim **freien Interview** wird nur das Gesprächsthema festgelegt.

Das strukturierte Interview ist auch eine gängige Befragungsmethode im Rahmen von Vorstellungsgesprächen.

Sobald die Aspekte bezüglich der Befragungsarten geklärt sind, muss der Fragebogen gestaltet werden. Auch hierbei sind zahlreiche Details wie die Fragearten (z. B. offen oder geschlossen) oder die Reihenfolge der Fragen zu berücksichtigen.

Fragearten
▶ Band 1, LF 2, Kap. 6.2

Beobachtung

Bei der Erhebungsmethode der Beobachtung wird das **Verhalten von Personen in bestimmten Situationen** beobachtet, um Informationen zu bestimmten Fragestellungen zu erhalten. Dabei kann es sich um **reale oder simulierte Situationen** handeln. Zudem ist zu unterscheiden zwischen **verdeckten Beobachtungen** (d. h., ohne Wissen der Teilnehmer) und **offenen Beobachtungen**. Es können dabei auch technische Hilfsmittel verwendet werden, wie z. B. Videoaufzeichnungen.

reale Situationen
Feldbeobachtung

simulierte Situationen
Laborbeobachtung

Experiment (Test)

Bevor Marketingmaßnahmen umgesetzt werden, werden sie zuvor häufig innerhalb kontrollierter Rahmenbedingungen in einem Experiment getestet. In **Labortests** werden bestimmte Elemente (z. B. Produkteigenschaften, Design) variiert. Die Teilnehmer (Probanden) werden in ihrem Verhalten beobachtet oder im Anschluss befragt.

In einem Test werden die Erhebungsmethoden „Befragung" und/oder „Beobachtung" häufig in Kombination mit dem eigentlichen Experiment durchgeführt.

Neben simulierten Labortests steht eine weitere Möglichkeit zur Verfügung. In **Markttests** (Feldexperimente) werden neue Produkte (oder z. B. Verkaufskonditionen,) auf einem repräsentativen Teilmarkt **(Testmarkt)** mit einer überschaubaren Anzahl von Marktteilnehmern getestet, um die Absatzchancen des Produkts (bzw. der unterschiedlichen Varianten) auf dem Gesamtmarkt prognostizieren zu können.

Online-Marktforschung

Als Online-Marktforschung wird die Marktforschung mithilfe von Online-Medien verstanden. Mittlerweile spielt das Internet als „Research Tool" u. a. wegen der kostengünstigen und einfachen Erreichbarkeit großer Zielgruppen eine wichtige Rolle.

Immer mehr Methoden der Online-Marktforschung etablieren sich:

- **Online-Befragung:** Bei Online-Befragungen handelt es sich um moderne Formen der schriftlichen Befragung. Fragebögen werden beispielsweise als Anhang einer E-Mail versendet **(E-Mail-Befragung)** oder auf einer Homepage bereitgestellt **(Web-Befragung)**. Auf die Internetseite mit dem Fragebogen gelangt die befragte Person beispielsweise über einen Link in einer E-Mail, über Verlinkungen auf anderen Internetseiten (banner ads, pop ups usw.) oder gezielt über die Internetseite eines Unternehmens.
- **Online-Panel:** Eine Weiterentwicklung des klassischen Panels ist das Online-Panel. Hierbei wird eine Gruppe von registrierten Personen, die sich bereit erklärt haben, wiederholt an Online-Studien teilzunehmen, regelmäßig über das Internet befragt.
- **Online-Feedbacksysteme:** Kunden-Feedback-Systeme sind schon seit längerer Zeit eine Möglichkeit, Kundenrückmeldungen für Verbesserungen (z. B. in der Produktqualität oder im Service) zu nutzen. Als Online-Variante sind sie heute häufig Bestandteil der Homepage eines Unternehmens.
- **Web Monitoring/Social Media Monitoring:** Beim Web Monitoring werden grundsätzlich alle **im Internet verfügbaren Informationen von Konsumenten beobachtet**. In Foren, Blogs, sozialen Netzwerken oder Bewertungsportalen werden Konsumentenmeinungen gesichtet, gesammelt und analysiert. Web Monitoring kann intuitiv (z. B. über Suchbegriffe) oder automatisch mithilfe spezieller Software erfolgen. Besonders interessant für Unternehmen sind soziale Netzwerke, da hier ein reger Austausch stattfindet. Ideen werden verbreitet und Meinungen geäußert, zudem werden Dienstleistungen und Produkte von Nutzern beschrieben und bewertet. Mit **Social Media Monitoring** werden diese Informationen gesammelt und analysiert.

Web Monitoring hat auch im Personalmarketing eine große Bedeutung, und zwar in Form des „Googelns" von Bewerbern und Recherchierens in sozialen Netzwerken (z. B. Facebook®, Instagram®) im Rahmen der Personalauswahl.

- Durch eine **Unternehmenspräsenz in sozialen Netzwerken** können beispielsweise auch die Anzahl der **Likes** oder **Follower** und vor allem deren Verbindungen im Zeitablauf (z. B. nach einer erfolgten Werbemaßnahme) betrachtet werden. Auch **Cookies** oder **Apps** tragen zur Gewinnung von Informationen über das Nutzerverhalten bei. Für Unternehmen sind diese aktuellen Informationen über Lebensgewohnheiten, Vorlieben und das Kaufverhalten ihrer (potenziellen) Kunden äußerst wertvoll.

Cookies

kleine Datenmengen, die beim Besuch von Internetseiten gespeichert werden und die Auskunft über das Surfverhalten des Besuchers geben

SB ▶ SITUATION 81
Marketingziele

5 Marketingziele

Beispiel

Isabell überprüft in einer kleinen Pause auf ihrem iPhone® die neuesten Nachrichten ihrer Freunde. Als Herr Ferrara sie sieht, entwickelt sich folgendes Gespräch:

Hr. Ferrara: Die Dinger sind nicht mehr wegzudenken. Da ist Apple® damals ein genialer Schachzug gelungen. Kurzzeitig hatten die ja quasi ein Monopol und konnten zudem den großen Nachfrageüberhang ausnutzen.
Isabell: Ja, das ist für ein Unternehmen echt wertvoll, wenn man eine solche Idee entwickelt.
Hr. Ferrara: Solche Marketingerfolge sind aber nicht alltäglich. Apple® hat damals einen ganz neuen Markt geschaffen, auf dem sie natürlich von Anfang an eine starke Marktmacht hatten. Inzwischen hat sich die Marktsituation auf dem Markt für Smartphones aber gewandelt und Apple® muss um die Marktführerschaft kämpfen.

Können Sie erklären, worin sich die Marketingziele von Apple® und der MEWOH Musterwohn GmbH unterscheiden?

Wo stehen wir?
Wo wollen wir hin?

Die Marktforschung sollte ausreichende Informationen über die **derzeitige Marktsituation** eines Unternehmens und dessen **Position in diesem Markt liefern**. Wenn diese Daten ausgewertet und realistisch beurteilt wurden, können die **zukünftigen Marketingziele** des Unternehmens konkretisiert werden.

Beispiel

Als Apple® das erste iPhone® auf den Markt brachte, war das Unternehmen auf dem neu geschaffenen Markt der Smartphones der einzige Anbieter. Die Nachfrage war groß und man konnte – mangels Konkurrenz – hohe Preise durchsetzen. Zu den Marketingzielen gehörten in dieser Phase „schnelle Erhöhung des Bekanntheitsgrads des iPhone®", „Steigerung des Kundenbedürfnisses nach dem iPhone®" und „Umsatzmaximierung zur schnellen Deckung der Entwicklungskosten".

Inzwischen sind mehrere Konkurrenten in den Markt getreten, und es ist ein Wettbewerb entstanden. Zudem haben viele Menschen inzwischen ein Smartphone. Somit hat sich die Marktsituation allgemein und die Marktposition von Apple® verändert. Entsprechend müssen neue Marketingziele wie „Halten des Marktanteils" oder „Steigerung der Vorliebe für das iPhone® im Vergleich zu anderen Smartphones" verfolgt werden. Ein entscheidendes Marketingziel ist inzwischen, die bereits vorhandenen iPhone®-Kunden von den Vorzügen eines neuen Modells zu überzeugen.

Erfolgreiches Marketing beginnt immer mit der Analyse der Ausgangslage. Neben der **Marktsituation** müssen auch die grundsätzlichen Unternehmensziele berücksichtigt werden. Auf dieser Grundlage werden die Marketingziele festgelegt.

1. Analyse der Ausgangslage

Marktsituation (Kunden, Konkurrenz, Konjunktur)	Unternehmensziele (ökonomisch, ökologisch, sozial)

↓

2. Marketingziele festlegen[1]

↓

3. Marketingstrategie bestimmen

↓

4. Marketinginstrumente im Marketing-Mix ausgestalten

Produktpolitik	Preispolitik	Distributionspolitik	Kommunikationspolitik
Ziele[2]	Ziele[2]	Ziele[2]	Ziele[2]
Maßnahme	Maßnahme	Maßnahme	Maßnahme

↓

5. Marketingkonzept umsetzen

↓

6. Marketingerfolg beurteilen

Nur wenn die Ziele klar formuliert sind, kann anschließend die Marketingstrategie, der Weg zur Erreichung der Ziele, bestimmt werden. Steht der Weg fest, müssen danach die verschiedenen Marketinginstrumente im Marketing-Mix aufeinander abgestimmt werden.

[1] **allgemeine Marketingziele (= Oberziele)**

▶ LF 10, Kap. 5.1

[2] **Marketingziele der einzelnen Marketinginstrumente (= Unterziele)**

▶ LF 10, Kap. 5.2

Wollen Unternehmen sich markt- und kundenorientiert verhalten, müssen die **allgemeinen Marketingziele** aus der Marktsituation (Kunden, Konkurrenz, Konjunktur) und aus unternehmensinternen Gegebenheiten (Unternehmensziele, Wertvorstellungen, Leistungspotenzial) abgeleitet werden. Später werden im Rahmen der Ausgestaltung des Marketing-Mix auch die **Marketingziele der einzelnen Marketinginstrumente** bestimmt.

5.1 Allgemeine Marketingziele

Je nachdem, ob das Ziel zahlenmäßig bestimmt werden kann, unterscheidet man bei den allgemeinen Marketingzielen quantitative und qualitative Ziele.

Quantitative Marketingziele

Mithilfe der quantitativen Marketingziele soll häufig die **ökonomische (wirtschaftliche) Situation** des Unternehmens verbessert oder gesichert werden. Da die Ziele zahlenmäßig bestimmbar sind, haben quantitative Ziele den Vorteil, dass sie im Rahmen der Beurteilung des Marketingerfolgs gut überprüft werden können. Zu den quantitativen Zielen gehören z.B.:

- Steigerung der Verkäufe um X Stück
- Steigerung der Mietvertragsabschlüsse um X %
- Erreichung eines Marktanteils von X % oder Sicherung des Marktanteils
- Steigerung des Gewinns um X %
- Reduzierung der Mieterbeschwerden um X %
- Gewinnung von X Neukunden/-mietern

Die quantitativen Ziele werden häufig auch als ökonomische Ziele bezeichnet. Dies ist etwas irreführend, da auch durch die qualitativen Ziele letztlich ökonomische Ziele des Unternehmens unterstützt werden sollen.

Um den Erfolg von Marketingmaßnahmen später überprüfen zu können, ist es wichtig, die Ziele konkret zu formulieren.

Da die **qualitativen Ziele** auf die Einstellungen bzw. das Verhalten der Konsumenten ausgerichtet sind, werden sie auch als **psychologische Ziele** bezeichnet.

Qualitative Marketingziele

Neben den quantitativen Zielen sind für das Marketing auch qualitative Marketingziele bedeutsam. Mit ihrer Hilfe sollen bei den (potenziellen) Kunden Präferenzen für das Unternehmen bzw. Produkt aufgebaut und verstärkt werden. Auch die qualitativen Ziele dienen langfristig jedoch ökonomischen Zwecken wie der Umsatzsteigerung und der Erhöhung des Marktanteils. Es gibt dabei eine Vielzahl an möglichen qualitativen Zielen, z.B.:

- Erhöhung des Bekanntheitsgrads des Unternehmens
- Erhöhung der Kundenzufriedenheit
- Verbesserung des Unternehmensimages
- Erhöhung der Kundenbindung

Auch bei den qualitativen Zielen ist eine klare Zielformulierung sinnvoll.

Ein **Zielkonflikt** besteht, wenn das Anstreben eines Ziels die Erreichung eines anderen Ziels beeinträchtigt (konkurrierende Ziele).

Eine **Zielharmonie** besteht, wenn das Anstreben eines Ziels die Erreichung eines anderen Ziels unterstützt (komplementäre Ziele).

Zielkonflikte und Zielharmonien

Unternehmen setzen sich in der Regel mehrere Marketingziele. Dabei kann es zu **Zielkonflikten** kommen. Beispielsweise könnte man zur Steigerung der Bekanntheit die Werbeaufwendungen erhöhen, was zunächst aber den Gewinn reduzieren würde. Einfacher ist die Gestaltung des Marketingkonzepts beim Vorliegen von **Zielharmonien**. Eine Reduzierung der Kundenreklamationen würde z.B. auch die Verwirklichung des Ziels „Imageverbesserung" unterstützen.

5.2 Marketingziele der einzelnen Marketinginstrumente

Marketinginstrumente
▶ LF 10, Kap. 7

Nachdem allgemeine Marketingziele formuliert und die Marketingstrategie bestimmt wurden, müssen vor der Festlegung der einzelnen Marketingmaßnahmen für jedes einzelne Marketinginstrument Ziele formuliert werden.

Ziele der Produktpolitik	Ziele der Preispolitik	Ziele der Kommunikationspolitik	Ziele der Distributionspolitik
z.B. • ökologisches Bauen • hochwertige Immobilien	z.B. • Unterbietung der Wettbewerber	z.B. • Erhöhung des Bekanntheitsgrades • Verbesserung des Images	z.B. • Ausbau eines Vertriebsnetzwerkes mit Maklern

Die Marketingziele der einzelnen Marketinginstrumente sind gewissermaßen Unterziele der allgemeinen Marketingziele. Zwischen diesen Zielebenen müssen Zielharmonien bestehen, da die untergeordneten Ziele zur Realisierung der übergeordneten allgemeinen Ziele beitragen sollen.

5.3 Formulierung von Zielen

Marketingziele werden formuliert, um alle weiteren Aktivitäten des Marketings daran auszurichten. Der Erfolg der Maßnahmen wird danach am Maß der Zielerreichung beurteilt. Damit dies möglich ist, sollten Ziele stets spezifisch, messbar, erreichbar, relevant und zeitgebunden formuliert sein. In diesem Zusammenhang spricht man häufig auch von der sogenannten SMART-Regel:

S – Spezifisch (Specific)	Ein Ziel sollte klar und präzise definiert sein. Es sollte keine Mehrdeutigkeiten enthalten und keinen Raum für Interpretation lassen.
M – Messbar (Measurable)	Ein Ziel sollte messbar sein, damit der Fortschritt verfolgt und der Erfolg bewertet werden kann. Es sollte möglich sein, quantitative oder qualitative Maßstäbe festzulegen, anhand derer der Grad der Zielerreichung beurteilt werden kann.
A – Erreichbar (Achievable)	Ein Ziel sollte erreichbar und realistisch sein. Es sollte herausfordernd sein, um die Motivation und das Engagement zu fördern, aber gleichzeitig sollte es innerhalb der vorhandenen Ressourcen und des Zeitrahmens machbar sein. Es ist wichtig, dass das Ziel nicht zu weit außerhalb des Möglichen liegt, um Frustration und Enttäuschung bei den Mitarbeitern zu vermeiden.
R – Relevant (Relevant)	Ein Marketingziel sollte relevant für die übergeordneten Unternehmensziele sein und damit im Einklang mit den langfristigen Plänen des Unternehmens stehen.
T – Terminiert (Time-bound)	Ein Ziel sollte mit einem klaren Zeitrahmen versehen sein, innerhalb dessen es erreicht werden soll. Es wird somit deutlich, bis wann das Ziel erreicht werden soll. Das hilft bei der Priorisierung von Aufgaben.

Beispiel

Die MEWOH Musterwohn GmbH hat sich zum Ziel gesetzt, die Online-Unternehmenspräsenz zu verbessern. Aktuell ist sie bei Google mit 3,5 Sternen bewertet. Sie formuliert daher für das Social Media Marketing folgende Zielsetzung: Sie erreicht bis zum 31.12.2025 eine durchschnittliche Google-Bewertung von mindestens 4 Sternen.

auch: Absatzstrategien

SB ▶ SITUATION 82 Marketingstrategien

6 Marketingstrategien

Nachdem die Marktsituation analysiert und Marketingziele festgelegt wurden, müssen passende Marketingstrategien gewählt werden.

Merke!

Marketingstrategien legen die grundsätzlichen Wege zu den Marketingzielen fest.

Es handelt sich hierbei um generelle Verhaltensweisen, mit denen ein Unternehmen erfolgreich sein möchte. Man unterscheidet dabei **Marktsegmentierungsstrategien**, **Wettbewerbsstrategien** und **Produkt-Markt-Strategien**.

6.1 Marktsegmentierungsstrategien

Unternehmen können die unterschiedlichen Wünsche aller Kunden selten mit einem Produkt erfüllen. Um Kundenorientierung so gut zu verwirklichen, dass sich jeder Kunde in seinen Bedürfnissen optimal angesprochen fühlt, ist häufig eine Marktsegmentierung erforderlich.

Marketing-Mix
▶ LF 10, Kap. 7

Ziel ist es, für das jeweilige Marktsegment einen passenden Marketing-Mix (aus Produkt-, Preis-, Kommunikations- und Distributionspolitik) zu gestalten. So müssen verschiedene Zielgruppen festgelegt werden, um die unterschiedlichen Kundengruppen adressatengerecht über passende Produkte bzw. Dienstleistungen informieren zu können. Zudem können dann im Rahmen der Kommunikationspolitik zielgruppengerechte Informationsmittel gewählt werden, z. B. durch die Nutzung von Online-Immobilienportalen oder Unternehmenshomepages mit eigener Kommunikations-App.

heterogen (griech.): verschiedenartig
homogen (griech.): gleichartig

Merke!

Marktsegmentierung bedeutet, den heterogenen Gesamtmarkt eines Anbieters in mehrere homogene Teilmärkte aufzuteilen (zu segmentieren). Es werden Käufergruppen gebildet.

Die Bildung homogener Kundengruppen, die in ihren Bedürfnissen und in ihren erwarteten Reaktionen auf Marketingmaßnahmen vergleichbar sind, erfolgt anhand relevanter Zielgruppenmerkmale, wie z. B.:

bei Privatpersonen als Kunden	bei Unternehmen als Kunden
• soziodemografische Merkmale (Alter, Geschlecht, Ausbildungsniveau) • geografische Merkmale (Stadt/Land, Region, Nationalität) • psychografische Merkmale (Lebensstil, Interessen) • verhaltensbezogene Merkmale (Markentreue, Einkaufsstätten)	• Bedeutung der Kunden (z. B. nach Umsatz in A-, B- und C-Kunden) • Rechtsstatus der Kunden (öffentliche oder private Unternehmen) • Dauer der Kundenbeziehung (Bestandskunden, Neukunden) • Kundentreue (kaufen regelmäßig oder unregelmäßig)

Um sich auf Kunden individuell einstellen zu können, ist die Kenntnis der unterschiedlichen **Kundentypen** von entscheidender Bedeutung. Somit ist die **Bedarfsforschung** die Grundlage, um die Leistungen des Unternehmens kundenorientiert erbringen zu können.

Bedarfsforschung
▶ LF 10, Kap. 2.1.1

Bei der Marktsegmentierung ist darauf zu achten, dass
- die **Teilmärkte in sich homogen**, also die Kunden in einem Marktsegment sehr gleichartig sind,
- die einzelnen Teilmärkte sich möglichst deutlich **voneinander abgrenzen** und
- jeder **Teilmarkt groß genug** ist, damit sich segmentspezifisches Marketing lohnt.

Verschiedene Zielgruppenmerkmale können auch miteinander kombiniert werden, um Kundentypen zu beschreiben. Ein bekanntes Beispiel ist die Sinus-Milieu®-Studie, die Menschen mit ähnlichen Lebensauffassungen und Lebensweisen in Bezug auf Arbeit, Familie und Freizeit sowie Konsum zusammenfasst.

Das Sinus-Milieu®-Modell wird von der „SINUS Markt- und Sozialforschung GmbH" parallel zu den gesellschaftlichen Veränderungen aktualisiert und dient Unternehmen zur gezielten Produktentwicklung und für das strategische Marketing insgesamt.

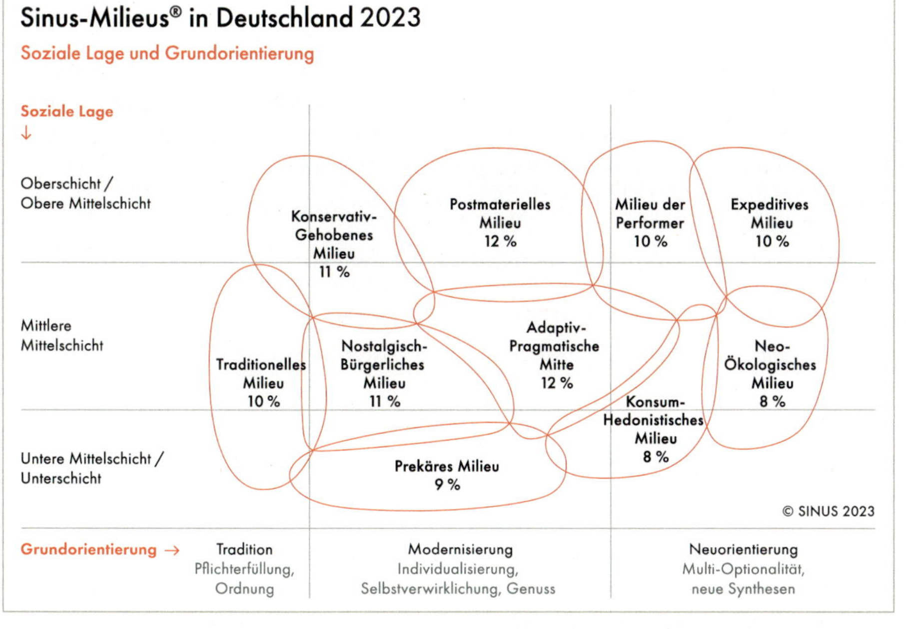

Die Sinus-Milieus® in Deutschland 2023: Kurzcharakteristik

Leitmilieus	
Konservativ-Gehobenes Milieu (11 %)	Die alte strukturkonservative Elite: klassische Verantwortungs- und Erfolgsethik sowie Exklusivitäts- und Statusansprüche; Wunsch nach Ordnung und Balance; Selbstbild als Fels in der Brandung postmoderner Beliebigkeit; Erosion der gesellschaftlichen Führungsrolle
Postmaterielles Milieu (12 %)	Engagiert-souveräne Bildungselite mit postmateriellen Wurzeln: Selbstbestimmung und -entfaltung sowie auch Gemeinwohlorientierung; Verfechter von Post-Wachstum, Nachhaltigkeit, diskriminierungsfreien Verhältnissen und Diversität; Selbstbild als gesellschaftliches Korrektiv

Milieu der Performer (10 %)	Die effizienzorientierte und fortschrittsoptimistische Leistungselite: globalökonomisches und liberales Denken; gesamtgesellschaftliche Perspektive auf der Basis von Eigenverantwortung; Selbstbild als Stil- und Konsum-Pioniere; hohe Technik- und Digital-Affinität
Zukunftsmilieus	
Expeditives Milieu (10 %)	Die ambitionierte kreative Bohème: Urban, hip, digital, kosmopolitisch und vernetzt; auf der Suche nach neuen Grenzen und unkonventionellen Erfahrungen, Lösungen und Erfolgen; ausgeprägte Selbstdarstellungskompetenz, Selbstbild als postmoderne Elite
Neo-Ökologisches Milieu (8 %)	Die progressiven Realisten: Optimismus und Aufbruchsmentalität bei gleichzeitig ausgeprägtem Problembewusstsein für die planetaren Herausforderungen; Selbstbild als Changemaker und Impulsgeber der globalen Transformation; offen für neue Wertesynthesen: Disruption und Pragmatismus, Erfolg und Nachhaltigkeit, Party und Protest; nachhaltiger Lebensstil ohne Verzichtsideologie
Moderner Mainstream	
Adaptiv-Pragmatische Mitte (12 %)	Der moderne Mainstream: Anpassungs- und Leistungsbereitschaft, Nützlichkeitsdenken, aber auch Wunsch nach Spaß und Unterhaltung; starkes Bedürfnis nach Verankerung und Zugehörigkeit; wachsende Unzufriedenheit und Verunsicherung aufgrund der gesellschaftlichen Entwicklung; Selbstbild als flexible Pragmatiker
Konsum-Hedonistisches Milieu (8 %)	Die auf Konsum und Entertainment fokussierte (untere) Mitte: Spaßhaben im Hier und Jetzt; Selbstbild als cooler Lifestyle-Mainstream; starkes Geltungsbedürfnis; berufliche Anpassung vs. Freizeit-Eskapismus; zunehmend genervt vom Diktat der Nachhaltigkeit und Political Correctness
Prekäres Milieu (9 %)	Die um Orientierung und Teilhabe bemühte Unterschicht: Dazugehören und Anschlusshalten an den Lebensstandard der breiten Mitte – aber Häufung sozialer Benachteiligungen und Ausgrenzungen; Gefühl des Abgehängtseins, Verbitterung und Ressentiments; Selbstbild als robuste Durchbeißer
Traditioneller Mainstream	
Nostalgisch-Bürgerliches Milieu (11 %)	Die harmonieorientierte (untere) Mitte: Wunsch nach gesicherten Verhältnissen und einem angemessenen Status; Selbstbild als Mitte der Gesellschaft, aber wachsende Überforderung und Abstiegsängste; gefühlter Verlust gelernter Regeln und Gewissheiten; Sehnsucht nach alten Zeiten
Traditionelles Milieu (10 %)	Die Sicherheit und Ordnung liebende ältere Generation: verhaftet in der kleinbürgerlichen Welt bzw. traditionellen Arbeiterkultur; anspruchslose Anpassung an die Notwendigkeiten; steigende Akzeptanz der neuen Nachhaltigkeitsnorm; Selbstbild als rechtschaffene kleine Leute
Quelle: https://www.sinus-institut.de/sinus-milieus/sinus-milieus-deutschland (Stand Oktober 2023)	

Nach der Segmentierung und Identifikation der verschiedenen Marktsegmente gilt es für das Immobilienunternehmen, eine geeignete Strategie zu entwickeln. So kann ein Unternehmen sich auf ein bestimmtes Marktsegment spezialisieren und nur dieses bearbeiten **(Nischenstrategie)** oder mehrere ausgewählte Marktsegmente bearbeiten und dabei jeweils den Marketing-Mix dem Marktsegment anpassen **(differenzierte Marktstrategie)**. Entscheidet sich ein Unternehmen gegen jede differenzierte Beachtung von Marktsegmenten, so nennt man dies **undifferenzierte Marktstrategie**.

Beispiel

Nischenstrategie:
Ein Projektentwickler konzentriert sich auf die Entwicklung von Pflegeimmobilien und Krankenhäusern.

Differenzierte Marktstrategie:
Ein Immobilienunternehmen bietet Wohn- und Gewerberaum (für den Einzelhandel und die Gastronomie) an. Privat- und Gewerbekunden haben im Unternehmen unterschiedliche Ansprechpartner.

6.2 Wettbewerbsstrategien

Auf Käufermärkten wird der Erfolg von Unternehmen auch dadurch bestimmt, wie sie mit der jeweiligen **Wettbewerbssituation** umgehen. Diese wird beeinflusst durch

- die Rivalität zwischen den **bestehenden Wettbewerbern**,
- die Bedrohung durch mögliche **neue** (ausländische) **Konkurrenten**,
- die Bedrohung durch (neue) **Substitutionsgüter** und
- die Verhandlungsmacht der Kunden.

Um sich **Wettbewerbsvorteile** zu verschaffen, stehen den Unternehmen drei grundsätzliche Wettbewerbsstrategien zur Verfügung:

1. Strategie der Kostenführerschaft

Mit dieser Strategie möchte ein Unternehmen durch **geringe Kosten** einen Wettbewerbsvorteil erlangen. Diese Strategie macht Unternehmen widerstandsfähig bei intensiven Preiskämpfen, da man auch bei niedrigen Preisen noch Gewinn erwirtschaften kann, während die Konkurrenten schon in der Verlustzone sind. Wichtige Voraussetzungen zur Erlangung eines Kostenvorsprungs sind z.B.:

- Größenvorteile aufgrund hoher Absatzmengen
- hoher Marktanteil, möglichst Marktführerschaft
- hohes Kostenbewusstsein und strenge Kostenminimierung (z.B. bei Neubauprojekten, im Vertriebsnetz)

Die Strategie der Kostenführerschaft ist insbesondere auf Märkten anzustreben, auf denen die Bedingungen des vollkommenen Marktes nahezu erfüllt sind, da hier das Preisargument bei den Kunden häufig den Ausschlag gibt.

2. Strategie der Differenzierung

Mit dieser Strategie möchte ein Unternehmen seine Güter oder Dienstleistungen **von der Konkurrenz abheben (differenzieren)**. Es soll ein Leistungsangebot geschaffen werden, das in der Branche von den Kunden als **einzigartig** bzw. besonders angesehen wird. Mit dieser Strategie zielt das Unternehmen darauf ab, höhere Preise (gegenüber der Konkurrenz) durch einen **besonderen Nutzen** rechtfertigen zu können. Differenzierung kann beispielsweise über folgende Bereiche erfolgen:

- eine besondere Qualität oder innovative Wohnkonzepte
- ein besonderes (Unternehmens- oder Produkt-)Image
- eine besondere Bauweise
- besondere Serviceleistungen

„Die Strategie, die auf Klasse setzt."

Die Strategie der Differenzierung schirmt ein Unternehmen gegenüber dem Wettbewerb ab, indem sie Kunden an ein Unternehmen bindet (persönliche Präferenz) und somit ihre Preisempfindlichkeit verringert. Es wird also gezielt angestrebt, die Bedingungen des vollkommenen Marktes zu „brechen".

Beispiel

Frau Dr. Pohl bespricht mit Herrn Riedel die Erfolgsaussichten einer Differenzierungsstrategie für die MEWOH Musterwohn GmbH im Hinblick auf ein erweitertes Angbot bei Coworking Spaces. Aufgrund der seit einiger Zeit verstärkten Anfragen nach entsprechenden Büroräumen sieht Frau Dr. Pohl hier ein erhebliches Potenzial. Insbesondere zentrumsnah gibt es eine spürbar hohe Nachfrage. Die MEWOH könnte mit entsprechenden Angeboten eine nachhaltige Entwicklung fördern und gleichzeitig das Thema Leerstandsmanagement angehen.

Coworking Spaces
sind große und offene Gemeinschaftsbüros, die sich verschiedene Personen teilen. Ziel ist es, so einen möglichst zeitlich sehr flexiblen Arbeitsplatz nutzen zu können.

3. Strategie der Konzentration auf Schwerpunkte (Nischenstrategie)

Mit der Nischenstrategie konzentriert sich ein Unternehmen auf **Schwerpunkte (Marktnischen)**. Bei dieser Konzentrationsstrategie geht es darum, ein **bestimmtes Marktsegment** zu bevorzugen und alle Marketingmaßnahmen auf die gewählte Marktnische auszurichten.

„Die Strategie, die auf eine Nische setzt."
Die Nischenstrategie soll in dem gewählten Marktsegment entweder eine Differenzierung oder eine Kostenführerschaft ermöglichen (im Idealfall beides).

Der Wettbewerbsvorteil dieser Strategie soll dadurch entstehen, dass das Unternehmen seine Marketingmaßnahmen auf die gewählte Zielgruppe konzentriert und diese so wirkungsvoller und effizienter erreichen kann als die Konkurrenz. Nischen können z.B. sein: eine bestimmte Kundengruppe, ein bestimmter Teil des Leistungsangebots oder ein geografisch abgegrenzter Markt.

Beispiel

Eine Immobilienmaklerin hat sich auf den Bereich der Luxusimmobilien spezialisiert.

6.3 Produkt-Markt-Strategien

Die strategische Ausrichtung der Marketingaktivitäten kann auch davon abhängig gemacht werden, ob ein Unternehmen **auf bestehenden oder neuen Märkten** erfolgreich sein möchte **und** ob es dabei **vorhandene oder neu zu entwickelnde Produkte** (z.B. Wohnanlagen) nutzen möchte. Entsprechend können vier verschiedene Produkt-Markt-Strategien unterschieden werden:

auch: Marktintensivierung, Marktausschöpfung

1. Strategie der Marktdurchdringung

Mit den bereits **vorhandenen Produkten** wird der bereits **bestehende Markt** intensiv bearbeitet. Es wird eine umfassende Durchdringung – möglichst Beherrschung – des vorhandenen Marktes angestrebt. Dies erfolgt über eine Steigerung des Absatzes bzw. Marktanteils, z.B. durch die Akquise von Neukunden.

Beispiel

Die MEWOH Musterwohn GmbH will im Bereich des betreuten Wohnens den Markt durchdringen. Dazu laufen Vertragsverhandlungen mit größeren mobilen Pflegedienstleistern, die stadtviertelbezogen Dienstleistungen und Hilfen zeitnah anbieten können. Alle Häuser Baujahr 1990 und jünger sollen bis 2035 mit Aufzug und ohne Stufen im Eingangsbereich ausgerüstet werden.

auch: Marktentwicklung

2. Strategie der Markterschließung

Ein Unternehmen möchte **neue Märkte** mit den vorhandenen Produkten erschließen. Diese Strategie wird häufig durch die Erschließung neuer Zielgruppen verwirklicht. In diesem Fall kommt der Marktsegmentierung große Bedeutung zu.

Beispiel

Die MEWOH Musterwohn GmbH hat vor einigen Jahren begonnen, auf barrierefreies Wohnen zu achten. Mittlerweile bietet sie in einem Großteil ihrer Wohnanlagen barrierefreie Wohnungen an. Bestandsimmobilien wurden nach und nach umgerüstet, um insbesondere Senioren und Menschen mit Behinderung eine an ihre Bedürfnisse angepasste Wohnfläche anbieten zu können.

3. Strategie der Produktentwicklung

Bei dieser Strategie steht die Entwicklung **neuer Produkte** (Innovationen) für die bestehenden Märkte im Vordergrund. Die neuen Produkte können dabei das bisherige Leistungsprogramm ergänzen oder einzelne Produkte ersetzen. Diese Strategie ist insbesondere auf **dynamischen Märkten** angebracht, auf denen sich die Kundenbedürfnisse bzw. Kaufmotive häufig verändern.

Beispiel

Bei der Planung von Bauprojekten sind für die MEWOH Musterwohn GmbH seit einigen Jahren auch die Themen Umweltschutz und Nachhaltigkeit sehr wichtig. Es wird mittlerweile weniger Fläche verbaut, auf nachhaltige Baustoffe gesetzt und im Hinblick auf den Energieverbrauch zukünftiger Wohnanlagen auf innovative Heizsysteme gesetzt.

4. Strategie der Diversifikation

Durch Diversifikation wird häufig eine generelle Neuorientierung eines Unternehmens erreicht. **Neue Produkte** werden auf **neuen Märkten** angeboten, und das Unternehmen erschließt sich damit neuartige Leistungsbereiche. Mit dieser Strategie wird häufig ein Unternehmenswachstum angestrebt.

Beispiel

Frau Dr. Pohl diskutiert mit Herrn Riedel darüber, ob die MEWOH Musterwohn GmbH zukünftig eventuell auch in den Bereichen Vermietung und Verkauf von selbst errichteten Luxusimmobilien tätig werden sollte.

Die verschiedenen Wettbewerbs- und Produkt-Markt-Strategien treten nicht immer einzeln und in eindeutiger Form auf. Sehr häufig gibt es betriebsindividuelle Kombinationen. Letztlich müssen häufig **verschiedene Marketingstrategien** so **miteinander kombiniert** werden, dass das Unternehmen langfristig mit seinem Leistungsangebot eine wettbewerbsfähige Position in einem Markt erlangt und behält.

7 Abstimmung von Marketinginstrumenten im Marketingkonzept (Marketing-Mix)

Beispiel

Frau Dr. Pohl hat inzwischen mit Herrn Riedel die zukünftigen Marketingziele und Marketingstrategien für die MEWOH Musterwohn GmbH konkretisiert. Heute hat sie Isabell zu sich gerufen: „So, jetzt ist Kreativität gefragt. Und dafür brauche ich Sie. Wir müssen ein in sich schlüssiges Marketingkonzept für die MEWOH erstellen. Bitte entwickeln Sie doch schon einmal zusammen mit den anderen Auszubildenden ein paar Ideen. Sie können mir dann Ihre Vorschläge am nächsten Montag um 10:00 Uhr vorstellen. Aber denken Sie daran, Produkt-, Kontrahierungs-, Distributions- und Kommunikationspolitik aufeinander abzustimmen. Der Marketing-Mix muss stimmen."

Nach der Festlegung der Marketingziele und -strategien erfolgt die Auswahl und Ausgestaltung der einzelnen **Marketinginstrumente**. Das absatzpolitische Instrumentarium setzt sich aus vier Bereichen zusammen:

Absatzpolitische Instrumente

Marketinginstrumente

- Produkt- und Sortimentspolitik
- Preis- und Konditionenpolitik
- Distributionspolitik
- Kommunikationspolitik

Jetzt wird klar, dass zum Marketing natürlich auch die Werbung gehört, aber eben nur als ein Teilbereich. Die **optimale Kombination einzelner Marketingmaßnahmen** zu einem aufeinander abgestimmten und sich gegenseitig unterstützenden Maßnahmenbündel wird als **Marketing-Mix** bezeichnet.

Beim Marketing-Mix wird auch von den 4Ps gesprochen:
- Product
- Price
- Promotion
- Place

7.1 Produktpolitik

Die Produktpolitik umfasst alle Maßnahmen und Entscheidungen des Immobilienunternehmens bezogen auf das Produkt, d.h., auf die Immobilie. Dies beinhaltet vor allem die Objektauswahl bzw. -gestaltung unter Beachtung des Produktlebenszyklus.

Hinweis

Für Makler und Bauträger ergibt sich hier ein „doppeltes" Marketing – auf der einen Seite das Marketing für das zu vertreibende Objekt – auf der anderen Seite das Marketing für die eigene Dienstleistung. Im Folgenden konzentrieren wir uns auf das objektbezogene Marketing.

7.1.1 Produktlebenszyklus

Kaum ein Produkt hält sich für unbegrenzte Zeit am Markt – das gilt auch für Immobilien. Wie auch bei anderen Produkten unterliegt eine Immobilie einem Lebenszyklus, welchen sie durchläuft. Mit Blick auf das eigene Bestandsmanagement ist es für ein Immobilienunternehmen grundlegend, zu wissen, in welcher Phase des Lebenszyklus sich eine Bestandsimmobilie befindet, um im Bedarfsfall z.B. erfolderliche Sanierungsmaßnahmen einleiten zu können.

Der Produktlebenszyklus stellt die Entwicklungsphasen eines Produktes von seiner Einführung auf dem Markt bis zum Niedergang dar. Seine Dauer ist je nach Produkt bzw. Dienstleistung sehr unterschiedlich. Die Lebenszyklusphasen bei einer Immobilie sehen wie folgt aus:

Lebenszyklusphasen einer Immobilie

- **Planung:** Die Entscheidung für den Bau einer neuen Immobilie ist gefallen. Nun geht es im ersten Schritt an die Planung. Dabei stehen z.B. ökonomische, technische, rechtliche als auch soziale Fragen im Mittelpunkt, die es zu klären gilt. Eine durchdachte und professionelle Planung ist grundlegend, um z.B. Mängel zu vermeiden, die in späteren Phasen erhebliche Probleme verursachen können.
- **Bau:** Nun beginnt der Bau der Immobilie. Bis zur Fertigstellung des Baus vergehen i.d.R. mehrere Jahre. Die in der ersten Phase aufgestellte professionelle Planung hilft bei der Umsetzung. Zudem sollte auch immer auf die planmäßige Umsetzung geachtet werden, um mögliche Verzögerungen oder Mängel zu vermeiden. Einfluss auf die Abläufe hat darüber hinaus auch immer die Projektgröße.
- **Nutzung:** Ist der Bau der Immobilie fertiggestellt, kann der Betrieb aufgenommen und mit der Bewirtschaftung begonnen werden (z.B. der Vermietung von Gewerbeeinheiten). Nun geht es darum, mit der Immobilie Geld zu verdienen. Neben der Optimierung der Kosten geht es auch darum, Schäden zu vermeiden, da dies zu Leerständen und Wertverlusten führen kann.

- **Sanierung:** Nach Jahren der Nutzung stellt sich unweigerlich die Frage nach Sanierungs-, Umbau- oder Modernisierungsmaßnahmen. Mit der Durchführung entsprechender Maßnahmen können die Wertigkeit und Lebensdauer einer Immobilie erheblich positiv beeinflusst werden. Dabei können auch Überlegungen hinsichtlich einer anderen Nutzung einfließen.
- **Abriss:** Die Immobilie ist am Ende des Lebenszyklus angekommen. Möglicherweis gibt es bereits Überlegung zu einem Neubau oder einer alternativen Nutzung des Grundstücks. Evtl. kommt auch ein Verkauf des Grundstücks in Betracht.

Die Gesamtkosten, die für ein Immobilienunternehmen im Laufe des Lebenszyklus einer Immobilie anfallen, verteilen sich dabei wie folgt:
- Planungsphase: ca. 5 %
- Bauphase: ca. 10 %
- Nutzungsphase: ca. 75 %
- Sanierungsphase: ca. 5 %
- Abrissphase: ca. 5 %

Jede Phase im Produktlebenszyklus erfordert individuelle Maßnahmen, um den Erfolgsbeitrag eines Produktes zu optimieren. In der Realität lassen sich die verschiedenen Phasen selten eindeutig bestimmen. Eine grobe Einschätzung reicht jedoch, um situativ sinnvolle produktpolitische Maßnahmen auszuwählen.

Zudem ist die Kenntnis über den Lebenszyklus auch wichtig für kommuikationspoltische Maßnahmen. Je nach Lebensphase des Objekts werden unterschiedliche Zielgruppen angesprochen, wie z. B. Behörden und Kreditgeber in der Planungs- und Bauphase, potenzielle Mieter oder Käufer in der Nutzungsphase.

7.1.2 Produktpolitische Maßnahmen

Je nachdem, in welcher Lebenszyklusphase sich ein Produkt befindet, setzen Unternehmen unterschiedliche produktpolitische Maßnahmen ein, um es möglichst lange erfolgreich am Markt zu halten.

Grundsätzlich ist, je nach Zielstellung und Zielgruppe des Immobilienunternehmens, die Immobile passend auszuwählen bzw. zu gestalten. Zentrale Gestaltungsmittel, die bei der Entscheidung für die Aufnahmen ins Immobilienportfolio eine Rolle spielen, können sein:
- Grundstücksgröße und -zuschnitt
- räumlicher Standort
- Umfeldgestaltung, Verkehrsinfrastruktur
- Parkplatzangebot
- Einkaufsmöglichkeiten
- Architektur/Design
- Baumaterialien
- Gebäude- und Nutzungsflexibilität
- Funktionalität
- Adresse/Image
- Ausstattungsstandard
- Gebäudegröße/Mietfläche

Darüber hinaus können produktpolitische Entscheidungen eine Rolle spielen, z. B.:

Produktinnovation: Bei der Produktinnovation wird ein völlig neues Produkt eingeführt. Möglicherweise löst dieses neue Produkt ein altes ab, das sich am Ende der Verfallsphase befindet. Produktinnovationen können als **Differenzierung** oder als **Diversifikation** des bestehenden Sortiments realisiert werden.

Differenzierung	**Diversifikation**		
	horizontal	**vertikal**	**diagonal/lateral**
Das neue Produkt stammt aus dem gleichen Bereich wie vorhandene Angebote. Damit bedeutet die Differenzierung eine Ergänzung. (Beispiel: Ein Immobilienunternehmen, das bisher vorwiegend 2-3-Zimmer-Wohnungen vermietet, bietet nun auch 1-Zimmer-Apartments an.)	Das neue Produkt entstammt der gleichen Wirtschaftsstufe und Branche, hebt sich jedoch deutlich vom bisherigen Angebot ab. (Beispiel: Ein Immobilienunternehmen, das bisher lediglich Wohnraum vermietet, nimmt nun auch Gewerbeeinheiten in das Portfolio auf.)	Das neue Produkt repräsentiert eine vor- oder nachgelagerte Wirtschaftsstufe. (Beispiel: Ein Immobilienunternehmen, das bisher nur Bestandsimmobilien vermietet hat, wird nun auch als Bauträger tätig.)	Das neue Produkt hat keinen Zusammenhang zu den bisherigen Leistungen. (Beispiel: Ein Immobilienunternehmen, das bisher WEG-Verwaltung angeboten hat, bietet nun auch Vermögensberatung an.)

Produktvariation: Ein vorhandenes Produkt wird leicht geändert. Dies kann nach der Modernisierung eines bestehenden Objekts der Fall sei.

Produktpolitische Maßnahmen bei einem Produkt müssen immer die Auswirkungen auf das gesamte Sortiment eines Unternehmens berücksichtigen.

Produktelimination: Ein wenig erfolgreiches Objekt bzw. ein Objekt am Ende des Lebenszyklus wird abgerissen oder veräußert. Diese Maßnahme verursacht eine Lücke im vorhandenen Angebot und kommt häufig erst dann in Betracht, wenn neue Objekte entwickelt und marktreif sind.

Die verschiedenen produktpolitischen Maßnahmen werden immer in Abstimmung mit dem Produktlebenszyklus eines Produktes phasengerecht eingesetzt.

7.1.3 Bedeutung von Serviceleistungen

Für ein Immobilienunternehmen geht es heutzutage nicht mehr nur um das Vermieten oder den Verkauf von Immobilien. Auch das Anbieten von mit der Immobilie verbundenen Service- und Dienstleistungen gehört mittlerweile für viele zum täglichen Geschäft, weil

- Kunden entsprechende Leistungen erwarten und nachfragen,
- sie zu einer stärken Kundenbindung und -zufriedenheit führen,
- einige Aufgaben, wie z. B. das Abrechnen von Betriebskosten, sehr komplex sind und Spezialwissen voraussetzen und
- das Anbieten von Service- und Dienstleistungen ein Wettbewerbsvorteil ist.

Dafür bilden Immobilienunternehmen häufig eigene Tochterunternehmen bzw. Unternehmenseinheiten oder arbeiten mit speziellen Dienstleistern zusammen (Stichwort **Outsourcing**).

Outsourcing

Beim Outsourcing werden zuvor selbst erbrachte Leistungen an einen externen Dienstleister ausgelagert.

Bei den Service- und Dienstleistungen kann es sich z. B. handeln um:

- Angebot einer Beratung für Käufer und Verkäufer von Immobilien
- Hausverwaltung, z. B. Erstellung der Nebenkostenabrechnung bzw. Betriebskostenabrechnung

- Hausmeisterservice
- technisches Gebäudemanagement, wie z. B. der Betrieb und die Bewirtschaftung des Gebäudes sowie Wartung und Reparatur der technischen Anlagen (z. B. Heizung oder Fahrstuhl)
- Gebäudereinigung sowie Grünflächenpflege
- Winterdienst

7.2 Preis- und Konditionenpolitik

Preis- und Konditionenpolitik werden auch als **Kontrahierungspolitik** zusammengefasst.

Der Preis spielt insbesondere dann eine Rolle, wenn rationale (wirtschaftliche) Kaufmotive im Vordergrund stehen.

Im Rahmen der Preis- und Konditionenpolitik finden alle Überlegungen, Planungen und Entscheidungen statt, die den Preis einer Leistung und alle auf den Preis bezogenen (Sonder-)Konditionen betreffen.

Überlegungen, Planungen und Entscheidungen zum Preis

grundsätzliche Preisstrategie bestimmen und ggf. verfeinern → Preise kosten-, kunden- und konkurrenzorientiert gestalten → evtl. Preisdifferenzierung durchführen → evtl. zusätzliche Konditionen anbieten

7.2.1 Preisstrategien

Unter einer Preisstrategie versteht man die **langfristige Ausrichtung** der Preisgestaltung. Preisstrategien sind damit weitgehend unabhängig von kurzfristigen Entscheidungen des Tagesgeschäftes (z. B. Sonderangeboten). Bei der Hochpreis- und der Niedrigpreisstrategie handelt es sich um auf Dauer angelegte Strategien, die häufig auf Grundlage der generellen Konkurrenzsituation auf dem betroffenen Markt gewählt werden. Diese beiden Strategien werden zur **Markteinführung neuer Produkte** häufig kurzfristig verfeinert:

Marktdurchdringungsstrategie (Penetrations-Strategie): Es wird zunächst ein relativ niedriger Preis gewählt, mit dem am Markt möglichst schnell hohe Umsätze erzielt werden können. Das Produkt soll schnell an Bedeutung am Markt gewinnen, und der Konkurrenz soll der Marktzutritt erschwert werden. Wenn eine gute Marktposition erreicht wurde, werden die Preise angehoben. Wenn der Preis dauerhaft niedrig gehalten wird, liegt eine **Niedrigpreisstrategie** vor.

Beispiel

Für ein Neubauprojekt werden die Wohnungen, die bereits vor Fertigstellung erworben werden, günstiger verkauft als die letzten Einheiten nach Fertigstellung des Objekts.

Nachfrageüberhang
▶ LF 12, Kap. 4.2.5

Marktabschöpfungsstrategie (Skimming-Strategie): In diesem Fall werden die Preise zunächst so hoch angesetzt, dass erhebliche Gewinnspannen „abgeschöpft" werden können. Diese Strategie wird häufig bei vorübergehenden Nachfrageüberhängen eingesetzt, wie bei der Einführung begehrter Neuprodukte (z. B. neue Elektronikgeräte).

Sobald ernsthafte Konkurrenten mit Substitutionsgütern in den Markt treten, wird der Preis gesenkt. Werden die Preise jedoch dauerhaft hoch gehalten, dann liegt eine **Hochpreisstrategie** vor.

Substitutionsgüter
Produkte, die jederzeit durch andere ersetzt werden können (z. B. Öl durch Gas als Brennstoff)

Die Marktabschöpfungsstrategie ist auf dem Immobilienmarkt nicht ohne Weiteres zu übernehmen. Sinkende Preise signalisieren bei diesem sensiblen Investitionsobjekt dem Käufer häufig, dass es Probleme beim Absatz gibt. Das Vertrauen in die Werthaltigkeit der Immobilie sinkt und damit auch die Nachfrage nach dem Objekt. Somit werden bei einem überhöhten Startpreis häufig geringere Erlöse mit einer Immobilie erzielt als mit einem am Marktwert orientierten Startpreis. So zeigt die Grafik, dass bei einem Startpreis 20 % über dem Marktwert, der erzielte Erlös kleiner war, als wenn der Startpreis nur leicht über dem Marktwert lag.

Zusammenhang von Startpreis und Erlös
(empirische Studie der Kreissparkasse Köln auf Grundlage von 1 000 Immobilienverkäufen)

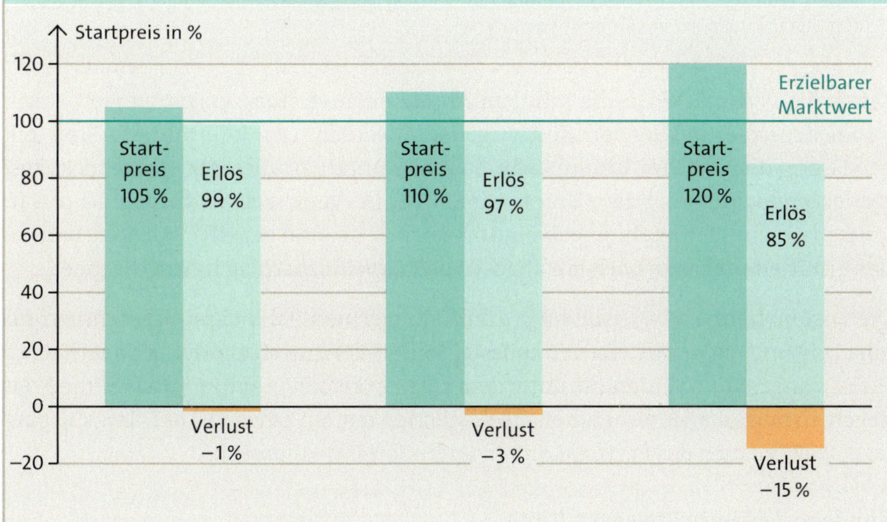

Quelle: https://www.wita-immo.de/Auswirkung-des-Angebotspreises-auf-den-Kaufpreis-und-die-Vermarktungsdauer-einer-Immobilie.htm (abgerufen November 2023)

7.2.2 Preisgestaltung

Basierend auf der gewählten Preisstrategie und unter Beachtung der Ergebnisse der Bedarfs-, Konkurrenz- und Konjunkturforschung wird entschieden, welcher Preis für eine Leistung, z.B. beim Verkauf oder bei der Vermietung eines Objekts, festgelegt wird. Bei der Preisgestaltung sind drei Aspekte zu berücksichtigen:

Überlegungen, Planungen und Entscheidungen zum Preis

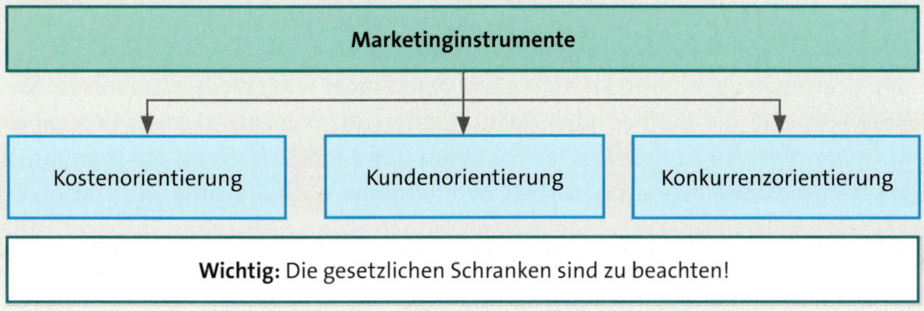

Kostenorientierte Preisgestaltung

Die kostenorientierte Preisgestaltung basiert auf den Kosten, die die Herstellung einer Leistung im Unternehmen verursacht. Hierbei sind zu beachten:

- **Bezugspreise:** Das sind die Preise, zu denen die für die Leistungserstellung benötigten Materialien oder Waren von anderen Unternehmen bezogen wurden.
- **Handlungskosten:** Dies sind alle Kosten, die neben den Bezugspreisen regelmäßig anfallen. Es sind also zusätzliche Kosten, die einer Leistung nicht direkt zugerechnet werden können (z.B. Löhne, Raumheizung, Beleuchtung). Sie müssen bei der Kostenermittlung einzelner Leistungen anteilig (prozentual) mit einem Handlungskostenzuschlagssatz einkalkuliert werden. Durch diesen Zuschlag auf die Bezugspreise sollen alle Kosten des Unternehmens gedeckt werden.

Merke!

Die **kostenorientierte Preisbildung** folgt dem Prinzip „aus dem Unternehmen heraus in den Markt hinein (from company to market)".

Durch die Verkaufserlöse, die mit dem Absatz einer Leistung erzielt werden, sollen mindestens die anfallenden Kosten gedeckt werden. Der so ermittelte Preis gilt gewissermaßen als **Preisuntergrenze**, da Preise unterhalb dieser Schwelle nicht kostendeckend wären und dem Unternehmen Verlust verursachen würden. Da privatwirtschaftliche Unternehmen aber grundsätzlich Gewinn erzielen möchten, wird zu den ermittelten Kosten noch ein angestrebter **Gewinnzuschlag** hinzugerechnet.

Die Ermittlung erfolgt unabhängig vom Markt.

Die kostenorientierte Preisbildung ermittelt, welchen Preis das Unternehmen für eine Leistung dauerhaft erzielen **müsste**. Sollten Konkurrenzprodukte dauerhaft zu Preisen angeboten werden, die unter dem eigenen kostenorientiert kalkulierten Preis liegen, so muss das Unternehmen die Kosten senken, auf einen Teil der Gewinnspanne verzichten oder das Portfolio mit anderen Objekten anpassen.

Kundenorientierte Preisgestaltung

Marktforschung
▶ LF 10, Kap. 4

Neben den anfallenden Kosten muss sich die Preisgestaltung auch an den Kunden (Nachfragern) orientieren. Hier kommt der Marktforschung eine große Bedeutung zu. Im Rahmen der Bedarfsforschung gilt es, zu ermitteln, welchen Preis die (meisten) Kunden bereit sind, für eine Leistung zu bezahlen. Der Preis wird also nicht nur vom Unternehmen kalkuliert, sondern auch vom Markt vorgegeben.

Merke!

Die **kundenorientierte Preisgestaltung** folgt dem Prinzip „vom Markt in das Unternehmen hinein (from market to company)".

Generell streben dabei rational handelnde Nachfrager nach niedrigen Preisen. Möglicherweise sind die Kunden aber auch bereit, weit mehr als den auf Kostenbasis ermittelten Preis zu zahlen. Das ist vor allem dann möglich, wenn die Leistung ein Alleinstellungsmerkmal aufweist (z.B. eine besondere Ausstattung, eine besondere Lage) und die Nachfrager ihr einen hohen Produktnutzen zusprechen. In diesen Fällen unterstützen diese Leistungen andere Leistungen, die zu einem eher niedrigen Preis angeboten werden müssen **(Mischkalkulation)**.

Mischkalkualtion
= Ausgleichskalkulation

Konkurrenzorientierte Preisgestaltung
Zum Markt eines Unternehmens gehören nicht nur die Kunden, sondern auch die Wettbewerber. Das Prinzip der konkurrenzorientierten Preisgestaltung entspricht weitestgehend der kundenorientierten Preisgestaltung. Einziger Unterschied ist die Bezugsgruppe: Statt der Kunden ist hier die Konkurrenz der Orientierungspunkt für den vom Markt vorgegebenen Preis.

Konkurrenzorientierte Preisgestaltung bedeutet häufig, Wettbewerber zu unterbieten. So kann ein Konkurrent einen Preiskampf auslösen, indem er die Preise der Mitbewerber unterbietet und andere Konkurrenten mit noch niedrigeren Preisen nachziehen. Solche Preiskämpfe bedeuten oft das Ausscheiden von Konkurrenten **(Marktbereinigung)**. Preiskämpfe sind auf dem Immobilienmarkt aufgrund des in vielen Gebieten herrschenden Verkäufermarkts eher selten im Vergleich zu Märkten mit Massenprodukten (z. B. Elektronikartikel). Ein weiterer Grund ist, dass Immobilien häufig nur schwer direkt mit Konkurrenzobjekten zu vergleichen sind, da sich Lage, Ausstattung, Größe etc. meist zu sehr unterscheiden.

Marktformen
▶ LF 12, Kap. 4.1.1

Beachtung von gesetzlichen Grenzen und Erwerbsnebenkosten
Anders als die Märkte **für die meisten Konsumgüter ist die Preisgestaltung für den Immobilienmarkt in vielen Bereichen gesetzlich reguliert. Dies gilt vor allem für die Preisgestaltung im Mietwohnmarkt, z.** B. durch die Mietpreisbremse. Auch die Festsetzung von Provisionen durch Makler ist nicht völlig frei.

Mietpreisbremse
▶ Band 1, LF 4, Kap. 1.2.9

Zudem ist bei der Preisfestsetzung von Verkaufsobjekten zu beachten, dass neben dem Verkaufspreis erhebliche Nebenkosten auf den Käufer zukommen, die teilweise ebenfalls gesetzlich vorgeschrieben sind (z. B. Notarkosten).

Provision
▶ LF 10, Kap. 1.10

Nachdem der Preis kosten-, kunden- und konkurrenzorientiert unter Beachtung von gesetzlichen Grenzen gestaltet wurde, erfolgt häufig noch eine **psychologische Preisfestsetzung**. Dabei wird der **Preis knapp unterhalb einer „Preisschwelle" festgesetzt**, um ihn kleiner wirken zu lassen.

Beispiel
Der Verkaufspreis einer Wohnung wird auf 299.500,00 € festgelegt, um unterhalb von 300.000,00 € zu sein.

7.2.3 Konditionenpolitik

Unternehmen legen verschiedene Konditionen fest, zu denen sie die Leistungen an den Kunden abgeben. Es handelt sich dabei insbesondere um kundenspezifische Rabatte sowie Zahlungsbedingungen.

Konditionen
Bedingungen

Rabatte
Rabatte bieten die Möglichkeit, verschiedenen Kunden unterschiedliche Endpreise anzubieten. Dies kann auch zur Preisdifferenzierung eingesetzt werden:

Rabatt
Preisnachlass; von „rabbattere" (ital.) = abschlagen, abziehen

1. **Mengenmäßige Preisdifferenzierung:** Der Preis richtet sich nach der Menge bzw. dem Wert des Auftrags. So erhält man beispielsweise bei Vermittlungen einen Mengenrabatt oder der Provisionssatz des Maklers richtet sich nach dem Wert des Objekts.

2. **Zeitliche Preisdifferenzierung:** Je nach Zeitpunkt, an dem die Nachfrage erfolgt, werden verschiedene Preise verlangt (z. B. bei einem Kaufvertragsabschluss bis zum 31.05.20XX gibt es eine Einbauküche ohne Aufpreis dazu).
3. **Personelle Preisdifferenzierung:** Dasselbe Produkt wird unterschiedlichen Zielgruppen zu verschiedenen Preisen angeboten (z. B. werden die Mieten nach Einkommensklassen gestaffelt).
4. **Räumliche Preisdifferenzierung:** Die Preise werden nach Regionen, Ländern etc. unterschieden (differenziert). Diese Differenzierung wird durch die Immobilität der Objekte und der damit einhergehenden hohen Bedeutung der Lage von Objekten bei der Preisgestaltung stets vorgenommen.

Zahlungsbedingungen: Zahlungsziel und Skonto
Auch bei der Gestaltung der Zahlungsbedingungen können kundenorientiert besondere Konditionen angeboten werden:

1. Zahlungsziel: Wenn im Kaufvertrag über den Zahlungszeitpunkt keine Vereinbarungen getroffen wurden, muss der Käufer sofort bei Erhalt der Leistung bezahlen (gesetzliche Regelung). Der Verkäufer kann dem Käufer aber auch ein Zahlungsziel anbieten, sodass er **erst zu einem späteren Zeitpunkt bezahlen** muss.

Beispiel

Die Rahmenvertragspartner der MEWOH Musterwohn GmbH (Handwerksbetriebe, Reinigungsfirmen etc.) bieten grundsätzlich sowohl ein Zahlungsziel von 30 Tagen als auch die Möglichkeit des Skontoabzugs an. Die generelle vertragliche Vereinbarung für erbrachte Leistungen auf der Rechnung lautet: „zahlbar mit 2 % Skonto innerhalb 10 Tagen ab Rechnungsdatum, sonst 30 Tage ohne Abzug“.

2. Skonto: Zusätzlich kann dem Kunden ein Skontoabzug **für die frühzeitige Begleichung der Rechnung** angeboten werden. Dies wird von Kunden als reizvoll empfunden, da es einen weiteren Nachlass (vom Rechnungsbetrag) darstellt. Für den Verkäufer dient das Anbieten von Skonto auch dazu, Kunden zur schnellen Begleichung von Rechnungen zu bewegen, um die eigene Liquidität zu sichern.

7.3 Distributionspolitik

Distribution (lat.)
Verteilung; Distributionspolitik wird häufig auch als Vertriebspolitik bezeichnet.

Im Rahmen der **Distributionspolitik** werden alle Entscheidungen bezüglich der **Vertriebskanäle** getroffen, auf denen das Gut oder die Dienstleistung vom Anbieter zum Endverbraucher gelangt.

Merke!

Die **Distributionspolitik** befasst sich mit der Frage, wie, durch wen und womit der Kunde die Ware oder Dienstleistung erhält.

Alle Maßnahmen, die ein Unternehmen zur Verteilung seiner betrieblichen Leistungen ergreift, werden zur Distributionspolitik gerechnet. Je nach Branche und Unternehmen können diese Entscheidungen bezüglich der Absatzwege sehr unterschiedlich sein. Sie werden von den folgenden Faktoren beeinflusst:

Einflussfaktoren auf die Distributionspolitik

Einflussfaktoren	Beispiele
warenbezogen	• Erklärungsbedürftigkeit der Ware • Transportempfindlichkeit • Lagerfähigkeit der Leistung
kundenbezogen	• Anzahl der potenziellen Kunden • geografische Verteilung der Kunden • Aufgeschlossenheit der Kunden gegenüber verschiedenen Verkaufsmethoden (Direktverkauf, E-Commerce)
konkurrenzbezogen	• Zahl der Mitbewerber • Vertriebsmethoden der Konkurrenz • Stärken und Schwächen gegenüber der Konkurrenz
unternehmensbezogen	• Größe des Unternehmens • Finanzkraft des Unternehmens • Erfahrungen des Unternehmens

Merke!

Der **Absatzweg** ist der Weg, auf dem eine Leistung den Kunden erreicht.

Da Immobilien nicht transportfähig (also „immobil" sind) und zudem sehr erklärungs- und beratungsbedürftige Produkte sind, fallen aktuell noch viele Vertriebswege aus, die sich in anderen Branchen durchgesetzt haben. So ist beispielsweise der Kauf eine Immobilie über Onlineshops schon aufgrund der rechtlichen Formvorschriften für Grundstückskaufverträge in Deutschland nicht möglich.

Grundstückskaufverträge bedürfen der notariellen Beurkundung.

▶ Band 2, LF 7, Kap. 7

Dennoch versuchen einige Unternehmen, zumindest Teile des Vertriebs inzwischen online anzubieten, indem Besichtigungen von Objekten z. B. mithilfe von VR-Technologie oder 360-Grad-Videos angeboten werden.

Grundsätzlich kann sich ein Immobilienunternehmen zwischen dem **Eigen- und Fremdvertrieb** der Objekte entscheiden. Während beim Eigenvertrieb der Eigentümer der Immobilie sich selbst um den Vertrieb kümmert, erfolgt beim Fremdvertrieb der Verkauf oder die Vermietung durch eine dritte Partei. Dazu zählen z. B.:

- Makler
- Wohnungsunternehmen
- Immobilienauktionen
- Hausverwaltungen
- Banken und Bausparkassen
- Vermögensberater

Vorteile von direktem und indirektem Absatz

Vorteile des Eigenvertriebs	Vorteile des Fremdvertriebs
• direkter Kontakt zum Kunden; Möglichkeit, schnell auf Kundenwünsche und -anregungen zu reagieren • Absatzpolitik liegt allein in der Hand des Unternehmens (Preise, Konditionen, Werbung) • evtl. hohe Identifikation mit dem Objekt und damit einhergehende Vertriebsmotivation	• Entlastung des Eigentümers durch Übernahme von Aufgaben z. B. Besichtigungen des Vertriebspartners • Ausnutzen der Vorteile des Vertriebspartners (z. B. Präsenz in vielen Orten, großer Kundenstamm) • Know-how des Vertriebspartners zu rechtlichen Aspekten und Preisfestsetzung der Immobilie

Immobilienunternehmen müssen die **Vor- und Nachteile von Eigen- und Fremdvertrieb gegeneinander abwägen**, um für ihren speziellen Fall eine optimale Lösung zu finden. Häufig nutzen Unternehmen auch mehrere Absatzwege in Kombination.

7.4 Kommunikationspolitik

Ziel der Kommunikationspolitik ist es, (potenzielle) Kunden zu informieren und ihr (Kauf-)Verhalten zu beeinflussen. Viele denken dabei zuerst an die klassische (Absatz-) Werbung. Unternehmen stehen jedoch verschiedene Instrumente zur Verfügung.

Kommunikationspolitische Instrumente

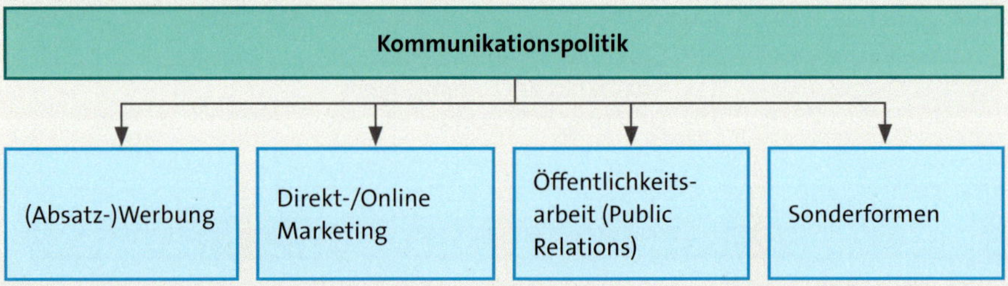

7.4.1 Ziele und Wirkung der Werbung

Unter **Absatzwerbung** (im allgemeinen Sprachgebrauch kurz „Werbung" genannt) versteht man jede Kommunikation, mit der Informationen über ein Produkt oder eine Dienstleistung zu den (potenziellen) Nachfragern gebracht werden.

Merke!

Die **Werbung** ist ein Instrument der Kommunikationspolitik. Durch Werbung sollen Zielgruppen wirkungsvoll angesprochen und (zum Kauf) beeinflusst werden.

Ziele der Werbung

Grundsätzlich ist Werbung ein Instrument, um die festgelegten Marketingziele (z. B. Umsatzsteigerung) zu erreichen. Um diese langfristigen Oberziele zu erreichen, müssen durch Werbung drei Unterziele angestrebt werden.

1. **Bekanntmachen der Leistung:** Werbung soll dazu führen, dass möglichst viele potenzielle Käufer aus der festgelegten Zielgruppe das Gut oder die Dienstleistung des Unternehmens kennenlernen. Neben der reinen Existenz des Gutes muss es Werbung auch gelingen, die Zielgruppe über dessen Grund- und Zusatznutzen zu informieren.

Maslows Bedürfnispyramide
▶ LF 12, Kap. 1.1.2

2. **Wecken von Bedürfnissen:** In einer Wohlstandsgesellschaft sind bereits viele Bedürfnisse der Menschen befriedigt. Der Werbung kommt somit zunehmend die Bedeutung zu, neue (latente) Bedürfnisse zu erzeugen bzw. zu wecken.

3. **Beeinflussen der Kaufentscheidung:** Die Kunden sollen die Leistung tatsächlich nachfragen. Konkret können dies Bestandskunden sein, die zu einem erneuten Kauf bewegt wurden, oder Neukunden, die man erstmals von einer Leistung überzeugen konnte.

Beispiel

Für die MEWOH Musterwohn GmbH soll eine erfolgreiche Werbekampagne entwickelt werden, die sich auf eine neu im Bau befindliche Wohnanlage am Stadtrand im Grünen bezieht. Mit ihrer Hilfe sollen möglichst viele Familien mit Kindern über die Anlage informiert werden. Zudem sollte die Werbemaßnahme darauf ausgerichtet sein, bei möglichst vielen von ihnen das Bedürfnis nach einer Wohnung am Stadtrand zu wecken. Das soll auch durch die Herausstellung der Vorteile und Annehmlichkeiten der Anlage erfolgen.

Das Wirkungsprinzip von Werbung – Die AIDA-Formel

SB ▶ SITUATION 83
AIDA-Formel

Werbung möchte in erster Linie Aufmerksamkeit erregen, um nach Möglichkeit eine Kaufhandlung auszulösen. Deshalb nutzt man im Rahmen der Werbung ein **Grundprinzip moderner Kommunikationspsychologie**, das diese Zielsetzung weitgehend unterstützt. Erfolgreiche Werbung folgt fast immer den folgenden vier Kommunikationsstufen, die der Kunde durchlaufen soll und die letztlich zum Kauf führen sollen:

Die AIDA-Formel		
A	Attention	Aufmerksamkeit erregen
I	Interest	Interesse an der Leistung erwecken
D	Desire	Wunsch/Verlangen nach der Leistung wecken
A	Action	(Kauf-)Handlung auslösen

7.4.2 Arten der Werbung

Absatzwerbung lässt sich auf unterschiedliche Weise realisieren. Die Unterscheidung der Werbearten kann dabei anhand von zwei verschiedenen Kriterien erfolgen:

Werbearten nach der Anzahl der Umworbenen

1. **Massenwerbung:** Die Massenwerbung richtet sich gleichzeitig an eine Vielzahl möglicher Kunden und ist daher recht **unpersönlich**. Bei der **gestreuten Massenwerbung (Allgemeinwerbung)** wird ein sehr breiter, nicht abgrenzbarer Teil der Bevölkerung angesprochen (z.B. Fernsehwerbespots oder Postwurfsendungen). Wendet sich die Massenwerbung hingegen an eine bestimmte Zielgruppe (z.B. eine Berufs- oder Geschlechtsgruppe), so liegt **gezielte Massenwerbung (Gruppenwerbung)** vor.

2. **Direktwerbung:** Mit Direktwerbung werden bestimmte Personen oder Unternehmen durch (Telefon-)Gespräche, Werbebriefe oder Werbemails direkt und persönlich angesprochen. Durch Direktwerbung entstehen zwar höhere Werbekosten, meist ist aber der wirtschaftliche Erfolg auch größer. Im Vergleich zur Massenwerbung hat die Direktwerbung eine viel höhere Zielgruppensicherheit (weniger Streuverlust), weil sie persönlicher wirkt und direkt zugestellt wird.

Streuverluste entstehen, wenn Personen angesprochen werden, die nicht zur Zielgruppe gehören.

Werbearten nach der Anzahl der Werbetreibenden

1. **Einzelwerbung (Alleinwerbung):** Ein Unternehmen wirbt allein. Die Werbung kann sehr gezielt gestaltet und mit dem konkreten Produkt bzw. Unternehmensnamen versehen werden. Die Kosten müssen jedoch auch allein getragen werden.

2. **Verbundwerbung:** Wenige (meist zwei) Unternehmen mit einem sich ergänzenden Angebot werben gemeinsam bei Namensnennung. Die Werbenden möchten vom guten Image des jeweiligen Verbundpartners profitieren.

3. **Sammelwerbung:** Viele Unternehmen, z.B. einer Region, werben gemeinsam unter Namensnennung aller beteiligten Unternehmen (z.B. Sammelwerbung an Flughäfen, Bahnhöfen oder am Ortseingang).

4. **Gemeinschaftswerbung:** Eine ganze Branche wirbt gemeinsam, ohne einzelne Unternehmensnamen zu nennen. Die Werbung wird durch freiwillige Beiträge der Branchenmitglieder finanziert und soll ein positives Bild der Branche vermitteln. Ob die Werbung für das einzelne Unternehmen Erfolg gebracht hat, lässt sich in der Regel nicht zweifelsfrei feststellen.

7.4.3 Werbeplanung

Eine Werbemaßnahme entsteht nicht spontan. Vielmehr wird sie genau geplant und ist mit allen anderen Marketingmaßnahmen abzustimmen. Die Werbeplanung, also die Erstellung eines Werbeplans, läuft in einer bestimmten Reihenfolge ab.

Ablaufschema Werbeplanung

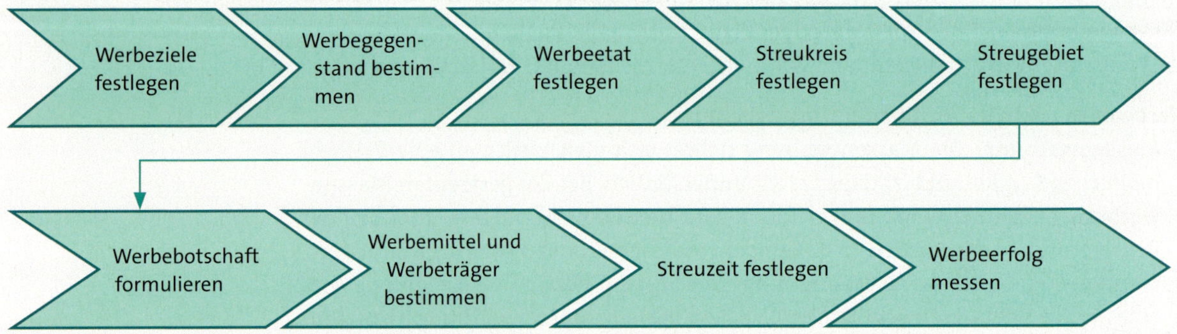

1. Werbeziele festlegen

Die Formulierung konkreter (möglichst messbarer) Werbeziele ist auch eine wichtige Voraussetzung für die Werbeerfolgsmessung.

Zu Beginn der Werbeplanung müssen sich die Verantwortlichen die Frage stellen, warum sie werben wollen, d.h., sie müssen sich über die konkreten Ziele der Werbemaßnahme klarwerden. Die Einführung eines neuen Artikels oder die Erinnerung an einen bereits vorhandenen können Ziele sein.

Beispiel

Das Werbeziel der zu planenden Werbekampagne für die MEWOH Musterwohn GmbH besteht darin, die geplante Wohnanlage am Stadtrand im Grünen erfolgreich am Markt zu platzieren, sodass mit Fertigstellung der Anlage bereits 75 % der Wohneinheiten vermietet sind.

2. Werbegegenstand bestimmen
Viele Unternehmen vertreiben ein umfangreiches Sortiment. Deshalb muss der Werbegegenstand genau bestimmt werden: Welches Unternehmensangebot soll genau beworben werden?

Werbegegenstand
auch: Werbeobjekt

Beispiel

Die Werbekampagne der MEWOH Musterwohn GmbH soll sich ausschließlich auf die Wohnanlage am Stadtrand beziehen, die gegenwärtig gebaut wird.

3. Werbeetat festlegen
Es muss festgelegt werden, welcher Geldbetrag für die Werbemaßnahme ausgegeben werden darf. Da die Werbeaufwendungen in die Kalkulation der Verkaufspreise einfließen, ist es wichtig, den Werbeetat nicht zu überschreiten. Ansonsten besteht die Gefahr, dass trotz guter Absatzzahlen Verluste entstehen.

Werbeetat
auch: Werbebudget

Beispiel

Die Kostenplanung für die Wohnanlage hat ergeben, dass für die Werbekampagne ein Etat von 45.000,00 € zur Verfügung steht.

4. Streukreis festlegen
Ein Unternehmen muss sich vor der Realisierung einer Werbekampagne überlegen, welchen Personenkreis es umwerben will. So hätte z. B. eine Werbung für eine Luxusvilla bei „Normalverdienern" wenig Aussicht auf Erfolg. Werbung, die eine falsche Zielgruppe erreicht, bedeutet eine Verschwendung des Werbeetats.

Streukreis
auch: Zielgruppe

Beispiel

Die MEWOH Musterwohn GmbH möchte mit der Werbekampagne möglichst alle Familien mit Kindern in Leipzig und Umgebung ansprechen.

5. Streugebiet festlegen
Mit dem Streugebiet wird der geografische Raum festgelegt, in dem geworben werden soll. Ein Supermarkt wird seine Waren nicht weit über die Stadtgrenzen hinaus anpreisen wollen und der Autohändler in Kassel ist kaum an einer Werbung in ganz Deutschland interessiert. Es kommt darauf an, den Werberadius an das Produkt und die Werbeziele anzupassen. Teure Streuverluste sind zu vermeiden.

Beispiel

Da die MEWOH Musterwohn GmbH in erster Linie Familien mit Kindern in Leipzig und Umgebung ansprechen will, wird als Streugebiet „Leipzig und Umgebung" festgelegt.

6. Werbebotschaft formulieren
Jede Kommunikation enthält eine Information, die der Sender (Verkäufer) dem Empfänger (möglicher Kunde) mitteilen möchte. Der Inhalt einer Werbemaßnahme heißt Werbebotschaft. Beispielsweise soll mit einer Werbebotschaft die Information übermittelt werden, dass eine Eigentumswohnung als Geldanlage interessant ist.

Sender und Empfänger
▶ Band 1, LF 2, Kap. 6

Der Begriff „Werbebotschaft" wird häufig mit dem Begriff „Werbeslogan" gleichgesetzt. Das ist aber nicht richtig, da ein Werbeslogan nur eines der Stilmittel ist – neben Namen, Bildern, Texten usw. –, mit denen eine Werbebotschaft übermittelt werden kann.

Im Rahmen der gesamten Werbekampagne wird mit Texten, Bildern, Farben, Symbolen usw. versucht, diese Botschaft zu übermitteln. Eine besondere Bedeutung haben hierbei Werbeslogans. Häufig helfen professionelle Werbeagenturen dabei, die gewünschten Inhalte wirkungsvoll zu gestalten.

Beispiel

Bisher wurde in Werbekampagnen für die MEWOH Musterwohn GmbH vor allem die Botschaft übermittelt, dass die MEWOH ein kompetenter Partner ist und die richtige Immobilie für interessierte Personen hat. Nun wird die Wohnanlage am Stadtrand direkt beworben, um speziell Familien mit Kindern anzusprechen. Dabei werden Werbeslogans wie „Ihr neues Zuhause wartet schon auf Sie!" und Werbefotos mit Familien verwendet.

7. Werbemittel und Werbeträger bestimmen

Mit der Festlegung der Werbemittel und Werbeträger bestimmt das Unternehmen, auf welche Weise die Informationen dem Kunden vorgestellt werden sollen. Transportiert wird die Botschaft mithilfe eines Werbemittels, z. B. eines Fernsehspots. Werbemittel enthalten die eigentliche Werbebotschaft und sind gekennzeichnet durch Schrift, Bild oder Sprache. Damit die Werbebotschaft die möglichen Kunden auch erreicht, benötigt man Medien, die die Werbemittel zu den möglichen Kunden transportieren. Diese Medien heißen Werbeträger, z. B. ein Fernsehsender. Werbebotschaft, Werbemittel und Werbeträger müssen unbedingt zielgruppengerecht aufeinander abgestimmt werden, um eine optimale Werbewirkung zu erzielen. So wäre es z. B. unpassend, ältere Menschen über einen Werbespot im Kinderfernsehen erreichen zu wollen. Jedes Werbemittel hängt eng mit einem passenden Werbeträger zusammen:

Diese Auflistung gibt nur einen kleinen Überblick über das große Spektrum an Möglichkeiten.

Die Auswahl eines Werbemittels und des dazugehörigen Werbeträgers wird auch stark vom Streugebiet beeinflusst.

Werbemittel	passende Werbeträger
Fernsehwerbespot	TV-Sender, Display in der U-Bahn, Internetvideoplattformen
Radiowerbespot	Radiosender
Kinowerbespot	Kino
(Online-)Anzeigen	Zeitungen, Immobilienportale, Homepages
Plakate	Plakatwände
Beschriftung	Kugelschreiber, Feuerzeuge, Busse
Mailing (Massen-Postsendung)	Postkarte, Briefpapier, E-Mails
Pop-up	Internetseite
Online-Exposé	Internetportal

Beispiel

Die MEWOH Musterwohn GmbH möchte Familien rund um Leipzig erreichen und wäre daher nicht gut beraten, einen Fernsehspot im überregionalen Fernsehen zu schalten.

Grundsätzlich gibt es kaum etwas, das nicht als Werbeträger geeignet ist oder genutzt wird. Die einzige Bedingung ist, dass der Werbeträger von Menschen wahrgenommen wird.

Beispiel

Auch die Druckkapsel, aus der der Extremsportler Felix Baumgartner 2012 aus 39 000 Metern Höhe mit dem Fallschirm absprang, war ein Werbeträger – für Red Bull®.

In der Immobilienbranche gibt es zudem noch weitere Möglichkeiten, die genutzt werden können, wie z. B.:

- **Exposé**

Bei einem Exposé handelt es sich um die Beschreibung einer Immobilie, die entweder vermietet oder verkauft werden soll. In einem Exposé erfolgt die Zusammenstellung von wesentlichen Informationen der Immobilie, wie z. B. der Miete oder dem Verkaufspreis, zur genauen Lage, den Betriebskosten, der Ausstattung und dem Zustand.

In der heutigen Zeit sind Exposés für Immobilien häufig in digitaler Form über die Unternehmenswebsite oder bei den gängigen Online-Portalen verfügbar. Aber auch Zeitungen und Zeitschriften werden als Werbeträger verwendet.

- **Bauschild**

Bauvorhaben werden auf den Bauflächen häufig mit Bauschildern beworben. Bauschilder enthalten in der Regel Unternehmensangaben sowie Informationen zu dem anstehenden Bauvorhaben, wie z. B. dem Bau einer neuen Wohnungsanlage, Anzahl und Größe der geplanten Wohnungen sowie Kontaktdaten für Interessierte.

- **Musterwohnungen**

Musterwohnungen geben interssierten Personen die Möglichkeit, sich einen ersten Eindruck vom Wohnobjekt zu verschaffen. Beim Bau von Eigentumswohnungen ist es so z. B. möglich, einer möglichen Kaufinteressentin einen Einblick zu geben, ohne dass die eigentliche Wohnung schon fertig gebaut und zu besichtigen ist.

- **Richt- und Mieterfeste**

Ist der Rohbau fertig, dann wird traditionell das Richtfest gefeiert. Auch hier bieten sich gute Möglichkeiten zur Werbung, z. B. über Werbeartikel. Und auch Mieterfeste bieten dem Unternehmen eine gute Gelegenheit, ein wenig „Werbung in eigener Sache“ zu machen.

8. Streuzeit festlegen

Die Streuzeit gibt an, zu welchem Zeitpunkt und wie lange die Werbung in dem entsprechenden Medium erscheinen soll. Die richtige Wahl des Werbezeitpunktes kann den Werbeerfolg maßgeblich beeinflussen. So hätte es z. B. wenig Sinn, bereits im Juni für weihnachtliche Geschenkpapiere zu werben.

9. Werbeerfolg messen

Werbung ist erst dann erfolgreich, wenn die festgelegten Werbeziele erreicht werden konnten. Unternehmen sollten dies nach dem Ende der Werbeaktion überprüfen.

Beispiel

Zur Fertigstellung der Wohnanlage am Stadtrand wird bei der MEWOH Musterwohn GmbH anhand der Vermietungsstatistik geprüft werden, ob das Werbeziel (mit Fertigstellung der Anlage sollen 75 % der Wohneinheiten vermietet sein) erreicht wurde.

SB ▶ SITUATION 84 Wettbewerbsverstöße

7.4.4 Grundsätze und rechtliche Grenzen der Werbung

Werbung soll Aufmerksamkeit erregen, um dadurch Kaufwiderstände zu reduzieren bzw. Kaufwünsche auszulösen. Um zu verhindern, dass um der Aufmerksamkeit willen übertriebene oder bewusst falsche Aussagen gemacht werden, sollten sich Unternehmen an bestimmte Werbegrundsätze halten:

AIDA-Formel
▶ LF 10, Kap. 7.4.1

Werbegrundsätze	Erläuterungen
Wirksamkeit	Die Werbeplanung muss dazu führen, dass Werbung im Sinne der AIDA-Formel wirkt und die Zielgruppe hinsichtlich der Werbeziele erfolgreich beeinflusst wird.
Wahrheit	Werbung soll sachlich und richtig informieren. Sie darf keine falschen Angaben machen. Zwar sollen die Waren im positiven Licht erscheinen, dies darf aber nur im rechtlich einwandfreien Rahmen geschehen.
Klarheit	Werbung muss klar und leicht verständlich sein. Die Werbeaussagen müssen eindeutig und nicht missverständlich sein.
Wirtschaftlichkeit	Die Kosten der Werbung müssen in einem wirtschaftlichen Verhältnis zum Erfolg stehen. Der zusätzliche Erfolg (z. B. Umsatzsteigerung) muss höher sein als die Werbekosten.
gesellschaftliche Akzeptanz	Werbung sollte gesellschaftliche Werte nicht missachten oder Minderheiten zwecks Effekthascherei missbrauchen (Moral).

www.werberat.de

Nicht alle Unternehmen halten sich immer an diese Werbegrundsätze. Deshalb hat die Werbebranche freiwillig den **Deutschen Werberat** installiert.

Merke!

Der **Deutsche Werberat** ist ein **Kontrollgremium der Werbewirtschaft**. Er hat Verhaltensregeln entwickelt, die als Leitlinien der Werbung dienen und verbraucherfreundliche Werbung fördern. Er korrigiert Fehlentwicklungen der Werbewirtschaft auf partnerschaftlichem Weg und **unterstützt vorbildliche Werbung**.

Jedermann kann Verstöße gegen die Werbegrundsätze dem Deutschen Werberat melden. Juristische Konsequenzen haben die Einsprüche des Werberates jedoch nicht. Zum Schutz von Mitbewerbern und Verbrauchern hat der Gesetzgeber daher ein **Gesetz gegen unlauteren Wettbewerb (UWG)** erlassen.

unlauter
nicht ehrlich, nicht fair, nicht legitim

Die Grenze zwischen lauterer und unlauterer Werbung ist häufig nicht einfach zu ziehen. In der Praxis muss diese Frage häufig von Richtern entschieden werden, nachdem Wettbewerber gegen die Werbemaßnahme eines Unternehmens geklagt haben.

Rechtliche Grenzen der Werbung

Das Gesetz gegen den unlauteren Wettbewerb (UWG) setzt Werbemaßnahmen rechtliche Grenzen. Wenn Werbung diese Grenzen verletzt, können Unterlassungs- und Schadensersatzansprüche entstehen. Diese Ansprüche können insbesondere von Wettbewerbern geltend gemacht werden, wenn ein Unternehmen sich durch unlauteres oder irreführendes Verhalten einen Wettbewerbsvorsprung verschaffen will.

§ 1 UWG Zweck des Gesetzes

Dieses Gesetz dient dem Schutz der Mitbewerber, der Verbraucherinnen und Verbraucher sowie der sonstigen Marktteilnehmer vor unlauteren geschäftlichen Handlungen. Es schützt zugleich das Interesse der Allgemeinheit an einem unverfälschten Wettbewerb.

Das UWG zählt beispielhaft geschäftliche Handlungen auf, die unlauter und somit zu unterlassen sind.

Damit insbesondere Endverbraucherinnen und Endverbraucher sowie Mitbewerber geschützt werden.

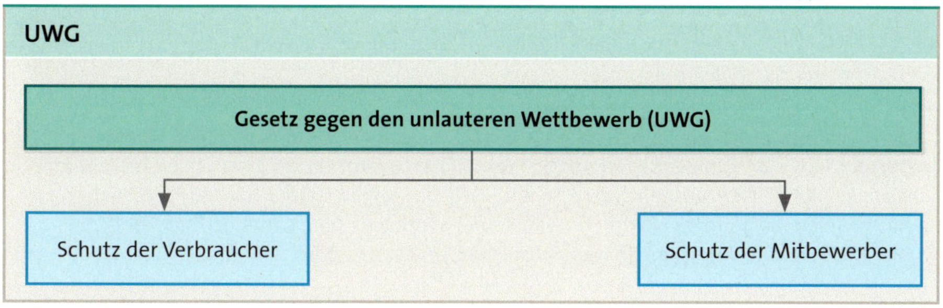

1. Unlautere und aggressive geschäftliche Handlungen

Gemäß § 3 UWG sind geschäftliche Handlungen unlauter, wenn sie „dazu geeignet sind, das wirtschaftliche Verhalten des Verbrauchers wesentlich zu beeinflussen". Verboten sind zuallererst unwahre Angaben. Zudem ist Werbung verboten, die auf den Kunden psychologischen Druck ausübt und ihn so in seiner Entscheidungsfreiheit beeinträchtigt. Wer also mit Werbung den Kunden belügt, ängstigt oder bedroht, handelt unlauter. Ebenso verboten sind Werbemaßnahmen, die geeignet sind, die geschäftliche Unerfahrenheit von Kindern und Jugendlichen oder bestehende Zwangslagen von Verbrauchern auszunutzen.

Verbot unlauterer geschäftlicher Handlungen:

§ 3 UWG

Eine umfangreiche Auflistung unlauterer Handlungen befindet sich im Anhang des UWG.

Beispiel

Dietrich Knollmann nimmt an einer „Kaffeefahrt" zur Baustellenbesichtigung für das Neubaugebiet „Zum Wasserblick" teil. Er wird aufgefordert, eine Reservierungsgebühr für eine der altersgerechten Wohneinheiten zu entrichten. Als er das Angebot ablehnt, wird er von drei muskulösen Herren sehr deutlich auf das kostenlose Mittagessen hingewiesen.

Unlauter handelt außerdem, wer
- den Werbecharakter einer Wettbewerbshandlung verschleiert **(Schleichwerbung)**,
- die Waren, Dienstleistungen, Tätigkeiten oder die geschäftlichen Verhältnisse eines **Mitbewerbers herabsetzt oder verunglimpft**,
- über Wettbewerber Tatsachen verbreitet, die **nicht der Wahrheit entsprechen** oder
- Mitbewerber gezielt behindert.

2. Irreführende geschäftliche Handlungen

Eine Werbung ist irreführend, wenn sie bei der Mehrzahl der Verbraucher eine falsche Vorstellung über eine Ware oder eine Dienstleistung hervorruft und diese Vorstellung für die Kaufentscheidung ausschlaggebend ist. Irreführende Handlungen können beispielsweise erfolgen:
- **über den Preis:** Wurde beispielsweise ein **Mondpreis** nie oder nur für einen sehr kurzen Zeitraum verlangt, so ist die Werbung mit Rabatten auf den hohen Preis nicht zulässig.
- **bei Angaben über den Werbenden:** Seine Identität, sein Vermögen, seine Befähigungen, Auszeichnungen oder Ehrungen wurden nicht korrekt dargestellt.

Bei einem Mondpreis (auch: Rotstiftpreis) wird absichtlich ein überhöhter Ausgangspreis angegeben, der über dem üblichen Marktpreis liegt.

- **über Eigenschaften des Produkts:** Wenn die Werbung bestimmte Eigenschaften des Produkts verspricht (z. B. Testurteil der Stiftung Warentest, Herkunftsangabe, Gütesiegel), die es nicht hat, ist Werbung ebenfalls irreführend.

Beispiel

Immobilien werden manchmal mit dem Hinweis „provisionsfrei" beworben, obwohl ein Makler Provision vom Verkäufer erhält. Dies ist irreführend, da der Eindruck erweckt wird, dass keine Provision bezahlt werde. In Immobilienanzeigen sollte in diesen Fällen daher immer eindeutig „provisionsfrei für den Käufer" vermerkt sein, damit deutlich wird, dass der Makler seine Vergütung in diesem Fall vom Verkäufer erhält.

3. Vergleichende Werbung

Bei der vergleichenden Werbung werden Waren und Dienstleistungen eines Konkurrenten mit dem eigenen Angebot verglichen. Diese Art der Werbung ist **grundsätzlich zulässig**. Sie ist allerdings **verboten, wenn der Vergleich irreführend, herabsetzend oder verunglimpfend ist**. Es dürfen nur nachprüfbare und typische Wareneigenschaften verglichen werden.

Beispiel

O2® warb mit dem **zulässigen** Werbeslogan „Was ist blau und günstiger als die Telekom?", da der Preisvorteil des Unternehmens gegenüber dem Wettbewerber Telekom bei einer bestimmten Leistung objektiv nachprüfbar war. Als die Telekom diese Werbung mit dem Werbeslogan „O2 can't do!" kontern wollte, wurde ihr dies als unzulässig untersagt, da es sich um eine subjektiv herabsetzende Werbung handelt.

4. Unzumutbare Belästigung

§ 7 UWG

Von einer unzumutbaren Belästigung ist auszugehen, wenn erkennbar ist, dass der **Empfänger die Werbung bzw. geschäftliche Handlung nicht wünscht**. Dies gilt insbesondere bei einer Direktwerbung durch Telefonautomaten, per Fax oder E-Mail (Spam), ohne dass eine Einwilligung des Empfängers vorliegt. Für (persönliche) **Anrufe bei Verbrauchern** muss ebenfalls eine ausdrückliche Einwilligung vorliegen; bei gewerblichen Kunden ist deren mutmaßliche Einwilligung ausreichend.

Hier ist Briefkastenwerbung unzulässig!

Beispiel

Eine Briefkastenwerbung mit Handzetteln ist unzulässig, wenn auf dem Briefkasten der Hinweis „keine Werbung" angebracht ist.

Eine Werbung per E-Mail ist außerdem zulässig, wenn der Kunde mit dem Werbenden bereits früher wegen einer ähnlichen Leistung in Kontakt getreten und die Identität des Absenders klar zu erkennen ist.

Hinweis:

Dabei muss der Kunde aber stets darauf hingewiesen werden, dass er einer solchen Kontaktaufnahme widersprechen kann, ohne dass ihm Kosten entstehen. Im Falle eines Widerspruchs, dürfen die Daten des Kunden nicht mehr zu Werbezwecken verwendet werden.

Beispiel

Die Auszubildende Isabell Ahrens hat per Internet verschiedene Immobilienfachbücher bestellt und dabei ihre E-Mail-Adresse angegeben. Der Buchversandhandel darf ihr nun Werbung für Bücher per E-Mail zusenden. Sie kann aber jederzeit widersprechen, wenn sie diese Art der Werbung nicht wünscht.

7.4.5 Gesetzliche Regelungen für Immobilienanzeigen

Preisangabenverordnung und Wohnungsvermittlungsgesetz

Die Preisangabenverordnung regelt in § 3, dass Unternehmer, die Verbrauchern Waren oder Leistungen mit Preisangaben anbieten, den Gesamtpreis angeben müssen. Für Preisangaben bei Mietwohnungen gelten aufgrund des Wohnungsvermittlungsgesetzes zusätzlich weitere Vorgaben zur Angabe.

Pflicht zur Angabe des Gesamtpreises:
§ 3 PAngV

Kaufpreisangaben für Grundstücke gegenüber Verbrauchern	Mietpreisangabe für Wohnungen
Der Kaufpreis muss als Gesamtpreis angegeben werden.	Der Mietpreis der Wohnräume muss angegeben werden zzgl. der Angabe, ob Nebenleistungen vergütet werden müssen.
Beispiel **Falsch:** 3.500,00 € je m² **Richtig:** Kaufpreis 450.000,00 €	**Beispiel** **Falsch:** Miete 8,50 €/m² + Nebenkosten **Richtig:** Miete 600,00 € + Nebenkosten

Maklerprovision grundsätzlich	Maklerprovision bei Wohnungsvermittlungsverträgen (Mietwohnungen)
Die Provision muss gegenüber Verbrauchern inkl. Umsatzsteuer angegeben werden.	Die Provision ist in einem Bruchteil der Monatsmiete inkl. Umsatzsteuer anzugeben.
Beispiel **Falsch:** Provision in Höhe von 5 % zzgl. 19 % USt. des jeweiligen Kaufpreises **Richtig:** Provision in Höhe von 5,95 % inkl. 19 % USt. des jeweiligen Kaufpreises	**Beispiel** **Falsch:** 2 Nettokaltmieten zzgl. USt., Provision in Höhe von 600,00 € inkl. 19 % USt. **Richtig:** 2,38 Kaltmieten inkl. 19 % USt.

Gebäudeenergiegesetz (GEG)

In § 87 des Gebäudeenergiegesetzes wird geregelt, dass Immobilienanzeigen stets die Angaben zum Energieausweis enthalten müssen. Dazu gehören die Art des Energieausweises, die wesentlichen Energieträger für die Heizung des Gebäudes, das Baujahr, die Energieeffizienzklasse sowie der Wert des Endenergiebedarfs oder des Endenergieverbrauchs für das Gebäude.

Pflichtangaben in einer Immobilienanzeige:
§ 87 GEG

7.4.6 Werbeerfolgskontrolle

Da jede Werbung Kosten verursacht, sollte geprüft werden, **ob die Werbung tatsächlich zur Erreichung der Werbeziele beigetragen hat**. Das Problem der Werbeerfolgskontrolle besteht darin, dass man nicht genau feststellen kann, ob die durchgeführte Werbung die (alleinige) Ursache für beobachtete Entwicklungen ist oder ob auch andere Faktoren (z. B. Konkurrenz, Konjunktur) einen Einfluss hatten. Es kann nicht ermittelt werden, wie groß z. B. der Umsatz ohne Werbemaßnahmen gewesen wäre. Grundsätzlich werden zwei Arten von Werbeerfolg kontrolliert:

Ökonomischer Werbeerfolg

„Tue Gutes und sprich darüber!“

Der Werbeerfolg wird anhand von Messgrößen überprüft, die den wirtschaftlichen Erfolg des Unternehmens direkt bestimmen. Es wird gemessen, ob die quantitativen Marketingziele erreicht wurden. Diese Werbeerfolgskontrolle beruht in der Regel auf dem Vergleich von Verkaufszahlen vor und nach der Werbemaßnahme.

Die Erfolgskennziffer „Wirtschaftlichkeit“ wird auch als Werberendite bezeichnet.

Der Umsatz bzw. Absatz des Marktes wird auch als Marktvolumen bezeichnet.

Von hohen Werten bei der Kennzahl „Wirtschaftlichkeit“ darf man sich nicht täuschen lassen, da sie lediglich die Werbekosten berücksichtigen. Alle anderen Kosten zur Herstellung der Leistung bleiben außen vor. Aussagekraft erlangt die Kennziffer also nur durch den Vergleich mit anderen Werten (branchentypische Werberendite oder eigene frühere Werbemaßnahmen).

Wirtschaftlichkeit und Marktanteil

$$\text{Wirtschaftlichkeit der Werbung} = \frac{\text{Umsatzzuwachs} \cdot 100\,\%}{\text{Werbekosten}}$$

$$\text{Marktanteil} = \frac{\text{eigener Umsatz} \cdot 100\,\%}{\text{Umsatz des Marktes (in €)}} \quad \text{oder} \quad \frac{\text{eigener Umsatz} \cdot 100\,\%}{\text{Absatz des Marktes (in Stück)}}$$

Der Marktanteilswert nach der Werbemaßnahme muss mit dem Marktanteilswert vor der Werbemaßnahme verglichen werden. Die **Veränderung des Marktanteils** liefert dann Informationen über den Werbeerfolg.

Außerökonomischer Werbeerfolg

Auch die Erreichung qualitativer Marketingziele kann gemessen werden. Hierzu werden häufig erneut Daten der Marktforschung benötigt. Beispielsweise kann **vor und nach einer Werbemaßnahme** die Bekanntheit eines Produktes gemessen werden:

Bekanntheitsgrad

$$\text{Bekanntheitsgrad} = \frac{\text{Anzahl potenzieller Kunden, die das Produkt kennen} \cdot 100\,\%}{\text{Anzahl potenzieller Kunden}}$$

Pretest: Messung vor Durchführung der Werbemaßnahme

Posttest: Messung nach Durchführung der Werbemaßnahme

Auch bei dieser Kennzahl geht es natürlich darum, den Bekanntheitsgrad vor und nach einer Werbemaßnahme zu vergleichen. Der Erfolg einer Werbemaßnahme zeigt sich schließlich an der **Steigerung des Bekanntheitsgrads**.

7.4.7 Weitere Maßnahmen der traditionellen Kommunikationspolitik

1. Public Relations (Öffentlichkeitsarbeit)

Unter Öffentlichkeitsarbeit (Public Relations) versteht man Kommunikationsmaßnahmen, die Informationen zur **Imagepflege** des Unternehmens transportieren und nicht direkt auf eine Absatzerhöhung ausgerichtet sind. Diese Art der Kommunikation ist nicht auf bestimmte Warengruppen oder Artikel bezogen.

Im Mittelpunkt steht das **Unternehmen als Ganzes**. Die Öffentlichkeitsarbeit hat damit eine eher indirekte Wirkung auf den Unternehmenserfolg.

Maßnahmen von Immobilienunternehmen sind beispielsweise:

- Mieterfeste
- Richtfeste
- Unterstützung gemeinnütziger Einrichtungen (z. B. Kindergärten)
- Artikel in Zeitungen oder Zeitschriften
- Umweltschutzmaßnahmen
- Kundenzeitschriften
- Informationsmaterial für Schulen

Unabhängig von der konkreten Maßnahme soll die Öffentlichkeitsarbeit **bei allen Marktpartnern ein positives Bild vom Unternehmen** bewirken.

2. Sponsoring (Förderung)

Fördern Unternehmen Veranstaltungen, Organisationen, Gruppen oder einzelne (prominente) Personen, so spricht man von Sponsoring. Unterstützt werden in der Regel kulturelle, sportliche, soziale oder ökologische Projekte. Neben der Förderung durch Geldmittel kann der Sponsor (Förderer) auch Sachmittel zur Verfügung stellen. Der Unterstützte muss dafür eine Gegenleistung erbringen, z. B. den Unternehmensnamen auf dem Trikot tragen.

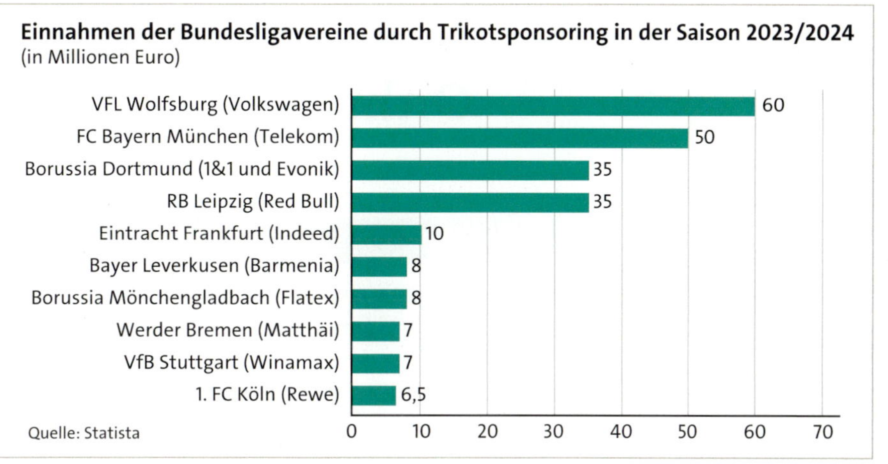

3. Direct-Marketing (Direktmarketing)

Beim Direktmarketing versucht das Unternehmen, durch die **direkte Ansprache eines möglichen Kunden** sofort auch eine entsprechende Antwort zu erhalten und in den Dialog zu treten. Das Direktmarketing beinhaltet eine Vielzahl von Möglichkeiten zur Umsetzung. So ist z. B. **Telefonmarketing über sogenannte Callcenter** ein Mittel, um von potenziellen Kunden im persönlichen Telefongespräch Informationen zu erhalten, auf spezielle Bedürfnisse einzugehen und ggf. auch direkt zu verkaufen. Eine vereinfachte Form des Direktmarketings ist der persönliche **Werbebrief** im Rahmen der Direktwerbung. Die Ziele des Direktmarketings sind eine **persönliche Ansprache** der Kunden und die **Minimierung von Streuverlusten**.

4. Productplacement (Produktplatzierung)

Beim Productplacement werden **Produkte in Filmen oder in Fernsehsendungen** gezielt wiederholt im Bild gezeigt. Für den Zuschauer soll das Erscheinen des Produktes wie ganz selbstverständlich aussehen. In Wirklichkeit haben Unternehmen jedoch häufig gegen Bezahlung ihr Produkt im Film oder in der Fernsehsendung platziert. Entscheidende Vorteile gegenüber klassischer Werbung sind, dass Productplacement nicht als Werbung empfunden wird und der Zuschauer nicht „wegzappt".

SB ▶ SITUATION 85
Möglichkeiten des Onlinemarketings

8 Möglichkeiten des Onlinemarketings

Beispiel

Frau Dr. Pohl reflektiert heute mit Isabell über die letzten Werbekampagnen der MEWOH Musterwohn GmbH. Anschließend ergibt sich folgendes Gespräch:

Isabell: Ich denke immer noch, dass die MEWOH Musterwohn GmbH das Internet mehr nutzen müsste. Gerade weil man ja die junge Zielgruppe ansprechen möchte.
Fr. Dr. Pohl: Wir hatten ja damals schon darüber gesprochen, dass der Onlinevertrieb bei beratungsintensiven Produkten problematisch ist.
Isabell: Ich meine ja auch gar nicht die Vertriebspolitik. Wenn ich bedenke, wie viel Zeit ich bei Youtube® und Instagram® verbringe – da müsste die MEWOH doch eigentlich präsent sein. Schließlich gehöre ich zur Zielgruppe.

Haben Sie Ideen, wie die MEWOH Musterwohn GmbH das Internet für ihr Marketing nutzen könnte?

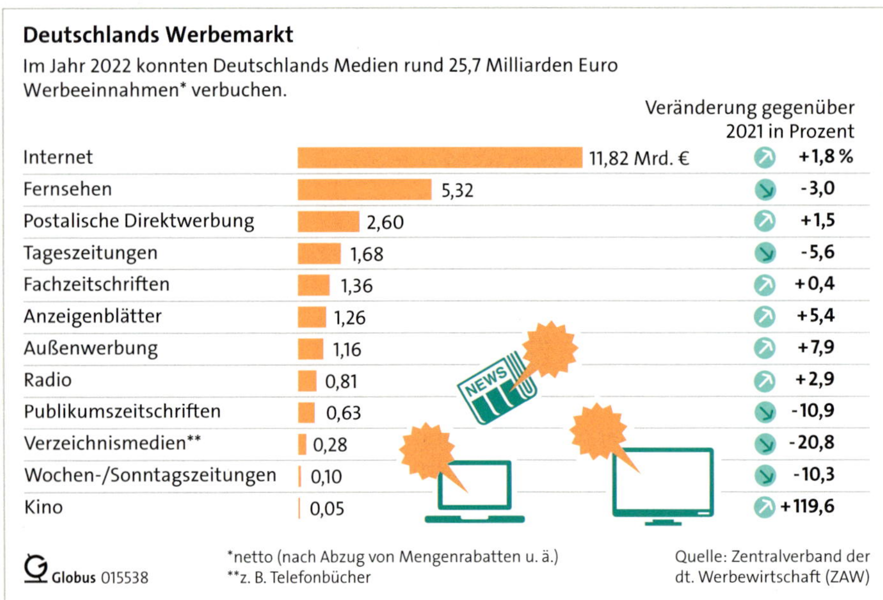

Das Internet bietet Unternehmen heutzutage weit mehr Möglichkeiten, als „nur“ ihre Produkte in Onlineshops anzubieten **(E-Commerce)** und moderne Formen der **Marktforschung** zu nutzen. Das Internet und die darin verwendeten Technologien ermöglichen vor allem **neue Aktivitäten im Rahmen der Kommunikationspolitik**, um die Benutzer auf eine Vielzahl unterschiedlicher Arten anzusprechen.

8.1 Werbemöglichkeiten im Internet

Das Internet ist inzwischen auch ein sehr bedeutender **Werbeträger** für viele Unternehmen und bietet ihnen zusätzlich zur klassischen Werbung ein breites Spektrum weiterer **Werbemöglichkeiten**, wie beispielsweise:

- Werbung auf der **Unternehmenshomepage**
- **E-Mail-Werbung** (z. B. mit einem Link auf die Unternehmenshomepage)
- **Newsletter** als E-Mail-Werbung
- **Bannerwerbung** (Werbung als Grafik oder Animation in eine Website eingebunden, Banner verweisen dann als Hyperlink auf die Website des Werbenden.)

- **Videowerbung** (Inzwischen verlieren Werbebanner zugunsten von Videowerbung, die in ähnlicher Form in Internetseiten integriert wird, an Bedeutung.)
- **Nutzung von Social-Media-Kanälen, z. B Instagram® , TikTok®**
- **Pop-ups** (Zusätzlich zur betrachteten Seite wird ein weiteres Browserfenster geöffnet, das die Werbung enthält. Das Pop-up überlagert dann die Hauptseite.)
- **Suchmaschinenwerbung** (Zusätzlich zu den eigentlichen Suchergebnissen werden – oftmals sogar über den eigentlichen Suchergebnissen – bezahlte Anzeigen zum Suchbegriff eingeblendet.)

- **Suchmaschinenoptimierung** (Maßnahmen, mit denen ein Unternehmen versucht, seine eigene Website möglichst weit oben in den unbezahlten Suchergebnissen zu platzieren, z.B. Optimierung des Seiteninhalts durch gängige Suchbegriffe)
- **Targeting** (Werbemöglichkeit mit gezielter Ansprache bestimmter Kunden)

Eine besondere Form von **Videowerbung** im Internet ist das Einstellen von Filmen zum Unternehmen oder zu Produkten in Videoportalen (z.B. YouTube®). Diese „Filmchen" sind prinzipiell mit Fernsehwerbung vergleichbar, aber in der Ausstrahlung deutlich günstiger.

Beispiel

Ein Immobilienportal bietet seinen Werbekunden Targeting an. Ein Bauträger lässt seine Werbung immer dann einblenden, wenn ein Nutzer des Portals als Suchoptionen „Einfamilienhaus" und „Neubau" eingibt.

Die verschiedenen Werbemöglichkeiten im Internet bieten den Werbenden **zwei wichtige Vorteile gegenüber traditioneller Werbung**:

1. Messbarkeit des Werbeerfolgs: Die technischen Möglichkeiten im Internet geben den Werbenden teilweise sehr exakte Möglichkeiten, um den Erfolg einer Werbemaßnahme auszuwerten und zu beurteilen. Dazu gehören beispielsweise:

- Messung, wie viele Nutzer den Link zur Unternehmenshomepage in einer Werbe-E-Mail oder einem Newsletter genutzt haben
- Messung, wie viele Nutzer ein Werbebanner oder Pop-up angeklickt haben
- Messung der Aufrufe eines Produktvideos in einem Videoportal (z.B. YouTube®)
- Messung der Kundenkontakte, die über eine Suchmaschine entstanden sind

2. Streuverlustarme Werbung: Das Onlinemarketing bietet im Gegensatz zum traditionellen Massenmarketing auch den Vorteil, dass eine **Zielgruppe besser angesprochen** werden kann und Streuverluste der Werbung häufig vermieden werden.

Beispiel

Während beispielsweise ein Plakat mit Werbung für ein Neubauprojekt in der Leipziger Straßenbahn auch von Menschen gesehen wird, die aktuell keine Wohnung suchen, wird bei derselben Anzeige bei Schaltung auf einem Immobilienportal der Anteil der grundsätzlich Wohnungsinteressierten deutlich größer sein. So kann der Streuverlust der Anzeige deutlich minimiert werden.

8.2 Unternehmensauftritt in sozialen Netzwerken

soziale Netzwerke – Web 2.0

Für Maßnahmen im Rahmen des Onlinemarketings eignen sich insbesondere soziale Netzwerke wie Facebook® oder Kommunikationsplattformen wie X® (ehemals Twitter®). Hier findet von Natur aus ein reger Austausch statt. Erlebnisse werden geteilt, Ideen verbreitet und Meinungen geäußert. Dienstleistungen und Produkte werden von Nutzern beschrieben und bewertet.

Folglich bietet es sich für immer mehr Unternehmen an, auch dort zu sein, wo (über ihre Produkte und Leistungen) kommuniziert wird. Immer mehr Unternehmen melden Accounts in sozialen Netzwerken an, pflegen die Inhalte und kommunizieren mit den Usern. Größere Unternehmen haben sogar eigene „Redaktionen", die den Unternehmensauftritt in den sozialen Netzwerken betreuen und die Kontakte mit den hier massenhaft aktiven Kunden pflegen.

Kundenbindung und Imagebildung in sozialen Netzwerken
Auch in sozialen Netzwerken sind die Messbarkeit des Erfolgs (z.B. über Likes oder Follower) und der geringe Streuverlust entscheidende Vorteile. Vor allem bieten soziale Netzwerke aber durch den Dialog mit den Kunden hervorragende Möglichkeiten, die **Kundenzufriedenheit und Kundenbindung** zu verbessern.

In sozialen Netzwerken ist es möglich, den Kunden bzw. Nutzer direkt anzusprechen und mit ihm zu interagieren, sofern sich dieser für ein bestimmtes Produkt, eine Marke oder ein Unternehmen interessiert. Durch Offenheit in der Kommunikation fühlen sich Kunden wertgeschätzt. Getreu dem Motto **„Kunden zu Fans machen"** versuchen Unternehmen, die Nutzer in ihre Marketingaktivitäten einzubinden.

Eine gute Kundenbindung ist wesentlicher Bestandteil einer **positiven Imagebildung**. Ein Unternehmen, das ein Profil in sozialen Netzwerken hat, übermittelt dem Nutzer und somit einem potenziellen Kunden aktuell die Botschaft, **kundennah, offen und modern** zu sein. Ein gelungener Auftritt in einem sozialen Netzwerk lässt das Unternehmen **sympathisch** erscheinen. Damit sich aber die Imagebildung auch langfristig positiv entwickelt, spielen die Kommunikation und Interaktion mit den Kunden eine wichtige Rolle. Schlecht betreute Auftritte in sozialen Netzwerken, bei denen Kunden beispielsweise sehr lange auf eine Reaktion auf ihre Posts warten müssen, haben dagegen eine negative Wirkung auf die Imagebildung.

Merke!

Soziale Netzwerke bieten die Möglichkeit, mit der Zielgruppe direkt zu kommunizieren.

9 Wertermittlung von Grundstücken und Gebäuden

SB ▶ SITUATION 86
Sachverständigenwesen, Verkehrs- und Marktwert

Beispiel

Die MEWOH Musterwohn GmbH plant, ihren Bestand an Grundstücken und Gebäuden zu erweitern. Einige Objekte hat man bereits im Blick. Die MEWOH hat dafür eine externe Sachverständige engagiert, die sich mit der Wertermittlung befasst. Isabell bekommt dabei die Möglichkeit, den Beteiligten ein wenig genauer über die Schulter zu schauen.

9.1 Verkehrs-/Marktwert

Im Bereich der Wertermittlung werden verschiedene Begriffe verwendet. Je nach Wertermittlungsanlass ist der entsprechende Wertbegriff zu verwenden.

Wertbegriff	Wertermittlungsanlass
Verkehrs- oder Marktwert	Wertbegriffe im Bereich der privaten Vermögensermittlung oder bei städtebaulichen Bewertungen
Beleihungswert	Wertermittlung in der Kreditwirtschaft
Versicherungswert	Wertermittlung im Bereich der Gebäudeversicherung
Gemeiner Wert	Wertermittlung im Steuerrecht, z. B. bei der Ermittlung des Einheitswerts, zukünftig der Grundsteuerwert (ab 01.01.2025)

Marktpreis
▶ LF 12, Kap. 4.2

Beleihungswert
▶ LF 11, Kap. 4

Nachfolgend wird insbesondere auf die Ermittlung des **Verkehrs-/Marktwerts** eingegangen. In § 194 BauGB wird der Begriff des Verkehrswerts genauer definiert.

Verkehrswert:
§ 194 BauGB

§ 194 BauGB

Der Verkehrswert (Marktwert) wird durch den Preis bestimmt, der in dem Zeitpunkt, auf den sich die Ermittlung bezieht, im gewöhnlichen Geschäftsverkehr nach den rechtlichen Gegebenheiten und den tatsächlichen Eigenschaften, der sonstigen Beschaffenheit und der Lage des Grundstücks oder des sonstigen Gegenstands der Wertermittlung ohne Rücksicht auf ungewöhnliche oder persönliche Verhältnisse zu erzielen wäre.

Die Wertermittlung von Grundstücken oder Gebäuden wird für eine Vielzahl von Anlässen benötigt, z. B. bei:

- Kauf oder Verkauf
- Ehescheidungen, z. B. zur Ermittlung des Zugewinnausgleichs
- Erbauseinandersetzungen, z. B. zur Ermittlung des Pflichtteilanspruchs
- Beleihungen bzw. Kreditvergaben, z. B. durch Kreditinstitute
- Übertragung bzw. Aufteilung von Betriebsvermögen, z. B. bei der Weitergabe einer Firma an die Kinder
- Entschädigungs- oder Sanierungsverfahren, z. B. bei einem Umlegungsverfahren
- Zwangsversteigerungen und Insolvenzen
- Rechtsstreitigkeiten, z. B. Gerichtsverfahren

Grundstückskaufvertrag
▶ Band 2, LF 7, Kap. 7

Finanzierungarten
▶ LF 11, Kap. 1.2

Zwangsvollstreckung bei Immobilien
▶ Band 2, LF 7, Kap. 6

BewG
Bewertungsgesetz

- Betreuungsangelegenheiten, z. B. als Nachweis einer Preisbildung gegenüber dem Betreuungsgericht
- Bewertung für steuerliche Zwecke, unter Berücksichtigung des BewG
- Ermittlung im städtebaulichen Bereich, z. B. zur Ermittlung von Entschädigungs- und Ausgleichsbeträgen, bei Vorkaufsrechten

9.2 Der Sachverständige

Die Wertermittlung erfolgt i. d. R. durch einen **Sachverständigen** bzw. **Gutachter**.

Merke!

Die Bezeichnung Sachverständiger oder Gutachter ist gesetzlich nicht geschützt.

Jeder, der der Meinung ist, dass er fachlich in der Lage ist, ein Gutachten zu erstellen, kann das auch tun. Wer aber unberechtigt eine geschützte Bezeichnung führt, z. B. als öffentlich bestellter und vereidigter Gutachter, macht sich unter Umständen strafbar.

Ausschlaggebend für den Nachweis der Sachkunde ist
- eine fundierte Ausbildung,
- die regelmäßige Weiterbildung sowie
- die praktische Erfahrung.

Der Sachverständige definiert sich über **vier Grundregeln**:

Grundregeln	Inhalt
Besondere Sachkunde	• fundierte Ausbildung • praktische Erfahrungen • kontinuierliche Fortbildung
Unabhängigkeit	• wirtschaftlich • persönlich • gedanklich
Objektivität	• sachliches Auftreten • Tatsachenberücksichtigung (keine Spekulationen) • vorurteilsfreie Meinung • unparteiische Fallbearbeitung
Verständliche Darstellung	• anschauliche Erklärung • strukturierte Ausarbeitung • Visualisierung, z. B. in grafischer Form

Der Begriff des Sachverständigen könnte damit wie folgt definiert werden:

Sachverständiger

Bei einem Sachverständigen handelt es sich um einen Fachmann mit einer besonderen Sachkunde, der schwierige Sachverhalte objektiv und verständlich darstellen kann. Dabei handelt es sich einmal um die schriftliche Darstellung im Gutachten und um die mündliche Darlegung, z. B. bei Gerichtsverhandlungen.

Eine Unterteilung von Sachverständigen kann nach folgenden Kriterien erfolgen:
- zertifizierte Sachverständige, z. B. nach ISO 17024
- staatlich anerkannte Sachverständige
- öffentlich bestellte und vereidigte Sachverständige, z. B. durch die IHK, Handwerks- oder Architektenkammer
- verbandsanerkannte bzw. geprüfte Sachverständige
- Behörden als Sachverständige, z. B. Gutachterausschüsse
- freie Sachverständige
- angestellte Sachverständige, z. B. bei Banken und Versicherungen

Die ISO 17024 weist einen zertifizierten Sachverständigen aus.

Ein Sachverständiger muss auf verschiedenen Fachgebieten Kenntnisse haben, die seine Gutachtertätigkeit betreffen, wie z. B.:
- wirtschaftliche Kenntnisse
- verschiedene rechtliche Kenntnisse
- technische Kenntnisse und bautechnische Grundlagen
- mathematische Kenntnisse
- verfahrensrechtliche Kenntnisse

Ein Sachverständiger ist verpflichtet, ein zu bewertendes Grundstück bzw. Gebäude **persönlich zu besichtigen**. Der Einsatz von Hilfskräften bei der Erstellung eines Gutachtens ist allerdings zulässig.

Bei der Erstellung eines Gutachtens sind bestimmte Regeln einzuhalten, wie z. B.:
- Prüfung der sachlichen Zuständigkeit
- persönliche Gutachtenserstellung
- Mitteilungen bei Zweifeln an der fachlichen Zuständigkeit sowie bei hoher Kostenüberschreitung
- Aufzeichnungs- und Aufbewahrungspflicht
- Schweigepflicht
- Datenschutz
- ggf. Herausgabepflicht von Unterlagen

Datenschutz

▶ Band 1, LF 2, Kap. 6.2.6

9.3 Rechtsgrundlagen

Bei der Bewertung von Grundstücken und deren Bebauung ist eine Vielzahl von Gesetzen, Verordnungen und Richtlinien zu beachten.

Nachfolgend soll ein grober Überblick zu den rechtlichen Grundlagen gegeben werden. Bei der Erstellung eines Gutachtens sind diese in ihrer jeweils gültigen Fassung zu berücksichtigen. Ausschlaggebend ist dabei in der Regel der Bewertungsstichtag.

Hinweis:
Der Überblick folgt keiner Wertung oder Rangfolge.

Gesetze, Verordnungen und Richtlinien	
a) Allgemeine Gesetze und Verordnungen	• Grundgesetz (GG) • Bürgerliches Gesetzbuch (BGB) • Wirtschaftsstrafgesetz (WiStG) • Strafgesetzbuch (StGB) • Zivilprozessordnung (ZPO) • Preisangabenverordnung (PAngV) • Umsatzsteuergesetz (UStG) • Gesetz über den unlauteren Wettbewerb (UWG)

b) Aus dem Sachverständigenrecht	• Gewerbeordnung (GewO) • Justizvergütungs- und Entschädigungsgesetz (JVEG) • Partnerschaftsgesellschaftsgesetz (PartGG) • Zwangsversteigerungsgesetz (ZVG) • Honorarverordnung für Architekten- und Ingenieure (HOAI) • Makler- und Bauträgerverordnung (MaBV)
c) Aus dem Bau- und Bewertungsrecht	• Baugesetzbuch (BauGB) • Baunutzungsverordnung (BauNVO) • Raumordnungsgesetz (ROG) und Raumordnungsverordnung (RoV) • Planzeichenverordnung (PlanZV) • Bundesnaturschutzgesetz (BNatSchG) • Bundesbodenschutzgesetz (BBodSchG) • Bundesboden- und Altlastenverordnung (BBodSchV) • Beleihungswertverordnung (BelWertV) • Immobilienwertermittlungsverordnung (ImmoWertV) und die Wertermittlungsrichtlinien • Flurbereinigungsgesetz (FlurbG) • Bodenschätzgesetz (BodSchätzG) • Wasserhaushaltsgesetz (WHG) • Bundesberggesetz (BBergG) • Bundeskleingartenverordnung (BKleingG) • Verdingungsordnung für Bauleistungen (VOB) • Energiegesetze, z. B. Gebäudeenergiegesetz (GEG), Erneuerbare-Energien-Gesetz (EEG) • Trinkwasserverordnung (TrinkwV) • verschiedene DIN-Normen
d) Aus dem Wohnungs-, Miet- und Grundstücksrecht	• Wohnungseigentumsgesetz (WEG) • Erbbaurechtsgesetz (ErbbauRG) • Wohnraumförderungsgesetz (WoFG) • Wohnungsbindungsgesetz (WoBindG) • Neubaumietenverordnung (NMV) • Zweite Berechnungsverordnung (II. BV) • Wohnflächenverordnung (WoFlV) • Heizkostenverordnung (HeizkostenV) • Betriebskostenverordnung (BetrKV) • Richtlinien der gif, z. B. zur Berechnung von Wohnflächen, Flächen für gewerbliche Räume und Verkaufsflächen im Einzelhandel
e) Aus dem steuerlichen Bewertungsrecht	• Bewertungsgesetz (BewG) • Bilanzrichtliniengesetz (BiRiLiG) • Grunderwerbsteuergesetz (GrEStG) • Grundsteuergesetz (GrStG) • Grundsteuerreform-Umsetzungsgesetz (GrStRefUG) • Erbschafts- und Schenkungssteuergesetz (ErbStG)
f) Aus dem Vermögensrecht	• Vermögensgesetz (VermG) • Grundstücksverkehrsordnung (GVO) • Sachenrechtsbereinigungsgesetz (SachenRBerG) • Entschädigungsrichtlinien Landwirtschaft (LandR)

9.4 Datenermittlung

Je nachdem, wie der Auftrag des Sachverständigen lautet bzw. welches Wertermittlungsverfahren herangezogen werden muss, sind bestimmte Daten zu erfassen.

Beispiel

Unterlagen bzw. Daten	Bei welcher Behörde oder Unternehmen
Katasterplan/Flurkarte	Liegenschafts-/Vermessungsamt
Grundbuchauszug	Grundbuchamt
Bauzeichnungen, Baugenehmigungen, Baubeschreibungen	Bauamt/Bauaktenarchiv, Eigentümer
Auflagen Denkmalschutz	Denkmalschutzbehörde
Auflagen in Sanierungsgebieten	Stadtverwaltung/Bauamt
Baulasten	Baulastenverzeichnis/Bauamt
Altlastenauskunft	Umweltamt/Bauamt
offene Erschließungsbeiträge	Eigentümer/Kommune
Angaben zum Planungsrecht	Stadtplanungsamt/Bauamt
Angaben zu Rechten und Belastungen, z. B. Wohnrecht, Leitungsrecht, Wegerecht	Eigentümer
Auflistung der in den letzten Jahren durchgeführten Sanierungs-/Modernisierungsarbeiten	Eigentümer
Bodenrichtwert, Grundstücksmarktangaben	Gutachterausschuss/Internetplattform
Energieausweis, ggf. Kaufvertrag	Eigentümer
Exposé	Eigentümer/Makler
Zusätzlich bei Mehrfamilienhäusern	
Mieterlisten, Kaltmiete, Betriebskostenvorauszahlungen, Kopien Mietverträge, Mieterhöhungen	Eigentümer/Verwaltung
Bewirtschaftungskosten der letzten Jahre	Eigentümer/Verwaltung
letzte Betriebskostenabrechnung	Eigentümer/Verwaltung
Aufstellung von Mietflächen, Flächenberechnungen	Eigentümer/Verwaltung
Zusätzlich bei Wohnungseigentumsanlagen	
Teilungserklärung, Gemeinschaftsordnung	Eigentümer/Verwaltung
Kaufvertrag, Baubeschreibung	Eigentümer/Verwaltung
Abnahmeprotokolle	Eigentümer/Verwaltung
Eigentümerlisten	Eigentümer/Verwaltung
letzte Hausgeldabrechnung	Eigentümer/Verwaltung
aktueller Wirtschaftsplan	Eigentümer/Verwaltung
Wartungsverträge	Eigentümer/Verwaltung
Erhaltungsrücklage	Eigentümer/Verwaltung
Protokolle der Eigentümerversammlung	Eigentümer/Verwaltung
Zusätzlich bei der Bewertung einzelner Sonder- bzw. Teileigentumseinheiten	
Kaufvertrag, Baubeschreibung, Abnahmeprotokoll	Eigentümer/Verwaltung
Mietvertrag, Betriebskostenabrechnung	Eigentümer/Verwaltung

Weitere Daten werden bei der Ortsbesichtigung erfasst.

9.4.1 Gutachterausschuss

Gemäß der §§ 192 ff. BauGB sind die Gutachterausschüsse der Gemeinden bzw. Landkreise damit beauftragt, die für die Wertermittlung erforderlichen Daten **zu erfassen, fortzuführen und zur Verfügung zu stellen**.

Um die Gutachterausschüsse dazu in die Lage zu versetzen, werden alle Käufe bzw. Verkäufe von Immobilien durch die Notare an den zuständigen Gutachterausschuss gemeldet. Jeder Verkauf, Tausch und jede Übertragung einer Immobilie sowie Erbbaurechte werden erfasst.

Der Gutachterausschuss für die **Kaufpreissammlung** ermittelt **Bodenrichtwerte und „sonstige zur Wertermittlung erforderliche Daten“**.

Der Gutachterausschuss selbst darf auch Gutachten erstellen. Leistungen bzw. Auskünfte des Gutachterausschusses sind in der Regel gebührenpflichtig.

9.4.2 Kaufpreissammlung

Dabei handelt es sich um **Datenbanken**, in denen die Kaufverträge im erforderlichen Umfang mit ihren wesentlichen Vertragsdaten, Ordnungsmerkmalen und mit den preis- und wertbestimmenden Merkmalen erfasst werden. Die Kaufpreissammlung besteht aus der Kaufpreisdatei und der Kaufpreiskarte. Sie ist ein in ihrer Vollständigkeit einmaliges Vergleichsmaterial und stellt deshalb ein originäres Abbild des Geschehens auf dem Grundstücksmarkt dar.

originär
grundlegend, eigenständig

Auskünfte aus der Kaufpreissammlung werden erteilt, wenn der Antragsteller ein berechtigtes Interesse glaubhaft macht, überwiegende schutzwürdige Interessen des Betroffenen nicht entgegenstehen und die sachgerechte Verwendung der Daten gewährleistet erscheint. Dabei sind die Regeln des Datenschutzes einzuhalten.

Datenschutz-Grundverordnung (DSGVO) und Bundesdatenschutzgesetz (BDSG)
▶ Band 1, LF 4, Kap. 3.6

Im Rahmen einer **Kaufpreisauskunft** werden auch noch verschiedene Daten erfasst:

- Vertragsdatum
- Kaufpreis
- Daten zur Grundstücksbeschreibung (wie z.B. Art und Maß der baulichen Nutzung, Grundstücksgröße, Gemarkung, Straße)

Diese werden auch den zuständigen Finanzämtern für die Ermittlung der Besteuerung zur Verfügung gestellt.

9.4.3 Bodenrichtwert

Bodenrichtwerte:
§ 196 BauGB

Bodenrichtwert

Gemäß § 196 BauGB sind flächendeckend durchschnittliche Lagewerte für den Boden unter Berücksichtigung des unterschiedlichen Entwicklungszustands zu ermitteln.

Der Bodenrichtwert ist so zu ermitteln, als würde es sich um ein **unbebautes Grundstück** handeln. Es werden Bodenrichtwertzonen für verschiedene Gebiete gebildet, die nach Art und Maß der Nutzung weitgehend übereinstimmen.

Merke!

Der Bodenrichtwert bezieht sich auf einen Quadratmeter Grundstücksfläche des Bodenrichtwertgrundstücks.

Beispiel zu Bodenrichtwerten für Bauflächen

(nach BRW-RL Anlage 2 sowie ergänzend ImmoWertV Anlage 5 ab 01.01.2022)

95 BSU ebf (30103279)										
WA MFH o II WGFZ1,3 b25 f250										
			Bodenrichtwert	Entwicklungsstand	Sanierungs- oder Entwicklungszusatz	Betragssituation	Zonennummer			
			95	***B***	***SU***	***ebf***	(30103275)			
WA	MFH	0	II	WGFZ 1,3				b25	f250	
Art der Nutzung	Ergänzung zur Art der Nutzung	Bauweise	Geschosszahl	Werterelevante Geschossflächenzahl	Grundflächenzahl	Baumassenzahl	Grundstückstiefe	Grundstücksbreite	Grundstücksfläche	Weitere Merkmale
			Maß der baulichen Nutzung							

9.4.4 Sonstige zur Wertermittlung erforderliche Daten

Aufgaben des Gutachterausschusses:
§ 193 BauGB

Zu den **„sonstigen zur Wertermittlung erforderlichen Daten"** gehören gemäß § 193 BauGB unter anderem:

1.	Kapitalisierungszinssätze, mit denen die Verkehrswerte von Grundstücken im Durchschnitt marktüblich verzinst werden (Liegenschaftszinssätze), für die verschiedenen Grundstücksarten, insbesondere Mietwohngrundstücke, Geschäftsgrundstücke und gemischt genutzte Grundstücke,
2.	Faktoren zur Anpassung der Sachwerte an die jeweilige Lage auf dem Grundstücksmarkt (Sachwertfaktoren), insbesondere für die Grundstücksarten Ein- und Zweifamilienhäuser,
3.	Umrechnungskoeffizienten für das Wertverhältnis von sonst gleichartigen Grundstücken, z. B. bei unterschiedlichem Maß der baulichen Nutzung und
4.	Vergleichsfaktoren für bebaute Grundstücke, insbesondere bezogen auf eine Raum- oder Flächeneinheit der baulichen Anlage (Gebäudefaktor) oder auf den nachhaltig erzielbaren jährlichen Ertrag (Ertragsfaktor).

Weiterhin gehören dazu auch:
- Erbbaurechts- und Erbbaugrundstücksfaktoren sowie Koeffizienten
- Marktanpassungsfaktoren

9.4.5 Modellkonformität

Allgemeines zu den für die Wertermittlung erforderlichen Daten:

§ 12 ImmoWertV

Die Übernahme in die ImmoWertV erfolgte erstmals ab dem 01.01.2022.

Im § 12 Abs. 6 ImmoWertV ist festgelegt, dass die in den einzelnen Bewertungsverfahren verwendeten Daten im identischen Modell aus dem Kaufpreis abgeleitet werden. Es ist in dem Modell zu bewerten, aus dem auch der Kaufpreis abgeleitet wurde. Diese Festlegung wurde in die ImmoWertV übernommen, um Fehler durch verschieden Modellansätze (Gutachterausschuss – Gutachter) zu vermeiden.

Zur Sicherstellung der nach § 10 Abs. 1 ImmoWertV gebotenen modellkonformen Anwendung der sonstigen für die Wertermittlung erforderlichen Daten sind die zugrunde gelegten Modellansätze, Modelle und Bezugseinheiten sowie weitere Informationen in einer Modellbeschreibung anzugeben; hierzu gehören insbesondere

1.	die Angabe von Rahmendaten zum Beispiel zum Stichtag, auf den sich das zur Wertermittlung erforderliche Datum bezieht, zum sachlichen und räumlichen Anwendungsbereich und zur Datengrundlage,
2.	die Beschreibung der Stichprobe,
3.	die Beschreibung der Ermittlungsmethodik,
4.	die Beschreibung der verwendeten Parameter und der zugrunde gelegten Bezugseinheiten sowie
5.	sonstige Selektionsparameter.

Die jeweiligen **Modellparameter** werden im Grundstücksmarktbericht veröffentlicht.

NHK 2010

Normalherstellungskosten

SW-RL

Sachwertrichtlinie

Beispiel zu Modellparametern für Sachwertfaktoren (Sachwertverfahren)

Datengrundlage	Kauffälle für Einfamilien-, Doppel- und Reihenhäuser
Filterkriterien mit veränderten Kauffällen	Grundstücksgröße > 1 500 m²
Ermittlung der Sachwerte	ImmoWertV
Normalherstellungskosten	NHK 2010 nach Anlage 1 SW-RL
Gebäudestandard	Standardmerkmale und -stufe nach Anlage 2 SW-RL
Bezugsmaßstab	Brutto-Grundfläche (BGF) nach SW-RL
Baunebenkosten	in NHK 2010 enthalten
Baupreisindex	Baupreisindex für Neubauwohngebäude des Statistischen Bundesamtes, Umrechnungsbasis 2010
Baujahr	ursprüngliches Baujahr

9.5 Grundlagen der Wertermittlung (§ 2 ImmoWertV)

SB ▶ SITUATION 87 Grundlagen der Wertermittlung, Wertermittlung von unbebauten Grundstücken

SB ▶ SITUATION 88 Sachwert-, Vergleichswert- und Ertragswertverfahren

Der Wertermittlung sind die allgemeinen Wertverhältnisse auf dem Grundstücksmarkt zum **Wertermittlungsstichtag** und der Grundstückszustand zum **Qualitätsstichtag** zugrunde zu legen.

Allgemeine Wertverhältnisse	Grundstückszustand
• für die Preisbildung die maßgeblichen Umstände im gewöhnlichen Geschäftsverkehr • allgemeine Wirtschaftssituation • die Verhältnisse am Kapitalmarkt • wirtschaftliche und demografische Entwicklung des Gebiets	• rechtliche Gegebenheiten • tatsächliche Eigenschaften • Lage des Wertermittlungsobjekts (Grundstücksmerkmale)

Dabei handelt es sich bei den **Grundstücksmerkmalen** um:

1. den Entwicklungszustand
2. die Art und das Maß der baulichen oder sonstigen Nutzung
3. die tatsächliche Nutzung
4. den beitragsrechtlichen Zustand
5. die Lagemerkmale
6. die Ertragsverhältnisse
7. die Grundstücksgröße
8. den Grundstückszuschnitt
9. die Bodenbeschaffenheit
10. Bei bebauten Grundstücken zusätzlich:
    - die Art der baulichen Anlagen
    - die Bauweise und Baugestaltung der baulichen Anlagen
    - die Größe der baulichen Anlagen
    - die Ausstattung und die Qualität der baulichen Anlagen, einschließlich ihrer energetischen Eigenschaften und Barrierefreiheit
    - den baulichen Zustand der baulichen Anlagen
    - das Alter, die Gesamt- und Restnutzungsdauer der baulichen Anlagen
11. die Nutzung bei landwirtschaftlichen oder forstwirtschaftlichen Grundstücken
12. grundstücksbezogene Rechte und Belastungen

Wertermittlungsstichtag

Der Wertermittlungsstichtag ist der Zeitpunkt, auf den sich die Wertermittlung bezieht und der für die Ermittlung der allgemeinen Wertverhältnisse ausschlaggebend ist.

Beispiel

Verkauf eines Grundstücks → Wertermittlungsstichtag identisch mit dem Ortstermin heute

Qualitätsstichtag

Der Qualitätsstichtag ist der Zeitpunkt, auf den sich der für die Wertermittlung maßgebliche Grundstückszustand bezieht. Der Qualitätsstichtag entspricht dem Wertermittlungsstichtag, es sei denn, dass aus rechtlichen oder sonstigen Gründen der Zustand des Grundstücks zu einem anderen Zeitpunkt maßgeblich ist.

Beispiel

Ehescheidung am 15.6.2022 → Berechnung des Zugewinns ab Eheschließung am 03.05.1991

9.5.1 Wahl des Wertermittlungsverfahrens

In den nachfolgenden Erläuterungen zu den Wertermittlungsverfahren wird von der derzeit gültigen Fassung der Immobilienwertermittlungsverordnung (ImmoWertV i.F. vom 14. Juli 2021 [BGBL. I 2021, 2805]) ausgegangen.

Wertermittlungsverfahren; Ermittlung des Verkehrswerts:
§ 6 ImmoWertV

Grundsätzlich sind zur Wertermittlung von Grundstücken oder Gebäuden drei Verfahren heranzuziehen (§ 6 ImmoWertV 2021):

- Vergleichswertverfahren
- Ertragswertverfahren
- Sachwertverfahren

Dabei können ein oder mehrere Verfahren zur Wertermittlung herangezogen werden. Ausschlaggebend ist bei der Wahl des Verfahrens die Art des Bewertungsobjektes.

Verfahren der Wertermittlung

Vergleichswertverfahren §§ 24–26 ImmoWertV	Ertragswertverfahren §§ 27–34 ImmoWertV	Sachwertverfahren §§ 35–39 ImmoWertV
• unbebaute Grundstücke • Wohnungseigentum	bebaute Grundstücke mit Miet- oder Pachteinnahmen	bebaute Grundstücke zur Eigennutzung
Beispiele: • unbebaute Grundstücke • land- und fortswirtschaftliche Grundstücke • Wohn- und Teileigentum	**Beispiele:** • MFH-Grundstück • Büro- und Geschäftsgrundstücke • gemischt genutzte Grundstücke • öffentlich genutzte Grundstücke	**Beispiele:** • EFH-Grundstück • eigengenutztes Wohn- und Teileigentum

MFH
Mehrfamilienhaus

EFH
Einfamilienhaus

In der Regel folgen die einzelnen Wertermittlungsverfahren immer dem gleichen Ablaufschema gemäß § 6 Abs. 3 ImmoWertV:

Ablaufschema der Wertermittlungsverfahren

Berechnung des vorläufigen Verfahrenswertes
↓
Marktanpassung
↓
Ermittlung des marktangepassten vorläufigen Verfahrenswertes
↓
Berücksichtigung besonderer objektspezifischer Grundstücksmerkmale
↓
Verfahrenswert
↓
Ableitung des Marktwertes

9.5.2 Wertermittlung bei unbebauten Grundstücken

Zur Ermittlung des **Bodenwertes eines unbebauten Grundstücks** wird in den meisten Fällen das **Vergleichswertverfahren** herangezogen. Dazu wird als Datenbasis der Bodenrichtwert des Gutachterausschusses genutzt.

Beispiel

Daten des Bodenrichtwertgrundstücks (fiktive Bodenrichtwertauskunft):
- 430 B (frei) (70505534)
- W EFH o f 400

Stichtag	01.01.2023
Wert	430,00 €/m²
Entwicklungszustand	baureifes Land
Beitrags- und abgabenrechtlicher Zustand	beitragsfrei
BRW-Zone	70505534
Art	Wohnbaufläche, Ein- und Zweifamilienhäuser
Bauweise	offene Bauweise
Fläche	400 m²

Daten des Bewertungsgrundstücks: 600 m², Wohnbaufläche, keine objektspezifischen Grundstücksmerkmale

Berechnung: Da die Merkmale des Bodenrichtwertgrundstücks bis auf die Grundstücksgröße übereinstimmen, muss eine Umrechnung mit den Umrechnungskoeffizienten bezüglich der Grundstücksgröße erfolgen. Die Umrechnungskoeffizienten werden vom zuständigen Gutachterausschuss im Grundstücksmarktbericht veröffentlicht.

Umrechnungskoeffizienten (UK) – Grundstücksgröße

Fläche in m²	UK Fläche
400	1,13
450	1,06
550	0,95
600	0,91
650	0,87

Wert für 600 m² = 430,00 €/m² · (0,91/1,13) = 430,00 €/m² · 0,81 = 348,30 €/m²
Somit ergibt sich für das Bewertungsgrundstück ein Bodenwert von 348 €/m².

9.5.3 Vergleichswertverfahren

Das Vergleichswertverfahren wird für die Ermittlung des Bodenwerts **unbebauter Grundstücke** sowie der Bodenwertermittlung **bebauter Grundstücke** verwendet.

Vergleichswertverfahren

direktes Vergleichswertverfahren	mittelbares Vergleichswertverfahren
• Kaufpreise leiten sich direkt aus den Grundstücksmerkmalen ab. • Preise richten sich nach dem Bewertungsstichtag.	• Vergleichswert wird aus Kaufpreisen geeigneter Vergleichsgrundstücke abgeleitet.

Es handelt sich bei dieser Wertermittlungsmethode um eine zuverlässige und leicht nachvollziehbare Methode. Es erfolgt ein optimaler Abgleich des Wertes mit dem aktuellen Marktniveau.

Merke!

Es werden echte Marktdaten als Basis für die Wertermittlung verwendet.

Als Basis dienen die **Kaufpreise anderer sowie ähnlicher Immobilien oder Grundstücke** aus der jeweiligen Region. Während beim direkten Vergleichswertverfahren ein oder mehrere Kaufpreise als Vergleichswert herhalten, sind beim indirekten Vergleichswertverfahren die statistischen Auswertungen der Kaufpreissammlungen von örtlichen Gutachterausschüssen heranzuziehen.

Vergleichspreise:
§ 25 ImmoWertV

In § 25 ImmoWertV ist geregelt, **dass es für das Vergleichswertverfahren genügend vergleichbare Objekte geben muss**:

Objekt	Kriterien
a) bei Immobilien	• **Art und Größe des Gebäudes** Grundstücksart: Handelt es sich um eine Wohn-, Gewerbe- oder Sonderimmobilie? • **Grundstücksgröße** • **Bauweise und energetischer Zustand** – Bauweise – Baujahr – Energieeffizienz • **Ausstattungsqualität und Gestaltung** Ausstattung und Ausstattungsgrad • **Restnutzungsdauer** Wie lange lässt sich die Immobilie bei ordnungsgemäßer Bewirtschaftung noch nutzen? • **Gesetzliche Verbote oder Beschränkungen der freien Verfügung** Einschränkungen, z. B. Denkmalschutz, Wegerechte usw. • **Art und Verwendung der Nachbarschaftsliegenschaften** Umfeld der zu bewertenden Immobilie • **Wie hoch ist der Ertrag durch die Vermietung (sofern vermietet)?**
b) bei Grundstücken	• **Lage und Grad der Erschließung** – Lage – Erschließung • **Bodenbeschaffenheit und Bodenschätze** – Bodeneignung – Altlasten • **Mikrolage und Größe** – Grundstücksgröße – Ausrichtung – Lärmbelästigung • **Bau- und planungsrechtliche Einschränkungen** – Einschränkungen bei der Baufreiheit • **Nutzungsbeschränkungen** – Eintragungen in Abteilung II des Grundbuchs – Verbote bezüglich der Nutzung des Grundstücks – Einschränkungen zur Nutzungsart

Schema zum Vergleichswertverfahren nach ImmoWertV

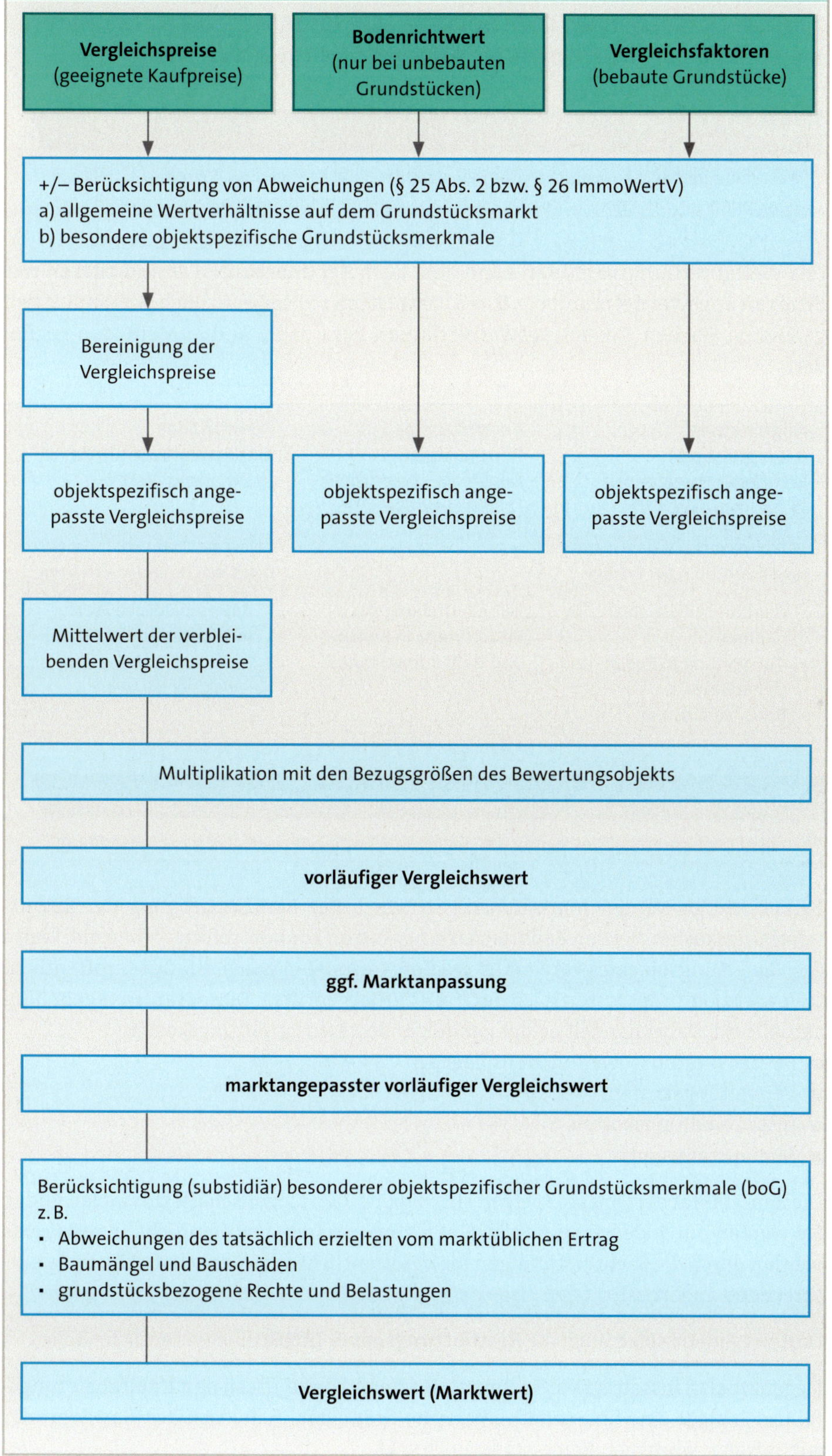

9.5.4 Ertragswertverfahren

Auch beim Ertragswertverfahren handelt es sich gemäß §§ 27 bis 34 ImmoWertV um eine Schätzung des Marktwertes der zu bewertenden Immobilie.

Merke!

Ausschlaggebend ist, dass durch das Bewertungsobjekt Erträge bzw. Renditen erzielt werden können. In der Praxis handelt es sich dabei überwiegend um bebaute Grundstücke.

Das Wertermittlungsverfahren kann aber auch bei **unbebauten Grundstücken mit Erträgen** angewendet werden, z. B. bei Parkplätzen sowie gewerblich oder industriell genutzten Flächen. Das Ertragswertverfahren wird dabei in drei Methoden gegliedert:

Allgemeines (zweigleisiges) Ertragswertverfahren (§ 28 ImmoWertV)	Vereinfachtes (eingleisiges) Ertragswertverfahren (§ 29 ImmoWertV)	Periodisches Ertragswertverfahren (§ 30 ImmoWertV)
Verkehrswert auf der Grundlage marktüblicher Erträge	–	Investmentobjekte mit periodisch wechselnden Erträgen
• marktüblich erzielbare Einnahmen • Aufspaltung in Boden- und Gebäudewert • Bodenverzinsung	keine Aufteilung des Ertragswerts in Boden- und Gebäudewertanteil	• unterschiedliche Wertermittlungsstichtage • periodischer Reinertrag • jeweiliger Restwert

Hinweis

In der Praxis kommt überwiegend das allgemeine Ertragswertverfahren zur Anwendung.

Berücksichtigt werden marktübliche Erträge unter Berücksichtigung der Bewirtschaftungskosten. Bei den Bewirtschaftungskosten können, sofern vorliegend, Werte des Bewertungsobjektes verwendet werden. Ansonsten wird i. d. R. auf veröffentlichte Bewirtschaftungskosten nach der II. BV zurückgegriffen. Diese werden regelmäßig aktualisiert. Dabei handelt es sich um folgende Bewirtschaftungskosten:

- Betriebskosten (soweit nicht umlegbar)
- Verwaltungskosten
- Instandhaltungskosten
- Mietausfallwagnis

Liegenschaftszinssätze

sind Kapitalisierungszinssätze, mit denen Verkehrswerte von Grundstücken je nach Grundstücksart im Durchschnitt marktüblich verzinst werden.

Restnutzungsdauer

gibt die verbleibende Zeit an, in der ein Gebäude noch (unter wirtschaftlichen Gesichtpunkten) sinnvoll genutzt werden kann.

Die Rentabilität der Objekte spiegelt sich dabei in den **Liegenschaftszinssätzen** wider. Sie werden durch den zuständigen Gutachterausschuss veröffentlicht. In der Praxis werden durch die Sachverständigen die veröffentlichten Liegenschaftszinssätze entsprechend angepasst.

Darüber hinaus spielt auch die **Restnutzungsdauer (RND)** eine wesentliche Rolle.

Liegenschaftszinssatz sowie Restnutzungsdauer beeinflussen den **Kapitalisierungsfaktor.** Er stellt eine finanzmathematische Größe dar, in der sich der (Bar-)Wert der zukünftigen jährlichen Reinerträge ausdrückt.

Schema zum Ertragswertverfahren nach ImmoWertV

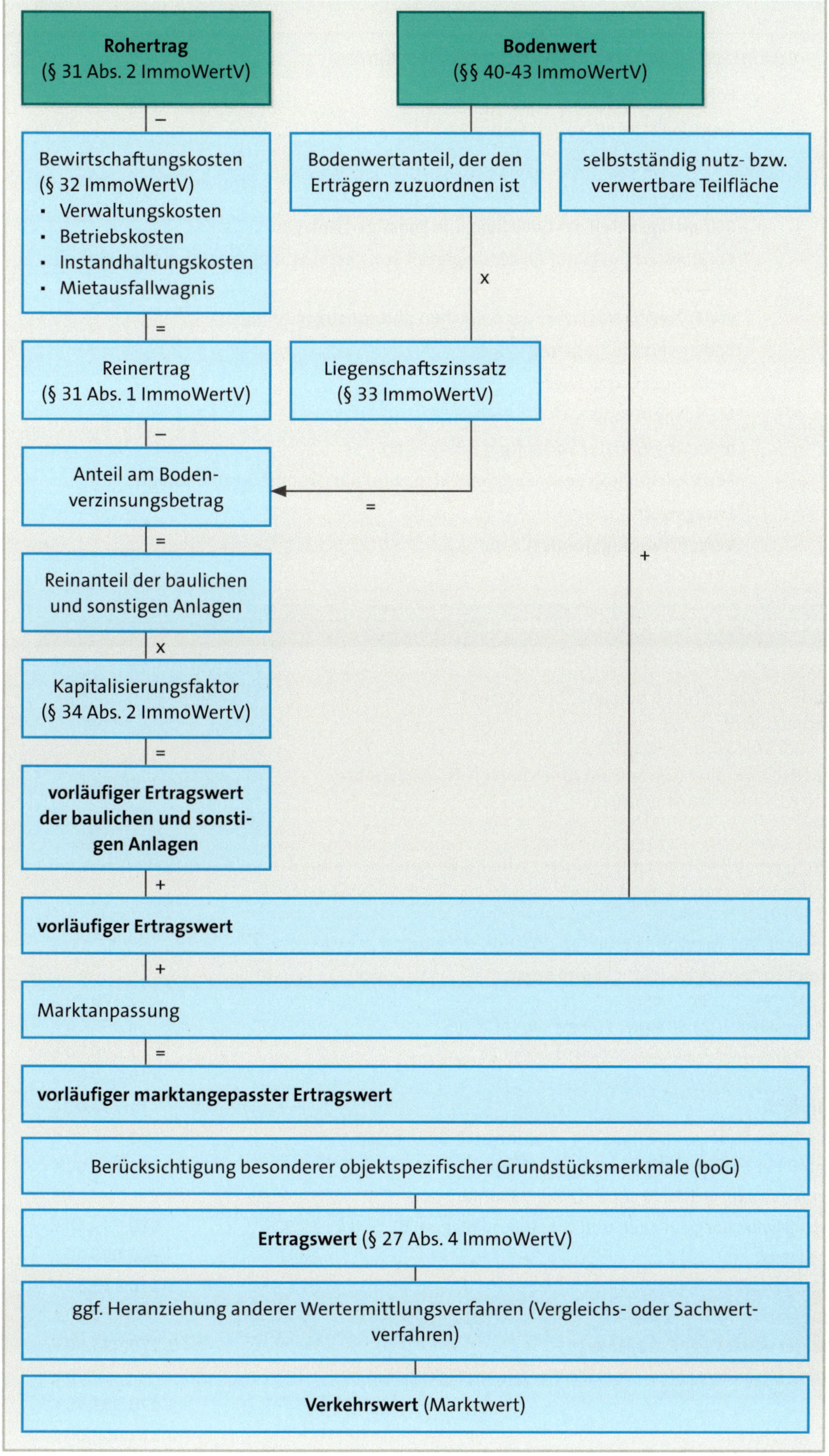

Nachfolgend soll ein Beispiel zum allgemeinen Ertragswertverfahren das Vorgehen und die Berechnung verdeutlichen.

Vereinfachtes Schema zum Ertragswertverfahren	
	Rohertrag (jährlich)
–	Bewirtschaftungskosten (jährlich)
=	**Reinertrag (jährlich)**
–	Reinertragsanteil des Bodens
=	**Reinertragsanteil der baulichen und sonstigen Anlagen**
x	Kapitalisierungsfaktor (in Abhängigkeit von Restnutzungsdauer und Liegenschaftszinssatz)
=	**vorläufiger Ertragswert der baulichen und sonstigen Anlagen**
+	Bodenwert (beitragsfrei)
=	**vorläufiger Ertragswert**
+/–	Marktanpassung
=	**marktangepasster vorläufiger Ertragswert**
+/–	Berücksichtigung besonderer objektspezifischer Grundstücksmerkmale
=	**Ertragswert**
	Verkehrswert (gerundet)

LZ
Liegenschaftszinssatz

KF
Kapitalisierungsfaktor

Beispiel für ein Mehrfamilienhaus mit acht Wohnungen

- Grundstücksgröße 1 000 m²
- Bodenwert: 200,00 €/m² · 1 000 m² = 200.000,00 € (beitragsfrei)
- vermietbare Wohnfläche 700 m²
- erzielbare Nettokaltmiete 10,00 €/m² monatlich
- Restnutzungsdauer (RND) = 39 Jahre (Gesamtnutzungsdauer [GND] = 70 Jahre)
- keine objektspezifischen Grundstücksmerkmale
- keine Marktanpassung

Der Kapitalisierungsfaktor (gem. § 34 Absatz ImmoWertV) wird i. d. R. vom Gutachterausschuss vorgegeben oder wird in den entsprechenden Tabellenwerken zur ImmoWertV abgelesen: LZ = 5,50 %, KF = 15,93

	Rohertrag (jährlich): 700 m² Wohnfläche · 10,00 €/m² · 12 Monate	84.000,00 €
–	Bewirtschaftungskosten (jährlich), nicht umlegbar	
	• Verwaltungskosten 8 · 290 €/m²	2.320,00 €
	• Instandhaltungskosten 11,50 €m² · 700 m² Wohnfläche	8.050,00 €
	• Mietausfallwagnis 2,00 % der Jahresnettokaltmiete	1.680,00 €
		= 12.050,00 €
=	**Reinertrag (jährlich)**	**71.950,00 €**
–	Reinertragsanteil des Bodens: 200.000,00 € (Bodenwert) · 5,50 % (LZ)	11.000,00 €
=	**Reinertragsanteil der baulichen und sonstigen Anlagen**	**60.950,00 €**
x	Kapitalisierungsfaktor (LZ = 5,50 % bei RND von 39 Jahren)	15,93
=	**vorläufiger Ertragswert der baulichen und sonstigen Anlagen: 62.630 € · 15,929**	**970.933,50 €**
+	Bodenwert (beitragsfrei)	200.000,00 €
=	**vorläufiger Ertragswert**	**1.170.933,50 €**
+/–	Marktanpassung	0,00 €
=	**marktangepasster vorläufiger Ertragswert**	**1.170.933,50 €**
+/–	Berücksichtigung besonderer objektspezifischer Grundstücksmerkmale	0,00 €
=	**Ertragswert**	**1.170.933,50 €**
	Verkehrswert (gerundet)	**1.171.000,00 €**

9.5.5 Sachwertverfahren

Das Sachwertverfahren wird vorrangig bei der Wertermittlung von **eigengenutzten Immobilien** angewendet wie
- Einfamilienhausgrundstücken,
- Eigentums- oder Ferienwohnungen sowie
- Geschäftsgrundstücken.

Aber es kommt auch zur Anwendung bei eigen- und fremdgenutzten Immobilien wie
- Zweifamilienhäusern und
- Gewerbegrundstücken.

Merke!

Als zweites Verfahren kann das Sachwertverfahren für jede Immobilie herangezogen werden.

Ausschlaggebend bei der Berechnung des Sachwertes ist:
- der Bodenwert (Basis ist der Bodenrichtwert)
- der Sachwert der baulichen Anlagen
- der Sachwert der Außenanlagen
- der Sachwert der sonstigen Anlage

Anpassungen erfolgen über
- die Herstellungskosten (NHK 2010 – Normalherstellungskosten 2010) und Baupreisindex,
- die Ausstattungsstandards und den Modernisierungsgrad,
- das Alter der Bausubstanz (über Alterswertminderungen),
- die besonderen objektspezifischen Grundstücksmerkmale (boB) sowie
- den Sachwertfaktor (Gutachterausschuss).

Normalherstellungskosten
▶ LF 11, Kap. 4

§ 8 ImmoWertV – Berücksichtigung der allgemeinen und besonderen objektspezifischen Grundstücksmerkmale

(1) Im Rahmen der Wertermittlung sind Grundstücksmerkmale zu berücksichtigen, denen der Grundstücksmarkt einen Werteinfluss beimisst.
(2) Allgemeine Grundstücksmerkmale sind wertbeeinflussende Grundstücksmerkmale, die hinsichtlich Art und Umfang auf dem jeweiligen Grundstücksmarkt regelmäßig auftreten. Ihr Werteinfluss wird bei der Ermittlung des vorläufigen Verfahrenswerts berücksichtigt.
(3) Besondere objektspezifische Grundstücksmerkmale sind wertbeeinflussende Grundstücksmerkmale, die nach Art oder Umfang erheblich von dem auf dem jeweiligen Grundstücksmarkt Üblichen oder erheblich von den zugrunde gelegten Modellen oder Modellansätzen abweichen. Besondere objektspezifische Grundstücksmerkmale können insbesondere vorliegen bei
1. besonderen Ertragsverhältnissen,
2. Baumängeln und Bauschäden,
3. baulichen Anlagen, die nicht mehr wirtschaftlich nutzbar sind (Liquidationsobjekte) und zur alsbaldigen Freilegung anstehen,
4. Bodenverunreinigungen,
5. Bodenschätzen sowie
6. grundstücksbezogenen Rechten und Belastungen.

(...)

Schema zum Sachwertverfahren nach ImmoWertV

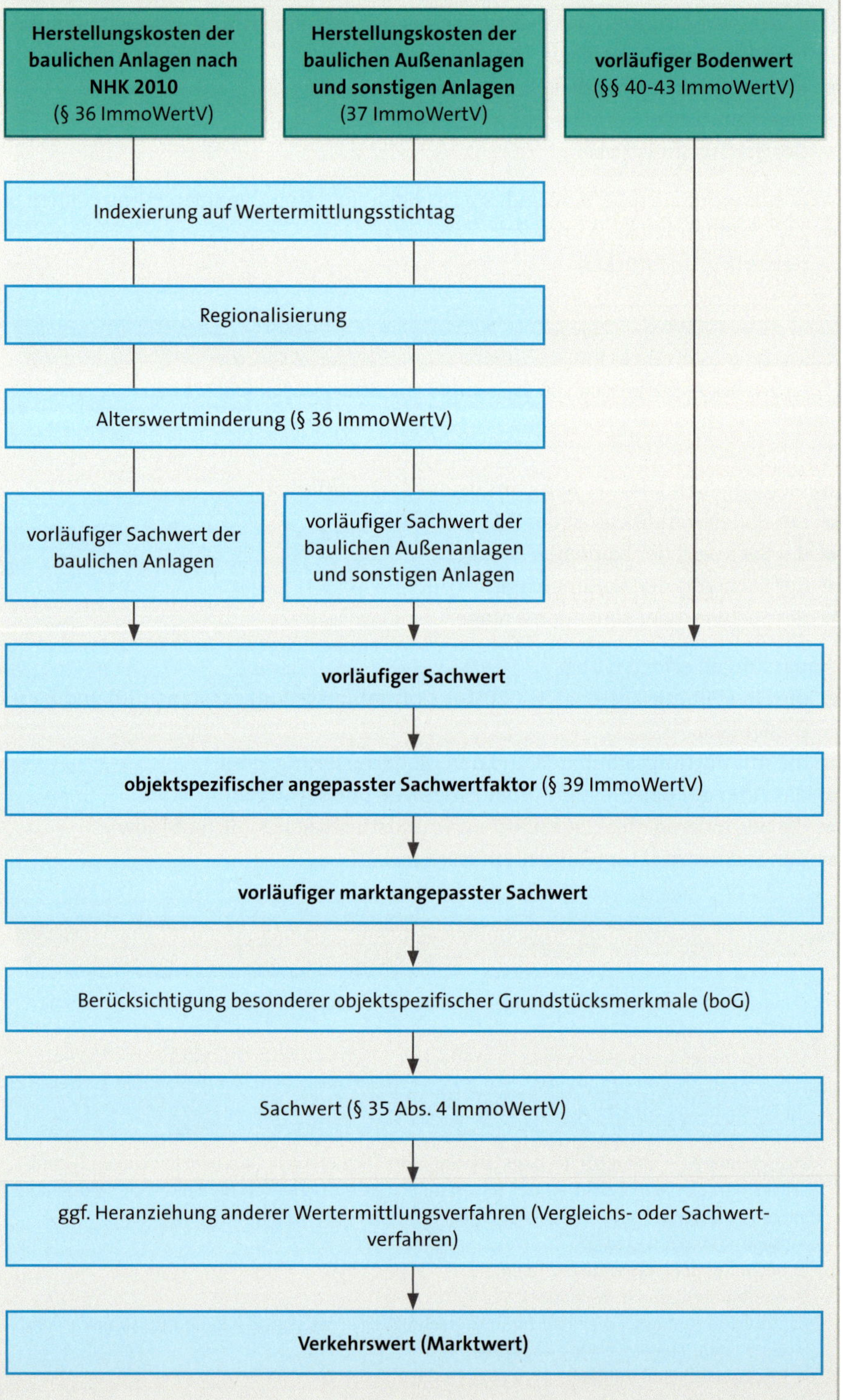

Beispiel für ein mit einem freistehenden Einfamilienhaus bebautes Grundstück

- EFH (Keller, Erdgeschoss und ausgebautes Dachgeschoss), Typ 1.01
- Gebäudestandard 3 (Ausstattungsstandard)
- Grundstücksgröße 500 m² (entspricht dem Bodenrichtwertgrundstück – Anpassung entfällt)
- Bodenwert: 250,00 € · 500 m² = 125.000,00 €
- Baujahr: 2000, GND 80 Jahre – 23 Jahre (Alter zum Stichtag) = RND 57 Jahre
- Bruttogrundfläche (BGF): 220 m²
- Maß der baulichen Nutzung (GFZ): 0,44
- Wertermittlungsstichtag: 01.06.2023
- keine objektspezifischen Grundstücksmerkmale (boG)

Auszug aus dem Gutachten:

Bodenwertermittlung	
Richtwert zum 01.01.2023:	250,00 €/m²
GFZ:	0,44
Faktor:	1
Bodenwert (250,00 €/m² · 1):	250,00 €/m²
Grundstücksgröße:	500 m²
Vorläufiger Bodenwert (500 m² · 250,00 € / m²):	**125.000,00 €**
Daten für Sachwertberechnung	
Auswahl Bezugseinheit:	BGF
Berechnungsgrundlage:	NHK 2010
Typ:	Einfamilienhaus (freistehend), Keller-, Erdgeschoss, Dachgeschoss voll ausgebaut
Ausstattung:	3
NHK gewählt:	835,00 €/m²
Baunebenkosten	
inkl. Baunebenkosten laut NHK:	17,00 %
Ausgangswert:	835,00 €/m²
Regionalisierung	(im Beispiel nicht berücksichtigt)
Indexermittlung	
Gebäudeart:	Wohngebäude
Index zum Stichtag (März 2023):	158,90
Umbasierungsfaktor 2010/2015:	1,000
158,90/1,000 =	158,90
Wertminderung wegen Alter	
Baujahr:	2000
Stichtag:	2023
Alter zum Stichtag:	23 Jahre
bei einer Lebensdauer von:	80 Jahren
Restnutzungsdauer:	57 Jahre
Minderung/Alter:	28,8 %

GND
Gesamtnutzungsdauer

RND
Restnutzungsdauer

GFZ
Geschossflächenzahl
▶ Band 2, LF 8, Kap. 1.4

BRI
Bruttorauminhalt

Berechnung:

BGF(m²) oder BRI(m³) · NHK · Index	= Summe
220 · 835,00 €/m² · 1,5890	= 291.899,00 €
Herstellungskosten der baulichen Anlagen	**291.899,00 €**
Alterswertminderung (28,8 %)	– 84.067,00 €
vorläufiger Sachwert der baulichen Anlagen	**= 207.832,00 €**
Sachwertwert der baulichen Außenanlagen	= 10.000,00 €
Vorläufiger Sachwert der baulichen Außenanlagen und sonstigen Anlagen	**+ 10.000,00 €**
vorläufiger Sachwert (ohne Bodenwert)	**= 217.832,00 €**
vorläufiger Bodenwert	**+ 125.000,00 €**
vorläufiger Sachwert insgesamt (217.832 € + 125.000 €)	**= 342.832,00 €**
Sachwertfaktor	x 1,20
Vorläufiger marktangepasster Sachwert	**= 411.398,00 €**
Objektspezifische Grundstücksmerkmale	+/– 0 €
Sachwert	**= 411.389,00 €**
Verkehrswert gerundet	**= 411.000,00 €**

9.5.6 Weitere Wertermittlungsverfahren

Bodenwert von Bauerwartungsland und Rohbauland:
§ 42 ImmoWertV

Nutzungsabhängiger Bodenwert bei Liquidationsobjekten:
§ 43 ImmoWertV

Weitere Verfahren zur Wertermittlung sind z. B:
- Zielbaummethode
- Residualwertverfahren (Extraktionsverfahren; § 42 ImmoWertV)
- Liquidationswertverfahren (§ 43 ImmoWertV)

Auf diese Verfahren soll hier allerdings nicht weiter eingegangen werden.

9.6 Berücksichtigung von Rechten und Belastungen bei der Verkehrswertermittlung

Abteilung II – Lasten und Beschränkungen
▶ Band 2, LF 7, Kap. 3.6

Sind mit dem zu bewertenden Grundstück Rechte und Belastungen verbunden, sind diese in der Regel bei der Bewertung zu berücksichtigen. Dabei kann es sich um **privatrechtliche Rechte und Belastungen** handeln, wie z.B. Nießbrauch, Leitungs- und Wegerechte, Nachbarrechte, Vorkaufsrechte, Überbau- und Notwegerechte sowie Erbbaurechte, oder um **öffentlich-rechtliche Beschränkungen**, wie z.B. Bauplanungs- und Bauordnungsrechte, Baulasten, Umwelt- und Naturschutzrechte, Denkmalschutzrechte und Belegungsrechte.

Merke!

Rechte können sich sowohl negativ als auch positiv auf den Wert eines Grundstücks auswirken. Wichtig ist immer, den dazugehörigen Vertrag einzusehen. Darin sind alle Details geregelt.

Durch den Sachverständigen werden diese Angaben im Gutachten berücksichtigt. Er weist im Gutachten den Wert des unbelasteten Grundstücks, den Wert des Rechts und den Wert des belasteten Grundstücks aus.

LERNFELD **10**

Immobilien vermitteln und mit Immobilien handeln

SITUATIONEN

Situation 78

Der Maklervertrag

Die Vertriebsabteilung der MEWOH Musterwohn GmbH kümmert sich nicht nur um den Verkauf eigener Objekte. Aktuell hat sich Herr Gerhard Franke mit der MEWOH in Verbindung gesetzt. Er ist Eigentümer einer vermieteten Eigentumswohnung und möchte diese gerne aus Altersgründen veräußern. Daher sucht er Unterstützung bei dem Verkaufsprozess.

Swenja Tobler, die Abteilungsleiterin „Vertrieb – eigene und Fremdobjekte" hat Herrn Franke für die kommende Woche zu einem Gespräch in die Büroräume der MEWOH eingeladen. Das gesetzte Ziel ist es, die einzelnen Schritte und das weitere Vorgehen mit ihm zu besprechen und einen Maklervertrag mit ihm abzuschließen. Die Vertragsunterzeichnung sollte auch möglichst in der kommenden Woche im Rahmen des Gesprächs erfolgen.

In Vorbereitung auf das Gespräch mit Herrn Franke hat Frau Tobler Isabell um Unterstützung und Mitarbeit gebeten, die auch an dem Gespräch teilnehmen soll. Gemeinsam suchen sie zuerst aus der Datenbank der MEWOH einen Entwurf eines Maklervertrags heraus und prüfen ihn. Außerdem wollen sich beiden noch Zeit nehmen, einige Fragen zu diskutieren, die sich Isabell aufgeschrieben hat.

ARBEITSAUFTRÄGE

1 Gehen Sie den Auszug des Maklervertrags durch und prüfen Sie ihn. Zeigen Sie die vier Fehler im vorliegenden Entwurf auf.

2 Beantworten Sie in Vorbereitung auf den Termin mit Herrn Franke auch die Fragen von Isabell.

Maklervertrag (Auszug)

Verkäufermaklervertrag

Abschluss eines Maklervertrags zwischen
Frau/Herrn/Eheleute/Firma ______________________

derzeit wohnhaft ______________________
(nachfolgend Auftraggeber/in genannt)

und
als Maklerunternehmen ______________________

Geschäftssitz ______________________
(nachfolgend Auftragnehmer/in genannt)

Zwischen den Vertragsparteien erfolgt der Abschluss des folgenden Maklervertrags:

§ 1 Inhalt des Auftrags

1. Vonseiten des Auftraggebers/der Auftraggeberin erfolgt die Zusicherung, der Eigentümer/die Eigentümerin des Auftragsobjekts zu sein. Eine Bevollmächtigung durch etwaige Miteigentümer/Miteigentümerinnen sowie Verfügungsberechtigte liegt vor.
2. Der Vertrag gilt als erfüllt durch den Nachweis der Gelegenheit eines Kaufvertragsabschlusses und/oder die Vermittlung eines Kaufvertragsabschlusses.

Adresse des Auftragsobjekts: ____________________

(...)

§ 4 Rechte und Pflichten (Auftragnehmer/in)

1. Vonseiten des Auftragnehmers/der Auftragnehmerin erfolgt die Verpflichtung, den Auftrag mit aller Sorgfalt auszuführen. Alle zum Einsatz kommenden Verkaufsmaßnahmen müssen dem Auftrag und dem Objekt angemessen sein. (...)

§ 5 Rechte und Pflichten (Auftrageber/in)

1. Der Auftragnehmer verpflichtet sich, den Alleinauftrag intensiv, sorgfältig und mit dem Objekt angemessenen Verkaufsmaßnahmen zu bearbeiten (...)

§ 6 Provision

1. Nach Terminierung des Notartermins erhält der Makler vom Käufer eine Maklerprovision in Höhe von 7,14 % des Kaufpreises (inkl. Umsatzsteuer 19 %). Der Auftraggeber schuldet dem Makler nach Abschluss des Maklervertrags keine gesonderte Maklerprovision.
2. Im Falle einer erfolgreichen Anfechtung des Hauptvertrages bleibt der Provisionanspruch davon unberührt. (...)

§ 8 Laufzeit und Kündigung

1. Der Auftrag läuft über die Dauer von 6 Monaten.
2. Eine außerordentliche Kündigung ist ausgeschlossen.
3. Nach Ablauf der Vertragslaufzeit endet der Vertrag, ohne dass es einer Kündigung bedarf. (...)

Fragen von Isabell zum Termin mit Herrn Franke

- Welche Maklervertragsart sollte die MEWOH Musterwohn GmbH anstreben?
- Welche Vorteile bietet diese Maklervertragsart auch für Herrn Franke als Auftraggeber?
- Mit welchen Gegenargumenten seitens des Auftraggebers Herrn Franke ist zu rechnen? Wie können diese entkräftet werden?
- Welche Provisionsregelungen sind für diesen Fall möglich?

Folgesituation

Das Gespräch mit Herrn Franke hat gestern stattgefunden. Heute unterhalten sich Frau Tobler und Isabell noch einmal darüber.

Frau Tobler: Leider hat Herr Franke den Vertrag nicht gleich hier bei uns in den Geschäftsräumen unterschrieben.

Isabell: Ja, aber er meinte, dass er den Vertrag dann zu Hause unterzeichnen werde.

Frau Tobler: Gut, senden Sie ihm bitte daher den Vertrag nochmal per Mail zu und vergessen Sie alle notwendigen Anhänge nicht! Nicht, dass uns die Provision am Ende noch entgeht.

ARBEITSAUFTRAG

Erläutern Sie mit Hinweisen auf das Widerrufsrecht, an welchen Anhang Isabell denken muss. Erläutern Sie, welche Konsequenzen drohen, wenn Isabell den Anhang vergisst.

Aufgaben

1 Worin besteht die Hauptaufgabe eines Maklers/einer Maklerin?

2 Nennen und erklären Sie drei typische Tätigkeitsbereiche.

3 Welche vier Merkmale kennzeichnen den Immobilienmarkt? Erklären Sie diese.

4 Die Tätigkeit eines Maklers/einer Maklerin wird von zahlreichen rechtlichen Vorschriften bestimmt. Welche sind das? Geben Sie drei Beispiele.

5 Moritz und Tom sind schon lange befreundet. Als sie sich heute treffen, entwickelt sich ein Gespräch über ihre beruflichen Vorstellungen. Dabei erwähnt Tom, dass er vielleicht Immobilienmakler werden will. Darauf erwidert Moritz: „Da hast du ja noch einen weiten Weg vor dir. Als Immobilienmakler benötigt man doch ein Studium." „Nee, ein Studium brauchst du nicht. Immobilienmakler kann absolut jeder werden, auch ohne Ausbildung" meint Tom. Wer von beiden hat recht? Gehen Sie auch auf die erforderlichen Voraussetzungen ein.

6 Aus den rechtlichen und vertraglichen Verhältnissen eines Maklers/einer Maklerin zum Immobilienanbietenden und -suchenden ergeben sich folgende grundsätzlichen Prinzipien der Maklertätigkeit:
- Prinzip der Interessensidentität
- Erfolgsprinzip
- Unabhängigkeitsprinzip
- Prinzip der Entscheidungsfreiheit
- Prinzip der Neutralität

Erklären Sie die einzelnen Prinzipien.

7 Unterscheiden Sie zwischen einem Maklervertrag und einem Hauptvertrag.

8 Erklären Sie, was unter echten und unechten Verflechtungen zu verstehen ist. Geben Sie zudem jeweils ein Beispiel.

9 Mit der Makler- und Bauträgerverordnung (MaBV) hat der Gesetzgeber u. a. Immobilienmakler/innen besonderen Berufsausübungsregeln unterworfen. Was ist in diesem Zusammenhang unter den
- Anzeigepflichten,
- Buchführungspflichten und
- Informationspflichten

zu verstehen? Geben Sie auch die jeweilige Rechtsgrundlage an.

10 Nennen Sie vier Angaben, die Makler gemäß § 10 MaBV im Zusammenhang mit Makleraufträgen aufzeichnen müssen. Wie lange müssen diese Aufzeichnungen aufbewahrt werden?

11 Frau Kwaski ist Maklerin. Heute hat sie einen Besichtigungstermin mit einer Kundin. Besichtigt wird ein Haus, das schon einige Zeit zum Verkauf steht. Grund dafür sind u. a. einige erhebliche Mängel an der Bausubstanz. Allerdings sind diese nicht für jeden gleich erkennbar. Frau Kwaski sind diese Mängel aber bekannt.

a) Frau Kwaski möchte das Haus gerne verkaufen. Gegenüber ihrer Kundin erwähnt sie die Mängel an der Bausubstanz nicht. Allerdings fragt ihre Kundin auch nicht nach entsprechenden Mängeln. Wie beurteilen Sie den Fall?

b) Wie beurteilen Sie den Fall, wenn Frau Kwaski nichts von den Mängeln an der Bausubstanz weiß?

12 Wie kann sich ein Makler/eine Maklerin gegen Haftungsansprüche von Dritten aufgrund von Vermögensschäden infolge einer bei der Ausübung der beruflichen Tätigkeit begangenen Pflichtverletzung absichern?

13 Was ist unter Akquise zu verstehen?

14 Was ist unter der Objekt- und Interessentenakquise zu verstehen?

15 Grenzen Sie passive und aktive sowie Warm- und Kaltakquise voneinander ab.

16 Ein Maklervertrag soll abgeschlossen werden. Welche Formvorschriften gelten für Maklerverträge?

17 Beim Abschluss eines Maklervertrags kann es unterschiedliche Möglichkeiten der Vernetzung zwischen den Akteuren geben. Auf der einen Seite steht der Makler, auf der anderen Seite können – je nach Auftrag – die Personen stehen, die eine Immobilie veräußern, vermieten oder verpachten möchten bzw. die eine Immobilie suchen.

a) Erklären Sie die Vernetzung, wenn die auftraggebende Person eine Immobilie anbietet.

b) Erklären Sie die Vernetzung, wenn die auftraggebende Person eine Immobilie sucht.

c) Kann ein Makler/eine Maklerin auch gleichzeitig für eine suchende und anbietende Person tätig werden?

Beachten Sie dabei auch, zwischen wem der Maklervertrag und der Hauptvertrag zustande kommt.

18 Erläutern Sie den Unterschied für das Zustandekommen eines Maklervertrags, wenn in einer Immobilienanzeige bereits ein eindeutiger Provisionshinweis enthalten ist zu einer Immobilienanzeige, in der dies nicht der Fall ist.

19 Für Haustürgeschäfte oder Fernabsatzverträge mit Verbrauchern gelten besondere Widerrufsrechte. Geben Sie jeweils ein immobilienbezogenes Beispiel für ein Haustürgeschäft und einen Fernabsatzvertrag an.

20 Ist der Makler/die Maklerin im Rahmen eines Haustürgeschäfts oder Fernabsatzvertrags verpflichtet, den Verbraucher auf das Widerrufsrecht hinzuweisen?

21 Erklären Sie, wann eine Widerrufsbelehrung grundsätzlich notwendig ist.

22 Erläutern Sie die Folgen, wenn eine notwendige Widerrufsbelehrung bei einem Maklervertrag fehlt oder fehlerhaft ist.

23 Wo finden Sie die gesetzlichen Regelungen zur Provision?

24 Nennen und erklären Sie die vier Voraussetzungen, die eintreten müssen, damit der Makler/die Maklerin einen Provisionsanspruch hat.

25 Unterscheiden Sie zwischen
- Ersatzgeschäftsklausel und
- Gleichstellungsabrede.

26 Was soll eine Vorkenntnisklausel verhindern?

27 Wer wie viel Provision bezahlt, hängt von der Vertragsart ab, die durch den Makler/die Maklerin vermittelt werden soll.

a) Wie sieht es mit der Provisionshöhe und der -verteilung bei der Vermittlung einer Mietwohnung aus?

b) Wie sieht es mit der Provisionshöhe und der -verteilung bei der Vermittlung eines Kaufvertrags über ein Einfamilienhauses oder einer Eigentumswohnung aus?

c) Wie sieht es mit der Provisionshöhe und der -verteilung bei der Vermittlung eines Kaufvertrags über ein unbebautes Grundstücks aus?

28 Was können Sie im Hinblick auf die Wuchergrenze zu Maklerverträgen sagen?

29 Herr Landner hat über einen Makler eine Mietwohnung gefunden. Bei der Wohnung handelt es sich um preisgebundenen, öffentlich geförderten Wohnraum. Jetzt verlangt der Makler plötzlich eine Provision. Wie ist die Provisionsforderung rechtlich zu beurteilen?

30 Frau Zügs hat einen Makler mit der Suche einer Mietwohnung beauftragt. Allerdings ist sie ein wenig enttäuscht. Alle Wohnungen, die ihr Makler ihr anbietet, hat sie bereits vorher online in verschiedenen Wohnungsbörsen gefunden. Eine der Wohnungen gefällt ihr aber, und es kommt zum Abschluss eines Mietvertrags. Nun möchte der Makler seine Provison haben. Zu Recht?

31 Kommt es zu Störungen beim Hauptvertrag, so kann dies auch die Provision gefährden. Geben Sie zu den folgenden Störungen jeweils ein Beispiel:

a) Nichtigkeit

b) Anfechtung

c) Ausübung eines vertraglich vereinbarten Rücktrittsrechts, das über die gesetzlichen Regelungen hinausgeht

32 Erläutern Sie das Bestellerprinzip.

Situation 79

Marktforschung und Marketing-Mix

Die MEWOH Musterwohn GmbH plant einen Neubau, der zentral in Leipzig gelegen ist. Seine Besonderheit: Er verfügt ausschließlich über seniorengerechte und barrierefreie Mietwohnungen. Die Fertigstellung des Neubaus soll laut Planung in ca. 18 Monaten erfolgen. Die Abteilung „Vertrieb – eigene und Fremdobjekte" trifft sich zu dem Projekt in der kommenden Woche, um die Planung der Werbekampagne und des Vertriebs zu diskutieren.

In Vorbereitung auf das Treffen hat Frau Tobler die folgende E-Mail an alle Beteiligten geschickt:

Löschen | Antworten | An alle | Weiterleiten

Von: Swenja.Tobler@mewoh-musterwohn.dex
An: Verteiler_Vertrieb
Datum: 10.10.2023
Betreff: Neubau | Trengerweg 25-30 | 04178 Leipzig

Liebes Vertriebs-Team,

wie ihr alle wisst, treffen wir uns in der kommenden Woche, um die Werbekampagne für die Seniorenwohnungen im Trengerweg genauer zu diskutieren. Ich habe mich daher in den letzten Tagen ein wenig intensiver mit verschiedenen Daten und Statistiken befasst, die sich speziell mit der Zielgruppe befassen.

Dabei bin ich auf zwei interessante Statistiken zur Mediennutzung von Senioren/-innen gestoßen. Ich habe sie der Mail angehängt. Das sollten wir unbedingt bei unserer Kampagne beachten.
Ich freue mich schon auf unseren Austausch in der nächsten Woche.

Viele Grüße
Svenja Tobler

Medienausstattung im Haushalt (Seniorinnen und Senioren)

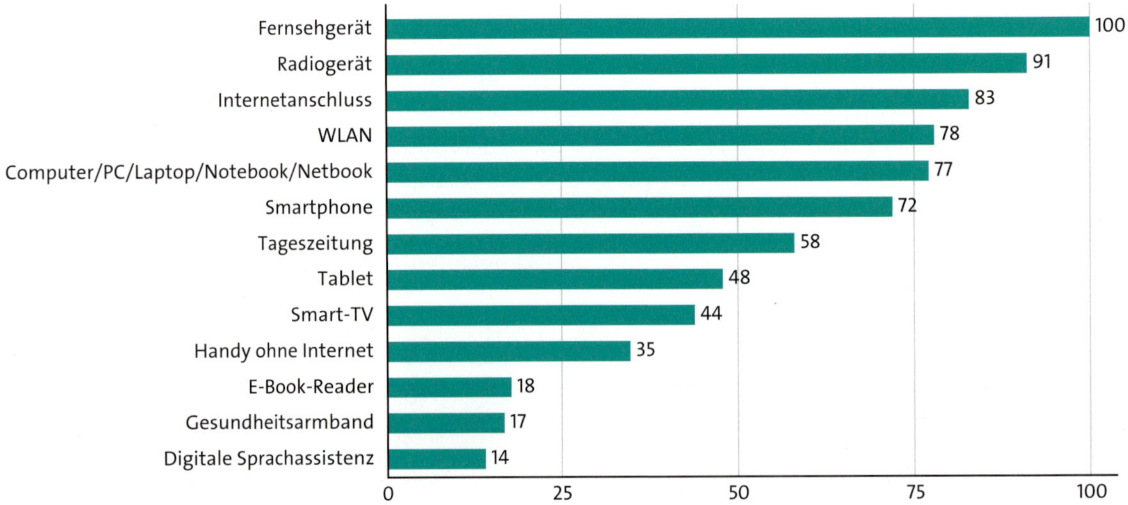

Quelle: SIM 2021, Angaben in Prozent, Basis: alle befragten, n = 3.005

<table>
<tr><th colspan="4">Am ehesten genutzte Informationsquellen – Top 3 (Seniorinnen und Senioren)</th></tr>
<tr><th></th><th>Top 1</th><th>Top 2</th><th>Top 3</th></tr>
<tr><td rowspan="2">Aktuelles, was in der Welt gerade passiert</td><td rowspan="2">TV</td><td colspan="2">Internet</td></tr>
<tr><td colspan="2">Tageszeitung</td></tr>
<tr><td>Aktuelles Geschehen aus meiner Region</td><td>Tageszeitung</td><td>TV</td><td>Internet</td></tr>
<tr><td>Gesundheit und Pflege</td><td>Internet</td><td>sonstige Quellen</td><td>TV</td></tr>
<tr><td>Das Thema Corona</td><td>TV</td><td>Internet</td><td>Tageszeitung</td></tr>
<tr><td>Informationen zu einem Problem, das für mich gerade bedeutsam ist</td><td>Internet</td><td>Familie</td><td>TV</td></tr>
<tr><td>Neue Produkte</td><td>Internet</td><td>TV</td><td>Tageszeitung</td></tr>
</table>

Quelle: https://www.mpfs.de/fileadmin/files/Studien/SIM/2021/Web_SIM-Studie2021_final_barrierefrei.pdf

ARBEITSAUFTRAG

Isabell sieht sich die Statistiken an, die Frau Tobler der E-Mail beigefügt hat. Welche Rückschlüsse kann sie aus den Statistiken für die geplante Werbekampagne ziehen?

Folgesituation

Heute findet das Abteilungsmeeting statt, bei dem die Werbekampagne für die Seniorenwohnungen im Trengerweg besprochen werden soll. Bei dem Meeting werden verschiedene Maßnahmen intensiv diskutiert. Besonders ausgiebig wird diskutiert, ob man die vorliegenden Daten und Statistiken als Basis für die eigene Werbekampagne nutzen soll oder ob die MEWOH Musterwohn GmbH nicht lieber selbst aktiv werden und eine Umfrage in der Zielgruppe der Senioren/-innen durchführen sollte. Im Rahmen des Meetings sollen dann auch bereits die ersten Eckdaten zur Werbekampagne für die Seniorenwohnungen festgelegt werden.

ARBEITSAUFTRÄGE

1 Geben Sie einen Überblick über die Vor- und Nachteile einer Sekundär- und Primärforschung. Erläutern Sie, welche Methode Ihnen im vorliegenden Fall geeigneter erscheint.

2 Definieren Sie die folgenden Aspekte und geben Sie ein Beispiel für die geplanten Seniorenwohnungen an:
- Werbegegenstand
- Streuzeit
- Streugebiet
- Werbebotschaft

Nutzen Sie das Arbeitsblatt 10.1 „Werbekampagne Seniorenwohnungen", welches den Webcodematerialien beiliegt.

3 Nennen Sie jeweils zwei Maßnahmen aus den Bereichen Werbung und Öffentlichkeitsarbeit, mit denen Sie auf das Projekt aufmerksam machen können.

4 Die MEWOH Musterwohn GmbH ist sich nicht sicher, ob sie für den Vertrieb der Seniorenwohnungen nicht auch Makler mit beauftragen sollte. Erstellen Sie eine Übersicht über Vor- und Nachteile von Eigen- und Fremdvertrieb aus Sicht der MEWOH. Nutzen Sie das Arbeitsblatt 10.2, welches den Webcodematerialien beiliegt.

Aufgaben

1 a) Geben Sie eine kurze Definition von Marketing an.
b) Nennen Sie ein immobilienwirtschaftliches Beispiel für (Absatz-)Marketing.

2 a) Stellen Sie dar, warum ein Marketingkonzept so wichtig für jedes Unternehmen ist.
b) Nennen Sie die fünf Stufen eines Marketingkonzepts.
c) Die MEWOH Musterwohn GmbH verfügt über ein unbebautes Grundstück, auf welchem 2 000 m² Geschossfläche geschaffen werden dürfen. Das Grundstück liegt in einem urbanen Gebiet (vgl. § 6a BauNVO), sodass hier Wohnen, Gewerbe, Soziales und Kulturelles möglich wäre. Geben Sie zu jeder Stufe des Marketingkonzepts an, was die MEWOH im Hinblick auf das beschriebene Grundstück tun könnte. Begründen Sie.

3 Wesentliche Auswirkungen auf das Marketingverhalten eines Unternehmens hat die Frage, ob es sich um einen Verkäufer- oder einen Käufermarkt handelt.
a) Grenzen Sie Verkäufer- und Käufermarkt in Bezug auf Angebot und Nachfrage voneinander ab.
b) Auf dem Leipziger Wohnungsmarkt herrscht ein Verkäufermarkt. Erläutern Sie die Auswirkungen eines Verkäufermarkts auf das Marketingverhalten der MEWOH an zwei Beispielen.

4 Die Gegenstände der Marktforschung und das methodische Vorgehen müssen vor Marktforschungsbeginn festgelegt werden. Erklären Sie, was darunter zu verstehen ist. Geben Sie zudem je ein immobilienwirtschaftliches Beispiel an.

5 Was bedeutet es für ein Unternehmen, kundenorientiert zu handeln? Nennen Sie je ein Beispiel für kundenorientiertes Handeln für
a) eine Wohnungsgenossenschaft,
b) die MEWOH Musterwohn GmbH und
c) einen Makler mit Spezialisierung auf Gewerbeimmobilien.

6 a) Wie wird ein Kaufmotiv allgemein definiert?
b) Ein Leipziger Projektentwicklungsunternehmen hat sich auf den Neubau von Mehrfamilienhäusern und den Verkauf von Eigentumswohnungen spezialisiert. Welche möglichen Kaufmotive von potenziellen Kunden sind für das Unternehmen von besonderer Bedeutung?

7 Worin unterscheiden sich die Kundenbedürfnisse, der Kundenbedarf und die Kundennachfrage?

8 Neben einem umfassenden Bild über die Bedürfnisse der Kunden, gilt es auch, einen genauen Blick auf die Konkurrenz zu werfen. Zwei wichtige Marktgrößen sind dabei
- das Marktvolumen und
- der Marktanteil.

a) Erklären Sie beide Begriffe.
b) Geben Sie jeweils ein Beispiel.

9 Ein Bekannter von Ihnen ist der Meinung, dass Marketingaktivitäten überschätzt werden. Besonders am Verhalten der Konkurrenz müsse man sich nicht orientieren. Viel wichtiger sei es, den Blick nur auf die eigenen Aktivitäten zu richten. Dann kämen die Kunden von ganz allein. Was antworten Sie ihm?

10 Das (zukünftige) Verhalten von Kunden und Konkurrenten hängt auch von der (zukünftigen) wirtschaftlichen Lage ab.
Die Travelimmo GmbH hat sich darauf spezialisiert, Hotelimmobilien zu errichten und an namhafte Hotelketten zu verpachten. Erklären Sie, weshalb vor einer Bauentscheidung
a) das Zinsniveau,
b) die konjunkturelle Lage und
c) die Energiepreisentwicklung
berücksichtigt werden sollten.

11 Welche der folgenden Definitionen von Marktforschung ist korrekt?
a) Unter Marktforschung ist die gezielt vorbereitete und auf wissenschaftlichen Methoden basierende Befragung von Kunden zu verstehen. Die wesentlichen Informationen werden direkt und ausschließlich bei den Kunden erhoben.
b) Bei Marktforschung handelt es sich um die systematische, gezielt vorbereitete, auf wissenschaftlichen Methoden basierende Beschaffung, Aufbereitung und Analyse von Informationen zur Beurteilung eines Marktes und zur Beantwortung von Marketingfragen.
c) Die Marktforschung ist kein geplanter Prozess der Informationserhebung. Vielmehr werden Informationen aus Kundengesprächen heraus gesammelt und in unregelmäßigen Abständen ausgewertet.

12 Unterscheiden Sie Marktbeobachtung, Marktanalyse und Marktprognose. Gehen Sie dabei auf ein selbst gewähltes immobilienwirtschaftliches Beispiel ein.

13 Ordnen Sie zu, ob es sich in folgenden Fällen um Primär- oder Sekundärforschung handelt:
a) Die MEWOH Musterwohn GmbH beauftragt ein Marktforschungsinstitut mit der Entwicklung einer Befragung zur Zufriedenheit der Bestandsmieter.
b) Die MEWOH Musterwohn GmbH wertet Daten der Mieterdatenbank in Bezug auf die Fluktuationsquote aus, um Rückschlüsse auf die Zufriedenheit der MieterInnen zu ziehen.

14 Nennen und erklären Sie vier Möglichkeiten für Online-Marktforschung. Begründen Sie, welche dieser vier am ehesten in der Immobilienbranche Anwendung finden könnte.

15 Nennen Sie die vier Marketinginstrumente („4 Ps des Marketings") und geben Sie je ein immobilienwirtschaftliches Beispiel an.

16 Auch Immobilien unterliegen – wie andere Produkte auch – einem Lebenszyklus. Nennen und erklären Sie die fünf Lebenszyklusphasen am Beispiel eines Mehrfamilienhauses.
Nutzen Sie dazu auch das Arbeitsblatt 10.3 „Lebenszyklusphasen einer Immobilie“, welches den Webcodematerialien beiliegt.

17 In Ihrem Unternehmen wird eine Neubauanlage geplant. Nennen Sie zentrale Gestaltungsmittel, die bei der Wahl bzw. Gestaltung des Grundstücks eine Rolle spielen.

18 Warum können Überlegungen in Bezug auf Produktinnovation, -variation und -elimination bei produktpolitischen Entscheidungen eine Rolle spielen?

19 Für ein Immobilienunternehmen geht es heutzutage nicht mehr nur um das Vermieten oder den Verkauf von Immobilien. Auch das Anbieten von mit der Immobilie verbundenen Service- und Dienstleistungen gehört mittlerweile für viele zum täglichen Geschäft. Geben Sie drei Gründe dafür an.

20 Welche Service- und Dienstleitungen könnte ein Immobilienunternehmen anbieten? Geben Sie drei Beispiele.

21 Ihr Unternehmen baut in einer Siedlung am Stadtrand Reihenhäuser. Nun, kurz vor der Fertigstellung, konnten schon die ersten Einheiten verkauft werden. Die Käufer und Käuferinnen erhielten einen günstigeren Kaufpreis als die, die eines der Häuser erst nach der Fertigstellung kaufen werden.
a) Unterscheiden Sie zwischen Penetrations- und Skimming-Strategie.
b) Welche Strategie wird im vorliegenden Fall genutzt?

22 Welche drei Aspekte sind bei der Preisgestaltung zu berücksichtigen?

23 Was ist bei der Preisgestaltung auf dem Immobilienmarkt insbesondere zu beachten?

24 Beim Verkauf einer Immobilie sollte neben den kosten-, kunden- und konkurrenzorientierten Aspekten auch immer über die psychologische Preisfestsetzung nachgedacht werden. Was ist damit gemeint?

25 Welche vier Einflussfaktoren auf die Distributionspolitik sind Ihnen bekannt? Nennen Sie sie und geben Sie jeweils zwei Beispiele.

26 Beim Verkauf oder der Vermietung eines Objekts kann grundsätzlich zwischen dem Eigen- und Fremdvertrieb entschieden werden.
a) Geben Sie drei Beispiele für den Fremdvertrieb.
b) Welche Vorteile hat der Eigenvertrieb, welche Vorteile der Fremdvertrieb. Geben Sie jeweils zwei Beispiele.

27 Nennen Sie die kommunikationspolitischen Instrumente.

28 Absatzwerbung kann auf verschiedene Weise realisiert werden. Dabei kann die Unterscheidung der Werbearten anhand von zwei Kriterien erfolgen. Erläutern Sie diese.

29 Erklären Sie das Ablaufschema der Werbeplanung.

30 Um zu sehen, ob die Maßnahmen den gewünschten Erfolg gebracht haben, sollten der ökonomische und außerökonomische Werbeerfolg überprüft werden. Wo liegen die Unterschiede?

31 Geben Sie jeweils zwei Beispiele für einen Werbeträger und ein dazugehöriges Werbemittel. Berücksichtigen Sie dabei den immobilienwirtschaftlichen Bezug.

Situation 80

Einen Fragebogen erstellen

Isabell ist aktuell im Rahmen ihrer Ausbildung in der Unternehmenskommunikation bei Herrn Strenner eingesetzt. Heute erhält sie folgende E-Mail von Herrn Strenner:

Löschen | Antworten | An alle | Weiterleiten

Liebe Frau Ahrens,

ich erhielt heute die anliegende E-Mail von unserer Geschäftsführerin Frau Dr. Pohl. Bitte übernehmen Sie die jetzt anstehenden Aufgaben:

1. Machen Sie sich mithilfe des Merkblatts „Fragearten" mit den Vor- und Nachteilen der verschiedenen Fragearten vertraut.
2. Verschaffen Sie sich einen Überblick über die verschiedenen Befragungsarten, indem Sie sie in Stichworten erläutern.
3. Erstellen Sie dann einen Fragebogen, mit dem die gewünschten Informationen erhoben werden können.
4. Überprüfen Sie Ihren Fragebogen anhand der Checkliste zur Fragebogengestaltung.
5. Stellen Sie mir den Fragebogen vor und begründen Sie dabei auch, welche Fragearten Sie gewählt haben.

Viele Grüße
Paul Strenner
Unternehmenskommunikation

> Sehr geehrter Herr Strenner,
>
> wie in unserem letzten Meeting angekündigt, plant die MEWOH Musterwohn GmbH eine Veranstaltungsreihe für Mieterinnen und Mieter in den einzelnen Quartieren. Ziel ist es, das Zusammenleben in den Quartieren zu stärken.
>
> Bevor wir aber mit der Veranstaltungsreihe beginnen, wollen wir zunächst bei unserern Mieterinnen und Mietern folgende Informationen erfragen, um ein passgenaues Veranstaltungsangebot aufbauen zu können:
> - generelles Interesse an Veranstaltungen der MEWOH Musterwohn GmbH
> - Veranstaltungsarten, z. B. Ausflüge, Führungen, Feste, Märkte, Stammtische
> - Zielgruppen, z. B. Senioren, Familien, junge Erwachsene
> - Wahl der Veranstaltungsorte
> - usw. (Sicherlich haben Sie noch weitere Ideen!)
>
> Bitte entwerfen Sie einen entsprechenden Fragebogen, den wir im kommenden Quartal unseren Mieterinnen und Mietern zukommen lassen können.
>
> Vielen Dank.
>
> Mit freundlichen Grüßen
> Kerstin Pohl
> Geschäftsführerin

Hinweis:

Nutzen Sie zur Bearbeitung der Aufgaben 1 bis 4 auch die Arbeitsblätter 10.4–10.7, die den Webcodematerialien beiliegen.

Situation 81

Marketingziele

Isabell ist auf den heutigen Tag schon sehr gespannt. Während ihrer Zeit in der Vertriebsabteilung konnte sie bereits an verschiedenen Meetings teilnehmen. Heute findet ein weiteres sehr interessantes Meeting statt, bei dem Isabell auch anwesend sein darf. Es ist das Strategiemeeting, an dem auch die Geschäftsführung – Frau Dr. Kerstin Pohl und Herr Karsten Riedel – teilnimmt.

Neben verschiedenen Maßnahmen, die Frau Tobler mit den Anwesenden durchgeht, präsentiert sie die aktuellen Zahlen des Vertriebs der MEWOH Musterwohn GmbH. Damit verbunden formuliert sie folgendes Ziel, das sie per Beamer groß auf das Whiteboard im Konferenzraum wirft:

> Die MEWOH Musterwohn GmbH wird ihr Image mit geeigneten Kampagnen im kommenden Jahr deutlich verbessern.

ARBEITSAUFTRAG

Prüfen und begründen Sie, ob dieses Marketingziel der SMART-Regel entspricht. Ist das nicht der Fall, formulieren Sie es um.

Aufgaben

1 Man unterscheidet bei den allgemeinen Marketingzielen quantitative und qualitative Ziele.
   a) Grenzen Sie die Ziele voneinander ab.
   b) Geben Sie jeweils zwei Beispiele für quantitative und qualitative Marketingziele.
   c) Was ist in diesem Zusammenhang unter ökonomischen Zielen zu verstehen?

2 Unternehmen setzen sich in der Regel mehrere Marketingziele. Erklären Sie jeweils anhand eines Beispiels, wann ein Zielkonflikt vorliegt und wann eine Zielharmonie.

3 Sie arbeiten für eine Wohnungsbaugesellschaft und erstellen ein Marketingkonzept. Die allgemeinen Marketingziele wurden bereits formuliert, auch eine Marketingstrategie bestimmt. Nun geht es darum, die Marketingmaßnahmen zu den einzelnen Marketinginstrumenten festzulegen. Formulieren Sie jeweils ein mögliches Ziel für Ihre
- Produktpolitik,
- Preispolitik,
- Distributionspolitik und
- Kommunikationspolitik.

4 Wie hängen die Marketingziele der einzelnen Marketinginstrumente und die allgemeinen Marketingziele miteinander zusammen? Warum sollten Sie zudem bei der Formulierung der Ziele darauf achten, dass Zielharmonien zwischen den festgelegten Zielen bestehen?

5 Marketingziele dienen dazu, die Aktivitäten des Marketings daran auszurichten. Der Gradmesser für die Beurteilung des Erfolgs ist das Maß der Zielerreichung. Dafür müssen Ziele aber auch überprüfbar sein. Sie sollten daher der sogenannten SMART-Regel folgen. Erklären Sie die Regel. Nutzen Sie dazu auch das Arbeitsblatt 10.8 „SMART-Regel“, welches den Webcodematerialien beiliegt.

Situation 82

Marketingstrategien

Die MEWOH Musterwohn GmbH hat ein leer stehendes Objekt mit 50 1-Zimmerapartments gekauft, die zukünftig vermietet werden sollen. Das Objekt liegt zentral nur 10 Minuten mit dem ÖPNV vom Hauptbahnhof und fußläufig zur Universität.

Auszug aus Liegenschaftskataster

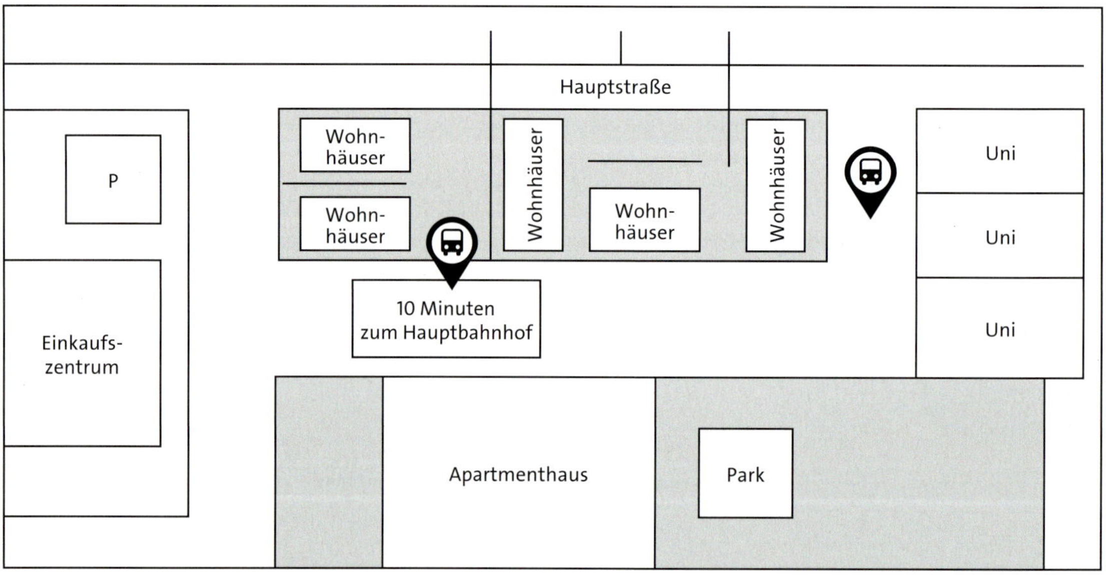

ARBEITSAUFTRÄGE

1 Nennen Sie eine mögliche Zielgruppe für die Neuvermietungen.

2 Das Objekt soll vor der Neuvermietung saniert werden. Geben Sie drei Ausstattungsmerkmale an, die für die Zielgruppe interessant sein könnten. Priorisieren Sie diese für den Fall, dass nicht alle finanzierbar sind. Begründen Sie Ihre Priorisierung. Erstellen Sie eine kurze Präsentation zu Ihren Ergebnissen.

Aufgaben

1 Definieren Sie den Begriff Marketingstrategie mit eigenen Worten.

2 Was ist unter Marktsegmentierung zu verstehen?

3 Warum ist es im Hinblick auf die Marketingmaßnahmen für ein Unternehmen wichtig, möglichst homogene Kundengruppen bilden zu können?

4 Die Bildung von möglichst homogenen Kundengruppen erfolgt durch verschiedene Zielgruppenmerkmale. Dabei wird unterteilt in
- Privatpersonen als Kunden und
- Unternehmen als Kunden.

a) Nennen Sie drei Zielgruppenmerkmale, nach denen die Kundengruppen gebildet werden können.
b) Geben Sie jeweils ein Beispiel.

Nutzen Sie dazu auch das Arbeitsblatt 10.9 „Zielgruppenmerkmale“, welches den Webcodematerialien beiliegt.

5 Bei der Bildung möglichst homogener Kundengruppen spielt auch die Bedarfsforschung eine wesentliche Rolle. Warum?

6 Auf welche drei Aspekte sollte bei der Marktsegmentierung besonders geachtet werden?

7 Zur gezielten Produktentwicklung und für das strategische Marketing greifen Unternehmen häufig auf die Sinus-Milieu®-Studie zurück, die regelmäßig aktualisiert wird.

a) Was verbirgt sich hinter den Sinus-Milieus®?
b) Erklären Sie, warum die Studie so interessant für Unternehmen ist.

8 Wettbewerbsstrategien werden genutzt, um sich einen Wettbewerbsvorteil zu verschaffen. Bei der Strategie der Kostenführerschaft richtet sich der Blick auf möglichst geringe Kosten. Durch welche wichtigen Voraussetzungen erlangt ein Unternehmen einen Kostenvorsprung? Geben Sie zwei Beispiele.

9 Eine weitere Wettbewerbsstrategie ist die Strategie der Differenzierung.

a) Erklären Sie die Strategie.
b) Über welche Aspekte kann eine Differenzierung bei einem Immobilienunternehmen erfolgen? Geben Sie drei Beispiele.

10 Was versucht ein Unternehmen, wenn es einer Nischenstrategie folgt? Erklären Sie die Strategie anhand eines Beispiels.

11 Die strategische Ausrichtung der Marketingaktivitäten eines Unternehmens ist auch abhängig davon, ob das Unternehmen auf bestehenden oder neuen Märkten erfolgreich agieren möchte und ob es dabei vorhandene oder neu zu entwickelnde Produkte anbieten wird. Hier kann das Unternehmen auf die folgenden Produkt-Markt-Strategien zurückgreifen:
- Strategie der Marktdurchdringung
- Strategie der Markterschließung
- Strategie der Produktentwicklung
- Strategie der Diversifikation

a) Erklären Sie die Strategien.
b) Geben Sie zu jeder Strategie ein Beispiel.

Nutzen Sie dazu auch das Arbeitsblatt 10.10 „Produkt-Markt-Strategien“, welches den Webcodematerialien beiliegt.

12 In einer Marketingrunde wird über die zukünftige Marketingstrategie diskutiert. Ein Anwesender meint, es wäre sinnvoll, sich grundsätzlich immer nur auf eine Strategie zu konzentrieren. Eine Anwesende erwidert daraufhin, dass nur die Kombination der Strategien zum Erfolg führt. Wem von beiden geben Sie recht? Begründen Sie Ihre Antwort.

Situation 83

AIDA-Formel

Frau Tobler kommt heute etwas gestresst in das Abteilungsmeeting der Vertriebsabteilung. „Leider zeigen unsere letzten Marketingmaßnahmen noch nicht ganz den gewünschten Erfolg. Und übrigens, mir ist gestern die folgende Anzeige in die Hände gekommen. Daran sollten wir uns ein Beispiel nehmen. Das ist mal eine Anzeige, die dem AIDA-Prinzip folgt!"

ARBEITSAUFTRAG

Was meinen Sie: Hat Frau Tobler mit ihrer Einschätzung recht? Erläutern Sie das AIDA-Prinzip anhand der vorliegenden Anzeige.

Situation 84

Wettbewerbsverstöße

Aus Sicht von Herrn Franke ist das Gespräch mit Frau Tobler und Isabell sehr gut verlaufen (siehe auch Situation 78). Mittlerweile hat er auch den Vertrag unterschrieben, den er von der MEWOH Musterwohn GmbH erhalten hat. Somit hat er die MEWOH als Makler für den Verkauf seiner bezugsfreien Eigentumswohnung in Leipzig beauftragt. Alles Weitere liegt jetzt in den Händen der MEWOH.

Mittlerweile hat sich die MEWOH in Absprache mit Herrn Franke über erste Verkaufsmaßnahmen geeinigt. Unter anderem soll eine Anzeige in der Leipziger Regionalzeitung geschaltet werden. Ein erster Entwurf dieser Anzeige wurde gerade von der neuen Auszubildenden Anuk Bente erstellt. Da ihr aber noch Kenntnisse und Grundlagen fehlen, bittet sie Isabell, den Entwurf mit ihr gemeinsam genau zu prüfen, damit die Anzeige schon bald veröffentlicht werden kann.

Sie sind auf der Suche nach Ihrer Traumwohnung?

Sie wünschen sich ein modernes Eigenheim, ...
... das über eine zentrale Lage verfügt?
... das sofort bezugsfrei ist?
... in das Sie einziehen und sich wohlfühlen können?

Dann warten Sie nicht – seien Sie schnell!

- 100 m² Wohnfläche mit Balkon
- Kaufpreis 3.000,00 €/m²
- provisionsfrei

Sie haben Interesse? Dann rufen Sie an und vereinbaren Sie umgehend einen kostenlosen Besichtigungstermin mit uns.

Melden Sie sich unter der **Telefonnummer 0341 9321XX-XX2**

ARBEITSAUFTRÄGE

1 Notieren Sie sich die Wettbewerbsverstöße, die in dem Entwurf der Anzeige enthalten sind.

2 Erläutern Sie, worin der jeweilige Wettbewerbsverstoß liegt.

3 Formulieren Sie eine wettbewerbsrechtlich unbedenkliche Anzeige.

Aufgaben

1 Werbung ist dazu da, um Aufmerksamkeit zu erregen, Kaufwiderstände zu reduzieren und auch Kaufwünsche auszulösen. Allerdings muss verhindert werden, dass um der Aufmerksamkeit willen übertriebene oder bewusst falsche Aussagen gemacht werden. Daher sollte sich jedes Unternehmen an die Werbegrundsätze halten.
  a) Nennen Sie die fünf Werbegrundsätze.
  b) Erläutern Sie sie.

2 Der Deutsche Werberat ist ein Kontrollgremium der Werbewirtschaft. Welche Aufgaben hat er?

3 Sie surfen privat ein wenig durch das Netz. Dabei stolpern Sie über eine Werbung, die aus Ihrer Sicht eindeutig gegen mehrere Werbegrundsätze verstößt. Sind Sie berechtigt, diese Verstöße dem Deutschen Werberat zu melden?

4 Werbemaßnahmen unterliegen rechtlichen Grenzen.
  a) Welches Gesetz definiert die Grenzen der Werbung?
  b) Was ist der Zweck dieses Gesetzes?

5 Wenn eine Werbung Grenzen überschreitet bzw. verletzt, was kann das für das werbende Unternehmen zur Folge haben?

6 Was will ein Unternehmen mit einer unlauteren oder irreführenden Werbung erreichen?

7 Wer entscheidet, wo die Grenze zwischen lauterer und unlauterer Werbung zu ziehen ist?

8 Unlautere geschäftliche Handlungen sind verboten.
  a) In welchem Gesetz und in welchem Paragrafen ist das definiert?
  b) Was verstehen Sie unter einer unlauteren geschäftlichen Handlung?

9 Welche der folgenden Handlungen sind unlauter?
  a) Mitbewerber wird gezielt behindert
  b) Vergleich von Dienstleistungen (selbe Zweckbestimmung)
  c) Schleichwerbung
  d) Werbung mit einem Qualitätssiegel
  e) Mitbewerber wird herabgesetzt bzw. verunglimpft
  f) unwahre Angaben über zeitliche Begrenzung eines Angebots

10 Wann ist eine Werbung irreführend? Nennen Sie drei irreführende Handlungen.

11 Ist eine vergleichende Werbung grundsätzlich nicht zulässig?

12 Wann liegt eine unzumutbare Belästigung vor? Gibt es dabei Unterschiede zwischen der Werbung per E-Mail und Anrufen bei Verbrauchern?

13 Was ist in § 3 der Preisangabenverordnung geregelt?

14 Hinsichtlich der Preisangaben bei Mietwohnungen gelten aufgrund des Wohnungsvermittlungsgesetzes zusätzliche Vorgaben zur Angabe.
  a) Beantworten Sie die folgenden Fragen.
  b) Geben Sie zusätzlich jeweils ein Beispiel, wie es richtig und wie es falsch ist.
    1. Wie muss der Kaufpreis bei einem Grundstück gegenüber Verbrauchern angegeben werden?
    2. Wie muss die Mietpreisangabe für eine Wohnung erfolgen?
    3. Wie muss die Maklerprovision gegenüber Verbrauchern grundsätzlich angegeben werden?
    4. Wie ist die Maklerprovision bei Wohnungsvermittlungsverträgen (Mietwohnungen) anzugeben?

Nutzen Sie dazu auch das Arbeitsblatt 10.11 „Preisangaben“, welches den Webcodematerialien beiliegt.

15 In § 87 des Gebäudeenergiegesetzes wird geregelt, dass Immobilienanzeigen stets die Angaben zum Energieausweis enthalten müssen. Um welche Angaben handelt es sich?

Situation 85

Möglichkeiten des Onlinemarketings

Paul Strenner aus der Unternehmenskommunikation der MEWOH Musterwohn GmbH ist überzeugt: Die MEWOH muss möglichst schnell digitaler werden – auch nach außen hin. Onlinemarketing ist das zentrale Stichwort. Leider ist die Geschäftsführung von seinen Ideen und Vorschlägen noch nicht überzeugt.

Paul Strenner möchte daher mit einer Präsentation deutlich machen, was für ein Immobilienunternehmen im Bereich Onlinemarketing bereits möglich ist. Er bittet daher Isabell, ihm gelungene Beispiele aus dem Onlinemarketing von Unternehmen aus der immobilienwirtschaftlichen Branche zu recherchieren.

ARBEITSAUFTRAG

Unterstützen Sie Isabell bei der Recherche und erstellen Sie eine Präsentation mit fünf verschiedenen Beispielen des Onlinemarketings aus der immobilienwirtschaftlichen Branche (Wohnungsverwaltungen, Maklerunternehmen, WEG-Verwaltungen, Bauträger etc.). Stellen Sie jeweils die genutzte Plattform und den Auftritt kurz vor. Gehen Sie dabei auf folgende Fragen ein:

- Welche Zielgruppe wird mit dem Onlineauftritt angesprochen?
- Welches Ziel verfolgt der Onlineauftritt (z. B. Imagebildung, Verkaufsförderung etc.)?

Aufgaben

1 Was ist unter dem Begriff E-Commerce zu verstehen?

2 Inzwischen ist das Internet ein sehr bedeutender Werbeträger für fast alle Unternehmen. Zusätzlich zur klassischen Werbung bietet es ein breites Spektrum weiterer Werbemöglichkeiten, wie z. B.:
- Bannerwerbung
- Nutzung von Social-Media-Kanälen
- Suchmaschinenwerbung
- Suchmaschinenoptimierung
- Targeting

a) Was versteckt sich jeweils hinter den einzelnen Werbemöglichkeiten?
b) Welche weiteren Möglichkeiten sind Ihnen noch bekannt?
c) Welche Werbemöglichkeiten nutzt Ihr Ausbildungsunternehmen?

3 Die verschiedenen Werbemöglichkeiten im Internet bieten den Werbenden zwei wichtige Vorteile gegenüber traditioneller Werbung.
a) Nennen Sie diese.
b) Geben Sie jeweils ein Beispiel.

4 Warum eigenen sich für Maßnahmen im Rahmen des Onlinemarketings insbesondere soziale Netzwerke wie Facebook® oder Kommunikationsplattformen wie X® (ehemals Twitter®) in der Regel besonders gut für ein Unternehmen?

5 Die Möglichkeiten des Onlinemarketings bieten hervorragende Möglichkeiten, die Kundenzufriedenheit und Kundenbindung zu verbessern. Erklären Sie das. Nehmen Sie dabei auch Stellung zu der Aussage „Kundenbindung entsteht durch gute Kundenkommunikation" und berücksichtigen Sie in diesem Zusammenhang auch den Aspekt der Imagebildung.

Situation 86

Sachverständigenwesen, Verkehrs- und Marktwert

Isabell nimmt erstmalig an einer Teambesprechung teil, in der es darum geht, dass einige Grundstücke aus dem Immobilienbestand der MEWOH Musterwohn GmbH veräußert werden sollen.

Die Teilnehmerinnen und Teilnehmer wollen sich zuerst über alle erforderlichen Schritte abstimmen. Besonders wichtig ist es dabei, sich einen genauen Überblick über den jeweiligen Marktwert der einzelnen Grundstücke zu verschaffen. Da der aktuelle Marktwert der jeweiligen Grundstücke durch die Anwesenden nur sehr ungenau beziffert werden kann, einigen sich alle Anwesenden darauf, Gutachten durch eine Sachverständige/einen Sachverständigen bzw. eine Gutachterin/einen Gutachter erstellen zu lassen. Auf dieser Basis sollen die Verkaufspreise der Grundstücke festeglegt werden.

Isabell hört den Beteiligten sehr aufmerksam und interessiert zu. Da die Thematik aber neu für sie ist, hat sie noch einige Fragen. Sie geht nach der Teambesprechung noch zu Frau Fischer (Teamleiterin Bestandsvertrieb).

Isabell: Hallo, Frau Fischer, kann ich Ihnen zu der Teambesprechnung einige Fragen stellen? Es gibt da noch einige Punkte, die neu für mich sind. Können Sie mir vielleicht helfen?
Frau Fischer: Na klar, das mache ich gern. Setz dich doch bitte. Dann gehen wir deine Fragen gleich mal durch.

ARBEITSAUFTRÄGE

1 Wo liegt der Unterschied zwischen einer/einem Sachverständigen und einer Gutachterin/einem Gutachter?

2 Es gibt unterschiedliche Arten von Sachverständigen. Welche sind Ihnen bekannt?

3 Wie kann der Begriff der/des Sachverständigen definiert werden? Erstellen Sie eine eigene Definition.

4 Was verstehen Sie unter dem Begriff der „Sachkunde“?

5 Bei der Erstellung eines Gutachtens hat eine Sachverständige/ein Sachverständiger bestimmte Regeln einzuhalten. Erläutern Sie zwei dieser Regeln in Stichpunkten.

6 Es sollen bebaute und unbebaute Grundstücke bewertet werden. Auf welchen Gebieten sollte eine Sachverständige/ein Sachverständiger Kenntnisse besitzen, um Bewertungen vornehmen zu können?

7 Für welche Anlässe sollten Sie eine Sachverständige/einen Sachverständigen heranziehen?

Folgesituation

In der letzten Teambesprechung ging es darum, dass einige Grundstücke aus dem Immobilienbestand der MEWOH Musterwohn GmbH veräußert werden sollen. Isabell hat die Besprechung zum Anlass genommen, sich über das Sachverständigenwesen genauer zu informieren. In der Zwischenzeit wurde durch die Geschäftsführung der MEWOH beschlossen, für drei Grundstücke Gutachten erstellen zu lassen. Isabell soll nun zusammen mit Frau Fischer die entsprechenden Unterlagen für die Sachverständige zusammenstellen, damit der jeweilige Verkehrswert ermittelt werden kann.

ARBEITSAUFTRÄGE

1 Was verstehen Sie unter dem Verkehrswert? Definieren Sie den Begriff und grenzen Sie ihn vom Marktwert ab.

2 Welche Aufgaben hat der Gutachterausschuss?

3 Erläutern Sie den Inhalt einer Kaufpreissammlung.

4 Welche Angaben können Sie vom Gutachterausschuss bezüglich des Bodenrichtwertes erhalten?

5 Welche Unterlagen werden zur Erstellung eines Gutachtens benötigt? Nennen sie sechs Beispiele und erläutern Sie, wo Sie diese Unterlagen erhalten.

Aufgaben

1 Wenn Sie sich mit dem Thema Wertermittlung befassen, werden Sie auf verschiedene Begriffe stoßen. Abhängig von dem eigentlichen Wertermittlungsanlass ist der entsprechende Wertbegriff zu verwenden. Grenzen Sie die folgenden Begriffe voneinander ab:
- Verkehrswert
- Beleihungswert
- Versicherungswert
- gemeiner Wert

Nutzen Sie das Arbeitsblatt 10.12 „Wertbegriff und Wertermittlungsanlass“, welches den Webcodematerialien beiliegt.

2 Wo genau finden Sie eine Definition des Begriffs Verkehrswert?

3 Nach Ihrer Ausbildung sind Sie seit zwei Jahren Mitarbeiter in einer Hausverwaltung. Ihr Tätigkeitsfeld umfasst die kaufmännische und technische Verwaltung und Betreuung von Mieteinheiten, wie z. B. das Erstellen von Betriebskostenabrechnungen, die Vergabe und Betreuung von Reparaturleistungen und kleineren Handwerks- und Renovierungsarbeiten. Sie überlegen, ob Sie sich als Sachverständiger selbstständig machen sollen. Was meinen Sie zu dieser Idee?

4 Frau Vollmehr ist Sachverständige. Heute soll sie ein Grundstück besichtigen, um es zu bewerten. Da ihr ein anderer wichtiger Termin dazwischengekommen ist, möchte sie ihren Assistenten, der ihr volles Vertrauen genießt, zur Besichtigung des Grundstücks schicken. Im Anschluss soll er Frau Vollmehr über alles genau informieren. Was halten Sie davon?

5 Das Bewerten von Grundstücken sowie deren Bebauung sind von einer Vielzahl von Gesetzen, Verordnungen und Richtlinien abhängig. Geben Sie zu den folgenden Bereichen jeweils drei Beispiele:
a) allgemeine Gesetze und Verordnungen
b) Sachverständigenrecht
c) Bau- und Bewertungsrecht
d) Wohnungs-, Miet- und Grundstücksrecht
e) steuerliches Bewertungsrecht
f) Vermögensrecht

Nutzen Sie das Arbeitsblatt 10.13 „Rechtsgrundlagen – Gesetze Verordnungen und Richtlinien“, welches den Webcodematerialien beiliegt.

6 Sie würden gerne aus Interesse Einsicht nehmen in eine Kaufpreissammlung. Ist dies einfach so möglich?

7 Unterliegt eine Kaufpreissammlung des Gutachterausschusses auch den Bestimmungen des Datenschutzes?

8 Im Rahmen einer Kaufpreisauskunft werden verschiedene Daten erfasst. Um welche handelt es sich?

9 Was ist unter dem Bodenrichtwert zu verstehen?

10 Wo finden Sie eine genau Definition des Bodenrichtwerts?

11 Auf was bezieht sich der Bodenrichtwert?

12 Geben Sie drei Beispiele zu den Modellparametern für Sachwertfaktoren (Sachwertverfahren).

Situation 87

Grundlagen der Wertermittlung, Wertermittlung von unbebauten Grundstücken

Mittlerweile hat man sich bei der MEWOH Musterwohn GmbH dazu entschieden, dass das Gutachterinnenbüro MELLE & KOLLEGINNEN die Gutachten für die drei Grundstücke erstellen soll. Der Vertragsentwurf für die Beauftragung liegt der MEWOH auch bereits vor. Isabelle erhält von Frau Tobler, der Abteilungsleiterin „Vertrieb – eigene und Fremdobjekte“, die Möglichkeit, sich den Vertrag ein wenig genauer anzusehen. Dabei stolpert sie wieder über einige Punkte, die sie mit Frau Tobler bespricht.

Isabell: Den Vertrag zu lesen, war wirklich spannend. Aber es gibt einige Punkte, die mir nicht ganz klar sind.
Frau Tobler: Verständlich. Entsprechende Verträge sind nicht immer leicht zu lesen. Was ist dir unklar?
Isabell: Da gibt es einige Punkte.

1. Mir ist nicht ganz klar, welche Grundstücksmerkmale bei einer Wertermittlung heranzuziehen sind.
2. Ich stolpere immer wieder über die Begriffe „Qualitätsstichtag“ und „Wertermittlungsstichtag“. Was ist damit genau gemeint?
3. Welche Verfahren sind zur Wertermittlung von Grundstücken grundsätzlich heranzuziehen?
4. Und ich würde gerne wissen, welches Verfahren für welche Grundstücksart angewendet wird.

Frau Tobler: Das sind alles wichtige Fragen und Punkte. Dann gehen wir das alles doch mal Schritt für Schritt zusammen durch.

ARBEITSAUFTRAG

Helfen Sie bei der Beantwortung von Isabells Fragen.

Hinweis:
Bei den Grundstücken handelt es sich um zwei unbebaute Grundstücke in der Breitenberger Straße, 04229 Leipzig sowie um das danebenliegende Grundstück, welches mit einem kleinen Wohnhaus mit vier Wohnungen bebaut ist. Beziehen sie diese Informationen in ihre Erläuterungen ein.

Folgesituation

Nachdem sich Isabell etwas intensiver mit dem Sachverständigenwesen beschäftigt hat, stand nun in der Berufsschule die Berechnung von Bodenwerten unbebauter Grundstücke auf dem Stundenplan. Als Frau Tobler das hört, bittet sie Isabell, den anderen Auszubildenden und einigen neuen Mitarbeiterinnen und Mitarbeitern die Berechnung des Bodenwerts eines unbebauten Grundstücks anhand eines Beispiels zu erläutern.

ARBEITSAUFTRÄGE

1 Welche Angaben benötigen Sie zur Berechnung des Bodenrichtwerts?

2 Woher erhalten Sie diese Angaben?

3 Erläutern Sie anhand der vorgegebenen Werte den Wert Ihres Mustergrundstücks.

Wertermittlungsgrundstück:
Grundstücksgröße: 500 m²
baureifes Land, WA, ebf

Vergleichswerte:
Bodenrichtwert: 750,00 €/m²
Größe Bodenrichtwertgrundstück: 600 m²
baureifes Land, WA, ebf

Umrechnungskoeffizienten Grundstücksgröße (EFH)

Größe in m²	UK	Größe in m²	UK
400	1,06	600	0,95
450	1,03	650	0,94
500	1,00	700	0,92
550	0,98	750	0,90

Situation 88

Sachwert-, Vergleichswert- und Ertragswertverfahren

Die MEWOH Musterwohn GmbH verwaltet für Frau Phan einige Grundstücke. Darunter befindet sich auch ein Grundstück mit einem vermieteten Einfamilienhaus. Da der Mieter des Einfamilienhauses gekündigt hat, möchte Frau Phan das Grundstück nun nach dem Auszug des Mieters verkaufen. Daher beauftragt sie die MEWOH Musterwohn GmbH, den Verkauf des Grundstücks zu organisieren.

Frau Phan möchte erst einmal keinen Gutachter beauftragen und bittet die MEWOH, den Wert des Grundstücks grob zu ermitteln. Zusammen mit Herrn Fraus soll Isabell das Gespräch vorbereiten, das Herr Fraus in der kommenden Woche mit Frau Phan führen wird. Grundlage ist dabei die folgende Mail, die Frau Phan Herrn Fraus geschickt hatte.

Löschen | Antworten | An alle | Weiterleiten

Von: Sabine.Phan@quade.dex
An: Torsten.Fraus@mewoh-musterwohn.dex
Datum: 05.09.2023
Betreff: Verkauf meines Einfamilienhausgrundstücks

Sehr geehrter Herr Fraus,

noch einmal vielen Dank, dass Sie den Verkauf meines Grundstücks organisieren. Ich weiß, es kommen permanent Fragen von mir, aber so einen Verkauf hat man schließlich nicht alle Tage.
Als ich mich noch einmal mit allen relevanten Inhalten beschäftigt habe, sind mir noch die folgenden Fragen eingefallen. Es wäre für mich hilfreich, wenn Sie mir zu den folgenden Fragen in der kommenden Woche bei unserem Gespräch Antworten geben können:

1. Sie hatten mir bei unserem letzten Gespräch ja gesagt, dass Sie den Grundstückswert nach dem Sachwertverfahren ermitteln werden. Können Sie mir bitte sagen, welche Angaben Sie genau für die Sachwertermittlung des Einfamilienhausgrundstücks benötigen.
2. Woher bekommen Sie die benötigten Angaben? Brauchen Sie auch noch Unterlagen von mir?
3. Können Sie mir bitte den Ablauf der Berechnung an einem Beispiel erläutern.

Das war es auch schon. Wir besprechen dann alles in der nächsten Woche

Herzlichen Dank und viele Grüße
Sabine Phan

ARBEITSAUFTRAG

Bereiten Sie das Gespräch mit Frau Phan vor. Klären Sie dazu all ihre Fragen, damit sie in der kommenden Woche im Rahmen des Gesprächs Antworten erhält.

Folgesituation

Isabell hat heute die Aufgabe erhalten, den Sachwert des Grundstücks von Frau Phan per Sachwertverfahren zu berechnen. Das Grundstück ist bebaut mit einem Einfamilienhaus. Ihr liegen die folgenden Daten vor:

Einfamilienhaus, TYP 1.01
(Keller-, Erd- und voll ausgebautes Dachgeschoss)
Ausstattungsstandard 3
BGF: 360 m²
Baujahr 1970
Grundstücksgröße: 700 m²
Außenanlage: 10.000,00 €
GFZ: 0,34

Angaben des Gutachterausschusses
Bodenrichtwert zum 01.01.2023: 300,00 €/m²
Bodenrichtwertgrundstück: 500 m²
GFZ: 0,34

Zur Berechnung stehen Ihnen die folgenden Daten und Tabellen zur Verfügung:

Umrechnungskoeffizienten Grundstücksgröße (EFH)

Größe in m²	UK	Größe in m²	UK
400	1,06	600	0,95
450	1,03	650	0,94
500	1,00	700	0,92
550	0,98	750	0,90

Kostenkennwerte für freistehende Ein- und Zweifamilienhäuser, Doppelhäuser, Reihenhäuser[1]

Keller-, Erdgeschoss		Dachgeschoss voll ausgebaut				
Standardstufe		**1**	**2**	**3**	**4**	**5**
freistehende Einfamilienhäuser[2]	1.01	655	725	835	1005	1260
Doppel- und Reihenendhäuser	2.01	615	685	785	945	1180
Reihenmittelhäuser	3.01	575	640	735	885	1105

Keller-, Erdgeschoss		Dachgeschoss nicht ausgebaut				
Standardstufe		**1**	**2**	**3**	**4**	**5**
freistehende Einfamilienhäuser[2]	1.02	545	605	695	840	1050
Doppel- und Reihenendhäuser	2.02	515	570	655	790	985
Reihenmittelhäuser	3.02	480	535	615	740	925

Keller-, Erdgeschoss		Flachdach oder flach geneigtes Dach				
Standardstufe		**1**	**2**	**3**	**4**	**5**
freistehende Einfamilienhäuser[2]	1.03	705	785	900	1085	1360
Doppel- und Reihenendhäuser	2.03	665	735	845	1020	1275
Reihenmittelhäuser	3.03	620	690	795	955	1195

[1] einschließlich Baunebenkosten in Höhe von 17 %
[2] Korrekturfaktor für freistehende Zweifamilienhäuser 1,05 %

Quelle: Anlage 4 zu § 12 Abs. 5 S. 3 ImmoWertV

Anlage 1 (zu § 12 Absatz 5 Satz 1)
Modellansätze für die Gesamtnutzungsdauer (Auszug)
Zur Festlegung der Gesamtnutzungsdauer sind bei Ermittlung der sonstigen für die Wertermittlung erforderlichen Daten die nachfolgenden Modellansätze zugrunde zu legen.

Art der baulichen Anlage	Gesamtnutzungsdauer
freistehende Ein- und Zweifamilienhäuser, Doppelhäuser, Reihenhäuser	80 Jahre
Mehrfamilienhäuser	80 Jahre
Wohnhäuser mit Mischnutzung	80 Jahre
Geschäftshäuser	60 Jahre
Bürogebäude, Banken	80 Jahre
Gemeindezentren, Saalbauten, Veranstaltungsgebäude	40 Jahre
Kindergärten, Schulen	50 Jahre
Wohnheime, Alten- und Pflegeheime	50 Jahre
Krankenhäuser, Tageskliniken	40 Jahre
Beherbergungsstätten, Verpflegungseinrichtungen	40 Jahre
Sporthallen, Freizeitbäder, Heilbäder	40 Jahre

Für nicht aufgeführte Arten baulicher Anlagen ist die Gesamtnutzungsdauer aus der Gesamtnutzungsdauer vergleichbarer baulicher Anlagen abzuleiten.

Rest-nutzungs-dauer in Jahren	Übliche Gesamtnutzungsdauer (GND) in Jahren									
	10	20	30	40	50	60	70	80	90	100
0	100	100	100	100	100	100	100	100	100	100
1	90	95	97	98	98	98	99	99	99	99
2	80	90	93	96	96	97	97	98	98	98
3	70	85	90	93	94	95	96	96	97	97
4	60	80	87	90	92	93	94	95	96	86
5	50	75	83	88	90	92	93	94	94	95
6	40	70	80	85	88	90	91	93	93	94
7	30	65	77	83	86	88	90	91	92	93
8	20	60	73	80	84	87	89	90	91	92
9	10	55	70	78	82	85	87	89	90	91
10	0	50	67	75	80	83	86	88	89	90
11		45	63	73	78	82	84	86	88	89
12		40	60	70	76	80	83	85	87	88
13		35	57	68	74	78	81	84	86	87
14		30	53	65	72	77	80	83	84	86
15		25	50	63	70	75	79	81	83	85
16		20	47	60	68	73	77	80	82	84
17		15	43	58	66	72	76	79	81	83
18		10	40	55	64	70	74	78	80	82
19		5	37	53	62	68	73	76	79	81
20		0	33	50	60	67	71	75	78	80
21			30	48	58	65	70	74	77	79
22			27	45	56	63	69	73	76	78
23			23	43	54	62	67	71	74	77
24			20	40	52	60	66	70	73	76
25			17	38	50	58	64	69	72	75

Aufgaben

1 Unterscheiden Sie Sachwert-, Ertragswert- und Vergleichswertverfahren grundlegend. Geben Sie für jedes Verfahren eine Immobilienart an, für welches das Verfahren geeignet ist. Begründen Sie kurz.

2 Beim direkten Vergleichswertverfahren werden ein oder mehrere Kaufpreise als Vergleichswert herangezogen. Welche Angaben werden beim indirekten Vergleichswertverfahren genutzt?

3 Um Immobilien oder Grundstücke im Vergleichswertverfahren bewerten zu können, benötigen Sie entsprechende Vergleichsdaten. Nennen Sie mindestens vier Beispiele für jede Grundstücksart.

4 Was ist ausschlaggebend für die Bewertung eines Objekts nach dem Ertragswertverfahren?

5 In dem Gutachten für das Mehrfamilienhausgrundstück mit vier Wohnungen (siehe Situation 87), welches das Gutachterinnenbüro MELLE & KOLLEGINNEN erstellt hat, kam das Ertragswertverfahren zur Anwendung. Sie haben sich mit dem Verfahren in der Berufsschule vertraut gemacht. Nun sollen Sie einem neuen Kollegen die folgenden Begriffe erläutern:
- Liegenschaftszinssatz
- Rohertrag
- Restnutzungsdauer
- Bewirtschaftungskosten
- Marktanpassung
- objektspezifische Grundstücksmerkmale

Nutzen Sie das Arbeitsblatt 10.14 „Ertragswertverfahren – Begriffserläuterungen welches den Webcodematerialien beiliegt.

6 Kann das Ertragswertverfahren auch bei unbebauten Grundstücken angewendet werden? Begründen Sie Ihre Antwort.

7 Das Ertragswertverfahren wird in drei Methoden gegliedert:
- vereinfachtes (eingleisiges) Ertragswertverfahren
- allgemeines (zweigleisiges) Ertragswertverfahren
- periodisches Ertragswertverfahren

a) Erklären Sie die drei Methoden kurz.
b) Wo finden Sie die gesetzlichen Regelungen?

8 In welchen der folgenden Fälle wird das Sachwertverfahren genutzt?
a) Ferienwohnungen
b) Geschäftsgrundstücke
c) vermietete Eigentumswohnungen
d) Einfamilienhausgrundstücke
e) Gewerbegrundstücke
f) Zweifamilienhäuser

9 Welche Kriterien sind ausschlaggebend bei der Berechnung des Sachwertes?

10 Bei der Berechnung des Sachwertes müssen ggf. Anpassungen erfolgen. Welche Kriterien müssen dabei Berücksichtigung finden?

11 Neben den besprochenen Wertermittlungsverfahren gibt es auch noch weitere. Nennen Sie drei weitere Verfahren der Wertermittlung.

12 Ein zu bewertendes Grundstück kann mit Rechten und Belastungen verbunden sein. Diese sind in der Regel bei der Bewertung zu berücksichtigen. Dabei kann es sich um
a) private Rechte und Belastungen sowie
b) öffentlich-rechtliche Beschränkungen handeln.
c) Geben Sie jeweils drei Beispiele.

13 Wirken sich Rechte und Belastungen positiv oder negativ auf den Wert eines Grundstücks aus?

14 In einem Gutachten sollten i. d. R. alle Rechte und Belastungen berücksichtigt werden. Was sollte dabei in einem Gutachten alles genau ausgewiesen werden?

LERNFELD

11

Immobilien finanzieren

SB ▶ SITUATION 89 Immobilienfinanzierung und unterschiedliche Kreditgeber

1 Die Immobilienfinanzierung

Beispiel

Die MEWOH Musterwohn GmbH plant, in den kommenden drei Jahren ihren Wohnungsbestand zu erweitern. Dazu möchte man den Fokus in erster Linie auf Bestandsimmobilien richten, die zu erwerben sind. Sie sind häufig günstiger als neu zu bauende Einheiten und verfügen je nach Lage zudem häufig auch über eine gefestigte Infrastruktur. Dennoch möchte man sich auch die Option offen lassen, in neue Bauprojekte zu investieren.
Die Geschäftsführung der MEWOH hat daher eine Leitungsrunde einberufen, um alle weiteren Schritte zu diskutieren. Dazu zählt u. a. auch die Frage, welche Wege man bei der Finanzierung der Projekte gehen soll.

1.1 Besonderheiten der Immobilienfinanzierung

Die Finanzierung beschreibt in der Regel die Kapitalbeschaffung für ein Unternehmen. Immobilienfinanzierungen haben in der Regel zwei Bausteine, nämlich **Eigen- und Fremdmittel**. Da Immobilieninvestitionen mit einem hohen Mittelbedarf einhergehen, spielt die **Fremdfinanzierung** eine besonders große Rolle. Dies gilt sowohl für die Baufinanzierung als auch für die Finanzierung von Bestandsimmobilien.

Schulden (Fremdkapital)
▶ Band 1, LF 3, Kap. 2.2

Im Rahmen der Fremdfinanzierung werden neben dem klassischen Bankdarlehen häufig auch Förderdarlehen mit eingebunden. Des Weiteren hat der Bauherr bzw. Investor auch weitere Finanzierungsoptionen, so z. B. die Finanzierung über Immobilienfonds oder die Nutzung von Mezzanine-Finanzierungen.

Mezzanine-Finanzierungen
▶ LF 11, Kap. 2.5.5

Mezzanine-Finanzierung

Hierbei handelt es sich um eine Mischform, die aus Fremd- und Eigenkapital besteht. Das Mezzanine-Kapital wird daher auch häufig als Hybridkapital bezeichnet.

Immobilien zeichnen sich durch eine Reihe von Besonderheiten aus, die auch ihre Finanzierung beeinflussen.

Um die Immobilienfinanzierung richtig einordnen zu können, sollte man sich mit den Besonderheiten einer Immobilie gegenüber anderen Wirtschaftsgütern auseinandersetzen. Diese sind insbesondere:

- die Lagegebundenheit einer Immobilie (Immobilität),
- die Heterogenität, d. h., es gibt eine Vielzahl unterschiedlicher Immobilientypen, Bauformen und Nutzungsarten,
- die Länge der Planung und des Baus einer Immobilie,
- das mit der Immobilie verbundene Klumpenrisiko, das sich aus der Höhe des Investitionsvolumens ergibt,
- die Höhe der Transaktionskosten beim Erwerb der Immobilie, inbesondere die Grunderwerbsteuer, die Notar- und Gerichtskosten und die Maklergebühren,
- die Langlebigkeit des Gutes Immobilie,

Klumpenrisiko
zu starke finanzielle Konzentration auf ein bestimmtes Element (z. B. eine Immobilie)

- die Serviceintensität während der Nutzungdauer und
- die hohen Kosten der Veränderung einer nicht mehr zeitgemäßen Immobilie.

Diese Besonderheiten spiegeln sich auch in der Finanzierung einer Immobilie wider. Außerdem müssen gerade in Zeiten steigender Zinsen die Finanzierungskosten und -bedingungen genau betrachtet werden. Die Finanzierungsmöglichkeiten gewinnen auch an Bedeutung, wenn auf eine Branche viele mit Investitionen verbundene Veränderungen zukommen, wie z.B. durch die energetische Ertüchtigung der Bestände, aber auch, um Wohnungsbaulücken zu schließen. Steht nicht ausreichend Eigenkapital zur Verfügung, bietet sich **Fremdkapital in Form von Darlehen** an.

Darlehen

Das Darlehen ist ein gegenseitiger Vertrag, mit dem ein Darlehensgeber und ein Darlehensnehmer bestimmte Verpflichtungen eingehen.
- Der Darlehensgeber verpflichtet sich, dass Darlehen zu den zuvor vereinbarten Konditionen bereitzustellen.
- Der Darlehensnehmer verpflichtet sich, den entsprechenden Kapitalbetrag abzunehmen und vertragsgemäß zurückzuzahlen.

Der Darlehensvertrag ist ein schuldrechtlicher Vertrag zwischen einem Darlehensgeber und einem -nehmer.

1.2 Klassische Finanzierungsarten

Übliche Finanzierungspartner der Immobilienwirtschaft sind Banken oder Bausparkassen. Die hierbei überwiegenden Finanzierungsformen für Mehrfamilienhäuser, kleinere Gewerbedarlehen oder auch die Eigenheim- bzw. Eigentumswohnungsfinanzierung sind Annuitätendarlehen, teilweise auch Festdarlehen, die üblicherweise mit Grundpfandrechten abgesichert werden.

Grundpfandrechte

▶ Band 2, LF 7, Kap. 3.7

Wie schon zuvor beschrieben, versteht man unter einem Darlehen einen gegenseitigen Vertrag zwischen einem Darlehensgeber und einem -nehmer. Dabei überlässt die eine Vertragspartei der anderen Vertragspartei Geld oder auch Sachen auf Zeit und zum Gebrauch. Bei einem **Gelddarlehen** hat der Darlehensnehmer dem Darlehensgeber neben der Rückerstattung des zur Verfügung gestellten Geldes üblicherweise einen Zins zu zahlen. Die **gesetzliche Regelung des Darlehensvertrags** findet sich in den §§ 488 ff. BGB.

Gesetzliche Regelungen zum Darlehensvertrag:
§§ 488 ff. BGB

Merke!

Darlehen können nach verschiedenen Merkmalen kategorisiert werden, wie z. B.:
- Zinsfestschreibung
- Laufzeit
- Art der Tilgung
- Höhe des eingesetzten Eigenkapitals
- Besicherung
- Währung, in der der Kredit vergeben wird

Darlehen unterscheiden sich hinsichtlich ihrer Merkmale.

1.2.1 Das Annuitätendarlehen

Das Annuitätendarlehen zeichnet sich durch eine gleichbleibende jährliche Rate, die Annuität aus.

Das Annuitätendarlehen ist die häufigste Form des Darlehens bei der (langfristigen) Immobilienfinanzierung. Bei dieser Darlehensform bleibt die zu leistende Rate, die **„Annuität"** über die gesamte Zinsfestschreibungszeit konstant.

Ein Annuitätendarlehen ist ein Kredit, der in gleichbleibenden Raten bedient wird. Der einem Annuitätendarlehen zugrundeliegende Darlehensvertrag enhält dabei folgende Vereinbarungen:

Soll- und Effektivzins
▶ LF 11, Kap. 1.2.3

- Höhe des Zinses als Soll- und Effektivzinssatz,
- Dauer der Zinsbindung,
- Höhe des Auszahlungsbetrags des Darlehens,
- den anfänglichen Tilgungssatz sowie
- eventuelle Kreditnebenkosten bzw. Gebühren, soweit zulässig.

Bei einem Annuitätendarlehen erfolgt die Rückzahlung über die regelmäßige Tilgung. Aufgrund der Tatsache, dass die Rate eines Annuitätendarlehens gleichbleibend ist, durch die Tilgung die Restschuld jedoch sinkt und damit auch der Betrag, der regelmäßig an Zinsen zu leisten ist, steigt der Tilgungssatz. Dieses Verhältnis von Tilgungen und Zinszahlungen zeigt die folgende Abbildung.

Verlauf eines Annuitätendarlehens

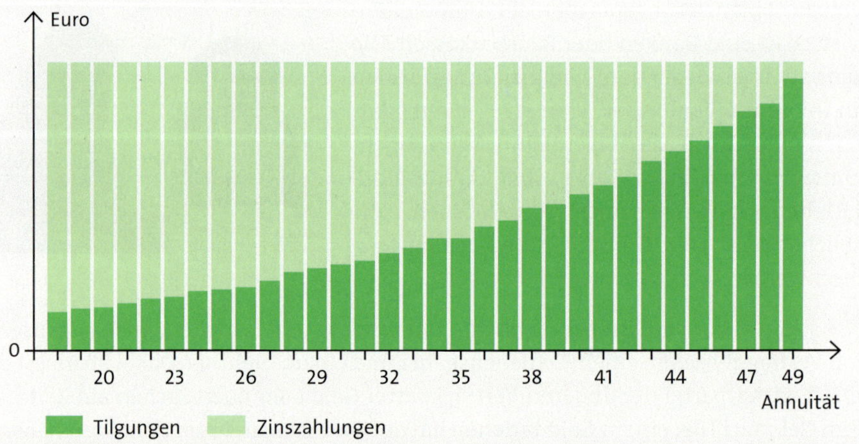

Beispiel

Familie Müller-Dewald hat ein Darlehen für ihre Baufinanzierung in Höhe von 180.000,00 € aufgenommen. Die Zinsen betragen 2,00 %, die anfängliche Tilgung liegt bei 3,00 %. Dieses Darlehen wäre nach 25 Jahren und 7 Monaten planmäßig zurückgeführt. Die monatliche Rate beträgt 750,00 €, wobei die erste am 01.12.2023 fällig ist. Die Tabelle auf der folgenden Seite zeigt den Zins- und Tilgungsplan für die ersten 15 Monate, aus dem sich auch ersehen lässt, wie hoch die jeweilige Darlehensrestschuld ist.

Wenn dieselben Bedingungen für die gesamte Darlehensrestlaufzeit gelten, hat Familie Müller-Dewald den Kredit am 01.06.2049 zurückgeführt. Dann sind insgesamt 50.063,15 € Zinsen gezahlt worden.

Aber:
Die für das Annuitätendarlehen vertraglich vereinbarte Annuität bezieht sich nur auf die Zeit der Sollzinsbindung, also die Zinsfestschreibungs- oder Zinsbindungszeit. Damit gilt das Beispiel nur, wenn die anfänglichen Bedingungen während der gesamten Darlehenslaufzeit gleich bleiben.

Zinsbindungsfrist und Darlehenslaufzeit entsprechen sich in der Regel nicht.

Monat	Zahlungsdatum	Anfangssaldo	Planmäßige Rate	Sonderzahlung	Rate gesamt	Tilgung	Zinsen	Abschlusssaldo
1	01.12.2022	180.000,00€	750,00€	0,00€	750,00€	450,00€	300,00€	179.550,00€
2	01.01.2023	179.550,00€	750,00€	0,00€	750,00€	450,75€	299,25€	179.099,25€
3	01.02.2023	179.099,25€	750,00€	0,00€	750,00€	451,50€	298,50€	178.647,75€
4	01.03.2023	178.647,75€	750,00€	0,00€	750,00€	452,25€	297,75€	178.195,50€
5	01.04.2023	178.195,50€	750,00€	0,00€	750,00€	453,01€	296,99€	177.742,49€
6	01.05.2023	177.742,49€	750,00€	0,00€	750,00€	453,76€	296,24€	177.288,73€
7	01.06.2023	177.288,73€	750,00€	0,00€	750,00€	454,52€	295,48€	176.834,21€
8	01.07.2023	176.834,21€	750,00€	0,00€	750,00€	455,28€	294,72€	176.378,93€
9	01.08.2023	176.378,93€	750,00€	0,00€	750,00€	456,04€	293,96€	175.922,89€
10	01.09.2023	175.922,89€	750,00€	0,00€	750,00€	456,80€	293,20€	175.466,09€
11	01.10.2023	175.466,09€	750,00€	0,00€	750,00€	457,56€	292,44€	175.008,53€
12	01.11.2023	175.008,53€	750,00€	0,00€	750,00€	458,32€	291,68€	174.550,21€
13	01.12.2023	174.550,21€	750,00€	0,00€	750,00€	459,08€	290,92€	174.091,13€
14	01.01.2024	174.091,13€	750,00€	0,00€	750,00€	459,85€	290,15€	173.631,28€
15	01.02.2024	173.631,28€	750,00€	0,00€	750,00€	460,61€	289,39€	173.170,67€

Typische Zinsbindungsfristen bei Annuitätendarlehen liegen bei 5, 10 oder 15 Jahren. Nach dem Auslaufen der Zinsbindungsfrist wird das noch bestehende Restdarlehen entweder bei der gleichen Bank verlängert (prolongiert) oder der Kreditnehmer nimmt einen Kredit bei einer anderen Bank auf.

prolongieren
die Laufzeit von etwas verlängern

Grundsätzlich besteht zu diesem Zeitpunkt immer ein Zinsänderungsrisiko, das sich je nach Marktkonditionen entweder günstig für den Kreditnehmer auswirken kann, dann liegt der neue Zinssatz unter dem bisherigen, oder ungünstig, wenn der Zins am Markt seit dem Abschluss des Kreditvertrags gestiegen ist. Gerade in Niedrigzinsphasen wird der Kreditnehmer deshalb eher eine langfristige Zinsbindung bevorzugen.

Neben den regelmäßigen Tilgungen sehen die meisten Darlehensbedingungen die Möglichkeit von **Sondertilgungen** vor, die meist bei bis zu 5% der aufgenommenen Darlehenssumme pro Jahr liegen. So kann der Darlehensnehmer die Darlehensschuld schneller abbauen und spart dadurch Zinsen.

Weitere – nicht im Kreditvertrag vorgesehene – vorzeitige Tilgungen oder auch die Rückführung des gesamten Kredits sind beim Vorliegen eines wichtigen Grunds möglich, wie z.B. dem Verkauf des Objekts, – allerdings nur gegen eine Gebühr, die sogenannte **Vorfälligkeitsentschädigung**.

Merke!

Die Vorfälligkeitsentschädigung soll den Banken den finanziellen Schaden ausgleichen, der sich aus der vorzeitigen Rückzahlung des Darlehens ergibt.

1.2.2 Absicherung von Darlehen

Darlehen werden auch nach ihrer **Besicherung** unterteilt. Unterschieden wird
- ein unbesicherter Kredit, auch Personalkredit genannt,
- von einem durch eine Sache abgesicherten Kredit, einem sogenannten Realkredit.

Realkredite sind eine Besonderheit in der Immobilienfinanzierung.

dingliche Absicherung
▶ Band 2, LF 7, Kap. 3.1

Der Begriff **„Realkredit"** resultiert daraus, dass Kreditnehmer „reale" Dinge (Stichwort: „dinglich") als Sicherheiten für die Finanzierungen zur Verfügung stellen müssen. Im Rahmen der Immobilienfinanzierung versteht man unter dem Realkredit jedoch gegenüber der allgemeinen Definition eingeschränkt einen Kredit, der durch Grundpfandrechte gesichert ist.

1.2.3 Weitere wichtige Konditionen und Bedingungen von Darlehen

Soll- und Effektivzins
In einem Finanzierungsangebot müssen sowohl der Soll- als auch der Effektivzinssatz genannt werden.

- Der Sollzinssatz ist der Zinssatz, den ein Kreditnehmer ohne die Berücksichtigung von weiteren Kosten für sein Darlehen zu entrichten hat.
- Der Effektivzinssatz steht für die jährlichen Gesamtkosten eines Darlehens und wird nach der Preisangabenverordnung (PAngV) ermittelt.

Merke!

Die Angabe des effektiven Jahreszinssatzes soll dem Kreditsuchenden den Vergleich verschiedener Angebote erleichtern.

Die vorvertraglichen Informationspflichten (VVI) sind dem Verbraucher von der Bank zwingend zu erteilen. Sie informieren über die Details der Leistung.

Bei der Vergabe von Immobilienkrediten an Verbraucher, sogenannte Immobiliarverbraucherdarlehen, wird bereits im Rahmen der **vorvertraglichen Informationspflichten (VVI)** mitgeteilt, dass der effektive Jahreszins den Gesamtkosten des Kredits entspricht und als Prozentsatz ausgedrückt wird.
Zu Abweichungen zwischen Soll- und Effektivzinssatz kommt es z. B. durch
- einmalige (Verwaltungsgebühren) oder regelmäßige Kosten (jährliche Verwaltungsgebühren),
- ebenso einmalige und regelmäßige Kosten für Zusatzsicherheiten und Tilgungssurrogate (z. B. eine Gebühr für die Eintragung einer Hypothek oder einer vergleichbaren Sicherheit) oder
- durch die Vereinbarung eines Disagios.

Disagio oder Damnum
Das Disagio oder Dammnum ist ein Abgeld auf den Sollbetrag des Kredits, d. h., der Kreditnehmer bekommt nicht die gesamte Kreditsumme ausgezahlt, sondern z. B. nur 95 %; zurückzahlen muss er aber 100 %. Das Disagio kann als Vorauszahlung auf die Zinsen interpretiert werden, denn die laufende Zinslast ist damit geringer.

Beispiel

Vergleich von zwei Kreditangeboten mit unterschiedlichen Konditionen:
Disagio bei einem Kapitalbedarf von 300.000,00 €

Angebot 1	
Sollzins	3,7 %
Zinsfestschreibung	10 Jahre
Auszahlung	95 %
Tilgung	2 %

Angebot 2	
Sollzins	4,3 %
Zinsfestschreibung	10 Jahre
Auszahlung	100 %
Tilgung	2 %

Angebot 1:
Bei einem Kapitalbedarf von 300.000,00 € muss der Kreditnehmer 315.789,47 € aufnehmen. Die Annuität beträgt dann bei einem Zins von 3,7 % und einer anfänglichen Tilgung von 2 % 18.000,00 €.

Angebot 2:
Das Darlehen in Höhe von 300.000,00 € hat bei einem Zins von 4,3 % und einer Tilgung von 2 % eine Annuität von 18.900,00 €. Damit ergibt die Beurteilung der Darlehen, dass der aufzunehmende Kreditbetrag bei Angebot 1 zwar höher ist, dafür sind aber der Zins und die Annuität niedriger.

Tilgung

Die Tilgung ist neben den Zinsen wichtigster Faktor bei einer Immobilienfinanzierung. Der Begriff „Tilgung" meint die **Rückzahlung einer Kreditschuld**. Höhere Tilgungssätze vermindern die Zinskosten über die Gesamtlaufzeit und führen die Darlehensschuld schneller zurück, haben aber höhere Kreditraten zur Folge.

Tilgung
Rückzahlung des Kredits

Die Tilgung kann aber nicht nur in der Höhe variieren. Es gibt z. B. auch Darlehen mit anfänglicher Tilgungsaussetzung, so z. B. von 1–3 Jahren, insbesondere bei den Förderdarlehen. Hierdurch ist die Anfangszeit einer Baufinanzierung, wenn ggf. weitere Kosten auf den Kreditnehmer zukommen, einfacher zu managen. Die späteren Raten sind dann allerdings entweder höher oder das Darlehen muss länger laufen, um es vollständig zurückzuführen.

Einige Banken bieten dem Kunden in ihren Darlehenskonditionen die Möglichkeit von einem oder mehreren **Tilgungssatzwechseln** während der Zinsfestschreibung, meist unter Einhaltung einer bestimmten Mindesttilgung. Je nach Kreditangebot kostet diese Flexibilität einen Zinsaufschlag oder ist kostenlos. Wenn der Kreditnehmer eine derartige Flexibilität wünscht, müssen die Kreditangebote genau miteinander verglichen werden.

Endfälliges Darlehen

Gerade bei der privaten Baufinanzierung werden häufig tilgungsausgesetzte endfällige Darlehen eingesetzt. Dabei zahlt der Schuldner während der Darlehenslaufzeit nur den Zins für den Kreditbetrag. Die Tilgung erfolgt in einer Summe am Ende der Laufzeit.

Um am Ende der Darlehenslaufzeit den nötigen Rückzahlungsbetrag verfügbar zu haben, wird während der Laufzeit regelmäßig eine Ansparung vorgenommen.

In der Praxis bietet sich dafür der Abschluss oder die Weiterführung

- einer Kapitallebensversicherung,
- einer privaten Rentenversicherung oder
- eines Bausparvertrags an.

Man spricht in diesem Zusammenhang von einem **Tilgungsersatzprodukt** oder **Tilgungssurrogat**.

Tilgungsdarlehen

Allgemein-Verbraucherdarlehen bezeichnen einen Darlehensvertrag, der zwischen einem Verbraucher (Darlehensnehmer) und einem Unternehmen (Darlehensgeber) geschlossen wird.

Abzahlungsdarlehen sind bei **Allgemein-Verbraucherdarlehen** zur Finanzierung von Konsumwünschen üblich, in der Baufinanzierung jedoch seltener.

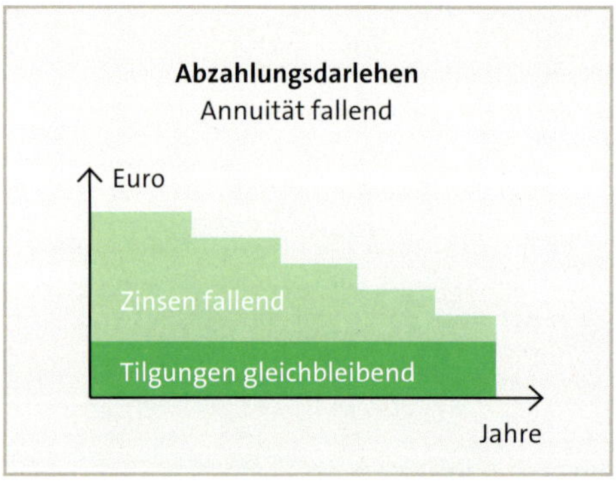

Bei dem nicht ganz trennscharf bezeichneten „Abzahlungs-", „Raten-" oder „Tilgungsdarlehen" erfolgt die Tilgung in jährlich gleichbleibenden Raten. Die Zinsen werden nur auf die verbleibende Restschuld berechnet. Somit nimmt die jährlich zu zahlende Gesamtleistung ab. Das BGB bezeichnet das Abzahlungsdarlehen als „Darlehen, das in Teilzahlungen zu tilgen ist" (§ 498 BGB).

Gesamtfälligstellung bei Teilzahlungsdarlehen:
§ 498 BBG

Beispiel für ein Tilgungsdarlehen

Es wird ein Tilgungsdarlehen vereinbart. Der Darlehensbetrag beträgt 1.000.000,00 €. Der Zins liegt bei 4,00 %. Das Darlehen soll in 5 gleich hohen Raten zurückgezahlt werden. Wie hoch ist die Zins- und wie hoch die Tilgungsbelastung?

Jahr	1	2	3	4	5
Darlehen	1.000.000,00 €	800.000,00 €	600.000,00 €	400.000,00 €	200.000,00 €
Zinsen	40.000,00 €	32.000,00 €	24.000,00 €	16.000,00 €	8.000,00 €
Tilgung zum Ende des jeweiligen Jahres	200.000,00 €	200.000,00 €	200.000,00 €	200.000,00 €	200.000,00 €

Insgesamt sind damit in den 5 Jahren Zinsen in Höhe von 120.000,00 € angefallen.

Variable und Festzinsvereinbarungen

In der langfristigen Baufinanzierung überwiegen Festzinsvereinbarungen. Der Kunde bekommt für den vereinbarten Zinsabschnitt einen **festen Darlehenszins** und hat über diese Zeit eine Konditionensicherheit.

Gerade bei kurzfristigen Darlehensvarianten oder bei Bauträgerfinanzierungen gibt es demgegenüber aber variable Zinsvereinbarungen, d. h., der Zins wird i. d. R. alle drei Monate den Marktveränderungen angepasst, was sich für den Darlehensnehmer günstig oder ungünstig auswirken kann. In Zeiten, in denen der Marktzins nach oben tendiert, beinhalten variable Zinsvereinbarungen ein kurzfristiges Zinserhöhungsrisiko für den Darlehensnehmer.

Der Vorteil liegt vor allem darin, dass der Kreditnehmer ein gesetzliches Recht hat, den Kredit mit einer dreimonatigen Frist zu kündigen (§ 489 Abs. 2 BGB), um die Mittel dann zurückzuführen und z.B. ein Annuitätendarlehen aufzunehmen. Die Kündigung ist ohne Vorfälligkeitsentschädigung möglich. Die Zinsvereinbarung erfolgt auf Basis des Referenzzinssatzes **„EURIBOR“** (European Interbank Offered Rate). Es handelt sich um einen Zinssatz, den die Banken sich untereinander zahlen, sodass der Kreditnehmer den EURIBOR plus einer entsprechenden Marge zahlen muss.

Ordentliches Kündigungsrecht des Darlehensnehmers:

§ 489 BGB

EURIBOR als Referenz bei variablen Zinsvereinbarungen

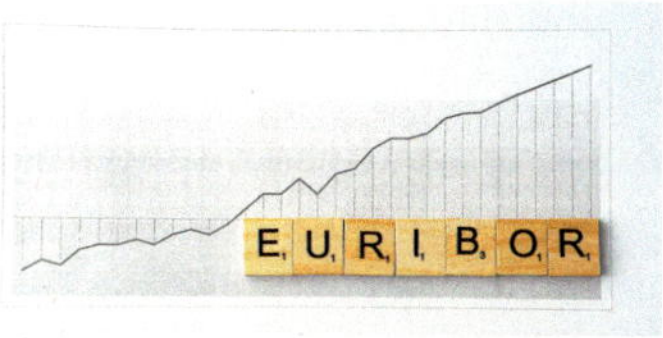

EURIBOR für verschiedene Laufzeiten zu verschiedenenTerminen

	05.05.2023	04.05.2023	03.05.2023	02.05.2023	28.04.2023
Euribor 1 Woche	2,950 %	2,902 %	2,910 %	2,910 %	2,872 %
Euribor 1 Monat	3,099 %	3,112 %	3,088 %	3,093 %	3,052 %
Euribor 3 Monate	3,280 %	3,281 %	3,275 %	3,274 %	3,265 %
Euribor 6 Monate	3,575 %	3,651 %	3,644 %	3,622 %	3,645 %
Euribor 12 Monate	3,770 %	3,843 %	3,843 %	3,822 %	3,880 %

Quelle: https://www.euribor-rates.eu/de/aktuelle-euribor-werte/ (Stand Mai 2023)

Kündigungsmöglichkeiten

Unabhängig von den vertraglichen Regelungen gibt es gesetzliche Kündigungsmöglichkeiten. Zu unterscheiden ist zwischen

- ordentlichen und
- außerordentlichen Kündigungsrechten.

Ordentliches Kündigungsrecht gemäß § 489 BGB

Das ordentliche Kündigungsrecht ermöglicht dem Kreditnehmer eine reguläre Darlehensrückführung. Wie beschrieben, ist hierbei zwischen variabel und festverzinslichen Darlehen zu unterscheiden.

Bei einer variablen Zinsvereinbarung beträgt die Kündigungsfrist stets drei Monate (§ 489 Abs. 2 BGB).

Bei Festzinsdarlehen sind folgende Fälle zu unterscheiden:

- Die ordentliche Kündigungsmöglichkeit beträgt gemäß § 489 Abs. 1 Nr. 1 BGB einen Monat zum Ablauf der Zinsbindungsfrist. Wenn vor Ende der Zinsbindungsfrist keine neue Zinsvereinbarung getroffen wurde, das Darlehen also variabel weitergeführt wird, beträgt die Kündigungsfrist danach stets einen Monat.
- Bei Festzinsvereinbarungen **bis zu 10 Jahre** besteht keine gesetzlich vorgesehene Kündigungsmöglichkeit. Allerdings könnten nach § 489 Abs. 4 Satz 2 BGB abweichende Kündigungsfristen vereinbart werden.

Es gibt verschiedene Möglichkeiten der ordentlichen Kündigung eines Festzinsdarlehens.

- Wenn eine Festzinsvereinbarung getroffen wurde, die über **mehr als 10 Jahre** läuft, besteht 10 Jahre nach der vollständigen Auszahlung des Darlehens eine Kündigungsmöglichkeit des Darlehensnehmers mit einer Frist von sechs Monaten, § 489 Abs. 1 Nr. 3 BGB. Hierbei ist zu beachten, dass bei Abschluss einer Prolongation des Darlehens oder einer neuen Zinsvereinbarung die 10-Jahres-Frist von Neuem beginnt.

Prolongation
Verlängerung der Laufzeit

Außerordentliche Kündigungsrechte

Dem Kreditnehmer wird unabhängig von den vertraglich vereinbarten Bedingungen nach BGH-Rechtsprechung ein Recht zur vorzeitigen Kündigung von grundpfandrechtlich gesicherten Festzinsdarlehen zuerkannt, wenn ein berechtigtes Interesse seinerseits besteht. Dies wird regelmäßig beim Verkauf des Objekts bejaht. Der Kreditnehmer darf zudem außerordentlich kündigen, wenn sich sein Kreditbedarf erhöht, z. B., weil er ein finanziertes Gebäude energetisch sanieren will und die finanzierende Bank der Erweiterung des bestehenden Kredits nicht zustimmt. Diese Regelung soll dem Kreditnehmer seine Handlungsfähigkeit, auch entgegen den Interessen des Kreditinstituts, erhalten.

Merke!

Hierbei ist zu beachten, dass der Anspruch des Kreditnehmers nur besteht, wenn er zuvor vergeblich versucht hat, den Kredit bei der finanzierenden Bank aufzustocken. Möchte er nur ein günstigeres Angebot einer anderen Bank nutzen, besteht die Kündigungsmöglichkeit nicht.

Ein Kreditnehmer kann frühestens sechs Monate, nachdem er das Darlehen vollständig empfangen hat, kündigen. Es gilt eine Frist von drei Monaten.

Einmalentgelte

Unter Umständen muss der Kreditnehmer neben den laufenden Zinsen auch Einmalentgelte zahlen. Einmalentgelte kommen häufig in Form der **Bearbeitungsgebühr** zum Tragen, die der Bank den Aufwand für die Erstbearbeitung der Finanzierung vergüten soll. Die Höhe der Bearbeitungsgebühr ist i. d. R. abhängig von den zusätzlichen Kosten, die der Bank entstehen.

Geschäftsbesorgungsvertrag
▶ Band 1, LF 2, Kap. 1.9

BGH, Urteil vom 21.02.1985, III ZR 207/83

Zumindest für Verbraucherkredite sind Schätz- bzw. Wertermittlungsgebühren bereits 2009 für nicht zulässig erklärt worden, da damit Kosten von Maßnahmen, die nur im Interesse der Bank liegen, auf den Kunden abgewälzt werden. Um dies zu umgehen, verlangen einige Kreditinstitute von ihren Kunden eine separate kostenpflichtige Beauftragung eines Wertgutachtens im Rahmen eines Geschäftsbesorgungsvertrages. Wenn der Kunde sich bereit erklärt, diese Engelte zu übernehmen, müssen sie üblicherweise bei Abschluss des Darlehensvertrags bezahlt werden.

Nichtabnahmeentschädigung
Zahlung einer Entschädigung bei Nichtabnahme eines bereitgestellten Darlehens

BGH, Urteil vom 21.02.1985, III ZR 207/83

Ebenso wird ein Einmalentgelt – die **Nichtabnahmeentschädigung** – fällig, wenn der Kunde nach Vertragsabschluss einen bereitgestellten Darlehensbetrag nicht abnimmt. Es handelt sich um einen Schadenersatz für den Gewinnverlust der Bank. Die Bank kann hierzu entweder den Schaden berechnen oder eine Pauschale mit dem Kunden vereinbaren, wenn sie den üblichen Schaden nicht übersteigt und dem Kunden der Nachweis gestattet wird, dass kein oder nur ein geringerer Schaden entstanden ist.

Immobiliar-Verbraucherdarlehen

Der Gesetzgeber hat die Verbraucherschutznormen bei der Darlehensvergabe im Jahr 2016 verschärft. Seitdem gibt es die Sonderform des Immobiliar-Verbraucherdarlehens für die private Baufinanzierung. Verbraucher können Annuitätendarlehen, Tilgungsdarlehen oder endfällige Darlehen zur Finanzierung ihrer Immobilieninvestition aufnehmen.

Der verstärkte Verbraucherschutz ergab sich auf Grundlage der Europäischen Wohnimmobilienkreditrichtlinie (Mortgage Credit Directive), die in deutsches Recht umgesetzt werden musste.

Der Kreditgeber hat dabei gesetzlich verankerte Sorgfaltspflichten, die bei dieser Darlehensform, anders als bei gewerblichen Immobilienfinanzierungen, bei denen Unternehmen Kredite aufnehmen, zu beachten sind.

Merke!

Die gesetzliche Regelung zu Verbraucherdarlehen findet sich im § 491 BGB, Immobiliar-Verbraucherdarlehen sind speziell im § 491 Abs. 3 BGB geregelt.

Verbraucherdarlehensvertrag:
§ 491 BGB

Demnach handelt es sich um Verträge, die
- durch ein Grundpfandrecht oder eine Reallast besichert sind oder
- für den Erwerb oder die Erhaltung des Eigentumsrechts an Grundstücken, an bestehenden oder zu errichtenden Gebäuden oder für den Erwerb oder die Erhaltung von grundstücksgleichen Rechten bestimmt sind.

Eine Besonderheit des Immobiliar-Verbraucherdarlehens ist z. B. das Widerrufsrecht des Kunden. Bereits seit dem 02.11.2002 müssen die Kreditinstitute ihre Kunden in den Verträgen über das Recht zum Widerruf informieren. Ist die Widerrufsinformation fehlerhaft oder fehlen bestimmte Angaben im Vertrag, startet die Widerrufsfrist nicht. Für Darlehensverträge, die ab dem 21.03.2016 geschlossen wurden, erlischt dieses Widerrufsrecht auch bei fehlerhafter Information oder fehlenden Pflichtangaben spätestens ein Jahr und 14 Tage nach Vertragsschluss.

Der § 491 a BGB sieht des Weiteren **besondere Informationspflichten** des Darlehensgebers gegenüber dem Darlehensnehmer vor. Diese richten sich nach dem Artikel 247 des Einführungsgesetzes zum Bürgerlichen Gesetzbuch (EGBGB). Weiterhin hat der Darlehensnehmer Anspruch auf einen Entwurf des Darlehensvertrags, sobald der Darlehensgeber zum Abschluss des Vertrags bereit ist. Zudem hat der Darlehensgeber Aufklärungspflichten, die das Gesetz „angemessene Erläuterungen" nennt (§ 491 Abs. 3 BGB). Sie sollen den Darlehensnehmer in die Lage versetzen, den Vertrag in seinen Konsequenzen zu verstehen, weshalb die Hauptmerkmale des Vertrags, seine vertragstypischen Auswirkungen auf den Darlehensnehmer, einschließlich der Folgen bei Zahlungsverzug, im Rahmen der vorvertraglichen Informationspflichten von der Bank zu erläutern sind. Der Kunde soll vor allem auch über mögliche Kreditrisiken und Absicherungsmöglichkeiten aufgeklärt werden. Insbesondere darf die Bank nur bei entsprechender Wahrscheinlichkeit der Kreditrückzahlung aufgrund der Bestimmungen des BGB einen Kredit vergeben.

Vorvertragliche Informationspflichten bei Verbraucherdarlehensverträgen:
§ 491a BGB

Informationspflichten bei Verbraucherdarlehensverträgen, entgeltlichen Finanzierungshilfen und Darlehensvermittlungsverträgen:
Artikel 247 EGBGB

1.2.4 Bauträger – Projektentwicklungsfinanzierung

Ein Bauträger erstellt ein Gebäude bzw. mehrere Gebäude auf eigene Rechnung und eigenes Risiko auf einem Grundstück und veräußert die so entstehenden Einheiten einzeln an künftige Eigentümer. Ein Bauträgervertrag ist gemäß § 650u BGB ein Vertrag, der die Errichtung oder den Umbau eines Hauses oder eines vergleichbaren Bau-

Bauträger und Bauträgervertrag
▶ Band 2, LF 8, Kap. 5.2.2

werks zum Gegenstand hat und der zugleich die Verpflichtung des Bauträgers enthält, dem Käufer das Eigentum an dem Grundstück zu übertragen.

Besondere Sicherungspflichten für Bauträger:

§ 3 MaBV

Der Bauträger bedarf zur Aufnahme seiner Geschäftstätigkeit einer gewerberechtlichen Erlaubnis (§ 34c Abs. 1 S. 1 Nr. 4 Buchst. a GewO) und ist bei seiner Tätigkeit an die Makler- und Bauträgerverordnung gebunden.

Der § 3 MaBV definiert die Voraussetzungen, unter denen der Bauträger Vermögenswerte des Kunden vor Fertigstellung des Gebäudes entgegennehmen darf.

Diese sind:
- Es muss ein rechtswirksamer Kaufvertrag vorliegen.
- Es darf kein Rücktrittsrecht des Bauträgers vorliegen.
- Es müssen alle für den Vollzug des Vertrags erforderlichen Genehmigungen vorliegen und dies muss durch einen Notar bestätigt werden.
- Der Eigentumsübertragungsanspruch des Erwerbers muss durch eine im Grundbuch eingetragene Auflassungsvormerkung gesichert sein.
- Es muss eine Lastenfreistellung von allen Grundpfandrechten, die der Auflassungsvormerkung im Rang vorgehen, sichergestellt sein.
- Die Baugenehmigung für das Projekt oder ein Surrogat muss erteilt worden sein.

Maximal sieben Raten können vom Bauträger während der Bauzeit verlangt werden.

Der Bauträger kann dann gemäß § 3 der MaBV für den Bau von seinen Kunden maximal sieben Raten während der Bauzeit verlangen. Diese Zahlungen der Kunden in Abhängigkeit vom Baufortschritt senken seinen Kapitalbedarf, der neben Eigenkapital in der Regel immer die Aufnahme von Fremdkapital beinhaltet.

Da Bauträger die Finanzierungsmittel nur benötigen, bis das Projekt fertiggstellt ist, handelt es sich – anders als bei einer Bestandsfinanierung – um eine relativ kurze Kreditdauer. In der Regel wird mit der Bank deshalb kein Festzins ausgehandelt, sondern ein variabler Zins. Die Konditionen, die der Bauträger bei der Bank erhält, hängen von seiner Bonität, seiner Erfahrung („Track Record"), von der Güte des Projekts aus der Sicht der Bank und von den bereits verkauften Einheiten ab. Nicht selten versucht die Bank, für den Bauträger auch den Vertrieb zu übernehmen, wenn sie eine eigene Maklerorganisation und auch Interesse an der Endfinanzierung der Käufer hat.

Der Bauträger kann nach § 3 MaBV auch Zahlungen zu späteren Zeitpunkten anfordern, weniger als sieben Raten oder erst bei Fertigstellung den gesamten Kaufpreis in einer Summe fordern. Er darf nur nicht zu Lasten des Kunden von den vorgegebenen Raten abweichen.

Ausnahmevorschrift:

§ 7 MaBV

Sollte der Bauträger jedoch Zahlungen zu einem früheren Zeitpunkt wünschen, sind diese nur vereinbar, wenn dem Erwerber eine Bürgschaft gestellt wird (§ 7 MaBV). Dies kommt in der Praxis häufig vor, wenn die Voraussetzungen des § 3 MaBV noch nicht erfüllt sind, z. B., weil sich die Eintragung der Auflassungsvormerkung für den Erwerber zeitlich verzögert. Bürge ist dabei regelmäßig die Bauträgerbank.

2 Die unterschiedlichen Kreditgeber

Fremdkapital kann aus unterschiedlichen Quellen kommen. Als Kreditgeber für langfristige Kredite fungieren insbesondere Banken, aber auch Bausparkassen und Lebensversicherungsgesellschaften.

2.1 Allgemeine Geschäftsbanken

Bei den allgemeinen Geschäftsbanken handelt es sich um Kreditinstitute, die alle Arten des Bankgeschäfts betreiben. Sie werden auch als Universalbanken bezeichnet und bieten alle gewöhnlichen Bankgeschäfte für Privat- und Firmenkunden an. Zu den Universalbanken gehören insbesondere auch die privaten Kreditbanken, die Genossenschaftsbanken und die Sparkassen. Damit handelt es sich um die typischen Finanzierungspartner der Immobilienwirtschaft.

2.2 Hypotheken- bzw. Pfandbriefbanken

Neben den allgemeinen Geschäftsbanken (Universalbanken) finden sich am Markt Spezialkreditinstitute für die Immobilienfinanzierung, die als Hypothekenbanken bzw. Pfandbriefbanken bezeichnet werden. Sie haben eine lange Geschichte. Seit 2005 werden die Spezialvorschriften für diese Banken im **Pfandbriefgesetz (PfandBG)** zusammengefasst. Seit diesem Zeitpunkt heißen aus rechtlicher Sicht alle Hypothekenbanken Pfandbriefbanken. Somit gibt es keine reinen Hypothekenbanken mehr am Markt. Das Spezialbankprinzip, an das vorher die Ausgabe von Hypothekarkrediten gebunden war, wurde aufgehoben.

Die Aufgabe des Pfandbriefprivilegs führte dazu, dass es mehr Partner für Immobilienunternehmen bei der Kreditvergabe gibt.

Das PfandBG ermöglicht allen Kreditinstituten die Emission von Pfandbriefen, soweit sie die gesetzlichen Voraussetzungen erfüllen. Dies führt dazu, dass Hypothekenbanken, die ihren Namen behalten und deren Banklizenz nach § 43 PfandBG in Verbindung mit § 32 KWG fortbesteht, beim Pfandbriefgeschäft mit Geschäftsbanken konkurrieren, die das Pfandbriefprivileg haben.

Bei einem Pfandbrief handelt es sich um eine besicherte Schuldverschreibung.

2.3 Bausparkassen

Bausparkassen sind spezielle Kreditinstitute, die aufgrund der im **Gesetz über Bausparkassen (BauSparkG)** geregelten Geschäftskreisbeschränkung im Wesentlichen nur die Wohnungsbaufinanzierung über **Bausparverträge** betreiben.

Das Bausparen wird staatlich gefördert.

Merke!

Bausparen folgt dem Kollektivprinzip, nach welchem durch das Einbringen der gesparten Mittel aller in einen Topf schneller die Möglichkeit besteht, einen Kredit zur Finanzierung zu erhalten, als wenn jeder allein spart.

Bauspardarlehen haben vor allem eine Bedeutung bei der Endfinanzierung von Privatkunden, die sich eine Immobilie leisten wollen, weil diese, in Abhängigkeit von der

Vermögenswirksame Leistungen
▶ Band 1, LF 1, Kap. 1.7.4

Höhe ihres Einkommens, in den Genuss einer staatlichen Förderung in der Form von Wohnungsbauprämien und die Zahlung von Arbeitnehmersparzulagen für die vermögenswirksamen Leistungen kommen.

2.3.1 Bausparen näher betrachtet

Bausparkassen sind daher Unternehmen mit genossenschaftlichem Charakter. Sie wurden mit dem Gedanken solidarischer Selbsthilfe gegründet.

Nach dem Solidaritätsprinzip sind die Beteiligten nicht nur für sich selbst verantwortlich, sondern auch für die anderen Beteiligten.

Merke!

Das Bausparen folgt dem folgenden Grundgedanken:
In einer Gemeinschaft von Sparern ist es dem Einzelnen möglich, durch die Summierung der Sparkraft aller Beteiligten früher Wohneigentum zu erwerben, als es jedem Einzelnen von ihnen durch individuelles Sparen möglich ist.

Beispiel

Zehn potenzielle Bauherren sind miteinander befreundet. Jeder von ihnen beabsichtigt, ein Wohnhaus zu Baukosten von 1.000,00 € zu errichten. Allerdings kann jeder der zehn Freunde jährlich maximal 100,00 € ansparen. Dies bedeutet, dass jeder von ihnen zehn Jahre lang sparen muss, bis er mit dem Bau beginnen kann. Die zehn Freunde beschließen deshalb, ihre jährlichen Sparleistungen in einen gemeinsamen „Topf“ zu stecken.

Nach einem Jahr stehen dadurch bereits 1.000,00 € zur Verfügung. Per Los wird nun entschieden, welcher der zehn als Erster mit dem Bau seines Hauses beginnen darf. Der erste Bauherr erhält somit sein Sparguthaben in Höhe von 100,00 € zurück und zusätzlich einen Kredit über 900,00 €.

Im zweiten Jahr zahlt dieser Bauherr 100,00 € als Darlehensrückzahlung in den gemeinsamen Topf, während die neun anderen Freunde weiterhin jeweils 100,00 € sparen. Zum Jahresende erhält ein weiterer 1.000,00 € (hiervon 200,00 € Sparguthaben und 800,00 € Darlehen) usw.

Auflauf des Bausparens

Jahr	Sparer	Tilger	Sparbeiträge (€)	Tilgungsbeiträge (€)	Summe (€)	Bauherren
1	10	0	1.000	0	1.000	1
2	9	1	900	100	1.000	1
3	8	2	800	200	1.000	1
4	7	3	700	300	1.000	1
5	6	4	600	400	1.000	1
6	5	5	500	500	1.000	1
7	4	6	400	600	1.000	1
8	3	7	300	700	1.000	1
9	2	8	200	800	1.000	1
10	1	9	100	900	1.000	1

Die Gemeinschaft der Bausparer wird auch als Bausparkollektiv bezeichnet. In der Praxis ist dies jedoch anders als im Beispiel keine geschlossene Gruppe von Freunden, sondern durch den Abschluss weiterer Verträge kommen neue Sparer dazu.

Wenn nach zehn Jahren der letzte der Freunde mit der Errichtung seines Wohnhauses beginnt, ist er der einzige, der durch den Zusammenschluss der Spargemeinschaft keinen Vorteil erzielt hat. Die anderen neun aber konnten früher mit dem Bau ihrer Häuser beginnen, als wenn sie allein gespart hätten. Die durchschnittliche Wartezeit bis zum Baubeginn beträgt pro Sparer nur 5,5 Jahre.

2.3.2 Die vier Phasen des Bausparens

Phase 1	In der Regel beginnt das Bausparen mit dem Abschluss des Bausparvertrags.
Phase 2	Darauf folgt die Sparphase, in der der Bausparer einzahlt und gegebenenfalls eine Bausparförderung erhält.
Phase 3	Daran schließt sich die Zuteilungsphase an, in der eine Auszahlung des Guthabens und – soweit der Bausparer das möchte – eine Darlehensauszahlung erfolgt.
Phase 4	Hat sich der Bausparer für die Auszahlung entschieden, muss es nun zurückgezahlt werden. In der Tilgungsphase muss der Bausparer Zins und Tilgung zahlen, bis er den Kredit zurückgeführt hat.

Da der Staat dem Erwerb von Wohneigentum positiv gegenübersteht, fördert er das Bausparen, und zwar mithilfe

- der **Wohnungsbauprämie** und
- der **Arbeitnehmersparzulage**.

Arbeitnehmersparzulage
▶ Band 1, LF 1, Kap. 1.7.4

Beide Hilfen werden einkommensabhängig gewährt.

Die Einkommensgrenzen für die Wohnungsbauprämie liegen seit 2021 bei 35.000,00 € für Alleinstehende sowie 70.000,00 € für Ehepaare.

Bausparverträge sind in Deutschland weit verbreitet. Im Rahmen einer passgenauen Finanzierung sollte aber immer geprüft werden, ob für den Kunden die Inanspruchnahme des Bauspardarlehens günstiger ist als die Aufnahme eines Kapitalmarktdarlehens. Dies hängt vom jeweiligen Bauspartarif und dem Marktzinsniveau ab.

Prinzip des Bausparens

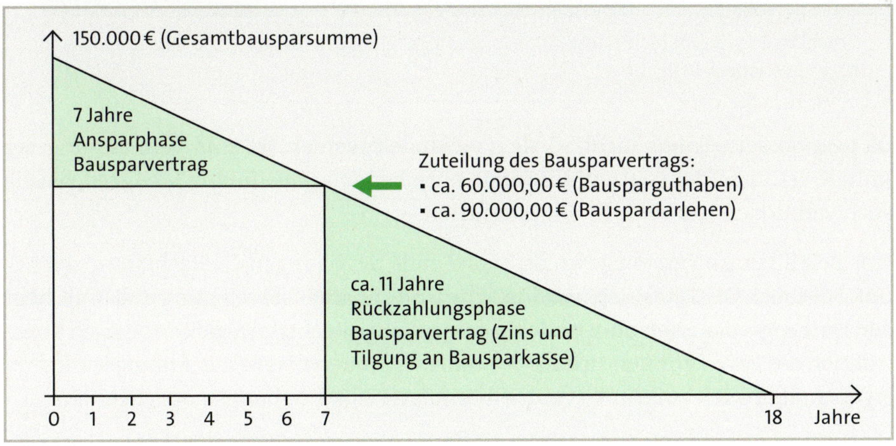

2.4 Lebensversicherungsgesellschaften

Heute treten Versicherungen zunehmend in direkter Konkurrenz zu den Banken selbst als Kreditgeber auf, da es sich hier um eine profitable und sichere Anlageform handelt. Im Unterschied zu den Geschäftsbanken refinanzieren sich Versicherungen nicht über den Kapitalmarkt, weshalb sie mehr Spielraum bei der Konditionengestaltung haben. In den letzten Jahren konnten Versicherungsunternehmen insbesondere bei Darlehen mit langen Zinsbindungen Konkurrenzprodukte zu den langfristigen Bankdarlehen schaffen. In der Regel sind jedoch die **Beleihungsausläufe** der Versicherer niedriger als die der Banken.

Der Beleihungsauslauf ist das Verhältnis der Darlehenssumme zum Beleihungswert der Immobilie.

2.5 Alternative Formen der Immobilienfinanzierung

2.5.1 Einführung

Neben den dargestellten klassischen Finanzierungsformen haben alternative Formen der Finanzierung am Markt an Bedeutung gewonnen. Dies hängt u.a. damit zusammen, dass die Banken aufgrund der immer restriktiveren Vorgaben, gerade für gewerbliche Projektentwicklungsfinanzierungen, einen eingeschränkten Kreditvergabespielraum haben.

2.5.2 Geschlossene Immobilienfonds

Finanzierung eines oder mehrerer feststehender Objekte oder Projektentwicklungen, z. B. eines Shopping-Centers.

Geschlossene Immobilienfonds werden zur Finanzierung eines oder mehrerer bereits feststehender Objekte bzw. einer Projektentwicklung aufgelegt. Damit steht die Investmentsumme fest. Diese wird in Anteile gesplittet und an die Anleger herausgegeben, die so die Finanzierung des Objekts bzw. der Objekte ermöglichen. Die Fonds werden außerbörslich angeboten, und sobald die aufgerufene Finanzierungssumme erreicht ist, werden die Fonds geschlossen.

Die aus der Vermietung der Objekte resultierenden **Mieteinnahmen** fließen zusammen mit den **Veräußerungserlösen** der Immobilie nach mehreren Jahren dem Fonds zu und werden unter den Anlegern aufgeteilt.

Merke!

Geschlossene Immobilienfonds haben in der Regel eine feste Laufzeit, die häufig zwischen 10 und 30 Jahren liegt.

Der Zweitmarkt ist ein Handelsplatz für Anteile an geschlossenen Immobilienfonds.

Da geschlossene Fonds nicht börslich gehandelt werden, ist eine Veräußerung der Anteile während der Laufzeit des Fonds nur über den „Zweitmarkt" möglich, häufig auch verbunden mit Veräußerungsverlusten.

Rechtsformen

▶ Band 1, LF 2, Kap. 5

Risiko und Steuersparmöglichkeiten sollten vom Anleger ins Verhältnis gesetzt werden.

Eine Beteiligung an einem geschlossenen Fonds, der häufig in der Rechtsform der KG, GbR oder auch OHG aufgelegt wird, ist eine Unternehmensbeteiligung und unterliegt den Haftungsvoraussetzungen, die für die jeweilige Rechtsform gelten. Je nach Konstruktion des Fonds können sich für den Anleger Steuervorteile aus Anfangsverlusten ergeben, aber auch aufgrund eventuell genutzter Abschreibungsmöglichkeiten.

2.5.3 Offene Immobilienfonds

Möglichkeit der Finanzierung einer Vielzahl von Objekten an verschiedenen Standorten

Ein offener Immobilienfonds hat keine festgelegte Laufzeit, investiert in mehrere Immobilien und verwaltet diese aktiv. Sehr häufig wird in Gewerbeimmobilien verschiedener Nutzungsarten investiert, es gibt aber auch z. B. reine Wohn- oder Logistikimmobilienfonds oder auch gemischte Fonds.

Merke!

Da offene Immobilienfonds uneingeschränkt sind, sind weder die Anzahl an Investoren noch das Fondsvermögen limitiert.

Eine Anteilsrückgabe ist bei den offenen Immobilienfonds nach Ablauf einer Mindesthaltefrist von 24 Monaten möglich. Die Rückgabe muss zudem mindestens 12 Monate im Voraus angekündigt werden. So kann sich das Fondsmanagement auf Mittelabflüsse im Voraus einstellen. Im Verhältnis zur Langfristigkeit der Immobilieninvestition stehen die Anlegermittel, insbesondere in Zeiten, in denen sich ein Immobilienfonds nicht gut entwickelt, also nur begrenzt zur Verfügung. Ein Investor kann sich zudem von seinem Anteil auch durch dessen freien Verkauf lösen.

Grundsätzlich muss ein Immobilienfonds zu **mindestens 51%** in Immobilien investiert sein. Das restliche Vermögen des Fonds bleibt Barvermögen und wird in Zinspapiere investiert, damit eine entsprechende Liquidität besteht, aber auch zu Ausschüttungszwecken.

Die Mindestliquiditätsquote sichert die Ansprüche ausscheidender Anleger.

Aufgrund der Diversifikation des Fonds in unterschiedliche Objekte an unterschiedlichen Standorten ist das Risiko der Anleger gestreut. Auch bei offenen Immobilienfonds partizipieren die Anleger von den Ausschüttungen aus Mieteinnahmen und der erhofften Verkaufserlösentwicklung der Immobilien.

2.5.4 Immobilienleasing

Unter Immobilienleasing versteht man die mittel- oder langfristige Finanzierung, also Vermietung oder Verpachtung, von Gebäuden und Gründstücken. Anders als bei der klassischen Baufinanzierung ermöglicht das Immobilienleasing, Eigentum schrittweise zu finanzieren.

Der Leasingnehmer beauftragt den Leasinggeber damit, ein Objekt zu kaufen oder zu bauen. Der Leasingnehmer zahlt ein monatliches Entgelt für die Nutzung des Objekts. Die Vertragsbedingungen werden im Leasingvertrag festgehalten, so auch die Höhe der Leasingrate und der Leasing-Zeitraum. Die Leasingrate setzt sich dabei aus einem Zins, einer Tilgung und einem Verwaltungskostenbeitrag zusammen. Die Vertragslaufzeiten liegen üblicherweise zwischen 15 und 25 Jahren, teilweise auch darüber. Wenn dieser Zeitraum abgelaufen ist, geht das Objekt entweder in das Eigentum des Leasingnehmers zu vorher festgelegten Konditionen über oder es geht wieder zurück an den Leasinggeber.

Leasingverträge können auch Serviceelemente, festgelegte Investitionen oder Sanierungen enthalten. Der Leasingnehmer übernimmt in der Regel die laufenden Instandhaltungskosten für das Objekt. Leasingverträge können bestimmte Kosten aber auch stunden, sodass diese erst am Ende der Vertragslaufzeit fällig werden.

Bei Leasingverträgen sind verschiedene Inhalte denkbar.

Die wichtigsten vertraglichen Möglichkeiten des Leasings sind

- das Neubauleasing,
- das Bestandsimmobilienleasing (Buy-and-Lease-Modell) und
- das Sale-and-Lease-Back-Verfahren.

Leasingarten im Überblick

Neubau-Leasing
Die Leasinggesellschaft kauft ein Grundstück und baut darauf eine für den Leasingnehmer bedarfsadäquate Immobilie. Über dieses Objekt wird dann der Leasingvertrag abgeschlossen.

Bestandsimmobilienleasing (Buy-and-Lease-Modell)
Der Leasinggeber erwirbt eine Bestandsimmobilie, die der Leasingnehmer vorher ausgewählt hat, und vermietet ihm diese für einen längeren Zeitraum, in der Regel mit Kaufoption nach Ablauf der Grundmietzeit.

Sale-and-Lease-Back-Modell
Dieses Modell kommt z.B. für Unternehmen, Institutionen oder auch Städte und Gemeinden in Betracht, wenn gerade ein finanzieller Engapss zu überbrücken ist oder die Liquidität für notwendige Gebäudeinvestitionen oder -sanierungen nicht zur Verfügung steht. Der zukünftige Leasingnehmer verkauft die Immobilie an den Leasinggeber, und gleichzeitig wird der Leasingvertrag geschlossen, der in der Regel ebenfalls eine Rückkaufoption enthält.

2.5.5 Mezzanine-Formen der Immobilienfinanzierung

Die Mezzanine-Finanzierung ist eine Variante für Unternehmen, die keinen Zugriff auf Bankkredite haben oder denen der Weg über eine Bankfinanzierung zu aufwändig ist und die weder Stimmrechte noch Firmenanteile abgeben wollen.

Mezzanines Kapital als „Zwitterkapital"

Mezzanines Kapital zeichnet sich dadurch aus, dass es i.d. R. zwischen Eigenkapital und erstrangigem Fremdkapital steht. Aufgrund des hohen Risikos für den Kapitalgeber sind die Kosten von Mezzanine-Finanzierungen höher als die einer Bankenfinanzierung. Häufig fordern Kapitalgeber deshalb, neben einer festen Verzinsung (typisch für Fremdkapital), eine Beteiligung am Wertzuwachs (Eigenschaft von Eigenkapital) bzw. einen Equity Kicker, d.h., eine Gewinnbeteiligung. Bei den mezzaninen Finanzierungsformen haben sich mittlerweile eine Vielzahl von Möglichkeiten herausgebildet, einige sind im Folgenden dargestellt.

Unter einem Equity Kicker versteht man die Beteiligung am Unternehmenserfolg. Dadurch erhöht sich die Verzinsungsmöglichkeit des Kapitalgebers.

Finanzierung über Objektgesellschaften
Wenn der spätere Investor oder Käufer bei einer (gewerblichen) Immobilienprojektentwicklung bereits festeht, kann dieser schon vor Baubeginn mit dem Projektentwickler eine Objektgesellschaft gründen, an der er Anteile hält und insoweit auch zur Finanzierungsunterstützung Eigen- oder Fremdkapital einbringen, wobei er sich in der Regel Mitspracherechte einräumen lassen wird. Unter bestimmten Voraussetzungen kann mit dieser Gestaltung auch Grunderwerbsteuer gespart werden.

Family-Offices
Gesellschaften, die sich um das Vermögen wohlhabender Familien kümmern.

Finanzierung mit einem Mezzanine-Partner
Mittlerweile bieten **Banken, vermögende Privatinvestoren oder auch Family-Offices** an, sich an Immobilienprojekten oder Immobilienportfolien unter Einsatz von mezzaninem Kapital zu beteiligen. Der Kapitalsuchende hat dann nur einen Partner.

Finanzierung mithilfe einer Vielzahl kleiner Kapitalgeber

Beim Crowdfunding beteiligt sich eine Vielzahl von Menschen an der Finanzierung eines Projekts.

Finanzierung über die Crowd
Ebenfalls ist es möglich, ein Immobilienobjekt, -projekt oder ein Portfolio zu finanzieren, indem das Geld von einer Vielzahl von Partnern am Markt aufgebracht wird, die Kleinbeträge einbringen. Bei der Wahrung bestimmter Bedingungen wird das crowdfinanzierte Mezzanine-Kapital von den Banken als Eigenkapital akzeptiert, sodass eine Bankfinanzierung dadurch überhaupt erst ermöglicht wird. Die Kapitalgeber haben somit eine Anlagemöglichkeit, die sich durch eine hohe Verzinsung auszeichnet, jedoch gleichzeitig auch das Risiko eines Totalverlusts des eingesetzten Kapitals beinhaltet.

3 Die Kreditsicherheiten

Im Folgenden werden typische Kreditsicherheiten betrachtet. Neben den Sachsicherheiten, an die man bei der Immobilienfinanzierung zunächst denkt, gibt es auch eine Reihe von Personalsicherheiten.

3.1 Personalsicherheiten

Bei den Personalsicherheiten handelt es sich um schuldrechtliche Ansprüche des Kreditgebers gegenüber Dritten, die Gewähr dafür übernehmen, dass die Kreditverpflichtung erfüllt wird.

1. Bürgschaft
Durch einen Bürgschaftsvertrag verpflichtet sich der Bürge gegenüber dem Gläubiger eines Dritten, für die Erfüllung einer konkreten Verbindlichkeit des Dritten einzustehen.

Beispiel

- Die Geschäftsführerin der MEWOH Musterwohn GmbH haftet persönlich für den Kredit der S-Bank für das Bauvorhaben „Wohnen in Leipzig-Nord".
- Peter Meiers Onkel Manfred Müller bürgt für ihn, damit er einen Kredit für den Hausbau von der TopBank Leipzig bekommt.

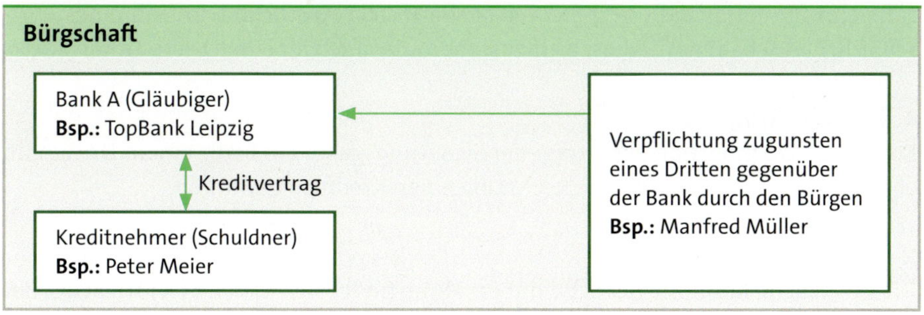

Kommt eine Bürgschaft zum Einsatz, dann kann der Gläubiger (z. B. die Bank) dem Schuldner eine Bürgschaftsgebühr (Avalgebühr) auferlegen. Sie dient z. B. dazu, Kosten zu decken, die auf Seite des Gläubigers durch die Prüfung des Bürgen anfallen.

Es werden zwei Arten von Bürgschaften unterschieden:

- Bei der **Ausfallbürgschaft** muss der Bürge nur dann einstehen, wenn die finanzierende Bank zunächst fruchtlos versucht hat, das bewegliche Vermögen des Hauptschuldners ganz oder teilweise zu verwerten und damit nicht die ganze Forderung abdecken konnte.
- Demgegenüber ermöglicht eine **selbstschuldnerische Bürgschaft** der Bank, sofort den Bürgen in Anspruch zu nehmen, wenn der Gläubiger der Forderung ausfällt. Der Bürge haftet, als ob er selbst die Schuld aufgenommen hätte.

Bürgschaft
▶ Band 2, LF 7, Kap. 4.3

Merke!

Bürgschaften sind häufig als Höchstbetragsbürgschaften ausgestaltet, dann haftet der Bürge nur für einen festgelegten Maximalbetrag.

2. Zession (Abtretung)

Der Kredit wird bei einer Zession durch die Abtretung von Forderungen gesichert. Das heißt, die Forderung geht vom Kreditnehmer auf den Kreditgeber über.

Bürgschaft

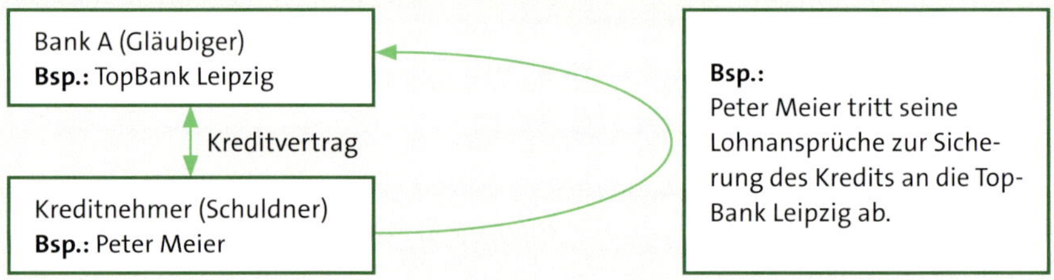

Es wird unterschieden zwischen

- der **offenen Zession**, bei der der Schuldner des bisherigen Gläubigers über die Abtretung der Forderung benachrichtigt wird und
- der **stillen Zession**, bei der der Schuldner des bisherigen Gläubigers nur im Fall der Inanspruchnahme benachrichtigt wird.

Zudem können auch eine Reihe von Forderungen abgetreten werden, so z. B. Mietforderungen aus verschiedenen Objekten. Dies erfolgt durch eine Mantel- oder Globalzession.

3. Garantie

Die Garantie ist eine Sicherheit, bei der sich der Garantiegeber nicht zur Zahlung im Falle eines Kreditausfalls verpflichtet, sondern sich verpflichtet, im Fall eines wirtschaftlichen Schadens für diesen einzustehen oder auch für einen bestimmten Erfolg.

4. Kreditauftrag

Bei einem Kreditauftrag beauftragt der Sicherungsgeber die Bank, einem Dritten im eigenen Namen und auf eigene Rechnung einen Kredit zu gewähren.

Schuldübernahme:
§§ 414 ff. BGB

5. Schuldübernahme

Die gesetzliche Regelung der Schuldübernahme findet sich in den §§ 414 ff. BGB. Hier ändert sich der Schuldner. Die Regelung erfolgt durch einen Vertrag zwischen Gläubiger und neuem Schuldner. Der Neuschuldner übernimmt also die Schulden des Altschuldners. Dies kann z. B. bei einer Scheidung vorkommen, wenn anstelle des bisherigen Kreditnehmers nun der ehemalige Ehepartner tritt, während der bisherige nicht mehr Kreditnehmer ist.

Merke!

Bei der Schuldübernahme kommt es zu einem Wechsel des Schuldners. Es tritt also eine dritte Person (Übernehmer bzw. Neuschuldner) rechtlich an die Stelle des Altschuldners. Diese neue Person übernimmt die bestehenden Verbindlichkeiten und muss diese gegenüber dem Gläubiger erfüllen.

Schuldübernahme

Bank A (Gläubiger)
Bsp.: TopBank Leipzig

Kreditvertrag → neuer Kreditvertrag

Kreditnehmer (Schuldner) wird aus dem Vertrag entlassen Bsp.: Bisheriger Kreditnehmer (Schuldner) ist Peter Meier.	Neue Kreditnehmerin (neue Schuldnerin) tritt anstelle des bisherigen in den Kreditvertrag ein. **Bsp.:** Petra Meier tritt als neue Kreditnehmerin (Schuldnerin) in den Kreditvertrag ein.

Hinweis:
In dem Besipiel wird davon ausgegangen, dass sich Herr und Frau Meier haben scheiden lassen und Frau Meier den Kreditvertrag übernimmt.

6. Schuldbeitritt (Schuldmitübernahme)

Beim Schuldbeitritt wird eine weitere Person in das Kreditverhältnis aufgenommen und übernimmt neben sowie gemeinsam mit dem alten Schuldner eine bereits bestehende Schuld. Damit erweitert sich für die Bank die Anzahl der Schuldner und es sinkt das Ausfallrisiko.

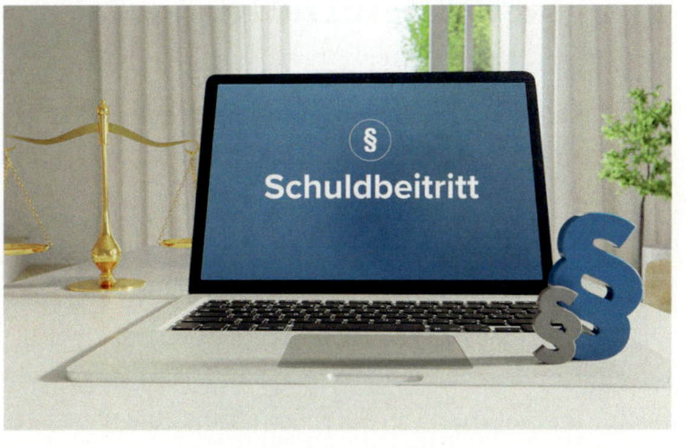

Schuldbeitritt

Bank A (Gläubiger)
Bsp.: TopBank Leipzig

Kreditvertrag

Kreditnehmer (Schuldner) bleibt Kreditnehmer **Bsp.:** Kreditnehmer (Schuldner) ist Peter Meier.	Neue Kreditnehmerin tritt als weitere Kreditnehmerin hinzu. **Bsp.:** Melanie Schmidt tritt als weitere Kreditnehmerin hinzu.

beide haften gesamtschuldnerisch

Patronatserklärung
▶ Band 2, LF 6, Kap. 4.3

7. Patronatserklärung

Eine Patronatserklärung ist die Erklärung einer Körperschaft, dafür einzustehen, dass eine kreditnehmende Tochtergesellschaft ihren Kreditverpflichtungen nachkommt.

Patronatserklärung

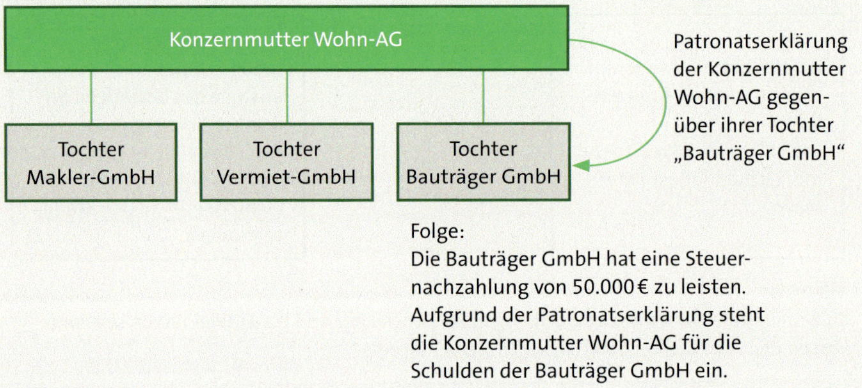

3.2 Sachsicherheiten

Sachsicherheiten geben dem Begünstigten Verwertungsrechte an „Sachen" für den Fall, dass die Rückzahlung nicht wie vereinbart erfolgt. Dabei zu unterscheiden sind:
- Rechte an Grundstücken (Grundpfandrechte) und
- Rechte an beweglichen Sachen.

3.2.1 Grundpfandrechte

Grundpfandrechte
▶ Band 2, LF 7, Kap. 3.7

Die klassische und wichtigste Form der Besicherung von Immobilienkrediten sind die Grundpfandrechte. Ein Grundpfandrecht begründet ein eigentümerunabhängiges Recht des Begünstigten, die Sicherheit zu verwerten, wenn der Kreditnehmer seinen Verpflichtungen nicht nachkommt. Damit ein Grundpfandrecht begründet werden kann, müssen sich Sicherungsnehmer (die Bank) und Sicherungsgeber (der Kreditnehmer) dinglich einigen. Diese Belastung wird in das Grundbuch des Sicherungsgebers eingetragen.

Hypothek, Grundschuld und Rentenschuld
▶ Band 2, LF 7, Kap. 3.7.1, 3.7.2 und 3.7.3

Zu den Grundpfandrechten zählen
- die Hypothek, die eine akzessorische Sicherheit darstellt,
- die Grundschuld, die abstrakt ist, sowie
- die Rentenschuld, auf die in diesem Zusammenhang nicht weiter eingegangen wird.

Hypothek (§ 1113 BGB)

dingliches Verwertungsrecht

Die Hypothek ist ein im Grundbuch eingetragenes Recht an einem Grundstück, das dem Gläubiger erlaubt, sich durch Verwertung des Grundstücks Mittel zu verschaffen und diese zum Ausgleich seiner Kreditforderungen zu verwenden, wenn die hierzu vereinbarten Bedingungen vorliegen.

Eine Hypothek kann nur dann zur Eintragung kommen, wenn mit dieser eine persönliche, auf die Zahlung von Geld gerichtete Forderung gesichert wird. Die Hypothek hängt direkt mit der Forderung zusammen und ist deshalb in ihrer Höhe durch den jeweiligen Stand der Forderung begrenzt.

Beispiel

Benni Friederich nimmt ein Darlehen über 500.000,00 € auf und sichert es über eine Hypothek ab. Einige Jahre später beträgt die Darlehensschuld nur noch 300.000,00 €. Damit beträgt auch der dingliche Anspruch 300.000,00 €, den die Hypothek gewährt.

Die **Akzessorietät** der Hypothek bedeutet damit, dass sie sich der (Rest-)Forderung anpasst und mit ihr erlischt. Ein Aufleben bei erneuter Kreditinanspruchnahme ist nicht möglich.

Die Hypothek hängt vom Bestand der zugrunde liegenden Forderung ab.

Der Hypothekengläubiger hat nach der Eintragung der Hypothek
- einen dinglichen Anspruch, der sich auf die offenen Forderungen, die gesetzlichen Zinsen und die Kosten der Rechtsverfolgung erstreckt und gegebenenfalls aus der Zwangsversteigerung der Immobilie zu befriedigen ist und
- einen schuldrechtlichen (persönlichen) Anspruch aus der Forderung, der sich auf das gesamte Vermögen des Schuldners erstreckt.

Grundschuld

Die Grundschuld belastet ein Grundstück derart, dass dem Begünstigten eine bestimmte Geldsumme zu zahlen ist, die durch das Grundstück besichert ist. Damit hängt die Grundschuld nicht mit der zugrundeliegenden Kreditforderung zusammen und erlischt auch nicht mit ihr.

Die Grundschuld ist abstrakt.

Beispiel

Katja Friederich nimmt ein Darlehen über 500.000,00 € auf und sichert es über eine Grundschuld ab. Einige Jahre später beträgt die Darlehensschuld nur noch 300.000,00 €. Die Grundschuld besteht aber weiterhin in Höhe von 500.000,00 €, jedoch hat die Bank aus der Grundschuld nur noch einen Anspruch in Höhe der Restschuld.

Der Kreditgeber hat allein aus der Grundschuld heraus nur einen dinglichen Anspruch durch Verwertung des Grundstücks. Um die Grundschuld mit der Forderung der Bank zu verbinden, unterzeichnen Kreditnehmer die sogenannte **„Zweckerklärung für Grundschulden"**. Hier wird der Sicherungszweck genau beschrieben.
Im Rechtsverkehr hat sich die Grundschuld als Sicherheit durchgesetzt. Da sie unabhängig von der Höhe der Forderung und somit abstrakt ist, kann sie als Absicherung für weitere Kredite genutzt werden.

Notwendigkeit der Zweckerklärung für Grundschulden

Durch die Zweckerklärung für Grundschulden wird z. B. bei einem Hauskauf die Grundschuld mit dem Immobiliendarlehen verknüpft. Das hat für den Darlehensnehmer den Vorteil, dass dem Darlehensgeber bei einem Zahlungsausfall nur die noch tatsächlich offene Restforderung zusteht und nicht die im Grundbuch eingetragene Grundschuld (siehe Beispiel).

Weitere Besonderheiten bei den Grundpfandrechten

Früher gab es bei den Grundpfandrechten als Nachweis für die Rechte des Gläubigers **Grundschuldbriefe**. Diese stellen nach wie vor den gesetzlichen Normalfall dar, sind aber mittlerweile nicht mehr üblich. Dies wird über die Bezeichnung ohne Brief (oB) deutlich.

Häufig, wenn die Bank eine Grundschuld eintragen lassen möchte, gehen dieser andere Rechte vor, so z.B. ein Darlehen, welches ein Gesellschafter seinem kreditsuchenden Unternehmen gegeben hat oder auch ein Wohnrecht, bei einem zu finanzierenden Privathaus.

Rangrücktritt von Vorlasten, zugunsten einer Besserstellung der Bank

Diese den Rechten der Bank vorangehenden Belastungen akzeptieren die Banken häufig nicht, da so im schlechtesten Szenario, nämlich dem der Verwertung des Gläubigerrechts der Bank durch Zwangsversteigerung, die Bank u.U. nicht den gesamten ausstehenden Kreditbetrag zurückbekommt. Aus diesem Grund gibt es die Möglichkeit des **Rangrücktritts**, d.h., ein anderer Rechtsinhaber erklärt sich zugunsten der Bank mit einer schlechteren Rechtsposition zufrieden, damit die Bank bereit ist, den Kredit zu vergeben.

3.2.2 Rechte an beweglichen Sachen

Eigentumsvorbehalt:
§ 449 BGB

Ein **Lieferantenkredit mit Eigentumsvorbehalt** bedingt die Übereignung einer beweglichen Sache unter einer aufschiebenden Bedingung (§ 449 BGB), nämlich der Zahlung der Rechnung. Der Verkäufer behält sich das Eigentum bis zur endgültigen Zahlung des Kaufpreises vor. Bis dahin ist der Käufer lediglich Besitzer.

Ein **Lombardkredit** ist eine kurz- bis mittelfristige Darlehensart gegen die Verpfändung marktgängiger beweglicher Sachen oder Rechte.

Die Sicherungsübereignung bedeutet, dass der Schuldner dem Gläubiger das Eigentum an einer Sache überträgt, ohne ihm diese tatsächlich zu übergeben. D.h., er bleibt weiterhin Besitzer und kann über die Sache verfügen, es sei denn, er kommt seinen Zahlungsverpflichtungen nicht nach. Dann kann der Gläubiger seine Ansprüche über das Pfandrecht realisieren.

Überblick über die Kreditsicherheiten

Personensicherheiten		**Sachsicherheiten**	
einfache Personalkredite	verstärkte Personalkredite	Sicherung durch Grundstücke	Sicherung durch bewegliche Sachen
Der Kreditnehmer haftet ohne Stellung von Sicherheiten aufgrund seiner Zahlungswilligkeit und -fähigkeit.	Neben dem Kreditnehmer haften andere Personen, z. B. Eltern bei der Wohnungsanmietung durch eine Studierende.	Neben dem Kreditnehmer dient das Grundstück als Sicherheit für den Kredit.	Neben dem Kreditnehmer werden bewegliche Sicherheiten zur Sicherung eingesetzt, z. B. der Fuhrpark eines Unternehmens.
–	Beispiele: • Bürgschaft • Zession • Garantie • Kreditauftrag • Schuldübernahme • Schuldmitübernahme • Patronatserklärung	• Hypothek • Grundschuld	• Lieferantenkredit mit Eigentumsvorbehalt • Lombardkredit • Sicherungsübereignung

4 Der Wert von Immobilien

Die Höhe der von den Darlehensgebern vergebenen Kredite hängt nicht nur von der Bonität des Darlehensnehmers ab, sondern auch von dem Wert des Grundstücks, des sogenannten **Beleihungsobjekts**.

Um diesen Wert zu bestimmen, werden **Verkehrswertgutachten** erstellt. Aus dem hier berechneten Verkehrswert berechnet die Bank den **Beleihungswert**.

SB ▶ SITUATION 90 Der Wert von Immobilien

▶ SITUATION 91 Kundenfinanzierungen begleiten und Bauträgerfinanzierungen

Der Beleihungswert ist der Wertmaßstab der Bank für die Kreditvergabe.

Beleihungswert

Der Beleihungswert stellt den Wert dar, den das Objekt über die Dauer der Finanzierung mindestens erzielen wird. Es handelt sich damit um einen vom Vorsichtsinteresse der Bank geprägten Dauerwert.

Seine Definition findet sich im Pfandbriefgesetz, seine Berechnung ist in der „Verordnung über die Ermittlung der Beleihungswerte“ (BelWertV) dargestellt. Auch wenn die Verfahren in der Beleihungswertverordnung zunächst denen der ImmoWertV zu entsprechen scheinen, wird mit anderen Eingangswerten, Restlebensdauern der Immobilien, Kapitalisierungszinssätzen und auch Abschlägen gearbeitet.

BelWertV

Verordnung über die Ermittlung der Beleihungswerte

Der Verkehrswert von Immobilien wird allgemein im § 194 des Baugesetzbuches (BauGB) definiert.

Definition des Verkehrs- bzw. Marktwerts im Baugesetzbuch

▶ LF 10, Kap. 9.1

Eine Beleihung, die erstrangig abgesichert wird (Realkredit nach § 14 PfandBG), darf nicht über einen Betrag von 60 % des Beleihungswerts hinausgehen. Dieser Betrag nennt sich **Beleihungsgrenze**.

Beleihungsgrenze:

§ 14 PfandBG

Merke!

- Das bedeutet nicht, dass insgesamt nur 60 % der Immobilie finanziert werden. Es bedeutet lediglich, dass nur dieser Teil erstrangig über eine Hypothek oder eine Grundschuld abgesichert werden kann.
- Für den darüber hinaus gehenden restlichen Kreditteil muss ein Risikoaufschlag vom Kunden bezahlt werden.

Einen pauschalen Richtwert gibt es nicht, da der berechnete Beleihungswert von Kreditinstitut zu Kreditinstitut variieren kann, ebenso wie die geforderten Risikoaufschläge.

Verfahren der Wertermittlung

Die normierten Wertermittlungsverfahren sind sowohl bei der Wertermittlung nach ImmoWertV als auch nach BelWertV identisch, es handelt sich um das

- Vergleichswertverfahren,
- Sachwertverfahren und
- Ertragswertverfahren.

Vergleichswertverfahren

▶ LF 10, Kap. 9.5.3

Das Vergleichswertverfahren

Zur Ermittlung des Vergleichswerts sind die erzielten Kaufpreise solcher Grundstücke heranzuziehen, die mit dem zu **bewertenden Grundstück hinreichend übereinstimmen** (§ 24 ImmoWertV). Der Gutachter darf auch Transaktionen in vergleichbaren Gebieten anderer Regionen nutzen, wenn es am Ort des Bewertungsgrundstücks keine vergleichbaren Verkäufe gibt.

Suche nach vergleichbaren Grundstücken

Grundlagen des Vergleichswertverfahrens:
§ 24 ImmoWertV

Das Vergleichswertverfahren kann grundsätzlich für alle Bewertungsfälle angewandt werden. Häufig scheitert seine Anwendung aber an den fehlenden Vergleichspreisen.

Grundlagen der Wertermittlung
§ 2 ImmoWertV

Die wichtigsten **Grundstücksmerkmale**, die bei der Bewertung eine Rolle spielen, sind in § 2 ImmoWertV aufgezählt. Das sind vor allem:

- Entwicklungszustand des Grundstücks
- Art und das Maß der baulichen oder sonstigen Nutzung
- wertbeeinflussende Rechte und Lasten
- der abgabenrechtliche Zustand
- Lagemerkmale
- der energetische Zustand der Immobilie und ihre Barrierefreiheit
- etc.

Merke!

Der Fokus des Vergleichswertverfahrens liegt auf der Frage: Zu welchem Preis werden vergleichbare Grundstücke am Markt gehandelt?

Der Marktbericht des Gutachterausschusses der jeweiligen Stadt, in der das Grundstück liegt, gibt Informationen über das regionale Grundstücksmarktgeschehen und basiert auf realen Kauffällen.

Bei dieser Vielzahl von Merkmalen, nach denen sich Grundstücke unterscheiden, ist es natürlich in der Regel schwer, eine ausreichende Anzahl von Vergleichspreisen zu finden. Deshalb gibt es für die einzelnen Merkmale Korrekturfaktoren oder Umrechnungskoeffizienten, die sich aus dem **Grundstücksmarktbericht** ergeben.

Sachwertverfahren

▶ LF 10, Kap. 9.5.5

Das Sachwertverfahren

Hier wird davon ausgegangen, dass sich der Wert eines Grundstücks aus

- dem im Vergleichswertverfahren ermittelten Bodenwert und
- dem Zeitwert der Bausubstanz ergibt.
- Hinzu kommen noch sonstige bauliche Anlagen.

Merke!

Damit steht im Fokus des Sachwertverfahrens die Frage: Was müsste ein potenzieller Käufer üblicherweise aufwenden, um eine vergleichbare Immobilie herzustellen?

Das Sachwertverfahren findet vor allem Anwendung bei **selbstgenutzten Wohnimmobilien**, in der Beleihungswertermittlung aber auch zur Stützung der Ergebnisse anderer Verfahren.

Die Normalherstellkosten 2010 (NHK 2010) sollen bis spätestens Ende 2024 überarbeitet werden.

Der Wert der baulichen Anlagen wird nicht mithilfe der tatsächlichen Baukosten ermittelt, sondern es erfolgt eine Orientierung an fiktiven Baukosten, den Normalherstellungskosten (NHK 2010). Diese beruhen auf empirischen Untersuchungen und werden gerade aktualisiert, um einer Forderung des Bundesrates nachzukommen.

Normalherstellungskosten 2010 (NHK 2010):

Anlage 4 zu § 12 Abs. 5 S. 3 ImmoWertV

Die Normalherstellungskosten sind abhängig von
- der Art des Gebäudes und
- dem Ausstattungsstandard.

Bei der Art des Gebäudes werden **bestimmte Gebäudetypen** unterschieden, die hier exemplarisch für freistehende Einfamilienhäuser, Doppelhäuser und Reihenendhäuser sowie Reihenmittelhäuser aufgeführt sind:

Beispiel für die Differenzierung der Normalherstellungskosten

	Keller-, Erdgeschoss	Keller-, Erd-, Obergeschoss	Erdgeschoss, nicht unterkellert	Erd-, Obergeschoss, nicht unterkellert
freistehende Einfamilienhäuser	1.01	1.11	1.21	1.31
Doppel- und Reihenendhäuser	2.01	2.11	2.21	2.31
Reihenmittelhäuser	3.01	3.11	3.21	3.31

Nach der Berücksichtigung der Ausstattung werden die Kosten ermittelt.

Beispiel für die Kostenkennwerte der Anlage 4 der ImmoWertV

Keller-, Erdgeschoss		Dachgeschoss voll ausgebaut				
Standardstufe		1	2	3	4	5
freistehende Einfamilienhäuser*	1.01	655	725	835	1 005	1 260
Doppel- und Reihenendhäuser	2.01	615	685	785	945	1 180
Reihenmittelhäuser	3.01	575	640	735	885	1 105

* Korrekturfaktor für freistehende Zweifamilienhäuser: 1,0

Vorgehen bei der Anwendung des Sachwertverfahrens

Nach einer Anpassung an den aktuellen Baupreisindex und der Berücksichtigung der Alterswertminderung ergibt sich ein **Kennwert für die Gebäudekosten**. Der Wert weiterer nicht in den NHK enthaltener Bauteile wird ebenso hinzugerechnet wie der Wert des Grund und Bodens.

Marktanpassung eine Notwendigkeit beim Sachwertverfahren.

Die Praxis zeigt jedoch, dass der Markt nicht immer das für eine Immobilie zahlt, was das Wertermittlungsverfahren unter Berücksichtigung der o. a. Parameter ergibt. Es muss deshalb noch eine Marktanpassung mithilfe von Sachwertfaktoren erfolgen, insbesondere, um regionalen Spezifika Rechnung zu tragen. Diese Faktoren werden von den Gutachterausschüssen ermittelt und von diesen in der Regel in den Marktberichten angegeben.

Gutachterausschuss

▶ LF 10, Kap. 9.4.1

Das Ergebnis dieser Rechnung ist der **marktangepasste vorläufige Sachwert**.

Im letzten Schritt werden besondere objektspezifische Grundstücksmerkmale berücksichtigt. Das sind wertbeeinflussende Umstände, die erheblich vom Üblichen abweichen und denen der Grundstücksmarkt einen eigenständigen Werteinfluss zumisst – positiv wie negativ. Dabei kann es sich z. B. um besondere Ertragsverhältnisse oder auch Baumängel und Bauschäden handeln.

Das Ergebnis dieser Berechnung ist dann der **Sachwert**.

Ertragswertverfahren
▶ LF 10, Kap. 9.5.4

Das Ertragswertverfahren

Beim Ertragswertverfahren wird davon ausgegangen, dass der Wert der Immobilie sich durch den **Barwert aller zukünftigen Erträge** aus der Immobilie ergibt. Dies ist die Betrachtungsweise von Investoren und Kapitalanlegern, weshalb das Ertragswertverfahren üblicherweise bei Renditeimmobilien angewendet wird.

Die gängigste Art der Ertragswertermittlung ist das allgemeine bzw. zweigleisige Ertragswertverfahren. Nur dieses wird hier dargestellt.

Auch im Ertragswertverfahren wird zunächst der Bodenwert im Vergleichswertverfahren ermittelt, entweder mithilfe von Vergleichspreisen oder unter Verwendung des Bodenrichtwerts jeweils multipliziert mit der Grundstücksfläche.

Ermittlung des Gebäudeertrags

Ausgangspunkt ist der jährliche Rohertrag, d. h., der marktübliche Ertrag einer Immobilie, der bei üblicher und ordnungsgemäßer Bewirtschaftung und zulässiger Nutzung anfällt. Dabei geht es nicht um die zum Bewertungszeitpunkt tatsächlich erzielten Einnahmen, sondern um diejenigen, die bei ordnungsgemäßer Bewirtschaftung marktüblich und dauerhaft erzielt werden können.

Um den Reinertrag zu erhalten, werden vom Rohertrag die nicht umlagefähigen Bewirtschaftungskosten abgezogen. Das sind nach der ImmoWertV
- Instandhaltungskosten,
- Mietausfallwagnis und
- Betriebskosten.

Die Zweite Berechnungsverordnung (II. BV) regelt die Wirtschaftlichkeitsberechnung von Wohnraum.

Diese werden als Modellansätze für Bewirtschaftungskosten bezeichnet und basieren auf der Grundlage der II. Berechnungsverordnung, sind jedoch dynamisiert (Anlage 3 ImmoWertV).

Modellansätze für Bewirtschaftungskosten:
Anlage 3 zu § 12 Abs. 5 S. 2 ImmoWertV

Der so weit ermittelte Reinertrag bezieht sich auf den Grund und Boden und das Gebäude. Das Problem ist dabei, dass Grund und Boden ewig zur Verfügung stehen, während das Gebäude altert und eine bestimmte maximale Lebensdauer hat. Deshalb muss der gesamte Reinertrag aufgeteilt werden in
- einen Reinertragsanteil für das Gebäude und
- einen Ertragsanteil für den Grund und Boden.

Abzuziehen ist also die Bodenwertverzinsung. Dies erfolgt, indem der Bodenwert mit einem Kapitalisierungszinssatz für Immobilien multipliziert wird (dem **Liegenschaftszinssatz**).

Der Liegenschaftszinssatz ist die – auf der Grundlage geeigneter Kaufpreise von den Gutachterausschüssen ermittelte – marktübliche Verzinsung von Immobilien eines bestimmten Typs in einer bestimmten Region, den die Gutachterausschüsse empirisch ermitteln und als Spanne in den Grundstücksmarktberichten veröffentlichen.

Im nächsten Schritt wird nun der Gebäudereinertrag kapitalisiert. Hierbei findet der Liegenschaftszinssatz Anwendung sowie die Restnutzungsdauer. Mithilfe dieser Parameter wird ein Barwert der Gebäudereinerträge ermittelt.

Formel des Vervielfältigers

Der Vervielfältiger hat folgende Formel: $V_n^i = \frac{(1+i)^n - 1}{(1+i)^n \cdot i}$

V = Vervielfältiger
n = Restnutzungsdauer
i = Liegenschaftszins

Durch Addition des Gebäudewerts und des Bodenwerts ergibt sich der Ertragswert. Für den Fall, dass es keine besonderen objektspezifischen Grundstücksmerkmale mehr gibt, entspricht dieser dem Verkehrswert des Objekts.

Beispiel

Mehrfamilienhaus in massiver Bauweise	
abgeschlossene Wohneinheiten (WE)	8
Wohnfläche	700 m²
Nettokaltmiete, marktüblich	9,50 €/m²/Monat
Restnutzungsdauer	46 Jahre
Bodenwert	200.000,00 €
Liegenschaftszinssatz, dem Marktbericht des Gutachterausschusses entnommen	5,00 %

Berechnung:

a)	Ermittlung des Reinertrags		
	Rohertrag: 9,50 € · 700 m² · 12	=	79.800,00 €
	nicht umlagefähige Bewirtschaftungskosten: – Verwaltungskosten: 8 · 284,62 €/WE – Instandhaltungskosten (Gebäude 34 Jahre) 14,23 €/m · 700 m² – Mietausfallwagnis: 2 % der Jahresnettokaltmiete	 – – –	 2.276,96 € 9.961,00 € 1.596,00 €
	Jahresreinertrag	=	65.966,04 €
b)	Bodenwertverzinsungsbetrag: 200.000,00 € · 0,05	–	10.000,00 €
	Reinertragsanteil der baulichen Anlagen	=	55.966,04 €
c)	Ermittlung des Ertragswerts der baulichen Anlagen: 55.966,04 € · 17,88	=	1.000.672,80 €
d)	Bodenwert	+	200.000,00 €
	= Ertragswert	=	1.200.672,80 €

SB ▶ SITUATION 92
Kreditantrag, Lastenberechnung und Fördermöglichkeiten

5 Der Kreditantrag und seine Voraussetzungen

5.1 Kreditprüfung durch die Bank

Der wichtigste Punkt bei einer Kreditvergabe ist die **Bonität** bzw. **Kreditwürdigkeit** des Antragstellers. Sie entscheidet, ob der Kunde in der Lage ist, den Kredit ordnungsgemäß zu bedienen und zurückzuzahlen. Die Kreditwürdigkeit ist abhängig von den persönlichen Verhältnissen sowie von den gegenwärtigen und zu erwartenden zukünftigen Einkommens- und Vermögensverhältnissen eines Kreditnehmers. Diese werden im Rahmen der **Kreditwürdigkeitsprüfung** vor der Kreditvergabe überprüft.

Man unterscheidet:

Persönliche Kreditwürdigkeitsprüfung	Als wichtige Indikatoren der persönlichen Kreditwürdigkeit gelten Eigenschaften wie z. B. • Charakter, • Zuverlässigkeit, • Familienstand und Alter, • bisheriges Zahlungsverhalten, • allgemeines Verhalten, • aber auch das Auftreten, die sprachliche Gewandtheit und das Verhandlungsgeschick.
Materielle Kreditwürdigkeitsprüfung	Hier geht es konkret um die wirtschaftliche Leistungsfähigkeit und die tatsächlichen wirtschaftlichen Verhältnisse des Kreditnehmers. Ein wichtiger Punkt hierbei ist natürlich das Einkommen des Kreditnehmers.

5.2 Erforderliche Unterlagen für den Kredit

Zur Beurteilung der Kreditwürdigkeit eines Kreditnehmers fordert der Darlehensgeber verschiedene Unterlagen zur Überprüfung der Bonität und des Objekts an. Der Darlehensgeber versucht, sich ein differenziertes Bild des Antragstellers zu machen, indem er sich üblicherweise folgende Unterlagen im Rahmen der Bonitätsprüfung vorlegen lässt bzw. selbst erstellt.

Typische Objektunterlagen sind z. B.:
- Grundbuchauszug und Auszug aus dem Liegenschaftsbuch
- Flurkarte
- Baubeschreibungen, Bauzeichnungen, Grundrisse, technische (insbesondere statische) Berechnungen, Flächen- und Masseberechnungen
- Baugenehmigung(en)
- bei der Inanspruchnahme von Fördermitteln: Nachweise zur Förderung
- Grundstückskaufvertrag, Erbbaurechtsvertrag
- Mietverträge
- Wirtschaftlichkeits- bzw. Rentabilitätsberechnungen

Bei Privatpersonen sind insbesondere erforderlich:
- die vom Kunden erstellte Selbstauskunft

Grundbuch
▶ Band 2, LF 7, Kap. 3

Flurkarte
▶ Band 2, LF 8, Kap. 2.2.2

Grundstückskaufvertrag
▶ Band 2, LF 7, Kap. 7

Erbbaurechtsvertrag
▶ Band 2, LF 7, Kap. 5

- die Haushaltsrechnung
- eine Aufstellung des Vermögens und der Verbindlichkeiten
- Einkommens- und Gehaltsnachweise, Arbeitsverträge
- Einkommensteuererklärungen und -bescheide, die insbesondere bei Selbstständigen oder Freiberuflern wichtig sind
- Rentenbescheide bzw. die Rentenauskunft
- eventuelle Unterhaltsverpflichtungen
- vorhandene Trennungs- und Scheidungsfolgenvereinbarungen
- Grundbuchauszüge und Mietverträge, wenn es weitere Objekte gibt
- Angaben zur privaten Krankenversicherung
- den Nachweis des Eigenkapitals, wenn es sich z. B. um Guthaben oder Depots bei einem anderen Kreditinstitut handelt
- eventuelle Rückkaufswerte von Versicherungen
- eine SCHUFA-Auskunft des Kreditnehmers

Bei der Schufa (Schutzgemeinschaft für allgemeine Kreditsicherung) handelt es sich um eine privatwirtschaftliche Wirtschaftsauskunftei.

Bei Unternehmensfinanzierungen sind insbesondere erforderlich:
- Geschäftsberichte, Jahresabschlüsse und Bilanzen (i. d. R. der letzten drei Jahre)
- Gesellschafterverträge bei einer GmbH, KG oder UG
- nähere Informationen zu bereits im Bestand befindlichen Objekten
- Nachweis der Tragfähigkeit der Gesamtfinanzierung unter Berücksichtigung der wirtschaftlichen Situation des Kreditnehmers

Grundlagen des Jahresabschlusses
▶ LF 13, Kap. 1

Bei Bauträgerfinanzierungen sind insbesondere erforderlich:
- Eintragung der Bauträgergrundschuld ins Grundbuch bzw. der Globalgrundschuld in die einzelnen Grundbücher
- Abtretung der Ansprüche des Bauträgers aus den Kaufpreisraten
- Baugenehmigung
- Teilungserklärung und Abgeschlossenheitsbescheinigung
- eventuell abgeschlossene Verkaufs- oder Mietverträge
- Wirtschaftlichkeitsberechnung und Kostenaufstellungen, Planungsunterlagen, Grundstückskaufvertrag, Verträge bzw. Vorverträge mit Bauunternehmen

Grundschuld
▶ Band 2, LF 7, Kap. 3.7.2

Baugenehmigung
▶ Band 2, LF 8, Kap. 2.6

Teilungserklärung
▶ Band 2, LF 9, Kap. 2.1

Abgeschlossenheitsbescheinigung
▶ Band 2, LF 9, Kap. 2.4

5.3 Lastenberechnung zur Sicherstellung der Finanzierbarkeit und Liquiditätsplanung

Durch den Kauf oder die Herstellung einer Immobilie kommen Kosten auf den Investor zu. Diese sind einzuteilen in die **Kosten des Erwerbs** sowie die **Erwerbsnebenkosten** und die **laufende Belastung** des Investors. Mithilfe der Lastenberechnung erhält der Investor eine Information darüber, ob der Erwerb der Immobilie unter Berücksichtigung der gewählten Finanzierungsbausteine für ihn möglich ist.

Die Finanzierungsbausteine sind in der Regel Eigenkapital und Fremdkapital, z. B. in der Kombination eines Bankdarlehens und Fördermitteln.

Der Selbstnutzer kann seine bisherigen Wohnkosten mit den Belastungen aus dem Immobilienerwerb vergleichen, um einen Anhaltspunkt zu der Tragfähigkeit der Finanzierung zu bekommen. Dabei ist jedoch zu beachten, dass er nach dem Erwerb bei Selbstnutzung nicht nur die umlegbaren Betriebskosten zu tragen hat, sondern auch Instandhaltungskosten.

5.3.1 Der Selbstnutzer

Belastbar meint, dass durch die Gegenüberstellung der Einnahmen und Ausgaben erst klar wird, ob der Kreditnehmer finanziell in der Lage ist, z. B. den Kauf einer Immobilie zu verkraften.

Die Haushaltsrechnung ist eine **(belastbare) Einnahmen-Ausgaben-Rechnung** des Kreditnehmers. Ihr Ergebnis entscheidet darüber, ob ein Kredit gewährt wird oder nicht. Es gibt nur wenige Möglichkeiten, bei einem unbefriedigenden Ergebnis dennoch ein Darlehen zu erhalten.

Einnahmen

Hier werden alle regelmäßigen Haushaltseinkünfte des Kreditnehmers berücksichtigt, vor allem die Summe des monatlichen Gehaltseingangs. Ausgegangen wird dabei immer vom Nettogehalt, da nur dieses zur tatsächlichen Verwendung zur Verfügung steht.

Ebenso werden berücksichtigt:

- Kindergeld
- Renten
- andere regelmäßige Einkünfte wie z.B. Mieteinnahmen oder Zinserträge

Ausgaben

Hier werden ebenfalls nur die regelmäßigen Ausgaben betrachtet. Dazu gehören z.B.:

- Fahrtkosten zur Arbeit unter Berücksichtigung ihrer Änderung beim Umzug
- Unterhaltsverpflichtungen
- Kosten für Autos
- zu erbringende Kreditraten, z.B. aus schon bestehenden Konsumentenkrediten
- Leasingverpflichtungen
- Lebenshaltungskosten
- Versicherungsbeiträge

5.3.2 Herstellungs- bzw. Anschaffungskosten

Die erste Aufgabe bei der Finanzierung ist die **Aufstellung** und **Verifizierung des Gesamtaufwands**, der finanziert werden muss.

Die Gesamtkosten eines Neubaus bestehen aus Grundstücks- und Baukosten bzw. im Fall des Erwerbs einer Immobilie aus dem Kaufpreis und eventuell zu tätigenden Investitionen.

Zu den Grundstückskosten (Kosten für den Grund und Boden) zählen insbesondere:

- reine Grundstückskosten: Kaufpreis für den Grund und Boden
- eventuell anfallende Erschließungskosten
- Abbruchkosten
- Kosten für die Freimachung des Grundstücks
- weitere Kosten (z.B. Vermessungskosten)

Erschließungskosten
▶ Band 2, LF 8, Kap. 5.8

Beim Bau bzw. Umbau einer Immobilie fallen folgende Kosten als direkte Kosten an:

- Grundstückskosten
- Baukosten
- Baunebenkosten
- Renovierungs- und Modernisierungskosten für den Fall, dass die bestehende Substanz (teilweise) erhalten bleiben soll

Baunebenkosten
▶ Band 2, LF 8, Kap. 8.5.2.2

Daneben fallen Erwerbsnebenkosten an. Dies sind die Grunderwerbsteuer, die Notar- und Gerichtskosten sowie eine eventuell anfallende Maklercourtage. Weitere Kosten können sich aufgrund der Finanzierung ergeben, z. B. für die Eintragung der Grundschulden in das Grundbuch oder in der Form einmaliger Gebühren.

Maklerprovision
▶ LF 10, Kap. 1.3

Gesamtkosten eines Neubaus

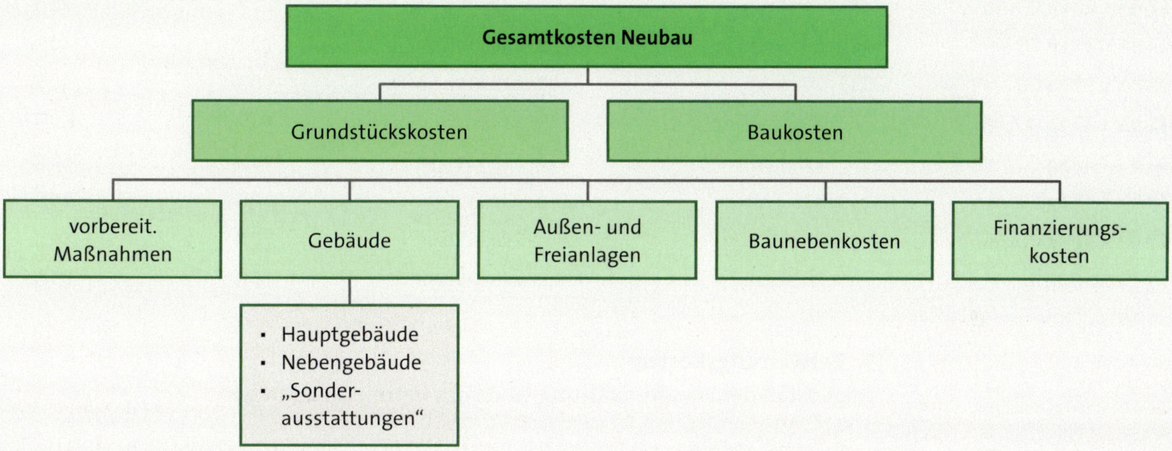

5.3.3 Laufende Belastungen eines Immobilienerwerbs bei Vermietung

Wenn die Gesamtinvestitionssumme feststeht, kann festgelegt werden, wie viel Fremdkapital für die Finanzierung der Immobilien notwendig ist. Die hieraus resultierenden Finanzierungskosten stellen – neben den weiteren Kostenpositionen – die laufende Belastung des Erwerbers dar.

1. Fremdkapitalkosten

Die Fremdkapitalkosten setzen sich aus den **Zins- und Tilgungsleistungen** für das oder die Darlehen zusammen. Im Fall eines endfälligen Darlehens werden nur Zinsen gezahlt, eventuell kommt aber noch die Einzahlung in ein Tilgungsersatzprodukt hinzu. Je nach Darlehensvereinbarung können weitere Gebühren im Zusammenhang mit der Finanzierung hinzukommen, die – soweit sie ständig anfallen – hier berücksichtigt werden.

endfälliges Darlehen
▶ LF 11, Kap. 1.2.3

2. Laufende Bewirtschaftungskosten

Alle in vollem Umfang umlegbaren Bewirtschaftungskosten werden bei der Lastenberechnung nicht berücksichtigt. Hierbei handelt es sich, soweit alle Spielräume im Wohnraummietvertrag ausgeschöpft sind, um die 17 Betriebskostenarten nach der § 2 Betriebskostenverordnung. Bei der Umlage der Heizkosten ist zu beachten, dass seit dem 1. Januar 2021 auf Grundlage des Brennstoffemissionshandelsgesetzes (BEHG) eine CO_2-Abgabe auf Öl und Erdgas erhoben wird. Seit 2023 werden die Vermieter an den CO_2-Kosten beteiligt, wobei sich die Höhe der Beteiligung nach dem Verbrauch des Mieters und dem verwendeten Brennstoff richtet. Zudem steigt der Preis. Er lag im Jahr 2023 bei ausgestoßener Tonne Kohlendioxid bei 30,00 € und ist 2024 auf 45,00 € gestiegen.

Betriebskostenarten in der BetrKV
▶ Band 1, LF 5, Kap. 1.10

BEHG
Brennstoffemissionshandelsgesetz

CO_2-Austoß und Kosten des Vermieters				
CO_2-Ausstoß eines Mietshauses pro Jahr	Entspricht einem Gasverbrauch pro Jahr von ca.	Entspricht einem Ölverbrauch pro Jahr von ca.	Kostenanteil für den Mieter	Kostenanteil für den Vermieter
< 12 kg CO_2/m²	< 60 kWh/m²	< 44 kWh/m²	100 %	0 %
12 bis < 17 kg CO_2/m²	60–85 kWh/m²	44–63 kWh/m²	90 %	10 %
17 bis < 22 kg CO_2/m²	85–110 kWh/m²	63–82 kWh/m²	80 %	20 %
22 bis < 27 kg CO_2/m²	110–135 kWh/m²	82–100 kWh/m²	70 %	30 %
27 bis < 32 kg CO_2/m²	135–160 kWh/m²	100–119 kWh/m²	60 %	40 %
32 bis < 37 kg CO_2/m²	160–185 kWh/m²	119–137 kWh/m²	50 %	50 %
37 bis < 42 kg CO_2/m²	185–210 kWh/m²	137–156 kWh/m²	40 %	60 %
42 bis < 47 kg CO_2/m²	210–235 kWh/m²	156–174 kWh/m²	30 %	70 %
47 bis < 52 kg CO_2/m²	235–260 kWh/m²	174–193 kWh/m²	20 %	80 %
> = 52 kg CO_2/m²	> 260 kWh/m²	> 193 kWh/m²	5 %	95 %

3. Verwaltungskosten

Die Kosten der Hausverwaltung sind vom Vermieter zu tragen.

4. Instandhaltungskosten

Instandhaltungskosten
▶ Band 1, LF 4, Kap. 2.2.3

Instandhaltungskosten dienen der Beseitigung von Mängeln, die durch Abnutzung und Alterung entstehen. Auch diese trägt der Vermieter.

5. Kosten für Modernisierungen

Modernisierungskosten
▶ Band 1, LF 5, Kap. 3.3

Kosten für größere Maßnahmen, die z. B. unter einen der Modernisierungstatbestände des BGB fallen, sind keine laufenden Kosten (sie werden hier nicht betrachtet).

Beispiel für eine Lastenberechnung für vermieteten Wohnraum (1. Jahr)

Ausgangsdaten:

Kaufpreis		1.000.000,00 €
Kaufnebenkosten	Grunderwerbsteuer, 6,5 % (NRW)	65.000,00 €
	Notar- und Gerichtsgebühren 2,5 %	25.000,00 €
	Maklercourtage	0,00 €
Kaufpreis (gesamt)		1.090.000,00 €
Eigenkapital		200.000,00 €
Darlehen	Annuitätendarlehen, Zinsbindungsfrist 10 Jahre, Zins 3,5 %, anfängliche Tilgung 2 %, monatliche Ratenzahlung mit Tilgungsverrechnung	890.000,00 €
Weitere Angaben	Alter des Hauses	25 Jahre
	Anzahl Wohnungen	4
	Anzahl Garagen	3
	Anzahl Stellplätze	2
	Wohnfläche	300 m²
	Heizart	Öl
	CO_2-Umlage: 21 kg/CO_2/m²/Jahr bei 300 m² = 6.300 kg = 6,3 Tonnen, Preis pro Tonne: 30,00 €, davon trägt der Vermieter 20 %	37,80 €

1. Berechnung der Fremdkapitalkosten

1. Monat	Darlehensvaluta	890.000,00 €	**7. Monat**	Darlehensvaluta	881.036,00 €
	Zinsen	2.596,00 €		Zinsen	2.570,00 €
	Tilgung	1.483,00 €		Tilgung	1.509,00 €
	Gesamtbelastung	4.079,00 €		Gesamtbelastung	4.079,00 €
2. Monat	Darlehensvaluta	888.517,00 €	**8. Monat**	Darlehensvaluta	879.527,00 €
	Zinsen	2.592,00 €		Zinsen	2.565,00 €
	Tilgung	1.487,00 €		Tilgung	1.514,00 €
	Gesamtbelastung	4.079,00 €		Gesamtbelastung	4.079,00 €
3. Monat	Darlehensvaluta	887.030,00 €	**9. Monat**	Darlehensvaluta	878.013,00 €
	Zinsen	2.587,00 €		Zinsen	2.561,00 €
	Tilgung	1.492,00 €		Tilgung	1.518,00 €
	Gesamtbelastung	4.079,00 €		Gesamtbelastung	4.079,00 €
4. Monat	Darlehensvaluta	885.538,00 €	**10. Monat**	Darlehensvaluta	876.495,00 €
	Zinsen	2.583,00 €		Zinsen	2.556,00 €
	Tilgung	1.496,00 €		Tilgung	1.523,00 €
	Gesamtbelastung	4.079,00 €		Gesamtbelastung	4.079,00 €
5. Monat	Darlehensvaluta	884.041,00 €	**11. Monat**	Darlehensvaluta	874.972,00 €
	Zinsen	2.578,00 €		Zinsen	2.552,00 €
	Tilgung	1.501,00 €		Tilgung	1.527,00 €
	Gesamtbelastung	4.079,00 €		Gesamtbelastung	4.079,00 €
6. Monat	Darlehensvaluta	882.540,00 €	**12. Monat**	Darlehensvaluta	873.445,00 €
	Zinsen	2.574,00 €		Zinsen	2.548,00 €
	Tilgung	1.505,00 €		Tilgung	1.531,00 €
	Gesamtbelastung	4.079,00 €		Gesamtbelastung	4.079,00 €

Die jährliche Belastung ergibt sich als Addition der Gesamtbelastungen, d. h., ingesamt:
12 · 4.079,00 € = 48.948,00 €.

2. Bewirtschaftungskosten
Hierbei kann es sich nur um die nicht umgelegten Betriebskosten handeln. Für das Berechnungsbeispiel wird angenommen, dass die Gebäudereinigung nicht umgelegt wurde. Diese beträgt für die Allgemeinflächen der Immobilie pro Jahr 4.700,36 €. Zudem ist der vom Vermieter zu tragende CO_2-Preis zu berücksichtigen. Dies sind für die Immobilie 37,80 € netto = 44,98 € brutto. D. h., es verbleiben Betriebkosten in Höhe von 4.700,36 € + 44,98 € = 4.745,34 € beim Vermieter.

3. Verwaltungskosten
Da hierzu keine genaueren Angaben vorliegen, erfolgt für die Lastenberechnung der Rückgriff auf die Werte aus der zweiten Berechnungsverordnung. Die Immobilie hat vier Wohnungen, drei Garagen und zwei Stellplätze. Die Verwaltungskostenpauschale beträgt für Wohnungen jährlich 343,69 €, für Garagen und Stellplätze 44,83 €. Damit sind zu berücksichtigen:
4 · 343,69 € + 5 · 44,83 € = 1.598,91 €.

4. Instandhaltungskosten
Da auch hierzu keine genaueren Angaben vorliegen, erfolgt für die Lastenberechnung ebenfalls der Rückgriff auf die Werte aus der zweiten Berechnungsverordnung. Gem. § 28 Abs. 2 II. BV dürfen als Instandhaltungskosten je m² Wohnfläche im Jahr angesetzt werden:

- Für Wohnungen, deren Bezugsfertigkeit am Ende des Kalenderjahres weniger als 22 Jahre zurückliegt, höchstens 10,61 €.
- Für Wohnungen, deren Bezugsfertigkeit am Ende des Kalenderjahres mindestens 22 Jahre zurückliegt, höchstens 13,45 €.
- Für Wohnungen, deren Bezugsfertigkeit am Ende des Kalenderjahres mindestens 32 Jahre zurückliegt, höchstens 17,18 €.

Die erworbene Immobilie ist vor 25 Jahren fertiggestellt worden und hat 300 m² Wohnfläche. Somit ergibt sich: 300 m² · 13,45 € = 4.035,00 €

Zusammenfassung der zu tragenden Lasten pro Jahr:

1. Kapitalkosten	48.948,00 €
2. Betriebskosten	4.745,34 €
3. Verwaltungskosten	1.598,91 €
4. Instandhaltungskosten	4.035,00 €
Gesamt	**59.327,25 €**

Die errechnete jährliche Belastung wird in einem ersten Schritt den erzielbaren Mieten gegenübergestellt. Danach kann eine Berücksichtigung der zu zahlenden Ertragsteuern erfolgen, um die Tragbarkeit der Belastungen abschließend festzustellen.

Tragbarkeit der Belastungen

Hier spricht man auch von der Ermittlung der Kapitaldienstfähigkeit. Als Kapitaldienst werden die Ausgaben eines Schuldners bezeichnet. Sie belasten die Liquidität.

5.3.4 Besonderheiten der Lastenberechnung beim Selbstnutzer

Selbstnutzer

▶ LF 11, Kap. 5.3.1

Zur Ermittlung des Finanzierungsbedarfs eines Selbstnutzers sind folgende Parameter zu betrachten:

  Gesamtinvestitionskosten
– einzusetzende Eigenmittel
– etwaige Eigenleistungen (Abzug des Lohnanteils)
= **Fremdfinanzierungsbedarf**

Beispiel

Peter Meier-Landstrupp erwirbt vom Bauträger eine gerade fertiggestellte Eigentumswohnung. Er nimmt hierfür 200.000,00 € Fremdkapital auf. Die Eigentumswohnung hat eine Größe von 70 m². Bisher zahlt er Miete in Höhe von 780,00 € und Betriebskosten von 200,00 €. Die Bewirtschaftungskosten für die neue Immobilie unter Berücksichtigung von Instandhaltung (Bauerneuerungsrücklage) und Verwaltungskosten betragen pro Monat 400,00 €.

Vereinfachte Lastenberechnung

Annuität durch das Bankdarlehen (200.000 € bei 4 % Zinsen und 2 % Tilgung) = 12.000 € p. a. = 1.000 € Monat	1.000,00 €
+ Bewirtschaftungskosten inklusive Bauerneuerungsrücklage und Verwaltungskosten	400,00 €
= Summe der Belastungen	1.400,00 €
– bisherige Miete + ersparte Betriebskosten der Mietwohnung	980,00 €
= Mehrbelastung durch die Eigentumswohnung	420,00 €

Peter Meier-Landstrupps Vorhaben ist damit nur finanzierbar, wenn seine Haushaltsrechnung jeden Monat genug Spielraum für die Mehrbelastung für die neue Wohnung ergibt. D. h., er muss jeden Monat 420,00 € übrighaben bzw. bereits bisher sparen können.

6 Förderung von Immobilieninvestitionen

6.1 Einführung

In Zeiten steigender Grundstücks- und Baupreise, steigender Zinsen sowie erhöhter Anforderungen an Neubauten und sukzessive auch an Bestandsgebäude wird die Förderung von Immobilien immer wichtiger. Unterschieden wird im Allgemeinen zwischen direkten und indirekten Fördermöglichkeiten der Objekt- und Subjektförderung. Zudem kann noch nach Fördergeber und Art der Förderung, z.B. vergünstigte Darlehen oder Zuschüsse, differenziert werden.

Bei den **direkten Förderinstrumenten** leitet der Staat Unterstützungszahlungen an den Eigentümer des Objekts (Objektförderung) oder an den Nutzer (Mieter) des Objekts (Subjektförderung). **Indirekte Förderungsinstrumente** fördern z.B. durch Steuervergünstigungen und die Gestaltung der Rahmenbedingungen für die Wohnraumnutzung bzw. -vermietung, wobei viele dieser Förderungen den Mietern zugute kommen.

Objektförderungen sind an eine Wohnung oder ein Wohngebäude gebunden. Zu nennen sind in diesem Zusammenhang beispielsweise:
- die Gewährung zinsverbilligter beziehungsweise zinsloser Baudarlehen, insbesondere für den Wohnungsneubau, aber auch zur Förderung der Modernisierung, Instandsetzung und Energieeinsparung
- Zuschüsse zur Senkung der Investitionskosten beim Immobilienerwerb

Subjektsubventionen fördern bestimmte Personen durch Unterstützungszahlungen. Sie orientieren sich an der persönlichen Situation (z.B. Anzahl der Kinder, Grad der Schwerbehinderung) oder dem zu versteuernden Einkommen des Begünstigten.

Neben direkten Förderungen, wie z.B. dem KfW Kredit 300 (mit ihm wird der Wohneigentumserwerb bestimmter Einkommensgruppen gefördert), wird auch Wohngeld in der Form eines Mietzuschusses oder für den selbstnutzenden Wohneigentümer als Lastenzuschuss gezahlt.

Kreditanstalt für Wiederaufbau (KfW)

▶ LF 11, Kap. 6.2

Indirekte Förderinstrumente wirken hingegen nur mittelbar. Dazu zählen insbesondere steuerliche Förderungen, wie z.B. Abschreibungen auf Immobilien bzw. erhöhte Abschreibungen. Sie werden in erster Linie genutzt, um Investitionen anzuregen. Dazu gehören aber auch Steuerminderungen, z.B. in Bezug auf die Grundsteuer bei nicht verschuldeten Leerständen.

Die Rahmenbedingungen sind durch den Gesetzgeber insbesondere im Bereich der Wohnraummiete durch zahlreiche mieterfreundliche Bestimmungen gesetzt worden. Ebenso gibt der Gesetzgeber dem Vermieter aber auch Möglichkeiten der Mieterhöhung in bestimmten Fällen, so z. B. bei einer Modernisierung.

Direkte und indirekte Förderinstrumente

Seit dem 01. Juni 2023 gibt es ein Nachfolgeprogramm für das Baukindergeld, das KfW-Programm „Wohneigentum für Familien" (WEF). Es wird hier häufig aber auch vom Baukindergeld 2023 gesprochen.

Direkte Förderung		Indirekte Förderung	
Objektförderung	**Subjektförderung**	**Förderung durch Steuervergünstigungen**	**Förderung durch Rahmenbedingungen**
• zinsverbilligte Darlehen • Zuschüsse zu Bau- oder Sanierungskosten	• Baukindergeld bzw. Förderungen des Eigentumserwerbs zur Selbstnutzung • Wohngeld als Mietzuschuss • Lastenzuschuss	• Vergünstigungen bei der Einkommensteuer, z. B. durch Abschreibungen • Vergünstigungen bei der Erbschafts- und Schenkungssteuer, insbesondere beim Vererben des selbstgenutzten Eigenheims	• Möglichkeiten der Umlegung von Modernisierungsmieterhöhungen • Mietpreisregelungen

6.2 Fördergeber

Anstalt des öffentlichen Rechts
juristische Person, die öffentliche Aufgaben erfüllt

Die 1948 gegründete **Kreditanstalt für Wiederaufbau (KfW)** ist eine Anstalt des öffentlichen Rechts mit der Aufgabe, bestimmte Fördermaßnahmen im staatlichen Auftrag zu gewähren. Die KfW selbst vergibt u. a. Darlehen. Die Abwicklung der Darlehensprogramme erfolgt über die kreditgebende Bank.

Der Fokus der Maßnahmen liegt in erster Linie darauf, die Energieeffizienz eines Gebäudes zu verbessern.

Das **BAFA** ist das **Bundesamt für Wirtschaft und Ausfuhrkontrolle**. Die Unterstützung durch das BAFA umfasst schon seit Langem Fördermöglichkeiten energieeffizienter Maßnahmen. Dabei handelt es sich in der Regel um Einzelmaßnahmen, wie z. B. die Dämmung der Außenwände oder die Erneuerung von Fenstern.

Bei diesen Förderprogrammen sind typische Förderempfänger:
- Privatpersonen und Wohnungseigentümergemeinschaften
- freiberuflich Tätige
- kommunale Gebietskörperschaften, kommunale Gemeinde- und Zweckverbände, sowie rechtlich unselbstständige Eigenbetriebe von kommunalen Gebietskörperschaften, sofern diese zu Zwecken der Daseinsvorsorge handeln
- Körperschaften und Anstalten des öffentlichen Rechts, z. B. Kammern oder Verbände
- gemeinnützige Organisationen einschließlich Kirchen
- Unternehmen einschließlich Einzelunternehmer und kommunale Unternehmen
- sonstige juristische Personen des Privatrechts, einschließlich Wohnungsbaugenossenschaften

Von manchen Förderprogrammen sind z. B. Kommunen oder politische Parteien ausgeschlossen.

Weitere Fördergeber sind darüber hinaus z. B. auch:
- Kommunen,
- Länder, insbesondere über die Landesbanken, aber auch mit eigenen Förderprogrammen und
- die Europäische Union.

6.3 Hintergrund der aktuellen Förderung

Förderung zur Unterstützung der Klimaziele der Bundesregierung

Der Gesetzgeber hat im Bundes-Klimaschutzgesetz Ziele zur Verringerung von Treibhausgasemissionen vorgegeben. Diese sollen bis 2030 um mind. 65 % und bis 2040 um mind. 88 % gegenüber dem Basisjahr 1990 gemindert werden.

Der Endenergieverbrauch im Wärme- und Kältesektor resultiert zu rund 2/3 aus dem Gebäudebereich. Angestrebt wird ein Anteil von 27 % erneuerbarer Energien am Endenergieverbrauch für Wärme und Kälte, wobei die Bezugspunkte der integrierte Nationale Energie- und Klimaplan (National Energy and Climate Plan – NECP) sowie im Gebäudebereich die Energieeffizienzstrategie Gebäude (ESG) vom 18.11.2015 sind.

GEG
Gebäudeenergiegesetz

Die Anforderungen des Gebäudeenergiegesetzes (GEG) an den Neubau von Wohngebäuden sind am 01.01.2023 in Bezug auf den zulässigen Jahres-Primärenergiebedarf des Referenzgebäudes von bisher 75 auf 55 Prozent des Primärenergiebedarfs reduziert worden und werden am 01.01.2024 auf 40 % abgesenkt.

Merke!

Die Maßnahmen sollen im Zusammenhang mit der Umstellung auf eine moderne Anforderungssystematik erfolgen.

6.4 Wichtige Besonderheiten der Förderprogramme im Zusammenhang mit der KfW-Förderung

Vorhabenbeginn muss bei der Förderung eingehalten werden

Für den Antragsteller ist die **Definition des Vorhabenbeginns** von besonderer Bedeutung, denn er muss die KfW-Mittel vor diesem Zeitpunkt beantragt haben. Als Vorhabenbeginn gilt grundsätzlich der Abschluss eines der Ausführung zuzurechnenden Lieferungs- oder Leistungsvertrags. Planungs- und Beratungsleistungen dürfen vor Antragstellung erbracht werden, führen für sich genommen aber nicht zur Annahme eines Vorhabenbeginns. Bei Antragstellung zum förderfähigen Ersterwerb eines Gebäudes gilt der Abschluss des Kaufvertrags als Vorhabenbeginn.

Sorgfalts- und Aufbewahrungspflichten für die Förderung

Außerdem muss der Kreditnehmer weitere Regeln beachten, wenn er nicht riskieren will, die Förderung zurückzahlen zu müssen. Dazu gehört u. a., dass innerhalb eines Zeitraums von 10 Jahren nach der Kreditzusage bestimmte **Unterlagen vom Kreditnehmer aufzubewahren** und der KfW auf Verlangen vorzulegen sind.

Merke!

Die Unterlagen müssen auch nach gegebenenfalls vollständiger Tilgung des Kredites aufbewahrt werden.

Dazu gehören z.B.:
- die vollständige Dokumentation gemäß den technischen Mindestanforderungen (TMA); („Notwendige Nachweise und Dokumente für ein Effizienzhaus", zum Beispiel Berechnungsunterlagen, Pläne sowie Messprotokolle)
- die Rechnungen und Nachweise über geleistete Zahlungen (Kontoauszüge); beim Ersterwerb genügt ein Nachweis über die förderfähigen Investitionsmaßnahmen und -kosten durch den Verkäufer, also z.B. den Bauträger
- Bestätigungen von Energieeffizienz-Experten, ohne deren Mitwirkung keine Fördermittel fließen
- Die Gebäude bzw. Wohneinheiten sind mindestens 10 Jahre zweckentsprechend zu nutzen. Sonst besteht die Möglichkeit der Teilrückforderung der gewährten Mittel.
- Bei einer Veräußerung muss der Käufer auf die Förderung, die Nutzungspflicht und das Verschlechterungsverbot für die energetische Qualität des Gebäudes hingewiesen werden. Die Pflichten sind im Rahmen des Kaufvertrages zu übertragen.

TMA
technische Mindestanforderungen

Der gewährte Kredit ist beim Verkauf entweder
- auf den Käufer zu übertragen oder
- muss innerhalb von sechs Monaten nach Abschluss des Kaufvertrags zurückgezahlt werden.

6.5 Mietwohnungsbau

Mit Stand 01.03.2023 gibt es für den Mietwohnungsbau das Förderprogramm 498 der KfW.

Stärker als früher stellt das zurzeit aktuelle Förderprogamm KFN (Klimafreundlicher Neubau) auf die Förderung besonders energieeffizienter Immobilien ab. Gleichzeitig werden in ähnlicher Art und Weise sowohl Wohn- als auch Gewerbeimmobilien gefördert. Die Förderung besteht in einer Zinsverbilligung gegenüber dem Marktzins innerhalb der ersten Zinsbindungsfrist sowie tilgungsfreien Anfangsjahren.

Generell verlangt die KfW zur Förderung von Wohnungsneubauten,
- dass eine bestimmte Energieeffizienzstufe erreicht werden muss – seit dem 01.03.2023 ist dies die Stufe EH 40,
- einen maximalen Schadstoffausstoß und
- zur Erweiterung der Förderung ein Effizienzsiegel, das sich „QNG" nennt.

EH 40
Gebäudestandard, der die Energieeffizienz einer Immobilie definiert

QNG
Qualitätssiegel Nachhaltiges Gebäude

Das **Qualitätssiegel QNG** wird vergeben, wenn alle allgemeinen und besonderen Anforderungen an die ökologische, soziokulturelle und ökonomische Qualität von Gebäuden sowie die Qualität der Planungs- und Bauprozesse erfüllt sind. Es wird verliehen von Zertifizierungsstellen, die staatlich akkreditiert sind und vom Bauherrn beauftragt und bezahlt werden müssen. Die einzelnen zu erfüllenden Voraussetzungen sind in einem Handbuch des „Qualitätssiegels Nachhaltiges Gebäude" veröffentlicht worden.

Auch der kommunale Mietwohnungsbau sowie der Bau von Nichtwohngebäuden wird bei Erreichen der o.a. Vorausetzungen gefördert. Kommunen erhalten Zuschüsse.

Seit dem 01.03.2023:
- KfW 498 (Wohnen) und
- KFW 499 (Nichtwohnen) für Kommunen

Im Einzelnen erfüllt ein klimafreundliches Wohngebäude (KFWG)
- die Anforderungen an das Treibhauspotenzial (GWP100), die unter Anwendung der Methode der Lebenszyklusanalyse (LCA) nachzuweisen sind,
- entspricht dem Standard Effizienzhaus 40 (EH 40) und
- darf keinen Wärmeerzeuger auf Basis fossiler Energie oder Biomasse aufweisen.

Seit dem 01.03.2023 beträgt der Kreditbetrag 100.000,00 € pro Wohnung.

Wenn der Bauwillige zudem ein Qualitätssiegel nachhaltiges Gebäude vorweisen kann, erhöhen sich Kreditsummen (Private) und Zuschüsse (Kommunen).

Seit dem 01.03.2023 kann durch das QNG eine Erhöhung des Kreditbetrags um 50.000,00 € pro Wohnung beantragt werden.

Die KfW bietet sowohl Annuitätendarlehen als auch Festzinsdarlehen an, wobei es eine maximale Zinsbindungsfrist (zurzeit 10 Jahre) gibt. Danach bekommt der Kunde ein Prolongationsangebot zu dem dann gültigen Marktzins.

Prolongationsangebot

Angebot zur Verlängerung der Finanzierung

6.6 Kreditvergabeprozess der KfW

Die Kreditvergabe der KfW verläuft nach einem bestimmten Schema:

1.	Zunächst erfolgt eine **Bonitäts- und Kreditwürdigkeitsprüfung** durch eine Drittbank, das durchleitende Institut. Dieses ist immer Ansprechpartner des Förderempfängers.
2.	Daran schließt sich die **fachliche Prüfung** durch die KfW an. Es wird geprüft, ob die Förderkriterien erfüllt sind.
3.	Bei einem **positiven Entscheid** teilt die KfW anschließend dem durchleitenden Institut die Bewilligung der Förderung mit.
4.	Daraufhin erfolgt das **Darlehensangebot** an den Kunden.
5.	Nach **Annahme** durch den **Kunden** erfolgt die **Auszahlung** und **Abwicklung** des Kredits durch die Drittbank.

Ablauf der Kreditbeantragung bei der KfW

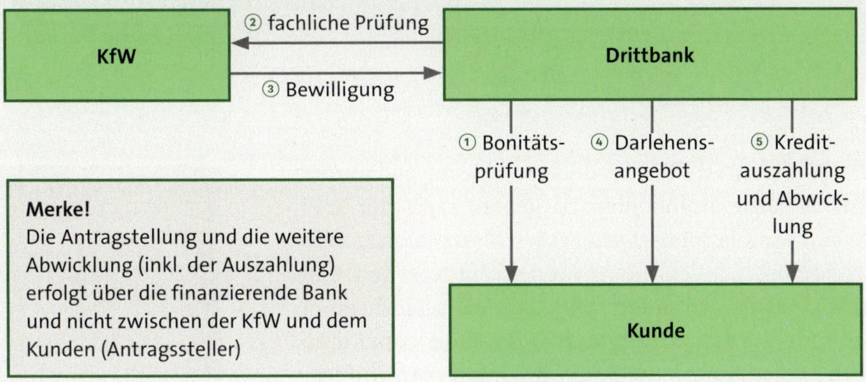

Merke!
Die Antragstellung und die weitere Abwicklung (inkl. der Auszahlung) erfolgt über die finanzierende Bank und nicht zwischen der KfW und dem Kunden (Antragssteller)

Die **grundpfandrechtliche Besicherung** erfolgt immer zugunsten der Drittbank, die auch das Rückzahlungsrisiko trägt. Die Auszahlung sowie die gesamte Abwicklung erfolgt ebenfalls über die Drittbank.

Grundpfandrechte

▶ Band 2, LF 7,, Kap. 3.7

Für den Kreditnehmer ist es wichtig, dass er die Förderkriterien einhält. Das ist in den Vertragsbedingungen der KfW festgelegt.

Dies betrifft gerade Maßnahmen, bei denen ein bestimmter Effizienzhausstandard vorgegeben wird, dieser aber bei der Prüfung des fertigen Baus durch den Energieeffizienz-Experten gegebenenfalls nicht erreicht wird.

Merke!

Hält sich der Kreditnehmer nicht an die Förderkriterien der KfW, kann die Förderung jederzeit aus wichtigem Grund sofort gekündigt werden. Außerdem muss sie im Anschluss an die Kündigung zurückgezahlt werden.

6.7 Förderung von Bestandsimmobilien

Gerade die Frage hinsichtlich der **Energieineffizienz bei Bestandsimmobilien** ist ein großes Thema im Rahmen der Erreichung der Klimaziele, denn allein mit dem Neubau besteht nicht die Möglichkeit, die gesetzten Ziele zu erreichen. Deshalb gibt es sowohl für **Wohn-** als auch **Gewerbeimmobilien Förderprogramme**, die eine entsprechende Sanierung ermöglichen sollen.

Seit dem 01.03.2023 kann das KfW-Programm 261 für die Sanierung genutzt werden.

Merke!

Die KfW fördert z. B. die Sanierung mit Krediten. Sie vergibt aber auch Zuschüsse zur Energieeffizienzberatung.

Die KfW hat für die Förderung Mindeststandards festgelegt, die durch die Sanierung erreicht werden müssen. Gebäude, die energetisch saniert werden sollen, müssen zudem ein bestimmtes Alter haben. Zurzeit muss der Bauantrag mindestens fünf Jahre zurückliegen, und es ist ein Mindeststandard von 85 % zu erreichen.

Merke!

Auch für Sanierungen gibt es in der Regel die Möglichkeit, Annuitätendarlehen oder endfällige Darlehen zu nutzen.

Um Förderanreize für besonders schlecht gedämmte oder beheizte Immobilien zu geben, kann die KfW Gebäude mit besonders schlechten Merkmalen zusätzlich fördern. Dies erscheint vor dem Hintergrund relevant, dass die EU fordern will, dass die schlechtesten Gebäude eines jeden Mitgliedslandes, die sogenannten WPB (Worst Performing Buildings) mit einer Verpflichtung zur Sanierung versehen werden sollen. Gegenwärtig erfolgt deshalb eine Zuschussförderung.

Der Zuschuss für die WPB beträgt 10 % der anrechenbaren Sanierungskosten (Stand 01.03.2023).

Weitere Förderungen für Bestandsimmobilien können sich aus neuen Initiativen der Bundesregierung ergeben, wie z. B. der Novelle des Gebäudeenergiegesetzes und der damit verbundenen Vorgabe, dass der Betrieb von Heizungen mit fossilen Brennstoffen bzw. fossilem Erdgas oder Heizöl ab 2045 nicht mehr zulässig sein wird.

Einzelmaßnahmen an Bestandsgebäuden werden vor allem durch das BAFA gefördert. Es handelt sich dabei um Maßnahmen an

- der Gebäudehülle,
- der Anlagentechnik ohne Heizung,
- den Wärmeerzeugern sowie
- Maßnahmen zur Heizungsoptimierung und
- um eine Förderung der Baubegleitung.

Einzelmaßnahmen werden durch das BAFA gefördert.

Das BAFA fördert über das zur Verfügung stellen von unterschiedlich hohen Zuschüssen. Hier müssen durch die geförderten Maßnahmen bestimmte Mindeststandards erreicht werden.

6.8 Förderung von selbstgenutzten Immobilien

Auch für selbstgenutzte Immobilien gibt es Förderprogramme der KfW. Die Voraussetzungen sehen mittlerweile für die meisten Programme die gleichen Anforderungen an die Standards vor, wie die Programme zum Mietwohnungsbau.

Mit Stand 1.3.2023 sind die Voraussetzungen des Förderprogramms 297 für Selbstnutzer identisch mit denen für den Mietwohnungsbau KfW 298.

Zudem gibt es häufig Programme, die gerade Familien mit geringem bis mittlerem Einkommen den Schritt zum Wohneigentum erleichtern sollen. Diese Programme hießen bisher Baukindergeld, seit Juni 2023 trägt diese staatliche KfW-Förderung den Namen „Wohneigentum für Familien“ (WEF) 300. Denkbar sind hier z.B. ein Zuschuss oder auch ein zinsgünstiges Darlehen.

Programm 300 der KfW; Wohneigentum für Familien (WEF) 300

Ebenso gibt es in einigen Bundesländern eine einkommens- und effizienzstandardunabhängige Förderung bei der Grunderwerbsteuer, so z.B. in NRW bis maximal 10.000,00 €.

Bei selbstgenutzten Bestandsimmobilien kann ebenfalls eine Förderung durch das BAFA (Einzelmaßnahmen) in Anspruch genommen werden.

SB ▶ SITUATION 93 Immobilien und Steuern

7 Steuerliche Behandlung von Immobilien

Grunderwerbsteuer

▶ Band 2, LF 7, Kap. 7.4

Die Sätze liegen zurzeit zwischen 3,5 % (Bayern) und 6,5 %, z. B. NRW.

Steuerliche Abzüge (Einkommensteuer, Kirchensteuer und Solidaritätszuschlag)

▶ Band 1, LF 1, Kap. 1.7.2

Hinweis:

Seit 2021 ist der Solidaritätszuschlag für ca. 90 % der Beschäftigten entfallen. Grund dafür ist eine deutlich höhere Freigrenze für einkommensteuerpflichtige Personen.

Kapitalgesellschaften

▶ Band 1, LF 2, Kap. 5.3

Absetzung für Abnutzung oder Substanzverringerung:

§ 7 EStG

Die steuerlichen Abschreibungen sollen Anreize zur Errichtung von zu vermietenden Wohnimmobilien sein.

Sonderabschreibung für Mietwohnungsneubau:

§ 7b EStG

In den ersten vier Jahren nach Errichtung der Immobilie ist eine erhöhte Abschreibung möglich.

Die Grundsteuer stellt eine laufende Steuer beim Immobilieneigentum dar.

Gesetzliche Grundlage ist das Grundsteuergesetz (GrStG), welches mit Wirkung zum 01.01.2025 reformiert worden ist.

Beim **Kauf von Grundstücken** und dem **Erwerb eines Erbbaurechts** fallen **Grunderwerbsteuern** an. Anknüpfungspunkt ist der Wert der Gegenleistung, in der Regel der Kaufpreis. Der gesetzliche Satz beträgt 3,5 %, die Bundesländer können die Höhe der Steuer jedoch selbst bestimmen. Die Einkünfte aus den Immobilien unterliegen der Einkommensteuer sowie der Kirchensteuer und dem Solidaritätszuschlag bzw. bei Kapitalgesellschaften der Körperschaftssteuer und dem Solidaritätszuschlag.

Den Mieteinnahmen aus den Immobilien werden gegenübergestellt: bei Privatanlegern die Werbungskosten und bei Unternehmen die Betriebsausgaben.

Das sind Reparatur- und Instandhaltungskosten, steuerliche Abschreibungen, Zinsen, Kosten für Annoncen, Rechtsberatungskosten, Reisekosten zum Objekt usw.

Die steuerliche Abschreibung, die bei der Vermietung von Wohneigentum nutzbar ist, ist zur Förderung des Wohnungsneubaus zum 01.01.2023 erhöht worden. Folgende Sätze gelten zur Abschreibung des Gebäudes bzw. Gebäudeanteils (§ 7 Abs. 4 EStG):

1. Für Gebäude, die vor dem 01.01.1925 fertiggestellt wurden, sind 2,5 % Abschreibung pro Jahr möglich.
2. Für Gebäude, die nach dem 31.12.1924 und vor dem 01.01.2023 fertiggestellt wurden, sind 2,0 % Abschreibung pro Jahr möglich.
3. Für Gebäude, die nach dem 31.12.2022 fertigestellt worden sind bzw. werden, können 3,0 % pro Jahr abgeschrieben werden.

Einen weiteren Anreiz zur Errichtung von neuen und zu vermietenden Wohnimmobilien bietet der § 7b EStG. Wenn alle dort genannten Voraussetzungen eingehalten werden, können zusätzlich zur normalen Abschreibung in den ersten vier Jahren je 5 % abgeschrieben werden. Dafür muss die geförderte Wohnung insbesondere

- errichtet worden sein aufgrund eines Bauantrags, der nach dem 31. Dezember 2022 und vor dem 1. Januar 2027 gestellt wurde,
- mindestens zehn Jahre vermietet werden und
- Baukosten unter 4.800,00 € pro m² (nur Kosten des Gebäudes) haben, wobei die erhöhte Abschreibung nur bis zu einer Kostengrenze von 2.500,00 € gilt, sowie
- einen entsprechenden Effizienzstandard erreichen.

Als laufende Steuer belastet die Grundsteuer das Immobilieneigentum. Steuerschuldner ist der Eigentümer des Grundstücks, auch wenn die Grundsteuer bei Vermietungen im Rahmen der Betriebskostenumlage auf den Mieter abgewälzt werden kann. Die Grundsteuer ist eine Jahressteuer. Ihre Bezahlung erfolgt jedoch meist in vierteljährlichen Teilbeträgen.

Merke!

Sowohl die steuerlichen Belange als auch die KfW- und Bafa-Förderung sind einer stetigen Änderung durch die Gesetzgebung unterworfen. Deshalb sollte man sich vor einem Projekt immer umfassend über die steuerlichen Vorgaben sowie die aktuellen Fördermöglichkeiten und -voraussetzungen informieren.

8 Der Finanzierungsplan

SB ▶ SITUATION 94
Finanzierungsplan

Bei der Aufstellung des Finanzierungsplans wird von der Situation eines Bauträgers ausgegangen. Ein Bauträger schließt mit seinem Kunden einen Bauträgervertrag und schuldet damit die Errichtung oder den Umbau eines Hauses oder eines vergleichbaren Bauwerks. Zudem verpflichtet er sich, dem Kunden das Eigentum an dem Grundstück zu übertragen oder ein Erbbaurecht zu bestellen bzw. zu übertragen. Dabei besteht die Möglichkeit, dass der Bauträger vom Kunden schon während des Baus Raten anfordert. Gemäß § 3 der Makler- und Bauträgerverordnung darf er jedoch max. sieben Raten zu bestimmten Zeitpunkten fordern, so z.B. 30 % der Gesamtsumme zu Beginn der Erdarbeiten.

Bauträger und Bauträgervertrag

▶ Band 2, LF 8, Kap. 5.2.2

Besondere Sicherungspflichten für Bauträger:

§ 3 MaBV

8.1 Die Kostenermittlung

Bei der Ermittlung der Kosten für die Herstellung der Immobilie finden vor allem folgende Positionen Berücksichtigung:

- Grundstücks- und Nebenkosten des Grunderwerbs
- Erschließungskosten
- Baukosten
- Baunebenkosten
- Finanzierungskosten
- Vermarktungskosten
- Projektmanagementkosten
- Fixkosten des Unternehmens, die auf die einzelnen Projekte heruntergerechnet werden

Beim Erwerb einer Bestandsimmobilie werden lediglich die Erwerbs- und Erwerbsnebenkosten sowie eventuelle Renovierungskosten betrachtet.

8.1.1 Grundstückskosten und Nebenkosten des Grunderwerbs

Die reinen Grundstückskosten ergeben sich aus dem Kaufpreis gemäß Kaufvertrag. Bei im Eigentum befindlichen Grundstücken wird i.d.R. der Bilanzwert angesetzt. Zu berücksichtigende Nebenkosten sind:

- Grunderwerbsteuer
- Notarkosten
- Gerichtskosten
- evtl. Maklerprovision
- evtl. Kosten von Bodengutachten
- evtl. Kosten der Wertermittlung
- Kosten der Ablösung von bestehenden Rechten am Grundstück, die gelöscht werden sollen

Grunderwerbsteuer

▶ Band 2, LF 7, Kap. 7.4

Merke!

Hierbei sollte stets abgeklärt werden, ob und welche Teile der Kosten der Verkäufer übernimmt.

8.1.2 Erschließungskosten

Erschließungskosten
▶ Band 2, LF 8, Kap. 5.8

Hierunter fallen die Kosten der Baureifmachung durch den Abriss bestehender baulicher Anlagen inklusive der Entsorgung gemäß Gewerbeabfallverordnung (GewAbfV), Baumfäll- und Rodungsarbeiten (Freimachkosten), Dekontaminationskosten (Altlasten und Weltkriegsfunde), soweit der Verkäufer keine Garantien für Altlastenfreiheit abgegeben hat gemäß einer Schätzung.

Die Kosten der öffentlichen (äußeren) Erschließung umfassen vor allem

- den Aufwand der Ersterschließung, wie z.B. erstmalige Anschlüsse von Energie, Wasser, Kanal, Gas, Telefon, Errichtung von Straßen, Fußwegen und Grünflächen sowie
- die Folgekosten, wie z.B. für Sanierungen der Straßen oder des Kanals.

Die innere Erschließung betrifft alle Leitungen und Rohre, die auf dem Grundstück zum Gebäude führen, aber auch eventuelle Privatstraßen.

8.1.3 Baukosten

Baukosten
▶ Band 2, LF 8, Kap. 8.5.2.2

Die Baukosten werden in einem frühen Planungsstadium überschlägig errechnet, in der Regel aufgrund von Referenzwerten bereits erstellter Gebäude und unter Berücksichtigung der Baukostensteigerungen, und mit zunehmendem Planungs- bzw. Vergabestand immer weiter den tatsächlichen Kosten angenähert. Üblicherweise enthalten sie einen Zuschlag für Unvorhergesehenes bzw. einen Puffer, z.B. für Änderungsnotwendigkeiten oder andere Nachträge. Zu den Baukosten gehören zum einen die Baukosten des Bauwerks (Kostengruppe 300 der DIN 276) und die Baukosten der technischen Anlagen (Kostengruppe 400).

8.1.4 Außenanlagen und Freiflächen

Außenanlagen
▶ Band 2, LF 8, Kap. 8.5.2.2

In diese Kostengruppe (500 nach der DIN 267) werden die Kosten für Zäune, Wege, Hofflächen, Gartenflächen sowie Einbauten in Außenanlagen aufgenommen.

8.1.5 Austattung und Kunstwerke

Kunstwerke
▶ Band 2, LF 8, Kap. 8.5.2.2

Für besondere Ausstattungen, z.B. Einbauschränke in Hotelzimmern, sowie Kunst am Bau gibt es eine besondere Kostengruppe, die KG 600.

8.1.6 Baunebenkosten

Die Baunebenkosten (KG 700) sind die Kosten, die neben den eigentlichen Baukosten anfallen. Das sind namentlich die Kosten für den Architekten und die Ingenieure, die den größten Anteil ausmachen, aber auch Versicherungskosten, Baugenehmigungsgebühren, Kosten der Absicherung und Bewachung der Baustelle usw.

Baunebenkosten
▶ Band 2, LF 8, Kap. 8.5.2.2

8.1.7 Finanzierungskosten

Die Finanzierungskosten finden sich in der Kostengruppe 800 der DIN 276. Zu ihnen gehören Finanzierungsnebenkosten, Fremdkapitalzinsen, so z.B. Bauzeitzinsen und Bereitstellungszinsen, Eigenkapitalzinsen, Kosten für Bürgschaften und sonstige Finanzierungskosten.

Finanzierungskosten
▶ Band 2, LF 8, Kap. 8.1.3

8.1.8 Marketingkosten

Für Marketingkosten gibt es keine eigene Kostengruppe. Ein Bauträger verrechnet hier entweder die Kosten des Maklers oder setzt die Kosten der eigenen Vermarktung durch Exposés, Annoncen, Baustellenevents, die Musterwohnung etc. an.

Exposés
▶ Band 2, LF 8, Kap. 5.6

8.1.9 Projektmanagementkosten

Projektmanagementkosten ergeben sich entweder durch die Einschaltung eines externen Projektsteuerers oder durch die Projektkoordination im eigenen Unternehmen als kalkulatorische Kosten.

8.1.10 Zuschüsse

Zuschüsse sind, wenn sie nicht rückzahlbar sind, von den Kosten abzuziehen. Bei der Finanzierung muss jedoch berücksichtigt werden, dass einige Zuschüsse erst nach Beendigung der Maßnahme fließen, wenn eventuelle Belege eingereicht worden sind.

BAFA-Zuschüsse
▶ Band 2, LF 8, Kap. 5.6

8.1.11 Erlösermittlung

Bei der Erlösermittlung ergibt sich bei Bauträgerprojekten die Besonderheit der Möglichkeit der Vereinbarung von Ratenzahlungen nach § 3 der Makler- und Bauträgerverordnung. Deshalb sind die Zahlungskonditionen zu berücksichtigen, die mit den Erwerbern vereinbart worden sind. Insgesamt ergeben sich die Erlöse durch die Addition der einzelnen vom Kunden zu zahlenden Raten.

Besondere Sicherungspflichten für Bauträger:
§ 3 MaBV

8.2 Zusammenstellung der Finanzierung

8.2.1 Zusammenstellung der Kosten

Die zuvor dargestellten Kosten sind aufzuaddieren, wobei eventuelle Zuschüsse zu berücksichtigen sind. Die Ratenzahlungen führen zudem zu einer Verringerung der Finanzierungskosten. Als Ergebnis ergibt sich der gesamte Finanzierungsbedarf des Bauträgers.

8.2.2 Zusammenstellung des Eigenkapitals

Rechtsformen
▶ Band 1, LF 2, Kap. 5

In der Regel wird der Bauträger auch Eigenkapital einsetzen. Das kann z. B. sein:

- das eigene Grundstück
- eventuell liquide Mittel des Unternehmens, so z. B. Guthaben, Tagesgelder
- liquide Mittel, die das Unternehmen für das Bauprojekt einwirbt, so z. B. über Eigenkapitalerhöhungen bzw. Einlagen der Gesellschafter

Die Differenz zwischen den Gesamtkosten und dem verfügbaren Eigenkapital muss fremdfinanziert werden.

8.2.3 Zusammenstellung des Fremdkapitalbedarfs und dessen Deckung über unterschiedliche Finanzierungsquellen

Fremdkapital (Schulden)
▶ Band 1, LF 3, Kap. 2.2

Die **Fremdkapitalbestandteile** werden nun aufgeführt. Denkbar sind unterschiedliche Bankdarlehen, Darlehen von Förderanstalten, Gesellschafterdarlehen oder Mittel anderer Kreditgeber. Diese Mittel werden üblicherweise aufgelistet, z. B.:

Kreditgeber	Betrag	Zins	Kosten/Jahr in €
Bank A	...	...	...
Bank A (KfW)	...	...	...
Bausparkasse	...	...	...
Gesellschafter X	...	...	...
Versicherung	...	...	...
Crowdfinanzierung	...	...	...
...	...	...	...

Beispiel

Der Bauträger Baugut GmbH wird ein Projekt umsetzen, dessen Gesamtkosten sich auf 2.100.000,00 € belaufen werden. Er kann Eigenkapital in Höhe von 300.000,00 € einbringen. Den restlichen Kapitalbedarf von 1.800.000,00 € deckt er aus verschiedenen Quellen:

Kreditgeber	Betrag	Zins	Kosten/Jahr in €
Eigenkapital	300.000,00 €	5,00 %	15.000,00 €
Bank A	1.200.000,00 €	6,00 % Zins; wegen Bereitstellungszinsen über die gesamte Summe gerechnet	72.000,00 €
Bank A (KfW), 4 Wohnungen zu 100.000,00 €	400.000,00 €	1,28 %	5.120,00 €
Gesellschafterdarlehen	200.000,00 €	5,00 %	10.000,00 €
Gesamtbeträge	2.100.000,00 €	Im Durchschnitt: 4,862 %	102.120,00 €

9 Die Wirtschaftlichkeitsberechnung

SB ▶ SITUATION 95 Wirtschaftlichkeitsberechnung

Das Treffen von Investitionsentscheidungen bedingt eine Wirtschaftlichkeitsüberprüfung. Dabei können **statische** oder **dynamische Methoden** angewandt werden.

9.1 Statische Verfahren

Die statische Investitionsrechnung berechnet eine **fiktive Durchschnittsperiode** oder das **erste Investitionsjahr**. Dabei wird unterstellt, dass die zugrunde gelegten Wertansätze des ersten Jahres für die gesamte Lebensdauer der Investition als Durchschnittswerte gelten. Wichtig ist in diesem Zusammenhang die Rendite des Investitionsprojekts.

Die Begriffe Rendite und Rentabilität sind hier synonym zu sehen.

Berechnung der Rendite

Die Berechnung ergibt sich wie folgt:

$$\text{Rendite (in \%)} = \frac{\text{Gewinn}}{\text{eingesetztes Kapital}} \cdot 100\,\%$$

Statische Verfahren finden sich vor allem bei Projektentwicklungsrechnungen, da der Bauträger bzw. Projektentwickler eine überschaubare Zeit für die Entwicklung braucht. So kommen statische Wirtschaftlichkeitsberechnung z.B. im sozialen Wohnungsbau und häufig auch vereinfachend bei Privatanlegern zum Einsatz.

9.1.1 Immobilienbezogene Wirtschaftlichkeitsberechnung

Eine einfache immobilienbezogene Wirtschaftlichkeitsberechnung, die die Gewinnwirkung einer Investition betrachtet, kann in Anlehnung an die **§§ 18 bis 31 der II. Berechnungsverordnung (II. BV)** erfolgen. Erträge und Aufwendungen sind hier die einzubeziehenden Erfolgsgrößen:

II. Berechnungsverordnung (II. BV)
Verordnung über wohnungswirtschaftliche Berechnungen nach dem Zweiten Wohnungsbaugesetz

(A) Erträge/Leistungen
- Sollmieten
- Erlösschmälerungen (wegen Leerständen, Mietminderungen etc.)

(B) Aufwendungen/Kosten
- Kapitalkosten
  - Eigenkapitalverzinsung
  - Fremdkapitalverzinsung
- Bewirtschaftungskosten
  - Abschreibungen
  - Verwaltungskosten
  - Betriebskosten, die nicht umgelegt sind oder wegen Leerständen vom Vermieter zu tragen sind
  - Instandhaltungskosten
  - Mietausfallwagnis

9.1.2 Wirtschaftlichkeitsberechnung eines Privatinvestors

Spekulationsfrist

Wird eine Immobilie innerhalb von zehn Jahren nach dem Erwerb wieder gewinnbringend verkauft, fallen Spekulationssteuern an. Ausnahme: bei vorheriger Eigennutzung der Immobilie.

Für einen Privatinvestor ist es interessant, seine Eigenkapitalverzinsung auszurechnen. Wenn die Immobilie wieder veräußert werden soll, interessiert natürlich zudem auch der (gegebenenfalls steuerfreie) Wertzuwachs nach dem Ende der **Spekulationsfrist** von zehn Jahren nach Kaufvertragsabschluss.

Beispiel

Frau Margarete Weber möchte ein Mehrfamilienhaus zum Kaufpreis von 1 Mio. € erwerben.

Neben dem Kaufpreis fallen noch die folgenden Kosten an:
- Grunderwerbsteuer: 6,50 %
- Notarkosten: 2,00 %
- Nettomieten monatlich: 4.400,00 €
- nicht umlegbare, von Frau Weber zu tragende Kosten monatlich: 1.200,00 €

a) Berechnung der Nettomietrendite p. a.; Dazu wird die folgende Formel benutzt:

$$\text{Nettomietrendite (in \%)} = \frac{\text{Miete} - \text{nicht umlegbare Bewirtschaftungskosten}}{\text{Kaufpreis} + \text{Anschaffungskosten}} \cdot 100\,\%$$

$$= \frac{(4.400{,}00\,€ - 1.200{,}00\,€) \cdot 12\ \text{Monate}}{1.000.000{,}00\,€ + 85.000{,}00\,€} \cdot 100\,\% = 3{,}54\,\%$$

Margarete Webers Gesamtrendite beträgt also 3,54 %.

b) Die Immobilie wird mit Zinsen in Höhe von 4,00 % und 2,00 % Tilgung finanziert. Es wurde ein Kredit von 900.000,00 € aufgenommen. Um zu sehen, wie hoch die Eigenkapitalrendite ist, wird die Rendite unter Berücksichtigung der Finanzierungssituation errechnet:

1. Berechnung des jährlichen Überschusses

	jährlicher Überschuss: (4.400,00 € – 1.200,00 €) · 12 Monate	38.400,00 € p. a.
–	Zinsaufwand: 900.000,00 € · 4,00 % p. a.	–36.000,00 € p. a.
=	**verbleibender Überschuss**	**2.400,00 € p. a.**

Die Eigenkapitalrendite berechnet sich nach folgender Formel:

$$\text{Eigenkapitalrendite (in \%)} = \frac{\text{Jahresergebnis unter Berücksichtigung der Finanzierung}}{\text{Eigenkapital}} \cdot 100\,\%$$

$$= \frac{2.400{,}00\,€}{1.085.000{,}00\,€ - 900.000{,}00\,€} \cdot 100\,\% = 1{,}30\,\%$$

Die Eigenkapitalverzinsung fällt mit 1,30 % sehr schlecht aus.

Um eine aussagekräftige Berechnung durchzuführen, müssten aber noch folgende Komponenten berücksichtigt werden:
- Vom Überschuss müssen noch die Abschreibungen abgezogen werden, um eine steuerliche Rechnung durchführen zu können.
- Das Ergebnis der Steuerrechnung unterliegt dem Ertragssteuersatz von Margarete Weber und führt zu einer Steuerzahlung oder Steuererstattung.
- Aus dem Ergebnis nach Steuern muss Margarete Weber noch die Tilgung zahlen.

Wirtschaftlichkeitsberechnung im Überblick

Laufende Aufwendungen	Erträge
I. Kapitalkosten • Fremdkapitalzinsen • Eigenkapitalzinsen • Erbbauzinsen	Miete Garagenmiete
II. Bewirtschaftungskosten • Abschreibungen • Verwaltungskosten • Instandhaltungskosten • Mietausfallwagnis	Sonstige Erträge Staatliche Förderung
Summe	**= Summe**
Bewirtschaftungsphase	

9.1.3 Bauträgerrechnung

Beispiel

In einer innerstädtischen Geschäftslage wird der Bauträger GmbH ein Grundstück mit einer Größe von 1 000 m² zu einem Kaufpreis von 650,00 €/m² angeboten. Planungsrechtlich ist eine Geschossflächenzahl von 2,0 ausgewiesen. In einer Tiefgarage sollen 50 Stellplätze entstehen. Für die Kalkulation der Bauträger GmbH ist von nachfolgenden Annahmen auszugehen:

- Nebenkosten Grunderwerb: 10,00 % des Kaufpreises
- reine Baukosten: 1.300,00 € pro m² Geschossfläche
- Baukosten Tiefgaragenstellplätze: 20.000,00 € pro Platz
- Baunebenkosten ohne Finanzierungskosten: 15,00 % der Baukosten
- Baubeginn: neun Monate nach Kaufpreiszahlung
- Bauzeit: 15 Monate. Es wird ein linearer Kostenverlauf angenommen.
- Vorfinanzierung der Kosten für Grunderwerb und Baukosten entsprechend dem jeweiligen Zeitraum: 4,00 % p. a.
- Der Verkauf des Gesamtobjekts erfolgt zu einem Gesamtpreis von 6.081.216,00 €.

a) Zuerst sollen die Gesamtkosten des Projekts rechnerisch ermittelt werden.

Grundstückskosten

1 000 m² · 650,00 €/m²	650.000,00 €
Grunderwerbsnebenkosten: 10,00 % von 650.000,00 €	65.000,00 €
Grundstückskosten gesamt	**715.000,00 €**
Finanzierungskosten für den Grundstückserwerb:	
715.000,00 € · 4,00 % für 2 Jahre	57.200,00 €
Grundstückskosten inklusive Finanzierungskosten gesamt	**772.200,00 €**
Baukosten	
Gebäude: 1 000 m² · 2,0 · 1.300,00 €/m²	2.600.000,00 €
Tiefgarage: 50 Stellplätze ·20.000,00 €	1.000.000,00 €
Baukosten gesamt	**3.600.000,00 €**
Baunebenkosten: 3.600.000,00 € · 15,00 %	540.000,00 €
Baukosten und Baunebenkosten	**4.140.000,00 €**
Finanzierungskosten der Baukosten: 4.140.000,00 € · 4,00 % · 15/12 Monate · 50 %	103.500,00 €
Baukosten inklusive Finanzierungskosten	4.243.500,00 €
Gesamtinvestitionskosten	**5.015.700,00 €**

Die Berechnung der Finanzierungskosten bei den Baukosten berücksichtigt folgende Umstände:
1. Die Bauzeit dauert nur 15 Monate.
2. Der Abruf der Mittel durch den Bauträger erfolgt linear (linearer Baukostenverlauf). Deshalb muss durchschnittlich nur die Hälfte der Gesamtdarlehenssumme verzinst werden.

b) Berechnung des Handelsgewinns (Trading Profits) des Bauträgers (Projektentwicklers)

	Verkaufserlös	6.081.216,00 €
–	Gesamtkosten	5.015.700,00 €
=	**Trading Profit**	**1.065.516,00 €**

In der Regel ist für eine Bauträger- oder Projektentwicklerrechnung die statische Investitionsrechnung ausreichend, da es sich hier um überschaubare Zeiträume handelt, wie im Beispiel insgesamt zwei Jahre.

Trading Profit
Handelsgewinn

9.2 Dynamische Verfahren der Wirtschaftlichkeitsberechnung

Bei den dynamischen Verfahren der Wirtschaftlichkeitsberechnung werden die Zahlungen gemäß ihrem zeitlichen Anfall und unterschiedlicher Zahlungshöhen zu **unterschiedlichen Zeitpunkten** genau betrachtet. Bei der Langfristigkeit von Immobilieninvestitionen gelingt durch eine solche Betrachtung eine bessere Annäherung an die Realität als mit den statischen Methoden.

Bei der Anwendung der dynamischen Methoden berücksichtigt man:
- Recheneinheiten: durch die Investition hervorgerufene Einzahlungs- und Auszahlungsüberschüsse
- Kalkulationszinsfuß: Durch den Kalkulationszinsfuß bzw. den Diskontierungszinssatz werden sämtliche Zahlungen auf den Bezugszeitpunkt bezogen und damit ab- oder aufgezinst. Um die hierfür notwendigen Faktoren nicht ausrechnen zu müssen, können Tabellen mit Abzinsungsfaktoren genutzt werden, die von der Höhe des Zinssatzes und den abzuzinsenden Jahren abhängen.
- Ein- und Auszahlungen: Die Überschüsse, d.h., die Ein- und Auszahlungen, müssen prognostiziert werden.
- Barwertmethode: Alle Zahlungen werden auf den heutigen Zeitpunkt bezogen.

Beispiel

Die MEWOH Musterwohn GmbH möchte eine Immobilie erwerben. Zwei Objekte stehen zur Auswahl. Immobilie 1 kann zu einem Preis von 1.900.000,00 € gekauft werden. Diese Immobilie soll nach zwei Jahre wieder verkauft werden. Für das erste Jahr werden Überschüsse von 90.000,00 €, für das zweite Jahr von 100.000,00 € prognostiziert. Der Verkauf am Ende des zweiten Jahres soll für 2.000.000,00 € erfolgen.

Immobilie 2 kostet ebenfalls 1.900.000,00 €. Für diese Immobilie werden im ersten Jahr Überschüsse von 310.000,00 € und im zweiten Jahr nur noch Überschüsse von 10.000,00 € prognostiziert. Verkauft werden soll die Immobilie am Ende des zweiten Jahres zu 1.870.000,00 €.

Der Kalkulationszinssatz beträgt in beiden Fällen 5,00 %.

Welche Investition bringt bei Anwendung der Kapitalwertmethode ein besseres Gesamtergebnis für das Unternehmen?

Hilfstabelle Abzinsungsfaktoren bei einem Zinssatz von 5 %

Jahre	Zinssatz								
	1,0 %	1,5 %	2,0 %	2,5 %	3,0 %	3,5 %	4,0 %	4,5 %	5,0 %
1	0,9901	0,9852	0,9804	0,9756	0,9709	0,9662	0,9615	0,9569	0,9524
2	0,9803	0,9707	0,9612	0,9518	0,9426	0,9335	0,9246	0,9157	0,9070
3	0,9706	0,9563	0,9423	0,9286	0,9151	0,9019	0,8890	0,8763	0,8638
4	0,9610	0,9422	0,9238	0,9060	0,8885	0,8714	0,8548	0,8386	0,8227

Immobilie 1

Jahr	0	1	2
Kaufpreis	−1.900.000,00 €		
Laufende Überschüsse		90.000,00 €	100.000,00 €
Verkaufspreis			2.000.000,00 €
Gesamtergebnis der Periode	−1.900.000,00 €	90.000,00 €	2.100.000,00 €
Abzinsungsfaktor	1	0,9524	0,9070
Abgezinster Zahlungsstrom der Periode	−1.900.000,00 €	85.716,00 €	1.904.700,00 €
Gesamtergebnis	**90.416,00 €**		

Immobilien 2

Jahr	0	1	2
Kaufpreis	−1.900.000,00 €		
Laufende Überschüsse		310.000,00 €	10.000,00 €
Verkaufspreis			1.870.000,00 €
Gesamtergebnis der Periode	−1.900.000,00 €	310.000,00 €	1.880.000,00 €
Abzinsungsfaktor	1	0,9524	0,9070
Abgezinster Zahlungsstrom der Periode	−1.900.000,00 €	295.244,00 €	1.705.160,00 €
Gesamtergebnis	**100.404,00 €**		

Obwohl die Kaufpreise der beiden Immobilien identisch sind, das Gesamtergebnis der Immobilie 2 in der Periode 1 um 220.000,00 € höher und das Gesamtergebnis der Immobilie 1 in der Periode 2 um 220.000,00 € höher ausfällt, sollte dennoch eine Investition in Immobilie 2 durch die MEWOH Musterwohn GmbH erfolgen.

Dies liegt daran, dass im ersten Jahr bei der Immobilie 2 laufende Überschüsse in Höhe von 310.000,00 € prognostiziert werden. Die Zahlungen, die zeitlich näher liegen, haben heute einen höheren Wert als Zahlungen, die erst später zufließen. Dieser Sachverhalt kommt durch den Abzinsungsfaktor zum Tragen. Aus Sicht der Kapitalwertmethode stellt die Immobilie 2 somit die bessere Wahl dar.

10 Die Umfinanzierung

Prolongation

Unter einer Prolongation versteht man allgemein die Verlängerung einer befristeten Zinsbindung.

Informationen während des Vertragsverhältnisses:
§ 493 BGB

Ob der Darlehensgeber an einer Fortführung des Darlehensverhältnisses interessiert ist, muss dieser dem Kunden spätestens drei Monate vor Ablauf der Zinsbindung (§ 493 BGB) signalisieren. Eine frühere Angebotserstellung obliegt dem jeweiligen Darlehensgeber. Verstößt ein Kreditinstitut gegen diese Informationspflicht, kann der Darlehensnehmer möglicherweise Schadensersatzansprüche geltend machen, sofern er nachweisen kann, dass ihm ein finanzieller Schaden entstanden ist.

Im Rahmen der Kreditprolongation bzw. -umschuldung werden auch die Begriffe der unechten und echten Anschlussfinanzierung verwendet.

- Im Zuge einer **unechten Anschlussfinanzierung** werden die ursprünglich vereinbarten Konditionen neu verhandelt und schriftlich festgehalten. Die übrigen Darlehensbedingungen behalten unverändert ihre Gültigkeit. In diesem Fall besteht für den Darlehensnehmer kein Widerrufsrecht, da kein neuer Vertrag zwischen den beiden Parteien geschlossen wurde. Es handelt sich also um eine reine Kreditprolongation.
- Bei einer **echten Anschlussfinanzierung** vereinbart der bisherige Darlehensgeber mit seinem Kunden die künftigen Konditionen sowie die entsprechende Laufzeit in einem neuen Vertrag. Gegebenenfalls werden noch weitere Darlehensbedingungen neu vereinbart (z. B. Sicherheiten, Gebühren, Sondertilgungsrechte). Infolgedessen muss der Darlehensnehmer erneut über sein Widerrufsrecht belehrt werden. Obwohl von Darlehensgebern gerne als Prolongation bezeichnet, handelt es sich hierbei um einen neuen Vertragsabschluss, der den gesetzlichen Regelungen folgen muss. Hierbei wird häufig auch der Darlehensgeber gewechselt. Damit handelt es sich um eine Umschuldung.

Vorteile der Prolongation	Eventuelle Nachteile der Prolongation
• mit einem Schreiben zu erledigen; in der Regel nur durch eine Unterschrift auf dem Angebot der Bank • Es werden keine weiteren Unterlagen benötigt – geringer Aufwand. • keine Gebühren, z. B. für Grundbuchumtragungen • Eine aufwendige Suche nach einer neuen Bank mit erneuter Kreditwürdigkeitsprüfung etc. ist nicht erforderlich.	• Die Zinsen sind ggf. schlechter als bei einer Umschuldung. • Die alten Vertragsbedingungen müssen übernommen werden. • Es gibt wenig Verhandlungsspielraum mit der Bank.

Eine Umschuldung kann verschiedenen Zielen folgen. Durch sie kann beispielsweise die Situation des Schuldners entlastet und eine verbesserte **Schuldendienstfähigkeit** herbeigeführt werden.

Schuldendienstfähigkeit

gibt an, ob ein aufgenommener Kredit innerhalb der vereinbarten Laufzeit auch zurückgezahlt werden kann.

Grundsätzlich kann eine Umschuldung aus den folgenden Gründen erfolgen:
- Der Darlehensnehmer möchte den auslaufenden Kredit erhöhen, um seine finanzierte Bestandsimmobilie zu renovieren. Sein bisheriges Kreditinstitut lehnt das aber ab.
- Der Darlehensnehmer möchte zu einem anderen Kreditinstitut wechseln, da ihm dort günstigere Konditionen geboten werden.
- Das finanzierende Kreditinstitut macht dem Darlehensnehmer kein Prolongationsangebot.
- Der Kreditnehmer möchte statt zwei Darlehen auf einem Objekt nur noch eines haben.

In all diesen Fällen werden eine erneute Kreditwürdigkeitsprüfung und Objektbewertung notwendig. Unter Umständen sind auch weitere Kosten möglich, wie z.B.:
- Kosten für die Änderung der Schuldverhältnisse (Schuldhaftentlassung/Schuldbeitritt)
- Kosten für die Abtretung der Grundschuld(en) im Grundbuch von der „alten" auf die „neue" Darlehensgeberin
- Kosten für die Anfrage und Prüfung von neuen oder geänderten Sicherheiten, z.B. die Zustimmung zur Beitragsfreistellung bei einer kapitalbindenden Lebensversicherung

Keine Kosten entstehen für:
- Bonitätsprüfungen (z.B. SCHUFA-Auskünfte)
- Bearbeitung der Prolongationsanfrage
- Einsicht in Grundbücher

SB ▶ SITUATION 96 Unternehmensfinanzierung

11 Finanzierungsarten von Unternehmen

11.1 Innen- und Außenfinanzierung

Fremdkapital (Schulden)
▶ Band 1, LF 3, Kap. 2.2

Die Finanzierung eines Unternehmens erfolgt nicht nur mithilfe fremder, sondern auch mit eigenen Mitteln. Dabei unterscheidet sich die Innen- von der Außenfinanzierung. Diese unterschiedlichen Arten der Finanzierung werden jetzt ein wenig genauer betrachtet.

11.1.1 Innenfinanzierung

Alle Finanzierungsarten, bei denen das Unternehmen Mittel aus der laufenden Geschäftstätigkeit nutzt, werden als Innenfinanzierung bezeichnet.

Beispiel

Eine Innenfinanzierung kann erfolgen aus:
- Abschreibungen
- Rückstellungen
- dem Einbehalten von Gewinnen

11.1.2 Außenfinanzierung

Bei der Außenfinanzierung wird dem Unternehmen Kapital aus unternehmensexternen Quellen zugeführt. Das ist beispielsweise der Fall, wenn

- der Unternehmer oder ein Gesellschafter dem Unternehmen Mittel zuführen, d. h., es handelt sich um einen Transferprozess von privaten Mitteln in das Unternehmen. Hier handelt es sich auch um eine Eigenfinanzierung.
- ein Unternehmen einen Kredit aufnimmt. Auch dieses Geld wird dem Unternehmen von außen zugeführt.

Eigenfinanzierung
▶ LF 11, Kap. 11.2.1

Beispiel

- Die Gesellschafterinnen der Immo-Haus OHG erhöhen in Absprache ihre Kapitaleinlagen um 5 %.
- Die MEWOH Musterwohn GmbH nimmt bei der TopBank Leipzig einen Kredit für ein Bauvorhaben auf.

11.2 Eigen- und Fremdfinanzierung

Eine weitere Kategorie zur Unterscheidung von Finanzierungsmöglichkeiten ist die Unterteilung in die Eigen- und Fremdfinanzierung.

11.2.1 Eigenfinanzierung

Wenn der Unternehmer oder die Gesellschafter dem Unternehmen Mittel aus ihrem Privatvermögen zuführen, handelt es sich um eine Eigenfinanzierung, die gleichzeitig eine Außenfinanzierung darstellt. Sowohl bei der Gründung eines Unternehmens als auch bei Liquiditätsengpässen oder zur Ausweitung der Finanzierungsbasis werden Finanzierungsmittel von außen genutzt, um dem Unternehmen mehr Eigenkapital zuzuführen.

Außenfinanzierung
▶ LF 11, Kap. 11.1.1

Die Möglichkeiten der Eigenfinanzierung von außen sind eng mit der Rechtsform des Immobilienunternehmens verbunden. Dabei sind die
- Einlagenfinanzierung und
- Beteiligungsfinanzierung

zu unterscheiden.

Rechtsformen von Unternehmen
▶ Band 1, LF 2, Kap. 5

Einlagenfinanzierung
Wenn Geld- oder Sachwerte von Unternehmern aus dem Privatvermögen in das Betriebsvermögen eines Einzelunternehmens oder einer Personengesellschaft erfolgen, spricht man von einer Einlagenfinanzierung.

Auch Rechte (z. B. Patente oder Lizenzen) können eingebracht werden.

Beispiel

Bei der Haus & Hof OHG besteht aktuell ein Liquiditätsengpass. Aus diesem Grund wurde die Entscheidung getroffen, eine weitere Gesellschafterin aufzunehmen, damit durch ihre Einlage dem Unternehmen weiteres Kapital zufließt.

OHG
offene Handelsgesellschaft

Beteiligungsfinanzierung
Wenn demgegenüber eine Eigenkapitalzuführung bei Kapitalgesellschaften oder Genossenschaften erfolgt, wird von einer Beteiligungsfinanzierung gesprochen. Die Stellung der Eigenkapitalgeber ist aufgrund der Rechtsformen eine andere. Dies bezieht sich sowohl auf deren Haftung als auch auf die Mitsprache, Risiko- und Gewinnbeteiligung.

Bei einer GmbH wird das Eigenkapital als Stammkapital bezeichnet und durch die Gesellschafter in der Form von Geschäftsanteilen aufgebracht.

GmbH
Gesellschaft mit beschränkter Haftung

Beispiel

Bei einer GmbH können die Gesellschafter vereinbaren, dass über die Stammeinlagen hinaus eine zusätzliche Einlage zu tätigen ist, sofern bestimmte Voraussetzungen vorliegen. Ziel kann dabei z. B. sein, dass auf diesem Weg ausreichend Kapital für neue Vorhaben zur Verfügung steht.

AG
Aktiengesellschaft

Bei einer AG bzw. KGaA wird das Eigenkapital als Grundkapital bezeichnet und wird durch die Ausgabe von Anteilscheinen (Aktien) aufgebracht.

KGaA
Kommanditgesellschaft auf Aktien

Bei Genossenschaften stellen die Genossenschaftsanteile das Eigenkapital dar. Dieses schwankt in Abhängigkeit von der Anzahl der Genossen.

Eine Eigenfinanzierung kann aber auch eine Innenfinanzierung sein. In diesem Fall werden im Unternehmen erwirtschaftete Mittel zur Finanzierung genutzt. Die hier zu nennenden Möglichkeiten sind:

- Selbstfinanzierung
- Finanzierung aus Abschreibungen und
- Finanzierung aus Vermögensumschichtungen

Thesaurierung
bezeichnet das Einbehalten von Gewinnen im Unternehmen.

Bei der **offenen Selbstfinanzierung** werden im Unternehmen erwirtschaftete Gewinne, z.B. durch eine Einstellung in die Gewinnrücklagen, im Unterrnehmen thesauriert. Dies erfolgt häufig über die Bildung von Rücklagen. Da dies von außen aus der Bilanz erkennbar ist, spricht man von offener Selbstfinanzierung.

Die **stille Selbstfinanzierung** erfolgt demgegenüber durch das Ausnutzen von Bewertungs- und Bilanzierungswahlrechten, sodass stille Reserven entstehen.

Der Finanzierungseffekt aufgrund von Abschreibungen ergibt sich, weil die Abschreibungen zwar Aufwand sind, nicht aber zu einer Auszahlung führen. Die Auszahlung für Gebäude ergibt sich bereits bei deren Anschaffung oder Herstellung. Somit bleiben die Gegenwerte der Abschreibung als Mittel im Unternehmen erhalten.

Bei der Finanzierung aus Vermögensumschichtung wird Anlagevermögen durch Verkauf in liquide Mittel verwandelt, z.B. durch den Verkauf von Immobilien oder Fahrzeugen des Fuhrparks. Ebenso kann auch das Forderungsmanagement verbessert werden, was zur Folge hat, dass schneller bezahlt wird, die Anzahl der offenen Forderungen sinkt und die liquiden Mittel steigen.

Möglichkeiten der Eigenkapitalbildung durch Innenfinanzierung

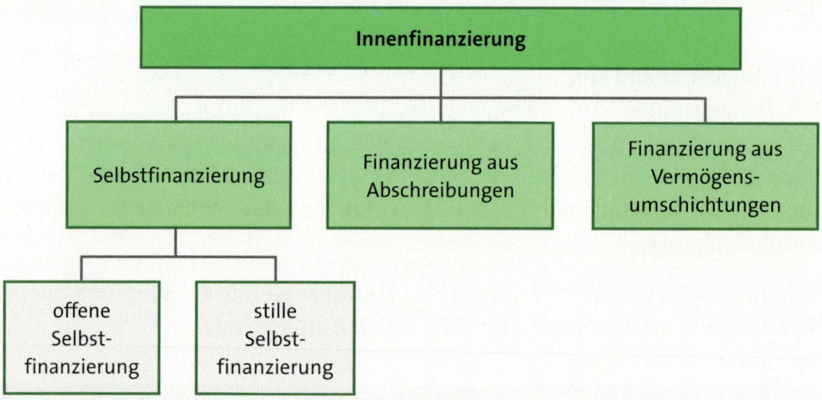

11.2.2 Fremdfinanzierung

Eine Fremdfinanzierung im Sinne einer Außenfinanzierung findet immer bei einer Kreditfinanzierung statt. Fremdfinanzierungen in dieser Form bedingen i.d. R. Zins- und Rückzahlungsverpflichtungen, die vertraglich festgelegt werden.

Eine Fremdfinanzierung ist dann eine Innenfinanzierung, wenn das Unternehmen Fremdmittel nutzt, die zurzeit noch nicht aus dem Unternehmen abgeflossen sind.

Dies ist insbesondere bei Rückstellungen der Fall: Sie sind Aufwand, die Auszahlung erfolgt aber erst später – bei Pensionsrückstellungen u. U. erst viele Jahrzehnte später.

Rückstellungen sind Verbindlichkeiten, die dem Grunde nach bekannt, in Bezug auf Höhe und Fälligkeit jedoch ungewiss sind (ungewisse Schulden).

▶ LF 13, Kap. 3.3

Fremdkapital wird üblicherweise unterteilt nach
- seiner Herkunft,
- seiner Besicherung und
- der Dauer der Kapitalüberlassung.

Bei der Überlassungsdauer unterscheidet man
- kurzfristiges Fremdkapital (Laufzeit bis zu einem Jahr),
- mittelfristiges Fremdkapital (Laufzeit von 1 bis 5 Jahre) und
- langfristiges Fremdkapital (Laufzeit über 5 Jahre).

Im Rahmen einer Projektentwicklungsfinanzierung ist eher eine kurze Überlassungsdauer von Relevanz, bei der Bestandsimmobilienfinanzierung besonders die langfristige Bindungsdauer.

11.3 Kreditarten bei der Unternehmensfinanzierung

Die Kreditarten hängen eng mit der Herkunft des Fremdkapitals zusammen.

1. Langfristige Bankdarlehen/Darlehen anderer Kreditgeber
Als Außenfinanzierungsmittel für Bestandsimmobilien werden langfristige Bankdarlehen vergeben. Sie zeichnen sich durch die Notwendigkeit der fristgerechten Rückzahlung der Mittel (Tilgung) sowie der Zahlung der laufenden Darlehenszinsen aus.

Fremdkapitalkosten

▶ LF 11, Kap. 5.3.3

2. Gesellschafterdarlehen
Gerade, wenn Unternehmen keinen Kreditspielraum mehr bei den Banken haben, besteht auch die Möglichkeit der Finanzierung über Gesellschafterdarlehen.

Bei einem Gesellschafterdarlehen gewährt ein Gesellschafter seinem Unternehmen ein Darlehen, das wieder zurückgezahlt werden muss. Es handelt sich nicht um eine Einlage.

3. Lieferantenkredite
Die Finanzierungsmöglichkeiten über Lieferantenkredite sind begrenzt, da es sich um kurzfristige Kredite handelt, die sich durch das Einräumen eines Zahlungsziels ergeben. Das heißt, das Unternehmen hat eine gewisse Zeit, die Rechnung für z.B. eine bereits erbrachte Bauleistung zu bezahlen. Dieser Kredit hat den großen Vorteil, dass er zinsfrei in Anspruch genommen werden kann. Das Unternehmen kann so seine Liquidität steuern. Bei einem Liquiditätsengpass kann das vereinbarte Zahlungsziel vollständig ausgenutzt werden. Wenn demgegenüber eine ausreichende Liquidität vorhanden ist, kann die Rechnung sofort bezahlt werden, in der Regel unter Ausnutzung von Skonto, was ebenfalls einen Liquiditätsvorteil bedingt.

Skonto ist ein Preisnachlass auf den Preis, den der Lieferant dem Kunden bei Zahlung innerhalb einer bestimmten Zahlungsfrist einräumt.

▶ Band 1, LF 2, Kap. 3.1.3

4. Kundenanzahlung
Kundenanzahlungen bzw. -kredite entstehen, wenn der Kunde einer Lieferung oder Leistung vor deren Fertigstellung eine Vorauszahlung leistet. Die Immobilienbranche kennt hier vor allem die Betriebskostenvorauszahlungen, die monatlich vom Mieter gezahlt werden, deren Abrechnung aber erst im Folgejahr im Rahmen der Betriebskostenabrechnung erfolgt. Bei Bauträgermaßnahmen sind im Rahmen der nach § 3 MaBV vereinbarten Ratenzahlungen des Kunden Vorauszahlungen vom Erwerber zu leisten. Vorauszahlungen sind aber auch bei der Baubetreuung üblich.

Betriebskostenabrechnung

▶ Band 1, LF 5, Kap. 1

Besondere Sicherungspflichten für Bauträger:
§ 3 MaBV

Für das Unternehmen bedeuten Kundenvorauszahlungen – zumal bei langen Leistungszeiträumen – eine Finanzierungsmöglichkeit ohne zusätzliche Kapitalkosten.

5. Anleihen

Anleihen (Schuldverschreibungen, Rentenpapiere, Bonds) geben dem Erwerber

- ein Verzinsungsrecht,
- ein Rückzahlungsrecht und
- im Insolvenzfall eine vorrangige Rückzahlung gegenüber Aktionären, da es sich um Fremdkapital handelt.

Anders als bei Bankkrediten muss das Unternehmen keine zusätzlichen Sicherheiten stellen, was als Vorteil betrachtet wird.

6. Factoring

Factoring wird als eine **Sonderform der Finanzierung** bezeichnet. Hierbei verkauft das Immobilienunternehmen z.B. Mietforderungen an ein darauf spezialisiertes Finanzierungsinstitut, den Factor. Bei einem **echten Factoring** übernimmt der Factor das Ausfallrisiko und zahlt dem Verkäufer zu einem festgelegten Zeitpunkt einen bestimmten Teil der Gesamtforderung. Damit ergibt sich eine Finanzierungsfunktion, denn die Mittel fließen zu einem vorher festgelegten Zeitpunkt an den Verkäufer der Forderung, womit unpünktliche Mietzahlungen den Zufluss an Liquidität nicht verzögern. Neben dieser Finanzierungsfunktion bedingt das Factoring auch eine Dienstleistung, denn der Factor übernimmt das Forderungsmanagement sowie eine Risikofunktion (Delkrederefunktion), da ein Ausfall der Mieten in seine Risikosphäre fällt.

Beim **unechten Factoring** übernimmt das Factoringunternehmen hingegen das Ausfallrisiko nicht.

7. Leasing

Der Begriff Leasing steht für einen Mietvertrag, der mit einem Finanzierungsmodell unterlegt ist. Der Leasingnehmer schließt hierzu mit einem Leasinggeber einen Vertrag über die Nutzung einer Immobilie ab und zahlt dafür eine monatliche Rate. Der Leasinggeber bleibt Eigentümer des Objekts. Es handelt sich insoweit um einen atypischen Mietvertrag, der zum einen lange Laufzeiten, zum anderen eine vom gesetzlichen Leitbild der Miete abweichende Verteilung der Gefahren ermöglicht.

Das Sale-and-Lease-Back-Verfahren wird vor allem von Kommunen angewandt, die ihre Immobilien oder Infrastrukturen in der Regel mit Rückkaufregelungen verkaufen, um liquide Mittel zu erhalten.

Das **Sale-and-Lease-Back-Verfahren** ist eine Sonderform des Leasings, bei der eine Immobilie an eine Leasinggesellschaft verkauft und dann vom Verkäufer wieder zurückgeleast wird. Für den Verkäufer der Immobilie ergibt sich der (einmalige) Finanzierungseffekt durch Mittelzufluss aus dem Verkaufserlös.

8. Franchising

Franchising ist ein **Kooperations- und Vertriebssystem**, welches die Vermarktung, beispielsweise von Maklerdienstleistungen, durch rechtlich selbstständige Unternehmen unter einem Markennamen ermöglicht. Hierzu stellt der Franchisegeber dem Franchisenehmer Leistungen in Form eines Franchise-Paketes zur Verfügung, so z.B. IT-Programme, die Corporate-Identity, Schulungsleistungen und Weiterbildungsmöglichkeiten sowie ein Netzwerk für Verbundgeschäfte. Dafür zahlt der Franchisenehmer eine bestimmte laufende, ggf. zusätzlich auch noch eine einmalige Gebühr. Unter Umständen erhält der Franchisenehmer auch finanzielle Mittel zur Ersteinrichtung seines Geschäftsbetriebs.

LERNFELD 11

Immobilien finanzieren

SITUATIONEN

Situation 89

Immobilienfinanzierung und unterschiedliche Kreditgeber

Im Rahmen ihrer Ausbildung bei der MEWOH Musterwohn GmbH erhält Isabell in den folgenden Wochen einen genaueren Einblick in die Finanzierung von Immobilien. Dazu arbeitet sie in der Abteilung „Finanzen und Steuern" der MEWOH. Da sie bisher in erster Linie für ihre eigenen Anschaffungen nur ihr Taschengeld- und Gehaltskonto kennt, aber keinerlei weitere Erfahrungen mit Finanzfragen hat, stellt sie der Teamleiterin Frau Kolder einige Fragen.

ARBEITSAUFTRÄGE

1 Isabells Vater hatte vor einiger Zeit einen Kredit für ein neues Auto aufgenommen. Sie möchte gerne von Frau Kolder wissen, ob es denn gegenüber der Finanzierung eines Autos bei Immobilienkrediten Besonderheiten gibt. Nennen Sie drei wichtige Besonderheiten einer Immobilienfinanzierung.

2 Darlehen im Allgemeinen und inbesondere Immobiliendarlehen zeichnen sich durch unterschiedliche Bedingungen bzw. Konditionen aus. Isabell will wissen, welche das sein könnten. Ihr fällt ein, dass der Zins sicher eine wichtige Kondition ist. Erläutern Sie hierzu den Unterschied zwischen der Soll- und Effektivverzinsung eines Darlehens.

3 Isabell kennt damit ein wichtiges Element der Rate, die an die Bank zu zahlen ist, nämlich den Zins. „Aber mein Vater musste für sein Auto ja nicht nur Zinsen zahlen, sondern die Bank wollte ihr Geld ja auch zurück. Wie heißt die Rückzahlung? Und ich kann mich erinnern, dass er irgendwann eine größere Rate bezahlt hat, fällt ihr ein. Welche Begrifflichkeiten sind gemeint? Erläutern Sie zudem, welche Möglichkeiten sich aus einem Kreditvertrag zur vorzeitigen Rückzahlung ohne Kündigung des Gesamtkredits ergeben.

4 Darlehen werden üblicherweise über eine bestimmte Laufzeit und mit einer Festzinsvereinbarung für einen bestimmten Zeitraum abgeschlossen. Auch hierzu hat Isabell einige Fragen:
- a) „Gibt es auch die Möglichkeit, keinen festen Zins für einen bestimmten Zeitraum zu vereinbaren? Könnte das problematisch sein?"
- b) „Wenn ich einen Kreditvertrag unterschreibe, dann aber die Finanzierung gar nicht benötige, z.B., weil das Objekt, welches ich kaufen wollte, abgebrannt ist, muss ich den Kredit dann trotzdem abnehmen?"

5 Isabell weiß, dass ihre Hausbank in Finanzierungsfragen ein guter Ansprechpartner wäre. Sie interessiert aber auch, ob es noch andere potenzielle Partner für Finanzierungen gibt. Sie weiß, dass es die Möglichkeit des Bausparens gibt und man nach dem Ansparen einer bestimmten Summe ein Recht hat, einen Kredit aufzunehmen.
- a) Erläutern Sie die Grundidee des Bausparens gemäß dem Solidaritätsprinzip.
- b) Welche vier Phasen des Bausparens werden unterschieden?
- c) Der Staat unterstützt das Bausparen. Mit welchen Mitteln erfolgt diese Unterstützung?

6 Auch Lebensversicherer treten als Kreditgeber auf. Erläutern Sie dies.

Aufgaben

1 Für die richtige Einordnung einer Immobilienfinanzierung sollte man sich mit den Besonderheiten einer Immobilie gegenüber anderen Wirtschaftsgütern auseinandersetzen. Geben Sie hierzu drei Beispiele.

2 Erläutern Sie mit eigenen Worten, was ein Darlehen ist.

3 Wo finden Sie die gesetzliche Regelung des Darlehensvertrags?

4 Ein Darlehen kann nach verschiedenen Merkmalen kategorisiert werden. Geben Sie drei Beispiele.

5 Das Annuitätendarlehen ist die häufigste Form des Darlehens bei der (langfristigen) Immobilienfinanzierung. Erklären Sie diese Darlehensform.

6 Was ist mit einem „Realkredit" gemeint und was ist darunter im Rahmen der Immobilienfinanzierung zu verstehen?

7 Erläutern Sie den Begriff des „Damnums".

8 Was ist mit einem endfälligen Darlehen gemeint?

9 Bei einem Darlehen kann es variable und Festzinsvereinbarungen geben. Geben Sie zwei Beispiele, wann insbesondere variable Zinsvereinbarungen genutzt werden.

10 Unabhängig von den vertraglichen Regelungen gibt es gesetzliche Kündigungsmöglichkeiten für ein Darlehen.
a) Welche Möglichkeiten sind zu unterscheiden?
b) Nennen Sie die gesetzlichen Grundlagen.

11 Es kann sein, dass ein Kreditnehmer neben den laufenden Zinsen auch Einmalentgelte zahlen muss. Um was handelt es sich hierbei?

12 Was ist unter einem Immobiliar-Verbraucherdarlehen zu verstehen?

13 Welche Aufgaben übernehmen Hypotheken- bzw. Pfandbriefbanken bei der Immobilienfinanzierung und wie unterscheiden sie sich von allgemeinen Geschäftsbanken?

14 Erläutern Sie, was ein geschlossener Immobilienfonds ist. Gehen Sie dabei kurz auf die Vor- und Nachteile eines geschlossenen Immobilienfonds ein.

15 Erklären Sie auch, was ein offener Immobilienfonds ist und wie er sich von einem geschlossenen Immobilienfonds unterscheidet. Nennen Sie auch hier die Vor- und die Nachteile.

16 Definieren Sie den Begriff des „Immobilienleasings".

17 Unterscheiden Sie folgende Leasingarten:
a) Neubau-Leasing
b) Buy-and-Lease-Modell
c) Sale-and-Lease-Back-Modell

18 Ihnen ist bekannt, dass die Wohnbau-Immo Leipzig große Liquiditätsprobleme hat, gleichzeitig aber auch einen umfangreichen Sanierungsstau in öffentlichen Gebäuden beheben muss. Könnte sich Leasing als ein Modell anbieten?

19 Häufig wird im Zusammenhang mit den neuen Finanzierungformen von sogenannten mezzaninen Finanzierungen gesprochen. Definieren Sie diesen Begriff ausführlich.

20 Gehen Sie auf den Begriff „Equity Kicker" ein.

21 Mezzanine Finanzierungen können sehr unterschiedlich gestaltet werden. Herr Willibald Peterson, der auch Ihr Chef ist, beauftragt Sie mit einer Ausarbeitung zu diesem Thema. Gehen Sie dabei auf die folgenden Modelle der mezzaninen Finanzierung ein:
a) Finanzierung über Objektgesellschaften
b) Finanzierung über einen Partner
c) Finanzierung über eine Crowd

Situation 90

Der Wert von Immobilien

Mittlerweile hat Isabell schon umfangreiche Einblicke in die Finanzierung von Immobilien erhalten. Heute soll sie sich noch einmal damit beschäftigen, wie der Wert einer Immobilie ermittelt wird. Frau Kolder zeigt ihr daher einen Auszug aus einem Gutachten zur Wertermittlung einer Immobilie.

Vereinfachtes Beispiel einer Nutzflächenberechnung:

Verkehrs-/Marktwertgutachten
Dreifamilienhaus
Eisenstrasse 45, 04277 Leipzig

EG (Wohnfläche)	
Schlafen (3,64 · 4,125)	15,02 m²
Essen/Wohnen (5,265 · 4,125 + 0,14 · 2,01 + 3,36 · 3,125 – 1,50 · 0,50)	31,75 m²
Bad (2,26 · 1,70)	3,84 m²
Flur (1,90 · 1,60)	3,04 m²
Schlafen Eltern (4,31 · 3,295)	14,20 m²
Kochen (2,665 · 4,365 – 0,40 · 0,40)	11,47 m²
WC (1,50 · 1,365)	2,05 m²
Abstellraum (1,20 x 2,76)	3,31 m²
Vorplatz/Diele (2,80 · 1,885 + 1,51 · 1,50)	7,54 m²
Summe I	92,22 m²
abzgl. 3 % Putz	2,77 m²
Summe II	89,45 m²
Balkon ((3,90 · 2,40 + [3,60 · 0,25/2] + [3,50 · 1,00/2])/2)	5,00 m²
Wohnfläche EG	**94,45 m²**
Wohnfläche OG (wie EG)	**94,45 m²**

Weitere Fakten zur Bewertung des Dreifamilienhauses im Ertragswertverfahren

- Der Bodenwertansatz erfolgt entsprechend dem Bodenrichtwert mit 580,00 €/m².
- Das Grundstück umfasst 720,00 m².
- Unter Berücksichtigung bei den aus dem Mietspiegel abgeleiteten Mieten pro Quadratmeter Wohnfläche ergeben sich folgende Mietpreisansätze zur Ermittlung der Rohmiete:

Geschoss	Mietpreisansatz/Nutzfläche	Miete
UG	8,55 €/m² / 2 = 4,27 €/m²	60 m² · 4,27 €/m² = 256,20 €, gerundet 256 €

Geschoss	Mietpreisansatz/Wohnfläche	Miete
EG	7,98 €/m²	94 m² · 7,98 €/m² = 750,12 €, gerundet 750 €
OG	7,50 €/m²	94 m² · 7,50 €/m² = 705,00 €
DG	8,30 €/m²	46 m² · 8,30 €/m² = 381,80 €, gerundet 382 €

- Als Mietpreisansatz für die Garage werden 80,00 € veranschlagt.

- Die Vewaltungskosten betragen 3,8 % der Jahresrohmiete, die Instandhaltungskosten 12,50 €/m² der Wohn-/Nutzfläche im Jahr und für die Garage 100,00 € pro Jahr. Das Mietausfallwagnis beträgt 2,00 % des Rohertrags. Der Liegenschaftszins hat eine Höhe von 3,5 %. Die Restnutzungsdauer beträgt noch 35 Jahre, sodass sich eine Alterswertminderung von rd. 56,25 % ergibt. Eine objektspezifische Marktanpassung ist nicht erforderlich, denn es gibt weder einen besonderen Instandhaltungsstau noch außergewöhnliche Ertragsverhältnisse.

ARBEITSAUFTRÄGE

1 Frau Kolder möchte, dass Isabell den Ertragswert der Immobilie anhand der gegebenen Rahmendaten berechnet. Hierzu kann das folgende Schema genutzt werden:

a)	Ermittlung des Reinertrags
=	Rohertrag
	nicht umlagefähige Bewirtschaftungskosten
–	Verwaltungskosten
–	Instandhaltungskosten
–	Mietausfallwagnis
=	Jahresreinertrag
b)	Bodenwertverzinsungsbetrag
=	Reinertragsanteil der baulichen Anlagen
c)	Ermittlung des Ertragswerts der baulichen Anlagen
d)	Bodenwert
=	Ertragswert

Die Ermittlung des Vervielfältigers führen Sie mit der folgenden Formel durch:

$$V_n^i = \frac{(1+i)^n - 1}{(1+i)^n \cdot i}$$

2 Neben dem Ertragswertverfahren zur Bewertung von Immobilien gibt es noch das Vergleichswert- und das Sachwertverfahren.

a) Nennen Sie typische Anwendungsfälle für das Vergleichswertverfahren.

b) Warum scheitert die Anwendung des Vergleichswertverfahrens in der Praxis häufig?

c) Nennen Sie typische Anwendungsfälle für das Sachwertverfahren.

3 Neben dem Begiff des Vekehrswerts gibt es in der Praxis der Kreditvergabe der Banken den Terminus „Beleihungswert".

a) Definieren Sie den Beleihungswert.

b) Was ist die Beleihungsgrenze?

c) Wie hoch ist der Beleihungswert im Vergleich zum Verkehrswert üblicherweise?

Situation 91

Kundenfinanzierungen begleiten und Bauträgerfinanzierungen

Die MEWOH Musterwohn GmbH agiert auch als Bauträger, so u. a. im Mehrfamilien- und Eigenheimbau. Das Ehepaar Huber ist auf der Suche nach einer Eigentumswohnung. Sie haben ein Kind, welches die erste Klasse besucht. Die Familie verfügt über ein monatliches Nettoeinkommen von 4.400,00 € und erhält derzeit Kindergeld in Höhe von 250,00 € monatlich. Die beiden können, da sie vor Kurzem geerbt haben, einen Eigenkapitalanteil in Höhe von 140.000,00 € aufbringen. Sie interessieren sich für eine von der MEWOH angebotene Wohnung, die 385.000,00 € kostet. Zudem sind Notar- und Gerichtskosten von 1,5 % und 5,5 % Grunderwerbsteuer zu berücksichtigen.

Exposé (Auszug):

Wunderschöne Neubauwohnungen in begehrter Lage von der MEWOH Musterwohn GmbH in der Genthnerstrasse 17, 04205 Leipzig

Die Traumwohnung bietet Ihnen u. a. 95 m² Wohnfläche und einen großen Balkon zur Westseite mit Gartenblick.

Preis: 385.000,00 €

Ihre Vorteile:

Sie ziehen in eine energieeffiziente Immobilie und können somit günstige Fördermittel erhalten.

Für den EEH-Standard dieser Immobilie, die auch noch ein QNG-Siegel (Qualitätsstandard „Nachhaltige Gebäude") aufweist, bekommen Sie bis zu 150.000,00 € zinsgünstige Darlehen von der KfW.

Ihre Betriebskosten sind aufgrund des hohen energetischen Standards ebenfalls gering.

ARBEITSAUFTRAG

Ermitteln Sie den Finanzierungsbedarf der Familie Huber für das Objekt.

Folgesituation 1

Die Hubers bekommen ein KfW-Darlehen in Höhe von 150.000,00 € zu 1,1 % Zinsen und 1 % Tilgung. Es gibt keine Tilgungsfreijahre. Sie nehmen für die restliche zu finanzierende Summe ein grundbuchlich gesichertes Bankdarlehen mit einem Zins von 4,3 % bei 2 % Tilgung auf. Die Wohnfläche der Wohnung beträgt 95 m². Die Eheleute müssen monatlich 2,44 €/m² für Betriebskosten ausgeben und 1,50 €/m² für Heizkosten.

ARBEITSAUFTRÄGE

1 Ermitteln Sie die anfängliche monatliche Belastung der Familie.

2 Berechnen Sie, wie viel des Einkommens nach Abzug der Darlehensrate und der sonstigen Kosten für die Immobilie der Familie noch verbleibt. Berücksichtigen Sie dabei, dass die Familie üblicherweise Lebenshaltungskosten von 2.100,00 € pro Monat hat.

3 Beurteilen Sie, ob die Mittel der Familie Huber für das Vorhaben ausreichend sind. Belegen Sie dies anhand der bereits durchgeführten Rechnungen.

Folgesituation 2

Die Hubers möchten die Finanzierungsmittel beantragen und beginnen, die hierzu notwendigen Unterlagen zusammenzustellen. Zudem haben sie von ihrer Bank erfahren, dass bestimmte Sicherheiten bestellt werden müssen.

ARBEITSAUFTRÄGE

1 Gibt es unterschiedliche Regelungen für ein Darlehen, welches ein Unternehmen bzw. ein privater Käufer zur Finanzierung seiner Immobilien aufnimmt? Erarbeiten Sie die Unterschiede.

2 Welche typischen Unterlagen müssen Kreditnehmer vorlegen? Unterscheiden Sie dabei zwischen Unterlagen zur Bonität des Kreditnehmers und Unterlagen zum Objekt. Nennen Sie mindestens fünf Beispiele für beide Kategorien. Nutzen Sie dazu das Arbeitsblatt 11.1 „Bonitäts- und Objektunterlagen", welches den Webcodematerialien beiliegt.

3 Die Hubers möchten noch mehr über die zu bestellenden Sicherheiten wissen. Erläutern Sie Ihnen dazu folgende Begriffe:
a) Grundpfandrecht
b) Hypothek
c) Grundschuld

4 Was ist ein Grundschuldbrief? Wird er im heutigen Geschäftsverkehr noch häufig genutzt?

5 Im normalen Geschäftsverkehr hat die Grundschuld die Hypothek weitgehend verdrängt. Erläutern Sie unter Benutzung der Begiffe „akzessorisch" und „abstrakt", woran das liegt.

6 Wann kann im Zusammenhang mit Finanzierungen ein Rangrücktritt eine Rolle spielen? Definieren Sie hierzu auch den Begriff des Rangrücktritts.

Folgesituation 3

Die Hubers stellen fest, dass bisher bei dem wichtigen Thema „Sicherheiten" nur von der dinglichen Absicherung gesprochen worden ist. Sie möchen wissen, ob es im Geschäftsverkehr ggf. noch weitere Arten von Sicherheiten gibt, auch wenn diese für sie vielleicht nicht infrage kommen.

ARBEITSAUFTRÄGE

1 Erarbeiten Sie eine Übersicht über unterschiedliche Personalsicherheiten und nennen Sie typische Anwendungsbereiche für diese Arten der Sicherheit. Nutzen Sie dazu das Arbeitsblatt 11.2 „Personalsicherheiten", welches den Webcodematerialien beiliegt.

2 Bei den Bürgschaften werden unterschieden:
a) Ausfallbürgschaft
b) selbstschuldnerische Bürgschaft
c) Höchstbetragsbürgschaft
Beschreiben Sie die Bürgschaften und ihre Besonderheiten. Welche der Bürgschaftsformen ist für die Bank besonders vorteilhaft?

3 Unterscheiden Sie zwischen der offenen und stillen Zession.

Folgesituation 4

Auch die MEWOH Musterwohn GmbH muss das Vorhaben finanzieren. Es liegen unterschiedliche Angebote vor, die Sie miteinander vergleichen müssen. Welches ist das beste Angebot?

Angebot 1

Finanzierungsbetrag:	3.000.000,00 €
Sollzins:	6,20 %
Auszahlungsbetrag:	95,00 %
Zinsbindung:	10 Jahre
Jährliche Gebühren:	0,10 %
Bearbeitungsgebühr (einmalig):	500,00 €
Tilgung:	1,00 %

Angebot 2

Finanzierungsbetrag:	3.000.000,00 €
Sollzins:	5,70 %
Auszahlungsbetrag:	90,00 %
Zinsbindung:	8 Jahre
Bearbeitungsgebühr (einmalig):	300,00 €
Tilgung:	1,00 %

Angebot 3

Finanzierungsbetrag:	3.000.000,00 €
Sollzins:	5,80 %
Auszahlungsbetrag:	90,00 %
Zinsbindung:	5 Jahre
Bearbeitungsgebühr (einmalig):	1.000,00 €
Tilgung:	1,00 %

Folgesituation 5

Als Bauträger unterliegt die MEWOH Musterwohn GmbH bestimmten Auflagen und Vorausetzungen. Arbeiten Sie diese heraus.

ARBEITSAUFTRÄGE

1 Erläutern Sie kurz das Wesen des Bauträgergeschäfts.

2 Definieren Sie den Bauträgervertrag gemäß § 650u BGB.

3 Wenn der Bauträger Geld vom Kunden vor der Fertigstellung des Objekts entgennimmt, unterliegt er den Voraussetzungen des § 3 MaBV. Was sind die wesentlichen Voraussetzungen gemäß § 3 MaBV, die vorliegen müssen, damit er Kundengelder entgegennehmen kann?

Situation 92

Kreditantrag, Lastenberechnung und Fördermöglichkeiten

Um einen Kreditantrag bewilligt zu bekommen, sind sowohl bei Unternehmen als auch bei privaten Finanzierungen zahlreiche Unterlagen notwendig. Die Bank prüft anhand der Unterlagen und weiterer Faktoren, ob der Kunde den Kredit bekommt. Die Hubers, die ihre Eigentumswohnung zur Selbstnutzung erwerben, haben mittlerweile alle Unterlagen zur Finanzierung eingereicht und warten auf eine postive Antwort der Bank. Rund um die Finanzierung gibt es aber noch einige Besonderheiten, die zu beachten sind.

ARBEITSAUFTRÄGE

1 Die Banken führen eine Kreditwürdigkeitsprüfung durch. Nennen und erläutern Sie die beiden Bereiche der Kreditwürdigkeitsprüfung.

2 Um belastbare Informationen darüber zu erhalten, ob sich ein privater Käufer eine Immobilie leisten kann, wird eine Haushaltsrechnung durchgeführt. Erklären Sie, was eine Haushaltsrechnung ist.

3 Nennen Sie die wichtigsten Einnahmen und Ausgaben, die in eine Haushaltsrechnung gehören. Nutzen Sie dazu das Arbeitsblatt 11.3 „Einnahmen und Ausgaben“, welches den Webcodematerialien beiliegt.

4 Die Hubers erwerben die Wohnung von der MEWOH Musterwohn GmbH zu einem Festpreis von 385.000,00 €. Können diese Kosten in die Finanzierungsrechnung als gesamte Anschaffungskosten aufgenommen werden oder sind noch Besonderheiten zu beachten?

Folgesituation 1

Die MEWOH Musterwohn GmbH verkauft auch einige unbebaute Grundstücke, da es sich für das Unternehmen nicht lohnt, diese relativ kleinen und nicht zusammenliegenden Grundstücke ebenfalls zu bebauen. Obwohl die Hubers sich eigentlich schon für die Eigentumswohnung entschieden haben, überlegt Herr Huber, ob nicht aufgrund der individuellen Gestaltungsmöglichkeiten der Kauf eines unbebauten Grundstücks die bessere Option sein könnte. Gleichzeitig interessiert ihn auch, ob das in der Finanzierung eventuell schwieriger sein könnte.

ARBEITSAUFTRÄGE

Unterstützen Sie Herrn Huber bei seinen Überlegungen, indem Sie die folgenden Fragen beantworten. Dabei nutzen Sie Ihr Wissen, dass Sie zunächst den Gesamtaufwand verifizieren müssen, um belastbare Informationen über die Tragbarkeit der Finanzierung zu bekommen.

1 Welche Kosten sind in Bezug auf das Grundstück beim Kauf eines unbebauten Grundstücks relevant?

2 Welche Kosten ergeben sich beim Bau bzw. Umbau einer Immobilie?

Folgesituation 2

Herr Huber bereut seine Entscheidung nun nicht mehr, sich für die vom Bauträger errichtete Eigentumswohnung entschieden zu haben. Er möchte aber mehr darüber erfahren, welche laufenden Kosten er berücksichtigen muss, wenn er die Immobilie erwirbt. Hierbei überlegt er, ob er die Immobilie nicht lieber für einige Jahre vemieten sollte, um seinem Kind einen Schulwechsel zu ersparen.

ARBEITSAUFTRÄGE

Geben Sie Herrn Huber auch hier Hilfestellung bei seinen Fragen.

1 „Wenn ich die Immobilie nun vermiete, welche Kosten muss ich dann berücksichtigen?“, fragt Sie Herr Huber. Führen Sie diese Kosten im Einzelnen auf, um Herrn Huber zu unterstützen.

2 „Welche Einnahmen könnte ich denn gegenrechnen?“, möchte er wissen. „Meine Tante Klara hat mir versprochen, dass Sie mich beim Immobilienkauf jeden Monat mit 100,00 € unterstützt. Sind das auch Einnahmen?“

Folgesituation 3

In Herrn Hubers Kalkulation sind Fördermittel eingerechnet. Die Förderung spielt generell im Immobilienbereich eine wichtige Rolle, gerade bei den stark gestiegenen Baupreisen verbunden mit hohen Anforderungen an die Energieeffizienz von Gebäuden.

ARBEITSAUFTRÄGE

1 Neben den Fördermitteln gibt es zahlreiche direkte und indirekte Möglichkeiten der Förderung. Unterscheiden Sie zwischen indirekter sowie direkter Förderung und nennen Sie Beispiele. Nutzen Sie dazu das Arbeitsblatt 11.4 „Direkte und indirekte Förderung“, welches den Webcodematerialien beiliegt.

2 Beschreiben Sie die folgenden Fördergeber:
a) KfW
b) BAFA

Folgesituation 4

Bei der Beantragung der Förderung und auch bei der Nutzung geförderter Immobilien gilt es zahlreiche Regelungen und Bedingungen zu beachten, um die Fördermittel nicht zu gefährden bzw. zu riskieren, dass diese zurückgezahlt werden müssen.

ARBEITSAUFTRÄGE

1. Was ist für Erwerber bezüglich des Kaufvertrags zu beachten, wenn sie KfW-Mittel in Anspruch nehmen wollen?
2. Es gibt eine Reihe weiterer Bedingungen, die es zu beachten gilt, wenn KfW-Fördermittel in Anspruch genommen werden sollen. Bitte nennen Sie mindestens fünf weitere Bedingungen.
3. Herr Huber möchte wissen, was mit den Fördermitteln passiert, wenn er sich dazu entschließt, die Immobilie z. B. nach 5 Jahren wieder zu verkaufen, der Förderkredit aber eine Laufzeit von 10 Jahren hat.
4. Wie bereits erwähnt, stellen die zurzeit aktuellen Förderprogamme KFN (Klimafreundlicher Neubau) auf die Förderung besonders energieeffizienter Immobilien ab. Welche drei Kriterien bei neu gebauten Immobilien sind entscheidend für das Erlangen von Fördermitteln?
5. Bitte schildern Sie die fünf Stufen des Kreditvergabeprozesses durch die KfW.

Folgesituation 5

Die MEWOH Musterwohn GmbH möchte gern auch ihren Bestand energieeffizient sanieren. Isabell soll sich daher mit den Fördermöglichkeiten auseinandersetzen. Die MEWOH hat den Bestand bereits in Bezug auf seine Energieeffizienz untersucht, und die Geschäftsführung hat entschieden, dass nicht alle Gebäude vollständig saniert werden sollen, sondern plant für einige Gebäude die Durchführung von Einzelmaßnahmen. Wie Isabell bereits weiß, kommt insoweit das BAFA als Fördergeber infrage.

ARBEITSAUFTRÄGE

1. Nennen Sie die Einzelmaßnahmen, die bei der Sanierung vom BAFA gefördert werden.
2. Isabell hat etwas von „Worst Performing Buildings" und Zuschüssen gelesen, die es dafür gibt, wenn diese saniert werden. Können Sie ihr mehr Details dazu nennen?

Aufgaben

1. Was verstehen Sie unter Bonität?
2. Man spricht von einer belastbaren Haushaltsrechnung. Was ist mit belastbar genau gemeint?
3. Bei den Einnahmen werden alle regelmäßigen Haushaltseinkünfte des Kreditnehmers berücksichtigt. Geben Sie zwei Beispiele.
4. Bei den Ausgaben werden die regelmäßigen Haushaltsausgaben betrachtet. Geben Sie auch hierzu zwei Beispiele.
5. Was zählt zu den Grundstückskosten? Geben Sie drei Beispiele.
6. Aus welchen beiden Kostenpositionen setzen sich die Gesamtkosten eines Neubaus zusammen?
7. Wann wird das Qualitätssiegel „QNG" (Qualitätssiegel „Nachhaltiges Gebäude") vergeben?
8. Was ist ein Prolongationsangebot?
9. Fördert die KfW nur Wohnimmobilien oder können Sie auch für Gewerbeimmobilien Förderprogramme in Anspruch nehmen?

Situation 93

Immobilien und Steuern

Eine wichtige Komponente bei der Besteuerung ist die Abschreibung (AfA = Absetzung für Abnutzung). Regelungen finden Sie dazu u.a. in § 7 Abs. 4 Satz 1 und 2 EStG.

§ 7 Abs. 4 Satz 1 und 2 EStG

(4) [1]Bei Gebäuden sind abweichend von Absatz 1 als Absetzung für Abnutzung die folgenden Beträge bis zur vollen Absetzung abzuziehen:

1. bei Gebäuden, soweit sie zu einem Betriebsvermögen gehören und nicht Wohnzwecken dienen und für die der Bauantrag nach dem 31. März 1985 gestellt worden ist, jährlich 3 Prozent,
2. bei Gebäuden, soweit sie die Voraussetzungen der Nummer 1 nicht erfüllen und die
   a) nach dem 31. Dezember 2022 fertiggestellt worden sind, jährlich 3 Prozent,
   b) vor dem 1. Januar 2023 und nach dem 31. Dezember 1924 fertiggestellt worden sind, jährlich 2 Prozent (...)
   c) vor dem 1. Januar 1925 fertiggestellt worden sind, jährlich 2,5 Prozent

Die MEWOH Musterwohn GmbH hat mehrere Immobilien zum 01.01. des gerade beendeten Geschäftsjahres erworben und vermietet diese. Nun soll die Summe der Abschreibung in diesem Jahr ermittelt werden. Folgende Informationen liegen Ihnen vor:

Wohngebäude: Hansaring 20
- Jahr der Fertigstellung: 2020
- Erwerbskosten (= AfA-Bemessungsgrundlage): 1.387.000,00 €

Wohngebäude: Belmontstrasse 7
- Fertigstellung: 2023
- Erwerbskosten (= AfA-Bemessungsgrundlage): 3.000.000,00 €

Einfamilienhaus: Zur Schönen Aussicht 25
- Fertigstellung: 1923
- Erwerbskosten (= AfA-Bemessungsgrundlage): 300.000,00 €

Gasthaus „Zur wilden Ameise“: Gutsstraße 17
- Bauantrag: 01.01.1999
- Erwerbskosten (= AfA-Bemessungsgrundlage): 450.000,00 €

ARBEITSAUFTRAG

Ermitteln Sie die Summe der Abschreibung im gerade beendeten Geschäftsjahr. Nutzen Sie dazu das Arbeitsblatt 11.5 „Abschreibungen“, welches den Webcodematerialien beiliegt.

Folgesituation

Die MEWOH Musterwohn GmbH möchte eine neue Wohnanlage errichten und vermieten. Fertigstellung soll am 01.01.2025 sein. Die Kosten für das Gebäude ohne Außenanlagen und Grundstück liegen bei insgesamt 1.254.000,00 €. Das Objekt hat 6 Wohneinheiten zu je 95 m². Es stellt sich die Frage, wie hoch die Abschreibung der MEWOH für die neue Wohnanlage ist, die im ersten Jahr geltend gemacht werden kann, wenn neben der Abschreibung nach § 7 Abs. 4 Satz 2 EStG noch die Abschreibung nach § 7 b EStG in Anspruch genommen wird. Das Gebäude ist ein „Effizienzhaus 40“ mit Nachhaltigkeitsklasse, und dies wird durch das Qualitätssiegel „Nachhaltiges Gebäude“ nachgewiesen. Der Bauantrag wurde am 01.01.2023 gestellt.

§ 7b EStG

(1) [1]Für die Anschaffung oder Herstellung neuer Wohnungen, die in einem Mitgliedstaat der Europäischen Union belegen sind, können nach Maßgabe der nachfolgenden Absätze im Jahr der Anschaffung oder Herstellung und in den folgenden drei Jahren Sonderabschreibungen bis zu jährlich 5 Prozent der Bemessungsgrundlage neben der Absetzung für Abnutzung nach § 7 Absatz 4 in Anspruch genommen werden. [2]Im Fall der Anschaffung ist eine Wohnung neu, wenn sie bis zum Ende des Jahres der Fertigstellung angeschafft wird. [3]In diesem Fall können die Sonderabschreibungen nach Satz 1 nur vom Anschaffenden in Anspruch genommen werden. [4]Bei der Anwendung des Satzes 1 sind den Mitgliedstaaten der Europäischen Union Staaten gleichgestellt, die auf Grund vertraglicher Verpflichtung Amtshilfe entsprechend dem EU-Amtshilfegesetz in einem Umfang leisten, der für die Überprüfung der Voraussetzungen dieser Vorschrift erforderlich ist.

(2) [1]Die Sonderabschreibungen können nur in Anspruch genommen werden, wenn

1. durch Baumaßnahmen auf Grund eines nach dem 31. August 2018 und vor dem 1. Januar 2022 oder nach dem 31. Dezember 2022 und vor dem 1. Januar 2027 gestellten Bauantrags oder einer in diesem Zeitraum getätigten Bauanzeige neue, bisher nicht vorhandene, Wohnungen hergestellt werden, die die Voraussetzungen des § 181 Absatz 9 des Bewertungsgesetzes erfüllen; hierzu gehören auch die zu einer Wohnung gehörenden Nebenräume,
2. Wohnungen, die aufgrund eines nach dem 31. Dezember 2022 und vor dem 1. Januar 2027 gestellten Bauantrags oder einer in diesem Zeitraum getätigten Bauanzeige hergestellt werden, in einem Gebäude liegen, das die Kriterien eines „Effizienzhaus 40“ mit Nachhaltigkeits-Klasse erfüllt und dies durch Qualitätssiegel Nachhaltiges Gebäude nachgewiesen wird,
3. die Wohnung im Jahr der Anschaffung oder Herstellung und in den folgenden neun Jahren der entgeltlichen Überlassung zu Wohnzwecken dient; Wohnungen dienen nicht Wohnzwecken, soweit sie zur vorübergehenden Beherbergung von Personen genutzt werden.

[2]Die Anschaffungs- oder Herstellungskosten dürfen für Wohnungen,

1. die aufgrund eines nach dem 31. August 2018 und vor dem 1. Januar 2022 gestellten Bauantrags oder einer in diesem Zeitraum getätigten Bauanzeige hergestellt werden, 3.000 Euro je Quadratmeter Wohnfläche nicht übersteigen,
2. die aufgrund eines nach dem 31. Dezember 2022 und vor dem 1. Januar 2027 gestellten Bauantrags oder einer in diesem Zeitraum getätigten Bauanzeige hergestellt werden, 4.800 Euro je Quadratmeter Wohnfläche nicht übersteigen.

(3) Bemessungsgrundlage für die Sonderabschreibungen nach Absatz 1 sind die Anschaffungs- oder Herstellungskosten der nach Absatz 2 begünstigten Wohnung, jedoch

1. maximal 2.000 Euro je Quadratmeter Wohnfläche für Wohnungen im Sinne des Absatzes 2 Satz 2 Nummer 1 und
2. maximal 2.500 Euro je Quadratmeter Wohnfläche für Wohnungen im Sinne des Absatzes 2 Satz 2 Nummer 2.

(...)

ARBEITSAUFTRAG

Berechnen Sie die maximale Abschreibungshöhe. Nutzen Sie dazu den § 7 b EStG.

Situation 94

Finanzierungsplan

Die MEWOH Musterwohn GmbH errichtet ein Bauträgerobjekt, dessen Fertigstellung für den 01.01.2026 erwartet wird. Vorab soll aber selbstverständlich geprüft werden, ob sich die Maßnahme trägt bzw. ob ausreichende Finanzierungsmittel vorhanden sind. Isabell erhält die Aufgabe, das Vorhaben zu prüfen.

ARBEITSAUFTRÄGE

1 Nennen Sie die Kosten, die bei der Herstellung einer neuen Immobilie für ein Bauträgerunternehmen üblicherweise anfallen.

2 Das Grundstück für die geplante Neubaumaßnahme befindet sich noch nicht im Eigentum der MEWOH, sondern wird von einem Makler zum Kauf angeboten. Nennen Sie allgemein die Nebenkosten des Grundstückserwerbs.

3 Bei der Herstellung von Gebäuden fallen zudem häufig Erschließungskosten an. Differenzieren Sie zwischen den Kosten der inneren und der äußeren Erschließung.

4 Wie differenziert man die Baukosten gemäß der DIN 276?

5 Welche Kosten muss ein Unternehmen bei der Durchführung eines Bauvorhabens zusätzlich berücksichtigen?

Folgesituation

Es sind Baukosten für sechs Wohnungen in Höhe von 2.350.000,00 € ermittelt worden. Das Projekt wird folgendermaßen finanziert: Es steht Eigenkapital von 15 % der gesamten Baukosten zur Verfügung. Dieses wird mit 3 % verzinst. Ein Gesellschafter gibt zudem ein Gesellschafterdarlehen, welches er mit 4 % verzinst haben möchte. Die Darlehenshöhe beträgt 250.000,00 €. Die MEWOH Musterwohn GmbH hat sich für dieses Projekt gegen das Qualitätssiegel „Nachhaltiges Gebäude“ entschieden, erreicht aber den notwendigen Gebäudestandard, um ein Fördermitteldarlehen in Höhe von 100.000,00 € pro Wohnung zu bekommen. Das Unternehmen nimmt einen Kredit mit einer Laufzeit von 25 Jahren auf. Der Rest der Finanzierung erfolgt über ein Bankdarlehen mit einem Zinssatz von 4,5 %.

Annuitätendarlehen
Beim Annuitätendarlehen zahlen Sie in den ersten Jahren (tilungsfreie Anlaufzeit) nur Zinsen – danach gleich hohe monatliche Annuitäten.

Klimafreundlicher Neubau Wohngebäude – private Selbstnutzung			
Laufzeit	**Zinsbindung**	**Tilgungsfr. Anlaufzeit**	**Sollzins pro Jahr (eff. Jahreszins)**
4–10 Jahre	10 Jahre	1–2 Jahre	0,67 % (0,67 %)
11–25 Jahre	10 Jahre	1–3 Jahre	1,70 % (1,71 %)
26–35 Jahre	10 Jahre	1–5 Jahre	1,86 % (1,88 %)
Klimafreundlicher Neubau Wohngebäude			
4–10 Jahre	10 Jahre	1–2 Jahre	0,67 % (0,67 %)
11–25 Jahre	10 Jahre	1–3 Jahre	1,70 % (1,71 %)
26–35 Jahre	10 Jahre	1–5 Jahre	1,86 % (1,88 %)

ARBEITSAUFTRAG

Berechnen Sie die Zinskosten für ein Jahr, wenn Sie davon ausgehen, dass die Darlehen in vollem Umfang ausgezahlt werden.

Aufgaben

1 Welche der folgenden Positionen sind im Hinblick auf die Ermittlung der Kosten für die Herstellung einer Immobilie nicht relevant?
a) Projektmanagementkosten
b) Schulungskosten
c) Baukosten
d) Vermarktungskosten
e) Abschreibungen

2 Welche Kosten können im Bereich der Außenanlagen und Freiflächen entstehen? Geben Sie zwei Beispiele.

3 Geben Sie zwei Beispiele, was unter die Marketingkosten fällt.

4 Zuschüsse sind, wenn sie nicht rückzahlbar sind, von den Finanzierungskosten abzuziehen. Was sollten Sie bei Ihrer Planung aber berücksichtigen?

5 Bei der Erlösermittlung ergibt sich bei Bauträgerprojekten auch immer die Möglichkeit, dass eine Vereinbarung nach § 3 der Makler- und Bauträgerverordnung mit dem Erwerber getroffen wurde. Was ist in diesem Fall zu berücksichtigen?

6 Erklären Sie kurz, wie sich der Finanzierungsbedarf eines Bauträgers berechnet.

7 In der Regel wird ein Bauträger auch Eigenkapital einsetzen. Geben Sie drei Beispiele, um was es sich dabei handeln kann.

8 Die Kosten, die nicht mit Eigenkapital abgedeckt werden können, müssen aus fremden Mitteln aufgebracht werden. Bitte nennen Sie unterschiedliche Möglichkeiten des Fremdkapitals.

9 Was ist kein Fremdkapitalbestandteil?
a) Darlehen der KfW
b) Wertpapiere
c) Bankdarlehen
d) Rentenrückstellungen
e) Gesellschafterdarlehen
f) Lizenzen

Situation 95

Wirtschaftlichkeitsberechnung

Die MEWOH Musterwohn GmbH möchte zukünftig gern Objekte für Pflegeheime anbieten. Es wird ihr ein geeignetes Grundstück für 2.500.000,00 € inklusive aller Nebenkosten angeboten. Diese Kosten sowie die Vermarktungskosten finanziert die MEWOH mit Eigenkapital. Die restlichen Kosten werden fremdfinanziert. Folgende weitere Objektdaten liegen vor:

Daten für das Pflegeheimprojekt	
Anzahl der zu errichtenden Plätze	180
Baukosten/Pflegeplatz	39.000,00 €/Stück
Baukosten Innausstattung pro Pflegeplatz	10.500,00 €/Stück
Baunebenkosten	12,00 % der direkten Baukosten
Vermarktungskosten	3,00 % der Estellungskosten ohne Finanzierungskosten
Zinssatz	4,8 %
Bauzeit	1 Jahr
Bewirtschaftungs- und Servicekosten	2.400,00 €/Jahr und Pflegeplatz
Instandhaltung	150,00 €/Jahr und Pflegeplatz
Miete Pflegeplatz	7.400,00 €

ARBEITSAUFTRÄGE

1 Berechnen Sie die Gesamtkosten des Projekts. Nutzen Sie dafür das vorgegebene Kalkulationsschema.

Kalkulationsschema
Grundstückskosten
Grundstückskosten inklusive Nebenkosten
Baukosten
Pflegeplätze
Baukosten pro Pflegeplatz
Innenausstattung pro Pflegeplatz
direkte Baukosten pro Pflegeplatz
direkte Baukosten insgesamt
Baunebenkosten
Summe Baukosten
Finanzierungskosten
Baukosten · 4,8 % für ein Jahr bei linearem Mittelabfluss · 0,5
Vermarktungskosten
3 % der Baukosten ohne Finanzierungskosten

Zusammenstellung der Kosten
Grundstückskosten
Baukosten
Finanzierungskosten
Vermarktungskosten
Gesamtkosten

2 Berechnen Sie das Jahresergebnis im ersten Jahr nach der Fertigstellung des Projekts. Nutzen Sie auch hierfür das vorgegebene Kalkulationsschema.

Kalkulationsschema Jahresergebnis
Einnahmen
Plätze · Jahresmiete
Ausgaben
Bewirtschaftungskosten
Instandhaltungskosten
Finanzierungskosten
Jahresergebnis

3 Ermitteln Sie die Eigenkapitalrendite. Schreiben Sie dazu auch die Formel auf. Bitte berechnen Sie hierzu zunächst die Höhe des eingesetzten Eigenkapitals.

Folgesituation

Für die Finanzierung eines weiteren Neubauvorhabens stehen der MEWOH Musterwohn GmbH mehrere Möglichkeiten zur Verfügung. Die zu finanzierende Summe beträgt 1.200.000,00 €, die Bauzeit soll 16 Monate dauern. Folgende Alternativen werden der MEWOH von ihrer Hausbank angeboten:

1. Die gesamte benötigte Summe wird dem Bauherrn am Anfang des Bauvorhabens zur Verfügung gestellt. Hierfür wird ein Zinssatz von 2,25 % p.a. berechnet.
2. Es werden vier Raten zur Auszahlung gebracht: die erste zu Baubeginn, alle weiteren nach jeweils vier Monaten. Hierfür wird ein Zinssatz von 3,5 % p.a. für die in Anspruch genommenen Raten berechnet.
3. Es wird ein Kontokorrentkonto vereinbart, dessen Verzinsung von 4 % p.a. nach dem linearen Baukostenverlauf berechnet wird.

ARBEITSAUFTRAG

Welches ist die günstigste Finanzierungsalternative für die MEWOH Musterwohn GmbH? Zinseszinseffekte müssen nicht berücksichtigt werden.

Folgesituation

Jetzt werden der MEWOH Musterwohn GmbH zwei alternative Investitionsmöglichkeiten angeboten. Es soll entschieden werden, welche der beiden Investitionen sich in einem Investitionszeitraum von 5 Jahren am meisten lohnt. Hierzu liegen die folgenden Daten vor:

Immobilie 1	
Kaufpreis ohne Grunderwerbsteuer	2.300.000,00 €
Haltedauer	5 Jahre
Verkaufspreis am Ende des 5. Jahres	2.300.000,00 €

Überschüsse	
Jahr 1	30.000,00 €
Jahr 2	70.000,00 €
Jahr 3	50.000,00 €
Jahr 4	50.000,00 €
Jahr 5	40.000,00 €
Die Immobilie wird von einem Makler vermittelt. Dieser verlangt 4,75 % Provision.	

Immobilie 2	
Kaufpreis ohne Grunderwerbsteuer	2.300.000,00 €
Haltedauer	5 Jahre
Verkaufspreis am Ende des 5. Jahres	1.900.000,00 €; wegen der schlechten energetischen Qualität der Immobilie
Überschüsse	
Jahr 1	300.000,00 €
Jahr 2	300.000,00 €
Jahr 3	270.000,00 €
Jahr 4	250.000,00 €
Jahr 5	150.000,00 €

- Die Grunderwerbsteuer liegt bei 5,5 %.
- Die Erwerbsnebenkosten betragen 2,0 %.

ARBEITSAUFTRÄGE

1 Erläutern Sie das Wesen und die Wirkungsweise der Grunderwerbsteuer.

2 Berechnen Sie die Vorteilhaftigkeit der Investitionen und geben Sie eine Empfehlung ab. Der Kalkulationszinsfuß beträgt 6 %. Nutzen Sie die folgende Tabelle mit Abzinsungsfaktoren und das Arbeitsblatt 11.6 „Kalkulationsschema“, welches den Webcodematerialien beiliegt.

Zinssatz

Jahre	1,00 %	1,50 %	2,00 %	2,50 %	3,00 %	3,50 %	4,00 %	4,50 %	5,00 %	5,50 %	6,00 %	6,50 %	7,00 %
1	0,9901	0,9852	0,9804	0,9756	0,9709	0,9662	0,9615	0,9569	0,9524	0,9479	0,9434	0,939	0,9346
2	0,9803	0,9707	0,9612	0,9518	0,9426	0,9335	0,9246	0,9157	0,907	0,8985	0,89	0,8817	0,8734
3	0,9706	0,9563	0,9423	0,9286	0,9151	0,9019	0,889	0,8763	0,8638	0,8516	0,8396	0,8278	0,8163
4	0,961	0,9422	0,9238	0,906	0,8885	0,8714	0,8548	0,8386	0,8227	0,8072	0,7921	0,7773	0,7629
5	0,9515	0,9283	0,9057	0,8839	0,8626	0,842	0,8219	0,8025	0,7835	0,7651	0,7473	0,7299	0,713
6	0,942	0,9145	0,888	0,8623	0,8375	0,8135	0,7903	0,7679	0,7462	0,7252	0,705	0,6853	0,6663
7	0,9327	0,901	0,8706	0,8413	0,8131	0,786	0,7599	0,7348	0,7107	0,6874	0,6651	0,6435	0,6227
8	0,9235	0,8877	0,8535	0,8207	0,7894	0,7594	0,7307	0,7032	0,6768	0,6516	0,6274	0,6042	0,582

Situation 96

Unternehmensfinanzierung

Die MEWOH Musterwohn GmbH plant ein Modernisierungsprojekt. Es geht hierbei um einen in die Jahre gekommenen Wohnblock, der aber aufgrund der Portfoliostrategie des Unternehmens in rund 5 Jahren wieder verkauft werden soll. Da das Unternehmen bei diesem Projekt keinen förderwürdigen Standard erreicht, verzichtet es auf öffentliche Mittel. Zurzeit geht es darum, welche Finanzierungsmöglichkeiten der MEWOH ansonsten offenstehen. Danach soll anhand der bereits recherchierten Daten entschieden werden, ob die Investition durchgeführt werden kann oder nicht.

ARBEITSAUFTRAG

Neben dem klassischen Bankdarlehen gibt es weitere Finanzierungsmöglichkeiten für Unternehmen.

a) Bitte zählen Sie die wichtigsten auf und unterscheiden Sie dabei die Eigen- und Fremd- sowie die Innen- und Außenfinanzierung.
b) Geben Sie jeweils ein Beispiel.

Folgesituation 1

Der von der MEWOH Musterwohn GmbH ingesamt aufzubringende Kapitalbedarf liegt bei 3.350.000,00 €. Die MEWOH kann hiervon 1.000.000,00 € aus Eigenmitteln erbringen. Der Rest soll finanziert werden. Es liegen zwei Angebote vor. Ein

- Abzahlungsdarlehen mit einer Darlehenslaufzeit von 40 Jahren und einer Zinsfestbindung von 5 Jahren zu 4,2 % Zinsen und 2,5 % Tilgung sowie
- ein Annuitätendarlehen mit Zinsen von 4,4 % sowie einer anfänglichen Tilgung von 2 %.

ARBEITSAUFTRÄGE

1 Unterscheiden und erläutern Sie die drei wichtigsten Darlehensarten.

2 Was passiert, wenn es dem Unternehmen gelingt, das Objekt bereits nach zwei Jahren zu veräußern? Erläutern Sie die unterschiedlichen Kündigungsmöglichkeiten, die der Darlehensnehmer gemäß BGB hat, und deren Folgen.

3 Berechnen Sie aus den Angaben die Höhe der zu leistenden Raten in den ersten fünf Jahren. Gehen Sie dabei vereinfachend von einer jährlichen Verzinsung und Tilgung aus. Nutzen Sie dazu das Arbeitsblatt 11.7 „Abzahlungs- und Annuitätendarlehen", welches den Webcodematerialien beiliegt.

4 Wenn Sie die Ergebnisse Ihrer Berechnung vergleichen: Welche Unterschiede ergeben sich zwischen den beiden Darlehensarten in Bezug auf Zins und Tilgung? Inwieweit könnte das für die Entscheidung der MEWOH Musterwohn GmbH eine Relevanz besitzen?

Folgesituation 2

Die MEWOH Musterwohn GmbH hat sich für einen Kredit entschieden. Sie nimmt die Mittel jedoch nicht – wie sonst – über ihre Hausbank in Anspruch, sondern man hat sich für ein neues Kreditinstitut entschieden. Deshalb muss die MEWOH – ebenso wie jeder andere Kreditnehmer – zur Beantragung des Kredits unterschiedliche Unterlagen beibringen.

ARBEITSAUFTRÄGE

1 Nennen Sie mindestens fünf Unterlagen, die üblicherweise von einem Unternehmen bei der Beantragung eines Immobilienkredits vorgelegt werden müssen.

2 Wenn die MEWOH ein Bauträgerprojekt realisieren will, kommen weitere Unterlagen hinzu. Nennen Sie auch hierzu mindestens fünf Unterlagen.

Aufgaben

1 Was bezeichnet der Begriff „Thesaurierung"?

2 Kreditarten hängen immer eng mit der Herkunft des Fremdkapitals zusammen.
- **a)** Erklären Sie in diesem Zusammenhang kurz die unten aufgeführten Kreditarten.
- **b)** Geben Sie jeweils ein Beispiel, wann der Rückgriff auf die jeweilige Kreditart erfolgen sollte.

Kreditarten:
1. Langfristige Bankdarlehen/Darlehen anderer Kreditgeber
2. Gesellschafterdarlehen
3. Lieferantenkredite
4. Kundenanzahlung
5. Anleihen
6. Factoring
7. Leasing
8. Franchising

3 Ein Darlehensgeber (Kreditinstitut) ist an einer Fortführung des Darlehensverhältnisses nicht interessiert.
- **a)** Bis wann muss der Darlehensgeber den Darlehensnehmer darüber informieren? Nennen Sie auch die gesetzliche Grundlage.
- **b)** Welche Strafe kann dem Darlehensgeber drohen, wenn er seiner Informationspflicht nicht nachkommt?

4 Im Rahmen der Kreditprolongation bzw. -umschuldung werden auch die Begriffe der unechten und echten Anschlussfinanzierung verwendet. Grenzen Sie die beiden Begriffe voneinander ab.

5 Eine Kreditprolongation kann Vor- und Nachteile mit sich bringen. Nennen Sie jeweils zwei.

6 Aus welchen Gründen erfolgt in der Regel eine Kreditumschuldung? Geben Sie drei Beispiele.

7 Bei einer Umschuldung können u. U. Kosten entstehen.
- **a)** Geben Sie zwei Beispiele für mögliche Kosten.
- **b)** Wofür dürfen keine Kosten entstehen? Geben Sie auch hier zwei Beispiele.

LERNFELD **12**

Gesamtwirtschaftliche Einflüsse bei immobilienwirtschaftlichen Entscheidungen berücksichtigen

SB ▶ SITUATION 97
Motive wirtschaftlichen Handelns

1 Motive für wirtschaftliches Handeln

Beispiel

In der Schule geht es heute um gesamtwirtschaftliche Einflüsse und die damit verbundene grundlegende Frage, wie Bedürfnis, Bedarf und Nachfrage miteinander zusammenhängen. Isabells Klasse soll sich dazu mit dem folgenden Fall näher befassen.

Schauen Sie sich diesen Jungen an. Sollte er besser den gesunden Apfel essen oder die leckeren Schokoladenkekse? Oder beides? Oder sollte er besser warten und etwas anderes essen? Sollte er die Kekse mit seinen Freunden teilen? Vielleicht reichen die dann aber nicht für alle. Wenn er alles aufisst, bleiben seine Freunde dann hungrig? Was, wenn es einen Preis für diese Waren gäbe – wäre die Entscheidung anders? Was wäre die rationale Entscheidung in diesem Fall?

1.1 Bedürfnis, Bedarf, Nachfrage

1.1.1 Begriffsabgrenzung

VWL
Volkswirtschaftslehre = beschäftigt sich mit gesamtwirtschaftlichen Fragestellungen

Ob trendige Turnschuhe, ein Smartphone, ein Auto, eine eigene Wohnung oder sogar ein Haus – die Bedürfnisse der Menschen sind vielfältig, unterschiedlich und unbegrenzt und stehen am Anfang jeden Wirtschaftens. Sie werden als Mangel empfunden, aus dem der Wunsch folgt, diesen zu beseitigen, und gelten daher im Rahmen der **Volkswirtschaftslehre (VWL)** als zentrale Antriebskraft des wirtschaftlichen Handelns.

Merke!

Ein Bedürfnis ist der Wunsch, einen empfundenen Mangel zu beseitigen.

Kaufkraft
das zur Verfügung stehende Einkommen

Die Kundin, die nachfragt, nennt man Konsumentin.

Wenn ein Bedürfnis mit einem bestimmten Produkt am Markt befriedigt werden kann und der Kunde das Produkt kaufen möchte, wird ein Bedürfnis zum **Bedarf**. Wenn die notwendige **Kaufkraft** vorhanden ist und das Produkt letztlich auch vom Kunden gekauft wird, d. h., der Bedarf am Markt wirksam wird, spricht man von **Nachfrage**.

Vom Bedürfnis zur Nachfrage

Bedürfnis → Bedarf → Nachfrage

Sicherheit

Wunsch nach einer eigenen Wohnung

Kauf einer Wohnung

Mit der Herstellung und dem Angebot von Gütern (als Oberbegriff für Waren und Dienstleistungen) versuchen Unternehmen, die Nachfrage zu befriedigen. Daher ist es für Unternehmen von erheblichem Interesse, die menschlichen Bedürfnisse zu identifizieren und zu analysieren, um bedarfsgerechte Produkte herzustellen.

Im Folgenden wird immer der Oberbegriff Güter für Waren und Dienstleistungen verwendet.

Erforschung der Kunden (Bedarfsforschung)

▶ LF 10, Kap. 2.1.1

1.1.2 Arten von Bedürfnissen

Die menschlichen Bedürfnisse unterscheiden sich unter anderem nach dem Alter, Geschlecht, Einkommen und sozialen Umfeld eines einzelnen Menschen. Sie können nach verschiedenen Kriterien unterschieden werden:

- nach Dringlichkeit
- nach Art der Befriedigung
- nach Bewusstheit der Bedürfnisse

Einteilung nach der Dringlichkeit von Bedürfnissen

Während die menschlichen **Existenzbedürfnisse**, z. B. Essen, Trinken und Schlafen, lebensnotwendig sind und in der Regel unmittelbar erfüllt werden, ist die Erfüllung weiterer Bedürfnisse weniger dringlich. Smartphones, Tablets, Fernsehen, Kino- und Diskothekenbesuche, Autos und Flugreisen sind z. B. solche mittelbar erfüllbaren Bedürfnisse, die in Deutschland heute als selbstverständlich angesehen werden. Sie gehören zur heutigen Kultur und werden dementsprechend als **Grund- oder Kulturbedürfnisse** bezeichnet.

Luxusbedürfnisse gehen über die Grund- und Kulturbedürfnisse hinaus und sind „entbehrliche Annehmlichkeiten", z. B. Designerkleidung, Schmuck, Sportwagen, das Gemälde eines berühmten Malers oder Delikatessen (z. B. Kaviar).

Eine eindeutige Abgrenzung dieser Bedürfnisarten ist oftmals nicht möglich, da die generelle Zuordnung, ob z. B. ein Smartphone ein Kultur- oder Luxusbedürfnis ist, von persönlichen Wertvorstellungen, dem soziokulturellen Hintergrund oder auch dem technischen Stand der Volkswirtschaft abhängt. Vieles, was früher Luxus war (z. B. Radio, Fernsehen, Auto), gilt heute in den Industrieländern als unverzichtbar.

1943 stellte der amerikanische Psychologe Abraham Maslow (1908–1970) eine Hierarchie der menschlichen Bedürfnisse vor, die er in fünf Stufen zusammenfasste und in der Rangfolge ihrer Dringlichkeit anordnete. Der inneren Natur folgend versuchen

Maslows Bedürfnispyramide

Selbstverwirklichung
Talententfaltung, Individualität, Kunst

Wertschätzungsbedürfnisse
Status, Prestige, Akzeptanz, Respekt, Macht

soziale Bedürfnisse
Familie, Freundschaft, Partnerschaft, Kommunikation

Sicherheitsbedürfnisse
Recht und Ordnung, finanzielle und materielle Sicherheit, Arbeitsplatz

Grundbedürfnisse
Atmung, Nahrung, Schlaf, Wärme, Kleidung, Unterkunft

Menschen, zunächst ihre grundlegenden Bedürfnisse auf der untersten Stufe zu erfüllen. Erst wenn diese erfüllt sind, strebt der Mensch nach Befriedigung der Bedürfnisse der nächsthöheren Stufe. Genau diese Denkweise, die sehr unrealistisch erscheint, bot in der Wissenschaft immer wieder Anlass zur Kritik an Maslows Theorie.

Einteilung nach Art der Befriedigung
Neben den oben bereits beschriebenen Individualbedürfnissen (Bedürfnisse Einzelner), wie z.B. Essen und Trinken, gibt es auch Kollektivbedürfnisse. Diese entstehen oft durch das gesellschaftliche Leben (z.B. Schulbildung). Hierzu zählen unter anderem die Bedürfnisse aus den Bereichen innere und äußere Sicherheit, Rechtsprechung, Gesundheit, Verkehr, Umweltschutz und Bildung. Da der Einzelne nicht in der Lage ist, diese Kollektivbedürfnisse individuell zu befriedigen, werden sie häufig zumindest teilweise vom Staat befriedigt.

Einteilung nach Bewusstheit der Bedürfnisse
Die meisten Bedürfnisse sind den Menschen bewusst und wollen auch befriedigt werden. Sie werden daher als **offene Bedürfnisse** bezeichnet. Demgegenüber stehen **latente** oder **verdeckte Bedürfnisse**, die zwar bereits existieren, aber noch nicht als solche vom Menschen wahrgenommen werden. Die noch schlummernden Bedürfnisse können zu bewussten Bedürfnissen werden, wenn sie „geweckt“ werden.

latent
verborgen, schlummernd

1.2 Nutzen und Präferenzen

Der Konflikt zwischen knappen **Ressourcen** und Gütern auf der einen Seite und unbegrenzten Bedürfnissen auf der anderen Seite zwingt Menschen dazu, individuelle Entscheidungen zu treffen. Dabei wird in der Volkswirtschaftslehre davon ausgegangen, dass der Mensch als **rationales** Wirtschaftssubjekt nach dem ökonomischen Prinzip handelt, was bedeutet, dass er sich für die Alternative entscheidet, die ihm den größten Nutzen bringt. Gemessen wird dieser Nutzen dabei an der Stärke der Bedürfnisbefriedigung, zu der es beim **Konsum des Gutes** kommt.

Ressourcen (= Produktionsmittel)
alles, was genutzt werden kann, um irgendetwas anderes zu produzieren

rational (lat.: ratio = Vernunft, Denken)
vernunftgeleitet

Konsum (lat.: consumere = verbrauchen)
Verzehr oder Verbrauch von Gütern

Merke!
Nutzen bezeichnet die Stärke der Bedürfnisbefriedigung beim Konsum eines Gutes.

Menschen streben danach, ihren **Nutzen zu maximieren**. Dies bedeutet, dass Entscheidungen so getroffen werden, dass sie den Menschen bestmöglich zufriedenstellen.

Beispiel

Ein Haushalt hat für Getränke ein monatliches Budget von 60,00 €. Das Budget kann entweder für Mineralwasser oder Champagner ausgegeben werden. Mit dem Ziel, den Nutzen zu maximieren, verteilt der Haushalt sein Budget so, dass der Nutzen beider Güter am höchsten ist. Um den Flüssigkeitshaushalt zu decken, werden 4 Kästen Mineralwasser pro Monat benötigt. Da ein Kasten 5,00 € kostet, werden die ersten 20,00 € des Budgets für Mineralwasser ausgegeben. Das Bedürfnis nach Flüssigkeit ist damit befriedigt, und ein weiterer Kasten Wasser bringt der Befriedigung des Grundbedürfnisses keinen weiteren Nutzen (= abnehmender Grenznutzen). Die verbleibenden 40,00 € des Budgets können nun für die Befriedigung von Luxusbedürfnissen verwendet werden, z. B. für den Kauf einer Flasche Champagner.

Bei der Entscheidung für oder gegen den Konsum eines Gutes spielen auch Präferenzen eine Rolle. Manche Menschen bevorzugen Geld, andere Freizeit oder fühlen sich gut dabei, wenn sie die Umwelt schützen. Je nach Situation können sich Präferenzen auch ändern.

Präferenz
Vorliebe

Beispiel

Die MEWOH Musterwohn GmbH hat eine Anfrage von Frau Frohlow erhalten. Sie ist auf der Suche nach einer Zwei-Zimmer-Wohnung. Die MEWOH kann ihr zwei entsprechende Mietobjekte anbieten, die von der Ausstattung und Miete identisch sind. Beide Objekte gefallen Frau Frohlow. Das Mietobjekt 1 ist allerdings gut 8 km von ihrer Arbeitsstätte entfernt, Mietobjekt 2 weniger als 1 km. Da Frau Frohlow sehr umweltbewusst ist und auch kein Auto besitzt, liegt ihre Präferenz klar bei Mietobjekt 2, da sie von hier aus ihre Arbeitsstätte problemlos zu Fuß erreichen kann. Mietobjekt 2 hat somit in dieser Situation einen höheren Nutzen für Frau Frohlow.

Wenn ein Mensch seinen Nutzen maximiert, bedeutet dies, dass er sich für die Option entscheidet, die seine Präferenzen am besten erfüllt.

Merke!

Präferenz ist die individuelle Vorliebe für ein Gut, das einen höheren Nutzen stiftet als andere Güter.

1.3 Knappheit von Ressourcen und Gütern

1.3.1 Freie und wirtschaftliche Güter

Um unsere Bedürfnisse, seien sie bewusst oder unbewusst, zu befriedigen, konsumieren wir Güter. Allerdings stehen diese Güter nicht jedem in unbegrenzter Menge und nutzbarer Form zur Verfügung. Güter müssen zunächst durch wirtschaftliche Tätigkeiten aus Ressourcen hergestellt werden und werden dann zum Verkauf angeboten. Dabei entstehen Herstellungskosten, die im Verkauf durch den Preis gedeckt werden. Es handelt sich hierbei um wirtschaftliche Güter. Diese sind im Verhältnis zu unseren vielfältigen Bedürfnissen knapp, da sie nur in einer begrenzten Stückzahl produziert werden können.

Wirtschaftliche Güter

Oft wird auch von knappen Gütern gesprochen.

Der mit wirtschaftlichen Gütern verbundene Preis ist bei freier Preisbildung ein Knappheitsindikator.

Wirtschaftliche Güter

Wirtschaftliche Güter sind Güter, die durchgehend neu erzeugt werden müssen, dabei Kosten verursachen, in begrenzter Menge zur Verfügung stehen und einen Preis besitzen.

Wirtschaftliche Güter lassen sich in materielle und immaterielle Güter unterteilen. Dabei werden materielle Güter, wie z.B. ein Fußball, auch als Waren oder Sachgüter bezeichnet. Das bedeutet, dass man diese Güter physisch erreichen (= anfassen) kann. Immaterielle Güter dagegen sind keine physisch greifbaren Gegenstände. Sie sind „unsichtbar", hierzu zählen z.B. Versicherungen, Rechtsberatung oder ärztliche Behandlung. Sie sind grundsätzlich nicht lagerfähig. Des Weiteren können wirtschaftliche Güter auch in Konsum- und Produktionsgüter unterteilt werden.

Beispiel

Die Kartoffel ist ein Konsumgut, wenn sie im privaten Haushalt zur Zubereitung des Mittagessens verwendet wird. Wird sie jedoch in einem Restaurant zubereitet oder zur Herstellung von Chips verwendet, so ist sie ein Produktionsgut.

Anders als wirtschaftliche Güter stehen freie Güter unbegrenzt zum Konsum bereit. Es bedarf keines Herstellungsprozesses, und deshalb haben diese Güter auch keinen Preis. Sie sind kostenlos verfügbar. Als Beispiele für freie Güter können z.B. Sonne, Meerwasser und Luft genannt werden.

Merke!

Freie Güter stehen unbegrenzt zur Verfügung, verursachen keine Kosten bei der Herstellung und haben keinen Preis.

Durch die generelle Zunahme an Bedürfnissen und die ständig wachsende Weltbevölkerung werden freie Güter allerdings zunehmend zu wirtschaftlichen Gütern. Dies liegt daran, dass mit den freien Gütern sehr verschwenderisch umgegangen wird. Zum Beispiel kann Luft zwar generell als freies Gut betrachtet werden, jedoch ist die Qualität in verschiedenen Regionen sehr unterschiedlich. So bieten Kurorte z.B. „gesunde Luft" an.

Güter sind also überwiegend begrenzt verfügbar, und so kommt es zu dem Problem, dass unsere vielfältigen Bedürfnisse nicht ausreichend gedeckt werden können. Dieses Problem stellt das Grundproblem wirtschaftlichen Handelns dar.

1.3.2 Wachsende Bedürfnisse, begrenztes Angebot

Annähernd alles, was unsere Bedürfnisse befriedigt oder was benötigt wird, um Güter zu produzieren (Ressourcen), ist knapp. Zu den Ressourcen einer Volkswirtschaft gehören:

Produktionsfaktoren
▶ LF 12, Kap. 2.2

- Natur (Land, Bodenschätze)
- Arbeit (verfügbare Zeit der Erwerbstätigen)

- Sachkapital (Maschinen, Gebäude und andere produzierte Vermögenswerte)
- Humankapital (Ausbildungsniveau und die Fähigkeiten der Erwerbstätigen)

Erwerbstätige (Definitionen der internationalen Arbeitsorganisationen [IAO]):

Personen von 15 Jahren und mehr, die mindestens eine Stunde pro Woche für Entgelt irgendeiner beruflichen Tätigkeit nachgehen/in einem Arbeitsverhältnis stehen

Oder: Selbstständige (Freiberufler, Handwerker, Landwirte)

Oder: mithelfende Familienangehörige (arbeiten im Betrieb eines Familienmitglieds ohne Lohn oder Gehalt mit)

Zudem: Soldatinnen und Soldaten/Personen in Freiwilligendiensten

Auch: vorübergehend nicht arbeitende Personen (Urlauber, Kranke, Streikende, Mutterschafts- und Elternurlauber, Schlechtwettergeldempfänger)

Merke!

Bedürfnisse sind unbegrenzt, aber die Möglichkeiten, sie zu befriedigen, sind begrenzt.

Beispiel

Es gibt nur eine endliche Menge an Eisenerz, aus dem der Stahl für Autos gewonnen werden kann. Ebenso sind auch die Ölvorräte begrenzt, aus denen das Benzin für Autos hergestellt wird. Dieses knappe Öl wird zudem benutzt, um Wohnungen zu heizen und um Strom in Kraftwerken zu gewinnen.

Dies führt zu zwei entscheidenden Problemen:

- Wie werden diese knappen Güter und Ressourcen verteilt? Wenn nicht alle Bedürfnisse befriedigt werden können, benötigen wir einen Mechanismus, der festlegt, wer welche Ressourcen verwendet, um Güter zu produzieren. Dieser Mechanismus muss zudem die knappen produzierten Güter auf die Menschen verteilen.
- Ist in einer Welt mit begrenzten Ressourcen überhaupt nachhaltiges Wirtschaftswachstum möglich? Wie können wir erklären, dass die meisten Volkswirtschaften ihre Produktion von Gütern seit der industriellen Revolution im 19. Jahrhundert stetig ausgeweitet haben? Ist es möglich, dass zukünftige Generationen einen noch höheren Lebensstandard genießen, obwohl wir Rohstoffe verbrauchen?

1.3.3 Ressourcenknappheit

Wie wird in einer Welt mit begrenzten Ressourcen und unbegrenzten Bedürfnissen bestimmt, welche Bedürfnisse befriedigt werden und welche nicht? Volkswirte versuchen, unter anderem die folgenden Fragen zu beantworten:

- Was und wie viel soll produziert werden?
- Wie soll es hergestellt werden?
- Für wen soll es hergestellt werden?

Nicht alle Güter sind gleichermaßen knapp: In Deutschland können sich fast alle Menschen mit Grundnahrungsmitteln versorgen, aber ein Teil der Deutschen hätte gerne ein exklusiveres Auto oder eine größere Wohnung.

Bei vielen Gütern und Ressourcen zeigen deren Preise, wie knapp diese sind. Wenn die Nachfrage nach einem Gut dessen Angebot übersteigt, werden die Anbieter versuchen, die Preise zu erhöhen, sofern sie auch zum höheren Preis noch Käufer finden. Deshalb kostet eine Badewanne voller Wasser einige Cent, ein Kilo Äpfel einige Euro und wenige Gramm Diamanten kosten ein Vermögen.

Merke!

Preise signalisieren die Knappheit von Gütern oder Ressourcen. Wenn mehr Menschen ein Gut nachfragen oder weniger von diesem Gut angeboten wird, können die Anbieter einen höheren Preis verlangen.

Je knapper ein Gut und je höher somit der Preis ist, desto weniger Menschen können es sich leisten, es zu kaufen. Die Menschen, für die der Kauf dieses Gutes besonders wichtig ist und die die größte Zahlungsbereitschaft dafür haben, werden diejenigen sein, die es letztendlich erhalten. Derselbe Mechanismus ermöglicht auch die Verteilung von Ressourcen in der Herstellung von Gütern. Unternehmen, die effizient produzieren und dabei möglichst viele oder hochwertige Güter herstellen, können für die hierfür benötigten Ressourcen die höchsten Preise bieten. Zudem ist, wenn es sich um teure Rohstoffe handelt, der Anreiz größer, durch verbesserte Produktionsverfahren sparsamer mit diesen umzugehen.

Merke!

Die Höhe des Preises bestimmt die Verteilung von knappen Gütern und Ressourcen.

Für die meisten Güter und Ressourcen signalisieren Preise deren Knappheit sehr genau. Es gibt jedoch einige Ressourcen, bei denen dieser Mechanismus nicht funktioniert.

Beispiel

Sie können ein Lagerfeuer anzünden und die Luft verschmutzen, ohne dafür zu bezahlen. Sie können mit einem alten Auto fahren und die Luft verpesten, ohne dafür zu bezahlen. Da Sie das „Verschmutzen" nicht bezahlen müssen, fehlt für viele häufig der Anreiz, die saubere Luft weniger stark zu belasten.

Falls kein Preis für das Nutzen oder Verschmutzen einer Ressource existiert, kann es dazu kommen, dass die Menschen diese Ressource zu stark beanspruchen und dadurch der Umwelt und anderen Menschen ernst zu nehmenden Schaden zufügen. Daher müssen Politiker die Güter und Ressourcen identifizieren, für die die Verteilung durch Preise nicht möglich ist, und Maßnahmen ergreifen, die dieses Problem lösen.

1.3.4 Endliche Ressourcen und langfristiges Wirtschaftswachstum

Wenn unsere Ressourcen begrenzt sind, wie ist es dann möglich, dass Deutschland stetig mehr Güter produziert? Vor 200 Jahren lebten etwa 30 Millionen Menschen in Deutschland. Die meisten von ihnen hatten gerade genug zum Überleben. Nahrungsmittel waren sehr knapp, und ein großer Teil der Bevölkerung arbeitete in der Landwirtschaft. Viele Menschen konnten nur ihre Grundbedürfnisse befriedigen.

Inzwischen leben 83 Millionen Menschen in Deutschland. Nur etwa ein Prozent der Bevölkerung arbeitet heute in der Landwirtschaft. Obwohl die Menge an Boden, der für Landwirtschaft verwendet werden kann, nicht zugenommen hat, produziert dieses eine Prozent mehr als genug Lebensmittel, um die gesamte Bevölkerung zu versorgen. Die Menschen genießen heute einen viel höheren Lebensstandard, auch wenn es selbstverständlich immer noch unerfüllte Bedürfnisse gibt. Es werden mehr Güter von höherer Qualität konsumiert, während die Menschen zugleich mehr Freizeit als jemals zuvor haben.

Was hat sich geändert? Neue Erfindungen wie Traktoren, Kunstdünger und der Einsatz von intelligenten Computersystemen machen Landwirte produktiver. Es werden jetzt weniger Landwirte benötigt, um das ganze Land zu ernähren. Der Rest der Bevölkerung kann moderne Technologien nutzen, um beispielsweise Autos oder Medikamente herzustellen.

Die wichtigste Voraussetzung für langfristiges Wirtschaftswachstum ist also technischer Fortschritt. In einer Welt mit endlichen Ressourcen können die wachsenden Bedürfnisse einer wachsenden Bevölkerung nur befriedigt werden, wenn die begrenzten Ressourcen immer produktiver eingesetzt werden.

Merke!

Technischer Fortschritt kann helfen, auch bei begrenzten Ressourcen mehr Güter zu produzieren.

Je knapper Ressourcen wie Öl oder Erdgas werden und je stärker die Preise für diese Ressourcen steigen, desto größer sind die Anreize, alternative Technologien wie z. B. Solarenergie zu erforschen oder teure Ressourcen nach deren Nutzung zu recyceln.

Dies bedeutet aber auch, dass die Grenzen des Wachstums den Grenzen des technischen Fortschritts entsprechen. Falls Wissenschaftler, Ingenieure und Produzenten (auch Unternehmen genannt) an einen Punkt gelangen, an dem weder die in der Produktion benötigten Ressourcen verringert werden können noch andere Wege gefunden werden, diese Ressourcen durch andere, weniger knappe zu ersetzen, wird das Wirtschaftswachstum zum Erliegen kommen.

1.4 Das ökonomische Prinzip

1.4.1 Das ökonomische Prinzip als Grundsatz des Handelns

Wirtschaftliches Handeln wird von unseren als unbegrenzt angenommenen Bedürfnissen und dem knappen Angebot an Gütern und Ressourcen bestimmt. Dabei muss eine Strategie zum effizienten Einsatz dieser knappen Güter und Ressourcen entwickelt werden. In der Volkswirtschaft bedeutet dies, dass gewirtschaftet wird.

Der Einsatz aller knappen Güter und Ressourcen erfolgt nach dem ökonomischen Prinzip, welches auch als Grundsatz des vernünftigen menschlichen Handelns (Rationalprinzip) gilt.

Merke!

Agiert man nach dem ökonomischen Prinzip, so steht immer das Ziel im Vordergrund, den Nutzen maximieren zu wollen. Wie dieses Ziel allerdings genau aussieht, ist abhängig von der jeweiligen (Personen-)Gruppe und den individuellen Präferenzen:

- Unternehmen – Gewinnmaximierung
- Konsumenten – Nutzenmaximierung
- Staat – Maximierung des Allgemeinwohls

1.4.2 Maximal- und Minimalprinzip

Beispiel

Mara, eine gute Freundin von Isabell, zieht in zwei Wochen in ihre erste eigene Wohnung. Ihre Großeltern wollen sie ein wenig unterstützen und schenken ihr 1.500,00 € für ein Sofa. Nun gehen ihr folgen Überlegungen durch den Kopf:

1. Sie hat auf einer Online-Verkaufsplattform ein gebrauchtes Sofa gefunden. Es soll 500,00 € kosten, hat aber schon einige kleine Gebrauchsspuren. Somit hätte sie aber noch Geld übrig und könnte sich weitere Sachen für die Wohnung kaufen.
2. Sie hat in einem Möbelladen ein Sofa gesehen. Der Preis liegt bei 1.500,00 €. Das Sofa gefällt ihr richtig gut und es wäre ganz neu.

Gibt es aus Ihrer Sicht eine rationale Entscheidung? Oder sind beide Entscheidungen rational?

Das ökonomische Prinzip tritt in zwei Ausprägungen auf:

- **Maximalprinzip**
  mit einem vorgegebenen Einsatz von Mitteln oder Aufwand ein maximales Ergebnis/Ziel erreichen (im Beispiel: ein neues Sofa für 1.500,00 € kaufen)
- **Minimalprinzip**
  ein vorgegebenes Ergebnis/Ziel mit einem minimalen Einsatz von Mitteln oder Aufwand erreichen (im Beispiel: das gebrauchtes Sofa für 500,00 € kaufen)

Im Rahmen einer Kosten-Nutzen-Analyse erfasst und bewertet der Homo oeconomicus die positiven und negativen Auswirkungen seiner Handlungsmöglichkeiten. Nicht wirtschaftliches Verhalten wird ausgeblendet.

Hier greift das Modell des Homo oeconomicus. Es beruht auf der Annahme, dass Menschen rationale Entscheidungen treffen. Die zentrale Idee des Modells ist, dass Menschen (Homo sapiens) das ökonomische Prinzip befolgen, wenn sie Entscheidungen treffen, und so zu „ökonomischen Menschen“ (Homo oeconomicus) werden.

2 Güter und Produktionsfaktoren

SB ▶ SITUATION 98
Güter, Produktionsfaktoren, Geld- und Kreislaufprozesse

In vielen Betrieben werden heutzutage unzählige verschiedene Güter zur Bedürfnisbefriedigung von Millionen von Konsumenten produziert. Da es so viele individuelle Bedürfnisse und nur begrenzte Produktionsmöglichkeiten gibt, muss sich eine Gesellschaft entscheiden, welche Waren und Dienstleistungen produziert werden und wie die Produktion erfolgen soll. Die Beantwortung der Frage hängt insbesondere davon ab, welche Ressourcen benötigt werden und zur Verfügung stehen. Die zu treffenden Entscheidungen können abgesehen von ihrer wirtschaftlichen Bedeutung auch weitreichende Folgen für jeden Einzelnen, die Gesellschaft sowie unbeteiligte Dritte haben.

In jeder Volkswirtschaft muss entschieden werden:
- Welche Güter sollen in welcher Menge produziert werden?
- Wie sollen diese Güter produziert werden?
- Für wen sollen diese Güter produziert werden?
- Von wem und wie werden die Entscheidungen getroffen?

2.1 Güterarten

2.1.1 Rivalität im Konsum und Ausschließbarkeit

Welche Güter sollen in welcher Menge produziert werden?
Um darüber entscheiden zu können, welche Güter produziert werden sollen, muss zunächst definiert werden, welche Arten von Gütern unterschieden werden können:
- **physische Waren** (= Sachgüter) wie Smartphones, Schuhe oder Wohnungen
- **Dienstleistungen**, wie z.B. Bildung, medizinische Versorgung, Bankenwesen oder Versicherungen

Sachgüter werden zudem unterteilt in Produktions- sowie Konsumgüter und diese jeweils in Verbrauchs- und Gebrauchsgüter.

Es gibt zwei grundlegende Eigenschaften, anhand derer man Güter unterscheiden kann.

Manche Güter können von vielen Menschen gleichzeitig genutzt werden, ohne deren Nutzen für ein anderes Individuum einzuschränken. Die Menschen müssen nicht um das Vorrecht des Konsums in Rivalität treten.

Individuum
Mensch als Träger von Rechten, Verantwortung und Pflichten

Beispiel

Wenn ein Mensch in einem See schwimmt, hat es keinen negativen Effekt auf diese Person, wenn einige weitere dazukommen. Im Kino kann eine Person einen Film genießen, auch wenn gleichzeitig einige andere Menschen denselben Film ansehen.

Andere Güter können nicht von mehreren Personen genutzt bzw. konsumiert werden, ohne deren Nutzen für die einzelnen Individuen zu reduzieren. In diesem Fall liegt Rivalität im Konsum vor.

Beispiel

Wenn jemand sein eigenes Frühstück gegessen hat, kann niemand anderes dasselbe Stück Brot noch einmal essen. Ebenso steht ein Bus im Stau, weil viele andere Autos und Busse versuchen, dieselbe Straße zu verwenden, und sich dabei gegenseitig stören und blockieren.

Die erste zentrale Eigenschaft von Gütern ist daher **Rivalität im Konsum**.

Merke!

Rivalität im Konsum liegt vor, wenn der Konsum eines Gutes durch eine Person den Konsum desselben Gutes durch andere Personen einschränkt oder verhindert.

Bei manchen Gütern ist es möglich, andere Menschen von der Nutzung dieser Güter auszuschließen. Die zweite wichtige Eigenschaft ist daher **Ausschließbarkeit**.

Beispiel

Ich muss mein Frühstück mit niemandem teilen und nur Menschen, die ein Kinoticket kaufen, dürfen einen Kinosaal betreten.

Merke!

Bei einem Gut liegt **Ausschließbarkeit** vor, wenn es möglich ist, andere Individuen am Konsum dieses Gutes zu hindern.

Freie und wirtschaftliche Güter
▶ LF 12, Kap. 1.3.1

Anhand dieser beiden Eigenschaften können Güter in vier Arten unterteilt werden:

- **private Güter**
  Bei privaten Gütern liegt sowohl Rivalität im Konsum als auch Ausschließbarkeit vor, z. B. Frühstück, Smartphone.
- **öffentliche Güter**
  Öffentliche Güter sind weder rivalisierend im Konsum noch können andere Menschen von deren Nutzung ausgeschlossen werden, z. B. Landesverteidigung, Deich, Straßenbeleuchtung.
- **Klubgüter** (auch Mautgüter genannt)
  Klubgüter sind nicht rivalisierend im Konsum (zumindest bis zu einer gewissen Grenze), aber Ausschließbarkeit liegt vor, z. B. Kino, Schwimmbad, Bücherei.
- **Allmendegüter**
  Bei einem Allmendegut können andere nicht von der Nutzung ausgeschlossen werden, aber je mehr Menschen es nutzen, desto stärker sinkt der individuelle Nutzen, der aus seinem Konsum gezogen werden kann, z. B. öffentliche Straßen, die Umwelt.

		Rivalität im Konsum	
		ja	**nein**
Ausschließbarkeit	ja	private Güter	Klubgüter
	nein	Allmendegüter	öffentliche Güter

2.1.2 Bereitstellung unterschiedlicher Güterarten

Beispiel

Die MEWOH Musterwohn GmbH verdient ihr Geld u. a. mit der Vermietung von sebst gebauten Wohnungen (private Güter), die sie an interessierte Personen vermietet. Sie wird jedoch nur an Menschen vermieten können, die bereit sind, eine angemessene Miete zu zahlen. Die MEWOH kann also Geld verdienen, weil bei ihren Gütern Ausschließbarkeit vorliegt. Da bei Wohnungen auch Rivalität im Konsum vorliegt, muss jede einzelne Person eine eigene Wohnung mieten. Die Entscheidung hängt davon ab, ob der Person die für die Wohnung verlangte Miete wert ist. Da die MEWOH Geld verdienen muss, um ihre eigenen Rechnungen bezahlen zu können und auch einen Gewinn erzielen möchte, wird sie versuchen, die eigenen Mittel möglichst effizient einzusetzen. Bei einer zu hohen Miete (Mondpreis) findet sich evtl. kein Mietinteressent.

Statt einer einzelnen Person kann es sich natürlich auch z. B. um eine Familie handeln.

Mondpreis

▶ LF 10, Kap. 7.4.4

Merke!

Die Preise von privaten Gütern spiegeln sowohl die **Produktionskosten** als auch die **Zahlungsbereitschaft** der Konsumenten wider.

- Ausschließbarkeit garantiert, dass Konsumenten für die Nutzung von Gütern auch zur Bezahlung gezwungen werden können.
- Rivalität im Konsum stellt sicher, dass jeder individuelle Konsument ein Gut kaufen wird, wenn dessen individueller Nutzen aus dem Konsum den Güterpreis übersteigt.

Nutzen und Präferenzen

▶ LF 12, Kap. 1.2

Daher haben Produzenten (Unternehmen) einen Anreiz, private Güter bereitzustellen, solange Konsumenten mit einer ausreichend hohen Zahlungsbereitschaft vorhanden sind. Die Unternehmen können Umsätze und Preise nutzen, um zu entscheiden, wie viel sie produzieren.

2.2 Produktionsfaktoren

2.2.1 Klassifizierung der Produktionsfaktoren

Wie sollen Güter produziert werden?

Die zur Produktion von Gütern (= Output), also Waren und Dienstleistungen, eingesetzten Ressourcen werden in der Volkswirtschaftslehre auch als Produktionsfaktoren (= Input) klassifiziert und wie folgt eingeteilt:

- **Boden/Natur**
  auch natürliche Ressourcen genannt, wie Land und Wasser, natürliche Energiequellen (z. B. Sonne, Wasser, Wind), Vegetation und Bodenschätze
- **Arbeit**
  die körperliche und geistige Arbeitskraft einer Volkswirtschaft, die gegen Arbeitsentgelt ausgeübt wird
- **Sachkapital**
  alle produzierten Güter, die nicht dem Konsum dienen, sondern zur Herstellung von Gütern und Dienstleistungen verwendet werden (physisches Kapital), z. B. Maschinen, Werkzeuge, Gebäude, Fahrzeuge

Merke!

Produktionsfaktoren sind die zur Herstellung von Gütern notwendigen und verfügbaren Ressourcen.

originär
ursprünglich

derivativ
abgeleitet

Boden und Arbeit gelten als **originäre** Produktionsfaktoren, da sie zur Produktion benötigt werden, aber selbst nicht hergestellt werden können. Sachkapital entsteht erst durch die Verwendung der originären Produktionsfaktoren und wird daher als **derivativer** Produktionsfaktor klassifiziert.

Neben diesen drei traditionellen Produktionsfaktoren werden heute auch **Bildung (Humankapital)** und **technischer Fortschritt** zu den Produktionsfaktoren gezählt. Da der schnelle Zugriff auf Informationen, deren Verarbeitung, Auswertung und Bereitstellung für Unternehmen von zunehmender Bedeutung für die internationale Wettbewerbsfähigkeit ist, gilt nun auch **Information** als Produktionsfaktor.

Man spricht hier auch vom derivativen Faktor.

In der Literatur ist das **Unternehmertum**, also die **Führung eines Unternehmens**, verbunden mit der Bereitschaft, Risiken einzugehen und Innovationen voranzutreiben, als ein eigenständiger Produktionsfaktor klassifiziert.

2.2.2 Bildung und Humankapital

Was ist Humankapital?

Warum gehen Menschen zur Schule, studieren an Universitäten oder absolvieren eine Berufsausbildung? Mit anderen Worten, warum lernen sie und erwerben neue Fähigkeiten? Volkswirte erkennen an, dass Bildung eine große Bandbreite an Vorteilen für Individuen und für die ganze Gesellschaft hat, aber es ist ihre Aufgabe, sich auf den ökonomischen Effekt dieser Vorgänge zu konzentrieren. Wirtschaftliche Ressourcen, Sachkapital, aber auch Arbeit sind notwendig für die Produktion der meisten Güter.

Merke!

Das **Humankapital** entspricht dem Bestand an Fähigkeiten, Wissen, Intelligenz, Erfahrung und persönlichen Eigenschaften eines Menschen, die es diesem Menschen ermöglichen, Güter zu produzieren.

Humankapital umfasst zahlreiche Eigenschaften. Man kann nicht allgemein sagen, ob ein Mensch über „hohes" oder „niedriges" Humankapital verfügt, sondern lediglich, wie befähigt diese Person für bestimmte Aufgaben ist. Diese Art von Fähigkeiten wird oft als spezifisches Humankapital bezeichnet.

Beispiel

Michael Meier ist Teamleiter „Instandhaltung und -setzung" bei der MEWOH Musterwohn GmbH und technisch sehr versiert. Wenn aber die Heizungsanlage in seinem Haus einen Defekt hat, bevorzugt er dennoch die Hilfe eines Experten (in diesem Fall eines Heizungsbauers bzw. -installateurs), um die Heizungsanlage zu reparieren.

Im Gegensatz dazu gibt es auch Fähigkeiten und Eigenschaften, die wir lernen, z.B. in der Schule, die wir nicht bei einer bestimmten Tätigkeit anwenden, sondern die uns ganz allgemein fähiger und produktiver machen. Wenn Menschen lernen, logisch zu denken und neue Sprachen zu sprechen, ermöglicht dies ihnen, ihre spezifischen Fähigkeiten produktiver einzusetzen. Diese allgemeineren Fähigkeiten bezeichnet man als **allgemeines Humankapital**.

Human- und Sachkapital

Die Kombination der Fähigkeiten und Erfahrung von Arbeitskräften wird Humankapital genannt, weil es zahlreiche Ähnlichkeiten zwischen Sachkapital und Humankapital gibt:

- Humankapital wird durch Investitionen in Bildung erhöht.
- Wenn Menschen ihr Humankapital erhöhen wollen, müssen sie Zeit und Geld investieren, um neue Fähigkeiten und Erfahrungen zu erlernen.
- Menschen vergleichen die Kosten mit den Vorteilen einer Investition in Humankapital: Wenn Menschen sich entscheiden, ob sie auf einer Unversität studieren oder eine Berufsausbildung absolvieren, wägen sie die zusätzliche Ausbildungszeit und das entgangene Einkommen gegen die höheren Löhne für Hochschulabsolventen ab.
- Mit höherem Humankapital können mehr Güter produziert werden, genau wie beim Sachkapital.
- Humankapital ist langlebig, nimmt jedoch im Laufe der Zeit ab, wenn Menschen Dinge vergessen oder ihr Wissen veraltet, genau wie Sachkapital verschleißt.

Es gibt jedoch auch wichtige Unterschiede zwischen Sachkapital und Humankapital, die darin begründet sind, dass Sachkapital Maschinen beschreibt, während Humankapital Fähigkeiten und Erfahrungen von Menschen umfasst:

- Die Fähigkeiten, die Menschen auf der Schule oder der Universität erwerben, machen sie nicht nur produktiver bei ihrer künftigen Arbeit, sondern dienen auch als Allgemeinbildung und „social skills", die es uns erlauben, die Welt besser zu verstehen und uns besser in ihr zurechtzufinden. Die Vorteile von Bildung sind also größer als die reinen ökonomischen Erträge. Eine Investition in Bildung führt somit zu positiven externen Effekten.
- Wenn ein Unternehmen in Sachkapital wie Fabriken oder Maschinen investiert und dafür einen Kredit aufnehmen muss, kann es der Bank dieses physische Kapital als Kreditsicherheit anbieten. Falls das Unternehmen den Kredit nicht zurückzahlen kann, kann die Bank das Sachkapital verkaufen, um zumindest einen Teil des Kreditausfalls zu decken. Humankapital kann dagegen nicht als unmittelbare Sicherheit dienen, denn niemand kann das Humankapital einem Schuldner „wegnehmen" und es z.B. auf einem Markt verkaufen. Diese Tatsache kann es erschweren, Geld für eine Investition in Humankapital zu leihen, z.B. um die hohen Studiengebühren an Universitäten in den Vereinigten Staaten zu bezahlen.

Dies erklärt, warum in den meisten Ländern Bildung staatlich subventioniert wird: Wenn die gesamtgesellschaftlichen Vorteile von Bildung die individuellen Erträge übersteigen, sollte die Regierung die Anreize zur Investition in Humankapital erhöhen. Beispielsweise könnte ein Teil oder könnten die gesamten Kosten für Schul- oder Hochschulbildung übernommen werden.

3 Geld- und Kreislaufprozesse in einer arbeitsteiligen Wirtschaft

3.1 Funktionen des Geldes

In einer arbeitsteiligen Wirtschaft erstellen Produzenten meist andere Dinge, als sie selbst konsumieren möchten. Daraus entstehen Tauschwünsche, woraus wiederum eine Tauschwirtschaft (Ware gegen Ware) entsteht. Da nicht immer ein direkter Tauschpartner für das hergestellte Gut gefunden werden kann, müssen umständliche Tauschketten gebildet werden. Durch Geld als Zwischentauschmittel können Tauschketten vermieden werden. Käufe und Verkäufe können direkt – ohne Tauschumwege – durchgeführt werden.

Was ist eigentlich „Geld"?

Geld ist alles, was die folgenden drei Funktionen gleichzeitig erfüllt:

- **Tausch- und Zahlungsmittel**
  Geld kann überall zum Kauf von Gütern verwendet werden. Bei der Bezahlung erhält der Verkäufer Geld vom Käufer und vertraut darauf, dass er selbst dieses Geld auch wieder seinerseits zum Kauf verwenden kann. Der Vorteil von Geld bei der Bezahlung liegt daher in der allgemeinen Akzeptanz als Zahlungsmittel: Der Käufer muss sich nicht mit der Frage beschäftigen, welche Güter der Verkäufer gerne hätte. Stattdessen gibt er dem Verkäufer einfach Geld, das dieser gegen jede Art von Gut eintauschen kann.
- **Wertaufbewahrungsmittel**
  Mithilfe von Geld können Vermögen bzw. Kaufkraft von der Gegenwart in die Zukunft verschoben werden. Mit Geld, das nicht heute ausgegeben wird, können auch morgen oder später Güter gekauft werden. Hierfür ist es entscheidend, dass Geld im Zeitverlauf seinen Wert behält und nicht verdirbt.
- **Recheneinheit und Wertmaßstab**
  Geld hilft den Menschen, die Preise unterschiedlicher Güter, die in Geldeinheiten ausgedrückt werden, zu vergleichen. Wenn ein Brot 4,00 € kostet, ein Fahrrad 400,00 € und eine Wohnung 400.000,00 €, können die Menschen die Preise dieser Güter leicht vergleichen. Wenn die Verkäufer dagegen für ein Brot als Bezahlung fünf Äpfel verlangen, für ein Fahrrad einen Tisch und für eine Wohnung 15 Ochsen, 20 Schweine und 30 Pferde, dann ist es sehr schwierig, die Preise und den Wert dieser Güter untereinander einzuschätzen.

Der Euro ist mittlerweile Währung in 20 Staaten der EU.

Anhand dieser drei Kriterien wird klar, dass Geld auf einer gesellschaftlichen Vereinbarung beruht, was als Geld akzeptiert wird und was nicht. Während man heutzutage bei „Geld" zunächst an Münzen und Scheine denkt, verwendeten Menschen vor langer Zeit beispielsweise Muscheln als Geld.

Der „Wert von Geld“

Wie bei Gütern hängt auch der Wert von Geld von dessen Knappheit ab. Wenn die Geldmenge schneller steigt als die Menge an Gütern, die damit gekauft werden kann, dann wird eine Geldeinheit (z.B. ein Euro) an Wert verlieren, sodass mehr Euro für ein Gut bezahlt werden müssen. Somit steigen die Preise, gemessen in Geldeinheiten. Daher kann Geld seine Funktion als Wertaufbewahrungsmittel nur erfüllen, wenn es nicht zu schnell an Wert verliert. Das bedeutet, dass die Geldmenge nicht zu schnell steigen sollte.

Woher kommt Geld?

Da die Geldmenge einen direkten Einfluss auf die Wertaufbewahrungsfunktion des Geldes und somit auf die Preisstabilität hat, wachen Zentralbanken über die Geldmenge und die Schaffung von neuem Geld. Für Länder mit dem Euro als Zahlungsmittel ist dies die Europäische Zentralbank (EZB) mit Sitz in Frankfurt. Die EZB überwacht die Bereitstellung von Euro-Scheinen und -Münzen. Zudem beeinflusst sie die Geldversorgung von Geschäftsbanken, indem sie ihnen z.B. Geld gegen Zinsen leiht.

EZB

▶ LF 12, Kap. 8.1

3.2 Geldarten und Geldsubstitute

Geld ist für uns zunächst einmal **Bargeld** (Papiergeld und Münzen). Dieses Geld wird von der Zentralbank herausgegeben und heißt deshalb Zentralbankgeld. Die Münzen und Scheine sind gesetzlich geschützt, um zu gewährleisten, dass sie von jedem akzeptiert und sie nicht gefälscht werden. Der Euro ist in der BRD das gesetzliche Zahlungsmittel. Damit ergibt sich z.B. ein Annahmezwang für Einzelhändler (z.B. Münzgeld bis zu 50 Münzen pro Einzelzahlung).

Papiergeld
umgangssprachlich für Geldscheine

Darüber hinaus gibt es noch das Geld, das auf Konten bei den Banken liegt. Es handelt sich dabei um **Giralgeld**, auch Buchgeld genannt. Es steht für eine Forderung, die der Kontoinhaber gegenüber der Bank hat.

Giralgeld wird auch Buchgeld genannt.

Beispiel

In der Wohnanlage „Fritzer-Allee 197, 04157 Leipzig“ der MEWOH Musterwohn GmbH stehen den Mietparteien Waschmaschinen und Wäschetrockner zur Verfügung, die sie per Münzautomaten nutzen können. Die Automaten werden monatlich geleert. Das Geld wird in bar durch den Hausmeisterdienst zur Bank gebracht und auf das Konto der MEWOH eingezahlt. Im Moment der Einzahlung wechselt es von staatlich geschütztem Bargeld in Giralgeld. Das Giralgeld ist nicht gesetzlich geschützt, aber die MEWOH hat gegenüber der Bank einen Anspruch auf Rückgabe, der im Notfall vor Gericht eingeklagt werden kann. Hebt die MEWOH das Geld von ihrem Konto in bar ab, wird aus dem Giralgeld wieder staatlich geschütztes Zentralbankgeld.

Etwa 80 % der gesamten Geldmenge in Deutschland sind Giralgeld und nur 20 % Bargeld.

Es gibt also verschiedene Typen von Geld. Neben Papiergeld (Münzen und Banknoten) und Buchgeld (Giralgeld auf Bankkonten) bezahlen wir heute auch oft mit **elektronischem Geld**, wie z.B. den Geldkarten oder der virtuellen Währung Bitcoin. Es können auch Mittel eingesetzt werden, die eine starke Nähe zu Geld besitzen und Geldfunktionen übernehmen können, ohne gleichzeitig gesetzliche Zahlungsmittel zu sein. Diese sogenannten Geldsubstitute sind z.B. Zahlungsanweisungen (Reiseschecks), Zahlungsverpflichtungen (Wechsel) und Kreditkarten.

Merke!

Geldsubstitute sind liquide Mittel, die Geldfunktionen übernehmen können und eine sehr starke Geldnähe aufweisen, jedoch staatlich nicht geschützt sind.

3.3 Wirtschaftssubjekte

Aufgrund ihrer wirtschaftlichen Tätigkeit können Personen und Personengruppen **(Wirtschaftssubjekte)** einem bestimmten Sektor (private Haushalte, Unternehmen, Staat, Ausland) zugeteilt oder zusammengefasst werden (Aggregation). Dies dient auch dazu, die komplizierten Wirtschaftsprozesse einer Volkswirtschaft übersichtlicher darzustellen.

In jeder arbeitsteiligen Wirtschaft beziehen Unternehmen Güter voneinander. Diese werden **Vorleistungen** genannt. Die Haushalte in solch einer Wirtschaft stellen den Unternehmen dabei die Produktionsfaktoren Arbeit, Boden und Sachkapital zur Verfügung. Es wird angenommen, dass die Unternehmen keine Produktionsfaktoren zur Verfügung stellen können und auf die Bereitstellung der Produktionsfaktoren der Haushalte angewiesen sind. Die privaten Haushalte werden für ihre Arbeitsleistung und das Einbringen der Produktionsfaktoren mit Geldeinkommen entlohnt, das sie zum Konsum von Gütern einsetzen können.

Wirtschaftssubjekte treffen ökonomische Entscheidungen. Ihre wirtschaftlichen Aktivitäten sind einerseits einzelwirtschaftlich ausgerichtet, weil sie als Individuen handeln und ihre eigenen wirtschaftlichen Pläne und Ziele im Mittelpunkt ihres Handelns stehen. Andererseits kann man bei vielen Aktivitäten der einzelnen Wirtschaftssubjekte ein gemeinsames Grundmuster erkennen.

Wirtschaftsordnungen
▶ LF 12 Kap. 5

Nach welchen Regeln die Wirtschaftssubjekte untereinander in Beziehung stehen, hängt ab von der **Wirtschaftsordnung**.

Wirtschaftssubjekte: Akteure im Wirtschaftsgeschehen einer Volkswirtschaft. Sie planen, entscheiden und handeln.	
private Haushalte	Wirtschaftliche Einheit aus mindestens einer natürlichen Person. Private Haushalte stellen Produktionsfaktoren zur Verfügung und fragen Güter nach.
Unternehmen	Wirtschaftliche Einheit (natürliche oder juristische Person), die Güter oder Dienstleistungen produziert. Unternehmen sind Anbieter und Nachfrager von Gütern und Dienstleistungen.
Staat	Öffentliche Haushalte: Alle staatlichen Einrichtungen wie Bund, Länder, Gemeinden, Sozialversicherungsträger. Der Staat tritt als Nachfrager auf.
Ausland	Übrige Welt: Durch Ex- und Importgeschäfte bietet das Ausland der Binnenvolkswirtschaft Güter an und fragt auch Güter nach.

3.4 Güter- und Geldströme

Wirtschaftssubjekte sind in ihrem wirtschaftlichen Handeln miteinander vernetzt und voneinander abhängig. Wirtschaftliches Handeln löst **Tauschprozesse bzw. Transaktionen** aus. Dies gilt insbesondere für eine arbeitsteilig organisierte Wirtschaft, die durch einen hohen Spezialisierungsgrad gekennzeichnet ist.

Private Haushalte stellen den Produktionsfaktor Arbeit und Boden zur Verfügung und erhalten dafür Entgelt. Dieses Entgelt wird **Faktoreinkommen** genannt. Allgemein wird der Einsatz von Produktionsfaktoren als Faktorleistung bezeichnet. Ihr **Faktoreinkommen** tauschen private Haushalte bei Unternehmen gegen Güter ein. Unternehmen untereinander tauschen Produktionsgüter. Öffentliche Haushalte tauschen Kollektivgüter gegen Faktorleistungen der privaten Haushalte und Produktionsgüter der Unternehmen. Auch das Ausland wird durch Export und Import in den Austausch von Gütern und Faktorleistungen eingebunden.

Ökonomische Transaktionen (Tauschprozesse)

Reiner Schwab wird von der Baumaschinen AG mit Sitz in Kehl als Baugeräteführer eingestellt. Er erhält ein Gehalt im Austausch für seine Arbeitsleistung, genau wie seine Kollegen, die teilweise in Frankreich zu Hause sind. Reiner Schwab kauft von seinem Arbeitsentgelt beim ortsansässigen Autohändler regelmäßig das neueste Mittelklasse-Modell der Auto AG. Die Auto AG ist ein Global Player. Sie bezieht die Komponenten für ihre Produkte aus vielen Ländern. Die Baumaschinen AG baut im von der Stadt Kehl neu erschlossenen Gewerbegebiet eine neue Produktionshalle. Die Stadt Kehl profitiert von den Gewerbesteuern ihrer ansässigen Unternehmen, baut Kindertagesstätten und stellt Sozialarbeiter ein.

Güter und Faktorleistungen sind reale Größen. Sie werden entweder zur Güterproduktion eingesetzt oder dienen als Konsumgüter der Befriedigung von Wirtschaftssubjekten. Eine geldlose Wirtschaft wäre so denkbar, jedoch müsste das Güterangebot der jeweiligen Tauschpartner zueinander passen.

Geldlose Transaktionen (Kompensationsgeschäfte)

Die Stahlwerke AG stellt Stahlträger für Wohnhäuser her. Sie verhandelt mit einem dänischen Baukonzern über die Lieferung von Stahlträgern für geplante Bauprojekte. Der Kunde will die Lieferung in Eisenerz bezahlen, das im Produktionsprozess der Stahlträger von der Stahlwerke AG auch benötigt wird. Es kommt zu einem Kompensationsgeschäft, wenn Stahlträger gegen Eisenerz direkt getauscht werden.
Grundsätzliche Probleme: Kann der Verkäufer das Eisenerz gebrauchen? Können sich Käufer und Verkäufer auf einen Austauschpreis (hier: in Tonnen) einigen?

Geld erleichtert Tauschvorgänge, da die Wahl der Tauschpartner einfacher wird und die Wertrelationen der Tauschobjekte einfach zu bestimmen sind.

In der direkten Tauschwirtschaft werden Güter und Faktorleistungen ausschließlich mengenmäßig (real) getauscht. Die Geldwirtschaft gilt als indirekte Tauschwirtschaft, weil die Tauschpartner Geld als Tauschmittel akzeptieren. Die Tauschpreise werden in Geldeinheiten vereinbart.

Merke!

Die ökonomischen Transaktionen in einer Geldwirtschaft umfassen im Regelfall sowohl reale Güter- und Faktorströme als auch Geldströme.

3.5 Einfacher Wirtschaftskreislauf

Ausgangspunkt für die gesamtwirtschaftliche Analyse ist der Wirtschaftskreislauf. Kreislaufsysteme sind in sich geschlossene Systeme. Der Wirtschaftskreislauf macht deutlich, dass alle wirtschaftlichen Aktivitäten ineinandergreifen und sich gegenseitig bedingen. Der einfache Wirtschaftskreislauf ist eine Modellbetrachtung.

Prämisse
Annahme

Modelle sind ein Abbild der Realität und beruhen auf bestimmten Prämissen. Der einfache Wirtschaftskreislauf geht von folgenden Prämissen aus:

- Private Haushalte und Unternehmen bestimmen das gesamtwirtschaftliche Geschehen (2-Sektoren-Modell).
- Die Unternehmen nutzen Faktorleistungen der privaten Haushalte und stellen konsumreife Güter her.
- Private Haushalte stellen Faktorleistungen für den Produktionsprozess zur Verfügung und erhalten als Gegenleistung für ihren Wertschöpfungsbeitrag Faktoreinkommen.
- Das Faktoreinkommen wird von den privaten Haushalten zu 100 % (vollständig) für den Kauf (= Konsum) von Gütern verwendet.
- Die erforderliche Geldmenge steht zur Verfügung. Die Geldversorgung der Wirtschaft ist Auftrag einer staatlichen Notenbank wie z. B. im Euroland der Europäischen Zentralbank.
- In diesem Modell wird nicht gespart. Das gesamte Faktoreinkommen wird für Konsumausgaben der privaten Haushalte verwendet.

Wirtschaftliche Situation in einem Modellland

Der Sektor private Haushalte bestellt beim Sektor Unternehmen 100 Anzüge zum Preis von 20,00 € pro Anzug. Der Unternehmenssektor nimmt Faktorleistungen des Sektors private Haushalte in Anspruch. Er stellt Arbeitskräfte ein, pachtet Grundstücke und nimmt Kredite auf, um die 100 Anzüge herzustellen (realer Faktorstrom). Der Sektor private Haushalte erhält als Gegenleistung Faktoreinkommen (monetärer Strom) in Form von Arbeitsentgelten sowie Mieten, Pachten und Zinsen für im Produktionsprozess eingesetzte Vermögenswerte. Gewinne aus dem Verkauf der Anzüge werden an private Haushalte ausgezahlt, die unternehmerisch tätig sind. Die Anzüge werden nach Fertigstellung an den Sektor private Haushalte ausgeliefert (realer Güterstrom). Der Sektor Unternehmen erhält aus dem Verkauf der Anzüge vom Sektor private Haushalte 2.000,00 € in Form von Umsätzen (monetärer Strom). Der Sektor private Haushalte finanziert seine Konsumausgaben aus seinem Faktoreinkommen.

Das folgende Schaubild macht die Vernetzung aller Güter-, Faktor- und Geldströme auf der Basis der vorgegebenen Daten deutlich. Dabei sind Geld- und Faktorströme immer ausgeglichen.

Wirtschaftskreislauf mit zwei Sektoren (einfacher Wirtschaftskreislauf)

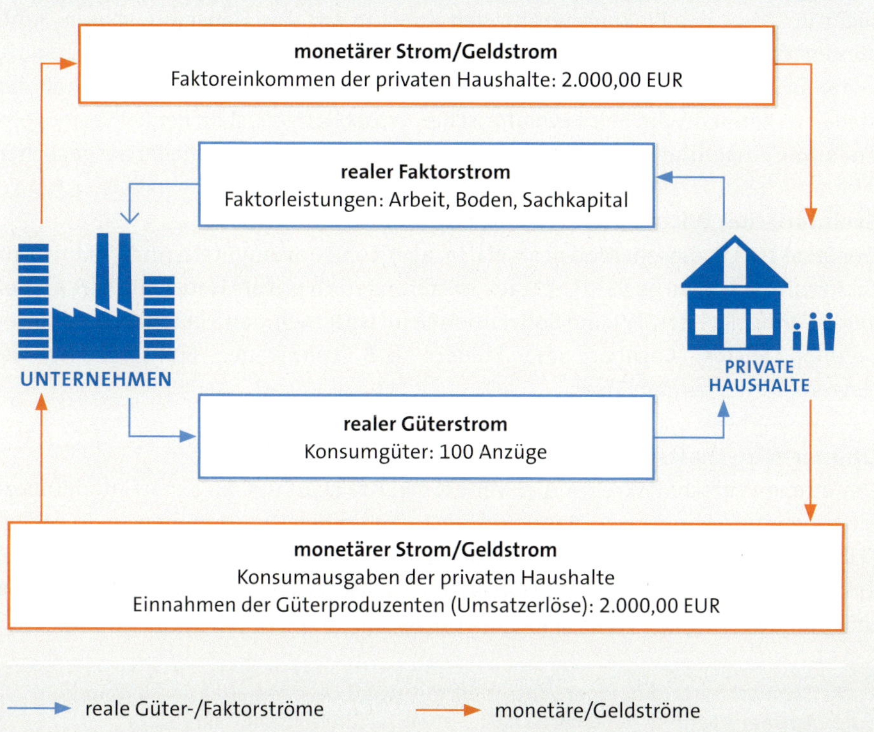

Kennzeichnend für den einfachen Wirtschaftskreislauf sind jeweils die beiden Geld- und Güterströme. Oft werden nur die Geldströme dargestellt, da die Güterströme wertmäßig gleich groß sind und dies die Betrachtung vereinfacht.

Das System ist unter den gemachten Prämissen in sich geschlossen, es hat Kreislaufcharakter: Das Einkommen der privaten Haushalte wird in voller Höhe für Konsumgüter ausgegeben und zur Finanzierung der Produktion der Güter eingesetzt.

Merke!

Schlussfolgerung: ohne Nachfrage keine Produktion von Gütern; ohne Produktion kein Einkommen; ohne Einkommen keine Nachfrage

3.6 Erweiterter Wirtschaftskreislauf

Die Erkenntnisse, die auf der Grundlage des einfachen Wirtschaftskreislaufs gewonnen werden, werden weiterentwickelt zu einer Kreislaufdarstellung, die im Idealfall alle Güter-, Faktor- und Geldströme zwischen allen Wirtschaftssubjekten erfasst. Im einfachen Wirtschaftskreislauf werden lediglich die wirtschaftlichen Aktivitäten des Sektors private Haushalte und des Unternehmenssektors dargestellt und deren Auswirkungen auf gesamtwirtschaftliche Prozesse erörtert. Im erweiterten Wirtschaftskreislauf sind mit einzubeziehen:

- wirtschaftliche Aktivitäten des Staatssektors
- außenwirtschaftliche Transaktionen (Sektor Ausland)

In zahlreichen Darstellungen werden anstatt der Vermögensänderung Banken (Kapitalsammelstellen) als zusätzlicher Pol dargestellt. Da Banken Unternehmen sind, werden sie in der folgenden Darstellung dem Unternehmenssektor zugeordnet.

Evolutorischer Wirtschaftskreislauf

Im Gegensatz zum einfachen Wirtschaftskreislauf geben die privaten Haushalte nicht ihr gesamtes Einkommen für den Konsum aus. Die Haushalte sparen. Somit können die Unternehmen nicht alle produzierten Güter verkaufen. Nicht verkaufte Güter stellen Nettoinvestitionen in Lagerbestände dar. Um diesen Sachverhalt darstellen zu können, wird beim evolutorischen Wirtschaftskreislauf der Pol Vermögensänderung eingeführt, somit sind die Ströme im Kreislaufmodell wieder ausgeglichen.

Evolutorischer Wirtschaftskreislauf mit staatlicher Aktivität

Der Staat tritt in diesem Modell als Nachfrager von Konsumgütern und Produktionsfaktoren auf. Zudem gewährt er Transferzahlungen an private Haushalte (z. B. Kindergeld, Wohngeld, Hartz IV) und Subventionen an Unternehmen. Haushalte und Unternehmen leisten Abgaben und Steuern (z. B. Lohnsteuer, Einkommenssteuer, Gewerbesteuer) an den Staat.

Offener Wirtschaftskreislauf mit staatlicher Aktivität

Der offene Wirtschaftskreislauf erweitert den Kreislauf um die Export- und Importausgaben zwischen dem Ausland und den inländischen Unternehmen. Im folgenden Schaubild werden zur besseren Übersichtlichkeit nur die Geldströme zwischen den einzelnen Sektoren dargestellt. Transaktionen des Auslands mit den Sektoren Staat und private Haushalte werden nicht betrachtet.

Wirtschaftskreislauf in einer Wirtschaft mit staatlicher Aktivität und Einbindung des Auslands (offene Volkswirtschaft – erweiterter Wirtschaftskreislauf)

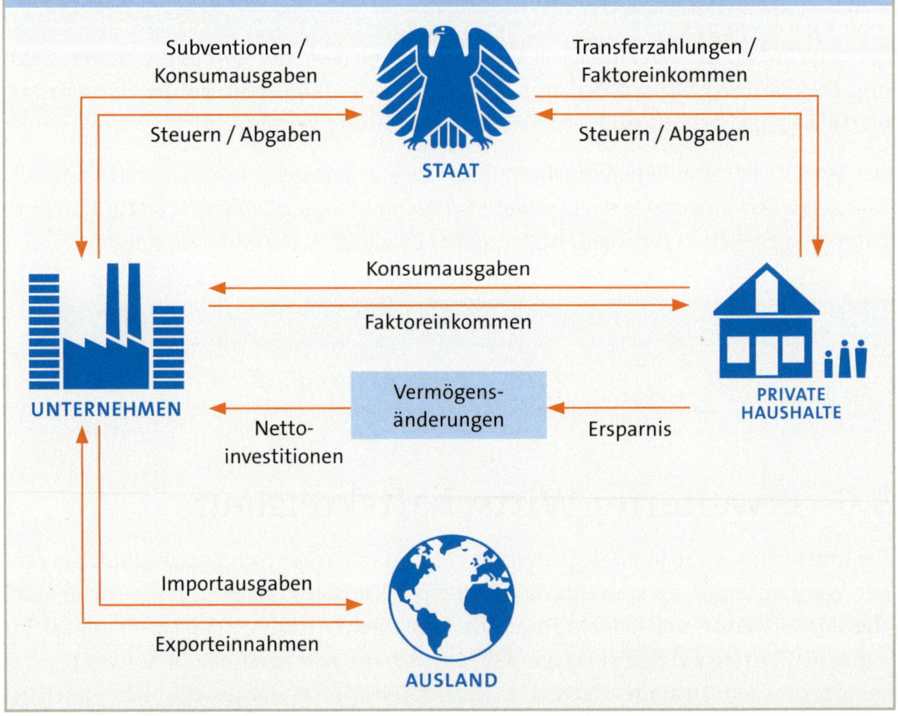

3.7 Wertschöpfungsketten – Arbeitsteilung im Unternehmenssektor

In der Volkswirtschaftslehre werden Unternehmen unterschiedlichen Sektoren zugeordnet:

Gliederung des Unternehmenssektors (sektorale Arbeitsteilung)	
Primärsektor 	▪ baut Produkte an oder ab (Urproduktion) ▪ umfasst alle Bereiche der Rohstoffgewinnung aus natürlichen Ressourcen ▪ liefert Vorleistungen für nachfolgende Wertschöpfungsprozesse
	Land- und Forstwirtschaft, Fischerei, Bergbau, Erschließung und Abbau von Bodenschätzen
Sekundärsektor 	▪ verarbeitet u. a. Vorleistungen des Primärsektors ▪ ist produzierendes Gewerbe, produziert Sachgüter ▪ übernimmt häufig auch Dienstleistungen
	Bau, Industrie, Handwerk
Tertiärsektor 	▪ ist Dienstleistungssektor ▪ umfasst öffentliche und private Dienstleistungen ▪ vermarktet u. a. Vorleistungen des Primär- und Sekundärsektors ▪ umfasst haushaltsnahe Dienstleistungen für Konsumenten und unternehmensnahe Dienstleistungen für Produzenten
	Beratungsdienstleistungen (Banken, Versicherungen, Steuerberater, Rechtsanwälte); Handel; Gastgewerbe; Verkehr (Logistik); öffentliche Verwaltung
Quartärer Sektor 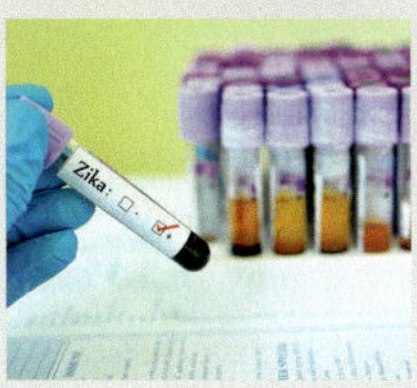	▪ ist wissensbasierter Dienstleistungssektor mit Schwerpunkt auf Forschung und Entwicklung ▪ Basis für Produkt- und Prozessinnovationen
	Forschungs- und Entwicklungseinrichtungen, Gründerzentren

Einzelne Unternehmen teilen sich Produktionsprozesse – von der Urproduktion bis zum Verkauf an den Endverbraucher – untereinander auf. Dies wird **Arbeitsteilung** genannt.

Merke!

Arbeitsteilung im Unternehmenssektor ist die Aufteilung von Tätigkeiten bei der Güterproduktion auf verschiedene Unternehmen

Durch die Arbeitsteilung leistet jedes Unternehmen einen eigenen Beitrag bei der Produktion eines Gutes. Der Wert des Gutes wird durch die Bearbeitung bzw. Weiterentwicklung erhöht. Dies wird als **Wertschöpfung** bezeichnet.

Werden Vorleistungen (Vorprodukte) von anderen Unternehmen bei dem Produktionsprozess weiterverarbeitet, ergibt sich eine Kette von Wertschöpfungen.

Merke!

Wertschöpfung des einzelnen Unternehmens
= Eigenfertigung eines Unternehmens
= Umsatz (Verkaufserlös) – Vorleistungen (Kosten für Vorprodukte)

Merke!

Der gesamte Weg, den ein Gut von der Urproduktion bis zum Endverbraucher durchläuft, wird als **Wertschöpfungskette** (value chain) bezeichnet.

Arbeitsteilung erhöht die Produktivität einer Volkswirtschaft, wenn die Arbeitsteilung im Inland stattfindet. Durch die erhöhte Produktivität und die erhöhte Wertschöpfung steigt auch das Volkseinkommen, da die an der Produktion beteiligten Haushalte mehr Faktoreinkommen für ihre Leistungen (Arbeit, Boden, Sachkapital) erhalten. Im Jahr 2022 betrug das **Volkseinkommen** in Deutschland 2.843,55 Mrd. Euro.

Merke!

Das Volkseinkommen ist das gesamte Faktoreinkommen von Inländern einer Volkswirtschaft.

Faktoreinkommen

Wirtschaftssubjekte stellen Produktionsfaktoren zur Verfügung. Für die Nutzung dieser Produktionsfaktoren erhalten sie Entgelt. In der VWL wird dieses Entgelt als Faktoreinkommen bezeichnet.

4 Preisbildung im Polypol auf dem vollkommenen Markt

SB ▶ SITUATION 99
Preisbildung im Polypol auf dem vollkommenen Markt

Auf einem Markt treffen sich Nachfrager, die ein Gut kaufen, und Anbieter, die dieses Gut verkaufen wollen, wie z. B. eine Wohnung. Beide Marktteilnehmer verfolgen unterschiedliche Ziele. Nachfrager möchten ein Gut zu einem möglichst niedrigen Preis kaufen, um mit ihrem Einkommen möglichst viele Bedürfnisse befriedigen zu können (Nutzenmaximierung). Anbieter möchten dagegen ihr Gut zu einem möglichst hohen Preis verkaufen, um den höchstmöglichen Gewinn zu erzielen (Gewinnmaximierung).
Vor dem Hintergrund der unterschiedlichen Ziele von Nachfragern und Anbietern stellt sich die Frage, wie sie ihre Pläne zum Ausgleich bringen. Die Antwort lautet: durch den Preis des Gutes.

Nutzen und Präferenzen
▶ LF 12, Kap. 1.2

Handeln nach dem ökonomischen Prinzip
▶ LF 12, Kap. 1.4.1

4.1 Unterscheidung von Märkten

Ein **Markt** ist ein Ort, an dem sich Käufer und Verkäufer treffen. Früher geschah dies in der Regel auf öffentlichen Plätzen im Herzen einer Stadt. Heute können Märkte auch Internetplattformen oder Börsen sein, bei denen gar keine materiellen Waren zugegen sind.

Merke!

Ein Markt bringt Käufer und Verkäufer zusammen. Verkäufer können ihre Produkte nur verkaufen, wenn es Menschen gibt, die bereit sind, das Gut zu kaufen. Käufer können nur etwas kaufen, wenn es auch Menschen gibt, die bereit sind, das gewünschte Produkt zu verkaufen.

Es gibt eine Vielzahl unterschiedlicher Märkte, die nach verschiedenen Gesichtspunkten eingeteilt werden können, wie etwa nach
- zeitlichen (z. B. Wochenmarkt),
- räumlichen (z. B. Börsen, Wohnungsmarkt einer Stadt oder Region) oder
- sachlichen Kriterien (z. B. Arbeitsmärkte, Faktormärkte, Finanzmärkte).

Bestimmend für das Verhalten der Marktteilnehmer ist, ob auf dem Markt viele oder wenige Akteure sind, also viel oder wenig Konkurrenz vorhanden ist. Im folgenden Kapitel wird dargestellt, wie sich der Preis für ein Gut auf Märkten mit unterschiedlich vielen Marktteilnehmern bildet.

4.1.1 Quantitative Unterschiede: die Anzahl der Marktteilnehmer

Werden Märkte quantitativ nach der Anzahl der Anbieter und der Nachfrager unterschieden, so ergibt sich das sogenannte Marktformenschema.

Marktformenschema

		Nachfrager		
		viele	wenige	einer
Anbieter	viele	zweiseitiges Polypol (vollständige Konkurrenz)	Nachfrageoligopol	Nachfragemonopol
	wenige	Angebotsoligopol	zweiseitiges (bilaterales) Oligopol	beschränktes Nachfragemonopol
	einer	Angebotsmonopol	beschränktes Angebotsmonopol	zweiseitiges (bilaterales) Monopol

polyos (griech.)
viel

oligos
wenig

monos
allein, einzig, ein

pōleīn
Handel treiben, verkaufen

davon abgeleitet:

Polypol
Verkauf durch viele

Oligopol
Verkauf durch wenige

Monopol
Verkauf durch einen

- Polypol:
  Vielen Anbietern stehen viele Nachfrager gegenüber. Die Marktteilnehmer verfügen über keine Marktmacht, da sie nur einen kleinen Teil zum Gesamtangebot und zur Gesamtnachfrage beitragen. Einzelne Marktteilnehmer haben somit keinen Einfluss auf den Preis eines Gutes.
- Angebotsoligopol:
  Wenigen Anbietern (Oligopolisten) stehen viele Nachfrager gegenüber. Die Konkurrenz auf der Angebotsseite ist gering. Daher ist die Marktmacht der wenigen Anbieter groß.
- Angebotsmonopol:
  Einem Anbieter (Monopolist) stehen viele Nachfrager gegenüber. Der Monopolist hat keine Konkurrenz und somit eine sehr große Marktmacht. Entscheidend sind für ihn seine Kosten und das Verhalten der Nachfrager.

4.1.2 Qualitative Unterscheidung: der vollkommene und der unvollkommene Markt

Märkte sind sozusagen die „Treffpunkte“ für die Anbieter, die ihre Güter verkaufen, und die Nachfrager, die Güter kaufen wollen. Sind sie sich über den Preis einig, werden die Anbieter verkaufen und die Nachfrager kaufen. Um den komplexen Prozess der Preisbildung auf Märkten besser analysieren zu können, wird zwischen den Modellen des „vollkommenen“ und des „unvollkommenen“ Marktes unterschieden.

Vollkommener Markt
Bei einem vollkommenen Markt wird angenommen, dass alle Marktteilnehmer ausschließlich nach ökonomischen Gesichtspunkten handeln. Das Modell wird auch als „vollkommene Konkurrenz“ bezeichnet. Für das betrachtete Gut wird ein **Einheitspreis** angenommen. Damit ein Einheitspreis angenommen werden kann, müssen folgende Prämissen (Voraussetzungen) erfüllt sein:

Einheitspreis
Alle Käufe und Verkäufe eines Gutes erfolgen zu einem einzigen Preis.

- **Homogenität der Güter:** Auf dem betrachteten Markt sind die angebotenen Güter völlig gleichartig. Es bestehen keine sachlichen Unterschiede zwischen den Gütern, sie sind in Qualität, Aussehen und Verpackung identisch. Da die Güter homogen (gleichartig) sind, haben die Nachfrager keine sachlichen Präferenzen. Dies bedeutet, dass sie kein bestimmtes Gut bevorzugen.
- **Vollkommene Markttransparenz:** Die Marktteilnehmer verfügen über alle wichtigen Marktinformationen wie etwa den Preis des Gutes, Liefer- und Zahlungsbedingungen sowie Informationen zur Qualität des Gutes. Ändern sich die Marktdaten, können die Marktteilnehmer somit unendlich schnell reagieren.
- **Fehlen von Präferenzen:** Die Marktteilnehmer dürfen nicht aus anderen Gründen bestimmte Marktteilnehmer anderen vorziehen. Allein der Preis ist die kaufentscheidende Größe auf dem Markt. Folgende Präferenzen dürfen nicht vorhanden sein:
  - räumliche Präferenzen (z.B. vorhandene Parkplätze, Standortnähe, geringere Transportkosten)
  - zeitliche Präferenzen (z.B. schnellere Lieferung, längere Zahlungsfristen)
  - persönliche Präferenzen (z.B. Stammkunden, persönliche Bindungen)

In der Realität existieren vollkommene Märkte nicht. Am ehesten entspricht eine Börse dem Modell des vollkommenen Marktes.

Unvollkommener Markt
Ist mindestens eine Bedingung des vollkommenen Marktes nicht erfüllt, gilt der Markt als unvollkommen. Die Folge ist, dass für ein Gut verschiedene Preise existieren. In der Realität sind Märkte immer unvollkommen.

Merke!

- Angebot und Nachfrage treffen auf einem Markt aufeinander.
- Der Preis wird auf einem Markt gebildet.
- Durch den Preis werden die Nachfrage- und Angebotspläne der Marktteilnehmer zum Ausgleich gebracht.

4.2 Preisbildung im Polypol auf dem vollkommenen Markt

Das Standardmodell für Überlegungen zur Marktpreisbildung ist das Modell vom (zweiseitigen) Polypol auf dem vollkommenen Markt. Man spricht auch vom „vollkommenen Wettbewerbsmarkt" oder der „vollständigen Konkurrenz". Folgende Annahmen liegen diesem Modell zugrunde:

- Es gibt viele Anbieter und viele Nachfrager; einzelne Marktteilnehmer verfügen über keine Marktmacht. Das heißt, sie haben keinen Einfluss auf den Preis des Gutes.
- Anbieter und Nachfrager haben uneingeschränkten Marktzutritt.
- Es gelten die Bedingungen des vollkommenen Marktes.

Der Prozess der Preisbildung im Polypol wird nachfolgend am Beispiel einer Börse dargestellt, da diese am ehesten den Modellannahmen des Polypols auf dem vollkommenen Markt entspricht: Die Kaufaufträge der Nachfrager und die Verkaufsaufträge der Anbieter werden von Börsenmaklern entgegengenommen. Die Makler erhalten für ausgeführte Aufträge Provisionen vom Verkäufer und vom Käufer. In einem zeitlichen Rhythmus ermitteln die Makler den Marktpreis, bei dem die meisten Aufträge ausgeführt werden können, also die größte Menge des gehandelten Gutes abgesetzt werden kann. Die Provision der Makler ist bei diesem Preis am höchsten. Auf diese Weise werden die Pläne der Nachfrager und Anbieter zum Ausgleich gebracht.

Der Gleichgewichtspreis räumt den Markt.

Der von den Maklern ermittelte Marktpreis wird **Gleichgewichtspreis** und die entsprechende Menge **Gleichgewichtsmenge** genannt. Zum Gleichgewichtspreis sind die geplanten Angebots- und Nachfragemengen auf dem Markt gleich groß. In diesem Fall ist der Markt im „Gleichgewicht" (Marktgleichgewicht).

Beispiel

An einer Rohstoffbörse wird u. a. „Energie" gelistet. Dazu gehört, z. B. neben Erdgas und Rohöl, auch Heizöl, das gehandelt wird und für das Marktpreise ermittelt werden. Es handelt sich dabei um leichtes Heizöl, das überwiegend in Ölheizungen zum Einsatz kommt. Aus Vereinfachungsgründen wird angenommen, dass auf dem Markt nur vier Nachfrager und vier Anbieter auftreten. Die Heizölhersteller geben Verkaufsaufträge an Makler. In diesen Aufträgen geben sie an, welchen Preis sie mindestens erzielen wollen und welche Menge sie bei dem gewünschten Preis verkaufen würden. Liegt der Marktpreis an einem Tag unter diesem Preis, wird der Auftrag nicht ausgeführt. Die Nachfrager (hier kleinere und mittlere Heizöllieferanten, die überschaubare Mengen abnehmen) geben dem Makler den Preis an, den sie höchstens zahlen würden, und die Menge, die sie zu diesem Preis abnehmen würden. Liegt der Marktpreis über diesem Preis, wird der Auftrag nicht ausgeführt. Der Börsenmakler notiert alle eingegangenen Verkaufs- und Kaufaufträge und ermittelt den Preis.
Angenommen, folgende Kauf- bzw. Verkaufsaufträge liegen dem Makler heute um 07:00 Uhr für leichtes Heizöl vor:

Kaufaufträge = Nachfrage			Verkaufsaufträge = Angebot		
Käufer	Höchstpreis in €/Liter	nachgefragte Menge in Litern	Verkäufer	Höchstpreis in €/Liter	nachgefragte Menge in Litern
Auer	0,40	2400	Eisele	1,00	600
Bold	0,60	1800	Frank	0,80	1800
Ceppo	0,80	1200	Groß	0,60	2400
Doll	1,00	1200	Huber	0,40	1800

Welchen Preis wird der Makler festlegen?

4.2.1 Tabellarische Ermittlung des Marktgleichgewichts

Beispiel (Fortsetzung)

Zunächst wird der Makler die folgende Tabelle mit den geplanten Angebotsmengen und geplanten Nachfragemengen zu den jeweiligen Preisen erstellen:

Preis pro Liter in €	geplante nachgefragte Menge in Litern					geplante angebotene Menge in Litern					absetzb. Menge in Litern
	Auer	Bold	Ceppo	Doll	gesamt	Eisele	Frank	Groß	Huber	gesamt	
0,40	2400	1800	1200	1200	6600				1800	1800	1800
0,60	0	1800	1200	1200	4200			2400	1800	4200	4200
0,80	0	0	1200	1200	2400		1800	2400	1800	6000	2400
1,00	0	0	0	1200	1200	600	1800	2400	1800	6600	1200

Aus der Tabelle wird ersichtlich, dass die größte Menge (4 200 Liter) an Heizöl bei einem Preis von 0,60 € pro Liter abgesetzt werden kann. Der Makler wird daher den Marktpreis für einen Liter Heizöl auf 0,60 € pro Liter festsetzen. Es gibt keinen anderen Preis, bei dem eine größere Menge umgesetzt werden könnte. Da die geplanten Nachfragemengen und die geplanten Angebotsmengen bei diesem Preis gleich hoch, also „gleichgewichtig" sind, wird dieser Preis als Gleichgewichtspreis und die dazugehörige umsetzbare Menge als Gleichgewichtsmenge bezeichnet. Es ergibt sich ein Marktgleichgewicht bei einem Gleichgewichtspreis von 0,60 € pro Liter Heizöl und einer Gleichgewichtsmenge von 4 200 Litern.

Kaufaufträge, deren Höchstpreisangabe unter dem Gleichgewichtspreis liegt, können nicht ausgeführt werden. Verkaufsaufträge, deren Mindestpreis über dem Gleichgewichtspreis liegt, können nicht ausgeführt werden.

Merke!

Nur zum **Gleichgewichtspreis** kann die größte Menge eines Gutes umgesetzt werden, da zu diesem Preis die geplanten Nachfragemengen für das Gut den geplanten Angebotsmengen für das Gut entsprechen.

4.2.2 Grafische Ermittlung des Marktgleichgewichts

Für die grafische Ermittlung des Marktgleichgewichts und somit des Gleichgewichtspreises und der Gleichgewichtsmenge wird der Schnittpunkt zwischen der Gesamtangebots- und der Gesamtnachfragekurve bestimmt. Der Schnittpunkt der beiden Kurven bezeichnet das Gleichgewicht G^0. Der Gleichgewichtspreis p^0 und die Gleichgewichtsmenge x^0 lassen sich an den Achsen ablesen.

Grafische Ermittlung des Marktpreises für leichtes Heizöl

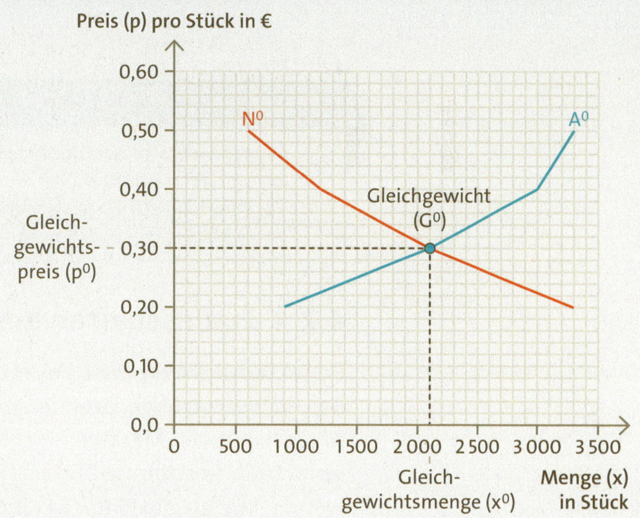

Merke!

Das Marktgleichgewicht wird durch den Schnittpunkt der Gesamtangebotskurve mit der Gesamtnachfragekurve bestimmt. Projiziert man den Schnittpunkt an die Preis- und Mengenachse, lassen sich der Gleichgewichtspreis und die Gleichgewichtsmenge ablesen.

4.2.3 Algebraische Ermittlung des Marktgleichgewichts

In einem Polypol befinden sich nicht nur acht Marktteilnehmer wie im Erklärungsbeispiel, sondern viele Nachfrager und viele Anbieter agieren auf dem Markt.

Beispiel

Gesamtangebot und Gesamtnachfrage für leichtes Heizöl

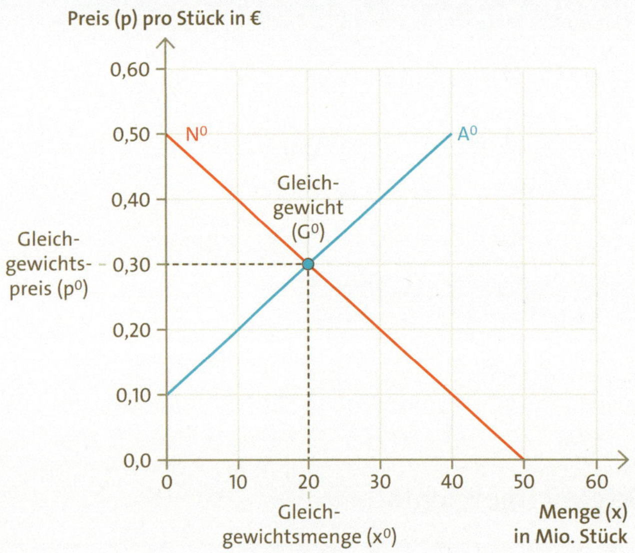

Angenommen, die Gesamtnachfrage und das Gesamtangebot am gesamten deutschen Heizölmarkt stellt sich zu einem bestimmten Zeitpunkt wie folgt dar: Die Gesamtnachfragefunktion (in Mio. Liter) lautet: $XN = -50p + 50$. Die Gesamtangebotsfunktion (in Mio. Liter) lautet: $XA = 50p - 10$.

Durch Gleichsetzen der Funktionen und Auflösen nach p kann der Gleichgewichtspreis algebraisch ermittelt werden:

$-50p + 50 = 50p - 10$
$-100p = -60$
$100\,p = 60$
$p = 0{,}6$

Einsetzen des Gleichgewichtspreises in die Nachfrage- oder Angebotsfunktion:

$X^N = -50p + 50$
$= -50 \cdot 0{,}60 + 50 = -30 + 50 = 20$

Im Beispiel ergibt sich also ein Marktgleichgewicht bei einem Gleichgewichtspreis von 0,60 € pro Liter und einer Gleichgewichtsmenge von 20 Mio. Litern.

Merke!

- Algebraisch wird der **Gleichgewichtspreis** durch Gleichsetzen der Nachfrage- und Angebotsfunktion ermittelt.
- Algebraisch wird die **Gleichgewichtsmenge** durch Einsetzen des Gleichgewichtspreises in die Nachfrage- oder Angebotsfunktion ermittelt.

4.2.4 Eigenschaften des Gleichgewichtspreises

Preise, die durch das freie Zusammenspiel von Angebot und Nachfrage gebildet werden, haben wichtige Funktionen. Sie lenken indirekt und direkt das Wirtschaftsgeschehen auf den Märkten einer Volkswirtschaft. Abhängig von den erzielbaren Preisen werden bestimmte Güter produziert, und abhängig von den zu zahlenden Preisen werden bestimmte Güter in einer bestimmten Menge nachgefragt. Die wichtigsten Preisfunktionen sind:

Nur bei einer freien Preisbildung sind die aufgeführten Preisfunktionen vollständig gewährleistet. Diese ist vor allem im Polypol auf dem vollkommenen Markt gegeben, in einer Marktsituation ohne staatliche Eingriffe in die Preisbildung, ohne Behinderungen des Marktzutritts und ohne Behinderung der Anpassungsreaktionen der Marktteilnehmer.

Preisfunktion	Bedeutung
Informationsfunktion	Der Preis liefert Informationen über den Wert eines Gutes.
Signalfunktion	Der Preis veranschaulicht die Knappheit des Gutes: Je knapper ein Gut ist, desto höher ist der Preis und umgekehrt.
Lenkungsfunktion	Preise lenken die Produktionsfaktoren in Wirtschaftsbereiche, in denen Anbieter hohe Gewinne erwarten.

Erziehungsfunktion (auch Anreizfunktion genannt)	Preise erziehen Anbieter dazu, sparsam mit Produktionsfaktoren umzugehen. Nachfrager gehen mit knappen Gütern sparsam um.
Ausgleichsfunktion	Der Preis bringt die Pläne der Anbieter und Nachfrager zum Ausgleich (Preismechanismus).
Auslesefunktion (auch Selektionsfunktion genannt)	Anbieter, die Güter anbieten, deren Preis über dem Gleichgewichtspreis liegt, scheiden aus dem Markt aus.
Verteilungsfunktion	Der Preis für bereitgestellte Produktionsfaktoren (Arbeit, Kapital, Boden) beeinflusst die Einkommensverteilung in der Gesellschaft.

4.2.5 Anpassungsprozesse bei Nachfrage- und Angebotsüberhang

Nachfrageüberhang (Nachfrage > Angebot)

Ein Nachfrageüberhang (auch Nachfrageüberschuss oder Angebotslücke genannt) ergibt sich, wenn der Preis kurzfristig unter dem Gleichgewichtspreis liegt. Die Nachfrage ist in diesem Fall größer als das Angebot.

Ein Nachfrageüberhang besteht nicht lange. Die Nachfrager, die bereit gewesen wären, einen höheren Preis zu zahlen, überbieten sich bei dem knapperen Angebot. Der Preis steigt. Gleichzeitig kommen mit steigendem Preis mehr Anbieter auf den Markt, und die Angebotsmenge erhöht sich. Dieser Mechanismus vollzieht sich so lange, bis der alte Gleichgewichtspreis mit der entsprechenden Gleichgewichtsmenge erreicht ist.

Gesamtangebot und Gesamtnachfrage für leichtes Heizöl

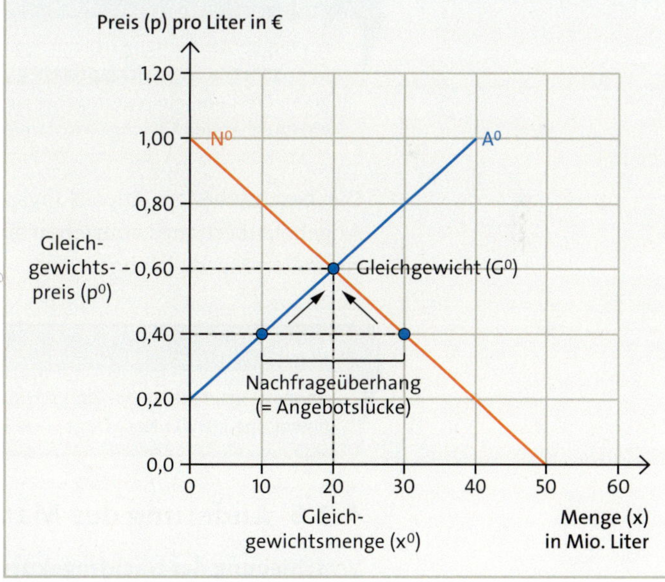

Beispiel

Liegt der Preis kurzfristig bei 0,40 € pro Liter Heizöl (also unter dem Gleichgewichtspreis), werden zwar 30 Mio. Liter nachgefragt, es werden jedoch nur 10 Mio. Liter auf dem Markt angeboten. Der Nachfrageüberhang oder die Angebotslücke beträgt 20 Mio. Liter.

Merke!

Ein **Nachfrageüberhang (Angebotslücke)** ergibt sich, wenn der Preis eines Gutes kurzfristig unter dem Gleichgewichtspreis liegt. Die Überbietungen der Nachfrager führen so lange zu einem höheren Preis und einer größeren Angebotsmenge, bis der alte Gleichgewichtspreis mit der entsprechenden Gleichgewichtsmenge erreicht ist.

Angebotsüberhang (Angebot > Nachfrage)

Ein Angebotsüberhang (auch Angebotsüberschuss oder Nachfragelücke genannt) ergibt sich, wenn der Preis kurzfristig über dem Gleichgewichtspreis liegt. Die Nachfrage ist in diesem Fall kleiner als das Angebot. Auch ein Angebotsüberhang besteht

Gesamtangebot und Gesamtnachfrage für leichtes Heizöl

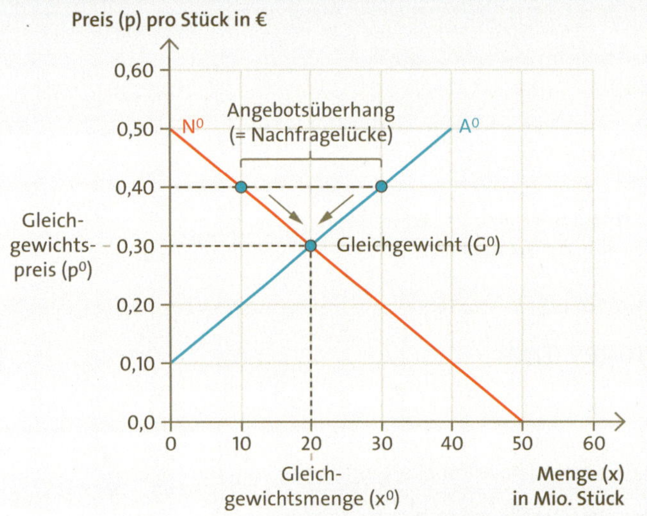

nicht lange. Die Anbieter, die bereit gewesen wären, ihr Gut zu einem geringeren Preis zu verkaufen, unterbieten sich. Der Preis für das Gut sinkt, und einige Anbieter können nicht mehr zu diesem geringeren Preis anbieten. Die Angebotsmenge am Markt sinkt. Dieser Mechanismus vollzieht sich so lange, bis der alte Gleichgewichtspreis mit der entsprechenden Gleichgewichtsmenge wieder erreicht ist.

Beispiel

Liegt der Preis kurzfristig bei 0,80 € pro Liter Heizöl (also über dem Gleichgewichtspreis), werden 30 Mio. Liter angeboten, aber nur 10 Mio. Liter nachgefragt, also abgesetzt werden können. Der Angebotsüberhang oder die Nachfragelücke beträgt 20 Mio. Liter.

Merke!

Ein **Angebotsüberhang (Nachfragelücke)** ergibt sich, wenn der Preis eines Gutes kurzfristig über dem Gleichgewichtspreis liegt. Anpassungsprozesse führen so lange zu einem niedrigeren Preis und einer geringeren Angebotsmenge, bis der alte Gleichgewichtspreis mit der entsprechenden Gleichgewichtsmenge erreicht ist.

Die beschriebenen Anpassungsprozesse im Fall eines Nachfrageüberhangs oder Angebotsüberhangs vollziehen sich sehr schnell. In beiden Fällen führen sie wieder zum alten Marktgleichgewicht.

Merke!

Anpassungsprozesse bei einem Nachfrage- oder Angebotsüberhang entsprechen einer **Bewegung auf der Nachfrage- und der Angebotskurve.**

4.2.6 Änderung des Marktgleichgewichts

Verschiebung der Nachfragekurve

Ändert sich bei gleichbleibendem Preis des Gutes eine andere Bestimmungsgröße der Nachfrage, verschiebt sich die Nachfragekurve. Es lassen sich zwei Fälle unterscheiden:

1. Fall: Nachfragerückgang

Ein Rückgang der Nachfrage kann z.B. durch eine Einkommensminderung, den gestiegenen Preis eines Komplementärgutes, den gesunkenen Preis eines Substitutionsgutes, pessimistische Zukunftserwartungen oder eine geringere Nutzeneinschätzung ausgelöst werden.

Nachfragerückgang

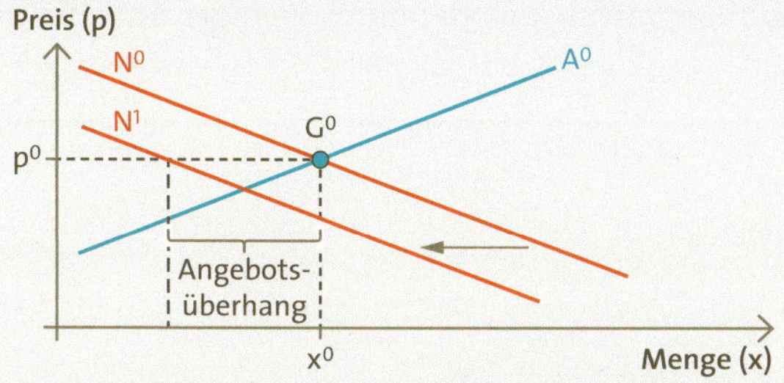

Durch den Nachfragerückgang verschiebt sich die Nachfragekurve (N^0) nach links (N^1). Die Angebotskurve verändert sich nicht. Die Nachfrage ist nun beim bisherigen Gleichgewichtspreis (p^0) geringer als das Angebot. Es ergibt sich ein Angebotsüberhang bzw. eine Nachfragelücke.

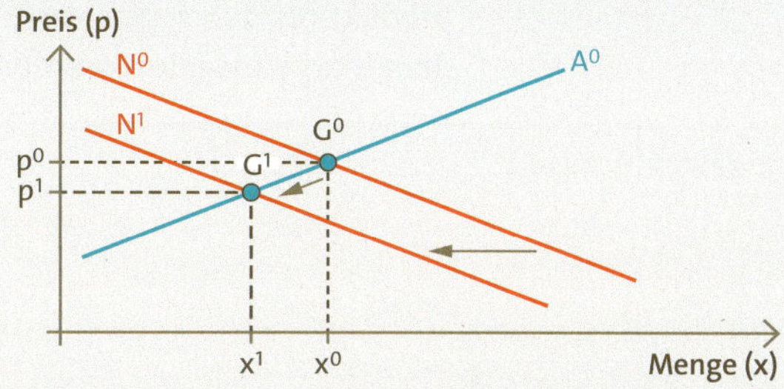

Der Preis sinkt, da sich die Anbieter unterbieten. Der Unterbietungsprozess dauert so lange an, bis ein neues Gleichgewicht (G^1) bei einem niedrigeren Gleichgewichtspreis (p^1) und einer geringeren Gleichgewichtsmenge (x^1) erreicht ist.

2. Fall: Nachfrageerhöhung

Eine Erhöhung der Nachfrage kann z. B. durch eine Einkommenserhöhung, den gesunkenen Preis eines Komplementärgutes, den gestiegenen Preis eines Substitutionsgutes, optimistische Zukunftserwartungen oder eine höhere Nutzeneinschätzung ausgelöst werden.

Nachfrageerhöhung

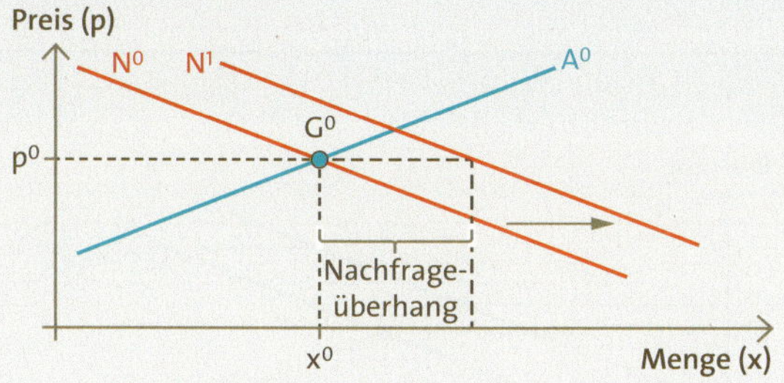

Eine Nachfrageerhöhung löst eine Verschiebung der Nachfragekurve (N^0) nach rechts aus (N^1). Die Angebotskurve verändert sich nicht. Die Nachfrage ist nun beim bisherigen Gleichgewichtspreis (p^0) größer als das Angebot. Es ergibt sich ein Nachfrageüberhang bzw. eine Angebotslücke.

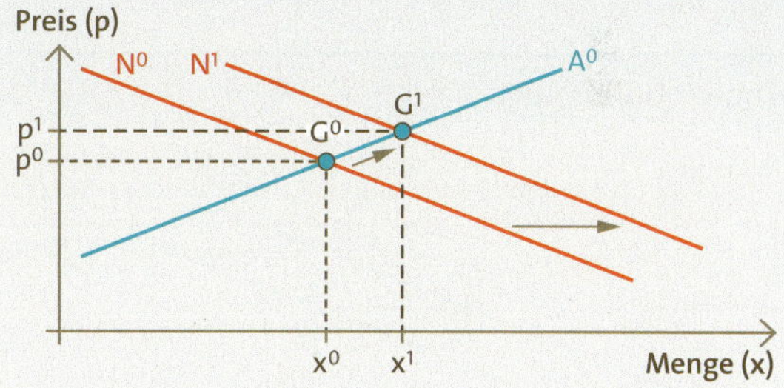

Der Preis steigt, da sich die Nachfrager überbieten. Der Überbietungsprozess dauert so lange an, bis ein neues Gleichgewicht (G^1) bei einem höheren Gleichgewichtspreis (p^1) und einer größeren Gleichgewichtsmenge (x^1) erreicht ist.

Verschiebung der Angebotskurve

Ändert sich bei gleichbleibendem Preis des Gutes eine andere Bestimmungsgröße des Angebots, verschiebt sich die Angebotskurve. Es lassen sich zwei Fälle unterscheiden:

1. Fall: Angebotsrückgang

Eine Verringerung des Angebots kann z. B. durch Kostensteigerungen bei der Güterproduktion, durch geringere Gewinnerwartungen oder durch weniger Anbieter auf dem Markt ausgelöst werden.

Angebotsrückgang

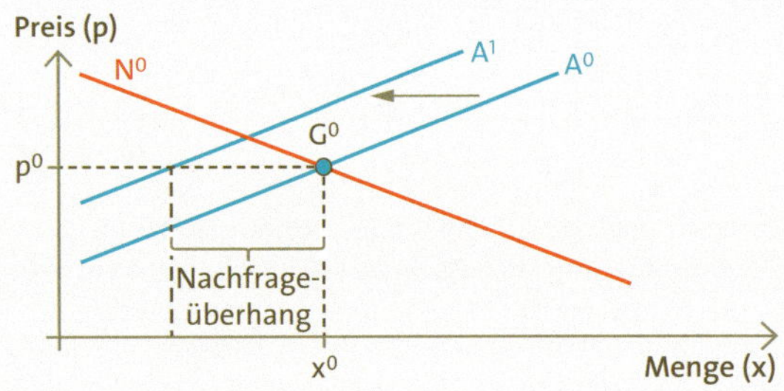

Eine Verringerung des Angebots löst eine Verschiebung der Angebotskurve (A^0) nach links aus (A^1). Die Nachfragekurve verändert sich nicht. Das Angebot ist nun beim bisherigen Gleichgewichtspreis (p^0) geringer als die Nachfrage. Es ergibt sich ein Nachfrageüberhang bzw. eine Angebotslücke.

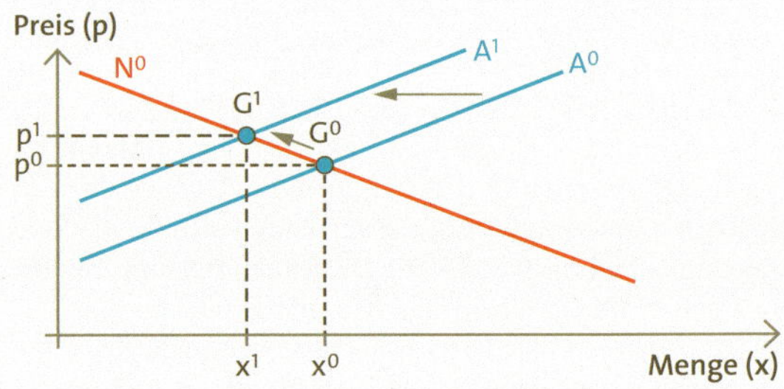

Der Preis steigt, da sich die Nachfrager überbieten. Der Überbietungsprozess dauert so lange an, bis ein neues Gleichgewicht (G^1) bei einem höheren Gleichgewichtspreis (p^1) und einer geringeren Gleichgewichtsmenge (x^1) erreicht ist.

2. Fall: Angebotserhöhung

Eine Zunahme des Angebots kann z. B. durch Kostensenkungen bei der Güterproduktion, durch höhere Gewinnerwartungen oder mehr Anbieter auf dem Markt ausgelöst werden.

Angebotserhöhung

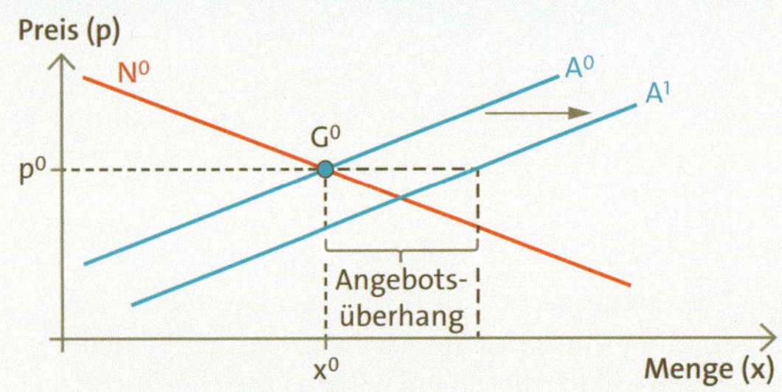

Eine Erhöhung des Angebots löst eine Verschiebung der Angebotskurve (A^0) nach rechts aus (A^1). Die Nachfragekurve verändert sich nicht. Das Angebot ist nun beim bisherigen Gleichgewichtspreis (p^0) höher als die Nachfrage. Es ergibt sich ein Angebotsüberhang bzw. eine Nachfragelücke.

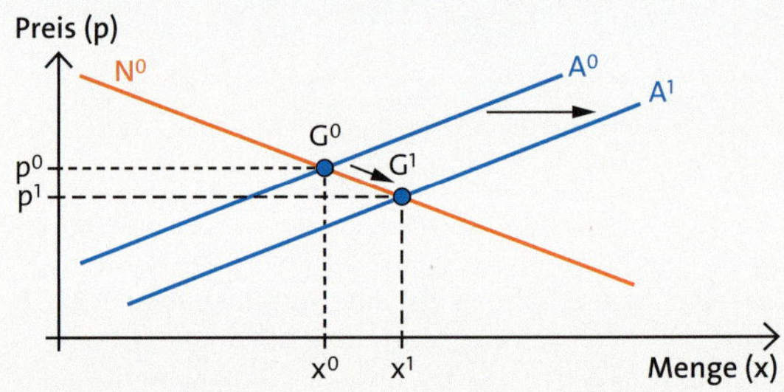

Der Preis sinkt, da sich die Anbieter unterbieten. Der Unterbietungsprozess dauert so lange an, bis ein neues Gleichgewicht (G^1) bei einem niedrigeren Gleichgewichtspreis (p^1) und einer größeren Gleichgewichtsmenge (x^1) erreicht ist.

Durch die Überbietungsprozesse der Nachfrager bzw. die Unterbietungsprozesse der Anbieter bei Veränderungen des Angebots oder der Nachfrage ergibt sich ein verändertes Gleichgewicht auf dem Markt.

4.2.7 Konsumentenrente und Produzentenrente

Konsumentenrente

Nachfrager geben den höchsten Preis an, zu dem sie noch bereit sind, ein Gut zu kaufen. Ergibt sich nun auf dem Markt ein geringerer Gleichgewichtspreis als der Höchstpreis einiger Nachfrager, kaufen diese günstiger ein als geplant. Sie müssen nicht so viele Geldeinheiten für das Gut aufwenden, obwohl sie bereit gewesen wären, mehr für das Gut zu zahlen. Die Ausgaben, die sich diese Nachfrager „sparen", werden Konsumentenrente (KR) genannt. Die Konsumentenrente ist die Differenz zwischen dem Gleichgewichtspreis und dem Höchstpreis der Nachfrager. In der Grafik ist die Summe aller Konsumentenrenten die rote Fläche. Die Höhe der gesamten Konsumentenrente wird ermittelt, indem die Fläche des Dreiecks B-C-D 1 berechnet wird.

Marktgleichgewicht und Konsumenten- und Produzentenrente

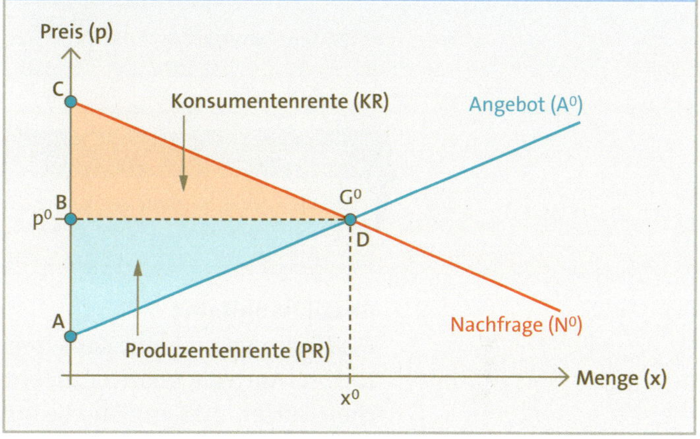

Merke!

Die **Konsumentenrente** ergibt sich aus der Differenz zwischen dem Preis, zu dem Nachfrager bereit gewesen wären, das Gut zu kaufen, und dem niedrigeren Gleichgewichtspreis.

Produzentenrente

Anbieter geben den niedrigsten Preis an, zu dem sie noch bereit sind, ihr Gut zu verkaufen. Ergibt sich nun auf dem Markt ein höherer Gleichgewichtspreis als der Mindestpreis einiger Anbieter, können diese Anbieter zu einem höheren Preis als ihr Mindestpreis verkaufen, obwohl sie bereit gewesen wären, zu einem niedrigeren Preis zu verkaufen. Sie erzielen mehr Einnahmen. Diese „Mehreinnahmen" werden Produzentenrente genannt. Die Produzentenrente (PR) ist die Differenz zwischen dem Gleichgewichtspreis und dem Mindestpreis der Anbieter, der unterhalb des Gleichgewichtspreises liegt. In der nebenstehenden Grafik erkennt man die Summe aller Produzentenrenten in der blauen Fläche. Die Höhe der gesamten Produzentenrente wird ermittelt, indem die Fläche des Dreiecks A-B-D berechnet wird.

Gesamtangebot und Gesamtnachfrage für leichtes Heizöl

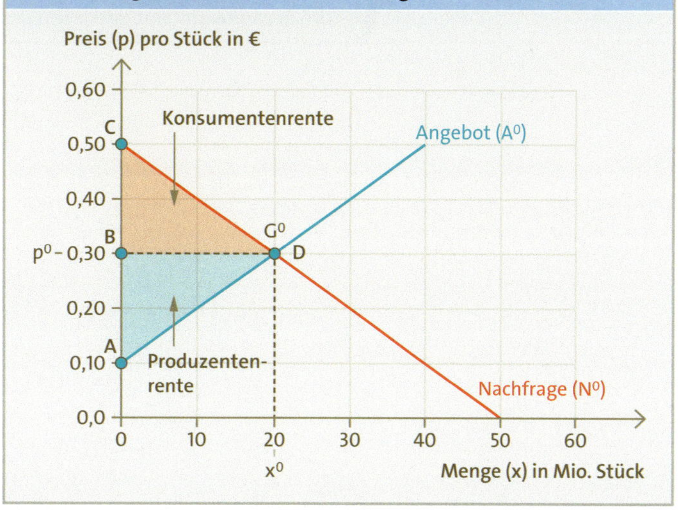

Beispiel

Für den oben beschriebenen Heizölmarkt werden die Konsumentenrente und die Produzentenrente wie folgt berechnet:

$$\text{Konsumentenrente (KR)} = \frac{(0{,}50\,€ - 0{,}30\,€)\,.\,20\text{ Mio. Stück}}{2} = 2\text{ Mio. €}$$

$$\text{Produzentenrente (PR)} = \frac{(0{,}30\,€ - 0{,}10\,€)\,.\,20\text{ Mio. Stück}}{2} = 2\text{ Mio. €}$$

Merke!

Die **Produzentenrente** ergibt sich aus der Differenz zwischen dem Preis, zu dem Anbieter bereit gewesen wären, das Gut zu verkaufen, und dem höheren Gleichgewichtspreis.

Gesamtwohlfahrt

Die Nachfrager, die eine Konsumentenrente erzielen, haben somit einen zusätzlichen Nutzen. Auch die Anbieter, die eine Produzentenrente erzielen, haben einen zusätzlichen Nutzen. Addiert man die Produzenten- und Konsumentenrente, ergibt sich der Gesamtnutzen. Der Gesamtnutzen, der in einer Volkswirtschaft von Anbietern und Nachfragern erzielt wird, wird Gesamtwohlfahrt genannt.

Beispiel

Auf dem beschriebenen Heizölmarkt betragen die Konsumenten- und die Produzentenrente jeweils 4 Mio. €. Die Gesamtwohlfahrt beträgt somit 8 Mio. €.

Merke!

Die **Gesamtwohlfahrt** entspricht der Summe aus Produzenten- und Konsumentenrente.

5 Soziale Marktwirtschaft – Wirtschaftsordnung der BRD

SB ▶ SITUATION 100 Wirtschaftsordnungen vergleichen

Beispiel

Isabell Ahrens Familie lebt in Leipzig. Sie befindet sich aktuell im 3. Ausbildungsjahr ihrer Ausbildung zur Immobilienkauffrau bei der MEWOH Musterwohn GmbH in Leipzig. Sie fährt täglich mit den öffentlichen Verkehrsmitteln zur Arbeit. Ihr Vater Paul Ahrens betreibt ein Baugeschäft und beschäftigt zwei Maurer. Er baut Eigenheime und übernimmt Reparaturen aller Art. Seine aktuelle Auftragslage ist gut. Mutter Maria Ahrens arbeitet Teilzeit in einem Kindergarten. Isabells Bruder Max ist 17 Jahre alt und besucht ein Wirtschaftsgymnasium in Leipzig. Die Familie nutzt eine große Wohnung in ihrem geerbten 4-Familien-Haus selbst. Die restlichen Wohnungen sind vermietet. Die Familie bildet eine Bedarfsgemeinschaft. Sie prüft in regelmäßigen Zeitabständen ihre Einkommenssituation, stimmt die Bedürfnisse der Familienmitglieder ab und legt ihren Bedarfsplan fest. Regelmäßig sparen sie einen Teil ihres Einkommens.

5.1 Grundlagen einer Wirtschaftsordnung

In einer Volkswirtschaft nehmen unterschiedliche Wirtschaftssubjekte – private Haushalte, Unternehmen, Staat und Ausland – am wirtschaftlichen Geschehen teil. Zwischen ihnen bestehen vielfältige und zahlreiche wirtschaftliche Beziehungen.

Nach welchen Regeln und Normen diese Beziehungen zulässig sind und funktionieren, wird mit der Wahl der Wirtschaftsordnung festgelegt.

Merke!

In einer **Wirtschaftsordnung** werden die Regeln und Normen, auf denen das wirtschaftliche Handeln in einer Volkswirtschaft basiert, festgelegt.

Die Wirtschaftsordnung eines Staates ist Bestandteil der herrschenden **Gesellschaftsordnung**. Daher ist die geistige Grundhaltung ausschlaggebend für die Wirtschaftsordnung. Von zentraler Bedeutung sind das herrschende Menschenbild und die daraus abgeleitete Rolle des Staates. So stellt der Individualismus das freie Individuum in den Mittelpunkt, der Kollektivismus dagegen die **Gemeinschaft**, der sich das Individuum unterordnen muss.

Man unterscheidet zwei Grundmodelle, die als idealtypische Wirtschaftsordnungen bezeichnet werden: freie Marktwirtschaft und Zentralverwaltungswirtschaft.

Diese Modelle sind in ihrer Grundform in der Realität bisher nicht zu finden. Real existierende Wirtschaftsordnungen bauen aber im Wesentlichen auf diesen zwei Typen auf.

Gesellschaftsordnung
Gesamtheit der Regeln und Maßnahmen für das Zusammenleben der Menschen in einem Staat (Rechtsordnung + Sozialordnung + Wirtschaftsordnung)

Gemeinschaft
eine soziale Gruppe, die durch eine „Gemeinsamkeit" definiert ist, z. B. die Gemeinde, die Familie, die Bevölkerung eines Staates

Um diese Wirtschaftsordnungen unterscheiden zu können, werden bestimmte Kriterien, die in der Fachsprache Ordnungsrahmen genannt werden, untersucht:
- Wie wird das Individuum gesehen?
- Welche Rolle hat der Staat?
- Wer plant und entscheidet in der Wirtschaft, welche Waren und Dienstleistungen produziert werden?
- Wer ist Eigentümer der Produktionsmittel?
- Wie und wo bildet sich der Preis für Güter?
- Welche Ziele (Ergebnisse) werden verfolgt?

laisser faire quelque chose à quelqu'un (franz.)
jemanden etwas tun lassen

Freie Marktwirtschaft

Zentrale Antriebskraft der Wirtschaft ist der Egoismus des Einzelnen, der seinen Gewinn bzw. Nutzen maximieren will. Voraussetzung dafür ist es, dass er das Eigentum an Produktionsmitteln hat und der Wettbewerb nicht beschränkt wird. Der freie Wettbewerb zwingt Unternehmen, ihre Produktionskosten zu senken und Produktionsmittel effektiv einzusetzen. Die Anbieter können ihren Gewinn durch Kostensenkung maximieren und gleichzeitig ihre Güter zu billigeren Preisen anbieten.

Auf der anderen Seite wollen private Haushalte zu möglichst niedrigen Preisen Güter kaufen, um ihren Nutzen zu maximieren.

Wenn beide Wirtschaftssubjekte durch ihr „egoistisches" Handeln einen Vorteil erzielen, wird dadurch gleichzeitig das Gemeinwohl positiv beeinflusst und gefördert. Dieser Selbstregelungsmechanismus der Wirtschaft macht Staatseingriffe überflüssig. Der Staat kann untätig bleiben, er muss nur für die öffentliche Ordnung, für die Sicherheit der Bürger und für den Schutz des Privateigentums sorgen.

Bezogen auf die Wirtschaft soll jeder so handeln können, wie er es für richtig hält, um seinen Vorteil zu erreichen. Dieses Prinzip wird als **Laissez-faire-Prinzip** bezeichnet.

Die Vorstellung, dass sich das Wirtschaftsgeschehen unbewusst von selbst regelt, findet sich in der Metapher der „unsichtbaren Hand" (Adam Smith: „the invisible hand"), die alles lenkt, wieder. Die Aufgabe des Staates wird bei diesem Modell also nur darin gesehen, durch Gesetze einen Ordnungsrahmen durchzusetzen, in dem die Rechte des Bürgers geschützt werden und ein funktionierendes gesellschaftliches Leben gewährleistet wird.

Freiheitsrechte in der freien Marktwirtschaft

Eine entscheidende Voraussetzung der freien Marktwirtschaft ist das Gewähren von Freiheitsrechten und Planungsautonomie des einzelnen Individuums durch den Staat.

Freiheitsrechte	
Produktions- und Handelsfreiheit	Jeder Produzent entscheidet selbst, was und wie viel produziert wird.
freie Berufswahl und freie Wahl des Arbeitsplatzes	= Gewerbefreiheit Jeder Produzent kann ein beliebiges Gewerbe am Markt betreiben und sich frei betätigen.
Konsumfreiheit	• Jeder Konsument entscheidet selbst darüber, wie viel seines Einkommens er für was ausgeben möchte. • Impulse für Produktion gehen vom Konsumenten aus.
Privateigentum	Verfügungsmacht über Produktionsmittel
Vertragsfreiheit	Wirtschaftssubjekte können beliebige Verträge mit individuellen Inhalten abschließen.

Die Grundgedanken des klassischen Wirtschaftsliberalismus gehen auf den englischen Nationalökonomen Adam Smith zurück.

Die Grundideen der freien Marktwirtschaft werden am ehesten in „kapitalistisch" orientierten Ländern gefunden.

In reiner Form wurde die freie Marktwirtschaft real nie umgesetzt. Das Wirtschaftsgeschehen in der ersten Hälfte des 19. Jahrhunderts in Europa kam dem Modell jedoch sehr nahe. Anstatt das Gemeinwohl zu stärken, wurden allerdings nur die Unternehmer wohlhabender. Da der Staat bei Missständen nicht eingriff, konnten die Unternehmen ihre wirtschaftliche Machtstellung ausnutzen, und der Wettbewerb reduzierte sich drastisch. Die Arbeiterschaft wurde ausgebeutet und unterdrückt. Es kam zu Wirtschaftskrisen und sozialen Konflikten.

Zentralverwaltungswirtschaft
Im Modell der Zentralverwaltungswirtschaft liegen die Koordination der wirtschaftlichen Prozesse und die wirtschaftliche Entscheidungsbefugnis zentral beim Staat.

Wenn aber gemeinhin von der Zentralverwaltungswirtschaft gesprochen wird, so ist damit meistens die zentrale Planwirtschaft sozialistischer Ausprägung gemeint. Das (sozialistische) Modell der Zentralverwaltungswirtschaft wurde aufgrund der Missstände des Laissez-faire-Kapitalismus im 19. Jahrhundert entworfen. Dabei stellt der Sozialismus ein Gegenmodell zum Kapitalismus dar und beschreibt eine politische Lehre, die die gesellschaftlichen Verhältnisse mit dem Ziel sozialer Gleichheit und Gerechtigkeit verändern will.

Soziale Marktwirtschaft
Sie ist eine Mischform, da sie Vorteile beider idealtypischen Wirtschaftsordnungen (freie Marktwirtschaft und Zentralverwaltungswirtschaft) nutzt und deren Nachteile zu vermeiden versucht. Die soziale Marktwirtschaft wird auch als „dritter Weg" bezeichnet.

Merke!

Die **soziale Marktwirtschaft** ist eine Wirtschaftsordnung, deren Ziel darin besteht, die Freiheit auf dem Markt mit dem sozialen Ausgleich in der Gesellschaft zu verbinden. Der Staat soll regulierend in das Wirtschaftsgeschehen eingreifen, dabei aber die Freiheitsrechte der Bürger nur so weit beschränken, dass das Gemeinwohl nicht negativ beeinflusst wird.

Der Markt auf der einen Seite fordert die Selbstständigkeit des Individuums und die freie Entfaltung seiner Fähigkeiten. Auf der anderen Seite steht der Staat, der das allgemeine Wohl, soziale Gerechtigkeit und soziale Sicherheit in den Mittelpunkt seines Handelns stellt. Bei gleichzeitigem Verfolgen der beiden unterschiedlichen Ziele kann es zu Konflikten kommen. Immer dann muss der Staat ins Wirtschaftsgeschehen eingreifen **(Dualismus)**.

Um **Marktversagen** zu verhindern, hält die soziale Marktwirtschaft staatliche Eingriffe in das Wirtschaftsgeschehen für nötig. Dabei erfüllt der Staat unterschiedliche Funktionen:

Marktversagen
Auf einem freien Markt wird der Güterpreis durch das Zusammenspiel von Angebot und Nachfrage gebildet. Entsprechend der VWL-Theorie führt dieser Marktmechanismus zum effizienten Einsatz der Produktionsfaktoren. Ist dieser Mechanismus aufgrund unterschiedlicher Ursachen gestört, liegt ein Marktversagen vor.

Funktion	Maßnahmen	Beispiele
Ordnungsfunktion	Rahmenbedingungen schaffen	• Träger der Wirtschaftspolitik definieren und deren Aufgaben festlegen • Autonomie der Zentralbank und Tarifparteien gewährleisten • Gesetz gegen Wettbewerbsbeschränkungen
Steuerungsfunktion	aktives Gestalten	• Beschäftigungspolitik, Konjunkturpolitik, Stabilitätspolitik, Strukturpolitik, Sozialpolitik, Umweltpolitik • Verordnungen und Gesetze in den oben genannten Bereichen erlassen
Schutzfunktion	Maßnahmen zum Schutz der Schwächeren	• Verbraucherschutz, Mieterschutz, Umweltschutz, Lohnfortzahlung im Krankheitsfall, Sozialversicherung, Verbrauchssteuern (z. B. Tabaksteuer), Mindestpreise festlegen
Ausgleichsfunktion	gerechte Umverteilung	• Transferleistungen, wie z. B. Bürgergeld, Kindergeld, Wohngeld • Subventionen (z. B. Unterstützung von Unternehmensgründungen) • Steuern (z. B. Höhe Einkommensteuersatz)

Zum Schutz der Gemeinschaft und der Schwächeren in einer Volkswirtschaft beschränkt der Staat in der sozialen Marktwirtschaft die Freiheitsrechte der Unternehmen und Individuen wie folgt:

Freiheitsrechte	Beispiele der Einschränkung
Vertragsfreiheit	Wucherverbot, sittenwidrige Rechtsgeschäfte, Verbraucherschutz, Jugendschutz, Regelung des Onlinehandels, Haustürgeschäfte
Konsumfreiheit	Rauschgift, Waffen dürfen nicht konsumiert werden
Berufswahl	grundsätzlich frei; jedoch müssen Ausbildungsanforderungen erfüllt sein (z. B. Approbationen [staatliche Zulassungen] für Ärzte und Apotheker, Studium als Voraussetzung für viele Berufe, z. B. Ingenieure)
Gewerbe- und Produktionsfreiheit	Gewerbeschein, Konzessionen, Verbote von Produktion militärischer Güter, Umweltschutzauflagen bei der Produktion
Eigentumsrecht	Privat- und Staatseigentum; Enteignungen mit Ausgleichsleistung zur Erhaltung des Gemeinwohls möglich (z. B. bei Straßenbaumaßnahmen)

Stellt man diese drei Wirtschaftsordnungen gegenüber, ergibt sich folgendes Bild:

Kriterium	Freie Marktwirtschaft	Zentralverwaltungswirtschaft	Soziale Marktwirtschaft
Leitidee: Geisteshaltung und Menschenbild	Jeder hat das Recht, sich frei zu entfalten. • „Einzelwohl führt zu Gemeinwohl“ (d. h.: Vom egoistischen Streben des Einzelnen profitiert die gesamte Gesellschaft.) • Individualismus	Der Einzelne muss sich der Gesellschaft unterordnen. • „Gesamtwohl führt zu Einzelwohl“ (d. h.: Wenn jeder Einzelne das Gesamtwohl über seine Interessen stellt, trägt er zu einem hohen Gesamtwohl bei. Als Teil der Gemeinschaft wird so auch sein Einzelwohl positiv beeinflusst.) • Kollektivismus	• Der Mensch ist nicht nur Individuum, sondern auch ein Sozialwesen. Er trägt Verantwortung für sich und andere (d. h.: Eigenwohl kann unter Beachtung des Gesamtnutzens verfolgt werden). • Personalismus (= Der Mensch und seine Beziehung zu seiner Umwelt stehen im Mittelpunkt.)
Gesellschaftsordnung	Liberalismus	Sozialismus, Kommunismus	Ordoliberalismus, Neoliberalismus
Rolle des Staates	• keine Eingriffe des Staates in das Wirtschaftsgeschehen • nur Gewährleistung der Freiheiten der Bürger	• Staat lenkt die Wirtschaft durch Staatseingriffe • Staat gewährt keine Bürgerrechte	• Der Staat ist aktiv, er betreibt Wirtschaftspolitik (erlässt Gebote und Verbote: Kündigungsschutz, Umweltbestimmungen, Export- und Importbestimmungen usw.). • Der Staat greift unmittelbar in das Wirtschaftsgeschehen ein, um Fehlentwicklungen zu korrigieren. • Der Staat hilft erst, wenn sich das Individuum nicht mehr selbst helfen kann. Er unterstützt das Individuum mit Transferleistungen, wie z. B. Wohngeld und Bürgergeld. • = Subsidiaritätsprinzip
Planung und Entscheidungen	dezentral: Das einzelne Wirtschaftssubjekt plant und entscheidet.	zentral: Allein der Staat stellt Produktionspläne auf und trifft wirtschaftliche Entscheidungen.	dezentral: Das einzelne Wirtschaftssubjekt plant und entscheidet im vom Staat vorgegebenen Rahmen.

Preisbildung	• Angebot und Nachfrage • Der freie Markt ist der Ort der Preisbildung.	• Der Staat setzt Preise fest. • Orientierung anhand der Produktionsplanziele	• Der freie Markt (Angebot und Nachfrage) ist der Ort der Preisbildung. • Der Staat kann jedoch in die Preisbildung eingreifen. Er kann z. B. Höchst-, Mindest- und Festpreise für Waren und Dienstleistungen festlegen.
Wettbewerb	freier Wettbewerb	kein freier Wettbewerb, sondern Zuteilung von Gütern	• Leistungswettbewerb • Sicherung des Wettbewerbs durch staatliche Wettbewerbspolitik (z. B. Gesetz gegen Wettbewerbsbeschränkungen)
Eigentum an Produktionsmitteln	privat, individuell	staatlich, kollektiv	privat und staatlich
Voraussetzung	• Freiheit der Märkte • Wahrung der Freiheitsrechte (z. B. Vertragsfreiheit, Gewerbefreiheit usw.)	• Der Staat ist Eigentümer der Produktionsmittel. • Es werden keine Freiheitsrechte gewährt.	• Gewährung von Freiheit der Märkte und Freiheitsrechten – jedoch Beschränkung der Freiheiten der Wirtschaftssubjekte, falls das Gemeinwohl gefährdet ist (z. B. Einschränkung der Gewerbefreiheit und Vertragsfreiheit) • soziale Sicherung (z. B. Sozialversicherung) • soziale Gerechtigkeit durch staatliche Umverteilung (z. B. Kindergeld, Höhe des Einkommenssteuersatzes)
wirtschaftliches Ziel	Gewinn- und Nutzenmaximierung	Planerfüllung	• Gewinn- und Nutzenmaximierung • Verbindung von Eigeninitiative und individueller Freiheit mit sozialer Gerechtigkeit
Herrschaftsform	Demokratie	totalitäres Regime	Demokratie

5.2 Grundgesetz und Wirtschaftsordnung der BRD

5.2.1 Grundgesetz

Das Grundgesetz (GG) ist die Verfassung der Bundesrepublik Deutschland. Explizit wird darin keine Wirtschaftsordnung vorgeschrieben. Jedoch sind in mehreren Artikeln Bedingungen an eine herrschende Wirtschaftsordnung zu finden. Ein zentraler Punkt des Grundgesetzes ist die freiheitliche Gesellschaftsordnung. Sie wurde in jeder Hinsicht zum Leitbild der Verfassung der Bundesrepublik Deutschland. Die **soziale Marktwirtschaft** entspricht den Vorgaben des Grundgesetzes. Politisch umgesetzt wurde das Konzept der sozialen Marktwirtschaft im Nachkriegsdeutschland unter Bundeskanzler Konrad Adenauer (Regierungszeit: 1949–1963) von dem damaligen Wirtschaftsminister Ludwig Erhard, dem Vater des sogenannten „deutschen

Wirtschaftswunders". Bis heute ist die soziale Marktwirtschaft die herrschende Wirtschaftsordnung in Deutschland.

5.2.2 Freiheitsrecht und Planungsautonomie im Grundgesetz

Der Staat hat die Grundrechte der Bürger zu beachten. Er darf nur unter ganz eng gefassten Bedingungen in die Lebensplanung und Lebensgestaltung der Bürger eingreifen.

Merke!

Freiheitsrechte und **Planungsautonomie** sind insofern subjektive individuelle Grundrechte, da sie die Individuen vor rechtlichen Eingriffen in deren Lebensplanung und -gestaltung schützen.

5.2.3 Wirtschaftliche Freiheitsrechte

Das Grundgesetz garantiert Freiheitsrechte für alle Lebensbereiche. Insofern sind die folgenden wirtschaftlichen Freiheitsrechte aus dem Grundgesetz abgeleitet.

Freiheitsrechte	Beispiel
Produktions- und Handelsfreiheit	Der Maurermeister Paul Ahrens hat sich selbstständig gemacht. Er ist als Gewerbetreibender unternehmerisch aktiv. Er baut Häuser bzw. repariert sie im Auftrag seiner Kunden. Ist seine Auftragslage gut, beschäftigt er Mitarbeiter. Wenn Aufträge ausbleiben, will er Mitarbeiter entlassen.
freie Berufswahl und freie Wahl des Arbeitsplatzes	Maria Ahrens hat eine Ausbildung zur Erzieherin gemacht, weil sie gerne mit Kindern arbeitet. Sie hat ein Eignungsprofil erworben. Ein naheliegender Kindergarten sucht eine Teilzeitkraft. Maria Ahrens hat sich beworben, weil sie nur Teilzeit arbeiten möchte und die Kita zu Fuß zu erreichen ist. Eine besser bezahlte Vollzeitstelle außerhalb von Leipzig hat sie nicht angestrebt. Von Zeit zu Zeit besucht sie Weiterbildungsveranstaltungen. Isabell Ahrens hat sich für eine Ausbildung entschieden. Max Ahrens will ein Bachelor-Studium in Betriebswirtschaftslehre beginnen. Dazu benötigt er das Abitur.
Konsumfreiheit	Der Mehrpersonenhaushalt Ahrens bildet eine Bedarfsgemeinschaft. Die Familie trifft auf der Grundlage ihres verfügbaren Einkommens Konsum- und/oder Sparentscheidungen. Mitunter kommt es zu Interessenskonflikten zwischen den Familienmitgliedern.
Privateigentum	Der Unternehmer Paul Ahrens erweitert sein Baugeschäft. Er kauft ein Nachbargrundstück, baut eine Lagerhalle und erweitert seinen Fuhrpark. Sein Betriebsvermögen steigt. Das Nachbargrundstück ist so groß, dass die Familie darauf ein neues Eigenheim erstellen will. Der Bauantrag wird an die Gemeinde gestellt und abgelehnt, weil das Grundstück in einem Gewerbegebiet liegt, das für Wohnbebauung nicht freigegeben ist.
Vertragsfreiheit	Der Unternehmer Paul Ahrens freut sich über einen Kundenauftrag zum Bau eines Eigenheims. Er nimmt einen Kredit bei seiner Hausbank auf, um seine Lieferantenrechnungen bezahlen zu können. Er stellt einen neuen Mitarbeiter ein. Er mietet ein Baugerüst. Maria Ahrens kauft Gemüse und Obst auf dem Wochenmarkt ein. Isabell Ahrens kellnert aushilfsweise im „Dorfkrug". Max Ahrens will sich von seinem gesparten Taschengeld ein Smartphone kaufen.

5.2.4 Sozialstaatsgebot des Grundgesetzes

Die Verpflichtung des Staates hinsichtlich der sozialen Ausrichtung der Gesellschafts- und Wirtschaftsordnung sowie der Verantwortung für die Sicherung der Lebensgrundlagen auch für zukünftige Generationen ergibt sich aus dem Grundgesetz.

Artikel 20 und 20a GG!

Artikel 20 GG
(1) Die Bundesrepublik Deutschland ist ein demokratischer und sozialer Bundesstaat. [...]

Artikel 20 a GG
Der Staat schützt auch in Verantwortung für die künftigen Generationen die natürlichen Lebensgrundlagen und die Tiere im Rahmen der verfassungsmäßigen Ordnung [...]

Merke!

Der Staat hat den Verfassungsauftrag, eine Gesellschafts- und Wirtschaftsordnung zu schaffen, die unter weitestgehender Wahrung der wirtschaftlichen Freiheitsrechte dem Wohl aller Bürger verpflichtet ist.

Die Artikel 20 und 20 a GG sind als Generalnorm formuliert. Sie enthalten keine Aussagen zur konkreten Ausgestaltung einer dem Allgemeinwohl verpflichteten Gesellschafts- und Wirtschaftsordnung. Das Grundgesetz legt also nicht fest, was sozial gerecht ist und wer auf welche sozialen Sicherheiten in welchem Umfang Anspruch hat. Das gilt auch für Art, Menge und Qualität des Angebots an Kollektivgütern.

Die jeweilige gesellschaftliche und wirtschaftliche Situation sowie politische Aspekte bestimmen Art und Umfang der staatlichen Maßnahmen und Vorgaben.

Umsetzung und Ausformung des Sozialstaates erfolgen auf der Grundlage von rechtlichen Vorschriften. Der Staat schafft ein sozialpolitisches Regelwerk mit Rechten und Pflichten für die Bevölkerung. Darüber hinaus schaltet er sich aktiv in die Gestaltung der Wirtschaftsabläufe und Wirtschaftsprozesse ein, wenn dies aus sozialpolitischen und anderen gesellschaftlichen Gründen geboten erscheint.

5.3 Wettbewerbsordnung

5.3.1 Wettbewerb und Marktmacht

Grundelement der Marktwirtschaft ist der Leistungswettbewerb. Der Staat muss daher alles tun, um diesen Wettbewerb aufrecht zu halten. Wird der Markt sich selbst überlassen, wie z.B. in der freien Marktwirtschaft, kann der Wettbewerb durch die Bildung von Angebotsmonopolen (ein einziger Anbieter) und Angebotsoligopolen (wenige Anbieter) beschränkt bzw. ausgeschaltet werden. Überhöhte Preise und Marktmacht in den Händen weniger sind die Folge. Unternehmen ohne Konkurrenz wären nicht mehr gezwungen, Produktionsfaktoren effizient bei der Produktion einzusetzen.

Unterscheidung von Märkten
▶ LF 12, Kap. 4.1

Um auf einem Wettbewerbsmarkt bestehen zu können, müssen Produktionsfaktoren optimal eingesetzt werden. Wettbewerb führt somit zu höherer wirtschaftlicher Effizienz, günstigeren Güterpreisen, technischem Fortschritt, zu einer besseren Güterversorgung und somit zu einem gut funktionierenden Markt.

Da nur funktionierende Märkte mit hoher Wettbewerbsintensität einen fairen Interessenausgleich zwischen den Anbietern und Nachfragern garantieren, hat der Staat ein Interesse daran, durch wettbewerbspolitische Regelwerke den Wettbewerb zu sichern.

So gelten Märkte mit hoher **Wettbewerbsintensität** als ideale Voraussetzung dafür, dass der Marktpreismechanismus funktioniert. Intensiver Wettbewerb eröffnet Konsumenten und Produzenten Wahlmöglichkeiten.

Merke!

Der Staat muss Wettbewerbspolitik betreiben, um die Unternehmen daran zu hindern, Wettbewerb zu reduzieren.

5.3.2 Gesetz gegen Wettbewerbsbeschränkungen (GWB)

Die Wettbewerbsintensität nimmt tendenziell ab, wenn die Zahl der Marktteilnehmer sinkt. Also schließen sich Anbieter und/oder Nachfrager oft zusammen oder kooperieren, um ihre Marktmacht zu stärken. Denkbar sind auch Kartellabsprachen unter Konkurrenten zulasten der anderen Anbieter am Markt.

Kartell

Ein Kartell entsteht durch die Absprache von mind. zwei Unternehmen, die gleiche Produkte oder Dienstleistungen verkaufen. Ziel ist es, Verhaltensweisen und Preise abzustimmen. Es entsteht dadurch ein verzerrter Wettbewerb am Markt.

Kartellabsprachen

Kartellabsprachen sind Absprachen unter konkurrierenden Unternehmen in wirtschaftlichen Teilbereichen. Sie können sich u. a. auf Verkaufspreise und Produktionsmengen beziehen, die Aufteilung von Märkten regeln oder den Kartellmitgliedern feste Verkaufsmengen zuweisen. Kartelle können den Leistungswettbewerb gefährden.

Das GWB gilt als „Grundgesetz der Marktwirtschaft". Es wird auch als „Kartellgesetz" bezeichnet, beschränkt sich aber nicht allein auf die Unterbindung wettbewerbswidriger Kartellabsprachen, sondern enthält darüber hinausgehende Bestimmungen.

§ 1 GWB: Verbot wettbewerbsbeschränkender Vereinbarungen

Vereinbarungen zwischen Unternehmen, Beschlüsse von Unternehmensvereinigungen und aufeinander abgestimmte Verhaltensweisen, die eine Verhinderung, Einschränkung oder Verfälschung des Wettbewerbs bezwecken oder bewirken, sind verboten.

Für die Überwachung der Einhaltung der Bestimmungen des GWB sind das Bundeskartellamt und gegebenenfalls Landeskartellbehörden sowie das Bundesministerium für Wirtschaft und Energie zuständig. Im Falle wettbewerbsschädigender Praktiken unterbinden sie ein solches Verhalten durch Untersagen, Strafen oder Auflagen.

Gesetz gegen Wettbewerbsbeschränkungen	
Anwendungsbereich	Unternehmen, die sich wettbewerbswidrig verhalten
wettbewerbspolitische Instrumente	Kartellverbot, Verbot eines abgestimmten Verhaltens, Verbot von Behinderungspraktiken, Fusionskontrolle

Fusion

Zusammenschluss von mind. zwei bisher eigenständigen Unternehmen zu einem (neuen) Unternehmen

Weitere Gesetze gegen Wettbewerbsverzerrungen und Wettbewerbsbeschränkungen

Gesetz gegen den unlauteren Wettbewerb (UWG)
Das Gesetz ist zum Schutz vor unlauteren Handlungen und verfälschendem Wettbewerb verfasst worden. Unlautere Handlungen sind z. B. Belästigung, Nötigung oder Gewalt, um einen Marktteilnehmer in seiner Entscheidung zu beeinflussen. Verbraucher und Marktteilnehmer sollen ungezwungen am wirtschaftlichen Geschehen teilhaben können. Unter anderem werden direkte Preisvergleiche und nicht zulässige Sonderverkäufe verboten.

Gesetz gegen den unlauteren Wettbewerb (UWG)
▶ LF 10, Kap. 7.4.4

Gewerbeordnung (GewO)
Mit diesem Gesetz gewährleistet der Staat, dass bestimmte Erwerbstätigkeiten nur ergriffen werden dürfen, wenn die jeweiligen Fachkenntnisse vorliegen.

Regelung zu den allgemeinen Geschäftsbedingungen (§§ 305 ff. BGB)
Diese Regelungen dienen dazu, den Verbraucher bei einem Vertragsabschluss nicht zu benachteiligen. Er soll vor allem vor dem sogenannten Kleingedruckten geschützt werden.

Allgemeine Geschäftsbedingungen
▶ Band 1, LF 2, Kap. 3.2

Preisauszeichnungsgesetz
Das Gesetz dient dem Schutz der Verbraucher und zielt auf eine umfassende Preistransparenz ab (Preiswahrheit und die Preisklarheit). Die Verbraucher sollen in der Lage sein, realistische Preisvergleiche vornehmen zu können. Zudem soll durch das Gesetz ein fairer Wettbewerb am Markt gewährleistet werden.

Das Bundeskartellamt prüft im Rahmen der Missbrauchsaufsicht, ob Unternehmen, die aus natürlichen Gründen kaum bzw. keinem Wettbewerb ausgesetzt sind, dadurch eine überragende Marktstellung einnehmen und den Wettbewerb auf unzulässige Weise beschränken und andere Marktteilnehmer unzulässig benachteiligen.

Stellt sich nach der Prüfung heraus, dass ein missbräuchliches Verhalten vorliegt, kann das Bundeskartellamt entweder
- verlangen, dass das missbräuchliche Verhalten sofort beendet und bereits benachteiligte Marktteilnehmer entschädigt werden oder
- Bußgelder gegen die Unternehmen verhängen.

Das Wettbewerbsrecht verbietet die missbräuchliche Ausnutzung einer marktbeherrschenden Stellung.

5.4 Arbeitsordnung

5.4.1 Arbeitsmarkt

Der Arbeitsmarkt unterliegt wie alle Märkte dem Gesetz von Angebot und Nachfrage. Arbeitssuchende bieten ihre Arbeitsleistung an, Arbeitgeber fragen sie nach.

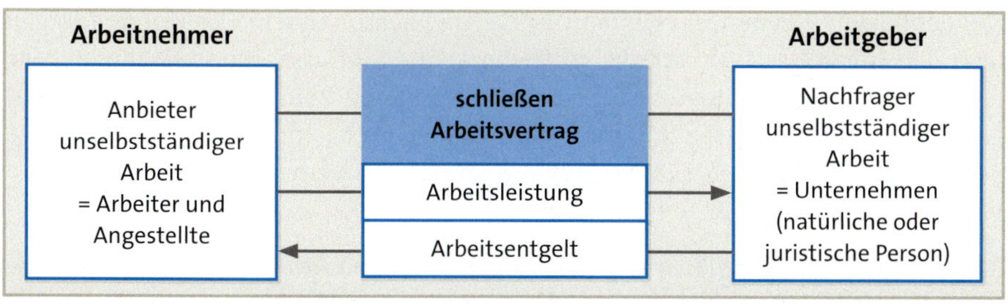

Folgende Zusammenhänge sind auf einem Arbeitsmarkt feststellbar:

- hohe Arbeitslosigkeit – niedrige Löhne und Gehälter
  → Überangebot an Arbeitsleistung
- geringe Arbeitslosigkeit – hohe Löhne und Gehälter
  → erhöhte Nachfrage nach Arbeitsleistung

Im Arbeitsrecht ist das Prinzip der Vertragsfreiheit zu beachten. Es gelten die Grundsätze der Abschlussfreiheit und der Gestaltungsfreiheit. Arbeitnehmer und Arbeitgeber können jeweils frei darüber entscheiden, ob sie und mit wem sie überhaupt eine vertragliche Bindung eingehen wollen, und, wenn ja, zu welchen Bedingungen.

Da der Arbeitsmarkt seiner Struktur nach von einem Übergewicht an Macht auf der Arbeitgeberseite geprägt ist und dadurch die wirtschaftliche und soziale Existenz von Arbeitssuchenden gefährdet werden kann, greift der Staat ein. Basierend auf dem Sozialstaatsgebot des Artikels 20 GG schafft er mit der Arbeitsordnung ein Regelwerk zum Schutz des Arbeitnehmers. Realisiert wird dies auf zwei Ebenen:

- **kollektives Arbeitsrecht**
  Es betrifft die Arbeitnehmerschaft als Gesamtheit und kann vereinfacht als „kollektive Selbsthilfe“ bezeichnet werden. Es geht darum, die Arbeitsbedingungen für das Kollektiv der Arbeitnehmer zu verbessern und für die Wahrung ihrer Rechte einzutreten, also die Rahmenbedingungen zu beeinflussen, die sich auf das konkrete Arbeitsverhältnis auswirken. Eine wichtige Errungenschaft ist die Möglichkeit, einen Personalrat und einen Betriebsrat im Unternehmen zu bilden.
- **individuelles Arbeitsrecht**
  Es betrifft das Verhältnis zwischen dem einzelnen Arbeitnehmer und seinem Arbeitgeber.

5.4.2 Tarifvertragsrecht

Tarifautonomie und Tarifvertrag

Das Tarifvertragsrecht ist Bestandteil des kollektiven Arbeitsrechts, das seine Grundlagen in der in Art. 9 Abs. 3 GG verankerten Koalitionsfreiheit findet. Im Regelfall sind nur Staatsorgane befugt, Rechtsnormen zu schaffen. Davon wird im kollektiven Arbeitsrecht abgewichen. Arbeitnehmer schließen sich auf freiwilliger Basis entsprechend ihrer Interessenlage zu Gewerkschaften zusammen. Auf der Gegenseite organisieren sich Arbeitgeber in Arbeitgeberverbänden.

Was ist ein Tarifvertrag?
▶ Band 1, LF 1, Kap. 3.1

Wie entsteht ein Tarifvertrag?
▶ Band 1, LF 1, Kap. 3.1

Ziel der beiden Parteien ist es, einen Tarifvertrag auszuhandeln. Die Verhandlungen über den Inhalt des Tarifvertrags geschehen ohne Einflussnahme von außen, also ohne Beteiligung des Staates. Auch bei Nichteinigung wird nicht nach dem Staat gerufen, sondern die Arbeitnehmer und Arbeitgeber bestimmen gemeinsam eine Schlichtungskommission. Dieses Recht auf autonomes Verhandeln wird als Tarifautonomie bezeichnet.

Insbesondere die als strukturell benachteiligt geltenden Arbeitnehmer haben so die Möglichkeit, ihre Interessen im Kollektiv zu vertreten und Forderungen zu stellen, mit deren Durchsetzung der einzelne Arbeitnehmer gegenüber seinem Arbeitgeber überfordert wäre (z. B. Aushandeln der Vergütung).

Betriebliche Mitbestimmung
▶ Band 1, LF 1, Kap. 3.3

Tarifliche Regelungen sind Mindestnormen. Sie gelten nur dann, wenn sie für den Arbeitnehmer vorteilhafter sind als die gesetzlichen Bestimmungen. In Betriebsvereinbarungen ausgehandelte und in individuellen Arbeitsverträgen vereinbarte über dem Tarifvertrag liegende (übertarifliche) Leistungen gelten vorrangig. Bei dem Abschluss eines Tarifvertrags wird genau festgelegt, wie lange er gültig ist.

Friedenspflicht und Arbeitskampf

Ein Tarifvertrag wird auch als Friedensvertrag bezeichnet, da er für die Dauer der Gültigkeit nicht durch sogenannte Kampfmaßnahmen (Streik, Aussperrung) unterbrochen werden kann. Es gilt die Friedenspflicht. Ist die Friedenspflicht abgelaufen, können Kampfmaßnahmen ergriffen werden. Der Arbeitskampf hat zum Ziel, einen kollektiven Druck auf die jeweilige Gegenseite auszuüben, um eine Einigung zu erzwingen.

5.4.3 Mitbestimmung

Das Recht der Mitbestimmung räumt den Arbeitnehmern bzw. deren Vertretern Mitsprache-, Mitwirkungs- oder Anhörungsrechte in wirtschaftlichen und sozialen Angelegenheiten im Unternehmen ein. Die Ausgestaltung der Mitwirkung ist davon abhängig, ob sie auf Unternehmens- oder Betriebsebene erfolgt.

5.4.4 Individuelles Arbeitsrecht

Aus der Vielzahl von Regelungen des individuellen Arbeitsrechts werden in der folgenden Tabelle beispielhaft bestimmte Bereiche dargestellt.

Rechtsfelder	Beispiele für Einschränkungen
Abschlussfreiheit von Arbeitsverträgen	• generelles Beschäftigungsverbot von Kindern und Jugendlichen unter 15 Jahren (Ausnahmen sind möglich) • Zustimmung des Betriebsrats bei Einstellung von Mitarbeitern • allgemeines Diskriminierungsverbot • Pflicht zur Besetzung von Arbeitsplätzen durch Schwerbehinderte • Anspruch Auszubildender auf Übernahme • befristete Arbeitsverträge nur unter bestimmten Voraussetzungen
Gestaltungsfreiheit von Arbeitsverträgen	• Mindestlohn für volljährige Arbeitnehmer • maximale Arbeitszeit von 8 Stunden werktäglich, 48 Stunden wöchentlich • generell keine Sonn- und Feiertagsbeschäftigung (Ausnahmen im Arbeitszeitgesetz geregelt) • Ruhepausen, Mindesturlaub 24 Werktage • Lohnfortzahlung an gesetzlichen Feiertagen, im Krankheitsfall für maximal 6 Wochen • arbeitnehmerseitige ordentliche Kündigung: 4 Wochen zum 15. oder zum Monatsletzten ohne Angabe von Gründen möglich • arbeitgeberseitige ordentliche Kündigung nur mit Angabe von personen-, verhaltens- oder betriebsbedingten Gründen und in Abhängigkeit von der bisherigen Beschäftigungszeit • Kündigungsverbote u. a. für Frauen während der Schwangerschaft und nach der Entbindung, für Männer und Frauen während der Elternzeit, für Auszubildende nach der Probezeit, für Schwerbehinderte, für Mitglieder des Betriebsrats oder von Mitgliedern der Jugend- und Auszubildendenvertretung
sozialer Arbeitsschutz	• generelle Beschäftigungsverbote und -einschränkungen, wenn Gefahren für die körperliche, geistige und soziale Entwicklung drohen, für werdende und stillende Mütter • Recht auf einen behindertengerechten Arbeitsplatz
technischer Arbeitsschutz	• Vorschriften hinsichtlich des Schutzes der Arbeitnehmer vor Gefahren für Leib, Leben und Gesundheit, die sich aus der Arbeitsumgebung, insbesondere der Gestaltung ihrer Arbeitsplätze und der Arbeitstätigkeit ergeben wie z. B. Vorschriften zur Einstellung von Betriebsärzten und Fachkräften für Arbeitssicherheit • Geräte- und Produktsicherheit • Arbeitsstättengestaltung • Sicherheit vor Gefahrstoffen

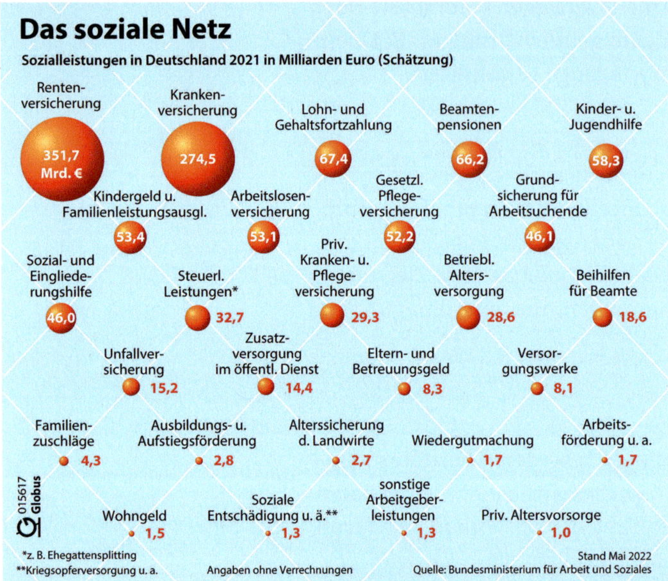

5.5 Sozialordnung

5.5.1 Grundprinzipien der Sozialordnung

Eine der wesentlichen Aufgaben des Staates in der sozialen Marktwirtschaft besteht darin, einen sozialen Ausgleich zugunsten der wirtschaftlich Schwachen herbeizuführen und Menschen gegen Lebensrisiken abzusichern. Zentral ist der Gedanke, dass alle Menschen einer Gesellschaft unabhängig von der Höhe ihres Einkommens die Sicherheit haben, im Notfall Hilfe zu erhalten. Um dies leisten zu können, errichtete der Staat ein Sozialsystem, das drei Grundprinzipien der staatlichen Sozialordnung gerecht werden soll.

Solidarität
Mitglieder einer Gemeinschaft unterstützen und helfen sich untereinander.

Grundprinzipien der staatlichen Sozialordnung in der sozialen Marktwirtschaft

Fürsorgeprinzip	Subsidiaritätsprinzip	Solidaritätsprinzip
Der Staat schafft kollektive soziale Sicherungssysteme zur Absicherung seiner Bürger vor Not und Armut.	Der Staat hilft nur, wenn der einzelne Bürger oder dessen persönliches soziales Umfeld wie z. B. die Familie oder private Organisationen nicht in der Lage sind, existenzgefährdende Notfälle aufzufangen.	Der Staat schafft soziale kollektiv organisierte Sicherungssysteme auf der Grundlage von Versicherungen, die durch Beiträge (Umlagen) finanziert werden: Durch diese erwirbt jedes Mitglied im Versicherungsfall einen Leistungsanspruch aus den Mitteln der Sozialkasse („Einer für alle, alle für einen“).

5.5.2 Gesetzliche Sozialversicherung

Leistungen der Sozialversicherungen
▶ Band 1, LF 1, Kap. 2.2

Die gesetzlichen Sozialversicherungen sind Pflichtversicherungen. Der Versicherungspflicht unterliegen in erster Linie Personen, die als Arbeitnehmer einer unselbstständigen sozialversicherungspflichtigen Erwerbstätigkeit nachgehen oder sich in der Berufsausbildung befinden. Der Staat greift somit in die wirtschaftlichen Freiheitsrechte seiner Bürger ein. Er begründet dies mit seiner sozialen Verantwortung gegenüber seinen Bürgern und deren besonderem Schutzbedürfnis vor bestimmten Lebensrisiken und in bestimmten Lebenssituationen. Entsprechend den versicherten Risiken ruht die Sozialversicherung auf fünf Säulen.

Leistungen der Sozialversicherungen (Fünf-Säulen-System)
▶ Band 1, LF 1, Kap. 2.2

Das System der gesetzlichen Sozialversicherungen erfüllt die grundlegenden Prinzipien der Sozialordnung in der sozialen Marktwirtschaft in Deutschland, Fürsorgepflicht und Solidaritätsprinzip, weil es für die Mitglieder eine Schutzfunktion im Rahmen einer beitragsfinanzierten Solidargemeinschaft hat. Es wird der Gedanke „Einer für alle, alle für einen" praktisch umgesetzt. Das Subsidiaritätsprinzip kommt zur Geltung, weil Leistungen erst erbracht werden, wenn der Versicherungsfall eintritt.

5.5.3 Umverteilung durch Transferleistungen

Die Träger der gesetzlichen Sozialversicherung sichern deren Mitglieder im Rahmen der kollektiven Selbsthilfe ab. Leistungsansprüche können nur aus dem Kreis der Beitragszahler geltend gemacht werden. Nichtmitglieder zahlen keine Beiträge und erhalten keine Leistungen. Ihr Lebensrisiko besteht darin, mittellos zu werden, weil sie weder über Erwerbseinkommen noch über Vermögen bzw. Ersparnisse verfügen. Mittellosigkeit, gegebenenfalls verbunden mit Krankheit und Pflegebedürftigkeit sowie Altersarmut, ist existenzbedrohend oder mündet in sozialer Verelendung. Auch für diese Menschen nimmt der Staat seine Fürsorgepflicht wahr. Er unterstützt sie mit Transferzahlungen, z. B. Bürgergeld oder Wohngeld, wenn ihnen niemand anders im Rahmen des Subsidiaritätsprinzips hilft oder kein anderer Träger dafür zuständig ist.

Da Transferzahlungen aus Steuergeldern finanziert werden, findet hier eine Umverteilung aus sozialen Gründen durch den Staat statt.

Merke!

Der Umverteilungsaspekt ergibt sich daraus, dass Steuerzahler, die im Regelfall keine Transferleistungen erhalten, über ihre Zwangsabgaben (= Steuern) Transferleistungen finanzieren. Die Gesellschaft wird zur Solidargemeinschaft.

Beispiel

- Die Alleinerziehende Manuela Rund versorgt nach ihrer Scheidung ihre drei kleinen Kinder und ist deshalb nicht erwerbstätig. Sie erhält Bürgergeld sowie Miete und Mietnebenkosten vom Staat.
- Der Student Thomas Fritz erhält nach dem Bundesausbildungsförderungsgesetz (BAföG) Unterstützung.
- Die Eltern von Isabell Ahrens erhalten Kindergeld.

Merke!

Staatliche Transferleistungen sind steuerfinanzierte Geld- und/oder Sachleistungen an Menschen, ohne dass von diesen eine direkte Gegenleistung gefordert wird. Sie dienen der Existenzsicherung von Menschen in Not oder dienen allgemeinen politischen Zielen (z. B. Kindergeld für alle Eltern).

5.5.4 Subventionen

Subventionen sind ein Instrument der Finanzpolitik. Im Sinne der sozialen Marktwirtschaft stellen sie eine „Hilfe zur Selbsthilfe" dar. Sie sind marktkonforme Staatseingriffe zur Förderung von Innovationen, Investitionen, Beseitigung von Marktungleichgewichten und zur Lenkung des Strukturwandels.

In der Regel sind Subventionen befristete Zahlungen des Staates an Unternehmen, ohne dass die Unternehmen eine Gegenleistung erbringen müssen. Im volkswirtschaftlichen Sinne zählen neben Zahlungen auch Vergünstigungen, Ermäßigungen und Steuererleichterungen zu den Subventionen.

Durch Subventionen können Unternehmen ihre Produktionskosten senken. Aus der Kostenersparnis resultiert ein besseres Betriebsergebnis. Geben die Unternehmen die Kostenersparnis in Form von Preissenkungen weiter, profitieren auch die Nachfrager von Subventionen.

Ziele der Subventionspolitik

Vor dem Hintergrund der wirtschaftlichen Lage und gesellschaftspolitischer Ziele (z.B. Umweltschutz) verfolgt der Staat mit der Leistung von Subventionen (z.B. Zuschüsse und Steuererleichterungen) unterschiedliche Ziele:

- höheres Einkommen für Unternehmen (z.B. in Rezessionen direkte Zahlungen, Abschreibungserleichterungen, Steuerbegünstigungen)
- Sicherung des Einkommens von Unternehmen in strukturschwachen Bereichen (z.B. Agrarsektor, Bergbau)
- Förderung von Wirtschaftsbereichen (z.B. Forschung und Entwicklung)
- Lenkung der Produktionsfaktoren in bestimmte Wirtschaftsbereiche (z.B. Wohnungsbau)
- Beeinflussung von Verkaufspreisen
- Beeinflussung des Verhaltens (z.B. Förderung erneuerbarer Energien wie Solar- und Windenergie, Dämmung im Wohnungsbau, Elektromobilität)

Ein großes Problem für den Staat ist es, die optimale Höhe und Ausgestaltung einer Subvention festzulegen, um die gewünschte Wirkung mit möglichst geringem Aufwand zu erzielen.

Kritik an der Subventionspolitik

Subventionen können auch unerwünschte Effekte auslösen:

- Verzerrungen des Marktgleichgewichts durch Preisbeeinflussung (dadurch Fehlsteuerung der Ressourcen)
- Subventionen werden weitergezahlt oder nicht zurückgezahlt, obwohl der Empfänger sich nicht mehr entsprechend der Subventionsbedingung verhält.
- Wettbewerbsunfähige Unternehmen werden „künstlich" am Leben gehalten.
- Mitnahmeeffekte (Unternehmen, die sich sowieso wie gewünscht verhalten, nehmen die Subvention „mit")
- Zu viele Subventionen führen zu sinkender Eigeninitiative der Unternehmen.
- Belastung des Staatshaushalts (= Allgemeinheit), da Subventionen einen enorm hohen Ausgabeposten des Staates darstellen

6 Konjunkturelle Schwankungen und ihre wirtschaftlichen Folgen

SB ▶ SITUATION 101 Konjunkturzyklus, Konjunkturphasen und Bruttoinlandsprodukt

6.1 Wirtschaftswachstum – die Messgröße für die Konjunktur

Je nachdem, in welcher Wirtschaftslage sich eine Volkswirtschaft befindet bzw. welche Prognosen für die zukünftige wirtschaftliche Entwicklung aufgestellt werden, wählt die Wirtschaftspolitik vor dem Hintergrund festgelegter wirtschaftspolitischer Ziele geeignete Maßnahmen, um negativen Entwicklungen entgegenzuwirken bzw. positive Entwicklungen zu stabilisieren und zu verstärken.

Um festzustellen, in welchem Zustand sich die Wirtschaft gegenwärtig befindet und wohin sie sich entwickeln wird, werden Messgrößen zur Analyse der Wirtschaftslage benötigt. Messgrößen, die Auskunft über die gegenwärtige gesamtwirtschaftliche Leistung einer Volkswirtschaft geben, sind das **reale Bruttoinlandsprodukt** und dessen Wachstumsraten sowie das **gesamtwirtschaftliche Produktionspotenzial**.

Messgrößen werden auch Indikatoren genannt.

Bruttoinlandsprodukt

▶ LF 12, Kap. 6.4

Merke!

- Das **reale Bruttoinlandsprodukt** bezeichnet den Wert der Waren und Dienstleistungen bewertet zu konstanten Preisen (Preisveränderungen werden nicht berücksichtigt), die in einer Periode in einer Volkswirtschaft produziert worden sind.
- Das **Produktionspotenzial** in einer Volkswirtschaft beziffert die maximal mögliche Produktion von Gütern und Dienstleistungen, wenn alle Produktionsfaktoren optimal eingesetzt und ausgelastet sind.

6.2 Konjunkturzyklus und Konjunkturphasen

Das Güterangebot und die Güternachfrage in einer Volkswirtschaft unterliegen ständigen Schwankungen. Konsumausgaben, Investitionen und Exporte entwickeln sich gut, stagnieren oder sind rückläufig. Dies hat Auswirkung auf die gesamtwirtschaftliche Produktionsleistung und somit auf das reale Bruttoinlandsprodukt (BIP).

Wird die Entwicklung des realen BIP im Zeitverlauf grafisch dargestellt, lassen sich Phasen der Aufwärtsbewegung und der Abwärtsbewegung in der gesamtwirtschaftlichen Entwicklung erkennen. Diese zyklischen Wellen werden Konjunkturzyklus genannt. Auch wenn jeder Zyklus seine eigene Struktur hat, so ist doch ein immer wiederkehrendes Grundmuster erkennbar. Dieses Grundmuster wird modellhaft als idealtypischer Konjunkturzyklus mit den folgenden vier Phasen dargestellt:

- Aufschwung/Expansion
- Hochkonjunktur/Boom (mit dem oberen Wendepunkt)
- Abschwung/Rezession
- Tiefstand/Depression (mit dem unteren Wendepunkt)

Idealtypischer Konjunkturzyklus

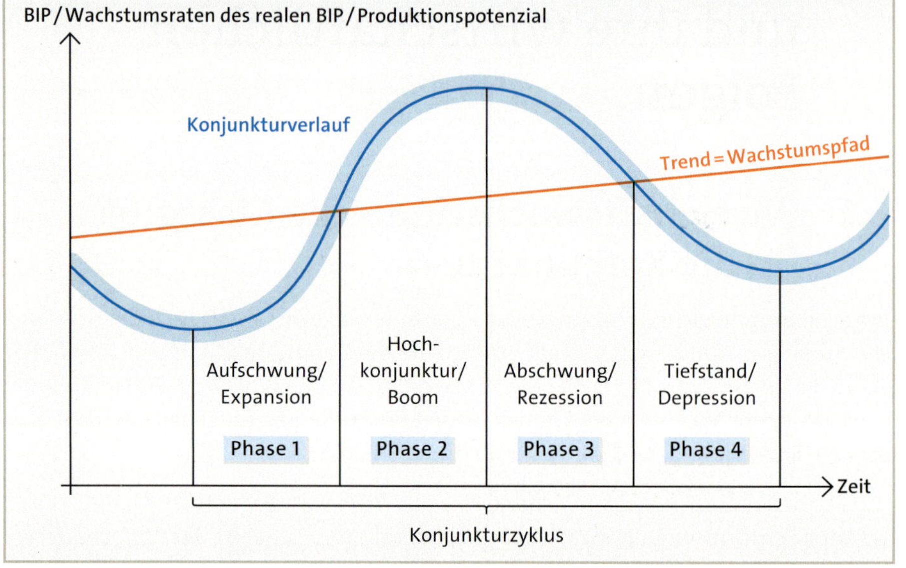

Unabhängig von den jeweiligen auslösenden Faktoren sind die grundsätzlichen Strukturen der Konjunkturphasen durch folgende Sachverhalte gekennzeichnet:

Phase 1: Aufschwung/Expansion

Das reale Bruttoinlandsprodukt steigt im Vergleich zur Vorperiode. Positive Wachstumsraten machen die Expansion der Wirtschaft deutlich. Die Mehrproduktion erhöht die Auslastung der Produktionskapazitäten. Die Nachfrage nach Produktionsgütern und Faktorleistungen nimmt zu. Die Investitionsbereitschaft der Unternehmen erhöht sich. Produktinnovationen stärken deren Wettbewerbsfähigkeit auf den Absatzmärkten, Prozessinnovationen senken die Produktionskosten. Über den Kreislaufverbund erhöht das Wachstum der Produktion die Faktoreinkommen der privaten Haushalte. Die öffentlichen Haushalte profitieren von der Entwicklung durch Steuermehreinnahmen und Minderausgaben. Insgesamt steigt das verfügbare Einkommen und kann zur erneuten Ausweitung der Nachfrage verwendet werden. Eine positive Kettenreaktion wird ausgelöst.

Erstreckt sich die Aufschwungsphase über einen längeren Zeitraum, so steigt das BIP selbst bei sinkenden positiven Wachstumsraten von Jahr zu Jahr. Der Expansionsprozess kann einen Boom auslösen.

Phase 2: Hochkonjunktur/Boom

Die Kapazitätsauslastung ist hoch. Es droht eine Überhitzung der Wirtschaft. Es gibt kaum noch freie Produktionskapazitäten. Verkäufermärkte sind die Regel. Auf Verkäufermärkten treffen Anbieter von Gütern und Faktorleistungen auf eine Übernachfrage und können daher ihre Preisforderungen durchsetzen. Güterpreise und Faktorpreise wie Löhne, Mieten, Pachten und Zinsen steigen. Inflationäre Prozesse werden ausgelöst. Das Wachstum ist lediglich ein nominales Wachstum.

In der Hochkonjunktur bzw. am oberen Wendepunkt ist das Ende des Booms oder Aufschwungs erreicht. Verharrt in der Folgezeit die Nachfrage auf dem gleichen Stand wie im Vorjahr, so bleibt das BIP konstant. Die reale Wachstumsrate im Vergleich zum Vorjahr ist null. Die Kapazitätsauslastung bleibt stabil. Der obere Wendepunkt ist auch bereits erreicht, wenn in der Folgezeit positive Wachstumsraten vorherrschen, die aber geringer sind als in der Ausgangssituation. Das BIP steigt weiter, doch der Wachstumstrend schwächt sich ab.

Phase 3: Abschwung/Rezession

Ist der Abschwung gekennzeichnet durch positive, aber sinkende Wachstumsraten, so ist die wirtschaftliche Lage im Grundsatz nicht dramatisch. Erst wenn die gesamtwirtschaftliche Nachfrage im Vergleich zum Vorjahr sinkt, werden negative Wirkungsketten auf Güterproduktion und Kapazitätsauslastung ausgelöst. Die Nachfrage nach Faktorleistungen sinkt. Arbeitskräfte werden entlassen. Privaten und öffentlichen Haushalten stehen geringere finanzielle Mittel zur Verfügung, sie schränken ihre Nachfrage weiter ein. Käufermärkte kennzeichnen die Situation, auf denen Nachfrager ihre Preisgebote zulasten der Anbieter durchsetzen. Die Wirtschaft befindet sich in einer Rezession, wenn das Wachstum ins Negative abgleitet: Das BIP sinkt, die Kapazitätsauslastung geht zurück. Hält die Rezession über mehrere Jahre an oder kommt es zu schockartigen Einbrüchen der gesamtwirtschaftlichen Nachfrage, droht eine Depression.

Phase 4: Tiefstand/Depression

Die Depression beschreibt den krisenhaften Zustand einer Volkswirtschaft. Das BIP wird von Jahr zu Jahr geringer. Es stehen Produktionskapazitäten im Übermaß zur Verfügung. Abschwung, Rezession oder Depression halten bis zum Tiefstand bzw. unteren Wendepunkt an.

In welcher Konjunkturphase sich die Wirtschaft befindet, ist jedoch immer erst im Nachhinein (am Ende eines Berichtszeitraums) feststellbar, weil das Wirtschaftswachstum eines Berichtsjahres erst an dessen Ende ermittelt wird und erst dann in eine Zeitreihe eingebunden werden kann.

Sieht man von den kurzfristigen Schwankungen der Wirtschaft ab, erkennt man in der langfristigen Betrachtung, dass die Wirtschaft stetig wächst. Das durchschnittliche Wachstum des realen BIP lässt sich als Gerade mit einer positiven Steigung in den Konjunkturzyklus einzeichnen. Die Steigung dieser Geraden wird als Trendwachstum oder langfristiges Wirtschaftswachstum bezeichnet. Zudem zeigt die Trendgerade die Entwicklung des Produktionspotenzials in einer Volkswirtschaft bei normaler Auslastung der Produktionsfaktoren. Von normaler Auslastung wird gesprochen, wenn alle Produktionsfaktoren (Arbeit, Sachkapital, Boden) voll genutzt werden.

Für die Entscheidung, welche wirtschaftspolitischen Maßnahmen in der jeweiligen Konjunkturphase ergriffen werden sollen, ist die Unterscheidung zwischen der langfristigen Wirtschaftsentwicklung (Trend) und kurzfristigen wirtschaftlichen Schwankungen sehr wichtig.

6.3 Konjunkturindikatoren

Die allgemeine Zuordnung der aktuellen wirtschaftlichen Lage zu einer der vier Phasen allein auf der Grundlage des Wachstumsindikators ist wenig aussagekräftig. Um die sich aus der jeweiligen Konjunkturphase ergebenden Folgewirkungen für die Wirtschaftssubjekte und gegebenenfalls Instabilitäten zu erkennen, wird ein Mix von Indikatoren herangezogen.

Merke!

Konjunkturindikatoren sind einzelne wirtschaftliche Größen, die geeignet sind, eine konjunkturelle Situation zu beschreiben und eine trendmäßige Umkehr der Konjunkturphase anzuzeigen.

Konjunkturindikatoren werden nach ihrer zeitlichen Zuordnung unterschieden in:

Frühindikatoren
Sie kündigen in zeitlichem Vorlauf von etwa 3–6 Monaten zur aktuellen Konjunkturphase eine mögliche Veränderung der wirtschaftlichen Lage an und dienen somit der Erstellung von Konjunkturprognosen.

Einige wichtige Frühindikatoren und ihre Bedeutung	
Auftragseingänge im produzierenden und Baugewerbe sowie im Dienstleistungssektor	Sie haben Einfluss auf die aktuelle und zukünftige Produktion. Aufträge werden kurzfristig abgearbeitet. Je mehr Auftragseingänge vorliegen, desto mehr kann produziert werden. Übersteigen die Auftragseingänge die Kapazität, entstehen Auftragsbestände. Die Produktion ist für einen längeren Zeitraum gesichert. Sind die Auftragseingänge im Vergleich zur Kapazität zu gering, sinkt die Kapazitätsauslastung.
Baugenehmigungen	Sie durchlaufen ein längeres Genehmigungsverfahren. Steigt die Zahl der Baugenehmigungen, löst dies kurzfristig zusätzliche Produktionsprozesse im Bauhaupt- und Baunebengewerbe aus.
Einzelhandelsumsätze und Lagerbestände	Hohe Umsätze im haushaltsnahen Einzelhandel gehen einher mit hohen Konsumausgaben der Endverbraucher, räumen die Warenläger des Handels und erhöhen dessen Ordertätigkeit. Im umgekehrten Fall steigen die Lagerbestände des Einzelhandels. Die Ordertätigkeit wird eingeschränkt.
umfragebasierter Geschäftsklimaindex des Münchner ifo Instituts	Unternehmen werden befragt, ob sie ihre aktuelle Lage als „gut, befriedigend oder schlecht" und die Erwartungen für die kommenden Monate als „besser, gleich oder schlechter" einschätzen.
Börsenkurse	In den Börsenkursen spiegeln sich Zukunftserwartungen wider. Steigende Kurse lassen einen Aufschwung erwarten, sinkende einen Abschwung.

Die Aussage „Wirtschaft ist zum großen Teil Psychologie" wird am ehesten bei der Betrachtung des Frühindikators Geschäftsklimaindex deutlich:

- Erwarten Unternehmen eine gute wirtschaftliche Entwicklung, sind die Geschäftsführungen bereit, zu investieren. Sie geben somit positive Impulse an die Wirtschaft und lösen eine Art Kettenreaktion aus: So steigen z.B. die Auftragseingänge, die Baugenehmigungen, die Einzelhandelsumsätze und die Börsenkurse.
- Erwarten die Unternehmen dagegen eine schlechte wirtschaftliche Entwicklung, sinkt ihre Investitionsbereitschaft. Ihre abwartende Haltung hat negative Auswirkungen auf die wirtschaftliche Entwicklung.

Gegenwartsindikatoren

Gegenwartsindikatoren laufen zeitlich parallel zur Konjunkturphase und zeigen den aktuellen Stand der Phase.

Einige wichtige Gegenwartsindikatoren und ihre Bedeutung	
reales Bruttoinlandsprodukt	Unternehmen melden monatlich ihre Umsätze an das Statistische Bundesamt, das aus den gemeldeten Zahlen die monatliche Wertschöpfung ermittelt und so einen Überblick über das reale BIP erhält.
Kapazitätsauslastung	Sie gibt an, zu wie viel Prozent die vorhandenen Kapazitäten durch die aktuelle Produktion ausgelastet sind. Im Aufschwung erhöhen sich Produktion und Auslastung, im Abschwung sinken sie.
Arbeitsvolumen	Steigt die Produktion im Aufschwung, erhöht sich sofort die Anzahl der benötigten Arbeitsstunden. Im Abschwung sinken unmittelbar Produktion und benötigte Arbeitsstunden.
Kreditnachfrage	Kredite werden im Aufschwung verstärkt nachgefragt, da unmittelbar finanzielle Mittel für die Ausweitung der Kapazitäten benötigt werden. Im Abschwung nimmt die Kreditnachfrage unmittelbar ab.

Spätindikatoren

Sie reagieren erst verspätet (ca. 3–6 Monate) auf eine Veränderung der Wirtschaftslage. Spätindikatoren machen deutlich, dass der Anpassungsprozess an konjunkturelle Veränderungen zeitlich verzögert erfolgt.

Einige wichtige Spätindikatoren und ihre Bedeutung	
Zahl der Arbeitslosen (Arbeitslosenquote)	Konjunkturelle Schwankungen werden am Arbeitsmarkt erst zeitversetzt spürbar. In Zeiten eines konjunkturellen Aufschwungs werden personelle Engpässe im Regelfall zunächst durch Überstunden überbrückt. Erst wenn der Aufschwung anhält, kommt es zu Neueinstellungen. Bei einer konjunkturellen Abwärtsbewegung werden zunächst Überstunden abgebaut und Kurzarbeit eingeführt, ehe Entlassungen erfolgen.
Investitionstätigkeit/ Investitionsplanung/ Investitionsbereitschaft	Insbesondere Ausrüstungs- und Bauinvestitionen haben einen langfristigen Kapazitätseffekt. Sie erfordern einen Planungsvorlauf, und ihre Umsetzung braucht Zeit. Erst wenn sich ein langfristiger Aufschwung abzeichnet, werden Investitionen ausgelöst. Auch im Fall eines Abschwungs wird zunächst in der Hoffnung auf schnelle Besserung abgewartet, bevor Kapazitäten abgebaut werden.
Verkaufspreise	Unternehmen verändern ihre Verkaufspreise tendenziell erst dann, wenn sie feststellen, dass ihre hohen Preisforderungen am Markt nicht durchsetzbar sind bzw. die niedrigen Preisforderungen einen nachhaltigen Nachfrageüberhang auslösen.
Zinsen	Im Euroraum legt die Europäische Zentralbank (EZB) die Höhe der Zinsen fest. Auch die EZB schreitet erst ein, wenn sich eine länger andauernde Inflation abzeichnet.
Löhne	Löhne sind im Regelfall für einen längeren Zeitraum per Tarif- und/ oder Arbeitsvertrag festgelegt. Sie lassen sich erst zeitverzögert an die jeweilige konjunkturelle Lage anpassen.
Insolvenzen	In der Regel steigt die Zahl der Unternehmensinsolvenzen nach einer Rezession. Da Unternehmen eine Insolvenz so lange wie möglich hinauszögern, reagiert dieser Indikator zeitverzögert.

6.4 Das Bruttoinlandsprodukt (BIP)

Das Bruttoinlandsprodukt (BIP) ist die wichtigste Größe der Volkswirtschaftlichen Gesamtrechnungen. Es ist ein Maß für die wirtschaftliche Leistung einer Volkswirtschaft in einem bestimmten, bereits abgelaufenen Zeitraum. Das BIP misst den Wert der im Inland hergestellten Waren und Dienstleistungen, soweit diese nicht als Vorleistungen für die Produktion anderer Waren und Dienstleistungen verwendet wurden. Um das BIP mit anderen Ländern vergleichen zu können, erfolgt seine Berechnung für Deutschland nach den internationalen Standards des Europäischen Systems

Bestimmte Vorgänge werden vom BIP nicht erfasst, wie selbst verrichtete Hausarbeit und negative externe Effekte wie Umweltbelastungen oder Naturkatastrophen. Schattenwirtschaftliche Aktivitäten werden über Zuschläge (z. B. für Eigenleistungen am Hausbau und Trinkgelder) in die Berechnung des BIP einbezogen, jedoch nicht separat ausgewiesen. Es werden sogar illegale Produktionsaktivitäten wie die Drogenwirtschaft, der Tabakschmuggel und die Prostitution in das BIP miteinbezogen.

Volkswirtschaftlicher Gesamtrechnungen, kurz ESVG 2010. Das BIP kann auf verschiedene Arten dargestellt werden: in nominaler oder realer Rechnung, pro Kopf oder nach dem Inlands- oder Inländerkonzept. Die gewählte Darstellungsform beantwortet jeweils eine andere Frage zum Wirtschaftswachstum.

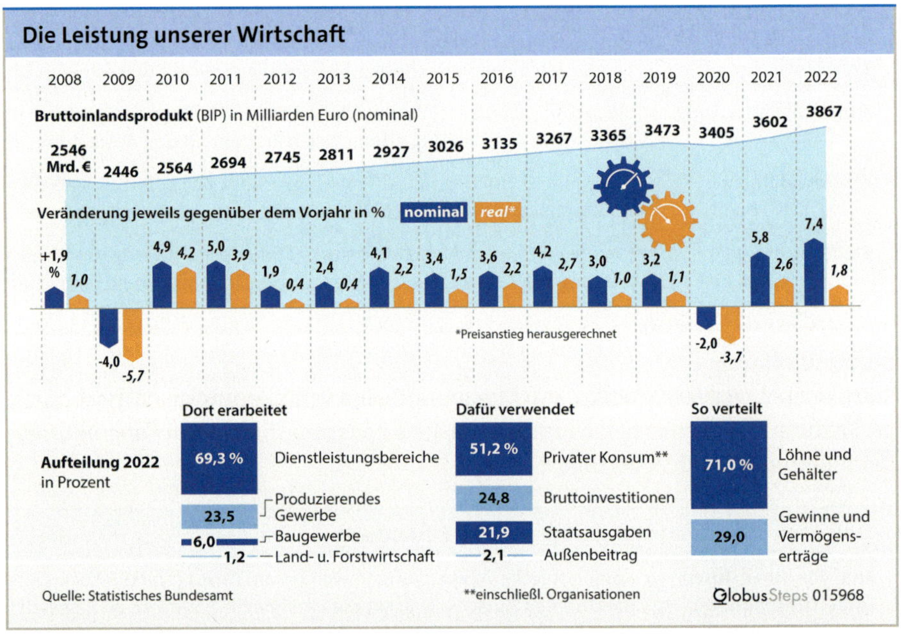

Merke!

Das BIP ist die wichtigste Kennzahl zur Messung des Wirtschaftswachstums in einer Volkswirtschaft. Darüber hinaus gilt das BIP als umfassender Wohlstandsindikator.

6.4.1 Nominales und reales BIP

Nominales BIP

Das nominale BIP bewertet die inländische Produktion zu den jeweiligen Marktpreisen. Das BIP ergibt sich als Summe aller Preise, die für alle verkauften Waren und Dienstleitungen innerhalb eines Jahres entrichtet wurden.

Preise ändern sich aber im Zeitablauf. Das nominale BIP nimmt damit bei einem Anstieg des Preisniveaus (Inflation) zu und sinkt bei einem Rückgang des Preisniveaus (Deflation), auch wenn sich die Menge der verkauften Güter nicht ändert.

Angenommen, alle Güter in einer Volkswirtschaft kosten im kommenden Jahr 5 % mehr als im laufenden Jahr. Werden nun im kommenden Jahr genauso viele Güter produziert wie im laufenden Jahr, steigt in nominaler Rechnung der Wert aller produzierten Güter um 5 %, obwohl nicht mehr Güter produziert wurden. Lediglich das Preisniveau ist gestiegen.

Reales BIP

Das reale BIP wird durch den Vergleich des Wertes aller verkauften Güter zu den Preisen eines Basisjahres berechnet. Man tut so, als hätten sich die Preise nicht geändert.

Durch dieses Verfahren wird die Wirkung von Preisänderungen auf das BIP herausgerechnet. Es wird daher auch BIP zu konstanten Preisen genannt. Die Veränderungsrate des realen BIP wird als Wirtschaftswachstum bezeichnet.

Merke!

Das reale BIP erfasst die Menge der hergestellten Waren und Dienstleistungen in einer Volkswirtschaft unabhängig von Preisveränderungen.

6.4.2 BIP pro Kopf

Mit dem BIP pro Kopf lassen sich weitere Analysen durchführen. Berechnet wird es, indem das nominale BIP durch die Einwohnerzahl des jeweiligen Landes dividiert wird. Die Berücksichtigung der Einwohnerzahl lässt Aussagen über den Wohlstand eines Landes zu. Ferner wird für internationale Analysen häufig das **BIP pro Kopf** verwendet, um eine bessere Vergleichbarkeit zwischen Ländern mit unterschiedlichen Einwohnerzahlen zu ermöglichen.

Das BIP pro Kopf sagt dabei nichts darüber aus, wie wohlhabend der einzelne Bürger des entsprechenden Landes ist. Dazu gibt es andere Messinstrumente wie den Gini-Koeffizienten. Dennoch gibt es in der Regel ein realistisches Bild über den Wohlstand eines Landes.

6.4.3 Inlands- und Inländerkonzept

Die Berechnung der Wirtschaftsleistung einer Volkswirtschaft kann entweder nach dem Inländer- oder nach dem Inlandskonzept erfolgen. Der Unterschied der beiden Konzepte besteht darin, dass beim Inländerkonzept die Wirtschaftsleistung der Personen addiert wird, die ihren ständigen Wohnsitz in diesem Land haben; beim Inlandskonzept dagegen wird die im Land selbst erbrachte Wirtschaftsleistung berechnet. Die Berechnung des BIP erfolgt nach dem Inlandskonzept.

Gini-Koeffizient
statistisches Maß für die Ungleichheit einer Verteilung

Inländerkonzept: Bruttonationaleinkommen (BNE)
Das BNE (früher Bruttosozialprodukt) erfasst die wirtschaftlichen Aktivitäten aller Wirtschaftssubjekte mit ständigem Wohnsitz im Inland. Die Berechnung ist unabhängig davon, ob die Einkommen im Inland oder im Ausland erzielt wurden.

Inlandskonzept: BIP
Zur Berechnung des BIP wird die Produktion in den geografischen Grenzen eines Landes gemessen. Es spielt keine Rolle, ob die Produktion von In- oder Ausländern erwirtschaftet wurde.

6.4.4 Ermittlung des Bruttoinlandsprodukts

Entstehungsrechnung
Um das BIP zu berechnen und festzustellen, in welchen Bereichen es in welcher Höhe entstanden ist, werden die Unternehmen unterschiedlichen Bereichen zugeordnet. Die Werte der Produktionsergebnisse werden je Bereich zusammengefasst.

Die Volkswirtschaftliche Gesamtrechnung (VGR) erfasst alle Geld-, Faktor- und Güterströme zwischen den drei Sektoren private Haushalte, Unternehmen und Staat. Transaktionen mit dem Ausland werden eingebunden, sofern sie Auswirkungen auf die inländische Wirtschaft haben.

Merke!

Die **Entstehungsrechnung** zeigt, in welchen Wirtschaftsbereichen das BIP in welcher Höhe entstanden ist. Die Ergebnisse in den einzelnen Bereichen werden addiert. Somit wird die Höhe des BIP der Volkswirtschaft ermittelt und gleichzeitig die Struktur der Wirtschaft aufgezeigt.

Entstehungsrechnung

Produktionswert
– Vorleistungen
= Bruttowertschöpfung
+ Gütersteuern
– Gütersubventionen
= Bruttoinlandsprodukt zu Marktpreisen

Verwendungsrechnung

Wirtschaftssubjekte fragen Güter und Faktorleistungen nach. Die Verwendungsrechnung liefert Informationen darüber, wie sich die gesamtwirtschaftliche Nachfrage zusammensetzt: Wie hoch sind die Konsumausgaben, die Investitionen, die Ex- und Importe in der betrachteten Periode?

Merke!

Die **Verwendungsrechnung** dokumentiert, wofür und in welcher Höhe die Wirtschaftssubjekte das erwirtschaftete BIP verwendet haben.

Verwendungsrechnung

Private Konsumausgaben
+ Konsumausgaben des Staates
= Konsumausgaben
+ Bruttoinvestitionen
+ Außenbeitrag (Exporte – Importe)
= Bruttoinlandsprodukt zu Marktpreisen

Verteilungsrechnung

Wirtschaftssubjekte stellen Produktionsfaktoren für den Produktionsprozess zur Verfügung und erhalten dafür Entgelte, die auf Unternehmer- und Arbeitnehmerhaushalte verteilt sind. In der Verteilungsrechnung wird daher zwischen Einkommen aus unselbstständiger Arbeit (z. B. Löhne, Gehälter) und Einkommen aus Unternehmertätigkeit und Vermögen (z. B. Mieten, Pachten, Unternehmergewinne, Zinsen, Dividenden) unterschieden.

Auf Basis der Verteilungsrechnung lässt sich auch die Lohnquote ermitteln. Diese volkswirtschaftliche Kennzahl gibt Hinweise auf die Einkommensstruktur in einer Volkswirtschaft. Das Pendant dazu ist die Gewinnquote. Sie gibt den Anteil der Einkünfte aus unternehmerischer und selbstständiger Tätigkeit sowie Einkünfte aus Kapital und Vermögen am Volkseinkommen an.

Merke!

Die **Verteilungsrechnung** zeigt, wie sich das erhaltene Faktoreinkommen auf unterschiedliche Haushaltsgruppen vor der Umverteilung durch den Staat verteilt. Sie gibt Hinweise auf die Einkommensstruktur in der Volkswirtschaft.

7 Stabilitätsgesetz und wirtschaftspolitische Ziele

SB ▶ SITUATION 102
Stabilitätsgesetz und wirtschaftspolitische Ziele

7.1 Wirtschaftspolitik

Eine Vielzahl staatlicher Aktivitäten oder Eingriffe in die Wirtschaft werden unter dem Sammelbegriff Wirtschaftspolitik zusammengefasst. Wird in den Medien über Wirtschaftspolitik gesprochen, ist von unterschiedlichen Politikbereichen die Rede, z.B. von Konjunkturpolitik, Steuerpolitik, Sozialpolitik, Arbeitsmarktpolitik, Geldpolitik oder Außenwirtschaftspolitik. Alle ergriffenen Maßnahmen des Staates in den verschiedenen Bereichen haben das gemeinsame Ziel, den Wohlstand der Bürgerinnen und Bürger zu fördern und zu sichern. Funktionierende, effiziente Märkte sind eine Voraussetzung für das Erreichen dieses Ziels.

Greift der Staat in wirtschaftliche Abläufe ein, spielt die Unterscheidung zwischen Ordnungs- und Prozesspolitik eine wichtige Rolle.

Ordnungspolitik
Die ordnungspolitische Entscheidung für eine Marktwirtschaft gibt den Rahmen vor, an den sich die Wirtschaftspolitik zu halten hat. Wirtschaftspolitik ist dann Ordnungspolitik, wenn der Staat Rahmenbedingungen für funktionierende Märkte mit hoher Wettbewerbsintensität schafft, sodass ein fairer Interessenausgleich zwischen Anbietern und Nachfragern ermöglicht wird.

Prozesspolitik und Stabilitätsgesetz (StabG)
Werden wirtschaftliche Prozesse sich selbst überlassen, kann dies zu ungewollten gesamtwirtschaftlichen, ökologischen, politischen oder sozialen Ergebnissen führen. Wirtschaftspolitik wird zur Prozesspolitik, wenn sie zur Steuerung einer vorgegebenen Wirtschaftsordnung beiträgt. Prozesspolitik ist immer auch Ablaufpolitik. Auf der Grundlage des Stabilitätsgesetzes erhält der Staat das Mandat zur Steuerung der Wirtschaft und damit das Recht, in wirtschaftliche Abläufe einzugreifen. Das Generalziel ist gesamtwirtschaftliche Stabilität und Wachstum im Rahmen der marktwirtschaftlichen Ordnung.

§ 1 StabG

Bund und Länder haben bei ihren wirtschafts- und finanzpolitischen Maßnahmen die Erfordernisse des gesamtwirtschaftlichen Gleichgewichts zu beachten. Die Maßnahmen sind so zu treffen, dass sie im Rahmen der marktwirtschaftlichen Ordnung gleichzeitig zur Stabilität des Preisniveaus, zu einem hohen Beschäftigungsstand und außenwirtschaftlichem Gleichgewicht bei stetigem und angemessenem Wirtschaftswachstum beitragen.

Stabilität beschreibt einen Zustand des Gleichgewichts. Um das geforderte gesamtwirtschaftliche Gleichgewicht laut Stabilitätsgesetz zu erreichen und instabilen Marktlagen entgegenzuwirken, erhält der Staat den Auftrag,

- erkannten gesamtwirtschaftlichen Fehlentwicklungen entgegenzuwirken,
- Instabilitäten vorzubeugen und
- konjunkturelle Schwankungen zu vermeiden.

Zeigen Analyse und Prognose gesamtwirtschaftlicher Daten eine Tendenz zu instabilen Verhältnissen, fordert das StabG staatliches Handeln, damit private und öffentliche Haushalte sowie Unternehmen ihr Verhalten ändern. Dabei dürfen wirtschaftspolitische Aktivitäten von Bund und Ländern nicht dazu führen, dass die Marktmechanismen außer Kraft gesetzt werden. Der Staat kann die Marktteilnehmer nicht zwingen, sich stabilitätsgerecht zu verhalten, er kann ihnen lediglich Anreize geben.

Merke!

Wirtschaftspolitik in der Marktwirtschaft ist **Ordnungspolitik**, wenn sie für funktionierende Märkte mit hoher Wettbewerbsintensität sorgt. Sie ist **Prozess- oder Ablaufpolitik**, wenn sie für gesamtwirtschaftliche Stabilität auf Güter- und Faktormärkten sorgt und konjunkturell bedingte wirtschaftliche Instabilitäten beseitigt. Insofern ist Konjunkturpolitik Prozesspolitik.

7.2 Quantitative Einzelziele des Stabilitätsgesetzes

Das im Stabilitätsgesetz definierte oberste wirtschaftspolitische Ziel ist die Realisierung eines gesamtwirtschaftlichen Gleichgewichts. Um dieses zu erreichen, müssen laut StabG folgende Einzelziele gleichzeitig erfüllt werden:

- stetiges und angemessenes Wirtschaftswachstum
- außenwirtschaftliches Gleichgewicht
- Preisniveaustabilität
- hoher Beschäftigungsstand

magisches Viereck
▶ LF 12, Kap. 7.4.1

Diese Einzelziele sind gleichrangig zu beachten, da sie gleichzeitig erreicht werden sollen. Es ist jedoch sehr schwierig, wenn nicht gar unmöglich, diese vier Ziele, die auch miteinander in Konflikt stehen können, gleichzeitig zu erreichen. Vor diesem Hintergrund spricht man auch vom „magischen Viereck".

7.2.1 Stetiges und angemessenes Wirtschaftswachstum

Das Einzelziel stetiges und angemessenes Wirtschaftswachstum bis hin zur vollständigen Auslastung des Produktionspotenzials stabilisiert die Phase des Aufschwungs in einem Konjunkturzyklus. Wird es auf Konsumgütermärkten umgesetzt, so steigt das Angebot an Waren und Dienstleistungen für die Verbraucher. Im Wirkungszusammenhang mit den Produktionsgütermärkten entstehen im Idealfall neue Produktionskapazitäten, die ihrerseits weitere Wachstumsmöglichkeiten eröffnen. Was stetig und angemessen ist, ist von der jeweiligen Konjunkturlage abhängig und wird politisch definiert:

- Sind nahezu alle Produktionsreserven ausgeschöpft, gelten bereits relativ geringe Wachstumsziele als angemessen. Das Trendwachstum ist schon überschritten.
- Im Abschwung gelten relativ hohe Wachstumsziele als angemessen, um die Unterauslastung abzubauen.
- Angemessene Wachstumsziele hängen auch vom jeweiligen Entwicklungsstand eines Landes ab. In reichen Ländern sind hohe Wachstumsraten häufig kaum realisierbar. In armen Ländern oder Schwellenländern gelten hohe Wachstumsraten tendenziell als angemessen, sind möglich und politisch gewollt.

Merke!

Messgröße für das Ziel stetiges und angemessenes Wirtschaftswachstum ist die Wachstumsrate des realen BIP. Ein allgemeiner Zielwert für stetiges und angemessenes Wirtschaftswachstum ist auch in Deutschland nicht zu bestimmen, da er von der jeweiligen wirtschaftlichen Gesamtverfassung der Volkswirtschaft bestimmt wird. Allerdings wird häufig ein Wachstum von 3–4 % als Idealwert angesehen.

7.2.2 Außenwirtschaftliches Gleichgewicht

Das Einzelziel außenwirtschaftliches Gleichgewicht erklärt sich aus der Tatsache, dass in einer offenen Volkswirtschaft der freie Austausch der Waren und Dienstleistungen und darüber hinaus der Faktorleistungen Instabilitäten im Inland bewirken kann: Exportüberschüsse können eine Angebotslücke im Inland auslösen oder verstärken, Importüberschüsse können eine Nachfragelücke bewirken. Die konjunkturellen Abläufe werden berührt. Da außenwirtschaftliche Ungleichgewichte immer auch Auswirkungen auf die Volkswirtschaften der Partnerländer haben, können zu starke Ungleichgewichte Gegenmaßnahmen auslösen, die mit Nachteilen für die inländische Wirtschaft verbunden sind.

Die Messgröße für das außenwirtschaftliche Gleichgewicht ist der prozentuale Anteil des Außenbeitrags am nominalen BIP.

Der Außenbeitrag ergibt sich aus der Differenz zwischen Exporten und Importen. Wird von einem positiven Außenbeitrag gesprochen, wird mehr exportiert als importiert. Umgekehrt gilt bei einem negativen Außenbeitrag, dass in einer Volkswirtschaft mehr importiert als exportiert wird.

Merke!

Das Ziel außenwirtschaftliches Gleichgewicht gilt als erreicht, wenn der Anteil des Außenbeitrags am nominalen BIP unter 2 % liegt. Bei diesem Zielwert bestehen keine negativen Beeinflussungen der Binnenwirtschaft durch außenwirtschaftliche Aktivitäten. Die Abhängigkeit der Binnenwirtschaft von den ausländischen Volkswirtschaften ist somit gering.

7.2.3 Preisniveaustabilität

Verändern sich Preise für Güter und Faktorleistungen, so werden diese für den Käufer teurer oder billiger. Dies gilt auch für den Kauf von Waren und Dienstleistungen durch private Haushalte im Rahmen ihrer Konsumausgaben.

Sinken die Verbraucherpreise, kann der Konsument für den gleichen Geldbetrag mehr Mengeneinheiten eines Gutes kaufen. Die Kaufkraft des Geldes hat sich erhöht. Bleiben die Preise stabil, verändert sich auch die Kaufkraft des Geldes nicht, und man spricht von Preisniveaustabilität. Im Euroraum definiert die Europäische Zentralbank, ab welcher Preissteigerungsrate (Inflationsrate) die Stabilität des Preisniveaus in Gefahr ist. Das Preisniveau gilt laut EZB als stabil, wenn die Preissteigerungsrate (Inflationsrate) mittelfristig 2 % beträgt. Aufgrund von Qualitätsverbesserungen der Güter wird eine bis 2 %ige Preissteigerung akzeptiert, ohne von einer Instabilität des Preisniveaus zu sprechen.

Merke!

Die Messgröße für die Preisniveaustabilität ist der Verbraucherpreisindex. Er misst die durchschnittliche Preisentwicklung von Waren und Dienstleistungen, die von privaten Haushalten gekauft werden. Vergleicht man den Verbraucherpreisindex verschiedener Jahre miteinander, ist die Entwicklung des Preisniveaus erkennbar.

7.2.4 Hoher Beschäftigungsstand

Die Messgröße für das Ziel hoher Beschäftigungsstand ist die Arbeitslosenquote. Steigt die Produktion, wächst bei sonst gleichen Bedingungen der Bedarf an Arbeit: Güterproduzenten beschäftigen mehr Arbeitnehmer und/oder deren Beschäftigungszeiten erhöhen sich, das Beschäftigungsvolumen steigt, die Arbeitslosigkeit sinkt. Wird weniger produziert, löst dies gegenteilige Effekte aus: Das Beschäftigungsvolumen sinkt, die Arbeitslosigkeit steigt.

Merke!

Das Ziel hoher Beschäftigungsgrad gilt aus wissenschaftlicher Sicht als erreicht, wenn die Arbeitslosenquote 3 % oder weniger beträgt.

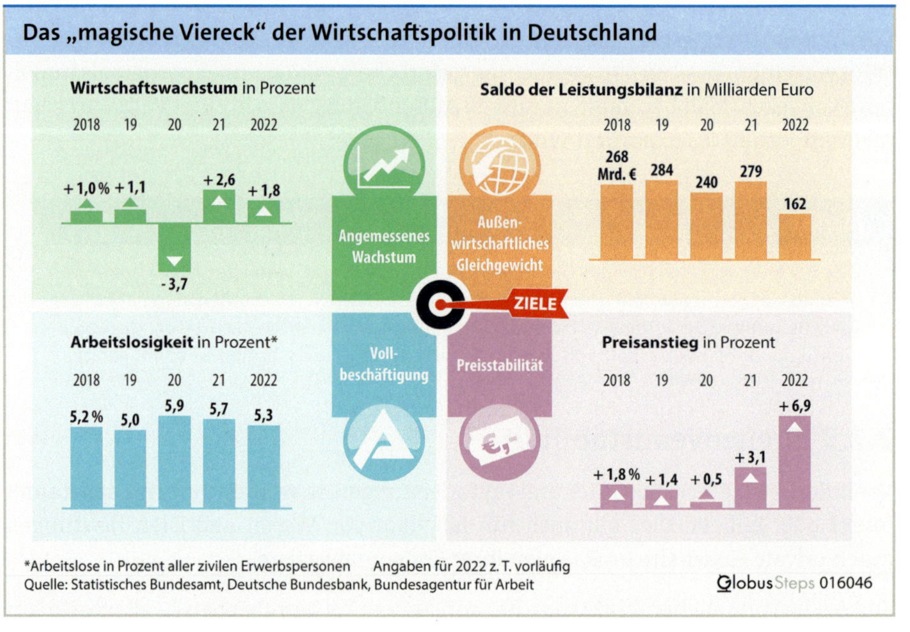

7.3 Qualitative Ziele der Wirtschaftspolitik

Neben den vier quantitativen Zielen werden auch zwei qualitative Ziele von der Wirtschaftspolitik verfolgt: gerechte Einkommens- und Vermögensverteilung sowie der Erhalt einer lebenswerten Umwelt. Diese zwei Ziele werden im Stabilitätsgesetz nicht genannt und sind nicht quantifizierbar. Ein messbarer Zielwert kann für sie nicht formuliert werden.

Gerechte Einkommens- und Vermögensverteilung (soziale Nachhaltigkeit)
Wird in einer Gesellschaft die Aufteilung der Einkommen und Vermögen auf deren Mitglieder als ungerecht und insbesondere die Schere zwischen arm und reich als zu groß empfunden, können soziale Spannungen ausgelöst werden. Dies zu verhindern oder zu unterbinden, erfordert wirtschaftspolitische Maßnahmen, die nachhaltig soziale Gerechtigkeit bewirken.

Erhaltung einer lebenswerten Umwelt (ökologische Nachhaltigkeit)
Der Staat ist gemäß dem Verfassungsgebot verpflichtet, „in Verantwortung für die künftigen Generationen die natürlichen Lebensgrundlagen und die Tiere im Rahmen der verfassungsmäßigen Ordnung durch die Gesetzgebung [...]" zu schützen, für ökologische Nachhaltigkeit zu sorgen. Ökologische Nachhaltigkeit hat zum Ziel, natürliche Ressourcen für Konsum und Produktion so zu nutzen, dass diese in der Lage sind, sich auf natürliche Weise zu regenerieren, sodass deren Bestand erhalten bleibt oder sogar erweitert wird.

7.4 Zielharmonien und Zielkonflikte

Die wirtschaftspolitischen Ziele des Staates sind eng miteinander verknüpft. Es ist daher sehr schwierig, wenn nicht sogar unmöglich, die im Stabilitätsgesetz genannten Ziele alle gleichzeitig zu erreichen. Maßnahmen, die zur Erreichung eines Ziels ergriffen werden, haben möglicherweise Auswirkungen auf die Erreichung anderer Ziele. Diese Auswirkungen können negative wie positive Impulse sein. Man unterscheidet daher zwischen **Zielharmonien** und **Zielkonflikten**. Hat die Erreichung eines Ziels keine Auswirkungen auf die Erreichung eines anderen Ziels, spricht man von **Zielindifferenz**.

Merke!

- **Zielharmonie:** Die Erreichung eines Ziels wirkt sich positiv auf die Erreichung eines anderen Ziels aus.
- **Zielkonflikt:** Die Erreichung eines Ziels wirkt sich negativ auf die Erreichung eines anderen Ziels aus.
- **Zielindifferenz:** Die Erreichung eines Ziels hat keine Auswirkung auf die Erreichung eines anderen Ziels.

7.4.1 Das „magische Viereck"

Das gesamtwirtschaftliche Gleichgewicht ist laut StabG durch die gleichzeitige Realisierung der vier genannten Einzelziele zu erreichen. Da die Einzelziele eng miteinander verwoben sind, ist es die Aufgabe politischer Entscheidungsträger, zu untersuchen, welche Wirkungen die Einzelziele aufeinander haben. Sie leiten daraus ab, welche wirtschaftspolitischen Ziele Vorrang haben und in welchem Umfang die Ziele realisiert werden sollen. Werden Ziele verfolgt, zwischen denen ein Zielkonflikt besteht, ist es ungeheuer schwer, eine richtige wirtschaftspolitische Maßnahme in der richtigen Dosierung zu wählen, ohne die Erreichung eines anderen Ziels zu behindern. Es bedarf sozusagen „magischer Kräfte", um ein gesamtwirtschaftliches Gleichgewicht zu erreichen. „Dreht man an einer Größe, so verändert sich eine andere Größe von selbst". Daher spricht man auch vom „magischen Viereck".

7.4.2 Das „magische Sechseck“

Kommen zu den vier quantitativen Einzelzielen des StabG noch die qualitativen Ziele **gerechte Einkommens- und Vermögensverteilung** und **Erhalt einer lebenswerten Umwelt** hinzu, spricht man vom „magischen Sechseck“.

Beziehungsgeflecht der Ziele im „magischen Sechseck“

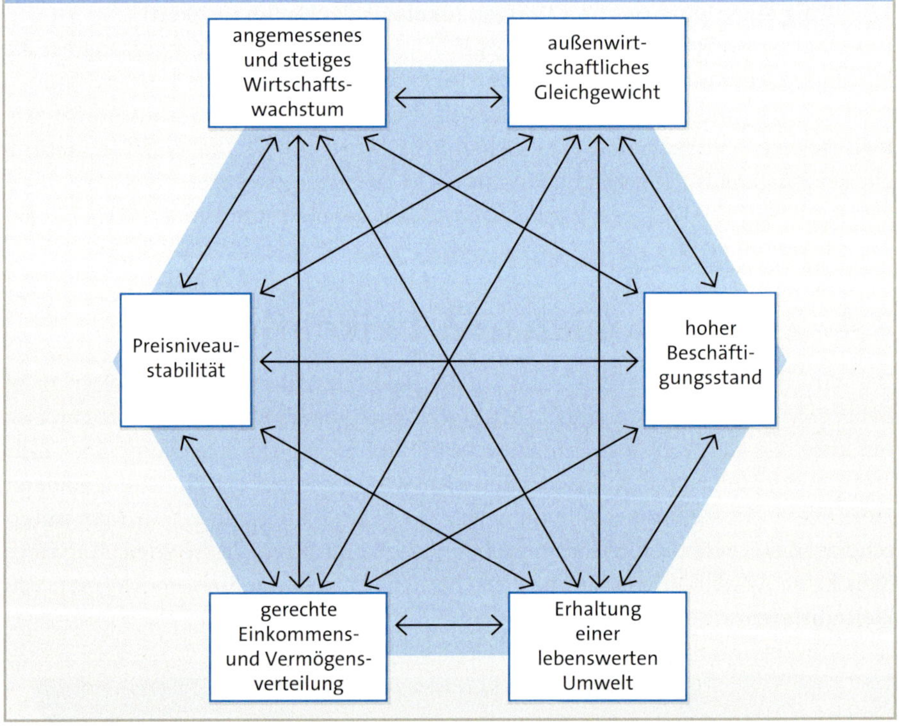

Zielharmonie: Wirtschaftswachstum und hoher Beschäftigungsstand

Ein positives Wirtschaftswachstum geht Hand in Hand mit einer gesteigerten gesamtwirtschaftlichen Nachfrage. Die Auslastung der Produktionskapazitäten erhöht sich. Dadurch steigt in vielen Fällen auch das Beschäftigungsvolumen, wodurch mehr Arbeitskräfte eingestellt werden können. Den Zusammenhang zwischen Wirtschaftswachstum und Arbeitslosenquote untersuchte der amerikanische Wirtschaftswissenschaftler Arthur Okun (1928–1980). Anhand empirischer Daten formulierte er das Okun-Gesetz. Es gibt an, um wie viel Prozent die Wirtschaft wachsen muss, damit sich die Arbeitslosenquote um 1 % senkt. Für Deutschland nimmt man an, dass die Wirtschaft mindestens um 2 % wachsen muss, um einen positiven Impuls von 1 % auf den Beschäftigungsstand zu haben.

Zielharmonie: Wirtschaftswachstum und gerechte Einkommensverteilung

Erhöht sich die gesamtwirtschaftliche Wertschöpfung, steigt auch das Volkseinkommen. Allerdings kommt es ohne begleitende umverteilungspolitische Maßnahmen des Staates nicht zwingend zu einer gerechteren Einkommensverteilung. Üblicherweise geht man jedoch davon aus, dass die Einkommensverteilung entweder keinen direkten Einfluss auf das Wirtschaftswachstum hat oder dass es sogar einen positiven

Zusammenhang zwischen gerechter Einkommensverteilung und Wirtschaftswachstum gibt. Es besteht somit zumindest kein Widerspruch zwischen den Zielen.

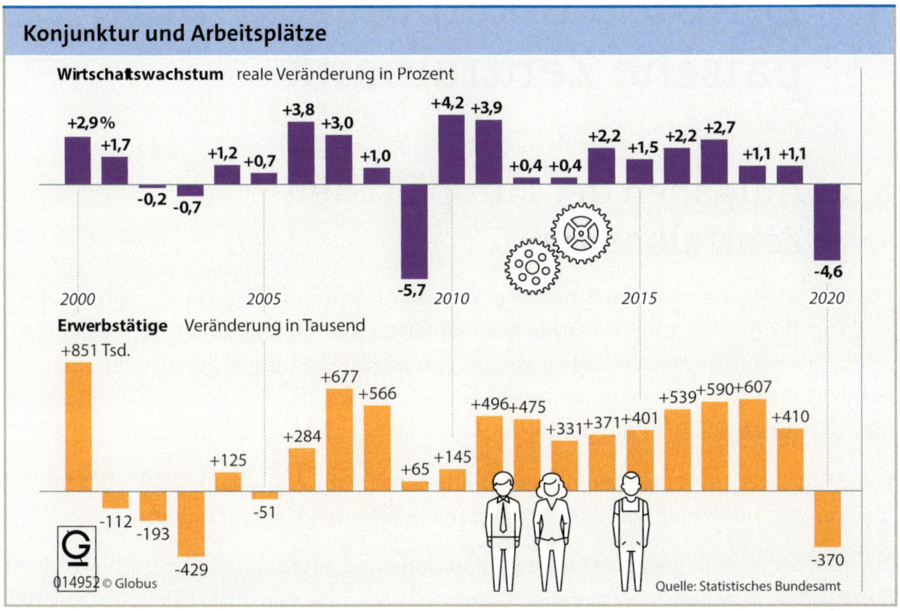

Unklares Zielverhältnis: Wachstum und außenwirtschaftliches Gleichgewicht

Wirtschaftswachstum kann u.a. über Exporte ausgelöst werden. Stehen den höheren Exporten entsprechend höhere Importe gegenüber, kann sich ein außenwirtschaftliches Gleichgewicht auf einem höheren Niveau mit Vorteilen für alle Beteiligten einpendeln. Während Importüberschüsse langfristig oft negativ auf das inländische Wirtschaftswachstum wirken, haben Exportüberschüsse einen positiven Einfluss. Eine wirtschaftspolitische Strategie, die Wachstum um jeden Preis erreichen will, kann das Außenhandelsgleichgewicht entsprechend negativ beeinflussen.

Zielkonflikt: Hoher Beschäftigungsstand und stabiles Preisniveau

Eine sinkende Arbeitslosenquote kann zu inflationären Tendenzen führen, wenn die höhere Beschäftigung und entsprechende Einkommenseffekte zu höheren Konsumausgaben führen. Wird die Inflation mit Zinserhöhungen bekämpft, wird zwar die Nachfrage gedämpft, aber die höheren Zinsen machen auch Investitionen teurer, was die Nachfrage nach Arbeitskräften senken kann.

Zielkonflikt/Zielharmonie: Wirtschaftswachstum und Schutz der natürlichen Umwelt

Der Schutz der Umwelt steht im Konflikt mit dem Ziel Wirtschaftswachstum, da mit einer gestiegenen Güterproduktion tendenziell mehr natürliche Rohstoffe und mehr Energie verbraucht werden. Durch die vermehrte Produktion nimmt zudem die Belastung der Umwelt mit Schadstoffen zu (CO_2-Ausstoß, Verschmutzung der Gewässer). Zwischen diesen zwei Zielen kann jedoch auch eine Zielharmonie bestehen. Die Entwicklung neuer Technologien zum Schutz der Umwelt, wie Solaranlagen, Elektroautos oder Bioenergie, sowie Maßnahmen zur Beseitigung von Umweltschäden führen gleichzeitig zu einer Erhöhung des BIP und einer Verringerung der Umweltbelastungen.

8 Das System der Europäischen Zentralbanken und die Europäische Zentralbank

8.1 Aufgaben der Europäischen Zentralbanken

Die EU-Länder, die nicht der Europäischen Währungsunion beigetreten sind, sondern noch an ihren Währungen festhielten, behielten ihre Notenbanken und geldpolitischen Zuständigkeiten. Um dennoch die von allen EU-Ländern gewünschte Zusammenarbeit in der Geldpolitik zu gewährleisten, wurde das System der Europäischen Zentralbanken (ESZB) beschlossen.

Das ESZB setzt sich zusammen aus der Europäischen Zentralbank (EZB) als zentrale Institution und den nationalen Zentralbanken aller EU-Mitgliedstaaten.

Zum Eurosystem dagegen gehören die EZB und nur die nationalen Zentralbanken der Euroländer (Mitgliedstaaten, die den Euro als Währung eingeführt haben). Oberstes Ziel des ESZB ist es, Preisstabilität in der Eurozone zu gewährleisten. Die EZB wird daher auch als „Hüterin der Währung" bezeichnet. Mit Preisstabilität meint das ESZB nicht, dass alle einzelnen Güterpreise stabil bleiben sollen. Die Preisfunktionen müssen weiterhin wirken können. Gemeint ist, dass die Preise im Durchschnitt aller wichtigen Güterpreise einer Volkswirtschaft stabil bleiben sollen. Ausgedrückt wird dieser Durchschnitt durch das allgemeine Preisniveau. Es ist daher treffender, von Preisniveaustabilität als oberstes Ziel der EZB zu sprechen, als von **Preisstabilität**.

Die Europäischen Währungshüter

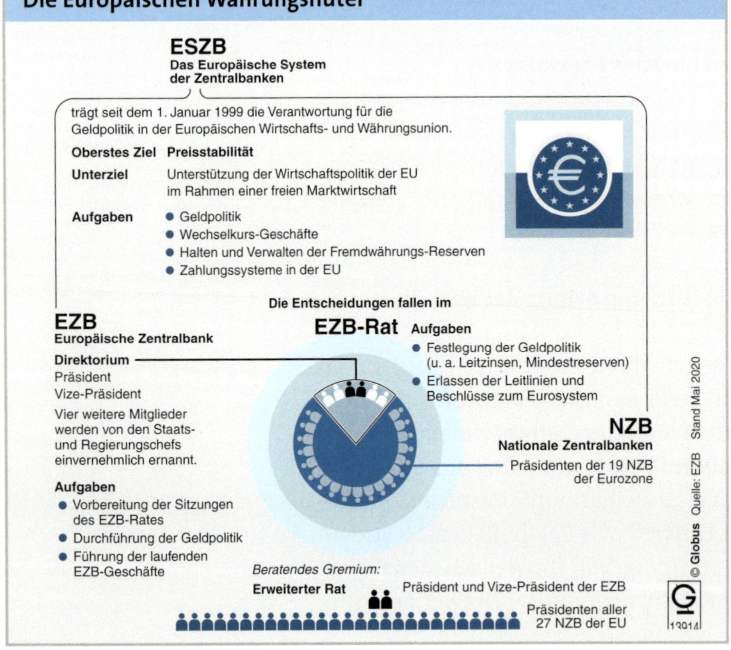

Das ESZB hat den Auftrag, die Geldpolitik der Euroländer und der anderen EU-Länder zu koordinieren.

EZB und nationale Notenbanken sind nach Artikel 127 des Vertrags über die Arbeitsweise der Europäischen Union (AEU-Vertrag oder „Lissabon-Vertrag") sowie auch der ESZB-Satzung auf das gemeinsame Ziel der Preisstabilität in der EU verpflichtet. Dieses Ziel gilt als erreicht, wenn sich das Preisniveau in den Euroländern auf mittlere Sicht um 2 % erhöht. Insofern steht im Zentrum der europäischen Geldpolitik der Binnenwert des Geldes und nicht der Außenwert.

Artikel 127 Abs. 1 AEU-Vertrag!

Das vorrangige Ziel des Europäischen Systems der Zentralbanken (im Folgenden „ESZB") ist es, die Preisstabilität zu gewährleisten. Soweit dies ohne Beeinträchtigung des Ziels der Preisstabilität möglich ist, unterstützt das ESZB die allgemeine Wirtschaftspolitik in der Union, um zur Verwirklichung der in Artikel 3 des Vertrags über die Europäische Union festgelegten Ziele der Union beizutragen. Das ESZB handelt im Einklang mit dem Grundsatz einer offenen Marktwirtschaft mit freiem Wettbewerb [...].

Aus Artikel 127 wird deutlich, dass die Autonomie 3 des ESZB und seiner vorrangigen Verpflichtung auf das Ziel der Preisstabilität die Grundpfeiler für die einheitliche Geldpolitik in der Wirtschafts- und Währungsunion (WWU) bilden. Die Unabhängigkeit des ESZB ist insbesondere in Artikel 130 AEUV verankert. Sie umfasst die

- **institutionelle Unabhängigkeit** mit dem Verbot für ESZB-Mitglieder, Weisungen von EU-Einrichtungen, Regierungen oder anderen Stellen einzuholen oder entgegenzunehmen. Dies gilt auch für eine eventuelle Konsultationspflicht gegenüber nationalen Regierungen und Parlamenten.
- **personelle Unabhängigkeit** durch Festlegung der Amtszeit des EZB-Präsidenten und der Mitglieder des Direktoriums auf grundsätzlich acht Jahre.
- **funktionelle Unabhängigkeit** mit der Beschränkung auf die Preisstabilität ohne Verpflichtung auf andere soziale und wirtschaftliche Ziele.
- **finanzielle Unabhängigkeit** durch die Verpflichtung der Mitgliedstaaten zur Bereitstellung der finanziellen Mittel für die EZB.

Das ESZB und die EZB sind demnach autonom handelnde Gemeinschaftsinstitutionen. Eine nationale Einflussnahme ist ausdrücklich untersagt. Die geldpolitischen Konzepte, Strategien und Entscheidungen werden in den jeweiligen Entscheidungsorganen selbstverantwortlich getroffen. Oberstes Leitungs- und Entscheidungsorgan des Eurosystems ist der **EZB-Rat**. Er tagt alle 14 Tage. Ihm gehören die sechs Mitglieder des Direktoriums der EZB und die Präsidenten der nationalen Zentralbanken des Eurosystems an. Abstimmungen im Rat erfolgen nach einem monatlichen Rotationsprinzip, wobei immer 21 Mitglieder stimmberechtigt sind. Die sechs Mitglieder des Direktoriums sind immer stimmberechtigt, die weiteren Ratsmitglieder werden – abhängig von der Zahl der Euro-Mitgliedstaaten – in zwei bzw. drei Gruppen eingeteilt.

8.2 Instrumente der Geldpolitik

Die EZB setzt mit ihrer Stabilitätspolitik an der Zentralbankgeldversorgung der Banken an. Hierfür stehen ihr verschiedene Instrumente zur Verfügung:

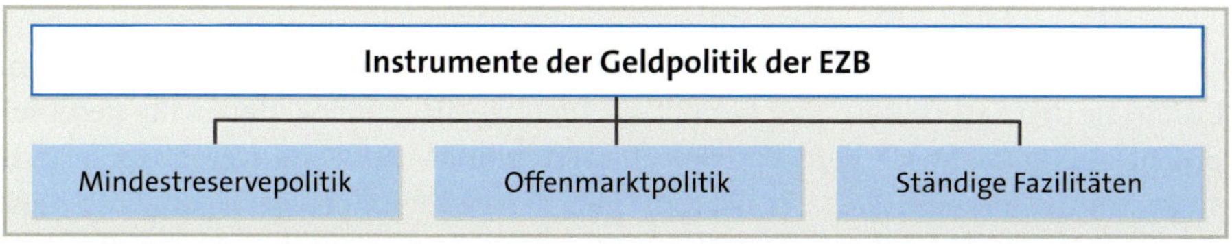

8.2.1 Mindestreservepolitik

Der Bankensektor ist verpflichtet, einen bestimmten Teil seiner Einlagen auf seinen Zentralbankkonten zu halten. Dieser gesetzlichen Verpflichtung zur Mindestreserve kann sich keine Bank im Euroraum entziehen. Dabei bestimmt die EZB:

- **Mindestreservebasis**
  Die Mindestreservebasis legt die Art der Verbindlichkeiten fest, für die Banken Mindestreserven hinterlegen müssen; dabei wird unterschieden in:
  - Verbindlichkeiten mit einem höheren Reservesatz
  - Verbindlichkeiten mit einem geringeren Reservesatz
- **Mindestreservesatz**
  Der Mindestreservesatz ist der prozentuale Anteil an den mindestreservepflichtigen Verbindlichkeiten, den die Banken auf Zentralbankkonten unterhalten müssen.
- **Zinssatz**
  Prozentsatz, zu dem die EZB das Guthaben der Banken aus der Mindestreserveverpflichtung verzinst
- **Sonderzinssatz**
  Prozentsatz, den die EZB bei Unterschreitung des Mindestreservesolls erhebt

Merke!

Guthaben, die bei der Zentralbank von der Geschäftsbank hinterlegt werden müssen, werden Mindestreserven genannt.

Stichtag für die Berechnung der Mindestreserveverpflichtung (Mindestreservebasis, Mindestreservesatz) ist für die Banken jeweils das Monatsende (Monatsultimo) bestimmter Monate. Sie müssen das errechnete Reservesoll jedoch nicht an jedem Tag erfüllen. Es reicht, wenn das Guthaben auf dem Zentralbankkonto der Bank im Monatsdurchschnitt dem Reservesoll entspricht. Durch dieses Verfahren wirkt die Mindestreserve gleichzeitig als Liquiditätspuffer. Vorübergehenden Spitzenbedarf an bestimmten Tagen können die Banken durch einen Rückgriff auf die Reserven decken, wenn sie ihre Einlagen dafür an anderen Tagen erhöhen. Auf diese Weise sind sie nicht bei jedem kurzfristigen Liquiditätsbedarf auf Kredite der Zentralbank oder anderer Banken (Interbankenmarkt) angewiesen.

Merke!

Eine **wichtige Aufgabe der Mindestreservepolitik** ist die Stabilisierung der Zinssätze am Geldmarkt, auf dem Banken untereinander Zentralbankgeld handeln.

Über die Mindestreservepolitik beeinflusst die Zentralbank die Liquidität der Banken. Erhöht sie den Reservesatz oder bezieht sie weitere Verbindlichkeiten in die Reservepflicht ein, entzieht sie dem Bankensektor Liquidität, das Kreditvergabepotenzial sinkt, da ihre Überschussreserve bei sonst gleichen Bedingungen geringer wird. Senkt sie den Reservesatz oder reduziert sie den Kreis der reservepflichtigen Verbindlichkeiten, führt sie dem Bankensektor Liquidität zu. Mittelbar beeinflusst die Zentralbank damit im zweiten Schritt auch die Kreditversorgung des Nichtbankensektors und die gesamtwirtschaftliche Nachfrage. Eine Veränderung des Mindestreservesatzes wirkt schnell auf die Höhe der umlaufenden Geldmenge. Aktuell liegt der Mindestreservesatz bei 1 % (Stand: April 2023).

Merke!

Eine **weitere wichtige Funktion der Mindestreservepolitik** liegt darin, den Bedarf der Banken an Zentralbankgeld zu steuern und damit den weiteren geldpolitischen Maßnahmen der EZB zu größerer Wirksamkeit zu verhelfen. Die Höhe des Mindestreservesatzes hat Einfluss auf die Kreditschöpfungsmöglichkeiten der Geschäftsbanken.

Merke!

Der **Mindestreservesatz** gibt an, wie viel Prozent der mindestreservepflichtigen Verbindlichkeiten eine Geschäftsbank bei der Zentralbank hinterlegen muss. Der Mindestreservesatz wird von der EZB festgelegt. Die Höhe des Mindestreservesatzes beeinflusst
- das Kreditschöpfungspotenzial der Geschäftsbanken und
- das allgemeine Zinsniveau.

8.2.2 Offenmarktpolitik

Eines der wichtigsten Instrumente der EZB zur Steuerung der Geldmenge und des Zinsniveaus bilden die Offenmarktgeschäfte. Offenmarktgeschäfte sind Geschäfte der EZB mit den Geschäftsbanken am „offenen Markt". Zu diesen Transaktionen gehören der Kauf oder Verkauf von Vermögensgegenständen (z. B. Wertpapiere, Edelmetalle) durch die EZB oder die Vergabe von Krediten an die Geschäftsbanken.

- **Ankauf von Wertpapieren mit Rückkaufsvereinbarung**
  (Wertpapierpensionsgeschäfte = Repurchase Agreements = Repogeschäfte)
  Der Termin des Rückkaufs und der Rückkaufpreis werden bei Vertragsabschluss festgelegt. Den Banken wird der Gegenwert der Wertpapiere auf ihrem Zentralbankkonto gutgeschrieben und sie zahlen für die „Pension" (die Inverwahrnahme) eine Gebühr in Form des Wertpapierpensionszinssatzes. Die EZB wird Eigentümer der Wertpapiere bis zum Termin des Rückkaufs. Die EZB nutzt die Wertpapierpensionsgeschäfte ausschließlich zur Liquiditätszuführung auf Zeit.
- **Endgültiger An- und Verkauf von Wertpapieren (Outright-Geschäfte)**
  Kauft die EZB Wertpapiere vom Bankensektor, so wird sie deren Eigentümer. Die Bankenliquidität steigt unbefristet. Verkauft die EZB-Wertpapiere an den Bankensektor, entzieht sie den Banken auf Dauer Liquidität.
- **Einräumung von Krediten gegen Pfand als Sicherheiten**
  Kreditgeschäfte führen dem Bankensektor ebenfalls Liquidität für die Kreditlaufzeit zu. Am Laufzeitende fließt die Liquidität, einschließlich der vereinbarten Zinsen, an die EZB zurück. Die Bankenliquidität sinkt. Die EZB vergibt keine Kredite ohne Sicherheiten. Welche handelbaren Vermögenswerte die EZB im Rahmen ihrer Offenmarkttransaktionen als Sicherheiten akzeptiert (bzw. kauft oder verkauft), kann einem Verzeichnis marktfähiger Sicherheiten entnommen werden, das täglich aktualisiert und im Internet veröffentlicht wird. Neben den dort genannten Werten akzeptiert die EZB weitere, nicht marktfähige Sicherheiten von zugelassenen Schuldnern oder Garanten, die jedoch nicht öffentlich bekannt gegeben werden.

Um die Abwicklung der Geschäfte zu erleichtern, stellen die Banken für die EZB einen Pfandpool zusammen, der Art und Umfang der Vermögenswerte enthält, die eine Bank für die EZB aktuell zu verpfänden bereit ist, ohne dass sie physisch an die EZB übertragen werden. Im Rahmen ihrer Kreditgeschäfte sichert die EZB das Kreditvolumen durch Vermögenswerte aus dem Pfandpool ab und verhängt eine Verfügungssperre über die verpfändeten Werte. Die EZB wird Pfandgläubiger, ohne Pfandbesitzer zu sein. Nach Ablauf des Geschäfts hebt die EZB die Verfügungssperre wieder auf.

Zu den Offenmarktgeschäften zählen:
- Hauptrefinanzierungsgeschäfte
- langfristige Refinanzierungsgeschäfte
- Feinsteuerungsoperationen
- strukturelle Operationen

8.2.3 Ständige Fazilitäten

Ständige Fazilitäten sind Zentralbankgeldgeschäfte, die die EZB dem Bankensektor zu jeder Zeit anbietet. Sie sollen insbesondere dem Spitzenausgleich dienen, also die Möglichkeit bieten, Zentralbankgeld kurzfristig abzuschöpfen bzw. den Banken zuzuführen. Die Laufzeit beträgt jeweils einen Tag.

- **Einlagefazilität**
  Die Banken können Liquiditätsüberschüsse unbegrenzt bis zum nächsten Geschäftstag zu einem festen Guthabenzins bei der EZB anlegen. Dieser Einlagenzins liegt immer unter dem aktuellen Mindestbietungssatz des Hauptrefinanzierungsgeschäfts (andernfalls entstünde ein Anreiz, sich erst Liquidität bei der Zentralbank zu besorgen, um es dann zum höheren Satz wieder bei ihr anzulegen). Er bildet die Untergrenze für den Tagesgeldzins auf dem Interbankenmarkt. Keine Bank wäre bereit, auf dem Geldmarkt einen geringeren Zinssatz seitens anderer Banken zu akzeptieren, als sie von der Zentralbank erhält. Will die EZB ein zu starkes Abrutschen des Geldmarksatzes auf dem Interbankenmarkt verhindern, kann sie mithilfe des Zinssatzes der Einlagenfazilität dem Interbankenmarkt das Angebot machen, alternativ bei ihr Geld anzulegen. Sie fungiert in diesem Fall als „Staubsauger", der dem Interbankenmarkt Geld entzieht, um einen geldpolitisch nicht gewollten „Zinsrutsch" abzubremsen.
- **Spitzenrefinanzierungsfazilität**
  Über die Spitzenrefinanzierungsfazilität können die Banken unbegrenzt kurzfristigen Liquiditätsbedarf „über Nacht" decken. Allerdings müssen auch für diese Kredite ausreichende Sicherheiten im Pfandpool zur Verfügung stehen. Der Zinssatz für die Spitzenrefinanzierungsfazilität liegt immer über dem Mindestsatz des aktuellen Hauptrefinanzierungsgeschäfts. Darin kommt zum Ausdruck, dass die EZB mit dieser Fazilität keine Regelversorgung anstrebt, sondern lediglich Spitzen ausgleichen will. Durch eine Senkung des Zinssatzes für die Spitzenrefinanzierung kann sie jedoch einem zu starken Zinsanstieg auf dem Interbankenmarkt entgegenwirken. In der Regel bildet der Zinssatz für die Spitzenrefinanzierung die Obergrenze für den Tagesgeldzins, denn keine Bank wäre bereit, freiwillig einen höheren Zins zu zahlen als für den Zentralbankkredit.

9 Binnenwert des Geldes und Geldwertschwankungen

SB ▶ SITUATION 103
Binnenwert des Geldes und Geldwertschwankungen

9.1 Zusammenhang zwischen Kaufkraft und Preisniveau

Die wirtschaftliche Bedeutung einer Währung liegt nicht im Materialwert der Banknoten und Münzen, sondern ausschließlich in ihrer Akzeptanz als Tauschmittel. Eine wesentliche Rolle spielt hierbei, ob die Währung im Zeitablauf ihren Wert beibehält oder nicht. Der Wert der Währung lässt sich an ihrer Kaufkraft messen, d.h. der Gütermenge, die man für einen bestimmten Geldbetrag erhält. Der Realwert des Geldes entspricht seiner Kaufkraft, der Nominalwert dem auf den Scheinen und Münzen aufgedruckten Wert. Man unterscheidet zwischen dem **Binnenwert** des Geldes (Kaufkraft in Bezug auf den Kauf inländischer Güter) und dem **Außenwert** des Geldes (Kaufkraft in Bezug auf den Kauf ausländischer Güter). Im Folgenden wird nur auf den Binnenwert des Geldes eingegangen.

Der Außenwert des Geldes bestimmt sich durch den Wechselkurs zu einer anderen Währung. Wie viele ausländische Einheiten erhalte ich für meine inländischen Einheiten? Für Unternehmen ist diese Frage wichtig, wenn sie grenzüberschreitend handeln.

Bedeutung der Außenwirtschaft für Deutschland

▶ LF 12, Kap. 10

Aus dem Nominalwert des Geldes lässt sich nicht schließen, wie viele Waren und Dienstleistungen man für eine bestimmte Geldsumme kaufen kann.

Merke!

- Der **Nominalwert** des Geldes entspricht dem Nennbetrag der Noten, Münzen und Bankeinlagen.
- Der **Realwert** drückt aus, welche Kaufkraft die Währung hat.

Steigen die Güterpreise, so können weniger Güter für einen bestimmten Geldbetrag gekauft werden. Sinken die Güterpreise, können mehr Güter für den gleichen Geldbetrag gekauft werden.

Zur Berechnung der Kaufkraft und der Kaufkraftveränderung werden jedoch nicht einzelne Güterpreise herangezogen, sondern der Durchschnitt aller bedeutenden Güterpreise in einer Volkswirtschaft.

Dies liegt darin begründet, dass bei manchen Gütern die Preise steigen und bei anderen sinken. Der Durchschnitt aller wichtigen Güterpreise ist im allgemeinen Preisniveau ausgedrückt. Die Größen Preisniveau und Kaufkraft verhalten sich gegenläufig: Steigt das Preisniveau, sinkt die Kaufkraft, der Geldwert wird also geringer. Sinkt das Preisniveau, steigt die Kaufkraft, der Geldwert steigt also.

Merke!

- Die **Kaufkraft des Geldes** ist die Maßzahl für den Geldwert einer Währung. Sie gibt an, wie viel Güter man mit einer Geldeinheit kaufen kann.
- Das **allgemeine Preisniveau** ist der Durchschnittspreis aller bedeutenden Güter in eine Volkswirtschaft.

- Steigt das Preisniveau, sinkt die Kaufkraft: Der Wert des Geldes ist gesunken. Sinkt das Preisniveau, steigt die Kaufkraft: Der Wert des Geldes ist gestiegen. Daraus folgt:

$$\text{Kaufkraft} = \frac{1}{\text{Preisniveau}}$$

9.2 Verbraucherpreisindex (VPI)

VPI
Verbraucherpreisindex

Um die Veränderung des Preisniveaus für ausgewählte Güter zu berechnen, wird ein Preisindex ermittelt. Die durchschnittliche Preisentwicklung der Güter (Waren und Dienstleistungen), die für Konsumzwecke von privaten Haushalten gekauft werden, wird durch den **Verbraucherpreisindex (VPI)** gemessen. Er gilt als wichtiges Maß für die Entwicklung des Geldwertes in Deutschland. Das Statistische Bundesamt in Wiesbaden ermittelt monatlich den VPI sowie die Veränderung des VPI zum Vormonat und zum Vorjahresmonat. Die Daten werden in aufbereiteten Zeitreihen und Grafiken dargestellt und veröffentlicht.

Berechnung der Inflationsrate
▶ LF 12, Kap. 9.4

Die prozentuale Veränderung des **Verbraucherpreisindex** beziffert die **Inflationsrate**, umgangssprachlich auch Teuerungsrate genannt. Die Vorbereitungen und einzelnen Schritte zur Berechnung des VPI werden im Folgenden dargestellt.

Merke!

Der **Verbraucherpreisindex**
- wird vom Statistischen Bundesamt ermittelt.
- beziffert die durchschnittlichen Preisveränderungen von Gütern, die von privaten Haushalten konsumiert werden.
- ist ein Maß für die Geldwertentwicklung.

9.2.1 Warenkorb und Wägungsschema

Zusammenstellung des Warenkorbs

Da bei der Ermittlung des VPI nicht alle Güterpreise einer Volkswirtschaft betrachtet werden können, stellt das Statistische Bundesamt einen repräsentativen Warenkorb zusammen, der die Basis für die Berechnungen des Verbraucherpreisindex bildet. Mithilfe repräsentativer Stichproben ermittelt das Statistische Bundesamt die Güter, die von einem durchschnittlichen privaten Haushalt gekauft werden. Diese Güter werden dem Warenkorb zugeordnet. Die Zusammensetzung des Warenkorbs spiegelt somit die Verbrauchergewohnheiten eines durchschnittlichen Haushalts wider.

Die Zusammenstellung des Warenkorbs unterscheidet zwei Ebenen:
1. In der ersten Ebene werden ca. 650 Güterarten wie Zeitschriften, Schuhe oder Damenjacken definiert.
2. Im nächsten Schritt werden einzelne Güter diesen Güterarten zugeordnet, z. B. das Nachrichtenmagazin „Spiegel" zu Zeitschriften und der Kinderschuh der Marke „Elefanten" zu Kinderschuhen. Diese konkreten Güter bilden die zweite Ebene des Warenkorbs. Für die Güter der zweiten Ebene werden die Preise notiert. Monatlich sind dies mehr als 300 000 Einzelpreise. Die Preise werden inklusive Umsatzsteuer erfasst.

Wägungsschema und Berechnung des Verbraucherpreisindex

Darüber hinaus wird ermittelt, wie viel Prozent ihres verfügbaren Einkommens private Haushalte für einzelne Güter oder Gütergruppen ausgeben. Mit dem daraus abgeleiteten Wägungsschema können die Güter nach ihrem Ausgabenanteil gewichtet werden.

Für jede Güterart des Warenkorbs wird der Anteil der Ausgaben an den gesamten Haushaltsausgaben eines durchschnittlichen Haushalts berechnet. Die Daten hierzu werden der im 5-Jahres-Rhythmus durchgeführten Einkommens- und Verbrauchsstichprobe entnommen. Dazu notieren etwa 60 000 Haushalte für einen gewissen Zeitraum freiwillig ihre Haushaltsausgaben und -einnahmen in einem Haushaltsbuch.

Die Daten werden neben weiteren Erhebungen vom Statistischem Bundesamt ausgewertet. Die Ausgabenanteile bilden die Basis für das Wägungsschema, also die Gewichtung der Güter im Warenkorb. Maßgeblich für die Gewichtung sind der Preis und die gekaufte Gütermenge.

Das Statistische Bundesamt berechnet den Verbraucherpreisindex nach der Formel für die Preisniveauentwicklung von Laspeyres. Die Zusammensetzung und die Mengen des Warenkorbs des Basisjahres werden für den Berichtszeitraum fixiert und mit den Preisen des Basisjahres bzw. des Berichtsjahres bewertet:

Merke!

$$\text{Verbraucherpreisindex (VPI) im Berichtsjahr} = \frac{\text{Gesamtausgaben für den Warenkorb im Berichtsjahr}}{\text{Gesamtausgaben für den Warenkorb im Basisjahr}} \cdot 100$$

$$= \frac{\sum p_1 \cdot x_0}{\sum p_0 \cdot x_0} \cdot 100$$

Der Preisindex im Basisjahr, für das die Gewichtungen vom Statistischen Bundesamt ermittelt wurden (aktuell 2020), wird gleich 100 gesetzt. Aus dem Vergleich der Indices lassen sich Geldwertschwankungen berechnen und in Zeitreihen darstellen.

Merke!

Ist der **Warenkorb** im Berichtsjahr im Vergleich zum Basisjahr
- **teurer geworden,** ist das Preisniveau gestiegen und der Verbraucherpreisindex des Berichtsjahres liegt über 100. Die Kaufkraft des Geldes ist gesunken.
- **billiger geworden,** ist das Preisniveau gesunken und der Verbraucherpreisindex des Berichtsjahres liegt unter 100. Die Kaufkraft des Geldes ist gestiegen.

Die 650 Güterarten des repräsentativen Warenkorbs werden in einem weiteren Schritt zu zwölf Hauptgütergruppen zusammengefasst. Die ermittelten Ausgabenanteile dieser zwölf Gruppen werden in Promille angegeben. Für jede Gruppe wird ein Preisindex für das Berichtsjahr berechnet. Multipliziert mit dem jeweiligen Gewichtungsfaktor (Ausgabenanteil), der im Basisjahr ermittelt wurde, erhält man den gewichteten Gruppenindex. Der Preisindex für den gesamten Warenkorb des Berichtsjahres ergibt sich, indem die einzelnen gewichteten Gruppenindices summiert werden.

Merke!

Die **Ermittlung des VPI** durch das Statistische Bundesamt erfolgt in mehreren Schritten:

1. repräsentativen Warenkorb zusammenstellen
2. Güter des Warenkorbs mit Preisen des Basisjahres bewerten und Ausgabenanteil (Menge · Preis) berechnen
3. Güter des Warenkorbs mit Preisen des Berichtsjahres bewerten und mit den Ausgabenanteilen (Kaufmengen) des Basisjahres gewichten
4. VPI des Berichtsjahres im Vergleich zum Basisjahr durch Einsetzen der Werte in die Laspeyres-Formel berechnen

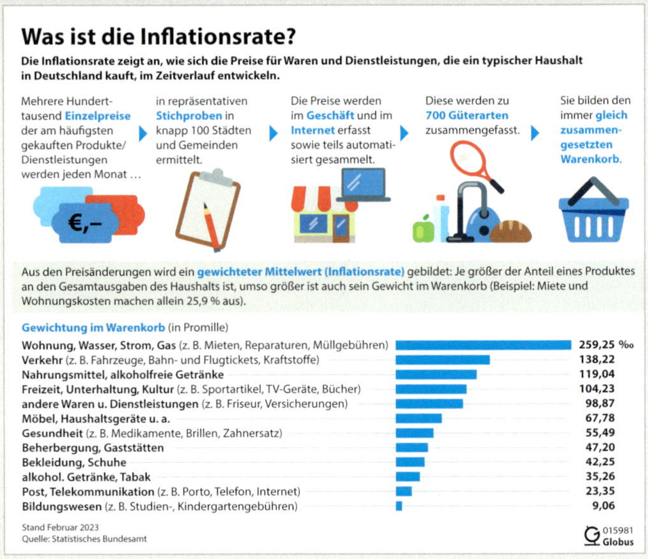

9.2.2 Kritik am Verbraucherpreisindex

Die Vorgehensweise bei der Berechnung des VPI wird häufig kritisiert. Die Aussagekraft des VPI wird als ungenügend beschrieben, denn die Preissteigerungsrate wird tendenziell als zu hoch betrachtet. Der Grund hierfür liegt zum einen in der Berechnungsmethode und zum anderen in der teils veralteten Zusammensetzung des Warenkorbs und der fixierten Mengengewichtung für fünf Jahre.

Folgende Punkte werden häufig kritisiert:

- Konsumenten ändern ihr Konsumverhalten schneller, als dies im Warenkorb abgebildet wird. Der fünfjährige Rhythmus der Neugewichtung erscheint zu lang.
- Neue Güter und Produktvarianten werden verzögert in den Warenkorb aufgenommen, veraltete verspätet herausgenommen. Die Preise neuer Güter sind bei der Markteinführung in der Regel hoch und sinken im Zeitverlauf. Werden sie verzögert in den Warenkorb aufgenommen, wird diese Preisentwicklung nicht erfasst.
- Verbessern sich die Qualität oder die Nutzungsmöglichkeit von Gütern, schätzen Experten den Anteil der Preisveränderung, der auf die gestiegene Qualität entfällt. Die Gefahr, dass Qualitätsverbesserungen häufig dennoch als Preissteigerungen erfasst werden, besteht weiterhin.
- Da Online-Händler ihr Angebot häufig stark und schnell ändern, werden diese Schwankungen nur ungenügend erfasst.
- Der VPI zeigt die Preisentwicklungen der Lebenshaltungskosten für Durchschnittshaushalte. Ausgaben für z. B. Energie, Mieten und Nahrung machen bei privaten Haushalten mit geringerem Einkommen einen größeren Anteil an ihren Gesamtausgaben aus als bei Haushalten mit höherem Einkommen. Dies berücksichtigt zwar die gegenwärtige Form der Ermittlung des VPI, es wird aber eine feinere Differenzierung gefordert.

9.3 Der harmonisierte Verbraucherpreisindex

Mit der Einführung des Euro wurden die Warenkörbe der Euroländer Schritt für Schritt harmonisiert. Ziel ist es, ein Maß zu entwickeln, das die Preisentwicklung in der gesamten EU und im gesamten Euro-Währungsraum misst. Um diese Funktion zu erfüllen, wird der harmonisierte Verbraucherpreisindex (HVPI) bestimmt. Alle Euro-Mitgliedstaaten ermitteln neben ihrem nationalen Verbraucherpreisindex (VPI) auch diesen besonderen Verbraucherpreisindex.

Für die Berechnung des HVPI schreibt die EU eine gemeinsame Methode vor. Monatlich senden die Euroländer ihre Ergebnisse an das Statistische Amt der Europäischen Union, Eurostat. Aus den nationalen Daten ermittelt Eurostat den HVPI.

Beim Zusammenführen der nationalen Daten zum HVPI wird der Anteil der Euro-Länder an den gesamten Konsumausgaben in der Eurozone ermittelt. Entsprechend ihrem Anteil an den gesamten Konsumausgaben fließen die nationalen Daten somit gewichtet in die Berechnung des HVPI ein.

Merke!

Im Gegensatz zum VPI werden Gewichtungen im Warenkorb im HVPI jährlich überarbeitet.

Die Inflationsrate für die gesamte EU bzw. die gesamte Eurozone wird durch die prozentuale Veränderung des HVPI zu einem Vergleichszeitpunkt bestimmt.

Merke!

Mit der Berechnung des HVPI verfolgt die EU folgende Ziele:
- intereuropäischer Vergleich von Preisänderungen trotz unterschiedlicher nationaler Verbrauchergewohnheiten
- Ermittlung einer Gesamtinflationsrate für die Euroländer und die übrigen EU-Mitgliedstaaten, indem die nationalen HVPIs zusammengefasst werden.
- Schaffung eines Indikators zur Beurteilung der Preisniveaustabilität in der EU. Dieser für die gesamte EU gültige Indikator für die Preisniveaustabilität ist vor allem für die EZB wichtig, die eine Inflationsrate von mittelfristig 2 % für die Eurozone anstrebt und ihre geldpolitischen Maßnahmen an der Entwicklung des HVPI orientiert.

Hinweis:

Aufgrund der aktuellen weltpolitischen Lage liegt die Inflationsrate in der EU weit über der durchschnittlichen Entwicklung. So stieg sie im Februar 2023 um 9,9 % gegenüber dem Vorjahresmonat.

9.4 Berechnung der Inflationsrate

Die Berechnung der Indexveränderung des VPI von einem Betrachtungszeitraum zu einem anderen in Prozent entspricht der Inflationsrate. Sie gibt an, um wie viel Prozent die Preise der Güter, die im Warenkorb enthalten sind, im Vergleich zu einem bestimmten Vergleichszeitpunkt gestiegen sind.

Merke!

$$\text{Inflationsrate in \%} = \frac{\text{VPI Berichtsjahr} - \text{VPI Basisjahr}}{\text{VPI Basisjahr}} \cdot 100$$

Beispiel

Im Berichtsjahr wird der VPI mit 114,3 ermittelt. Für das Basisjahr 2020 beträgt der VPI 100.

$$\text{Inflationsrate in } \% = \frac{114{,}3 - 100}{100} \cdot 100 = 14{,}3\,\%$$

Die Inflationsrate beträgt in diesem Fall 14,3 %.

Die prozentuale Veränderung des VPI gegenüber einem Vergleichszeitpunkt wird **Inflationsrate** oder **Teuerungsrate** genannt.

Größere Veränderungen der Inflationsraten in der Vergangenheit können durch folgende Ereignisse erklärt werden:
- Anfang der 90er-Jahre: Folgen der Wiedervereinigung der Bundesrepublik Deutschland mit der DDR
- 2008, 2009: globale Finanzkrise
- 2020, 2021: weltweite Corona-Krise
- 2022: Krieg in der Ukraine

Beispiel

Der VPI betrug 2020 (Basisjahr) 105,8 und im Jahr 2021 (Berichtsjahr) 109,1.

$$\text{Inflationsrate in } \% = \frac{109{,}1 - 105{,}8}{105{,}8} \cdot 100 = 3{,}1\,\%$$

Der VPI ist um 3,3 Indexpunkte gestiegen. Die Inflationsrate, also die prozentuale Veränderung des VPI, beträgt 3,1 %.

9.5 Nominallohn und Reallohn

Mit der Veränderung des Verbraucherpreisindex verändert sich auch der Wert der Einkommen, die die Haushalte beziehen. Löhne, Gehälter, Dividenden, Zinsen, Mieteinnahmen, aber auch BAföG, Kindergeld usw. werden nominal vereinbart.

Der Realwert dieser Einkommen (ihre Kaufkraft) – also ihr Wert, gemessen an den Waren und Dienstleistungen, die daraus finanziert werden können – sinkt, wenn die Preise steigen. Umgekehrt steigen die Realeinkommen, wenn die Preise sinken. Schlüsselgröße für die Kaufkraft der privaten Haushalte ist also ihr Realeinkommen.

Merke!

- **Eine Inflation senkt** das Realeinkommen der privaten Haushalte.
- **Eine Deflation erhöht** das Realeinkommen der privaten Haushalte.

Nominallohn

Der Bruttolohn in Geldeinheiten, den Beschäftigte für ihre Arbeitsleistung von ihrem Arbeitgeber erhalten, ist der Nominallohn. Die Höhe des Nominallohnes sagt nichts über die Kaufkraft des Lohnes aus. Durch Lohnerhöhungen steigt der Nominallohn. Steigen gleichzeitig die Lebenshaltungskosten, bleibt möglicherweise von Lohnerhöhungen wenig oder nichts übrig.

Steigen die Lebenshaltungskosten stärker als die Löhne, verfügt ein Arbeitnehmer trotz Lohnerhöhung über weniger Kaufkraft als vor der Lohnerhöhung.

Der Lohn und die Lohnsteigerung müssen deshalb im Zusammenhang mit der Preisentwicklung betrachtet werden. Für Lohnverhandlungen ist es wichtig, die Entwicklung der Preise in den vergangenen Jahren zu berücksichtigen.

Reallohn

Wird der Nominallohn um die Preissteigerungen bereinigt, erhält man den Reallohn. Dieser ist für die Beurteilung der Lohnentwicklung in einer Volkswirtschaft aussagekräftiger, da er ein Maßstab für die Kaufkraft des Lohnes ist.

Merke!

$$\text{Reallohn} = \frac{\text{Nominallohn}}{\text{Verbraucherpreisindex}} \cdot 100$$

Beispiel

Angenommen, der Nominallohn beträgt 15,00 € pro Stunde, der VPI 102.

$$\text{Reallohn} = \frac{15}{102} \cdot 100 = 14{,}71\,€$$

Bei einer Inflationsrate von 2 % hat ein Lohn von 15,00 € pro Stunde nur noch eine Kaufkraft von 14,71 €. Anders ausgedrückt: Mit einem Lohn von 15,00 € pro Stunde lassen sich Gütereinheiten im Wert von 14,71 € erwerben.

Merke!

- Der **Nominallohn** entspricht dem Bruttolohn. Er sagt nichts über die Kaufkraft aus.
- Der **Reallohn** gibt die Kaufkraft des Lohnes an. Er ist der preisbereinigte Nominallohn.
- Der Reallohn ergibt sich aus dem Verhältnis zwischen dem Nominallohn und dem Verbraucherpreisindex.

Nominallohn und Reallohn sind Durchschnittswerte. Kommt es zu nominalen Lohnerhöhungen, ist die Kaufkraft des Lohnes abhängig vom Umfang der Lohnerhöhung und von der durchschnittlichen Preissteigerung.

Merke!

- Prozentuale Lohnerhöhung > prozentuale Preissteigerung
  → Reallohn steigt, die Kaufkraft ist gestiegen.
- Prozentuale Lohnerhöhung < prozentuale Preissteigerung
  → Reallohn sinkt, die Kaufkraft ist gesunken.

Beispiel

Angenommen, der Nominallohn beträgt 1.000,00 €. Die Lohnerhöhung in einem bestimmten Zeitraum betrug 3,1 %, die Verbraucherpreise erhöhten sich im selben Zeitraum um 1,8 %. Nach der Lohnerhöhung beträgt der Nominallohn 1.031,00 €.

$$\text{Reallohn} = \frac{1.031}{101{,}8} \cdot 100 = 1.012{,}77\,€$$

$$\text{Lohnsteigerung real: } \frac{12{,}77}{1.000} \cdot 100 = 1{,}277\,\%$$

Obwohl die Löhne nominal um 3,1 % gestiegen sind, beträgt die reale Lohnsteigerung aufgrund der gleichzeitigen Preissteigerungen lediglich 1,28 %. Die Kaufkraft ist gestiegen.

Der Bruttolohn und der Nettolohn sind in Deutschland seit 1991 deutlich gestiegen. Aufgrund von Preissteigerung fällt die reale Steigerung jedoch bedeutend geringer aus.

10 Bedeutung der Außenwirtschaft für Deutschland

Die Bundesrepublik Deutschland gilt seit Jahrzehnten als ein wichtiger Anbieter und Nachfrager von Waren und Dienstleistungen auf den internationalen Märkten. Bereits in den 50er- und 60er-Jahren des 20. Jahrhunderts basierte ein Großteil des deutschen Wirtschaftswunders auf dem Außenhandel. Der Begriff Made in Germany gilt auch heute noch in vielen Ländern als ein Gütesiegel für besonders hohe Qualität bei vielen Produkten wie Autos, Werkzeuge und Maschinen.

Auch die Importseite hat für Deutschland eine große Bedeutung. Da es in Deutschland nur ein geringes Vorkommen an Rohstoffen und natürlichen Ressourcen gibt, ist Deutschland insbesondere auf die Einfuhr von Erdgas und Erdöl angewiesen.

Entwicklung des deutschen Außenhandels 1997 bis 2022

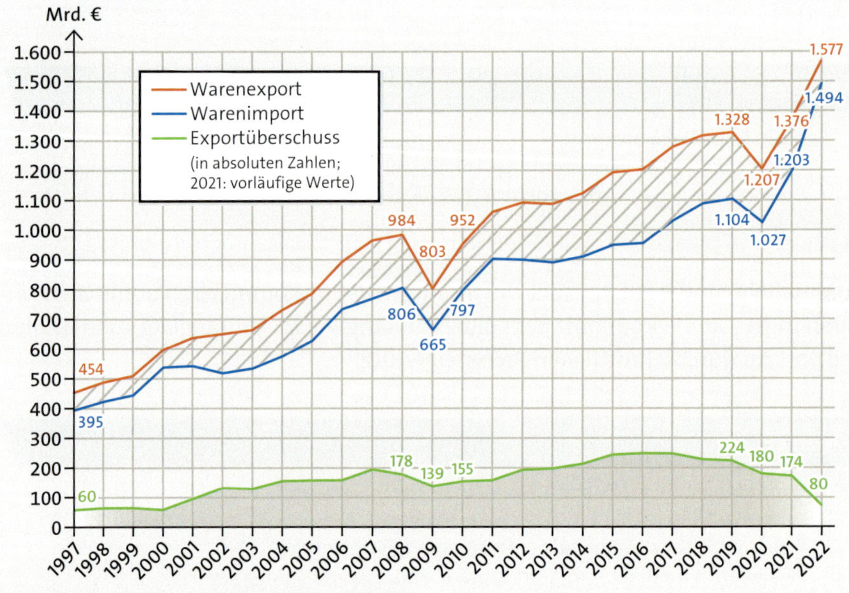

Datenquelle: Statistisches Bundesamt, 2023

Die Grafik zeigt, dass der Außenhandel auch seit der deutschen Wiedervereinigung nahezu kontinuierlich zugenommen hat. Lediglich die Wirtschaftskrise 2009 und 2010 hat für einen vorübergehenden Einbruch gesorgt. Die Corona-Pandemie ist für den Einbruch im Jahr 2020 verantwortlich. Aus der Grafik ist nicht nur der Wert der Ex- und Importe in jedem Jahr zu ersehen, sondern auch die Differenz zwischen beiden Größen: Deutschland hat stets einen Exportüberschuss erzielt. In den Krisenjahren 2009, 2010 und 2020 fällt der Exportüberschuss jedoch geringer aus als im entsprechenden Vorjahr. Er hat somit erstmals seit 2010 abgenommen. Im Jahr 2022 betrug der Exportüberschuss 83 Mrd. €. Natürlich kann es auch sein, dass Länder einen Überschuss der Importe über die Exporte haben. Die USA sind z. B. ein Land, das seit vielen Jahren einen größeren Warenwert importiert als exportiert.

Die Bedeutung des Außenhandels für Deutschland lässt sich auch anhand der Außenhandelsquote erkennen. Sie stieg von 35 % im Jahr 1993 auf 69 % im Jahr 2016 und betrug 2022 98,6 % (Stand: Juni 2023).

Merke!

Die Außenhandelsquote ist ein Indikator für die außenwirtschaftliche Verflechtung eines Landes. Sie ist das Verhältnis aus der Summe der Exporte und Importe eines Landes im Verhältnis zum nominalen Bruttoinlandsprodukt.

$$\text{Außenhandelsquote} = \frac{\text{Exporte + Importe}}{\text{BIPn}} \cdot 100$$

10.1 Zahlungsbilanz

Alle Transaktionen eines Landes auf den internationalen Märkten werden in einem Kontensystem erfasst. Hierzu gehören die Waren- und Dienstleistungsströme sowie die Zahlungsströme. Das Kontensystem wird als **Zahlungsbilanz** bezeichnet.

Die Zahlungsbilanz wird regelmäßig von der Deutschen Bundesbank erstellt und veröffentlicht. Sie setzt sich aus den Teilbilanzen Leistungsbilanz, Vermögensübertragungsbilanz, Kapitalbilanz, Devisenbilanz und Statistisch nicht aufgliederbare Transaktionen zusammen. Die bedeutendsten Teilbilanzen sind die Leistungsbilanz und die Kapitalbilanz.

Leistungsbilanz

Die wichtigsten Vorgänge der Leistungsbilanz sind der internationale Handel von Waren und Dienstleistungen sowie Einkommenstransfers. Im Detail unterteilt sie sich wie folgt:

- **Warenhandel (Handelsbilanz)**
  Hierunter findet sich der für Deutschland wichtigste Posten: der Wert der Warenausfuhren (Exporte) und Wareneinfuhren (Importe), ermittelt nach unterschiedlichen Methoden der Rechnungslegung. Die Differenz aus beiden bildet den Außenhandelsüberschuss bei den Waren.
- **Saldo bei den Dienstleistungen**
  Hier steht ein negativer Wert, d.h., Deutschland fragt mehr Dienstleistungen im Ausland nach (vor allem Reisen) als das Ausland in Deutschland.

Wichtige Posten der Zahlungsbilanz in Mrd. €

Position	2019	2020	2021
I. Leistungsbilanz	+258,6	+234,4	+247,4
1. Warenhandel[1]	+216,5	+190,0	+184,4
Ausfuhr (fob)	1.304,7	1.192,2	1.372,4
Einfuhr (fob)	1.088,2	1.002,2	1.188,0
2. Dienstleistungen[2]	−20,7	+3,5	+13,7
3. Primäreinkommen	+111,2	+92,5	+107,8
4. Sekundäreinkommen	−48,4	−51,6	−58,5
II. Vermögensänderungsbilanz	−0,5	−4,8	−3,9
III. Saldo der Kapitalbilanz[3]	+203,8	+231,1	+268,8
1. Direktinvestitionen	+76,1	−0,6	+71,4
2. Wertpapieranlagen	+73,4	+42,7	+272,4
3. Finanzderivate[4]	+24,5	+99,1	+38,5
4. Übriger Kapitalverkehr[5]	+30,3	+89,9	−145,4
5. Währungsreserven[6]	−0,5	−0,05	+31,9
IV. Statistisch nicht aufgliederbare Transaktionen[7]	−54,3	+1,5	+25,3

[1] ohne Fracht- und Versicherungskosten des Außenhandels
[2] einschl. Fracht- und Versicherungskosten des Außenhandels
[3] Zunahme an Netto-Auslandsvermögen: +
Abnahme an Netto-Auslandsvermögen: −
[4] Saldo der Transaktionen aus Optionen und Finanztermingeschäften sowie Mitarbeiteraktienoptionen
[5] enthält insbesondere Finanz- und Handelskredite sowie Bargeld und Einlagen
[6] ohne Zuteilung von Sonderziehungsrechten und bewertungsbedingte Änderungen
[7] statistischer Restposten, der die Differenz zwischen dem Saldo der Kapitalbilanz und den Salden der Leistungs- sowie der Vermögensänderungsbilanz abbildet

Datenquelle: Deutsche Bundesbank, Februar 2022 (Die Zahlen werden laufend aktualisiert.)

- **Primäreinkommen**
  Das Primäreinkommen enthält Zahlungsströme mit dem Ausland, die vor allem durch Kapitalerträge zustande kommen. So erhalten Inländer Erträge aus ihren Investitionen und ihrer Arbeit im Ausland. Abflüsse sind hier Zahlungen an ausländische Investoren und Arbeiter, die ihre Erträge in Deutschland erzielen. Der Saldo der Primäreinkommen bildet die Differenz zwischen dem Bruttoinlandsprodukt (BIP) und dem Bruttonationaleinkommen (BNE).
- **Sekundäreinkommen**
  Das Sekundäreinkommen umfasst hauptsächlich Zahlungen von und an internationale Organisationen, die EU und auch die geleistete Entwicklungshilfe.
  Anhand des negativen Werts ist zu erkennen, dass Deutschland international ein Geberland ist.

Der Saldo der Leistungsbilanz ergibt sich aus der Summe dieser vier Punkte. In der Leistungsbilanz werden Zahlungsforderungen und -verpflichtungen festgehalten, die gegenüber dem Rest der Welt in einem Jahr entstanden sind.
- Importe von Waren und Dienstleistungen sowie die Zins- und Lohneinkünfte von Ausländern im Inland stellen Zahlungsverpflichtungen an das Ausland dar.
- Zahlungsforderungen gegenüber dem Ausland ergeben sich aus Exporten sowie den Zins- und Lohneinkünften von Inländern im Ausland.

Ein Leistungsbilanzüberschuss entsteht, wenn die Forderungen gegenüber dem Ausland größer sind als die entstandenen Zahlungsverpflichtungen. Der Saldo der Leistungsbilanz stellt somit die Veränderungen des Nettoauslandsvermögens (bzw. der Nettoauslandsschuld) innerhalb eines Jahres dar und wird auch als Außenbeitrag bezeichnet.

Kapitalbilanz

In der Kapitalbilanz werden die Kapitalbewegungen zwischen dem Inland und dem Rest der Welt erfasst. Die Interpretation der Kapitalbilanz ist in direktem Zusammenhang mit der Leistungsbilanz zu sehen. So hat Deutschland im Jahr 2021 einen Leistungsbilanzüberschuss von 247,4 Mrd. € erzielt.

Die Kapitalbilanz zeigt, wie dieses zusätzliche Auslandsvermögen angelegt wurde, hierbei unterteilt sie sich in fünf Unterpunkte. Es ist zu beachten:
- Ein positives Vorzeichen beschreibt deutsche Kapitalexporte, also Anlagen von Inländern im Ausland.
- Ein negatives Vorzeichen beschreibt Kapitalimporte, also Anlagen von Ausländern im Inland.

Prinzipiell muss der Saldo aus der Leistungsbilanz mit dem Saldo der Kapitalbilanz übereinstimmen: So muss z. B. eine Zahlungsforderung, die gegenüber dem Ausland entsteht, auch immer eine Kapitaltransaktion nach sich ziehen, die in der Kapitalbilanz geführt wird.

In der Praxis ist dies in der Regel nicht der Fall. Hier führen Komplexitäten bei der Erfassung der gesamtwirtschaftlichen Transaktionen dazu, dass sich statistische Ungenauigkeiten, z. B. durch Messfehler, ergeben. Diese werden unter dem Punkt IV „Statistisch nicht aufgliederbare Transaktionen“ erfasst.

Merke!

- Die Zahlungsbilanz erfasst für einen bestimmten Zeitraum alle wirtschaftlichen Transaktionen zwischen dem In- und Ausland und bildet sie in einem Kontensystem ab. Sie setzt sich aus verschiedenen Teilbilanzen zusammen.
- Die bedeutendsten Unterbilanzen sind die **Leistungsbilanz** und die **Kapitalbilanz**.

10.2 Gründe für Außenhandel

Länder treiben aus verschiedenen Gründen Außenhandel. Es lassen sich drei zentrale Motive unterscheiden:

- Verfügbarkeit und Nichtverfügbarkeit von Gütern auf dem Binnenmarkt
- Kostenunterschiede bei der Produktion von Gütern im Inland gegenüber dem Ausland
- Wunsch der Nachfrager nach einer großen Vielfalt von Gütern

Verfügbarkeit und Nichtverfügbarkeit von Gütern auf dem Binnenmarkt

Der naheliegendste Grund für Außenhandel ist, dass ein Land über bestimmte Güter nicht oder nicht in ausreichendem Maß verfügt oder andererseits bestimmte Güter im Überfluss hat. Die Verfügbarkeit von Gütern kann von den geografischen und klimatischen Bedingungen in den Ländern sowie vom technischen Know-how abhängen. Vorübergehend können auch Naturkatastrophen wie Überschwemmungen oder Hurrikane zu Produktionsausfällen oder gar zur Zerstörung von Produktionsanlagen führen. Die Folge ist, dass Güter fehlen und importiert werden müssen.

Deutschland ist arm an Bodenschätzen und importiert vor allem Energiegüter wie Gas, Öl und Strom. Als technisch hoch entwickeltes Land verfügt Deutschland über viel Know-how für die Herstellung von Maschinen und technischen Gütern. Die Exportschlager Deutschlands sind Autos, Maschinen sowie chemische Erzeugnisse.

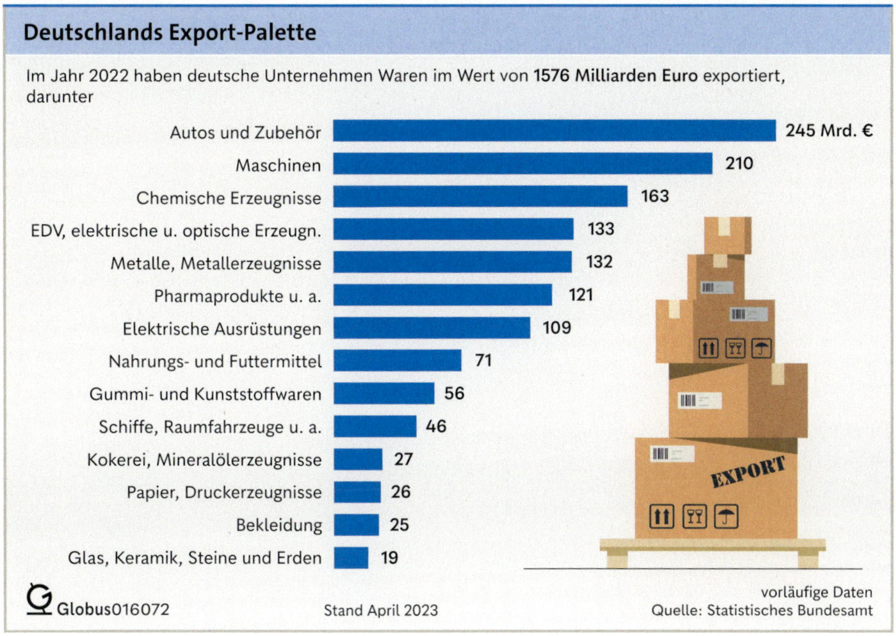

Kostenunterschiede bei der Produktion von Gütern im Inland und im Ausland
Selbst wenn Güter im Inland hergestellt werden könnten, werden sie oftmals importiert, weil ihre Herstellung im Ausland kostengünstiger ist als im Inland. Zur Produktion von Gütern werden die Produktionsfaktoren Arbeit, Sachkapital und Boden eingesetzt. Die Preise der Produktionsfaktoren unterscheiden sich von Land zu Land. So sind z. B. Lohn-, Rohstoff-, Material-, Energie und Standortkosten entscheidend dafür, ob Güter im Inland produziert oder aus dem Ausland importiert werden.

Obwohl zusätzlich zu den Herstellungskosten noch Transferkosten (z. B. Transportkosten, Kosten infolge von Wechselkursschwankungen) hinzukommen, kann sich der Import von Gütern lohnen, wenn die Differenz der Herstellungskosten zwischen Importland und Exportland entsprechend groß ist. Spiegelbildlich gesehen lohnt sich der Export für ein Land, das Waren und Dienstleistungen kostengünstiger produziert als potenzielle Handelspartner.

Intraindustrieller Handel
Tauschen Länder gleichartige Produkte aus, wird diese Form des Außenhandels als intraindustrieller Handel bezeichnet. Der Handel findet innerhalb der gleichen Industriezweige statt. Triebfeder für diese Art von Handel ist das Bedürfnis der Nachfrager nach vielfältigen Produkten. Durch den intraindustriellen Handel wird das Angebot von Gütern, die den gleichen Basisnutzen bieten, vergrößert, und die Nachfrager können entsprechend ihrer Produktpräferenzen aus einer größeren Vielfalt an Produktvariationen auswählen. Die Produktvielfalt auf dem heimischen Markt erhöht sich, ohne dass inländische Anbieter in Produktvariationen investieren und ihre Produktion ausweiten müssen.

LERNFELD 12

Gesamtwirtschaftliche Einflüsse bei immobilienwirtschaftlichen Entscheidungen berücksichtigen

SITUATIONEN

Situation 97

Motive wirtschaftlichen Handelns

Isabell unterstützt im Rahmen ihrer Ausbildung aktuell das Team „Hausbewirtschaftung“. Als sie heute in das Büro ihrer Teamleiterin Frau Herrmann kommt, macht diese keinen glücklichen Eindruck.

Isabell: Hallo Frau Herrmann, alles in Ordnung bei Ihnen?

Frau Herrmann: (lacht) Ja, alles in Ordnung. Die Preise für Heizöl sind leider erheblich gestiegen. Das ist nicht so gut, da wir Heizöl für einige unserer Wohnungsanlangen benötigen. Da macht man sich so seine Gedanken.

Isabell: Ich habe natürlich mitbekommen, dass sich da einiges verteuert hat. Betrifft ja leider auch das Benzin.

Frau Herrmann: Durch die aktuelle weltpolitische Situation ist der Rohölpreis zeitweise extrem angestiegen. Das hat dann in der Regel auch immer eine Auswirkung auf die Heizölpreise. Betrachten Sie mal die Entwicklung des Ölpreises in den letzten 50 Jahren. Wir wissen, dass das Ölangebot begrenzt ist, aber es ist nicht konstant. Im Jahr 1973 entschieden z. B. mehrere der wichtigsten Öl produzierenden Länder – also der OPEC –, weniger Öl zu fördern. Öl wurde knapper, und die Ölpreise stiegen deutlich an. Als Reaktion hierauf bat die Regierung die Bevölkerung, Benzin zu sparen, und erließ sogar ein Fahrverbot für Autos für vier Sonntage in Folge. Ende der 1970er-Jahre führte eine weitere Verknappung des Ölangebots zu einem noch stärkeren Anstieg der Preise. Der Preis einer endlichen Ressource steigt jedoch nicht zwingend immer weiter. In den letzten Jahren erhöhten beispielsweise neue Fördertechniken wie z. B. das Fracking das Ölangebot und übten Druck auf die Preise aus, sodass diese wieder gefallen sind. Aktuell sind die Preise für Rohöl und Heizöl aber leider sehr hoch.

Durchschnittlicher Preis für leichtes Heizöl in Deutschland in den Monaten Januar 2020 bis März 2023 (in Cent pro Liter)

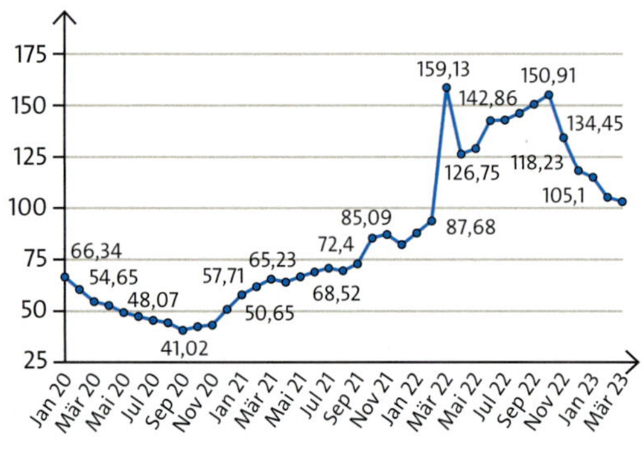

Preisentwicklung der Rohölsorte UK Brent in den Jahren 1976 bis 2023 (in US-Dollar je Barrel)

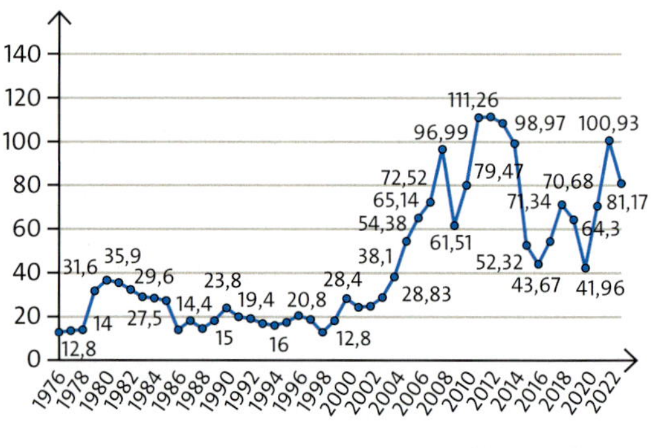

ARBEITSAUFTRÄGE

1 Welchen Effekt sollte es auf den Ölpreis haben, wenn die weltweiten Ölreserven endlich sind und wir stetig Öl verbrauchen?

2 Wie werden Unternehmen und Konsumenten auf diese Preisentwicklung reagieren?

3 Wie würde die Entwicklung einer billigen, sicheren und sauberen Energiequelle den Ölpreis beeinflussen?

Aufgaben

1 Was ist unter dem Begriff „Volkswirtschaft" allgemein zu verstehen?

2 Unterscheiden Sie die Begriffe Bedürfnis, Bedarf und Nachfrage anhand eines selbst gewählten Beispiels.

3 Geben Sie drei Beispiele für Kriterien, nach denen Bedürfnisse unterschieden werden können.

4 Unterscheiden Sie Existenz-, Grund- bzw. Kultur- sowie Luxusbedürfnisse voneinander. Geben Sie zu jedem Bedürfnis zwei Beispiele.

5 Ordnen Sie nachfolgende Aufzählung den unterschiedlichen Bedürfnisarten zu. Mehrfachnennungen sind möglich.
a) Kauf eines Tablets
b) Ausbau des landesweiten Stromnetzes
c) Schlagzeugunterricht
d) Unterbringung von Flüchtlingen

6 Obwohl die Theorie von Maslow bis heute eine hohe Erklärungskraft hat, ist sie nicht unumstritten. Erläutern Sie drei mögliche Kritikpunkte an der Maslowschen Bedürfnispyramide. Recherchieren Sie hierzu im Internet.

7 In den Medien findet sich nicht nur die „klassische" Bedürfnispyramide nach Maslow, sondern auch Abwandlungen davon.
a) Interpretieren Sie untenstehende Bedürfnispyramide „Bedürfnisse im Wandel der Zeit".
b) Arbeiten Sie heraus, inwiefern diese „moderne" Bedürfnispyramide die Bedürfnisse in Ihrer Gruppe widerspiegelt.

Menschliche Bedürfnisse im Wandel der Zeit

8 Was sind Ihre aktuellen Bedürfnisse?
a) Unterscheiden Sie zwischen Dingen, die Sie wirklich brauchen, und Dingen, die Sie gerne hätten.
b) Entscheiden Sie, welche dieser Bedürfnisse Bedarfe sind, weil Sie das nötige Geld dafür haben.
c) Reflektieren Sie, welche dieser Bedarfe Sie in letzter Zeit tatsächlich nachgefragt haben.

9 Denken Sie über Ihre eigenen Präferenzen (= Vorlieben) nach. Welche Aktivitäten geben Ihnen den höchsten Nutzen? Geben Sie fünf Beispiele.

10 Erläutern Sie mit eigenen Worten den Konflikt zwischen knappen Ressourcen und Gütern auf der einen und unbegrenzten Bedürfnissen auf der anderen Seite. Warum ist dieser Konflikt für jeden Menschen wichtig und warum wird dadurch die individuelle Entscheidungsfindung beeinflusst?

11 Warum streben Menschen danach, ihren Nutzen zu maximieren?

12 Bilden Sie Gruppen aus drei Schülern. Stellen Sie sich vor, Sie fahren mit einem Schiff über den Ozean und sind noch zweitausend Kilometer vom Festland entfernt. Unerwartet tritt ein Notfall ein, und das Schiff geht unter. Sie können sich mit einigen anderen noch auf ein Ruderboot retten. In der Not konnten Sie noch fünfzehn Gegenstände auf das Rettungsboot transportieren.

Bewerten Sie die Wichtigkeit der fünfzehn Gegenstände für Ihr Überleben (1 sehr wichtig, 15 eher unwichtig).

Harpune, 2 Päckchen Schokolade, Angel mit Zubehör, 20 Liter Trinkwasser, Seekarte, 4 m² Kunststofffolie, 5 m Nylonseil, kleiner Spiegel, Schwimmwesten, Notrationen (Nahrung), 10 Liter Treibstoff, Sextant, Radio (inkl. Batterien), Moskitonetz, 2 Liter hochprozentiger Rum (80 %)

13 Vor einigen Jahren haben wir begonnen, Weizen und andere Getreidesorten für die Produktion von Benzin zu verwenden. Welche Auswirkungen würden Sie dadurch auf die Knappheit von Lebensmitteln und Öl erwarten? Wie sollte dies die Preise der zwei Rohstoffe beeinflussen?

14 Nennen Sie drei Ressourcen, die nicht knapp sind.

15 Entscheiden Sie in den folgenden Fällen, ob diese Menschen nach dem ökonomischen Prinzip handeln. Erläutern Sie kurz, ob diese Menschen nach dem Minimal- oder Maximalprinzip handeln.

a) Peter möchte seine Freundin mit einem selbst gebackenen Kuchen beeindrucken. Er verwendet den ganzen Nachmittag darauf, den leckersten Kuchen zu backen, der ihm möglich ist, und verziert ihn mit ganz viel Geduld.

b) Jonas muss sein Zimmer aufräumen, bevor er mit seinen Freunden weggehen darf. Er versucht, dies so schnell wie möglich zu erledigen.

c) Katharina hat nur noch einen Nachmittag Zeit, um sich auf eine Präsentation in Englisch vorzubereiten. Sie versucht, das Beste daraus zu machen.

16 Der ökologische Fußabdruck ist ein „Buchhaltungssystem für die Umweltressourcen unserer Erde".

a) Recherchieren Sie, worum es sich beim „ökologischen Fußabdruck" genau handelt.

b) Ermitteln Sie durch einen Online-Test Ihren persönlichen ökologischen Fußabdruck.

c) Diskutieren Sie in der Gruppe, wie Sie Ihr Konsumverhalten so ändern könnten, dass Sie einerseits zufriedener sind und andererseits sogar Ihren ökologischen Fußabdruck verkleinern.

Hinweis: Zur Beantwortung der Fragen recherchieren Sie unter: http://www.fussabdruck.de/.

17 Führen Sie das Ultimatum-Spiel in der Gruppe durch und analysieren Sie Ihre Ergebnisse.

Ablauf des Ultimatum-Spiels
Suchen Sie sich einen Spielpartner. Spieler A bekommt (fiktive) 100,00 €. Hiervon muss er einen Teil (mindestens 1,00 €, maximal 99,00 €) an Spieler B abgeben. Dazu schreibt A sein Angebot an B für die Aufteilung der 100,00 € auf einen Zettel und übergibt B sein schriftliches Angebot. Beide Spieler dürfen nicht miteinander sprechen, sich nicht in die Augen schauen oder sonst irgendwie kommunizieren. B muss entscheiden, ob er das Angebot annimmt oder nicht. Die Besonderheit: Lehnt B das Angebot von A ab, bekommen beide Spieler nichts und die 100,00 € gehen zurück.

a) Notieren Sie das Ergebnis Ihres Teams beim Ultimatum-Spiel
- B nimmt das Angebot von A an.
- B lehnt das Angebot von A ab.

b) Erläutern Sie anhand Ihrer Ergebnisse, wie das Ultimatum-Spiel hilft, zu untersuchen, ob Menschen rational und egoistisch handeln wie der Homo oeconomicus. Definieren Sie dabei zunächst den Begriff „rational" und beschreiben Sie anschließend den „Sinn" des Spiels, ehe Sie das Ergebnis im Hinblick auf den Homo oeconomicus erklären.

c) Dokumentieren Sie alle Ergebnisse – die Höhe der Angebote der Spieler A und die Reaktionen der Spieler B – in einer Gesamttabelle. Untersuchen Sie anschließend, wie viele Spieler im Sinne des Homo oeconomicus gehandelt haben.

Führen Sie nun das Diktator-Spiel durch. Vergleichen Sie die Ergebnisse mit dem Ultimatum-Spiel und erklären Sie gegebenenfalls abweichende Ergebnisse über das Modell des Homo oeconomicus.

Ablauf des Diktator-Spiels
Das Diktator-Spiel ist eine Abwandlung des Ultimatum-Spiels. Beim Diktator-Spiel kann B das Angebot von A nicht ablehnen. Spielen Sie das Spiel in den gleichen Gruppen noch einmal.

Nutzen Sie zur Bearbeitung der Aufgabe auch das Arbeitsblatt 12.1 „Ultimatum- und Diktator-Spiel", das den Webcodematerialien beiliegt.

Situation 98

Güter, Produktionsfaktoren, Geld- und Kreislaufprozesse

www.travelandwork.com/forum/

Abmelden

travel+work | Infos | Meine Reise | Buchen | Mitglieder-Forum | Kontakt

Costa 21.06.2023 18:45 ----------

Hi Steffi! Was hast du am Wochenende so gemacht – außer lange zu schlafen?

Steffi 19:13 ----------

Erst mal samstags vormittags arbeiten im Jeansshop – da hab ich die Stelle als Verkaufsaushilfe seit ein paar Wochen. Das macht Spaß, in dem Laden zu arbeiten – da sind ganz nette Kunden und ich verdiene ein bisschen dazu, sodass ich schon mal für mein travel&work in Kanada sparen kann.

Stell dir vor – beim Friseur hab ich gedacht: Die kenn ich doch, die Friseurin – klar, sie hat mich auch wiedererkannt, weil sie am Tag vorher bei uns im Jeansladen noch eine Hose gekauft hatte. Wir haben ganz nett gequatscht und sie sagte: Bis bald – dann wieder bei dir im Jeansladen!

Ich war Sonntag noch auf dem Trödelmarkt und hab nach langer Verhandlung endlich eine coole 80-er-Jahre-Handtasche bekommen – den Verkäufer hab ich von 50 Euro auf 30 runtergehandelt, ich denke, weil es kurz vor Schluss war und er die Tasche auch nicht mehr wieder mit nach Hause nehmen wollte.

Furchtbar sind die Busverbindungen am Wochenende bei uns! Gefühlte Stunden stand ich gestern an der Bushaltestelle vor einem dieser Wahlplakate, wo groß draufsteht: „Wirtschaft geht uns allen an!“ und dachte nur – bin ich froh, dass ich nichts mit Wirtschaft zu tun habe!!

Costa 19:32 ----------

Hab ich auch letztens gedacht – die Wirtschaft muss erst mal ohne mich auskommen, damit will ich auch nichts zu tun haben, da sollen sich mal besser die Manager drum kümmern.

Ach ja, du bist ja noch „Busfahrerin“ – wann hast du noch mal Führerscheinprüfung?

Ich hab mich jedenfalls mal wieder gewundert, beim Tanken, wusstest du, warum Benzin so teuer ist? Ich hab an der Zapfsäule so eine Grafik gesehen: Bei einem Benzinpreis von 1,50 Euro pro Liter zahle ich 89,4 Cent ans Finanzamt – ganz schön heftig.

Ich hab übrigens auch mittlerweile einen Job – als Auslieferungsfahrer für meinen Onkel, der ein Erdbeerfeld in der Voreifel hat – da fahre ich samstags ganz früh morgens mit Onkels Lieferwagen die Ware zu den Einzelhändlern – so kann ich auch schon mal etwas verdienen für mein travel&work.

Weißt du schon, wie viel Geld du brauchst für Kanada?

Steffi 20:04 ----------

Nein, weiß ich noch nicht so genau – ich versuche, mit 1.500 Euro so lange wie möglich dort zu bleiben.

Costa 20:22 ----------

Ich rechne anders – ich überleg mir, wie viel Geld ich brauche, um genau ein halbes Jahr zu bleiben.

ARBEITSAUFTRÄGE

Untersuchen Sie die Beiträge von Steffi und Costa mithilfe folgender Fragestellungen:

1 Ordnen Sie die Aussagen von Steffi und Costa den Ihnen bekannten vier Wirtschaftseinheiten zu:
   a) private Haushalte
   b) Unternehmen
   c) Staat
   d) Ausland

2 Welche Geld- bzw. Güterströme werden von Steffi und Costa erwähnt?

3 Welche Produktionsfaktoren erkennen Sie in den Berichten von Steffi und Costa?

4 Erklären Sie den einfachen Wirtschaftskreislauf anhand Steffis Friseurbesuch bzw. dem Jeanskauf der Friseurin.

5 Steffi war beim Friseur.
   a) Welches Bedürfnis steckt dahinter?
   b) Welchen Bedarf hat sie?
   c) Was hat sie schließlich nachgefragt?

6 Ordnen Sie die folgenden Aussagen den entsprechenden Wirtschaftssektoren zu:
   a) Costas Onkel betreibt eine Obstplantage.
   b) Steffi verkauft Jeans.
   c) Die Jeans werden in einem Werk in Indonesien hergestellt.
   d) Costa hat einen Job als Auslieferungsfahrer.
   e) Die Friseurin beherrscht unterschiedlichste Haarschnitte.

6 Nach welchen Prinzipien planen Steffi und Costa ihren Auslandsaufenthalt in Kanada?

7 Sind Sie auch der Auffassung, dass Steffi und Costa nichts mit Wirtschaft zu tun haben? Wenn nicht, dann schreiben Sie doch einfach einen Antwortbeitrag im Forum. Dabei können Sie sich an den vorherigen Fragen orientieren.

Folgesituation

Isabell verbringt ihren diesjährigen Sommerurlaub auf der griechischen Insel Kos. Die Eltern haben sie und ihren Bruder anlässlich des 60. Geburtstags ihres Vaters zu der Reise eingeladen. Den Flug und das Hotel hat Herr Ahrens über ein Leipziger Reisebüro gebucht, den Mietwagen vor Ort über eine lokale Autovermietung. Beim Abendessen im Hotel sitzen die vier mit dem befreundeten Ehepaar Hoffmann gemeinsam an einem Tisch. Man unterhält sich angeregt.

Ein wenig ironisch sagt Herr Hoffmann, dass dies vielleicht der letzte Urlaub sein könne, bei dem man sich trifft. Als Property Manager bei der IMMO Leipzig AG verdient er zwar ganz gut. Nachdem seine Frau jedoch vor Kurzem aus gesundheitlichen Gründen in den Vorruhestand gegangen ist, müssen sie den Gürtel in Zukunft aber etwas enger schnallen. Die Altersrente fällt nun mal erheblich kleiner aus als ihr reguläres Gehalt. Dass Herr Hoffmann aufgrund der Wahl der Steuerklasse III monatlich nun etwas mehr Geld auf sein Girokonto überwiesen bekommt, ist nur ein Tropfen auf den heißen Stein.

Steuern zahlen muss er nach wie vor. Auch die Mitarbeiteraktien werfen bei Weitem nicht mehr so viel Dividende ab wie früher.

Frau Ahrens, die als Erzieherin in einem Leipziger Kindergarten arbeitet, versucht, Herrn Hoffmann ein wenig aufzubauen. Mit der IMMO Leipzig AG als solidem Unternehmen habe er immerhin einen sicheren Arbeitsplatz – zumal die Unternehmensführung die Zeichen der Zeit erkannt habe. In einem Zeitungsbericht hat sie einen ausführlichen Bericht darüber gelesen, dass der Vorstand umfangreiche Neuinvestitionen, zu einem nicht unerheblichen Teil in nachhaltige Bauprojekte, teilweise finanziert durch die TopBank Leipzig, angekündigt hat. Für die Umsetzung dieser besonders innovativen Bauvorhaben hat der Staat hohe Subventionen zugesagt. Ferner arbeitet das Unternehmen bei diesen Projekten mit verschiedenen europäischen Umweltschutzorganisationen zusammen.

Isabell hört diese Informationen mit Genugtuung. Die MEWOH Musterwohn GmbH, ihr Ausbildungsbetrieb, arbeitet auch mit der IMMO Leipzig AG zusammen. Mit einem Augenzwinkern in Richtung ihres Bruders merkt sie an, dass die Subventionen hoffentlich nicht so hoch ausfallen, dass der Staat die BAföG-Zahlungen einstellen muss. Apropos „staatliche Leistungen“: Das Kindergeld, das Isabells Eltern für sie in der Vergangenheit erhalten haben und auf einem Sparbuch bei der örtlichen Vereinsbank Ost sammeln, sollten sie ihr vielleicht doch auszahlen. Besonders hohe Zinsen gibt es dafür ja nicht. Über die MEWOH Musterwohn GmbH könnte sie jetzt noch eine Wohnung für Auszubildende anmieten. Dafür reicht jedoch ihre Ausbildungsvergütung nicht. Und solch eine günstige Gelegenheit auf eine eigene Wohnung wird sie nach ihrer Übernahme nicht mehr haben. Spätestens dann möchte sie aber eine eigene Wohnung haben.

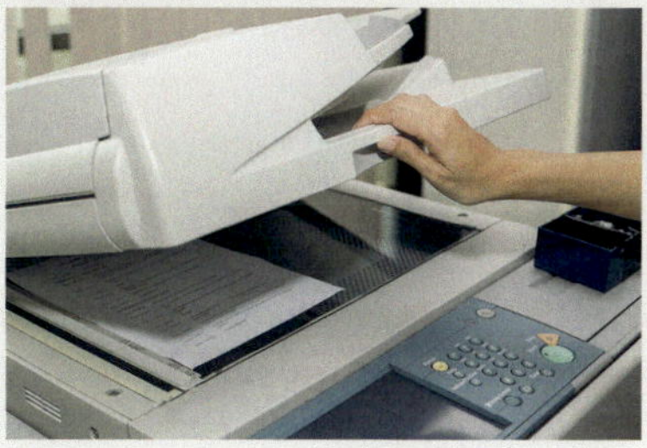

Sehr zu Isabells Erstaunen zeigt sich ihr Vater ihrem Wunsch gegenüber nicht abgeneigt. Schließlich haben die Ahrens vor zehn Monaten mit einem Copyshop endlich einen soliden Nachmieter für die Gewerbeimmobilie von Isabells Großeltern gefunden, ihr eigener Hauskredit ist seit Kurzem abbezahlt und Isabell wird als ausgebildete Immobilienkauffrau bald auf eigenen Beinen stehen müssen. Da kommt ihr das Sparguthaben bestimmt sehr gelegen.

ARBEITSAUFTRÄGE

1 Ordnen Sie die im Text genannten Wirtschaftssubjekte den einzelnen Sektoren zu.

2 Welche volkswirtschaftlichen Beziehungen zwischen den einzelnen Wirtschaftssubjekten werden im Text aufgezeigt? Handelt es sich um Güter- bzw. Geldströme?

3 Dem Staat fließen Einnahmen zu, die im Text nicht genannt sind. Geben Sie dazu drei Beispiele.

4 Außer den im Text genannten Leistungen des Staates gibt es weitere. Geben Sie drei Beispiele.

Aufgaben

1 Welche vier Grundfragen müssen in einer Volkswirtschaft beantwortet werden?

2 Nennen Sie zwei öffentliche Güter, zwei private Güter, zwei Allmendegüter und zwei Klubgüter.

3 Warum werden viele öffentliche Güter und viele Allmendegüter staatlich bereitgestellt oder reguliert? Warum werden manche Klubgüter durch den Staat und andere Institutionen öffentlich bereitgestellt?

4 Betrachten Sie ein kleines Dorf mit 200 Einwohnern. Die Einwohner möchten das 500-jährige Bestehen ihres Dorfes feiern und überlegen, ob sie ein Feuerwerk veranstalten sollen. Hierfür haben sie zwei Optionen: ein kleines Feuerwerk für 500,00 € oder ein großes Feuerwerk für 2.000,00 €. Nehmen Sie an, dass jeder einzelne Bewohner bereit ist, maximal 3,00 € für das Ansehen eines kleinen Feuerwerks und 5,00 € für ein großes Feuerwerk zu bezahlen.
   a) Erklären Sie, welche Art von Gut das Feuerwerk in diesem Fall ist.
   b) Würde das Dorf ein Feuerwerk veranstalten, wenn es keinen Staat und keine vergleichbare Institution gäbe, und weshalb?
   c) Nehmen Sie nun an, dass es einen Bürgermeister in dem Dorf gibt, der Steuern erheben kann. Sollte er ein Feuerwerk abhalten, und wenn ja, ein großes oder ein kleines Feuerwerk? Wie viel würde jeder Bewohner für dieses Feuerwerk bezahlen?

5 Nennen Sie die volkswirtschaftlichen Produktionsfaktoren.

6 Wählen Sie ein Produkt, das Sie kürzlich gekauft haben. Stellen Sie die hierfür verwendeten Produktionsfaktoren dar.

7 Erläutern Sie, weshalb Sachkapital ein derivativer Produktionsfaktor ist.

8 Sie sind Manager eines großen Fußballvereins. Die letzte Bundesligasaison ist gerade zu Ende. Welche Möglichkeiten haben Sie, um in Humankapital zu investieren? Welche Optionen haben Sie für Investitionen in Sachkapital? Inwiefern hängt Ihre Antwort davon ab, ob Ihre Mannschaft in der 1. Bundesliga oder in der 2. Bundesliga spielt?

9 Erläutern Sie, welche Funktionen Geld als Tauschmittel erfüllen muss.

10 Nennen Sie drei Geldarten.

11 Geld benötigen wir in unserer Wirtschaft für unterschiedliche Zwecke. Beschreiben Sie in eigenen Worten, welchem Zweck Geld in jedem der folgenden Beispiele dient:
   a) Tim holt sich am Kiosk eine Zeitschrift für 6,00 €. Er gibt dafür einen 5-€-Schein und eine 1-€-Münze.
   b) Julia und ihre Freundin Sara gehen ins Kino. Leider hat Sara ihren Geldbeutel vergessen. Daraufhin leiht Julia ihr 10,00 €.
   c) Patrick legt jeden Monat einen Teil seines Taschengeldes zurück, weil er den Führerschein machen möchte.

12 Was verstehen Sie unter einem Wirtschaftssubjekt und warum ist es hilfreich, eine entsprechende Einteilung vorzunehmen?

13 Begründen Sie auf der Grundlage Ihrer persönlichen Lebenssituation Ihre Zugehörigkeit zur Gruppe der privaten Haushalte.

14 Erklären Sie die Kreislaufbeziehungen im einfachen Wirtschaftskreislauf.

15 Erklären Sie anhand von fünf beliebigen Transaktionen die dadurch ausgelösten Geldströme und deren Bedeutung für die Zahler und Zahlungsempfänger.

16 Im Folgenden werden die Güterströme zwischen drei Wirtschaftsbereichen (Handel und Verkehr, Dienstleistung und Industrie) dargestellt.

Empfangende Wirtschaftsbereiche / Liefernde Wirtschaftsbereiche	Handel und Verkehr	Dienstleistung	Industrie	Summe der abgegebenen Leistungen
Handel und Verkehr		0	0	?
Dienstleistung	15		35	?
Industrie	25	45		?
Summe der empfangenen Leistungen	?	?	?	?

a) Bestimmen Sie die Höhe der empfangenen und der abgegebenen Leistungen.

b) Zu den in der Tabelle aufgeführten Sektoren kommen nun die privaten Haushalte hinzu. Sie erzielen ihr Faktoreinkommen (Einkommen für Arbeitsleistung) von insgesamt 150 Geldeinheiten (GE) in den Unternehmen der drei aufgeführten Sektoren und geben ihr gesamtes Einkommen für Güter des Handels und Verkehrs aus. Erstellen Sie eine Grafik in Anlehnung an die unten stehende Skizze, die die Geldströme in solch einer Wirtschaft aufzeigt, und versehen Sie die Geldströme mit den zugehörigen Geldwerten. Gehen Sie davon aus, dass eine Gütereinheit in der oberen Tabelle einer Geldeinheit entspricht.

c) Bestimmen Sie die Höhe der Wertschöpfung und das Volkseinkommen dieser Volkswirtschaft.

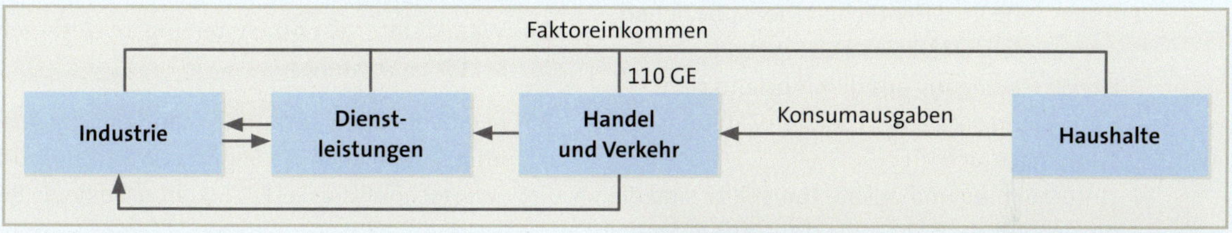

17 Ein mittelständisches Unternehmen stellt Gartengeräte für private Kunden her. Daneben vertreibt es auch hochwertige Gartenmöbel. Die Hobbygärtner genießen den Aufenthalt draußen an der frischen Luft. Liebevoll pflegen und bewässern sie Bäume und Sträucher und züchten Gemüse und Obst für den Eigenbedarf.

Als neues Angebot bietet das Unternehmen seit Kurzem auch Wochenendkurse für Hobbygärtner an. Ein weiterer Kunde des Unternehmens ist ein Landgasthaus ganz in der Nähe. Es hat seinen Biergarten mit neuen Gartenmöbeln ausgestattet.

Übertragen Sie die im Text angesprochenen Beispiele für Güter in das Arbeitsblatt 12.2 „Wirtschaftliche Güter“, das den Webcodematerialien beiliegt. Kreuzen Sie dann die jeweils zutreffenden Güterarten an.

18 Erklären Sie die Begriffe „Faktoreinkommen“ und „Faktorleistung“. Grenzen Sie sie voneinander ab.

19 Erläutern Sie die Zusammenhänge im erweiterten Wirtschaftskreislauf. Ordnen Sie die folgenden Geld- und Sachgüterströme den Wirtschaftssubjekten zu.

a) Exporterlöse

b) Unternehmenssteuern

c) Arbeitnehmer stellen ihre Arbeitskraft zur Verfügung.
d) Subventionen an Unternehmen
e) exportierte Güter
f) Lohn- und Gehaltszahlungen
g) Zahlung von Kindergeld
h) Gebühr für die Ausstellung eines Führungszeugnisses

20 Grenzen Sie die folgenden Begriffe voneinander ab:
a) evolutorischer Wirtschaftskreislauf
b) evolutorischer Wirtschaftskreislauf mit staatlicher Aktivität
c) offener Wirtschaftskreislauf mit staatlicher Aktivität

21 Entscheiden Sie, welche Aussage zum erweiterten Wirtschaftskreislauf
a) zutrifft und
b) welche nicht zutrifft.
1 Das Ausland spielt eine zu vernachlässigende Rolle.
2 Angestellte im Öffentlichen Dienst beziehen dem Modell nach kein Arbeitsentgelt.
3 Ein Wareneingang aus dem Ausland zieht i. d. R. einen entgegengesetzten Zahlungsstrom nach sich.
4 Unternehmen und private Haushalte sind die einzigen Wirtschaftssubjekte, die dem Modell nach konsumieren können.
5 Exporterlöse und Importkosten heben sich im System der doppelten Buchführung gegenseitig auf und werden daher im Wirtschaftskreislauf nicht erfasst.
6 Steuern können dem Staat von mehreren Wirtschaftssubjekten zufließen.
7 Geld- und Güterströme von Unternehmen zu Unternehmen werden nicht abgebildet.
8 Da für Transferleistungen keine Verpflichtung zur Gegenleistung besteht, werden sie im Wirtschaftskreislauf nicht abgebildet.
9 Zahlungen im Zusammenhang mit der Gehaltsabrechnung eines Arbeitnehmers schlagen sich lediglich in einem Zahlungsstrom vom Unternehmen zum privaten Haushalt nieder.

22 Diskutieren Sie, inwiefern der erweiterte Wirtschaftskreislauf dazu dient, ein Verständnis für die Vorgänge in einer Volkswirtschaft zu erlangen.

23 In der Volkswirtschaftslehre werden Unternehmen unterschiedlichen Sektoren zugeordnet.
a) Nennen Sie die Sektoren und erklären Sie, was sich dahinter verbirgt.
b) Geben Sie zu jedem Sektor zwei Beispiele.

24 Was ist unter der Arbeitsteilung im Unternehmenssektor zu verstehen?

25 In einem engen Zusammenhang mit der Arbeitsteilung stehen auch die Begriffe „Wertschöpfung“ und „Wertschöpfungskette“. Erklären Sie beide Begriffe.

26 Was ist unter dem Volkseinkommen zu verstehen?

Situation 99

Preisbildung im Polypol auf dem vollkommenen Markt

Nachdem Frau Herrmann, die Leiterin des Teams „Hausbewirtschaftung“, schon vor einigen Tagen mit Isabell über die hohen Heizölpreise gesprochen hat, kommt sie nun mit einem Anliegen auf sie zu. Sie bittet Isabell darum, sich einige Internetbörsen für Heizöl ein wenig genauer anzusehen und zu prüfen, ob es sich für die MEWOH Musterwohn GmbH lohnt, auf diesem Weg Heizöl zu beschaffen und so Geld zu sparen. Dazu gibt Frau Herrmann Isabell einige Internetadressen. Außerdem soll Isabell auch selbst recherchieren.

An einer Internetbörse für Heizöl treten Kunden in Kontakt mit mehreren Heizöllieferanten. Auf die Anfragen der Kunden können die Lieferanten jederzeit Angebote abgeben und auch Angebote der Konkurrenz unterbieten. Können sich Kunde und Lieferant hinsichtlich der Konditionen einigen, wird alles Weitere im direkten Austausch geklärt.

Bei einer der Börsen bleibt Isabell hängen und wirft einen genaueren Blick auf eine Tabelle, in der eine Vielzahl von Anbietern und Nachfragern mit folgenden Preis- und Mengenvorstellungen vermerkt sind:

Kaufanträge			**Verkaufsaufträge**		
Name der Käufergruppe	**Menge in 1 000 l**	**Preis in €**	**Name der Verkäufergruppe**	**Menge in 1 000 l**	**Preis in €**
A	100	billigst[1]	F	60	bestens[2]
B	90	0,61	G	90	0,61
C	40	0,62	H	170	0,62
D	140	0,63	I	80	0,63
E	40	0,64	J	70	0,64

1 billigst: Käufer ist bereit, zu jedem festgesetzten Preis zu kaufen.
2 bestens: Verkäufer ist bereit, zu jedem festgesetzten Preis zu verkaufen.

ARBEITSAUFTRÄGE

1 Nennen Sie drei Prämissen des vollkommenen Marktes und zeigen Sie, dass diese an einer Internet-Heizölbörse erfüllt sind.

2 Ordnen Sie mithilfe einer Tabelle den alternativen Preisen die entsprechenden Gesamtnachfrage- und Gesamtangebotsmengen zu. Ermitteln Sie das Marktgleichgewicht.

3 Begründen Sie, welche der zehn Marktteilnehmer im vorliegenden Fall eine Konsumentenrente erzielen. Berechnen Sie für zwei Marktteilnehmer die Höhe ihrer Konsumentenrente.

4 Angenommen, es kommt zu einer erneuten Krise im Nahostkonflikt. Erläutern Sie zwei Entwicklungen, die sich daraus auf dem Heizölmarkt ergeben können. Verdeutlichen Sie Ihre Aussagen, indem Sie anhand von normal verlaufenden Angebots- und Nachfragekurven in einem Koordinatensystem die Veränderungen skizzieren.

Aufgaben

1 Was ist unter einem Markt zu verstehen?

2 Welche Funktionen übernimmt ein Markt?

3 Nach welchen Gesichtspunkten können Märkte eingeteilt werden? Geben Sie drei Beispiele.

4 Grenzen Sie die folgenden Begriffe voneinander ab:
- Polypol
- Oligopol
- Monopol

5 Wie unterscheiden sich vollkommene und unvollkommene Märkte?

6 Erklären Sie mit eigenen Worten den Begriff Marktgleichgewicht und erläutern Sie, warum es bei einem Preis zustande kommt, für den Angebotsmenge gleich Nachfragemenge gilt.

7 Erläutern Sie, wie die Wohlfahrt der Konsumenten bzw. Produzenten auf einem Markt gemessen werden kann. Wo befinden sich diese Größen im Marktdiagramm?

8 Erklären Sie anhand einer selbst angefertigten Skizze, was unter Angebotsüberhang und Nachfrageüberhang zu verstehen ist und welche Auswirkungen sie auf das Marktgleichgewicht haben.

9 Beschreiben und begründen Sie die Auswirkungen auf die Nachfragekurve und die Angebotskurve in den folgenden Fällen. Beschreiben Sie auch die Auswirkungen auf den Gleichgewichtspreis und die Gleichgewichtsmenge.

a) Die deutsche Fußballnationalmannschaft gewinnt die Weltmeisterschaft. Was passiert auf dem Markt für Trikots der Nationalmannschaft?

b) Angenommen, eine Gesundheitsstudie ergibt, dass der Konsum von zuckerhaltigen Softdrinks das Krebsrisiko erhöht. Was passiert auf dem Markt für Cola?

c) Aufgrund einer Unwetterphase werden große Teile der Kakaoernte in einem Jahr vernichtet. Was passiert auf dem Markt für Schokolade?

d) Vor der deutschen Nordseeküste werden unerwartet große Erdgasfelder entdeckt. Was passiert auf dem Erdgasmarkt?

10 Auf dem Markt für ein bestimmtes Gut lautet die Gesamtnachfragefunktion $x^N = -p + 100$ und die Gesamtangebotsfunktion $x^A = p - 10$.

a) Bestimmen Sie den Gleichgewichtspreis und die Gleichgewichtsmenge algebraisch.

b) Zeichnen Sie die beiden Kurven in ein Koordinatensystem ein.

c) Berechnen Sie die Konsumenten- und die Produzentenrente und markieren Sie sie in Ihrer Grafik.

d) Berechnen Sie die Gesamtwohlfahrt auf dem Markt.

11 Auf dem süddeutschen Markt für Trekking-Zelte der Kategorie II stellt sich die Marktsituation wie folgt dar:

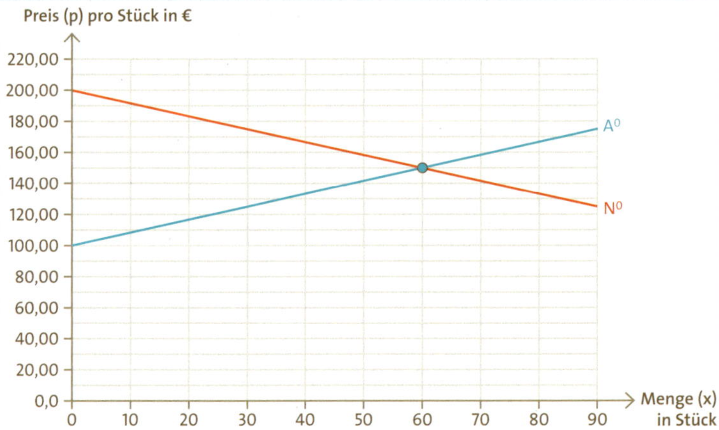

a) Ermitteln Sie den Gleichgewichtspreis und die Gleichgewichtsmenge.

b) Berechnen Sie die Konsumentenrente und die Produzentenrente.

c) Erklären Sie, welche Konsumenten eine Konsumentenrente und welche Produzenten eine Produzentenrente erzielen.

d) Berechnen Sie die Gesamtwohlfahrt auf dem Markt.

12 Welche der folgenden Funktionen übernimmt der Gleichgewichtspreis?

a) Lenkungsfunktion

b) Tauschfunktion

c) Konkurrenzfunktion

d) Ausgleichsfunktion

e) Signalfunktion

Situation 100

Wirtschaftsordnungen vergleichen

Isabell geht nach der Schule mit Katharina zu ihr nach Hause. Sie wollen erst gemeinsam essen und dann ein Projekt für die Berufsschule vorbereiten. Katharinas Eltern sind beide in der Arbeit.

Am Kühlschrank klebt ein Post-it.

> Liebe Katharina,
> komme heute später.
> Tofuschnitzel sind im Kühlschrank.
> Bis später
> Papa

„Bäh, Tofuschnitzel, das ist ja wie in der Zentralverwaltungswirtschaft!", sagt Katharina genervt. „Hä?", fragt Isabell. „Na, in der Zentralverwaltungswirtschaft muss man auch nehmen, was gerade da ist", erklärt Katharina. „Ach so, verstehe was du meinst! In der Zentralverwaltungswirtschaft entscheidet nur einer, was gut ist und was nicht, und zum Einkaufen wird man auch nicht mitgenommen ..."

Sie schauen in den Kühlschrank. Nichts anderes ist da. Keiner fühlte sich mal wieder für den Einkauf zuständig, und einen intelligenten Kühlschrank, der selber einkauft, haben Kathrinas Eltern – noch – nicht. Dass Arbeitsteilung sinnvoll ist, hat Isabell zwischenzeitlich eingesehen. Nachdem es nun aber aktuell an „Produktionsfaktoren" fehlt, um sich etwas anderes zu kochen, müssen beide in das saure Tofuschnitzel beißen. Oder doch nicht?

Sie legen ihr Bargeld zusammen und bestellen sich bei Fast-Pizza eine Pizza. Nach 20 Minuten ist sie da. Die eine Hälfte ist mit Schinken und Champignons belegt (für Isabell – Katharina hasst Champignons), die andere mit Thunfisch und Kapern (für Katharina – Isabell hasst Kapern). Die Pizza kostet 12,00 €. „Nicht gerade billig", meint Isabell. „Das ist es mir wert!", meint Katharina schmatzend. „Mir ist sie ehrlich gesagt zu teuer!", entgegnet Isabell. Katharina erläutert, dass dem Pizzabäcker Kosten entstehen für die Zutaten, den Pizzaofen und das Lieferauto. Seine Arbeitszeit möchte er auch bezahlt haben. Außerdem habe die Pizza eine gute Qualität. „Wer mag denn schon Analogkäse oder Formvorderschinken – Qualität hat halt ihren Preis! Und der Luxus, sie nach Hause gebracht zu bekommen, ist doch klasse. Wir würden sonst wertvolle Zeit verlieren, die uns beim Lernen fehlt. Eine freie Wirtschaft hat doch ihre Vorteile!" „Ja, vor allem für Fast-Pizza am Montag", lacht Isabell. „Da liefert kein anderer in dieser Ecke. Wenn das immer so wäre, würde sie wahrscheinlich 20,00 € kosten. Ich glaube, dann würde ich auch eine Pizzeria aufmachen." „Lass mal gut sein, Isabell. Schau, selbst wir als Azubis können uns das einmal leisten."

ARBEITSAUFTRÄGE

1 Isabell und Katharina diskutieren um den „richtigen" Preis. Funktioniert der Preismechanismus richtig? Erläutern Sie, warum ein funktionierender Preismechanismus in einer freien Marktwirtschaft so wichtig ist.

2 Isabell sagt aus Spaß, dass sie bei noch höheren Pizzapreisen auch in der Branche tätig werden will. Spielen Sie die Situation durch, wenn mehrere Pizzabäcker frei um die Zielgruppe „Auszubildende" konkurrieren. Arbeiten Sie bei diesem Planspiel die wesentlichen Merkmale der freien Marktwirtschaft sowie ihre Vor- und Nachteile heraus. Nutzen Sie zur Bearbeitung des Arbeitsauftrags auch das Arbeitsblatt 12.3 „Planspiel Pizzabäcker", das den Webcodematerialien beiliegt.

3 Isabells Kritik am Pizzapreis enthält Punkte, bei denen in der Sozialen Marktwirtschaft der Staat gegebenenfalls korrigierend eingreift. Arbeiten Sie diese heraus.

Aufgaben

1 Erklären Sie, was unter einer Wirtschaftsordnung verstanden wird.

2 Welche Gründe sprechen für eine dualistisch geprägte Wirtschaftsordnung?

3 Erläutern Sie, was unter Subsidiaritätsprinzip zu verstehen ist und worin in diesem Zusammenhang Probleme bestehen können.

4 Der Staat erfüllt mit den Eingriffen in das Wirtschaftsgeschehen unterschiedliche Funktionen. Nennen Sie diese und geben Sie für jede Funktion ein Beispiel für den staatlichen Eingriff an.

5 *„Die Volkswirtschaft ist kein Patient, an dem man pausenlos operieren kann.“* Interpretieren Sie diese Aussage des früheren Wirtschaftsministers Ludwig Erhard.

6 Entwerfen Sie Ihre eigene Definition der Sozialen Marktwirtschaft, des „Mittelwegs“ aus freier Marktwirtschaft und Zentralverwaltungswirtschaft. Ihre Definition sollte nicht länger als zehn Sätze lang sein.
Hilfestellung bei der Bearbeitung:
- Welche Aufgaben übernimmt der Staat in der Sozialen Marktwirtschaft?
- Was leistet der freie Markt und was nicht?
- Warum macht es Sinn, dass sich der Staat in das Wirtschaftsgeschehen einmischt, auch wenn es den Regeln eines freien Marktes widerspricht?

7 Formulieren Sie eine persönliche Stellungnahme zu „Ihrer“ Wirtschaftsordnung Soziale Marktwirtschaft. Was würden Sie ändern? Was schätzen Sie an ihr?

8 Entscheiden Sie, welche Sätze richtig sind. Falsche Aussagen korrigieren Sie bitte.
a) Der zentrale Koordinationsmechanismus in der Zentralverwaltungswirtschaft ist der Preismechanismus.
b) Es gibt nur noch wenige Staaten auf der Welt, die ihre Wirtschaftsordnung an der Zentralverwaltungswirtschaft ausrichten.
c) Das Eigentumsrecht umfasst in der Marktwirtschaft auch das Recht auf Privateigentum an Produktionsmitteln. In der Zentralverwaltungswirtschaft sind die Produktionsmittel Gemeineigentum.
d) Die Zentralverwaltungswirtschaft wird von einer zentralen Planung bestimmt. In der Marktwirtschaft plant jedes Wirtschaftssubjekt selbst.
e) Aufgrund der zunehmenden Bedeutungslosigkeit der Zentralverwaltungswirtschaft liegt es nahe, die Wirtschaftsordnungen der verschiedenen Staaten nur noch nach dem Ausprägungsgrad der Marktwirtschaft zu unterscheiden.

9 Machen Sie an Beispielen aus Ihrem persönlichen sozialen Umfeld Vor- und Nachteile des Egoismus in der Wirtschaft deutlich.

10 Welcher indirekte Zusammenhang besteht zwischen dem Verfassungsleitbild des Grundgesetzes und dem Ordnungssystem „Marktwirtschaft“?

11 Nennen Sie die Artikel des Grundgesetzes, auf denen unsere Wirtschaftsordnung basiert.

12 Erläutern Sie die Grundauffassung der sozialen Marktwirtschaft.

13 Warum unterliegt auch der Arbeitsmarkt dem Gesetz von Angebot und Nachfrage?

14 Erklären Sie, was Transferleistungen sind.

15 Die folgenden ausgewählten Grundrechte des Grundgesetzes sind die rechtliche Basis für das Grundrecht der Planungsautonomie der Bürger und der Wahl der sozialen Marktwirtschaft als herrschende Wirtschaftsordnung.

Art.	Inhalt
2	allgemeine Handlungsfreiheit, Freiheit der Person
9	Vereinigungs- und Koalitionsfreiheit
12	freie Berufswahl, freie Wahl des Arbeitsplatzes und der Ausbildungsstätte
14	Eigentums- und Erbrecht
20	demokratische Staatsform und Gesetzesgebung

Fassen Sie stichwortartig auf der Grundlage einer Internetrecherche die wesentlichen Inhalte der ausgewählten Grundrechte zusammen und nennen Sie jeweils zwei Beispiele für deren wirtschaftliche Bedeutung.

Situation 101

Konjunkturzyklus, Konjunkturphasen und Bruttoinlandsprodukt

In der Berufsschule beschäftigt sich die Klasse von Isabell aktuell eingehender mit Modellen zur Messung von Wachstum und Wohlstand. Dabei stellt Isabell sich die Frage, wie es sein kann, dass die Wirtschaft immer wieder ein Auf und Ab zu verzeichnen hat. Dass Angebot und Nachfrage Auswirkungen darauf haben, ist ihr natürlich klar. Aber wie genau diese wiederum von anderen Größen beeinflusst werden, möchte sie sich genauer ansehen.

ARBEITSAUFTRAG

Im Folgenden sind zwanzig Paare von Sachverhalten abgebildet, die jeweils genau einer bestimmten Phase des Konjunkturzyklus' zuzuordnen sind. Tragen Sie die passenden Adjektive (steigend, sinkend, gering usw.) der unten stehenden Informationen an den korrekten Stellen von Arbeitsblatt 12.4 ein und ergänzen Sie darüber hinaus die fehlenden Informationen. Das Arbeitsblatt 12.4. „Konjunkturphasen (1)" liegt den Webcodematerialien bei.

- steigende Investitionen – geringe Sparneigung
- sinkende Arbeitslosigkeit – sinkende Lagerbestände
- sinkende Zinssätze – sinkendes verfügbares Einkommen
- hoher Umsatz/Gewinn – weiterhin steigende Preise
- zunächst geringe Preise, am Ende der Phase leicht steigend – geringe Nachfrage
- zunächst geringe Investitionen, am Ende der Phase leicht steigend – geringer Umsatz/Gewinn
- weiterhin sinkende Lagerbestände – hohes verfügbares Einkommen
- zunächst weiterhin hohe Preise, danach stagnierend, schließlich sinkend – keine neuen Investitionen
- steigende Nachfrage – steigendes verfügbares Einkommen
- steigende Sparneigung – steigende Lagerbestände
- hoher Investitionsgrad – weiterhin sehr hohe Nachfrage
- steigende Zinssätze – steigender Umsatz/Gewinn
- geringe Auslastung der Produktionskapazitäten – hohe Sparneigung
- steigende Preise – steigende Auslastung der Produktionskapazitäten
- sinkende Auslastung der Produktionskapazitäten; z. T. sogar stillgelegte Anlagen – sinkende Nachfrage
- weiterhin steigende Zinssätze – Produktionskapazitäten sind am Limit
- geringes verfügbares Einkommen – hohe Lagerbestände
- sehr geringe Sparneigung – sehr geringe Arbeitslosigkeit
- sinkender Umsatz/Gewinn – steigende Arbeitslosigkeit
- hohe Arbeitslosigkeit – geringe Zinssätze

Aufgaben

1 Was ist ein Konjunkturzyklus?

2 Beschreiben Sie die Unterschiede der einzelnen Konjunkturphasen.

3 Erklären Sie die Begriffe Inflation und Deflation.

4 Begründen Sie, warum Veränderungen der gesamtwirtschaftlichen Nachfrage konjunkturelle Schwankungen auslösen können.

5 Welcher Konjunkturphase sind die folgenden Sachverhalte jeweils zuzuordnen?
- a) Die Kapazitätsauslastung nimmt ab.
- b) Das verfügbare Einkommen steigt.
- c) Es gibt Entlassungen infolge geringer Nachfrage nach Faktorleistungen.
- d) Es besteht eine Übernachfrage.
- e) Wir befinden uns am Tiefpunkt der Wirtschaft.
- f) Es gibt inflationäre Prozesse.
- g) Es gibt sehr viele freie Produktionskapazitäten.
- h) Das reale BIP steigt.
- i) Die Wirtschaft wächst nominal.
- j) Das Wachstum ist negativ.

Nutzen Sie zur Bearbeitung der Aufgabe auch das Arbeitsblatt 12.5 „Konjunkturphasen (2)“, das den Webcodematerialien beiliegt.

6 Begründen Sie, warum in konjunkturellen Analysen die Messgrößen Bruttoinlandsprodukt und Wirtschaftswachstum in ihrer realen Form verwendet werden.

7 Erklären Sie den Unterschied zwischen dem konjunkturellen Wachstum und dem Trendwachstum.

8 Was ist ein Konjunkturindikator?

9 Welchen Konjunkturindikatorengruppen werden Auftragseingänge, Arbeitsvolumen und Arbeitslosenzahlen aus welchen Gründen zugeordnet?

10 Ordnen Sie die folgenden Konjunkturindikatoren zeitlich korrekt als Frühindikator, Gegenwartsindikator sowie Spätindikator ein:
- Kurzarbeit
- Sparquote
- Geldmengenwachstum
- Inflationsrate
- Industrieproduktion
- Auftragseingänge
- Kreditaufnahme der Unternehmen
- ifo-Geschäftsklimaindex

11 Beurteilen Sie anhand geeigneter Indikatoren, in welcher konjunkturellen Phase sich Deutschland aktuell befindet.

12 Erläutern Sie, warum sich die jeweilige Konjunkturphase erst am Ende eines Berichtszeitraums erkennen lässt.

13 Erklären Sie mit eigenen Worten das Bruttoinlandsprodukt (BIP).

14 Unterscheiden Sie nominales und reales BIP.

15 Welche drei Formen der Ermittlung des Bruttoinlandsprodukts kennen Sie?

Situation 102

Stabilitätsgesetz und wirtschaftspolitische Ziele

Isabell schaut sich eine politische Diskussionsrunde im Fernsehen an. Dabei geht es um die Zielkonflikte aufgrund der Vorgaben des Stabilitätsgesetzes. Die Politiker diskutieren heißblütig. Allerdings wundert sich Isabell über einige der getätigten Aussagen. Aus ihrer Sicht scheint nicht alles zutreffend zu sein.

„Zinssenkungen führen automatisch zu einem hohen Beschäftigungsstand, da nun kreditfinanzierte Investitionen in neue Produktionsanlagen günstiger sind."

„Ein hoher Beschäftigungsstand führt dazu, dass auch Geldwertstabilität und ausgeglichene Zahlungsbilanz gewährleistet sind."

„Je gerechter die Einkommensverteilung ist, umso eher kann von hohem Wachstum ausgegangen werden, was jedoch das außenwirtschaftliche Gleichgewicht gefährdet."

„Mit dem Erreichen eines hohen Beschäftigungsstandes gerät in der Regel das Ziel der Preisniveaustabilität in Gefahr."

„Ein hoher Beschäftigungsstand ist erreicht, wenn die Arbeitslosigkeit nicht mehr als 7 % beträgt, da ein geringerer Wert das Ziel des Umweltschutzes gefährden würde."

ARBEITSAUFTRÄGE

1 Erklären Sie die Aufgaben des Stabilitätsgesetzes.

2 Nennen Sie vier wirtschaftspolitische Ziele.

3 Gehen Sie die Aussagen der Politiker durch. Was halten Sie von ihnen? Diskutieren Sie sie in Gruppen und bestimmen Sie, welche der Aussagen falsch und welche richtig sind.

Aufgaben

1 Erläutern Sie, wodurch sich Ordnungs- und Prozesspolitik unterscheiden, und warum Prozesspolitik auf der Basis des StabG immer auch Ablauf- und Konjunkturpolitik ist.

2 Ermitteln Sie auf der Grundlage einer Internetrecherche aktuelle Zahlen zu den Einzelzielen des StabG, diskutieren Sie die ermittelten Werte und erörtern Sie, ob Konjunkturprogramme aufgelegt werden sollten.

3 Stellen Sie fest, welche Nachfrageelemente aktuell die Konjunkturlage in welcher Weise bestimmen.

4 „Exportüberschüsse und Importüberschüsse können die Konjunkturlage sowohl stabilisieren als auch destabilisieren.“ Begründen Sie diese Aussage.

5 Erklären Sie den Unterschied zwischen dem „magischen Viereck“ und dem „magischen Sechseck“.

6 Erläutern Sie, was unter einem Zielkonflikt und einer Zielharmonie zu verstehen ist.

7 Erläutern Sie, unter welchen Voraussetzungen das Ziel „außenwirtschaftliches Gleichgewicht“ zum Ziel „Wirtschaftswachstum“ in Konflikt steht.

8 Zeigen Sie an Beispielen, ob zwischen den Einzelzielen „Wachstum“, „Beschäftigung“ und „Schutz der natürlichen Umwelt“ Zielkonflikte oder Zielharmonien bestehen.

9 Lesen Sie den folgenden Text und bearbeiten Sie die Aufgaben.

Auszug aus dem Koalitionsvertrag zwischen CDU, CSU und FDP (2009–2013)

„Wir wollen nachhaltiges Wachstum, um Wohlstand und soziale Gerechtigkeit zu sichern. [...] Denn nachhaltiges Wachstum schafft Arbeit [...]. In der jetzigen Situation gilt es, den Einbruch des wirtschaftlichen Wachstums so schnell wie möglich zu überwinden [...].“
„Wir streben an, die paritätisch [= zu gleichen Teilen von Arbeitgebern und -nehmern] finanzierten [...] Sozialversicherungsbeiträge, die sich auch als Lohnzusatzkosten niederschlagen, unter 40 % vom Lohn zu halten. Wir werden dafür sorgen, dass sich Arbeit lohnt, dass den Bürgern mehr Netto vom Bruttoeinkommen bleibt.“ [...]

„Das Prinzip der Nachhaltigkeit prägt unsere Politik. Wir wollen gute Lebensbedingungen für die kommenden Generationen. Der Klimaschutz ist weltweit die herausragende umweltpolitische Herausforderung unserer Zeit.“

Quelle: https://www.bundesregierung.de/resource/blob/974430/847984/5b8bc23590d4cb2892b31c987ad672b7/2018-03-14-koalitionsvertrag-data.pdf?download=1

a) Nennen Sie drei wirtschaftspolitische Ziele des „magischen Sechsecks“, die Bestandteile des Koalitionsvertrages sind, und definieren Sie die jeweiligen Größen, mit denen die Erreichung dieser Ziele gemessen wird bzw. gemessen werden könnte.

b) Im Koalitionsvertrag wird bei zwei wirtschaftspolitischen Zielen, die zum „magischen Viereck“ gehören, von einer Zielharmonie ausgegangen. Begründen Sie anhand dieser beiden Ziele,
   1 auf welcher Überlegung der unterstellte Zusammenhang beruht,
   2 warum dieser Zusammenhang häufig nicht im erhofften Ausmaß zutrifft (zwei Argumente).

10 Das Stabilitätsgesetz sieht die genannten Einzelziele als gleichrangig an. Diskutieren Sie, ob in der Bundesrepublik Deutschland die wirtschaftspolitischen Träger tatsächlich nach diesen Grundsätzen agieren.

Situation 103

Binnenwert des Geldes und Geldwertschwankungen

In der Berufsschule beschäftigt sich die Klasse von Isabell heute mit dem Verbraucherpreisindex. Sie sollen die folgende Aufgabe bearbeiten:
Ein wichtiger Indikator für die Messung von Geldwertschwankungen ist der Verbraucherpreisindex. Für die Monate Januar und Februar der Jahre 2022 und 2023 liegen für Deutschland folgende Daten vor:

Jahr	Monat	VPI (2020 = 100)
2022	Januar	105,2
	Februar	106,0

Jahr	Monat	VPI (2020 = 100)
2023	Januar	114,3
	Februar	115,2

Datenquelle: Statistisches Bundesamt (Stand Mai 2023)

ARBEITSAUFTRÄGE

1 Berechnen Sie auf zwei Nachkommastellen die Preisveränderungen von Januar 2022 auf Januar 2023 und von Februar 2022 auf Februar 2023 in Prozent. Beurteilen Sie Ihre Ergebnisse vor dem Hintergrund der von der EZB angestrebten Geldwertstabilität.

2 Verbraucherpreisindex und Kaufkraft stehen in einem engen Zusammenhang. Berechnen Sie die prozentuale Veränderung der Kaufkraft von Februar 2022 bis Februar 2023 (Rundung auf zwei Nachkommastellen) und erläutern Sie die Aussagekraft des ermittelten Wertes.

Wägungsschema (Angaben in Promille)		
	Verbraucherpreisindex insgesamt	1 000
01	Nahrungsmittel und alkoholfreie Getränke	119,04
02	Alkoholische Getränke und Tabakwaren	35,26
03	Bekleidung und Schuhe	42,25
04	Wohnung, Wasser, Strom, Gas und andere Brennstoffe	259,25
05	Möbel, Leuchten, Geräte u.a. Haushaltszubehör	67,78
06	Gesundheit	55,49
07	Verkehr	138,22
08	Post und Telekommunikation	23,35
09	Freizeit, Unterhaltung und Kultur	104,23
10	Bildungswesen	9,06
11	Gaststätten- und Beherbergungsdienstleistungen	47,20
12	Andere Waren und Dienstleistungen	98,87

Quelle: Statistisches Bundesamt (Stand Mai 2023)

3 Bei der Berechnung des Verbraucherpreisindex für Deutschland sind der zugrunde liegende Warenkorb und das Wägungsschema von Bedeutung.
a) Die Zusammensetzung des Warenkorbes wird regelmäßig überarbeitet. Begründen Sie die Notwendigkeit dieser Maßnahme.
b) Erklären Sie, welche Bedeutung der Wert 138,22 bei der Warengruppe „07 Verkehr“ hat.
c) Angenommen, für die Warengruppe „07 Verkehr“ beträgt die Preissteigerung 8 %, für die Warengruppe „01 Nahrungsmittel und alkoholfreie Getränke“ beträgt sie 5 %. Bei der Warengruppe „09 Freizeit, Unterhaltung und Kultur“ liegt ein Preisrückgang um 9 % vor. In allen anderen Warengruppen gibt es keine Preisveränderungen. Berechnen Sie die Preisniveauänderung (Rundung auf zwei Nachkommastellen).

4 Begründen Sie anhand von zwei Aspekten, warum der Verbraucherpreisindex allein keine Aussage zum Lebensstandard der Bevölkerung zulässt.

Aufgabe

1 Unterscheiden Sie die folgenden Begriffe:
- Binnenwert
- Außenwert
- Nominalwert
- Realwert

2 Erklären Sie, was unter der Kaufkraft des Geldes und dem allgemeinen Preisniveau zu verstehen ist.

3 In Verbindung mit dem Verbraucherpreisindex stellt das Statistische Bundesamt einen repräsentativen Warenkorb zusammen. Wie setzt sich dieser zusammen?

4 Was können Sie in Bezug auf das Preisniveau, den Verbraucherpreisindex und die Kaufkraft sagen, wenn der Warenkorb
a) billiger geworden ist.
b) teurer geworden ist.

5 Die Ermittlung des VPI durch das Statistische Bundesamt erfolgt in mehreren Schritten. Nennen Sie diese.

6 Der Verbraucherpreisindex steht häufig in der Kritik. Geben Sie drei Punkte an, die häufig kritisiert werden.

7 Erklären Sie, was unter dem harmonisierten Verbraucherpreisindex zu verstehen ist.

8 Was passiert mit dem Realeinkommen bei
a) einer Inflation und
b) einer Deflation?

9 Erklären Sie den Unterschied zwischen Nominal- und Reallohn.

10 Die Kaufkraft ist eine wichtige Kennzahl für die Wirtschaftspolitik. Berechnen Sie die Kaufkraftveränderung für folgende Daten:
a) Die Veränderung des Verbraucherpreisindex (VPI) von April 20X2 gegenüber April 20X1 betrug – 0,1 Indexpunkte.
b) Die Veränderung des VPI von April 20X3 gegenüber April 20X2 betrug + 1,6 Indexpunkte.

11 Ein Warenkorb enthält die Güter B und C in der Gewichtung 40 : 60. Gut B hat im Basisjahr 10,00 € pro Stück und Gut C 20,00 € pro Stück gekostet. Es stehen 500,00 € zur Verfügung. Im Berichtsjahr ist der Preis für Gut B um 10 % gesunken, der Preis für Gut C um 5 %. Berechnen Sie den Verbraucherpreisindex für das Berichtsjahr und kommentieren Sie das Ergebnis.

12 Der Verbraucherpreisindex wird in regelmäßigen Abständen einer Überarbeitung unterzogen und auf ein neues Basisjahr umgestellt. Mit dem Berichtsmonat Januar 2023 erfolgte die Umstellung vom Basisjahr 2015 auf das Basisjahr 2020.
a) Der Verbraucherpreisindex beträgt für Januar 2023 nach der Überarbeitung 114,3. Erläutern Sie diesen Wert in Bezug auf Preisentwicklung und Kaufkraft.
b) Für die Berechnung des Verbraucherpreisindex' wird ein Warenkorb zugrunde gelegt. Die Grafik in Kapitel 9.2.1 zeigt die Gewichtung der zwölf Warengruppen im Warenkorb (2023; Stand: Februar 2023). Nehmen Sie an, die Preise für „Nahrungsmittel, alkoholfreie Getränke" würden sich im Jahr 2023 um 20 % und die Preise für „Wohnung, Wasser, Strom, Gas" um 30 % erhöhen. Die Preise in den anderen Warengruppen verändern sich nicht. Ermitteln Sie die Inflationsrate für das Jahr 2023.

LERNFELD 13

Jahresabschlussarbeiten und Informationen zur Unternehmenssteuerung

SB ▶ SITUATION 104
Grundlagen des Jahresabschlusses

1 Grundlagen des Jahresabschlusses

Beispiel

Isabell unterstützt das Team Rechnungswesen und Controlling der MEWOH Musterwohn GmbH bei den Arbeiten zum Jahresabschluss. Dafür sind vielfältige Vorbereitungen erforderlich. Für Isabell ergeben sich dabei immer neue Fragen. Schon am ersten Tag hat sie zwei „Problemfälle" auf dem Tisch, die sie klären muss. So fehlt am 31.12. noch eine Gutschrift für die Zinsen des letzten Kalendermonats. Zudem wurden schon anteilig Versicherungsprämien für das Folgejahr gezahlt. Wie sind diese Fälle zu handhaben, und was ist generell bei den Vorbereitungen des Jahresabschlusses zu berücksichtigen?

1.1 Wesen und Aufgaben des Jahresabschlusses

In der Regel haben am Ende des Geschäftsjahres die Unternehmen aller Branchen einen Jahresabschluss zu erstellen. Ein solcher Abschluss soll einen Einblick in die **Vermögens-, Finanz- und Ertragslage** des Unternehmens geben. Dieser **Jahresabschluss** ist der kaufmännische, rechnerische Abschluss eines Geschäftsjahres.

Den Jahresabschluss zu erstellen ist ein arbeitsreicher **Prozess**:
- Rechenwerke und Dokumente sind zu erstellen **(Aufstellung)**.
- Die **Prüfung** dieser Unterlagen ist vorzubereiten und durchzuführen.
- Entsprechende Gremien müssen die Unterlagen billigen **(Feststellung)**.
- Die Ergebnisse werden der Geschäftsleitung, den Gesellschaftern, dem Staat, der Öffentlichkeit usw. zugänglich gemacht **(Information)**.

Im Ergebnis entsteht ein **Dokument**, der Jahresabschluss.

1.2 Bestandteile des Jahresabschlusses

Zu den Jahresabschlussdokumenten gehören
- die **Bilanz**,
- die **Gewinn- und Verlustrechnung** und
- der **Anhang**.

Mittelgroße und große Kapitalgesellschaften haben darüber hinaus auch einen **Lagebericht** zu erstellen (§ 264 HGB).

1.2.1 Bilanz

Bilanz
▶ Band 1, LF 3, Kap. 2.3

Merke!

Als **Zeitpunktrechnung** weist die **Bilanz** zum Bilanzstichtag die Höhe des Vermögens, des Eigenkapitals und des Fremdkapitals aus und ist nach den Grundsätzen ordnungsmäßiger Buchführung (GoB) zu erstellen.

Um ein reales und mit anderen Unternehmen vergleichbares Bild der **Vermögens-, Finanz- und Ertragslage** des Unternehmens zu vermitteln, orientieren sich die Unternehmen in der Regel an der im HGB vorgegebenen Bilanzgliederung (§ 266 HGB) und an den in diesem Gesetz ausgewiesenen Bewertungsvorschriften zu den Aktiv- und Passivpositionen.

Verordnung über die Gliederung des Jahresabschlusses von Wohnungsunternehmen vom 14. Juni 2023 (BGBl. 2023 I Nr. 152)

Wohnungsunternehmen jedoch gestalten die Abschlussbilanz entsprechend der **Formblätter für die Gliederung des Jahresabschlusses von Wohnungsunternehmen (JAbschlWUV)**, die die wirtschaftlichen Besonderheiten dieser Branche berücksichtigen.

Gliederung der Bilanz nach § 266 HGB und Formblattverordung

Gliederung der Bilanz von Wohnungsunternehmen

Aktivseite

A. Anlagevermögen
- **I. Immaterielle Vermögensgegenstände**
- **II. Sachanlagen**
  1. Grundstücke und grundstücksgleiche Rechte mit Wohnbauten
  2. Grundstücke und grundstücksgleiche Rechte mit Geschäfts- und anderen Bauten
  3. Grundstücke und grundstücksgleiche Rechte ohne Bauten
  4. Grundstücke mit Erbbaurechten Dritter
  5. Bauten auf fremden Grundstücken
  6. Technische Anlagen und Maschinen
  7. Andere Anlagen, Betriebs- und Geschäftsausstattungen
  8. Anlagen im Bau
  9. Bauvorbereitungskosten
  10. Geleistete Anzahlungen
- **III. Finanzanlagen**
  1. Anteile an verbundenen Unternehmen
  2. Ausleihungen an verbundene Unternehmen
  3. Beteiligungen
  4. Ausleihungen an Unternehmen, mit denen ein Beteiligungsverhältnis besteht
  5. Wertpapiere des Anlagevermögens
  6. Sonstige Ausleihungen

B. Umlaufvermögen
- **I. Zum Verkauf bestimmte Grundstücke und andere Vorräte**
  1. Grundstücke und grundstücksgleiche Rechte ohne Bauten
  2. Bauvorbereitungskosten
  3. Grundstücke und grundstücksgleiche Rechte mit unfertigen Bauten
  4. Grundstücke und grundstücksgleiche Rechte mit fertigen Bauten
  5. Unfertige Leistungen
  6. Andere Vorräte
  7. Geleistete Anzahlungen
- **II. Forderungen und sonstige Vermögensgegenstände**
  1. Forderungen aus Vermietung
  2. Forderungen aus Grundstücksverkäufen
  3. Forderungen aus Betreuungstätigkeit
  4. Forderungen aus anderen Lieferungen und Leistungen
  5. Forderungen gegen verbundene Unternehmen
  6. Forderungen gegen Unternehmen, mit denen ein Beteiligungsverhältnis besteht
  7. Sonstige Vermögensgegenstände

III. Wertpapiere
1. Anteile an verbundenen Unternehmen
2. Eigene Anteile
3. Sonstige Wertpapiere

IV. Flüssige Mittel und Bausparguthaben
1. Kassenbestand, Bundesbankguthaben, Guthaben bei Kreditinstituten und Schecks
2. Bausparguthaben

C. Rechnungsabgrenzungsposten

D. Aktive latente Steuern

E. Aktiver Unterschiedsbetrag aus der Vermögensverrechnung

Passivseite

A. Eigenkapital

I. Gezeichnetes Kapital

II. Kapitalrücklage

III. Gewinnrücklagen
1. Gesetzliche Rücklage
2. Rücklage für Anteile an einem herrschenden oder mehrheitlich beteiligten Unternehmen
3. Satzungsmäßige Rücklage
4. Bauerneuerungsrücklage
5. Andere Gewinnrücklagen

IV. Gewinnvortrag/Verlustvortrag

V. Jahresüberschuss/Jahresfehlbetrag

B. Rückstellungen
1. Rückstellungen für Pensionen und ähnliche Verpflichtungen
2. Steuerrückstellungen
3. Rückstellungen für Bauinstandhaltung
4. Sonstige Rückstellungen

C. Verbindlichkeiten
1. Anleihen
   – davon konvertibel
2. Verbindlichkeiten gegenüber Kreditinstituten
3. Verbindlichkeiten gegenüber anderen Kreditgebern
4. Erhaltene Anzahlungen
5. Verbindlichkeiten aus Lieferungen und Leistungen
   a) Verbindlichkeiten aus Vermietung
   b) Verbindlichkeiten aus Grundstücksverkäufen
   c) Verbindlichkeiten aus Betreuungstätigkeit
   d) Verbindlichkeiten aus anderen Lieferungen und Leistungen
6. Verbindlichkeiten aus der Annahme gezogener Wechsel und der Ausstellung eigener Wechsel
7. Verbindlichkeiten gegenüber verbundenen Unternehmen
8. Verbindlichkeiten gegenüber Unternehmen, mit denen ein Beteiligungsverhältnis besteht
9. Sonstige Verbindlichkeiten
   – davon aus Steuern
   – davon im Rahmen der sozialen Sicherheit

D. Rechnungsabgrenzungen

E. Passive latente Steuern

Der Inhalt zentraler Bilanzpositionen wurde bereits in den vorangegangenen zwei Bänden dieser Lehrwerksreihe erläutert. Diese Gliederung geht jedoch weit über das bisher Vermittelte hinaus: Es sind nun auch Bilanzpositionen auszuweisen, die sich insbesondere aus den Jahresabschlussarbeiten ergeben.

1.2.2 Gewinn- und Verlustrechnung

Merke!

Als **Zeitraumrechnung** weist die Gewinn- und Verlustrechnung alle Aufwendungen und Erträge des Geschäftsjahres aus und gewährt damit einen Einblick in die **Quellen des Jahreserfolgs**.

Einzelunternehmen und Personengesellschaften erstellen die GuV-Rechnung in Kontenform, Kapitalgesellschaften müssen die zu veröffentlichende GuV-Rechnung in Staffelform (gemäß § 275 HGB) aufstellen. Auch hier ist für die Wohnungsunternehmen die Struktur durch die erwähnte Formblatt-Verordnung vorgegeben.

Gliederung der Gewinn- und Verlustrechnung nach § 275 HGB und Formblatt-Verordung

Gliederung der Gewinn- und Verlustrechnung

1. **Umsatzerlöse**
   a) aus Hausbewirtschaftung
   b) aus Verkauf von Grundstücken
   c) aus Betreuungstätigkeit
   d) aus anderen Lieferungen und Leistungen
2. **Erhöhung oder Verminderung des Bestands** an zum Verkauf bestimmten Grundstücken mit fertigen und noch nicht fertigen Bauten sowie unfertigen Leistungen
3. **Andere aktivierte Eigenleistungen**
4. **Sonstige betriebliche Erträge**
5. **Aufwendungen für bezogene Lieferungen und Leistungen**
   a) Aufwendungen für die Hausbewirtschaftung
   b) Aufwendungen für Verkaufsgrundstücke
   c) Aufwendungen für andere Lieferungen und Leistungen
6. **Personalaufwand**
   a) Löhne und Gehälter
   b) Soziale Abgaben und Aufwendungen für Altersversorgung und für Unterstützung
      – davon für Altersversorgung
7. **Abschreibungen**
   a) auf immaterielle Vermögensgegenstände des Anlagevermögens und Sachanlagen sowie auf aktivierte Aufwendungen für die Ingangsetzung und Erweiterung des Geschäftsbetriebs
   b) auf Vermögensgegenstände des Umlaufvermögens, soweit sie die in der Kapitalgesellschaft (Genossenschaft) üblichen Abschreibungen überschreiten
8. **Sonstige betriebliche Aufwendungen**
9. **Erträge aus Beteiligungen**
   – davon aus verbundenen Unternehmen
10. **Erträge aus anderen Wertpapieren und Ausleihungen** des Finanzanlagevermögens
    – davon aus verbundenen Unternehmen
11. **Sonstige Zinsen und ähnliche Erträge**
    – davon aus verbundenen Unternehmen

12.	**Abschreibungen auf Finanzanlagen und auf Wertpapiere** des Umlaufvermögens
13.	**Zinsen und ähnliche Aufwendungen**
14.	**Steuern vom Einkommen und vom Ertrag**
15.	**Ergebnis nach Steuern**
16.	**Sonstige Steuern**
17.	**Jahresüberschuss/Jahresfehlbetrag**

GdW Bundesverband deutscher Wohnungs- und Immobilienunternehmen e.V. (Hrsg.): Kommentar zum Kontenrahmen der Wohnungswirtschaft, Hamburg 2017

Ausführliche Erläuterungen zu den Positionen der Bilanz sowie der Gewinn- und Verlustrechnung stehen im „Kommentar zum Kontenrahmen der Wohnungswirtschaft".

1.2.3 Anhang

Die gesellschaftlichen Vertreter einer Kapitalgesellschaft sowie der Vorstand einer Genossenschaft haben den Jahresabschluss um einen **Anhang** zu erweitern, der mit der Bilanz und der Gewinn- und Verlustrechnung eine Einheit bildet (§§ 264 Abs. 1 und 336 Abs. 1 HGB).

Anhang als Erläuterungsbericht

§§ 284 bis 288 HGB

Anhang

Der **Anhang** ist ein **Erläuterungsbericht**, dessen zentrale Aufgabe die **Informationsvermittlung** ist. Er soll **Positionen der Bilanz und der Gewinn- und Verlustrechnung erläutern** und darüber hinaus Informationen bereitstellen, die den bisher besprochenen Dokumenten nicht zu entnehmen sind.

Der Anhang soll helfen, Informationsnachteile der Jahresabschlussadressaten (z.B. Mitarbeiter, Gläubiger, Gesellschafter ohne Geschäftsführungsbefugnis, potenzielle Anleger, Staat, Allgemeinheit) gegenüber der Geschäftsleitung zu vermindern.

Inhalt und Struktur der Anhangsangaben werden in den §§ 284 bis 288 HBG und darüber hinaus in rechtsformspezifischen Regelungen benannt.

1.2.4 Lagebericht

Mittelgroße und große Kapitalgesellschaften sowie Genossenschaften haben zusätzlich zum Jahresabschluss (Bilanz, Gewinn- und Verlustrechnung, Anhang) einen Lagebericht aufzustellen (§§ 264 Abs. 1 und 336 Abs. 1 HGB).

Der **Lagebericht** umfasst mindestens einen Wirtschafts- und Prognosebericht (§§ 264 Abs. 1 und 336 Abs. 1 HGB).

Lagebericht

Der **Lagebericht ist ein eigenständiges Rechnungslegungsinstrument**, das die Aufgabe hat, den **Geschäftsverlauf und die Lage** des Unternehmens auf der Basis der Jahresabschlusszahlen zu **erläutern**. Er umfasst zumindest einen **Wirtschaftsbericht** und einen **Prognosebericht**.

1.3 Erstellung des Jahresabschlusses – Rahmenbedingungen

1.3.1 Größenklassen bei Kapitalgesellschaften

Nicht alle Kapitalgesellschaften müssen den Jahresabschluss mit all seinen Bestandteilen, also mit Bilanz, Gewinn- und Verlustrechnung, Anhang und Lagebericht erstellen. Und nicht alle Kapitalgesellschaften haben die Dokumente in der gleichen Ausführlichkeit (Tiefengliederung) zu erstellen. Es gibt sogenannte größenabhängige Erleichterungen.

Welchen **Umfang** und welche **Darstellungstiefe** die Jahresabschlussdokumente aufweisen müssen, hängt von der Unterscheidung der Kapitalgesellschaften in kleine, mittelgroße und große Unternehmen ab. Die dafür geltenden Kriterien werden in § 267 HGB beschrieben.

Umschreibung der Größenklassen:
§ 267 HGB

	kleine Gesellschaft	mittelgroße Gesellschaft	große Gesellschaft
Bilanzsumme	bis 6 Mio. €	bis 20 Mio. €	über 20 Mio. €
Umsatz	bis 12 Mio. €	bis 40 Mio. €	über 40 Mio. €
Beschäftigte	bis 50	bis 250	über 250

Die Zuordnung eines Unternehmens zu einer dieser Größenklassen erfolgt, wenn zwei dieser drei Merkmale an den Abschlussstichtagen von zwei aufeinanderfolgenden Geschäftsjahren über- oder unterschritten werden.

1.3.2 Aufstellungspflicht

Aufstellungspflicht:
§ 242 HGB

§ 242 HGB regelt, dass **alle Kaufleute** über das zurückliegende Geschäftsjahr durch einen Jahresabschluss, bestehend zumindest aus der Bilanz sowie der Gewinn- und Verlustrechnung, zu berichten haben.

Eine Ausnahme gilt für **Einzelkaufleute**, die nach § 241a HGB von der Pflicht zur Buchführung und Bilanzierung befreit sind, wenn sie „an den Abschlussstichtagen von zwei aufeinander folgenden Geschäftsjahren nicht mehr als jeweils 600.000 Euro Umsatzerlöse und jeweils 60.000 Euro Jahresüberschuss aufweisen".

1.3.3 Aufstellungsfristen

Aufstellungsfristen:
- generell drei Monate
- kleine Kapitalgesellschaften: sechs Monate
- Genossenschaften: fünf Monate

Für die Aufstellung des Jahresabschlusses ist nur für **Kapitalgesellschaften** wie z. B. die MEWOH Musterwohn GmbH und **Genossenschaften** eine bestimmte Frist vorgeschrieben (§ 264 Abs. 1 HGB).

- **Mittelgroße und große Kapitalgesellschaften** müssen den Jahresabschluss in den ersten **drei Monaten** des Geschäftsjahres für das vergangene Geschäftsjahr aufstellen.
- Für **kleine Kapitalgesellschaften** beträgt die Frist höchstens bis zu **sechs Monate** nach Beendigung des Geschäftsjahres.

- **Genossenschaften** haben gemäß § 336 HGB ihren Jahresabschluss und ihren Lagebericht in den ersten **fünf Monaten** des Geschäftsjahres für das vergangene Geschäftsjahr aufzustellen.

> **Merke!**
>
> Der **Jahresabschluss gilt als aufgestellt** und damit fertiggestellt, **wenn alle** vom Gesetzgeber verlangten notwendigen **Unterlagen vollständig ausgearbeitet** wurden und dem Prüfer zugänglich sind.

1.3.4 Prüfungspflicht

Vorlagepflicht, Auskunftsrecht:
§ 320 HGB

Unverzüglich nach seiner **Aufstellung** haben die gesetzlichen Vertreter **mittelgroßer und großer Kapitalgesellschaften** den Jahresabschluss **dem Abschlussprüfer vorzulegen** (§ 320 HGB) und diesem zu gestatten, die Bücher und Schriften der Kapitalgesellschaft sowie die Vermögensgegenstände und Schulden zu prüfen.

- Nach § 3 Genossenschaftsgesetz (GenG) besteht eine solche Prüfungspflicht auch für Genossenschaften.

> **Merke!**
>
> **Ziel der Prüfung** ist es, festzustellen, ob der Jahresabschluss in **Einklang** mit den **gesetzlichen Vorschriften** steht und ein den tatsächlichen Verhältnissen entsprechendes **Bild von der Vermögens-, Finanz- und Ertragslage** vermittelt.

- Bei Unternehmen, an denen die öffentliche Hand beteiligt ist, erfolgt die Prüfung des Jahresabschlusses auch nach § 53 HGrG des Gesetzes über die Grundsätze des Haushaltsrechts des Bundes und der Länder.

Bestätigungsvermerk des Wirtschaftsprüfers
Hat der Wirtschaftsprüfer keine wesentlichen Beanstandungen gegen den Jahresabschluss, die Buchführung und den Lagebericht, erteilt er einen **uneingeschränkten Bestätigungsvermerk**. Dieser kann wie folgt lauten:

Gegenstand und Umfang der Prüfung:
§ 317 HGB

> **Beispiel**
>
> „Wir haben unsere Jahresabschlussprüfung nach § 317 HGB am (...) vorgenommen. Nach unserer Beurteilung entspricht der Jahresabschluss den gesetzlichen Vorschriften und den ergänzenden Bestimmungen des Gesellschaftervertrags und vermittelt ein den tatsächlichen Verhältnissen entsprechendes Bild der Vermögens-, Finanz- und Ertragslage der Gesellschaft. Der Lagebericht steht im Einklang mit dem Jahresabschluss, vermittelt insgesamt ein zutreffendes Bild von der Lage der Gesellschaft und stellt die Chancen und Risiken der zukünftigen Entwicklung zutreffend dar."

1.3.5 Feststellung

Rechenschaftslegung
▶ Band 1, LF 3, Kap. 1.1

Die Feststellung (Billigung) ist der Akt der **offiziellen Anerkennung des Jahresabschlusses** durch die gesetzlichen Vertreter des Unternehmens. Hier wird die endgültige, nicht mehr veränderbare Fassung des Jahresabschlusses bestätigt. Die gesetzlichen Vertreter übernehmen die Verantwortung für die Richtigkeit und Vollständigkeit des Jahresabschlusses. Dies ist wichtig, da nun durch Unterschrift bestätigt wird, dass „alle Pflichten erfüllt wurden".

1.3.6 Publizitätspflicht

Publizitätspflicht

Publizitätspflicht ist die Pflicht zur Offenlegung/Veröffentlichung des Jahresabschlusses im Elektronischen Bundesanzeiger.

Offenlegung Kapitalgesellschaften:

§ 325 HGB

Offenlegung Genossenschaften:

§ 339 HGB

- **Kapitalgesellschaften** sind nach § 325 HGB, **Genossenschaften** nach § 339 HGB publizitätspflichtig. Eine solche Publizitätspflicht kann sich aber auch aus der Größe des Unternehmens oder aus der Zugehörigkeit zu einer bestimmten Branche (Kreditinstitute, Versicherungsunternehmen) ergeben. Ziel dieser Publizierung ist es, Gesellschafter, Geschäftspartner, Angestellte, aber auch den weiteren Umkreis über die wirtschaftliche Lage des Unternehmens zu informieren.
- Die gesetzlichen Vertreter von Kapitalgesellschaften haben den festgestellten oder gebilligten Jahresabschluss, den Lagebericht und den Bestätigungsvermerk oder den Vermerk über dessen Versagung elektronisch beim Betreiber des Bundesanzeigers in einer Form einzureichen, die ihre Bekanntmachung ermöglicht (§ 325 Abs. 1 HGB). Die Unterlagen sind spätestens ein Jahr nach dem Abschlussstichtag des Geschäftsjahres einzureichen, auf die sie sich beziehen (§ 325 Abs. 1a HGB).
- Der Betreiber des Bundesanzeigers, die Bundesanzeiger Verlagsgesellschaft mbH in Köln, ist die zentrale Stelle zur Entgegennahme, Speicherung und Veröffentlichung von Abschlussunterlagen.

SB ▶ SITUATION 105 Bewertungsvorschriften zum Jahresabschluss

SB ▶ SITUATION 106 Bewertungsvorschriften in der Praxis

2 Wechselwirkung von handels- und steuerrechtlichem Jahresabschluss

2.1 Handelsrechtlicher Jahresabschluss

In erster Linie hat jeder **Kaufmann** einen handelsrechtlichen **Jahresabschluss nach den Vorschriften des Handelsgesetzbuches (HGB)** zu erstellen. Dieser Abschluss soll Einblick in die **Vermögens-, Finanz- und Erfolgslage** des Unternehmens geben. Der Jahresabschluss hat damit einerseits eine besondere **Informations- und Schutzfunktion** für Anteilseigner, Gläubiger von Unternehmen und die allgemeine Öffentlichkeit wahrzunehmen. Er soll allen am Unternehmen Beteiligten eine **Beurteilung der zu erwartenden Risiken** ermöglichen.

Handelsbilanz
Jahresabschluss nach Vorschriften des HGB

Handelsrechtlicher Abschluss

Der **handelsrechtliche Abschluss (Handelsbilanz)** ist ein Abschluss, der **unter Beachtung handelsrechtlicher Vorschriften** (HGB) erstellt wird. Er dient zum einen der **Information** des Unternehmers und der **Rechenschaftslegung** über die wirtschaftliche Entwicklung des Unternehmens gegenüber allen am Unternehmen Beteiligten. Zum anderen dient er der **Gewinnermittlung.**

Andererseits hat der handelsrechtliche Abschluss aber auch die Aufgabe der Gewinnermittlung. Dies dient einer ergebnisabhängigen Dividendenzahlung und Erfolgsbeteiligungen.

2.2 Steuerrechtlicher Jahresabschluss

Steuerbilanz
Jahresabschluss nach ertragssteuerlichen Vorschriften

Steuerrechtlicher Jahresabschluss

Der **steuerrechtliche Jahresabschluss (Steuerbilanz)** ist ein Abschluss, der den ertragssteuerrechtlichen Vorschriften entspricht. Er ist ein aus der Handelsbilanz abgeleiteter Abschluss und dient ausschließlich der steuerlichen Gewinnermittlung.

Der steuerrechtliche Jahresabschluss ist ein **Abschluss nach ertragssteuerrechtlichen Vorschriften** (Einkommensteuergesetz, Körperschaftsteuergesetz und Gewerbesteuergesetz), dessen einziger Adressat die Finanzbehörden sind. Diese ermitteln auf der Basis des steuerlichen Abschlusses die abzuführenden Steuerbeträge.

2.3 Grundsatz der Maßgeblichkeit

Zwischen dem handelsrechtlichen Jahresabschluss (Handelsbilanz) und dem steuerrechtlichen Jahresabschluss (Steuerbilanz) besteht eine enge Verbindung, die durch den **Grundsatz der Maßgeblichkeit** im Sinne des § 5 Abs. 1 EStG geprägt ist.

Grundsatz der Maßgeblichkeit

Merke!

Der **Maßgeblichkeitsgrundsatz** besagt, dass die Steuerbilanz aus der Handelsbilanz abzuleiten ist, die **Handelsbilanz also für die Erstellung der Steuerbilanz maßgeblich ist.**

Eine solche „einfache" Wechselwirkung besteht jedoch nur so lange, wie durch das Einkommensteuergesetz keine anderen, davon abweichende Regelungen getroffen werden. Dazu heißt es in § 5 Abs. 1 Satz 1 EStG, dass bilanzierende Unternehmen für den Jahresabschluss ein **Betriebsvermögen** anzusetzen haben, „das nach den **handelsrechtlichen Grundsätzen** [...] auszuweisen ist, es **sei denn, im Rahmen der Ausübung eines steuerlichen Wahlrechts wird oder wurde ein anderer Ansatz gewählt.**"

2.3.1 Bilanzierungs- und Bewertungsgrundsätze

Eine differenziertere Darstellung des Zusammenhangs von handels- und steuerrechtlichem Abschluss erfordert es, genauer zwischen **Bilanzierungs- und Bewertungsgrundsätzen** zu unterscheiden.

Merke!

Bilanzierungsgrundsätze legen fest, **ob** wirtschaftlich reale Objekte oder Vorgänge in die Bilanz aufgenommen werden können.

Bewertungsgrundsätze hingegen bestimmen, **in welcher Höhe** der Wertansatz für die Bilanzpositionen in der Bilanz gewählt werden kann.

2.3.1.1 Bilanzierungsgrundsätze

Bilanzierungsgrundsätze legen fest, ob Vermögens- und Schuldenpositionen zu bilanzieren sind. Das wird im Einzelnen geregelt durch:

a) Bilanzierungs**gebote**
b) Bilanzierungs**wahlrechte**
c) Bilanzierungs**verbote**

Bilanzierungsgrundsätze – auch als Ansatzvorschriften bezeichnet – bestimmen, ob Objekte oder Vorgänge in der Bilanz auszuweisen sind.

a) Bilanzierungsgebote

Merke!

Bilanzierungsgebote fordern zwingend die Bilanzierung der zum Unternehmen gehörenden Vermögenspositionen, Schulden und Rechnungsabgrenzungsposten.

Beispiel

Für **geleistete Vorauszahlungen** gilt ein **Aktivierungsgebot** (z. B. sind Gerichtskostenvorschüsse, die die MEWOH Musterwohn GmbH leisten musste, erst dann als Aufwand zu verbuchen, wenn eine endgültige Abrechnung darüber erfolgt ist. Bis dahin sind sie **als (250) Kostenvorschüsse zu aktivieren**).

Für **erhaltene Vorauszahlungen** (etwa Betriebskostenvorauszahlungen) gilt ein **Passivierungsgebot**; sie sind bis zur eigentlichen Abrechnung als **(43) Erhaltene Anzahlungen zu passivieren.**

b) Bilanzierungswahlrechte

Merke!

Bilanzierungswahlrechte stellen es dem Unternehmen frei, bestimmte Positionen in der Bilanz auszuweisen/anzusetzen oder dies zu unterlassen.

Beispiel

Handelsrechtlich besteht ein **Aktivierungswahlrecht** für Geldbeschaffungskosten. Diese **können aktiviert** und auf die Laufzeit des Darlehens verteilt werden (§ 250 Abs. 3 HGB). **Passivierungswahlrechte** lassen die Bildung ausgewählter Passivpositionen zu.

Vor dem Bilanzrechtsmodernisierungsgesetz (BilMoG) bestanden Passivierungswahlrechte für **(38) Rückstellungen für Bauinstandhaltung** und **(391) Rückstellung für unterlassene Instandhaltungen**, nachzuholen in den Monaten vier bis zwölf des Folgejahres. Diese und andere Passivierungswahlrechte sind inzwischen aufgehoben.

c) Bilanzierungsverbote

Merke!

Bilanzierungsverbote verbieten den Bilanzausweis bestimmter Vermögens- und Kapitalpositionen. Sie erscheinen als Aktivierungsverbot und Passivierungsverbot.

Merke!

Bilanzierungs**gebote**	→	Positionen sind zwingend zu bilanzieren.
Bilanzierungs**verbote**	→	Positionen dürfen nicht bilanziert werden.
Bilanzierungs**wahlrechte**	→	Die Bilanzierung ist freigestellt.

Bilanzierungsverbote und -wahlrechte:

§ 248 HGB

Handelsrechtlich werden in § 248 HGB bestimmte Bilanzierungsverbote gesetzlich festgelegt.

Bewertungsgrundsätze bestimmen, mit welchen Werten Bilanzpositionen auszuweisen sind.

2.3.1.2 Bewertungsgrundsätze

Merke!

Die Zuordnung einer in Mengen von Geldeinheiten ausgedrückten Wertgröße zu einem artmäßig bestimmten Bilanzobjekt ist als Bewerten/Bewertung zu verstehen.

Obwohl das **Bewerten** ein ökonomisches Problem ist, unterliegt der Bewertungsvorgang in den Unternehmen einer Vielzahl rechtlicher Reglementierungen. Das Bilanzrecht sieht verschiedene Wertkategorien (Wertbegriffe, Wertmaßstäbe) vor, die für die Handels- und die Steuerbilanz zum Teil eigenständig zuständig sind, zum Teil aber auch für beide Bilanzen gemeinsam gelten. Zwischen der Handels- und der Steuerbilanz besteht also auch hier ein Zusammenhang.

a) Allgemeine Bewertungsgrundsätze des Handelsrechts (HGB)

Allgemeine Bewertungsgrundsätze nach § 252 HGB

Das HGB enthält **allgemeine Bewertungsgrundsätze** (§ 252 HGB) und **spezielle Regelungen** für die Wertansätze der Vermögensgegenstände und Schulden im Jahresabschluss (§§ 253–256 HGB). Die jeweiligen Grundsätze und Inhalte dieser allgemeinen Bewertungsgrundsätze, von denen nur in begründeten Ausnahmefällen abgewichen werden darf, sind in der folgenden Übersicht zusammengefasst.

Grundsatz	Inhalt
Grundsatz der **Bilanzidentität** (§ 252 Abs. 1 Ziff. 1 HGB)	Die Wertansätze in der Eröffnungsbilanz des Geschäftsjahres müssen mit denen der Schlussbilanz des vorhergehenden Geschäftsjahres übereinstimmen. Die Schlussbilanz eines Berichtsjahres ist gleichzeitig die Eröffnungsbilanz des Folgejahres.
Grundsatz der **Unternehmensfortführung** (Going-concern-Prinzip) (§ 252 Abs. 1 Ziff. 2 HGB)	Bei der Bewertung ist von der Fortführung der Unternehmenstätigkeit auszugehen, sofern dem nicht tatsächliche oder rechtliche Gegebenheiten entgegenstehen (etwa die Liquidation des Unternehmens).
Grundsatz der **Einzelbewertung** (§ 252 Abs. 1 Ziff. 3 HGB)	Bilanzpositionen sind zum Abschlussstichtag einzeln zu bewerten. Aus Gründen der Wirtschaftlichkeit sind jedoch Vereinfachungsverfahren gesetzlich zugelassen (Gruppen- oder Sammelbewertung nach § 240 Abs. 4 HGB).
Grundsatz der **Stichtagsbezogenheit** (§ 252 Abs. 1 Ziff. 3 HGB)	Die Bewertung der Vermögensgegenstände und Schulden hat sich nach den Verhältnissen am Abschlussstichtag zu richten. Alle Sachverhalte, die am Bilanzstichtag objektiv bestanden, sind zu berücksichtigen, auch wenn sie erst nach diesem Zeitpunkt, jedoch noch vor der Bilanzaufstellung bekannt werden (sog. wertaufhellende Tatsachen).
Grundsatz der kaufmännischen **Vorsicht** (§ 252 Abs. 1 Ziff. 4 HGB) • Niederstwertprinzip • Höchstwertprinzip	Es ist vorsichtig zu bewerten, insbesondere sind alle vorhersehbaren Risiken und Verluste zu berücksichtigen, die bis zum Abschlussstichtag entstanden sind, selbst wenn diese erst zwischen dem Abschlussstichtag und dem Tag der Aufstellung des Jahresabschlusses bekannt geworden sind. Vermögensgegenstände sind eher niedriger **(Niederstwertprinzip)** und Schulden eher höher **(Höchstwertprinzip)** anzusetzen.
• Imparitätsprinzip	Zum Bilanzstichtag zu erwartende Verluste sind bei der Erstellung des Jahresabschlusses zu beachten.
• Realisationsprinzip	Gewinne dürfen nur berücksichtigt werden, wenn sie am Abschlussstichtag tatsächlich entstanden, also realisiert sind.
Grundsatz der **Periodenabgrenzung** von Aufwendungen und Erträgen (§ 252 Abs. 1 Ziff. 5 HGB)	Aufwendungen und Erträge sind dem Geschäftsjahr zuzuweisen, in dem sie wirtschaftlich verursacht wurden, ohne Rücksicht auf den Zeitpunkt der Ausgabe oder der Einnahme.
Grundsatz der **Bilanzierungs- und Bewertungsstetigkeit** (§ 252 Abs. 1 Ziff. 6 und § 246 Abs. 3 HGB)	Die auf den vorhergehenden Jahresabschluss angewandten Bilanzierungsgrundsätze (Ansatzmethoden) und Bewertungsmethoden sind beizubehalten.

Grundsatz der kaufmännischen Vorsicht
In konkreter Anwendung des Vorsichtsprinzips sind das **Niederstwertprinzip** zur Bewertung von Positionen des Anlage- und Umlaufvermögens und das **Höchstwertprinzip** zur Bewertung von Schulden besonders hervorzuheben.

- **Niederstwertprinzip – das Prinzip zur Bewertung von Vermögen**

Niederstwertprinzip

Das **Niederstwertprinzip** besagt, dass am Bilanzstichtag von zwei möglichen Wertansätzen (Zeitwert zum Bilanzstichtag und Anschaffungskosten) der niedrigere zu wählen ist.

Erwerb unbebauter Grundstücke des Anlagevermögens
▶ Band 2, LF 8, Kap. 8.2.1

Beispiel

(1) Wurde etwa ein **(02) Unbebautes Grundstück des Anlagevermögens** für 220.000,00 € erworben und hat sich dessen Verkehrswert zum Bilanzstichtag auf 300.000,00 € erhöht, dürfen nach deutschem Bilanzrecht höchstens die Anschaffungskosten bilanziert werden. **Der Gewinn, der möglicherweise durch einen Verkauf erzielt werden könnte (aber noch nicht realisiert wurde), darf nicht ausgewiesen werden.**
(2) **Sinkt** jedoch der Wert dieses **Grundstücks** auf 100.000,00 €, etwa wegen wertmindernder Standortbedingungen, ist das Grundstück mit dem niedrigeren Wert zu bilanzieren. Die damit verbundene **Abwertung (Wertminderung)** erfolgt durch eine **außerplanmäßige Abschreibung.**

Zugangs- und Folgebewertung:
§ 253 HGB

Merke!

In diesem Sinne regelt § 253 HGB Abs. 1 Satz 1:
„**Vermögensgegenstände** sind **höchstens** mit den Anschaffungs- oder Herstellungskosten, vermindert um die Abschreibungen, [...] anzusetzen."

- **Höchstwertprinzip – das Prinzip zur Bewertung von Schulden**
  Dem Niederstwertprinzip für die Aktiva entspricht das Höchstwertprinzip für die Passiva.

Merke!

Bei der Bilanzierung von Schulden ist von **zwei möglichen Wertansätzen stets der höhere** zu wählen.

Beispiel

Die MEWOH Musterwohn GmbH erhält am 17.12.01 eine Rechnung von der RPL Real Projektentwicklung Ltd. über 100.000,00 US-$. Diese Eingangsrechnung muss in der Finanzbuchhaltung der Musterwohn GmbH mit Euro-Beträgen erfasst werden. Da die Gesellschaft zum Zeitpunkt der Rechnungslegung für 1,00 US-$ hätte 1,00 € zahlen müssen, wurde die Rechnung mit 100.000,00 € in der Finanzbuchhaltung erfasst. Ist die Rechnung zum Bilanzstichtag (31.12.01) noch nicht beglichen, muss sie bilanziert werden.
(1) Liegt der Kurs zum 31.12.01 bei 1,40 € je 1,00 US-$, sind die Schulden mit **dem höheren Wert** von 140.000,00 € zu bilanzieren.
(2) Sollte der Kurs zum 31.12.01 jedoch bei 0,90 € je 1,00 US-$ liegen, hat die Bilanzierung wegen des **Höchstwertprinzips weiterhin mit 100.000,00 €** zu erfolgen.

Merke!

In diesem Sinne regelt § 253 HGB Abs. 1 Satz 2:
„**Verbindlichkeiten** sind zu ihrem Erfüllungsbetrag und Rückstellungen in Höhe des nach vernünftiger kaufmännischer Beurteilung notwendigen Erfüllungsbetrages anzusetzen."

b) Bewertungen nach Steuerrecht

Im Steuerrecht gibt es keinen Katalog „allgemeiner" Bewertungsgrundsätze, wie sie aus dem Handelsrecht bekannt sind. Vielmehr schreibt das Einkommensteuerrecht unter anderem in den §§ 6 und 7 EStG eine Vielzahl konkreter Einzelregelungen fest. Als Konsequenz ergibt sich, dass zwar die Wertansätze der Handelsbilanz grundsätzlich für die Steuerbilanz maßgebend sind, von den handelsrechtlichen Wertansätzen jedoch abgewichen werden muss, wenn das Steuerrecht dies zwingend vorschreibt.

§§ 6 und 7 EStG:
Steuerrechtliche Regelungen zur Absetzung für Abnutzung (AfA)

Merke!

Aus der Sicht des **Bewertungsrechts** sind die **handelsrechtlichen Vorschriften** also stets **auch für die Steuerbilanz verbindlich, sofern** das **Steuerrecht nicht** ausdrücklich etwas **anderes fordert.**

Ist für den Jahresabschluss der MEWOH Musterwohn GmbH alles korrekt verbucht und hat der Wirtschaftsprüfer einen uneingeschränkten Bestätigungsvermerk erteilt, gibt der Jahresabschluss Aufschluss über den Gewinn oder den Verlust des abgelaufenen Geschäftsjahres. Gleichzeitig kann die MEWOH Musterwohn GmbH anhand der Zahlen des Jahresabschlusses ihr Ergebnis mit anderen Wohnungsbauunternehmen vergleichen.

3 Zeitliche Abgrenzung von Aufwendungen und Erträgen im Jahresabschluss

Ziel der zeitlichen Abgrenzung:

Verursachungsgerechter Ausweis aller Aufwendungen und Erträge in der Gewinn- und Verlustrechnung

Zu den Aufgaben des Jahresabschlusses gehört auch die **zeitliche Abgrenzung von Aufwendungen und Erträgen in der Gewinn- und Verlustrechnung**. Es soll sichergestellt werden, dass diese Größen **verursachungsgerecht** und damit **unabhängig von ihrer Bezahlung** in der Erfolgsrechnung des Berichtsjahres erscheinen. Denn die Bezahlung oder der Erhalt von Zahlungen auf der einen Seite und deren wirtschaftliche Zuordnung zu einem bestimmten Berichtsjahr können zeitlich auseinanderfallen, vor allem zum Jahreswechsel.

- Möglich ist, dass z.B. bei der MEWOH Musterwohn GmbH im Oktober des Jahres (01) ein Zinsaufwand für ein Jahr im **Voraus** bezahlt wird. Die Zahlung erfolgt also im Jahr (01), wirtschaftlich jedoch gehört nur ein Teil des gezahlten Betrags in das Jahr (01) und ein anderer in das Folgejahr (02).
- Ebenso kann es z.B. bei der MEWOH Musterwohn GmbH vorkommen, dass bereits im Oktober des Jahres (01) ein Darlehen in Anspruch genommen wird, die dazugehörigen Zinszahlungen vertraglich vereinbart aber erst im Jahr (02) fällig sind. Wirtschaftlich verursacht wurde der Zinsaufwand bereits im Berichtsjahr (01), dessen Bezahlung erfolgt jedoch erst im Jahr (02).

Diese Überlegungen sind ebenso für eine **differenziertere Betrachtung der Erträge** relevant, auch hier können wirtschaftliche Verursachung und Bezahlung auseinanderfallen.

Allgemeine Bewertungsgrundsätze:

§ 252 HGB

Merke!

Zur genauen Ermittlung des Jahreserfolgs ist es erforderlich, **Aufwendungen und Erträge unabhängig vom Zeitpunkt der Zahlungen** (Geldfluss) dem Geschäftsjahr zuzuordnen, in dem sie wirtschaftlich verursacht wurden (§ 252 Abs. 1 Ziff. 5 HGB).

3.1 Zeitliche Abgrenzung von Aufwendungen

3.1.1 Aktive Rechnungsabgrenzungsposten (ARA)

Bereits im Berichtsjahr (01) getätigte Zahlungen des Unternehmens, die Aufwand erst im Folgejahr (02) darstellen, also im Voraus bezahlte Aufwendungen, sind im Jahresabschluss als **(29) Aktive Rechnungsabgrenzungsposten** zu bilanzieren.

Merke!

Aktive Rechnungsabgrenzungsposten (29) werden für einen Aufwand gebildet, der bereits im Berichtsjahr (01) bezahlt, wirtschaftlich jedoch dem Folgejahr (02) zuzurechnen ist.

Aktive Rechnungsabgrenzungsposten (29)

Abgrenzung im Voraus bezahlter Aufwendungen

Der Kontenrahmen der Wohnungswirtschaft weist für die Kontengruppe **(29) Aktive Rechnungsabgrenzungsposten** zwei Konten aus. Das Konto **(290) Geldbeschaffungskosten** dient der zeitlichen Abgrenzung des Damnums/Disagios, das Konto **(291) Andere Rechnungsabgrenzungsposten** dient den erforderlichen Abgrenzungen anderer Aufwendungen.

Beispiel

Die MEWOH Musterwohn GmbH zahlt am 01.11.01 Zinsen für sechs Monate im Voraus (60.000,00 €).

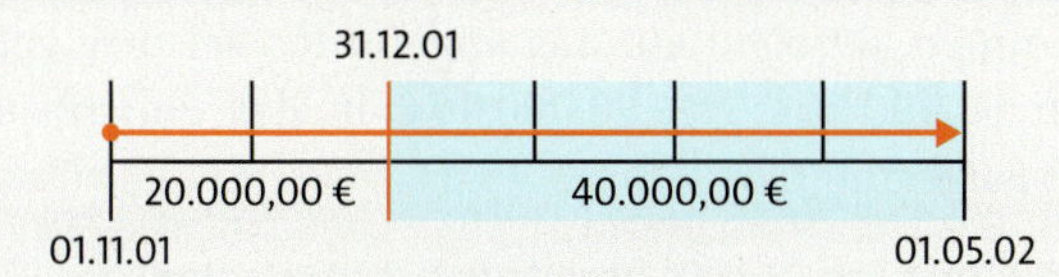

a) Buchung zum 01.11.01

Am 01.11.01 werden die Zinsen per Bank gezahlt. Zu buchen ist:

Soll	an	Haben	€
(872)	an	(274)	60.000,00

S	(872)		H
(274)	60.000,00		

S	(274)		H
(980)	100.000,00	(872)	40.000,00

b) Buchung zum 31.12.01

Da die bezahlten und gebuchten Zinsen Aufwendungen sowohl für die Monate November/Dezember (01) als auch für die Monate Januar bis April (02) sind, ist das Aufwandskonto um den Betrag für die Zeit von Januar bis April (40.000,00 €) zu vermindern.

Diese Aufwandskorrektur erfolgt über die Bildung eines **(29) Aktiven Rechnungsabgrenzungspostens.**

Soll	an	Haben	€
(29)	an	(872)	40.000,00

S	(872)		H
(274)	60.000,00	(29)	40.000,00

S	(29)		H
(872)	40.000,00		

Durch diese Buchung gelangt der vorausbezahlte Aufwand als Aktivposten in die Schlussbilanz, und durch die Habenbuchung auf dem **Konto (872)** wird zugleich die erforderliche Minderung des Aufwandskontos vorgenommen.

c) Buchung zum 01.01.02

Mit Beginn des Folgejahres (02) ist der **(29) Aktive Rechnungsabgrenzungsposten erfolgswirksam** aufzulösen.

Soll	an	Haben	€
(872)	an	(29)	40.000,00

Exkurs

Nicht selten wird in der Praxis schon beim Geldfluss berücksichtigt, dass ein Teil der Zahlung das Berichtsjahr (01), ein anderer das Folgejahr (02) betrifft. In diesen Fällen wird die zeitliche Abgrenzung nicht erst zum Bilanzstichtag, sondern bereits bei der Zahlung vorgenommen. Bezogen auf das angeführte Beispiel, gehört der gesamte Zinsaufwand von 60.000,00 € mit 20.000,00 € in das Berichtsjahr (01) und mit 40.000,00 € in das Folgejahr (02).

Es kann also bei Zahlung am 01.11.01 bereits gebucht werden:

Soll	an	Haben	€
(872)			20.000,00
(29)			40.000,00
	an	(274)	60.000,00

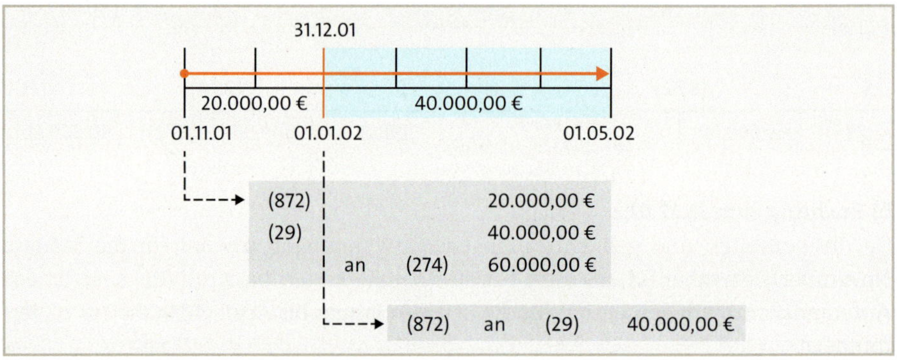

3.1.2 Sonstige Verbindlichkeiten

Sonstige Verbindlichkeiten (47)

Merke!

Durch das Berichtsjahr (01) wirtschaftlich verursachte, aber noch nicht bezahlte Aufwendungen sind im Jahresabschluss als Verbindlichkeiten, als **(47) Sonstige Verbindlichkeiten** zu bilanzieren.

Abgrenzung nachträglich zu bezahlender Aufwendungen

Ein exakter Erfolgsausweis verlangt, auch die durch das Berichtsjahr (01) bereits wirtschaftlich verursachten, aber noch nicht bezahlten Aufwendungen in der Gewinn- und Verlustrechnung zu berücksichtigen. Es kann bspw. sein, dass das Unternehmen im Jahr (01) ein Darlehen aufnimmt, vertraglich aber vereinbart wird, dass die Ratenzahlungen jährlich nachträglich zu erfolgen haben. Die Inanspruchnahme des Darlehens im Jahr (01) verursacht Zinsaufwendungen, die den Erfolg des Unternehmens für das Jahr (01) mitbestimmen, auch wenn diese noch nicht bezahlt wurden.

Beispiel

Die MEWOH Musterwohn GmbH hat bereits am 01.11.01 ein Zinszahlungsdarlehen aufgenommen, die damit verbundenen Zinsen (60.000,00 €) werden aber vereinbarungsgemäß erst halbjährlich nachträglich, also am 01.05.02, gezahlt.

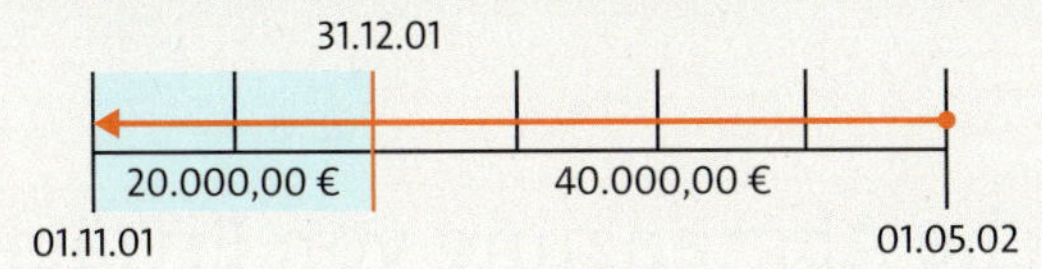

Auch hier ist zum 31.12.01 eine zeitliche Abgrenzung vorzunehmen. Unabhängig von der Geldausgabe im Folgejahr (02) gehört ein Teil dieses **(872) Zinsaufwands** wirtschaftlich zum Berichtsjahr (01). Er muss daher bereits in der Erfolgsrechnung des Jahres (01) berücksichtigt werden. Gleichzeitig ist dieser (geschuldete) Zinsaufwand zum 31.12.01 in Höhe von 20.000,00 € als „echte" Verbindlichkeit, und zwar als **(47) Sonstige Verbindlichkeit** gegenüber dem Gläubiger auszuweisen.

a) Buchung zum 31.12.01

Bildung der **(47) Sonstigen Verbindlichkeit**:

Zum 31.12.01 ist zu buchen:

Soll	an	Haben	€
(872)	an	(47)	20.000,00

Der Zinsaufwand erscheint nun als **Aufwand** in der Erfolgsrechnung des Berichtsjahres (01). Da dieser Aufwand aber noch nicht zu einer Ausgabe führt, steht ihm eine **(47) Sonstige Verbindlichkeit** gegenüber.

b) Buchung zum 01.05.02

Die nächste Buchung erfolgt erst im Jahr (02), am 01.05.02, dann also, wenn das Unternehmen die fälligen Zinsen überweist. Die Bezahlung ist zugleich mit der Auflösung der **(47) Sonstigen Verbindlichkeit** verbunden.

Buchung bei Banküberweisung:

Soll	an	Haben	€
(47)			20.000,00
(872)			40.000,00
	an	(274)	60.000,00

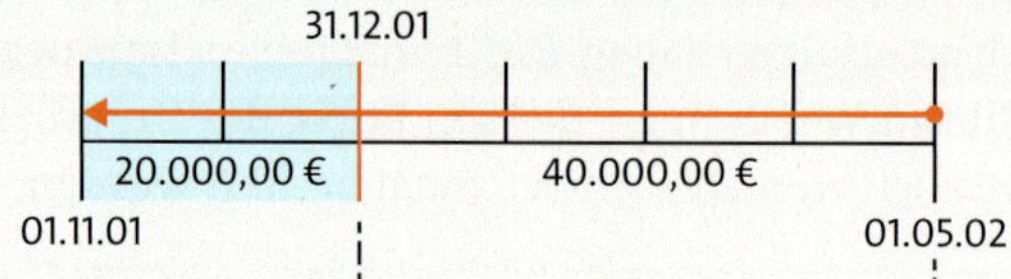

(872) an (47) 20.000,00 €

(47)			20.000,00 €
(872)			40.000,00 €
	an	(274)	60.000,00 €

3.2 Zeitliche Abgrenzung von Erträgen

3.2.1 Passive Rechnungsabgrenzungsposten (PRA)

Passive Rechnungsabgrenzungsposten (49)

Abgrenzung im Voraus erhaltener Erträge

Merke!

Passive Rechnungsabgrenzungsposten (49) werden für Erträge gebildet, für die das Unternehmen bereits im Berichtsjahr (01) Zahlungen erhielt, die wirtschaftlich jedoch dem Folgejahr (02) zuzurechnen sind.

Beispiel

Die MEWOH Musterwohn GmbH hat einem Geschäftspartner im November (01) ein Zinszahlungsdarlehen gewährt. Vereinbart wurde eine halbjährliche Vorauszahlung der Zinsen. Der Schuldner zahlt der MEWOH Musterwohn GmbH jeweils am 01.11. und 01.05. eines jeden Jahres Zinsen für sechs Monate im Voraus (60.000,00 €).

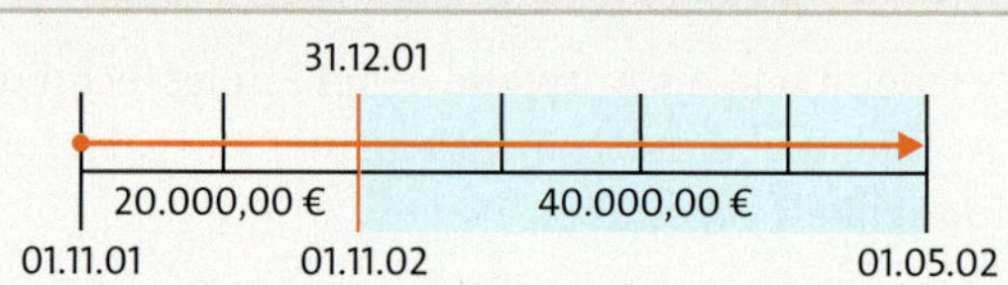

a) Buchungen am 01.11.01

Am 01.11.01 erhält das Unternehmen die erste Zinsgutschrift (60.000,00 €) per Bank, die auf dem Konto **(676) Erträge aus sonstigen Ausleihungen** zu erfassen ist.

Soll	an	Haben	€
(274)	an	(676)	60.000,00

S	(274)		H
(980)	100.000,00		
(676)	60.000,00		

S	(676)		H
		(274)	60.000,00

b) Buchungen am 31.12.01
Da diese erhaltenen Zinszahlungen bereits als Ertrag für die Monate November/ Dezember (01) und für den Zeitraum Januar bis April (02) gelten, ist der **Zinsertrag** für das Jahr (02), hier die Monate Januar bis April (40.000,00 €) betreffend, abzugrenzen. Lediglich der Zinsertrag in Höhe von 20.000,00 € gehört in das Berichtsjahr (01).

Diese **Ertragskorrektur** erfolgt durch die Bildung einer **(49) Passiven Rechnungsabgrenzung**.

Zu buchen ist:

Soll	an	Haben	€
(676)	an	(49)	40.000,00

Durch diese Buchung gelangt der im Voraus erhaltene Ertrag als Passivposten in die Schlussbilanz, und zugleich wird durch die Sollbuchung auf dem Konto (676) die erforderliche Minderung des Ertragskontos vorgenommen.

S	(676)		H
(49)	40.000,00	(274)	60.000,00

S	(49)		H
		(676)	40.000,00

c) Buchung zum 01.01.02
Zu Beginn des Folgejahres (02) ist der **(49) Passive Rechnungsabgrenzungsposten** erfolgswirksam **aufzulösen, die bereits im Jahr (01) erhaltenen Zinsen werden nun als Zinserträge erscheinen**.

Soll	an	Haben	€
(49)	an	(676)	40.000,00

Exkurs
Auch bei bereits im Jahr (01) erhaltenen Zahlungen, die sowohl das Berichtsjahr (01) als auch das Folgejahr (02) betreffen, ist eine **vereinfachte Buchung** möglich. Schon bei Geldfluss lässt sich buchen:

Soll	an	Haben	€
(274)			60.000,00
	an	(676)	20.000,00
	an	(49)	40.000,00

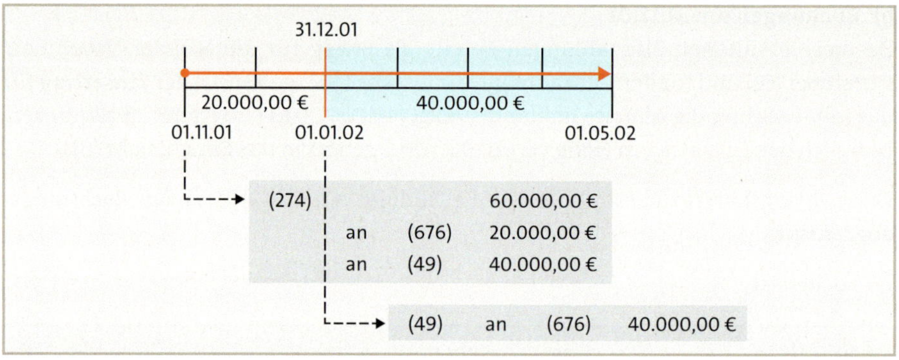

3.2.2 Sonstige Forderungen

Sonstige Forderungen (25)

Abgrenzung nachträglich zufließender Erträge

Merke!

(25) Sonstige Forderungen werden für Erträge gebildet, die wirtschaftlich bereits im Berichtsjahr (01) erwirtschaftet wurden, jedoch erst im Folgejahr (02) zu Einzahlungen führen.

Das ist bspw. der Fall, wenn ein Unternehmen die Zinsen vertragsgemäß jahresübergreifend **nachträglich erhält**. Die handels- und steuerrechtlich geforderte z**eitliche Abgrenzung** macht jedoch die richtige Zuordnung der Erträge zu dem abzuschließenden Geschäftsjahr erforderlich.

Beispiel

Die MEWOH Musterwohn GmbH hat einem Geschäftspartner zum 01.11.01 ein Zinszahlungsdarlehen gewährt und halbjährlich nachträgliche Zinszahlungen vereinbart. Der Kreditnehmer zahlt die fälligen Zinsen (60.000,00 €) jeweils am 01.05. bzw. am 01.11. eines jeden Jahres.

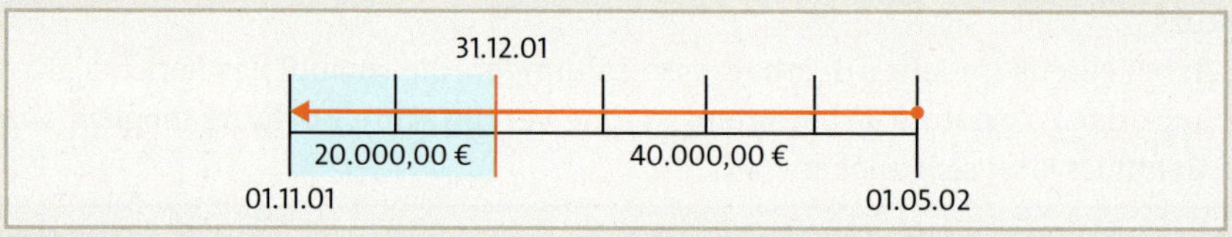

a) Buchung zum 31.12.01

Der **(676) Zinsertrag** für die Monate November/Dezember (01) ist, auch wenn noch kein Geld geflossen ist, bereits zum 31.12.01 als Ertrag auszuweisen, er gehört wirtschaftlich in die Erfolgsrechnung des Berichtsjahres (01). Das trifft hier für den anteiligen Zinsertrag in Höhe von 20.000,00 € zu. Gleichzeitig ergibt sich in gleicher Höhe eine „echte" Geldforderung gegenüber dem Schuldner, die als **(25) Sonstige Forderung** zu bilanzieren ist.

Bildung der **(25) Sonstigen Forderung:**

Soll	an	Haben	€
(25)	an	(676)	20.000,00

b) Buchung zum 01.05.02

Die nächste Buchung erfolgt erst im Folgejahr (02), am 01.05.02, also dann, wenn die geforderte Zahlung des Schuldners eingeht.

Das Unternehmen erhält am 01.05.02 Zinsen in Höhe von 60.000,00 €. Dieser Betrag gehört mit 20.000,00 € in das Geschäftsjahr (01). Die hierfür gebildete **(25) Sonstige Forderung** ist aufzulösen, die restlichen 40.000,00 € sind Zinserträge, die das Jahr (02) betreffen.

Der Zahlungseingang ist auch mit der Auflösung der **(25) Sonstigen Forderung** verbunden.

Soll	an	Haben	€
(274)			60.000,00
	an	(25)	20.000,00
	an	(676)	40.000,00

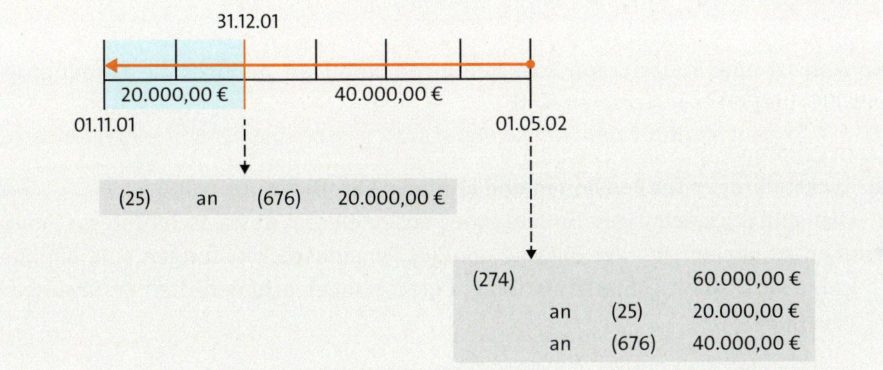

3.3 Rückstellungen

Aufwendungen des Berichtsjahres (01), zu denen die Zahlungen erst im Folgejahr (02), also **nachträglich** erfolgen werden, sind grundsätzlich als **(47) Sonstige Verbindlichkeiten** zu bilanzieren. Dies gilt aber nur dann, wenn die Höhe und Fälligkeit der Zahlungen klar bestimmt, etwa vertraglich vereinbart, sind.

Zugleich aber gibt es auch Aufwendungen, die **wirtschaftlich** zwar durch das Berichtsjahr (01) verursacht wurden, deren exakte **Höhe** und/oder **Fälligkeit** jedoch erst im Folgejahr (02) oder später bekannt werden. Für solche Aufwendungen sind im Jahresabschluss **Rückstellungen** zu bilden.

Merke!

Rückstellungen sind ungewisse Schulden, ungewiss der Höhe und der Fälligkeit nach. Sie werden für Aufwendungen gebildet, die ihren Ursprung im Berichtsjahr (01) haben, aber erst im Folgejahr (02) oder später zu einer Auszahlung führen.

Rückstellungen (36) bis (39)
Rückstellungen sind ungewisse Schulden, ungewiss der Höhe und Fälligkeit nach.

§ 249 HGB – Rückstellungen

(1) Rückstellungen sind für ungewisse Verbindlichkeiten und für drohende Verluste aus schwebenden Geschäften zu bilden. Ferner sind Rückstellungen zu bilden für
1. im Geschäftsjahr unterlassene Aufwendungen für Instandhaltung, die im folgenden Geschäftsjahr innerhalb von drei Monaten [...] nachgeholt werden,
2. Gewährleistungen, die ohne rechtliche Verpflichtung erbracht werden.

(2) Für andere als die in Absatz 1 bezeichneten Zwecke dürfen Rückstellungen nicht gebildet werden. Rückstellungen dürfen nur aufgelöst werden, soweit der Grund hierfür entfallen ist.

3.3.1 Bildung von Rückstellungen

Die **Bildung der Rückstellungen** zum Bilanzstichtag erfolgt grundsätzlich über folgende Buchung:

Soll	an	Haben	€
(Aufwand)	an	(Rückstellung)	...

Konkret ist eine Vielzahl von Rückstellungen zu bilden, die über die **Kontengruppen (36) bis (39)** zu bilanzieren sind.

Pensionsrückstellungen werden für künftig zu zahlende Betriebsrenten gebildet.

Dazu gehören

a) **Rückstellungen für Pensionen und ähnliche Verpflichtungen (36)**
Hier sind Rückstellungen für laufende Pensionen und Anwartschaften auf Pensionen zu buchen. Bei der Bildung der **(36) Pensionsrückstellungen** sind die aufgrund versicherungsmathematischer Berechnungen erforderlichen Zuführungen zu erfassen.

Buchung bei der Bildung von Pensionsrückstellungen:

Soll	an	Haben
(832)	an	(36)

Steuerrückstellungen werden für zu erwartende Steuernachzahlungen gebildet.

b) **Steuerrückstellungen (37)**
Als **(37) Steuerrückstellungen** sind alle noch zu **erwartenden Schlusszahlungen** für noch nicht durch Steuerbescheide veranlagte Steuern zu erfassen. Hierher gehören aber auch die noch zu erwartenden **Nachzahlungen**, soweit die jeweiligen Bescheide bis zur Bilanzerstellung noch nicht vorliegen.

Für die Bildung von Steuerrückstellungen stehen bspw. die Konten
(370) Rückstellungen für Körperschaftsteuer,
(371) Rückstellungen für Gewerbesteuer und
(373) Rückstellungen für Sonstige Steuern
zur Verfügung.

Bei der Bildung von Steuerrückstellungen ist zu buchen:

Soll	an	Haben
(89)	an	(37)

c) **Sonstige Rückstellungen (39)**
Weitere Rückstellungen sind im Kontenrahmen der Wohnungswirtschaft ausgewiesen. Die folgende Übersicht benennt diese Konten und die bei der Bildung anzusprechenden Aufwandspositionen.

Sonstige Rückstellungen

Sonstige Rückstellungen in der Wohnungswirtschaft			
Rückstellungskonten		**Aufwandsposten**	
(390)	Rückstellung für unterlassene Instandhaltung/Nachholung in den ersten drei Monaten des Folgejahres (Pflichtrückstellung nach § 249 Abs. 1 Satz 2 Ziff. 1 HGB)	**(808)**	Zuführung zur Rückstellung für unterlassene Instandhaltung
(3950)	Rückstellung für Kosten der Hausbewirtschaftung/Betriebskosten	**(800) bis (804)**	Aufwendungen für Hausbewirtschaftung
(3955)	Rückstellung für Kosten der Hausbewirtschaftung/Instandhaltungskosten	**(805)**	Instandhaltungskosten
(396)	Rückstellung für Abschluss-, Prüfungs- und Veröffentlichungskosten sowie Aufbewahrungskosten	**(850)**	Sächliche Verwaltungsaufwendungen
(397)	Rückstellung für sonstige Verwaltungskosten (Urlaub, Jubiläum, Altersteilzeit)	**(830)**	Personalaufwand
(398)	Rückstellung für noch anfallende Baukosten	**(814)**	Zuführung zur Rückstellung für noch anfallende Kosten
(399)	Rückstellung für erbrachte Bauleistungen	**(00)** **(01)** **(06)** **...**	Je nach Art und Grad der Fertigstellung der Bauten des Anlagevermögens

3.3.2 Auflösung von Rückstellungen

Merke!

Rückstellungen sind aufzulösen, soweit der Grund hierfür entfallen ist.

- **Auflösung bei Inanspruchnahme**
  Im Regelfall erfolgt diese Auflösung durch die Inanspruchnahme der Rückstellung, also bei Eingang einer entsprechenden Rechnung. Dann ist zu buchen:

Soll	**an**	**Haben**
Rückstellung	an	Verbindlichkeiten/Geldkonto

- **Auflösung ohne Inanspruchnahme**
  In vorausgegangenen Jahresabschlüssen gebildete Rückstellungen sind erfolgswirksam über das Konto **(662) Erträge aus der Auflösung von Rückstellungen** aufzulösen, wenn bei Erstellung des Abschlusses für das Berichtsjahr (01) bekannt ist, dass **mit einer Inanspruchnahme nicht mehr zu rechnen ist**. Gründe hierfür können sein, dass sich die Verhältnisse geändert haben oder neue Informationen vorliegen, die zu einer geänderten Beurteilung der Verhältnisse führen.

Im Zusammenhang mit der Auflösung von Rückstellungen ist zu beachten, dass die Beträge zuvor **geschätzt** wurden und hieraus Abweichungen zwischen den Werten der Rückstellung und den tatsächlichen Verbindlichkeiten entstehen können. Die jeweiligen erforderlichen Buchungen sind im Folgenden beispielhaft dargestellt.

Ausgangssituation

Die MEWOH Musterwohn GmbH ging davon aus, dass im Zusammenhang mit dem Abschluss des Jahres (01) im Folgejahr (02) mit Kosten in Höhe von 10.000,00 € zu rechnen sein wird. In dieser Höhe wurde eine Rückstellung gebildet.

Zum 31.12.01 wurde deshalb gebucht:

Soll	an	Haben	€
(850)	an	(396)	10.000,00

Buchung bei Rechnungseingang im Folgejahr (02) – drei Fälle sind möglich:

a) Die Rechnungsbeträge der Eingangsrechnungen stimmen mit der Höhe der Rückstellung überein.

Beispiel

Am 23.01.02 gehen alle den Jahresabschluss (01) betreffenden Rechnungen über 10.000,00 € ein.

Bei Rechnungseingang am 23.01.02 ist zu buchen:

Soll	an	Haben	€
(396)	an	(4421)	10.000,00

S	(396)		H
(4421)	40.000,00	(980)	10.000,00

S	(4421)		H
		(396)	10.000,00

b) Die Rechnungsbeträge sind kleiner als die entsprechende Rückstellung.

Beispiel

Am 23.01.02 gehen alle den Jahresabschluss (01) betreffenden Rechnungen über insgesamt 8.000,00 € ein.

Bei Rechnungseingang ist zu beachten, dass die Rückstellungen im Vorjahr (01) um 2.000,00 € zu hoch angesetzt waren. Bei der Auflösung ist dieser **zu hohe Betrag** nun erfolgswirksam über ein Ertragskonto, das Konto **(662) Erträge aus der Auflösung von Rückstellungen,** aufzulösen.

Zu buchen ist also:

Soll	an	Haben	€
(396)			10.000,00
	an	(4421)	8.000,00
	an	(662)	2.000,00

S	(396)		H
(4421)/ (662)	10.000,00	(980)	10.000,00

S	(4421)		H
		(396)	8.000,00

S	(662)		H
		(396)	2.000,00

c) Die Rechnungsbeträge sind höher als die entsprechende Rückstellung.

Beispiel

Am 23.01.02 gehen alle den Jahresabschluss (01) betreffenden Rechnungen über insgesamt 11.000,00 € ein.

Bei Rechnungseingang ist zu beachten, dass die Rückstellung im Vorjahr (01) um 1.000,00 € zu niedrig angesetzt war. Dieser im Vorjahr (01) nur unzureichend berücksichtigte Betrag muss im Jahr (02) als zusätzlicher Aufwand über das Konto **(850) Sächliche Verwaltungsaufwendungen** verbucht werden.

Zu buchen ist:

Soll	an	Haben	€
(396)			10.000,00
(850)			1.000,00
	an	(4421)	11.000,00

S	(396)		H
(4421)	10.000,00	(980)	10.000,00

S	(4421)		H
		(396)/ (850)	11.000,00

S	(850)		H
(4421)	1.000,00		

3.4 Zusammenfassung

Alle Formen der zeitlichen Abgrenzung stellen eine Korrektur von Erfolgskonten dar. Die abschließende Übersicht soll die Zusammenhänge noch einmal verdeutlichen.

Zeitliche Abgrenzungen

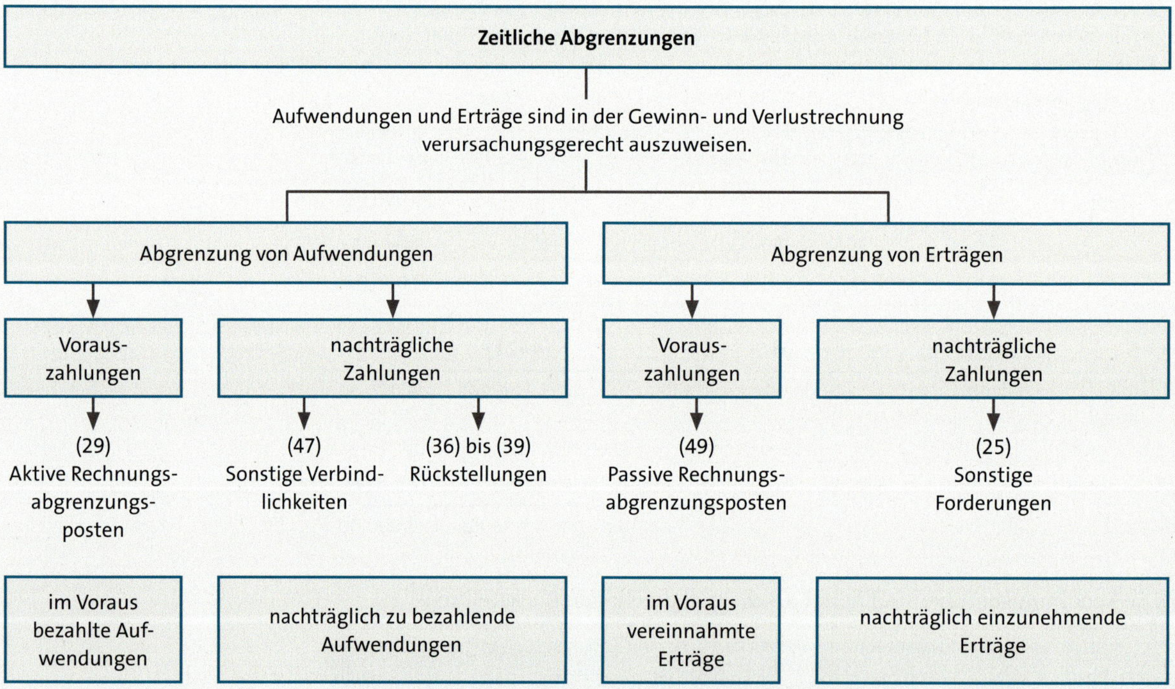

4 Bewertung des Anlagevermögens

SB ▶ SITUATION 107
Bewertung des Anlagevermögens

4.1 Zugangsbewertung von Gütern des Anlagevermögens

Das deutsche Handels- und Steuerrecht verlangt, dass Positionen des Anlagevermögens in der Bilanz mit ihren **Anschaffungs- bzw. Herstellungskosten oder den an deren Stelle tretenden niedrigeren** Werten auszuweisen sind.

4.1.1 Anschaffungskosten als Wertansatz erworbener Anlagegüter

In Umsetzung dieses allgemeinen Grundsatzes sind die durch die MEWOH Musterwohn GmbH erworbenen **Anlagegüter mit den Anschaffungskosten** oder gegebenenfalls – im Sinne der kaufmännischen Vorsicht – **mit einem niedrigeren Wert** zu bilanzieren.

Anschaffungskosten

Anschaffungskosten sind nach § 255 Abs. 1 Satz 1 HGB alle Aufwendungen, die geleistet werden,
- um einen Vermögensgegenstand zu erwerben und ihn
- in einen betriebsbereiten Zustand zu versetzen,

soweit die Kosten dem Vermögensgegenstand einzeln zugeordnet werden können.
Zu den Anschaffungskosten gehören auch die Nebenkosten sowie die nachträglichen Anschaffungskosten. Anschaffungspreisminderungen sind abzusetzen.

Definition Anschaffungskosten (§ 255 Abs. 1 HGB)

Diese handelsrechtliche Definition stimmt grundsätzlich mit dem steuerrechtlichen Verständnis der Anschaffungskosten überein.

Umfang der Anschaffungskosten
Bestandteil der Anschaffungskosten sind
- der **Anschaffungspreis (AP)**,
- die **Anschaffungsnebenkosten (ANK)** und
- die **nachträglichen Anschaffungskosten (nAK)**.

Umfang der Anschaffungskosten

Darin enthalten sind alle durch den Erwerb und die Herstellung der Betriebsbereitschaft/Nutzungsfähigkeit des Anlageguts verursachten Kosten. Bedingung ist, dass diese Kosten dem Erwerb **einzeln** zugeordnet werden können.

Nicht Bestandteil der Anschaffungskosten sind
- Aufwendungen, die dem jeweiligen Anschaffungsvorgang nicht direkt, sondern nur indirekt zugerechnet werden können, aber auch
- Geldbeschaffungs- und Finanzierungskosten des Kaufpreises.

Vorsteuer
▶ Band 1, LF 3, Kap. 8

Vorsteuer und Anschaffungskosten
Die Vorsteuer gehört nur dann zu den Anschaffungskosten, wenn das Unternehmen nicht vorsteuerabzugsberechtigt ist, die bezahlte Umsatzsteuer also nicht erstattet wird.

Anschaffungskosten bei bebauten Grundstücken
Beim Erwerb bebauter Grundstücke sind die Anschaffungskosten in einen Kostenanteil für Grund und Boden und einen Kostenanteil für die Gebäude zu unterteilen. Das ist erforderlich, da die **planmäßige Abschreibung** nur auf **Gebäudekosten** möglich ist, **nicht** jedoch **auf Grund und Boden**.

4.1.2 Herstellungskosten als Wertansatz selbst geschaffener Anlagegüter

Herstellungskosten bilden den grundlegenden **Wertansatz für selbst geschaffene Anlagegüter**. In der Immobilienwirtschaft ist das für die Bewertung selbst errichteter Gebäude von besonderer Bedeutung.

Definition und Umfang von Herstellungskosten
(§ 255 Abs. 2 HGB)

Herstellungskosten (§ 255 Abs. 2 HGB)

Herstellungskosten sind die Aufwendungen, die durch den Verbrauch von Gütern und die Inanspruchnahme von Diensten
- für die **Herstellung eines Vermögensgegenstands,**
- seine **Erweiterung** oder
- für eine über seinen ursprünglichen Zustand hinausgehende wesentliche **Verbesserung** entstehen.

4.2 Abschreibung auf bewegliche Wirtschaftsgüter

4.2.1 Wesenszüge der Abschreibung

Anschaffungskosten und Herstellungskosten bilden den **Ausgangspunkt** und zugleich die **Wertobergrenze** bei der Bilanzierung des Anlagevermögens. Es ist handels- und steuerrechtlich jedoch vorgeschrieben, Anlagegüter im Jahresabschluss **gegebenenfalls mit einem niedrigeren Wert** (Anschaffungskosten bzw. Herstellungskosten, vermindert um eine planmäßige Abschreibung / Absetzung für Abnutzung) zu bilanzieren (Niederstwertprinzip).

Niederstwertprinzip
▶ LF 13, Kap. 2.3.1.2

Die Ermittlung eines solchen niedrigeren Wertansatzes erfolgt im Rahmen unterschiedlicher Abschreibungsverfahren, die u. a. von der Art des Wirtschaftsguts abhängen.

Abschreibung
Wertminderung und zugleich Verteilung der Anschaffungs- und Herstellungskosten (AHK) auf die Nutzungsdauer

Abschreibung

Abschreibungen sind die Wertminderungen der Anlagegüter, die durch Nutzung, technischen Fortschritt, wirtschaftliche Entwertung oder durch außergewöhnliche Ereignisse verursacht werden. Sie führen einerseits zu einer Verringerung des Buchwerts des Anlageguts und belasten andererseits als Aufwand die Erfolgsrechnung.

Ursachen für die Abschreibung können insbesondere sein:

- **technische Gründe**
  - Abnutzung durch Gebrauch
  - natürlicher Verschleiß (Alterung)
  - Wertminderung durch außergewöhnliche Vorfälle (Unfälle, Katastrophen)
- **wirtschaftliche Gründe**
  - technischer Fortschritt (Neuentwicklungen)
  - Nachfrageveränderungen
  - falsche Einschätzung der Investition

4.2.2 Planmäßige und außerplanmäßige Abschreibung

Grundsätzlich ist zwischen einer

- **planmäßigen Abschreibung** und einer
- **außerplanmäßigen Abschreibung**

zu unterscheiden.

a) Planmäßige Abschreibung

Merke!

Planmäßige Abschreibungen verfolgen das Ziel, die Anschaffungs- oder Herstellungskosten abnutzbarer Gegenstände des Anlagevermögens nach einem festgelegten Plan (Abschreibungsplan) auf die voraussichtliche Nutzungsdauer zu verteilen. Sie dienen dazu, die vorhersehbaren Wertminderungen zu erfassen.

Planmäßige Abschreibung
Abschreibung nach festgelegtem Plan

Die **planmäßige Abschreibung** – im Steuerrecht wird sie als „Absetzung für Abnutzung (AfA)" bezeichnet – unterstellt eine planmäßige Verteilung der Anschaffungs- bzw. Herstellungskosten auf die Geschäftsjahre, in denen der Vermögensgegenstand voraussichtlich genutzt werden kann.

Dazu ist ein Abschreibungsplan zu erstellen, der folgende Größen zu berücksichtigen hat:

- **Anschaffungs- und Herstellungskosten (AHK)**
  Die Anschaffungs- und Herstellungskosten sind durch § 255 HGB definiert.

Bemessungsgrundlage

- **Betriebsgewöhnliche Nutzungsdauer**
  Die Bestimmung der betriebsgewöhnlichen Nutzungsdauer liegt handels- und steuerrechtlich im Ermessen des Unternehmers, soweit er nicht gegen die Regeln sorgfältiger Prüfung und ordnungsgemäßer Wirtschaft verstößt. Gegebenenfalls ist sie im Zuge einer Einzelfallbestimmung zu schätzen. Diese Schätzung muss den Erfahrungen zur technischen und wirtschaftlichen Nutzungsdauer entsprechen. Als **Richtwert** für die zutreffende Schätzung der **betriebsgewöhnlichen Nutzungsdauer** dienen die **AfA-Tabellen**, die vom Bundesfinanzministerium veröffentlicht werden.

Nutzungsdauer

- **Abschreibungsbeginn**
  Abschreibungsbeginn ist der Zeitpunkt der Anschaffung **(Zeitpunkt der Lieferung)** bzw. der Herstellung **(Zeitpunkt der Fertigstellung)**. Von da an werden die AHK je nach Abschreibungsmethode auf die verbleibende Nutzungsdauer verteilt.

Abschreibungsbeginn
Jahr der Anschaffung/Fertigstellung

zeitanteilige Abschreibung

Bei Wirtschaftsgütern, die im Laufe eines Jahres angeschafft oder hergestellt werden, kann für das **Jahr der Anschaffung oder Herstellung** in der Regel **nur der Teil des auf ein Jahr entfallenden Abschreibungsbetrags angesetzt werden**, der dem Zeitraum zwischen der Anschaffung oder Herstellung des Wirtschaftsguts und dem Ende des Jahres entspricht („pro rata temporis").

monatsgenaue Abschreibung

Für den Monat der Anschaffung oder Herstellung ist ein ganzer Monatsbetrag der Abschreibung zu berücksichtigen, auch wenn das Wirtschaftsgut erst zum Monatsende angeschafft oder fertiggestellt wurde (§ 7 Abs. 1 Satz 4 EStG).

- **Abschreibungsende**
  Scheidet das Anlagegut noch vor Ende der betriebsgewöhnlichen Nutzungsdauer aus dem Unternehmen aus, ist auch für dieses Jahr eine zeitanteilige (monatsgenaue) Abschreibung vorzunehmen.

b) Außerplanmäßige Abschreibung und Wertaufholung

Merke!

Außerplanmäßige Abschreibungen haben den Zweck, abnutzbare und nicht abnutzbare **Gegenstände des Anlagevermögens** bei nicht vorhersehbaren Wertminderungen auf einen niedrigeren Wert abzuschreiben, der ihnen am Abschlussstichtag beizulegen ist.

Außerplanmäßige Abschreibungen
auf Wirtschaftsgüter des Anlagevermögens sind bei voraussichtlich dauerhafter Wertminderung vorzunehmen.

Neben den planmäßigen Abschreibungen sind also auch **außerplanmäßige Abschreibungen** bzw. **Absetzungen für außergewöhnliche technische oder wirtschaftliche Abnutzung (AfaA) zulässig** (§ 253 Abs. 3 Satz 2 HGB, § 7 Abs. 1 EStG). Voraussetzung dafür ist jedoch die Vermutung einer voraussichtlich **dauernden** Wertminderung.

Dies gilt jedoch nur, solange der Grund für die Wertminderung weiterhin besteht.

§ 253 Abs. 5 HGB

Ein niedrigerer Wertansatz [...] darf nicht beibehalten werden, wenn die Gründe dafür nicht mehr bestehen. [...]"

Wertaufholungsgebot

Sind die Ursachen, die zu einer außerplanmäßigen Abschreibung/außergewöhnlichen Absetzung geführt haben, nicht mehr gegeben und befindet sich das Wirtschaftsgut noch im Betriebsvermögen, ist eine **Wertaufholung/Zuschreibung** vorzunehmen.

4.2.3 Methoden planmäßiger Abschreibung auf bewegliche Wirtschaftsgüter des Anlagevermögens

Abschreibungsmethoden sind Verfahren zur Festlegung der jährlichen Abschreibungsbeträge. Für **planmäßige Abschreibungen in der Handelsbilanz** sind verschiedene Methoden zulässig, bestimmte Methoden sind nicht vorgeschrieben.

Die gewählte Abschreibungsmethode muss in erster Linie den allgemeinen Bewertungsgrundsätzen des HGB entsprechen. Allerdings ist in § 253 Abs. 3 Satz 1 HGB lediglich allgemein geregelt, dass die AHK abnutzbarer Wirtschaftsgüter des Anlagevermögens auf die betriebsgewöhnliche Nutzungsdauer zu verteilen sind. **Handelsrechtlich** sind damit also **keine konkreten Abschreibungsmethoden definiert**.

Jedoch bietet das **Einkommensteuerrecht** eine Vielzahl konkreter Einzelregelungen, die in der Praxis meist auch im handelsrechtlichen Abschluss angewandt werden. Deshalb werden im Folgenden die einkommensteuerrechtlichen Regelungen zur Bewertung des Anlagevermögens ausführlicher erläutert. Aus steuerrechtlicher Sicht ist insbesondere einzugehen auf

- den Umgang mit **geringwertigen Wirtschaftsgütern (GWG)** und auf die
- Methoden
  - **lineare Abschreibung** (Abschreibung in gleichen Jahresbeträgen),
  - **degressive Abschreibung** (Abschreibung mit fallenden Jahresbeträgen) und
  - die **Leistungsabschreibung** (Abschreibung entsprechend der Inanspruchnahme des Wirtschaftsguts).

4.2.3.1 Geringwertige Wirtschaftsgüter (GWG)

Geringwertige Wirtschaftsgüter (GWG)

Geringwertige Wirtschaftsgüter

Als **geringwertige Wirtschaftsgüter (GWG)** gelten bewegliche, abnutzbare und selbstständig nutzbare Güter des Anlagevermögens, deren Anschaffungskosten „von geringem Wert“ sind.

Dazu gelten folgende Regelungen (Stand 2023):

250-€-Regel
Betragen die Nettoanschaffungskosten für ein einzelnes Wirtschaftsgut nicht mehr als 250,00 €, können diese nach § 6 Abs. 2a EStG in **voller Höhe als Betriebsausgaben** abgesetzt, also sofort als Aufwand erfasst werden.

800-€-Regel
Liegen die Nettoanschaffungs-/Herstellungskosten über 250,00 €, überschreiten aber nicht den Wert von **800,00 €**, können diese **im Jahr der Anschaffung/Herstellung sofort abgeschrieben oder auf die gewöhnliche Nutzungsdauer** verteilt werden. Diese Wirtschaftsgüter sind in ein besonderes, laufend zu führendes Verzeichnis aufzunehmen.

1.000-€-Regel
Als geringwertig gelten die oben bezeichneten Güter aber **auch dann, wenn deren Nettoanschaffungskosten über 250,00 €, jedoch unter 1.000,00 € liegen**. Nach § 6 Abs. 2a EStG sind diese Güter in einen sogenannten **Sammelposten** einzustellen, der im Wirtschaftsjahr seiner Bildung und in den folgenden vier Jahren linear jeweils mit 20 % aufwandswirksam aufzulösen (abzuschreiben) ist.

Die aktuelle Rechtsprechung (Stand 2023) lässt sowohl die „800-€-Regel“ als auch die „1.000-€-Regel“ zu. Ein Unternehmen muss sich jedoch für eine dieser Regelungen **einheitlich** für **alle** geringwertigen Wirtschaftsgüter entscheiden.

4.2.3.2 Lineare Abschreibung beweglicher Wirtschaftsgüter

Lineare Abschreibung auf bewegliche Wirtschaftsgüter

Merke!

Bei einer **linearen Abschreibung** werden die Anschaffungs-/Herstellungskosten **mit jährlich gleichbleibenden Abschreibungsbeträgen** auf die geschätzte wirtschaftliche **Nutzungsdauer** verteilt. Am Ende der Nutzungsdauer ist das Anlagegut voll abgeschrieben.

Abschreibungsbetrag

Abschreibungsbetrag

Der **Abschreibungsbetrag** ergibt sich aus der gleichmäßigen Verteilung der **Anschaffungs-/Herstellungskosten (AHK) auf die betriebsgewöhnliche Nutzungsdauer (ND)**.

Beispiel

Die MEWOH Musterwohn GmbH kauft am 1. Januar des Jahres (01) eine Hebebühne zu Anschaffungskosten (AK) von 14.000,00 €. Es wird von einer zehnjährigen Nutzungsdauer (ND) ausgegangen. Mit welchem Abschreibungsbetrag ist zu rechnen?

$$\text{Abschreibungsbetrag} = \frac{\text{AK}}{\text{ND}} = \frac{14.000{,}00\,€}{10\text{ Jahre}} = 1.400{,}00\,€/\text{Jahr}$$

Der jährliche Abschreibungsbetrag beträgt 1.400,00 €.

Abschreibungssatz

Abschreibungssatz

Bei der Ermittlung des **Abschreibungssatzes** ist zu prüfen, um wie viel Prozent das Wirtschaftsgut eine jährliche Wertminderung erfahren muss, um am Ende der Nutzungsdauer vollständig abgeschrieben zu sein.

Beispiel

Die MEWOH Musterwohn GmbH erwirbt am 1. Januar des Jahres (01) einen Rollstuhllift für 15.000,00 € (AK), es wird von einer Nutzungsdauer (ND) von 8 Jahren ausgegangen. Mit welchem Abschreibungssatz ist zu rechnen?

$$\text{Abschreibungssatz} = \frac{100\,\%}{\text{ND}} = \frac{100\,\%}{8\text{ Jahre}} = 12{,}5\,\%/\text{Jahr}$$

Der Abschreibungssatz beträgt 12,5 %, was einem jährlichen Abschreibungsbetrag von 1.875,00 € entspricht.

Abschreibungsplan

Abschreibungsplan

Um die Abschreibung vorausschauend bestimmen zu können, ist ein Abschreibungsplan zu erstellen. Dort werden die jährlich erfolgswirksam zu buchenden Wertminderungen, aber auch die Buchwertentwicklung des Wirtschaftsguts dokumentiert. Ein Abschreibungsplan kann z. B. wie in folgendem Beispiel aussehen.

Beispiel

Die MEWOH Musterwohn GmbH schreibt einen Lastenaufzug linear ab.

Anschaffungskosten (AK):	50.000,00 €
Geschätzte Nutzungsdauer (ND):	5 Jahre
Abschreibungsbeginn:	01.01.01
Abschreibungssatz:	20 %/Jahr

Abschreibungsplan

Jahr	Abschreibungssatz	Anschaffungskosten bzw. Restbuchwert	
Jahr (01)	20 % der AK	Anschaffungskosten Abschreibung	50.000,00 € 10.000,00 €
Jahr (02)	20 % der AK	Restbuchwert Abschreibung	40.000,00 € 10.000,00 €
Jahr (03)	20 % der AK	Restbuchwert Abschreibung	30.000,00 € 10.000,00 €
Jahr (04)	20 % der AK	Restbuchwert Abschreibung	20.000,00 € 10.000,00 €
Jahr (05)	20 % der AK	Restbuchwert Abschreibung	10.000,00 € 9.999,00 €
			1,00 €

Verbleibt das Wirtschaftsgut auch nach der betriebsgewöhnlichen Nutzungsdauer und damit nach der eigentlich vollen Abschreibung weiterhin im Unternehmen, beträgt der letzte Abschreibungsbetrag hier lediglich 9.999,00 €. Das Wirtschaftsgut wird zumeist weiterhin mit einem Erinnerungswert von 1,00 € bilanziert.

4.2.3.3 Degressive Abschreibung auf bewegliche Wirtschaftsgüter

Die degressive Abschreibung berücksichtigt im Gegensatz zur linearen Abschreibung die Tatsache, dass der Wertverlust bei Anlagegütern zu Beginn der Nutzung höher ist als gegen Ende der Nutzungsdauer.

Merke!

Bei einer **degressiven Abschreibung** werden die Anschaffungskosten beweglicher, abnutzbarer **Anlagegüter** in jährlich fallenden Beträgen auf die geschätzte wirtschaftliche Nutzungsdauer verteilt.

Degressive Abschreibung

auf bewegliche Anlagegüter nach § 7 Abs. 2 EStG

Dabei wird der Abschreibungsbetrag über einen festen Prozentsatz errechnet. Im Jahr der Anschaffung/Herstellung wird der Abschreibungssatz auf die Anschaffungs- bzw. Herstellungskosten des Anlageguts verrechnet, in den Folgejahren auf den jeweiligen Restbuchwert.

Abschreibungssätze

Merke!

Nach § 7 Abs. 2 EStG ist für **bewegliche Wirtschaftsgüter**, die nach dem 31.12.2019 und vor dem 01.01.2023 angeschafft oder hergestellt worden sind, eine degressive Abschreibung möglich. Der Abschreibungssatz darf das Zweieinhalbfache der linearen Abschreibung betragen, 25 Prozent aber nicht übersteigen („25-%-Regel“).

Was besagt diese Regelung?

- Sie besagt zum einen, dass die **degressive Abschreibung 2,5-mal** so hoch sein darf wie die eigentliche lineare Abschreibung.

Beispiel

Ein erworbenes Wirtschaftsgut hat eine Nutzungsdauer von 20 Jahren, ist linear also jährlich mit 5 % abzuschreiben.

$$\text{Abschreibungssatz (linear)} = \frac{100\,\%}{\text{ND}} = \frac{100\,\%}{20\text{ Jahre}} = 5\,\%$$

Wie hoch ist der Satz der degressiven Abschreibung? Die degressive Abschreibung kann das 2,5-Fache der linearen Abschreibung und damit 12,5 % betragen (2,5 · 5,00 % = 12,5 %).

- Zum anderen besagt die Regelung aber auch, dass das **Zweieinhalbfache der linearen Abschreibung 25 % nicht überschreiten darf**.

Beispiel

Das erworbene Wirtschaftsgut hat eine Nutzungsdauer von 7 Jahren, und es soll nach der „25-%-Regel" abgeschrieben werden. Wie hoch ist der Satz der degressiven Abschreibung?

$$\text{Abschreibungssatz (linear)} = \frac{100\,\%}{\text{ND}} = \frac{100\,\%}{7\text{ Jahre}} = 14{,}29\,\%$$

Kappungsgrenze
bei degressiver Abschreibung beweglicher Anlagegüter

Die lineare Abschreibung beträgt 14,29 %, das Zweieinhalbfache dieser linearen Abschreibung sind 35,71 %. Das Zweieinhalbfache der linearen Abschreibung ist hier jedoch größer als 25 % → **die degressive Abschreibung darf maximal mit 25 % vorgenommen werden**.

Konsequenz der aktuellen steuerrechtlichen Regelung

Auch wenn in der aktuellen Fassung des § 7 Abs. 2 EStG die Möglichkeit zur Inanspruchnahme einer degressiven Abschreibung auf bewegliche Wirtschaftsgüter, angeschafft oder hergestellt nach dem 1. Januar 2023, nicht mehr besteht, sind die Regelungen der degressiven Abschreibung für **in den Vorjahren** angeschaffte/hergestellte bewegliche Wirtschaftsgüter weiterhin gültig. Es gilt der Grundsatz der **Bewertungsstetigkeit**, der besagt, dass einmal gewählte Bewertungsmethoden beizubehalten sind.

Deshalb sind bereits begonnene degressive Abschreibungen bis zum Ende der Nutzungsdauer bzw. bis zum Ausscheiden aus dem Betriebsvermögen, und das über das Jahr 2022 hinaus, beizubehalten.

Beispiel

Die MEWOH Musterwohn GmbH schreibt einen Gegenstand der Betriebs- und Geschäftsausstattung, der im Januar des Jahres (01) angeschafft wurde, degressiv ab.

Anschaffungskosten (AK):	50.000,00 €
Geschätzte Nutzungsdauer (ND):	7 Jahre
Abschreibungsbeginn:	01.01. des Geschäftsjahres (01)
Abschreibung:	nach der „25-%-Regelung"

Abschreibungsplan

Jahr	Abschreibungssatz	Anschaffungskosten bzw. Restbuchwert	
Jahr (01)	25 % von den AK	Anschaffungskosten Abschreibung *(50.000,00 € · 0,25 = 12.500,00 €)*	50.000,00 € 12.500,00 €
Jahr (02)	25 % vom Restbuchwert	Restbuchwert Abschreibung *(37.500,00 € · 0,25 = 9.375,00 €)*	37.500,00 € 9.375,00 €
Jahr (03)	25 % vom Restbuchwert	Restbuchwert Abschreibung *(28.125,00 € · 0,25 = 7.031,25 €)*	28.125,00 € 7.031,25 €
Jahr (04)	25 % vom Restbuchwert	Restbuchwert Abschreibung *(21.093,75 € · 0,25 = 5.273,44 €)*	21.093,75 € 5.273,44 €
Jahr (05)	25 % vom Restbuchwert	Restbuchwert Abschreibung *(15.820,31 € · 0,25 = 3.955,08 €)*	15.820,31 € 3.955,08 €
Jahr (06)	25 % vom Restbuchwert	Restbuchwert Abschreibung *(11.865,23 € · 0,25 = 2.966,31 €)*	11.865,23 € 2.966,31 €
Jahr (07)	25 % vom Restbuchwert	Restbuchwert Abschreibung *(8.898,92 € · 0,25 = 2.224,73 €)*	8.898,92 € 2.224,73 €
			6.674,19 €

Da nach dieser Methode der Buchwert jährlich kleiner wird, ergeben sich fallende Abschreibungsbeträge. Sie sinken von 12.500,00 € im Jahr (01) bis auf 2.224,73 € im Jahr (07). Nach Ablauf der geschätzten wirtschaftlichen Nutzungsdauer verbleibt jedoch ein Restwert von 6.674,19 €. Und jetzt, was passiert mit dem Restwert? Jetzt muss die Abschreibungsmethode gewechselt werden.

Methodenwechsel

Um aber auch unter den Bedingungen der degressiven Abschreibung eine volle Abschreibung zu ermöglichen, lässt das Steuerrecht den **Wechsel von der degressiven zur linearen Abschreibung des Restbuchwertes** zu.

Methodenwechsel
bei degressiver Abschreibung beweglicher Anlagegüter

Dieser Wechsel ist vorteilhaft, weil

- so das Anlagegut am Ende der Nutzungsdauer voll abgeschrieben ist und
- der Betrag der linearen Abschreibung des Restbuchwertes vom Zeitpunkt des Wechsels an höher bzw. gleich hoch ist wie der der weiteren degressiven Abschreibung (Steuervorteil).

Beispiel

Die MEWOH Musterwohn GmbH schreibt einen Vermögensgegenstand zunächst degressiv ab und wechselt zu gegebenem Zeitpunkt zur linearen Abschreibung.

Anschaffungskosten (AK):	275.000,00 €
Geschätzte Nutzungsdauer (ND):	10 Jahre
Abschreibungsbeginn:	1. Januar des Geschäftsjahres (01)
Abschreibung:	Bei der degressiven AfA wird der steuerlich zulässige Höchstsatz von 25 % berücksichtigt und zum günstigen Zeitpunkt der Methodenwechsel vorgenommen.

Abschreibungsplan und Vergleich lineare und degressive Abschreibung

(1)	(2)	(3)	(4)
	Lineare AfA 10 %	**Degressive AfA 25 %**	**Übergang linear → degressiv**
Anschaffungskosten Abschreibung (01)	275.000,00 € 27.500,00 €	275.000,00 € 68.750,00 €	
Restbuchwert Abschreibung (02)	247.500,00 € 27.500,00 €	206.250,00 € 51.562,50 €	
Restbuchwert Abschreibung (03)	220.000,00 € 27.500,00 €	154.687,50 € 38.671,88 €	
Restbuchwert Abschreibung (04)	192.500,00 € 27.500,00 €	116.015,62 € 29.003,91 €	
Restbuchwert Abschreibung (05)	165.000,00 € 27.500,00 €	87.011,71 € 21.752,93 €	
Restbuchwert Abschreibung (06)	137.500,00 € 27.500,00 €	65.258,78 € *16.314,70 €*	
Restbuchwert Abschreibung (07)	110.000,00 € 27.500,00 €	48.944,08 € *12.236,02 €*	48.944,08 € *12.236,02 €*
Restbuchwert Abschreibung (08)	82.500,00 € 27.500,00 €	36.708,06 € 9.177,02 €	36.708,06 € *12.236,02 €*
Restbuchwert Abschreibung (09)	55.000,00 € 27.500,00 €	27.531,04 € 6.882,76 €	24.472,04 € *12.236,02 €*
Restbuchwert Abschreibung (10)	27.500,00 € 27.500,00 €	20.648,28 € 5.162,07 €	12.236,02 € *12.236,02 €*
Restbuchwert nach 10 Jahren	**0,00 €**	**15.486,21 €**	**0,00 €**

An diesem Beispiel lässt sich der Wechsel der Abschreibungsmethoden deutlich machen. Die lineare Abschreibung (Spalte (2)) erreicht nach Ablauf der zehnjährigen Nutzungsdauer den Nullwert. Die degressive Abschreibung (Spalte (3)) endet dagegen mit einem Restwert von 15.486,21 €. Damit der Vermögensgegenstand komplett abgeschrieben werden kann, ist es zweckmäßig, die Abschreibungsmethode zu wechseln.
Dieser Methodenwechsel ist immer dann sinnvoll, wenn der Betrag der linearen Abschreibung des Restbuchwertes (lineare Restabschreibung) gleich groß bzw. größer ist als der Betrag der sonst fortgeführten degressiven Abschreibung.

Für das Beispiel empfiehlt sich das Jahr (07) für den Methodenwechsel (Spalte (4)). Zu Beginn dieses Jahres beträgt der Restbuchwert 48.944,08 €, der von diesem Jahr an auf die noch verbleibenden vier Nutzungsjahre zu verteilen ist. Das ergibt einen jährlichen Abschreibungsbetrag von 12.236,02 €.

Der Betrag der linearen Abschreibung des Restbuchwertes ist damit im Jahr des Wechsels ebenso groß wie der der fortgeführten degressiven Abschreibung. In den Folgejahren übersteigt er jedoch regelmäßig den Betrag der (ansonsten) fortgeführten degressiven Abschreibung.

4.2.3.4 Leistungsabschreibung

Möglich ist auch eine Abschreibung nach Maßgabe der Leistung **(Leistungsabschreibung)**, die bei beweglichen Wirtschaftsgütern des Anlagevermögens vorgenommen werden kann, deren Leistung in der Regel erheblich schwankt und deren Verschleiß dementsprechend wesentliche Unterschiede aufweist.

Leistungsabschreibung:
Anschaffungs- und Herstellungskosten werden nicht auf die Nutzungsdauer, sondern auf eine potenzielle Leistung verteilt.

R7.4 Abs. 5 EStR

[1] Anstelle der AfA in gleichen Jahresbeträgen (§ 7 Abs. 1 Satz 1 und 2 EStG) kann bei beweglichen **Wirtschaftsgütern des Anlagevermögens** eine **AfA nach Maßgabe der Leistung** (§ 7 Abs. 1 Satz 6 EStG) vorgenommen werden, wenn deren **Leistung** in der Regel **erheblich schwankt** und deren **Verschleiß** dementsprechend **wesentliche Unterschiede aufweist.** [2] **Voraussetzung** für AfA nach Maßgabe der Leistung ist, dass der auf das einzelne Wirtschaftsjahr entfallende **Umfang der Leistung nachgewiesen** wird. [3] Der Nachweis kann z. B. bei einer Maschine durch ein die Anzahl der Arbeitsvorgänge registrierendes **Zählwerk**, einen **Betriebsstundenzähler** oder bei einem Kraftfahrzeug durch den **Kilometerzähler** geführt werden.

In diesen Fällen sind die Anschaffungs- bzw. Herstellungskosten auf die potenzielle Leistung zu verteilen, z.B. die Verteilung der Anschaffungskosten eines Lkws auf die zu erwartende Fahrleistung. Diese Abschreibungsmethode kommt der technischen Abnutzung am nächsten, die auf das einzelne Wirtschaftsjahr entfallenden Leistungen müssen jedoch nachgewiesen werden.

Beispiel

Die MEWOH Musterwohn GmbH hat im Jahr (01) einen Transporter für 126.000,00 € erworben. Die Papiere des Fahrzeugs weisen eine potenzielle Laufleistung von 900 000 km aus. Nach einer Fahrleistung von 900 000 km soll demzufolge nach den Vorstellungen der Geschäftsleitung das Fahrzeug abgeschrieben sein.
Der Abschreibungsbetrag (€/km) ergibt sich aus der Verteilung der Anschaffungskosten auf die Leistungseinheiten (hier auf die zu fahrenden Kilometer).

Merke!

Es gilt: $\text{Abschreibung je km (€/km)} = \frac{\text{Anschaffungskosten (€)}}{\text{potenzielle Leistungen}}$

Für das Beispiel bedeutet dies:

$\text{Abschreibung je km (€/km)} = \frac{126.000{,}00\,€}{900\,000\text{ km}} = 0{,}14\,€/\text{km}$

Bei ermittelter Fahrleistung in den Jahren (01) bis (04) lassen sich folgende Abschreibungsbeträge ermitteln:

Geschäftsjahr	gefahrene Kilometer	Abschreibungsbetrag pro Jahr
Jahr (01)	240 000	33.600,00 €
Jahr (02)	230 000	32.200,00 €
Jahr (03)	210 000	29.400,00 €
Jahr (04)	220 000	30.800,00 €
	900 000	**126.000,00 €**

Zum Ende des Geschäftsjahres (04) ist das Fahrzeug abgeschrieben.

4.3 Gebäudeabschreibung

Auch bei der Gebäudeabschreibung bilden die Anschaffungs- und Herstellungskosten den Ausgangspunkt und zugleich die Wertobergrenze der Bilanzierung. Gegenstand der Abschreibung sind hier jedoch die Gebäude als nicht bewegliche (immobile) Wirtschaftsgüter.

4.3.1 Abgrenzung unbebauter und bebauter Grundstücke

Grundstücke

Grundstücke sind ein räumlich abgegrenzter Teil der Erdoberfläche. Zu unterscheiden ist zwischen unbebauten und bebauten Grundstücken.

Unbebaute Grundstücke nach § 72 BewG

Unbebaute Grundstücke nach § 72 Bewertungsgesetz (BewG)
Als unbebaut gelten
- Grundstücke, auf denen sich keine benutzbaren Gebäude befinden,
- Grundstücke mit Gebäuden, deren Zweckbestimmung und Wert gegenüber der Zweckbestimmung und dem Wert des Grund und Bodens von untergeordneter Bedeutung sind, und
- Grundstücke, auf denen infolge der Zerstörung oder des Verfalls der Gebäude auf die Dauer benutzbarer Raum nicht mehr vorhanden ist.

Erstmaliger Bilanzansatz und Wertfortschreibung unbebauter Grundstücke
- Der erstmalige Bilanzansatz (Zugangsbewertung) erfolgt mit den **Anschaffungs- bzw. Herstellungskosten** im Sinne des § 255 HGB.
- **Unbebaute Grundstücke (Grund und Boden)** gelten als zeitlich unbegrenzt nutzbare, also **nicht abnutzbare** Wirtschaftsgüter, die **keiner planmäßigen Abschreibung** unterliegen. Ist jedoch eine voraussichtlich dauernde Wertminderung (technisch/wirtschaftlich bedingt) zu vermuten, sind **außerplanmäßige Abschreibungen** vorzunehmen. Bei Wegfall der Umstände, die die außerplanmäßige Abschreibung veranlasst hatten, muss eine **Wertaufholung** erfolgen.

Bebaute Grundstücke
Bebaute Grundstücke sind Grundstücke, auf denen sich **benutzbare Gebäude b**efinden. Das ist der Fall, wenn den zukünftigen Bewohnern oder sonstigen Benutzern zugemutet werden kann, sie zu benutzen; die Abnahme durch die Bauaufsichtsbehörde ist nicht entscheidend (§ 72 BewG).

Gebäude

Gebäude

Gebäude sind unbewegliche, abnutzbare Vermögensgegenstände. Sie sind Bauwerke auf eigenem oder fremdem Grund und Boden, die Menschen oder Sachen durch räumliche Umschließung Schutz gegen äußere Einflüsse gewährt, den Aufenthalt von Menschen gestattet, fest mit dem Grund und Boden verbunden, von einiger Beständigkeit und standfest sind.

Nutzungsmöglichkeiten der Gebäude

Ein Gebäude kann teils eigenbetrieblich, teils fremdbetrieblich, teils zu eigenen und teils zu fremden Wohnzwecken genutzt werden. In diesem Falle ist jeder der vier unterschiedlich genutzten Gebäudeteile ein besonderes Wirtschaftsgut, da das Gebäude in verschiedenen Nutzungs- und Funktionszusammenhängen steht.

Die sich daraus ergebende Konsequenz besteht darin, dass jeder dieser Gebäudeteile einer eigenen Abschreibung folgt oder keiner Abschreibung unterliegt. Es geht hier also um die differenzierte Behandlung

- selbst- und fremdgenutzter Wirtschaftsgebäude,
- von Gebäuden, die eigenen Wohnzwecken dienen, und
- von Gebäuden, die fremden Wohnzwecken dienen.

Die Anschaffungs- oder Herstellungskosten des gesamten Gebäudes sind auf die einzelnen Gebäudeteile aufzuteilen. Für die Aufteilung ist das **Verhältnis der Nutzfläche eines Gebäudeteiles zur Nutzfläche des ganzen Gebäudes** maßgebend, es sei denn, diese Aufteilung führte zu einem unangemessenen Ergebnis.

Wohngebäude und Wirtschaftsgebäude

Abgrenzung Wohngebäude/ Wirtschaftsgebäude

Wohngebäude sind Gebäude und Gebäudeteile, die **Wohnzwecken** dienen. Das ist stets dann der Fall, wenn sie dazu bestimmt und geeignet sind, Menschen auf Dauer Aufenthalt und Unterkunft zu ermöglichen, auch wenn sie aus betrieblichen Gründen an Betriebsangehörige überlassen werden.

Wirtschaftsgebäude sind gewerblich genutzte Gebäude oder Gebäudeteile, die nicht Wohnzwecken dienen.

4.3.2 Bemessungsgrundlage der Abschreibung

Anschaffungs- bzw. Herstellungskosten

Basis der Gebäudeabschreibung bilden die Anschaffungs- bzw. Herstellungskosten.

- **Anschaffungskosten** sind Aufwendungen, die geleistet werden, um ein Haus oder eine Wohnung zu erwerben und in einen betriebsbereiten Zustand zu versetzen. Dabei ist der Kaufpreis aufzuteilen in den Teil, der auf den Grund und Boden entfällt, und den Teil, der das Gebäude betrifft. **Von den Grundstückskosten**, die als Preis für ein nicht abnutzbares Wirtschaftsgut gelten, **sind planmäßige Abschreibungen nicht möglich.**
- **Herstellungskosten** eines Gebäudes sind die Aufwendungen, die bei der Vorbereitung und Durchführung eines Bauvorhabens entstehen. Sie resultieren aus den in der Kontenklasse 7 verbuchten Baukosten, die jedoch im Interesse der Zuordnung zum nichtabschreibbaren Grund und Boden und zu den selbstständigen und nicht selbstständigen Gebäudeteilen nachzubereiten sind.

Abschreibungszeitraum

Der Zeitraum, über den das Gebäude abzuschreiben ist, richtet sich nach der durchschnittlichen, mutmaßlichen Nutzungsdauer des Gebäudes.

Merke!

Als **Nutzungsdauer** gilt der Zeitraum, in dem ein Gebäude voraussichtlich seiner Zweckbestimmung entsprechend genutzt werden kann.

Handelsrechtlich wird für Wohngebäude häufig eine Nutzungsdauer von 80 Jahren unterstellt, was zu einer linearen Abschreibung von jährlich 1,25 % führt. Steuerrechtlich wird, je nach Art und Alter des Gebäudes, eine Nutzungsdauer von 25 bis 50 Jahren unterstellt.

Abschreibungsbeginn
Mit den Abschreibungen ist zu beginnen, sobald das Gebäude **angeschafft** oder **hergestellt** ist.

- Ein **Gebäude ist** zu dem Zeitpunkt **angeschafft**, in dem der Erwerber das **wirtschaftliche Eigentum** an dem Gebäude erlangt. Das ist der Zeitpunkt, zu dem Besitz, Nutzungen, Lasten und Gefahr vertraglich auf ihn übergehen (Nutzen-Lasten-Wechsel).
- Es gilt als fertig, wenn es in seinen **wesentlichen Bestandteilen** nutzbar ist.

Im Jahr der Anschaffung/Herstellung kann die Gebäudeabschreibung in der Regel nur **zeitanteilig** (monatsgenau) in Anspruch genommen werden.

Abschreibungsmethoden
Auch Gebäude können **linear abgeschrieben werden** (Abschreibungen mit gleichbleibenden Beträgen) oder **degressiv** (Abschreibungen mit fallenden Beträgen).

Abschreibungsende
Die Abschreibung endet mit Ablauf der Nutzungsdauer bzw. mit Ausscheiden des Gebäudes aus dem Betriebsvermögen. Ein Ausscheiden aus dem Betriebsvermögen kann das Ergebnis physischer Vernichtung (Zerstörung) oder durch Verkauf bedingt sein. Scheidet ein Gebäude vor Ablauf der Nutzungsdauer aus dem Betriebsvermögen aus, ist für das Jahr des Ausscheidens eine **zeitanteilige Abschreibung** vorzunehmen.

4.3.3 Lineare Gebäudeabschreibung

Merke!

Die **lineare Gebäudeabschreibung** ist eine **Abschreibung mit gleichbleibenden Beträgen**, bei der die Anschaffungs- bzw. Herstellungskosten gleichmäßig auf die Nutzungsdauer verteilt werden.

Die steuerrechtlichen **Nutzungsdauern** und somit auch die **Abschreibungssätze** richten sich im Wesentlichen nach der **Art der Gebäude** (Wirtschafts- oder Wohngebäude) und dem **Zeitpunkt** der Bauantragstellung, der Fertigstellung oder des Erwerbs.

Abschreibungssätze

Lineare Gebäudeabschreibung nach § 7 Abs. 4 EStG

- Für **Wirtschaftsgebäude**, also Gebäude, die nicht Wohnzwecken dienen und für die der Bauantrag nach dem 31.03.1985 gestellt wurde, beträgt die lineare Abschreibung jährlich **3 % der Anschaffungs- bzw. Herstellungskosten**.
- Für **Wohngebäude** gilt ein Abschreibungssatz
  - von **3,0 %**, wenn das Gebäude **nach dem 31.12.2022** fertiggestellt worden ist,
  - von **2,0 %**, wenn das Gebäude **vor dem 01.01.2023** und **nach dem 31.12.1924** fertiggestellt worden ist, und
  - von **2,5 %**, wenn das Gebäude **vor dem 01.01.1925** fertiggestellt worden ist.

Lineare Gebäudeabschreibung Wirtschafts- und Wohngebäude			
Wirtschaftsgebäude	**Wohngebäude**	**Wohngebäude**	**Wohngebäude**
Bauantrag nach dem 31.03.1985 gestellt **3 %** 33 Jahre Nutzungsdauer § 7 Abs. 4 Nr. 1 EStG	Fertigstellung nach dem 31.12.2022 **3 %** 33 Jahre Nutzungsdauer § 7 Abs. 5 Nr. 2a EStG	Fertigstellung vor dem 01.01.2023 und nach dem 31.12.1924 **2 %** 50 Jahre Nutzungsdauer § 7 Abs. 5 Nr. 2b EStG	Fertigstellung vor dem 01.01.1925 **2,5 %** 40 Jahre Nutzungsdauer § 7 Abs. 5 Nr. 2c EStG

Diese in § 7 Abs. 4 EStG vorgeschriebenen **Abschreibungssätze sind Mindestabschreibungen**, die regelmäßig – also auch in Verlustjahren – in Ansatz gebracht werden müssen. Sie können auch bei der Erstellung des handelsrechtlichen Abschlusses zugrunde gelegt werden.

Absetzung für Abnutzung oder Substanzverringerung:
§ 7 EStG

Beispiel

Die MEWOH Musterwohn GmbH erwarb am 22.02.2001 ein Wohngebäude für insgesamt 2.000.000,00 €. Die darin enthaltenen Grundstückskosten betragen 200.000,00 €. Als Termin der ursprünglichen Fertigstellung gilt das Jahr 1965. **Zu ermitteln ist der Betrag der linearen Abschreibung im Jahr der Anschaffung und in den folgenden Jahren.**
Lösung:
(1) Bemessungsgrundlage für die Abschreibung bilden die Gebäudekosten von 1.800.000,00 €.

	Anschaffungskosten gesamt	2.000.000,00 €
–	Grundstückskosten	200.000,00 €
=	Gebäudekosten	1.800.000,00 €

(2) Da es sich bei diesem Gebäude um ein Wohngebäude handelt und der Termin der Fertigstellung nach dem 31.12.1924, aber vor dem 01.01.2023 liegt, ist mit einem Abschreibungssatz von 2 % zu rechnen.
Die jährliche Abschreibung beträgt 36.000,00 € (1.800.000,00 € · 2 %).
(3) Für die Bestimmung der Abschreibungsbeträge ist jedoch zu beachten, dass bei der linearen Abschreibung im Jahr der Anschaffung Jahr (01) nur eine zeitanteilige Abschreibung zulässig ist.
Jahr (01)/Abschreibung nur zeitanteilig → 33.000,00 € (36.000,00 €/12 · 11 = 33.000,00 €)
Jahr (02) bis Jahr (51)/Abschreibung → 36.000,00 €
Jahr (52)/Abschreibung nur zeitanteilig → 3.000,00 € (36.000,00 €/12 · 1 = 3.000,00 €)

Abschreibungsplan:

AK Gebäude			**1.800.000,00 €**
AfA (01)	2 %	von 1.800.000,00 €/12 · 11	33.000,00 €
Buchwert (02)			**1.767.000,00 €**
AfA (02) bis (50)	2 %	(49 Jahre · 2 % = 98 %)	1.764.000,00 €
Buchwert (50)			**3.000,00 €**
AfA (51)	2 %	von 1.800.000,00 €/12 · 1	3.000,00 €
Buchwert (52)			**0,00 €**

Merke!

Ist die **tatsächliche Nutzungsdauer** des Gebäudes **nachweislich kürzer, kann** anstelle der gesetzlich vorgesehenen Sätze eine entsprechend **höhere Abschreibung vorgenommen werden.**

Im Jahr der Veräußerung des Gebäudes oder der Entnahme aus dem Betriebsvermögen ist nur eine zeitanteilige Abschreibung zulässig. Für den Erwerber des Gebäudes beginnt eine neue Abschreibungsperiode. Die künftige Abschreibung errechnet sich aus den Anschaffungskosten des Käufers. Der Abschreibungssatz hängt vom Jahr der Fertigstellung des Gebäudes, nicht vom Jahr der Anschaffung ab.

4.3.4 Degressive Gebäudeabschreibung

Degressive Gebäudeabschreibung nach § 7 Abs. 5 EStG

Anstelle der **linearen Gebäudeabschreibung** ist nach § 7 Abs. 5 EStG auch eine **degressive Gebäudeabschreibung** (Abschreibung mit fallenden Beträgen) möglich.

Merke!

Bei der degressiven Abschreibung fallen die **Abschreibungssätze** jedoch, da **fallende Abschreibungssätze** stets **auf** die **ursprünglichen Anschaffungs- bzw. Herstellungskosten** verrechnet werden.

Welche Abschreibungssätze zur Anwendung kommen können, zeigt die folgende Übersicht.

Die **Staffelbezeichnungen** verdeutlichen, von welchem Jahr an die jeweiligen Regelungen zur degressiven Abschreibung gelten.

Staffel (89) besagt: Die Regelungen gelten ab dem Jahr **1989**.

Staffel (96) besagt: Die Regelungen gelten ab dem Jahr **1996**.

Staffel (04) besagt: Die Regelungen gelten gelten ab dem Jahr **2004**.

Degressive Gebäudeabschreibung
Wohngebäude

Staffel (89)	**Staffel (96)**	**Staffel (04)**
Bauantrag/Kaufvertrag nach dem 28.02.1989 und vor dem 01.01.1996	Bauantrag/Kaufvertrag nach dem 31.12.1995 und vor dem 01.01.2004	Bauantrag/Kaufvertrag nach dem 31.12.2003 und vor dem 01.01.2006
4 Jahre **7 %**	8 Jahre **5 %**	10 Jahre **4 %**
6 Jahre **5 %**	6 Jahre **2,5 %**	8 Jahre **2,5 %**
6 Jahre **2 %**	36 Jahre **1,25 %**	32 Jahre **1,25 %**
24 Jahre **1,25 %**		
40 Jahre	**50 Jahre**	**50 Jahre**
§ 7 Abs. 5 Nr. 3a EStG	**§ 7 Abs. 5 Nr. 3b EStG**	**§ 7 Abs. 5 Nr. 3c EStG**

Beispiel

Ein Steuerpflichtiger hatte die Errichtung eines zu vermietenden Wohngebäudes am 20.10.2005 abgeschlossen. Die Gesamtkosten betrugen 2.500.000,00 €, die darin enthaltenen Grundstückskosten beliefen sich auf 200.000,00 €. Da das Gebäude **selbst errichtet und vor dem 01.01.2006 fertiggestellt** wurde, konnte es degressiv abgeschrieben werden.

Es wird unterstellt, dass entsprechend § 7 Abs. 5 Nr. 3c
- im Jahr der Anschaffung und in den folgenden 9 Jahren 4 %,
- in den darauffolgenden 8 Jahren 2,5 %,
- in den darauffolgenden 32 Jahren 1,25 %

der ursprünglichen Herstellungskosten abgeschrieben werden können.
Zu erstellen ist der Abschreibungsplan für die Jahre 2005 bis zum Ende der Nutzungsdauer.

Lösung:
(1) Ausgangspunkt der Berechnung ist die Trennung der **Grundstücks- und Gebäudekosten.** Die Gebäudekosten von 2.300.000,00 € bilden die Abschreibungsbemessungsgrundlage.
(2) Bei der degressiven Gebäudeabschreibung ist **im Jahr der Fertigstellung und den folgenden Jahren**, unabhängig vom Datum der Fertigstellung, ein **ganzer Jahresbetrag abzuschreiben.** Bereits im Jahre 2005 waren also 4 % von 2.300.000 €, somit 92.000,00 € abzuschreiben.
Im Jahr der **Veräußerung** oder der Entnahme aus dem Betriebsvermögen hingegen ist nur eine **zeitanteilige Abschreibung** zulässig.
(3) Die Abschreibungen sowohl im Jahr 2005 als auch in den Jahren bis 2014 betragen jeweils 92.000,00 € (2.300.000,00 € · 4,00 % = 92.000,00 €). Für die Jahre 2015 bis 2022 sind jährlich 57.000,00 € abzuschreiben (2.300.000,00 € · 2,5 % = 57.500,00 €), ab 2023 bis zum Ende der Nutzungsdauer sind jährlich 28.750,00 € abzuschreiben (2.300.000,00 € · 1,25 % = 28.750,00 €).

Abschreibungsplan:

AK Gebäude			**2.300.000,00 €**
AfA			
AfA (2005) bis (2014)	4 %	· 10 Jahre	920.000,00 €
Buchwert 2015			**1.380.000,000 €**
AfA (2015) bis (2022)	2,5 %	· 8 Jahre	460.000,00 €
Buchwert 2023			**920.000,000 €**
AfA (2023) bis (2055)	1,25 %	· 32 Jahre	920.000,00 €
Buchwert 2055			**0,00 €**

Degressive Gebäudeabschreibung als auslaufendes Recht

Diese degressive Gebäudeabschreibung gilt als auslaufendes Recht und wird ab dem 01.01.2006 nicht mehr gewährt. Eine degressive Gebäudeabschreibung nach § 7 Abs. 5 Satz 1 Nr. 3 Buchstabe c EStG kann nur noch für Wohngebäude in Anspruch genommen werden, deren Fertigstellung/Anschaffung auf der Basis eines Bauantrags/Kaufvertrags bis zum 31.12.2005 erfolgte.

Merke!

Wenn auch gegenwärtig für Neubauten die Inanspruchnahme einer degressiven Abschreibung nicht mehr möglich ist, so gelten doch die Regelungen des § 7 Abs. 5 weiterhin für alle in den Vorjahren begonnenen degressiven Gebäudeabschreibungen. Zudem ist nicht ausgeschlossen, dass die degressive Gebäudeabschreibung im Steuerrecht wieder eingeführt wird.

Methoden der Gebäudeabschreibung

Planmäßige Gebäudeabschreibung nach deutschem Bilanzrecht

Handelsrechtlich besteht die Notwendigkeit einer planmäßigen Abschreibung. Jedoch schreibt das Handelsrecht keine konkreten Abschreibungsmethoden vor, sodass in der immobilienwirtschaftlichen Praxis die steuerlichen Vorschriften auch bei der handelsrechtlichen Bewertung zur Anwendung kommen.

Lineare Gebäudeabschreibung

Abschreibung mit gleichbleibenden Jahresbeträgen (§ 7 Abs. 4 EStG)

Degressive Gebäudeabschreibung

Abschreibung mit fallenden Jahresbeiträgen, wobei die Abschreibungssätze (je nach Staffel) sinken und stets auf die ursprünglichen Anschaffungs-/Herstellungskosten verrechnet werden (§ 7 Abs. 5 EStG).

5 Bewertung des Umlaufvermögens

SB ▶ SITUATION 108 Bewertung des Umlaufvermögens

5.1 Vorratsbewertung

Kaufmännische Vorsicht und das strenge Niederstwertprinzip

Vorräte gehören zum **Umlaufvermögen,** dessen Positionen nach dem **strengen Niederstwertprinzip** zu bewerten sind. Sie dürfen höchstens mit ihren Anschaffungs-/Herstellungskosten bilanziert werden. Liegt der aktuelle Wert zum Bilanzstichtag darunter, ist der niedrigere anzusetzen.

§ 253 Abs. 4 HGB

Bei Vermögensgegenständen des **Umlaufvermögens** sind **Abschreibungen** vorzunehmen, **um diese mit einem niedrigeren Wert anzusetzen, der sich aus einem Börsen- oder Marktpreis am Abschlussstichtag** ergibt. Ist ein Börsen- oder Marktpreis nicht festzustellen und übersteigen die Anschaffungs- oder Herstellungskosten den Wert, der den Vermögensgegenständen am Abschlussstichtag beizulegen ist, so ist auf diesen Wert abzuschreiben.

Diese Regelung ist auch bei der Bilanzierung der durch Inventur ermittelten Vorratsbestände zu beachten.

Grundsatz der Einzelbewertung

Zudem gilt der **Grundsatz der Einzelbewertung**, wonach alle Bilanzpositionen, und so auch die Vorräte, grundsätzlich einzeln zu bewerten sind.

Eine solche Einzelbewertung ist bei zum Verkauf bestimmten bebauten und unbebauten Grundstücken, die ihrem Wesen nach auch zu den Vorräten gehören, sachlich durchaus möglich und wirtschaftlich vertretbar. Zum Bilanzstichtag noch nicht veräußerte Grundstücke und selbst errichtete Bauten lassen sich ebenso einzeln bewerten.

Oft ist für bestimmte **Materialvorräte** (bspw. für Heizöl) eine solche Einzelbewertung jedoch **sachlich nicht möglich** und **wirtschaftlich** auch **nicht vertretbar**. Diese Vorräte werden in der Regel zu unterschiedlichen **Zeitpunkten**, in unterschiedlichen **Mengen** und zu unterschiedlichen **Preisen** erworben.

Merke!

Zum Bilanzstichtag lässt sich also nicht genau ermitteln, aus welcher Lieferung der jeweilige Schlussbestand stammt und zu welchem Preis er gekauft wurde.

Der Gesetzgeber erlaubt deshalb bei **gleichartigen Artikeln** eine **Sammel- oder Gruppenbewertung** in Form einer **Durchschnitts- oder Verbrauchsfolgebewertung** (§§ 240, 256 HGB).

Sammel- oder Gruppenbewertung

Sammel- oder Gruppenbewertung (§§ 240, 256 HGB)

Soweit es den Grundsätzen der ordnungsmäßigen Buchführung entspricht, kann für den Wertansatz gleichartiger Vermögensgegenstände des Vorratsvermögens unterstellt werden, dass die zuerst oder dass die zuletzt angeschafften oder hergestellten Vermögensgegenstände zuerst verbraucht oder veräußert worden sind.

Bewertungsvereinfachungsverfahren

§ 256 HGB – Bewertungsvereinfachungsverfahren

- **Durchschnittsmethode**: Bewertung des Endbestands auf Basis eines gewichteten Durchschnittspreises
- **Verbrauchsfolgeverfahren**
  - **Fifo-Methode**: Bewertung des Endbestands mit Preisen der letzten Lieferungen
  - **Lifo-Methode**: Bewertung des Endbestands mit Preisen der ersten Lieferungen

5.1.1 Durchschnittsmethode

Durchschnittsmethode

Enthält das **Vorratsvermögen** am Bilanzstichtag Wirtschaftsgüter,

- die im Verkehr nach Maß, Zahl oder Gewicht bestimmt werden und
- bei denen die Anschaffungskosten/Herstellungskosten wegen Schwankungen der Einstandspreise im Laufe des Wirtschaftsjahres im Einzelnen nicht mehr einwandfrei feststellbar sind,

so ist der **Wert dieser Wirtschaftsgüter zu schätzen**. In diesen Fällen stellt die **Durchschnittsbewertung** ein zweckentsprechendes Schätzungsverfahren dar (§ 240 Abs. 4 HGB und R 6.8 Abs. 3 und 4 EStR).

§ 240 Abs. 4 HGB

Gleichartige Vermögensgegenstände des Vorratsvermögens [...] können jeweils zu einer Gruppe zusammengefasst und mit dem gewogenen Durchschnittswert angesetzt werden.

Diese **Durchschnittsbewertung** ist eine **Bewertung nach dem gewogenen Mittel** der im Lauf des Wirtschaftsjahres erworbenen und gegebenenfalls zu Beginn des Wirtschaftsjahres vorhandenen Wirtschaftsgüter.

Der Durchschnittswert je Einheit (€/Einheit) wird als gewogenes Mittel wie folgt errechnet:

Berechnung der Durchschnittsbewertung

$$€/\text{Einheit} = \frac{\text{Vorratswert (€)}}{\text{Vorratsmenge (€)}} \quad \text{bzw.} \quad €/\text{Einheit} = \frac{\text{Gesamtkosten } (K_{Ges})}{\text{Gesamtmenge } (M_{Ges})}$$

Beispiel

Es wird unterstellt, dass durch die Inventur ein Vorratsendbestand von 6000 Einheiten (E) ermittelt wurde, der zu bewerten ist. Der Bewertung liegen die folgenden Daten zugrunde:

Datum	Menge	Anschaffungskosten/Einheit	Gesamtwert
01.01.01	5000 E	6,00 €	30.000,00 €
10.01.01	8000 E	5,50 €	44.000,00 €
15.07.01	10000 E	7,00 €	70.000,00 €
20.12.01	5000 E	5,00 €	25.000,00 €
Summe	**28000 E**		**169.000,00 €**

Nach der **Durchschnittsmethode** betragen die durchschnittlichen Anschaffungskosten je Einheit 6,0357 € (169.000,00 € : 28000 E). Der Schlussbestand von 6000 E hat nach der Durchschnittsmethode einen Wert von:

$$€/\text{Einheit} = \frac{\text{Gesamtkosten } (K_{Ges})}{\text{Gesamtmenge } (M_{Ges})} = \frac{169.000{,}00\,€}{28\,000\text{ E}} = 6{,}0357\,€/\text{E}$$

Inventurbestand	·	**Wert/Einheit**	=	**Bilanzansatz**
6000 E	·	6,0357 €	=	36.214,20 €

5.1.2 Verbrauchsfolgebewertungen

Anstelle der Durchschnittsbewertung kann eine Bewertung der Vorratsbestände auch nach der **Abfolge ihres Verbrauchs** (Verbrauchsfolgeverfahren) bewertet werden. Dabei bildet die zeitliche Reihenfolge der Zu- und Abgänge gleichartiger Vorräte bei schwankenden Anschaffungskosten die Bewertungsgrundlage. Zulässig sind die **Fifo-Methode** und die **Lifo-Methode**.

§ 256 HGB

Soweit es den Grundsätzen ordnungsmäßiger Buchführung entspricht, kann für den Wertansatz gleichartiger Vermögensgegenstände des Vorratsvermögens unterstellt werden, dass die zuerst oder dass die zuletzt angeschafften oder hergestellten Vermögensgegenstände zuerst verbraucht oder veräußert worden sind. [...]

Fifo-Methode

Die **Fifo-Methode** (Fifo steht für **f**irst **i**n, **f**irst **o**ut) unterstellt, dass die **zuerst erworbenen Güter auch zuerst verbraucht wurden**. Der Inventurendbestand setzt sich demzufolge aus den letzten Lieferungen zusammen und ist somit auch mit deren Preisen zu bewerten.

Beispiel

Es wird unterstellt, dass durch die Inventur ein Vorratsendbestand von 6 000 Einheiten (E) ermittelt wurde, der zu bewerten ist. Der Bewertung liegen die folgenden Daten zugrunde:

Datum	Menge	Anschaffungskosten/Einheit	Gesamtwert
01.01.01	5 000 E	6,00 €	30.000,00 €
10.01.01	8 000 E	5,50 €	44.000,00 €
15.07.01	10 000 E	7,00 €	70.000,00 €
20.12.01	5 000 E	5,00 €	25.000,00 €
Summe	**28 000 E**		**169.000,00 €**

Nach dieser Bewertungsmethode ergibt sich folgende Bewertung des Inventurbestands von 6 000 Einheiten:

5 000 Einheiten zu 5,00 € = 25.000,00 €
1 000 Einheiten zu 7,00 € = 7.000,00 €
6 000 Einheiten Endbestand = 32.000,00 €

Nach der Fifo-Methode beträgt der zu bilanzierende Wert 32.000,00 €.

Lifo-Methode

Die **Lifo-Methode** (Lifo steht für **l**ast **i**n, **f**irst **o**ut) unterstellt, dass die zuletzt erworbenen Güter zuerst verbraucht wurden. Der Inventurendbestand setzt sich demzufolge aus dem Anfangsbestand und ersten Lieferungen zusammen und ist demzufolge auch mit deren Preisen zu bewerten.

Beispiel

Datum	Menge	Anschaffungskosten/Einheit	Gesamtwert
01.01.01	5 000 E	6,00 €	30.000,00 €
10.01.01	8 000 E	5,50 €	44.000,00 €
15.07.01	10 000 E	7,00 €	70.000,00 €
20.12.01	5 000 E	5,00 €	25.000,00 €
Summe	**28 000 E**		**169.000,00 €**

Nach dieser Bewertungsmethode ergibt sich folgende Bewertung des Inventurbestands von 6 000 Einheiten:

5 000 Einheiten zu 6,00 € = 30.000,00 €
1 000 Einheiten zu 5,50 € = 5.500,00 €
6 000 Einheiten Endbestand = 35.500,00 €

Der Bilanzansatz nach der Lifo-Methode beträgt 35.500,00 €.

Im Gegensatz zum Handelsrecht sind **steuerrechtlich** nur die **Durchschnittsmethode** und die **Lifo-Methode** als Verfahren der Gruppenbewertung gleichartiger Wirtschaftsgüter des Vorratsvermögens **zulässig**.

5.2 Bewertung von Forderungen

Forderung

Eine Forderung ist das Recht, von einem anderen aufgrund eines Schuldverhältnisses eine (Geld-)Leistung zu fordern (§ 241 BGB). Sie entsteht, wenn eine Lieferung/Leistung an einen Kunden erfolgt. Sie bleibt bestehen, sofern sie nicht sofort bezahlt wird.

Weder im Handels- noch im Steuerrecht gibt es besondere Vorschriften zur Bewertung von Forderungen. Grundsätzlich lassen sie sich aber in **lang- und kurzfristige Forderungen** unterteilen und unterliegen den allgemeinen **Bewertungsgrundsätzen für das Anlage- bzw. Umlaufvermögen.**

Bei der Bewertung von zum Umlaufvermögen gehörenden Forderungen ist das **strenge Niederstwertprinzip** zu beachten, das besagt, dass diese Forderungen höchstens mit den **Anschaffungskosten**, erforderlichenfalls aber mit dem niedrigeren Zeitwert zu bilanzieren sind.

Strenges Niederstwertprinzip bei der Bewertung von Forderungen

Anschaffungskosten

Die **Anschaffungskosten** einer Forderung sind in der Regel identisch mit deren **Nennwert**, zuzüglich aller Nebenkosten.

Forderungen sind im Rahmen der Jahresabschlussarbeiten zu bewerten. Dazu werden sie, entsprechend der Chance ihrer Realisierung, hinsichtlich des tatsächlich zu erwartenden Geldflusses in drei Kategorien eingeteilt.

Zu unterscheiden ist zwischen
- **einwandfreien** Forderungen,
- **zweifelhaften** Forderungen und
- **uneinbringlichen** Forderungen.

Unterscheidung der Forderungen entsprechend der zu erwartenden Zahlungen

Forderungen

einwandfreie Forderungen (Forderungen ohne Ausfallrisiko)	zweifelhafte Forderungen (Forderungen mit erkennbaren Ausfallrisiken)	uneinbringliche Forderungen (ausgefallene Forderungen)

- **Einwandfrei** sind **Forderungen ohne Ausfallrisiko**, also solche Forderungen, bei denen mit vollständigem Zahlungseingang zu rechnen ist. Sie sind mit ihrem **Nennwert** zu bilanzieren.

Einwandfreie Forderungen ohne Ausfallrisiko

- **Zweifelhaft** sind **Forderungen, die ein Ausfallrisiko haben**. Das sind Forderungen, bei denen der **Zahlungseingang unsicher** ist und ein vollständiger oder teilweiser Forderungsausfall zu erwarten ist. Forderungen können insbesondere dann zweifelhaft werden, wenn:

Zweifelhafte Forderungen: Forderungen mit Ausfallrisiko

- der Schuldner (Mieter) sich im **Zahlungsverzug** befindet und der Eingang der Zahlung ungewiss ist.
- über das Vermögen des Schuldners das **Vergleichsverfahren** oder **Insolvenzverfahren** eingeleitet wurde und mit einem Ausfall in einer zu schätzenden Höhe zu rechnen ist.

Diese zweifelhaften Forderungen – die auch als **„Dubiose"** bezeichnet werden – sind **mit ihrem wahrscheinlichen Wert** zu bilanzieren, denn § 252 Abs. 1 Nr. 4 HGB fordert, alle vorhersehbaren Risiken und Verluste, die bis zum Abschlussstichtag entstanden sind, zu berücksichtigen. Das erfordert eine **Wertberichtigung der Forderungen**.

Uneinbringliche Forderungen: Totalausfall

- **Uneinbringlich** sind Forderungen, deren Ausfall endgültig feststeht. Das ist der Fall, wenn
  - durch gerichtliche Entscheidung **Forderungen für unberechtigt erklärt** werden.
  - die **Einrede der Verjährung** durch den Schuldner wirksam erhoben wird.
  - das **Insolvenzverfahren** über das Vermögen des Schuldners mangels Masse **eingestellt** wird.
  - die **Zwangsvollstreckung fruchtlos** ist und voraussichtlich auch künftig fruchtlos bleiben wird.
  - der Schuldner eine **eidesstattliche Versicherung** abgegeben hat und wenn sich dessen Vermögenslage voraussichtlich auch in absehbarer Zeit nicht verbessern wird.
  - die **Durchsetzung des Anspruchs wirtschaftlich unsinnig** wäre, da dies mit zu hohen Kosten verbunden wäre.

  Diese uneinbringlichen Forderungen sind in vollem Umfang **abzuschreiben**.

Die Bewertung (Abschreibung) der Forderungen zum Bilanzstichtag kann auf dem Weg der

- **direkten Abschreibung** uneinbringlicher Forderungen,
- **Einzelwertberichtigung** von Forderungen (indirekte Abschreibung) und
- **Pauschalwertberichtigung** von Forderungen (indirekte Abschreibung)

erfolgen.

5.2.1 Direkte Abschreibung uneinbringlicher Forderungen

Uneinbringliche Forderungen
▶ Band 1, LF 5, Kap. 2.2

Für ausgefallene Forderungen muss das Wohnungsunternehmen keine Risikovorsorge mehr treffen. Es gilt jedoch, diesen Ausfall buchhalterisch abzubilden, diese Forderungen abzuschreiben. Der Rechtsanspruch auf Zahlung des ausstehenden Betrags bleibt davon unberührt. Forderungsausfälle können sofort (unterjährig) direkt abgeschrieben werden, also nicht erst im Rahmen des Jahresabschlusses, sondern bereits bei Bekanntwerden der Uneinbringlichkeit. Hierfür steht das Konto **(855) Abschreibungen auf Forderungen und Sonstige Vermögensgegenstände** zur Verfügung.

6 Eigenkapitalausweis im Jahresabschluss von Kapitalgesellschaften

SB ▶ SITUATION 109
Eigenkapitalausweis im Jahresabschluss von Kapitalgesellschaften

6.1 Eigenkapitalpositionen von Kapitalgesellschaften

Bei **Einzelunternehmen** und **Personengesellschaften** ist es möglich, das Ergebnis des Geschäftsjahres – ermittelt über das Gewinn- und Verlustkonto als Gegenüberstellung aller Aufwendungen und Erträge – direkt in ein Konto **(30) Eigenkapital** zu überführen. Dies ist möglich, da das Eigenkapital in der Bilanz dieser Unternehmen, sofern sie bilanzierungspflichtig sind, als eine **Sammelposition** erscheint, die gegebenenfalls lediglich entsprechend der Firmeninhaber unterteilt wird.

In der Bilanz von **Kapitalgesellschaften** hingegen erscheint das Eigenkapital als Summe verschiedener **Einzelpositionen**.

Dazu gehören insbesondere:

30 Gezeichnetes Kapital (§ 272 Abs. 1 HGB)

Das gezeichnete Kapital ist das Kapital, mit dem die Gesellschafter für die Schulden der Gesellschaft haften. Es ist das laut Satzung im Handelsregister eingetragene **Haftungskapital**, das in Abhängigkeit von der Rechtsform der Unternehmen als **Grundkapital** (Aktiengesellschaften), **Stammkapital** (GmbH) oder **Geschäftsguthaben** (Genossenschaften) bezeichnet wird.

32 Kapitalrücklagen (§ 272 Abs. 2 HGB)

Hier sind **Eigenkapitalzuführungen von außen** auszuweisen, die **über das gezeichnete Kapital hinausgehen**.

33 Gewinnrücklagen/Ergebnisrücklagen (§ 272 Abs. 3 HGB)

Als Gewinnrücklagen/Ergebnisrücklagen werden **Beträge des Eigenkapitals** ausgewiesen, die im Berichtsjahr bzw. in vorangegangenen Geschäftsjahren **aus dem Ergebnis gebildet worden** sind. Sie erscheinen in den Bilanzen der Wohnungsunternehmen u. a. als

- Gesetzliche Rücklagen (330),
- Gesellschaftsvertragliche / Satzungsmäßige Rücklagen (332),
- Bauerneuerungsrücklagen (333) und als
- Andere Gewinnrücklagen / Andere Ergebnisrücklagen (334).

34 Ergebnis (§ 268 Abs. 1 HGB)

Als Ergebnis werden in der Bilanz dokumentiert:

- **Jahresergebnis** als **Jahresüberschuss/Jahresfehlbetrag (341)**

Jahresüberschuss

Der **Jahresüberschuss** ist das **positive** Ergebnis der Verrechnung von Erträgen und Aufwendungen des abgelaufenen Geschäftsjahres, der **Jahresfehlbetrag** das **negative** Ergebnis dieser Verrechnung.

- **Bilanzergebnis** als **Bilanzgewinn/Bilanzverlust (342)**

Bilanzergebnis

Bilanzgewinn bzw. **Bilanzverlust** sind das Ergebnis der Verrechnung des Jahresergebnisses mit Gewinn- oder Verlustvorträgen früherer Jahre und Entnahmen aus und/oder Zuführungen zu Rücklagen.

- **Ergebnisrest** als **Gewinnvortrag/Verlustvortrag (340)**

Ergebnisrest

Der **Gewinnvortrag** ist der nicht ausgeschüttete Bilanzgewinn des Vorjahres (Gewinnrest), der nicht den Rücklagen zugeführt und auch nicht anderweitig verwendet worden ist, sondern durch Beschluss der Gesellschafter als Gewinn vorzutragen ist. Der **Verlustvortrag** ist nach analoger Betrachtung der Rest des Bilanzverlustes des Vorjahres, der durch eine Auflösung von Rücklagen nicht gemindert werden konnte.

6.2 Inhaltliche Bestimmung der Rücklagen

Rücklagen gelten auch als bilanzpolitische Reserven.

Rücklagen

Rücklagen sind **Teil des Eigenkapitals,** werden getrennt vom gezeichneten Kapital ausgewiesen und gelten als (bilanzpolitische) Reserven des Wohnungsunternehmens. Sie werden gebildet, um mögliche Verluste in späteren Jahren auszugleichen.

Grundsätzlich ist zwischen **offenen** und **stillen** Rücklagen zu unterscheiden.

Offene Rücklagen

Offene Rücklagen: in der Bilanz offen erkennbare Rücklagen

Merke!

Offene Rücklagen entstehen entweder durch Zuführung von Eigenkapital (über das Haftungskapital hinaus) als **Kapitalrücklagen** oder durch das Einbehalten von Gewinnen als **Gewinnrücklagen.**

Sie erscheinen auf der Passivseite der Bilanz des Wohnungsunternehmens als **gesonderte Bilanzpositionen** in den Kontengruppen

- (32) Kapitalrücklagen bzw.
- (33) Gewinnrücklagen.

Für Kapitalgesellschaften schreibt das HGB § 272 Abs. 2 und 3 die Bildung solcher Rücklagen ausdrücklich vor.

Stille Rücklagen

Stille Rücklagen, auch bezeichnet als verdeckte Rücklagen oder stille Reserve

Merke!

Stille Rücklagen (stille Reserven) sind Eigenkapitalpositionen, deren Existenz in der Bilanz nicht ersichtlich ist, denn dort werden sie nicht gesondert ausgewiesen. Sie entstehen durch

- **die Unterbewertung von Aktivposten,**
- **die Überbewertung von Passivposten.**

Beispiel

a) Unterbewertung von Aktivposten
Die MEWOH Musterwohn GmbH hat im Jahr (01) ein **unbebautes Grundstück des Umlaufvermögens** erworben. Die Anschaffungskosten betrugen 100.000,00 €. Zum 31.12.05 hat sich der Verkehrswert des Grundstücks auf 150.000,00 € erhöht. In der Bilanz jedoch darf das Grundstück höchstens mit den ursprünglichen Anschaffungskosten von 100.000,00 € bilanziert werden, da Vermögenspositionen nach dem **Niederstwertprinzip** bewertet werden müssen. Es ergibt sich in diesem Fall eine Unterbewertung und damit eine stille Rücklage in Höhe von 50.000,00 €.

b) Überbewertung von Passivposten
Der MEWOH Musterwohn GmbH entstanden im Verlauf des Geschäftsjahres (01) Verbindlichkeiten in ausländischen Währungen über umgerechnet 20.000,00 €. Infolge eines Kursrückgangs betragen die **Schulden** zum Bilanzstichtag nur noch 18.000,00 €. Da diese Schulden nach dem **Höchstwertprinzip** bewertet werden müssen, sind sie mit dem Ursprungswert von 20.000,00 € zu bilanzieren. Durch diese Überbewertung der Schulden entsteht eine stille Rücklage von 2.000,00 €.

6.2.1 Kapitalrücklagen (32)

Kapitalrücklagen

Kapitalrücklagen sind Rücklagen, die unabhängig vom Jahresabschluss gebildet und in der Regel durch Eigenkapitalzuführungen von außen verursacht werden.

Kapitalrücklage

Als **Kapitalrücklage** sind nach § 272 Abs. 2 HGB auszuweisen

1. der Betrag, der bei der **Ausgabe von Anteilen** einschließlich von Bezugsanteilen **über den Nennbetrag** hinaus erzielt wird,
2. der Betrag, der bei der **Ausgabe von Schuldverschreibungen** für Wandlungsrechte und Optionsrechte zum Erwerb von Anteilen erzielt wird,
3. der Betrag von **Zuzahlungen, die Gesellschafter gegen Gewährung eines Vorzugs** für ihre Anteile leisten,
4. der Betrag von anderen **Zuzahlungen**, die Gesellschafter in das Eigenkapital leisten.

Beispiel

Das Eigenkapital einer Wohnungsbau AG besteht zum 31.12.01 aus folgenden Eigenkapitalpositionen:

I.	**Gezeichnetes Kapital**	2.500.000,00 €
II.	**Kapitalrücklage**	100.000,00 €
III.	**Gewinnrücklagen**	
	1. Gesetzliche Rücklage	20.000,00 €
	2. Satzungsmäßige Rücklage	50.000,00 €
	3. Andere Gewinnrücklage	25.000,00 €
IV.	**Ergebnis**	
	1. Gewinnvortrag	30.000,00 €
	2. Jahresüberschuss	35.000,00 €
	Summe Eigenkapital	**2.760.000,00 €**

Die Wohnungsbau AG erhöht das gezeichnete Kapital um 200.000,00 € (Nennwert) durch die Ausgabe neuer Aktien. Diese Aktien werden mit einem Aufgeld (Agio) von insgesamt 100.000,00 € ausgegeben. Die Wohnungsbau AG erhält für die Ausgabe der Aktion also insgesamt 300.000,00 € gutgeschrieben, von denen 200.000,00 € als Erhöhung des **(30) Gezeichneten Kapitals** erfasst werden müssen und 100.000,00 € als **(32) Kapitalrücklagen** gelten.

Buchung

Soll	an	Haben	€
(274)			300.000,00
	an	(30)	200.000,00
	an	(32)	100.000,00

S (274) H

S	H
200.000,00	

S (30) H

S	H
	(980) 2.500.000,00
	(274) 200.000,00

S (32) H

S	H
	(980) 10.000,00
	(274) 100.000,00

Diese Buchungen führen zu folgenden **Veränderungen** des Eigenkapitals:

I.	**Gezeichnetes Kapital**	2.700.000,00 €
II.	**Kapitalrücklage**	200.000,00 €
III.	**Gewinnrücklage**	
	1. Gesetzliche Rücklage	20.000,00 €
	2. Satzungsmäßige Rücklage	50.000,00 €
	1. Andere Gewinnrücklage	25.000,00 €
IV.	**Ergebnis**	
	1. Gewinnvortrag	30.000,00 €
	2. Jahresüberschuss	35.000,00 €
	Summe Eigenkapital	**3.060.000,00 €**

6.2.2 Gewinnrücklagen (33)

Gewinnrücklage

Als **Gewinnrücklagen** werden Beträge ausgewiesen, die aus nicht ausgeschütteten Gewinnen gebildet worden sind. Diese können aus dem Berichtsjahr oder aus einem früheren Geschäftsjahr stammen. Dazu gehören gesetzliche, auf Gesellschaftsvertrag/Satzung beruhende Rücklagen oder andere Gewinnrücklagen (§ 272 Abs. 3 HGB).

Gewinnrücklagen werden aus nicht ausgeschütteten Gewinnen gebildet.

Gewinnrücklagen erscheinen im Kontenrahmen der Wohnungswirtschaft in folgenden Positionen:

(330) Gesetzliche Rücklage

Gesetzliche Rücklagen sind – als besondere Form der Gewinnrücklagen – von Aktiengesellschaften gemäß § 150 Abs. 2 AktG zu bilden.

Gesetzliche Gewinnrücklagen werden aufgrund gesetzlicher Vorschriften (§ 150 Abs. 2 AktG, § 7 Abs. 2 GenG, § 5a GmbHG) gebildet.

Merke!

Dieses Gesetz schreibt vor, dass 5 % des um einen Verlustvortrag aus dem Vorjahr geminderten Jahresüberschusses in die gesetzliche Rücklage einzustellen sind, bis die gesetzliche Rücklage und die Kapitalrücklage nach § 272 Abs. 2 HGB zusammen den zehnten oder den in der Satzung bestimmten höheren Teil des gezeichneten Kapitals erreichen.

Beispiel

Die MEWOH Musterwohn GmbH hat ein Grundkapital von 2.500.000,00 €. Die gesetzliche Rücklage und die Kapitalrücklage zusammen betrugen zum Ende des Vorjahres (01) insgesamt 150.000,00 €. Im Abschlussjahr (02) betrugen die Erträge 10.000.000,00 € und die Aufwendungen 8.500.000,00 €. Zugleich ist ein Verlustvortrag aus dem Jahr (01) in Höhe von 100.000,00 € vorhanden.

Ermittlung der in die gesetzliche Rücklage einzustellenden Beträge

	Erträge	10.000.000,00 €
–	Aufwendungen	8.500.000,00 €
=	**Jahresüberschuss**	**1.500.000,00 €**
–	Verlustvortrag	100.000,00 €
=	**Berechnungsgrundlage**	**1.400.000,00 €**
	davon sind 5 % in die gesetzliche Rücklage einzustellen	**70.000,00 €**

Die so ermittelten 70.000,00 € sind in die gesetzliche Rücklage einzustellen, da diese und die Kapitalrücklagen zusammen bisher die 10 % des gezeichneten Kapitals (Grundkapital) noch nicht erreicht haben. Der neue Stand der gesetzlichen und der Kapitalrücklage beträgt nach der Zuführung nunmehr 220.000,00 €, erforderlich sind jedoch 250.000,00 €.

(332) Gesellschaftsvertragliche/Satzungsmäßige Rücklage

Hierbei handelt es sich um Rücklagen, zu deren Bildung die Gesellschafter aufgrund der Satzungen bzw. Gesellschaftsverträge verpflichtet sind. Sie können beliebig gebildet oder aufgelöst werden, sofern das nicht den Einschränkungen des § 150 AktG widerspricht.

Satzungsmäßige Gewinnrücklagen werden nach Maßgabe des Gesellschaftsvertrages gebildet.

Bauerneuerungsrücklage (BERL)

(333) Bauerneuerungsrücklage

Die Bauerneuerungsrücklage (BERL) ist eine Gewinnrücklage, die nach den Vorschriften der Formblattverordnung für die Bilanzierung der Wohnungsunternehmen gegebenenfalls ausgewiesen wird. Ihrem Wesen nach ist sie eine freie Rücklage, denn die Unternehmen sind frei in ihrer Entscheidung über deren Bildung und Auflösung. Sie werden diese Rücklagen entsprechend den betrieblichen Erfordernissen und Planungen bilden, um künftig größere Instandhaltungs-/Instandsetzungsmaßnahmen an den Objekten des Anlagevermögens (zu vermietende oder selbst genutzte Immobilien) finanzieren zu können.

(334) Andere Gewinnrücklagen/Andere Ergebnisrücklagen

Auch diese Rücklagen sind als freie Rücklagen zu verstehen. Sie werden über die gesetzliche Verpflichtung hinaus gebildet. Freie Rücklagen können für beliebige Zwecke verwendet werden. Da sie aus nicht ausgeschütteten Gewinnen gebildet werden, dienen sie der Selbstfinanzierung und der Stärkung der Eigenkapitalbasis des Wohnungsunternehmens.

Zusammenfassung

Stille und offene Rücklagen

Rücklagen

Stille Rücklagen	**Offene Rücklagen**
Stille Rücklagen entstehen durch: 1. Unterbewertung von Aktivposten 2. Überbewertung von Passivposten	Bestandteile der offenen Rücklagen sind: 1. Kapitalrücklagen (§ 272 Abs. 2 HGB) 2. Gewinnrücklagen a) Gesetzliche (Gewinn-)Rücklagen (§ 150 Abs. 2 AktG) b) Satzungsmäßige/gesellschaftsvertragliche Gewinnrücklagen (§ 272 Abs. 3 HGB) c) Bauerneuerungsrücklage d) Andere Gewinnrücklagen (§ 272 Abs. 3 HGB)

7 Jahresabschlussanalyse

SB ▶ SITUATION 110 Jahresabschluss-analyse

Im Ergebnis der Jahresabschlussarbeiten sind Dokumente wie die Bilanz, die Gewinn- und Verlustrechnung, der Anhang und der Lagebericht entstanden. Es sind Dokumente, die bereits bei erster Betrachtung eine Beurteilung der wirtschaftlichen Lage des Wohnungsunternehmens zulassen. Exaktere und vergleichbarere Aussagen aber lassen sich erst über die Erstellung eines umfangreichen Kennzahlensystems treffen.

Merke!

Kennziffern sind Zahlen, die betriebswirtschaftlich relevante Zusammenhänge in verdichteter, quantitativ messbarer Form wiedergeben. Sie werden als absolute Einzelzahlen, als Zahlensummen, Differenzen, Beziehungszahlen, Gliederungszahlen oder auch als Indexzahlen entwickelt.

Die Analyse des Jahresabschlusses, die auf die Bilanz, die Gewinn- und Verlustrechnung, den Anhang und den Lagebericht zurückgreift, erfolgt in Form

- der **klassischen Bilanzanalyse** mit der Betrachtung von Kennzahlen
  - der Vermögensstruktur,
  - der Kapitalstruktur,
  - der Anlagendeckung und
  - der Liquidität;
- der **Analyse der Erfolgsrechnung** mit der Betrachtung
  - von Kennzahlen der Wirtschaftlichkeit und Rentabilität,
  - aber auch von Cashflow-Kennzahlen.

Innerhalb der Wohnungswirtschaft hat sich ein umfangreiches Kennziffernsystem herausgebildet, das diese sehr komplexen Zusammenhänge widerspiegelt und über das sich die Wohnungsunternehmen miteinander vergleichen können.

7.1 Analyse und Vergleich von Kennzahlen

Die **Interpretation** der Kennzahlen ist an die Definition von Maßstäben gebunden. Sie erfolgt im Rahmen

- eines **innerbetrieblichen Vergleichs** (Zeitvergleich/Soll-Ist-Vergleich)

und

- eines **zwischenbetrieblichen Vergleichs** (mit dem Vergleich absoluter Zahlen einzelner Unternehmen untereinander und dem zwischenbetrieblichen Kennziffernvergleich).

7.1.1 Der innerbetriebliche Vergleich

Innerbetrieblicher Vergleich

Merke!

Der **innerbetriebliche Vergleich** ist die Gegenüberstellung wirtschaftlicher Größen in Form des Zeitvergleichs oder des Soll-Ist-Vergleichs.

Beide Vergleichsformen ermöglichen es, innerbetriebliche Tendenzen der Unternehmensentwicklung zu analysieren.

Zeitvergleich

Merke!

Ein **Zeitvergleich** ist die Gegenüberstellung wirtschaftlicher Größen verschiedener Zeiträume oder Zeitpunkte. Werte des Berichtsjahres (BJ) werden mit denen des Vorjahres (VJ) verglichen.

Im Ergebnis lassen sich die tatsächlichen Entwicklungen in Abhängigkeit gegebener Rahmenbedingungen analysieren und erste Hinweise zur Verbesserung der Leistungskraft des Unternehmens ableiten. Aufgrund dieses Vergleichs werden Vorgänge im Zeitablauf sichtbar und Entwicklungstendenzen deutlich, die es zu analysieren und zu interpretieren gilt.

Soll-Ist-Vergleich

Merke!

Die Unternehmensentwicklung kann auch mithilfe eines **Soll-Ist-Vergleiches** analysiert werden. Aktuelle betriebliche Ist-Zahlen werden mit den entsprechenden Soll-Zahlen (Normwerten) verglichen.

Voraussetzung für einen solchen Vergleich sind richtige und sinnvolle Soll-Werte (Richtwerte).

7.1.2 Der zwischenbetriebliche Vergleich

Zwischenbetrieblicher Vergleich

Zwischenbetrieblicher Vergleich

Der **zwischenbetriebliche Vergleich** ist eine Gegenüberstellung absoluter Größen bzw. von Kennzahlen des eigenen Unternehmens mit denen anderer Unternehmen.

Auch der **zwischenbetriebliche Vergleich** ist ein wichtiges Instrument zur Aufdeckung von Stärken und Schwächen des Unternehmens. Absolute Größen und Kennziffern des eigenen Unternehmens werden an denen vergleichbarer Unternehmen gemessen. In der Immobilienwirtschaft werden dabei gleiche oder ähnlich strukturierte Betriebe miteinander verglichen oder Kennzahlen des eigenen Betriebes anhand von Branchendurchschnittszahlen (Benchmarks) überprüft. Eine solche Herangehensweise setzt eine **einheitliche inhaltliche Bestimmung von Kennziffern** voraus.

7.2 Bilanzanalyse

7.2.1 Aufbereitung der Bilanz

Um aus vorliegenden Bilanzen Kennzahlen ableiten zu können, ist deren gezielte Aufbereitung erforderlich. Zu Analysezwecken werden bestimmte Bilanzpositionen zusammengefasst bzw. miteinander verrechnet, wie das bei der Darstellung zu den einzelnen Kennzahlen deutlich werden wird.

Die Abkürzung T€ steht für eintausend Euro und wird z. B. häufig in Geschäftsberichten oder Bilanzen genutzt.

Bilanz der MEWOH Musterwohn GmbH

Bilanz zum 31.12.01	**Berichtsjahr**	**Vorjahr**
	T€	**T€**
Aktiva		
A. Anlagevermögen	**77.835**	**77.205**
I. Immaterielle Vermögensgegenstände	**43**	**40**
II. Sachanlagen	**73.592**	**73.020**
Grundstücke und grundstücksgleiche Rechte mit Wohnbauten	69.330	67.940
Grundstücke und grundstücksgleiche Rechte mit Geschäfts- und anderen Bauten	3.572	4.400
Grundstücke und grundstücksgleiche Rechte ohne Bauten	600	600
Andere Anlagen, BGA	90	80
III. Finanzanlagen	**4.200**	**4.145**
Beteiligungen	4.200	4.145
B. Umlaufvermögen	**9.430**	**7.440**
I. Zum Verkauf bestimmte Grundstücke und andere Vorräte	7.000	5.100
Grundstücke und grundstücksgleiche Rechte mit unfertigen Bauten	4.000	2.000
Unfertige Leistungen	3.000	3.100
II. Forderungen und sonstige Vermögensgegenstände	**490**	**520**
Forderungen aus Vermietung	90	120
Forderungen aus anderen Lieferungen und Leistungen	150	100
Sonstige Vermögensgegenstände	250	300
III. Wertpapiere	**110**	**100**
Sonstige Wertpapiere	110	100
IV. Flüssige Mittel und Bausparguthaben	**1.830**	**1.720**
Kassenbestand, Bundesbankguthaben, Guthaben bei Kreditinstituten, Schecks	1.830	1.720
C. Aktive Rechnungsabgrenzungsposten	**120**	**100**
Andere Rechnungsabgrenzungsposten	120	100
Summe AKTIVA	87.385	84.745

Passiva		
A. Eigenkapital	**36.981**	**36.690**
I. Gezeichnetes Kapital	650	650
II. Kapitalrücklage	33.000	33.000
III. Gewinnrücklagen	100	200
Andere Gewinnrücklagen	100	200
IV. Gewinnvortrag/Verlustvortrag	0	0
V. Jahresüberschuss/Jahresfehlbetrag	3.231	2.840
B. Sonderposten mit Rücklagenanteil	**0**	**0**
C. Rückstellungen	**1.155**	**725**
Rückstellungen für Pensionen und ähnliche Verpflichtungen	300	300
Sonstige Rückstellungen	855	425
D. Verbindlichkeiten	**49.205**	**47.295**
Verbindlichkeiten gegenüber Kreditinstituten	42.705	41.365
Verbindlichkeiten gegenüber anderen Kreditgebern	2.800	2.500
Erhaltene Anzahlungen	3.200	3.100
Verbindlichkeiten aus Lieferungen und Leistungen	320	200
Sonstige Verbindlichkeiten	180	130
E. Passive Rechnungsabgrenzungsposten	**44**	**35**
Rechnungsabgrenzungsposten	44	35
Summe PASSIVA	**87.385**	**84.745**

Der GdW ist der größte deutsche Branchendachverband für Wohnungsunternehmen.

Im Rahmen der Bilanzaufbereitung ist die Vielzahl von Einzelpositionen der Bilanz zu **Hauptgruppen** zusammenzufassen, bestimmte Größen sind miteinander zu **verrechnen**.

7.2.2 Ermittlung von Bilanzkennzahlen

7.2.2.1 Kennzahlen der Vermögensstruktur

Vermögensstrukturkennzahlen zeigen, wie sich das Vermögen zusammensetzt.

Die **Zusammensetzung (Struktur) des Vermögens,** also das Verhältnis zwischen Anlage- und Umlaufvermögen, wird entscheidend durch die **Branche** und deren spezifische Anlagenausstattung bestimmt. Wohnungsunternehmen sind ausgesprochen anlagenintensive Betriebe. Die in der Statistik des GdW (Bundesverband deutscher Wohnungs- und Immobilienunternehmen e.V.) erfassten Wohnungsunternehmen verfügten 2020 im Durchschnitt über einen Anlagenanteil von 88,40 %.

Anlagenintensität: Anteil des Anlagevermögens am Gesamtvermögen

- **Anlagenvermögensquote/Anlagenintensität (Q_{AV})**

  Das **Anlagevermögen** bindet in außerordentlich hohem Maße **langfristig Kapital** und verursacht **ständig wiederkehrende Kosten** (Instandhaltungskosten, Kapitalkosten und Abschreibungen), die unabhängig von der Beschäftigungs- und Ertragslage des Unternehmens anfallen.

  Deshalb sind Hauptziele von Wohnungsunternehmen die volle Auslastung der zu vermietenden Immobilien (Reduzierung des Leerstands) und ein nachhaltiges Mietmanagement. Nur dadurch ist gezielt auf die Entwicklung der Umsatzerlöse einzuwirken und zu sichern, dass die Fixkosten auf eine möglichst große Anzahl von Leistungseinheiten verteilt und so je Leistungseinheit möglichst niedrig gehalten werden. Die **Anlagenvermögensquote** (Anlagenintensität) weist den Anteil des Anlagevermögens am Gesamtvermögen aus.

Berechnung der Anlagenvermögensquote (Anlagenintensität)

Wertansatz für das Berichtsjahr

$$Q_{AV} = \frac{\text{Anlagevermögen}}{\text{Gesamtvermögen}} \cdot 100 = \frac{77.835\text{ T€}}{87.385\text{ T€}} \cdot 100 = 89{,}07\,\%$$

- **Umlaufvermögensquote (Q_{UV})**
  Das **Umlaufvermögen** der Wohnungsunternehmen besteht vor allem aus Vorräten (Verkaufsgrundstücke und die damit verbundenen jeweiligen Entwicklungsstadien, noch nicht abgerechnete Leistungen und andere Vorräte), Forderungen aus Lieferungen und Leistungen und den liquiden Mitteln. Bei der Bilanzanalyse werden aber auch die Aktiven Rechnungsabgrenzungsposten, die als Forderung auf eine Leistung gelten, dem Umlaufvermögen zugerechnet.

Berechnung der Umlaufvermögensquote

Wertansatz für das Berichtsjahr

$$Q_{UV} = \frac{\text{Umlaufvermögen}}{\text{Gesamtvermögen}} \cdot 100 = \frac{9.550\text{ T€}}{87.385\text{ T€}} \cdot 100 = 10{,}93\,\%$$

7.2.2.2 Kennzahlen der Kapitalstruktur

Die Analyse der **Kapitalstruktur** zeigt, in welchem Maße das Wohnungsunternehmen mit eigenen Mitteln **(Eigenkapital)** oder fremden Mitteln **(Fremdkapital)** arbeitet.

Eine grundsätzliche Regel über die notwendige Relation von Eigen- und Fremdkapital gibt es nicht, es besteht jedoch ein enger Zusammenhang zwischen der Eigenkapitalquote und der wirtschaftlichen und finanziellen Stabilität eines Wohnungsunternehmens.

- **Eigenkapitalquote (Q_{EK}) – Grad der finanziellen Unabhängigkeit**
  Die **Eigenkapitalquote** ist auch als **Grad der finanziellen Unabhängigkeit** zu verstehen, sie ist ein entscheidender Maßstab für die Kreditwürdigkeit und Krisenfestigkeit des Unternehmens.

Eigenkapitalquote: Anteil des Eigenkapitals am Gesamtkapital

Berechnung der Eigenkapitalquote

Wertansatz für das Berichtsjahr

$$Q_{EK} = \frac{\text{Eigenkapital}}{\text{Gesamtvermögen}} \cdot 100 = \frac{36.981\text{ T€}}{87.385\text{ T€}} \cdot 100 = 42{,}32\,\%$$

Die **durchschnittliche Eigenkapitalquote** der bundesdeutschen Wohnungsunternehmen lag nach Angaben des GdW 2020 bei 40,10 %.

- **Fremdkapitalquote (Q_{FK})**

Die **Fremdkapitalquote** bringt den Anteil des Fremdkapitals am Gesamtkapital zum Ausdruck. Je höher sie ist, desto stärker ist das Unternehmen in seiner **finanziellen Unabhängigkeit eingeschränkt**.

Hohe Verschuldung bedeutet in der Regel, sich bei den wirtschaftlichen Entscheidungen auch den Erfordernissen der Gläubiger zu beugen. Ein neuerlicher Bedarf an Fremdkapital (Darlehen) macht es erforderlich, sich einer Kreditwürdigkeitsprüfung zu unterziehen und die Verwendung der bereitgestellten Fremdmittel nachzuweisen.

Berechnung der Fremdkapitalquote

Wertansatz für das Berichtsjahr

$$Q_{FK} = \frac{\text{Fremdkapital}}{\text{Gesamtvermögen}} \cdot 100 = \frac{50.404\text{ T€}}{87.385\text{ T€}} \cdot 100 = \mathbf{57{,}68\,\%}$$

Verschuldungsgrad

Langfristiger Verschuldungsgrad
Verhältnis langfristigen Fremdkapitals zum Eigenkapital

Der **Verschuldungsgrad** der Unternehmen zeigt das Verhältnis von langfristigem Fremdkapital und Eigenkapital.

Berechnung des Verschuldungsgrads

Wertansatz für das Berichtsjahr

$$\text{Verschuldungsgrad} = \frac{\text{langfr. Fremdkapital}}{\text{Eigenkapital}} \cdot 100 = \frac{45.805\text{ T€}}{36.981\text{ T€}} \cdot 100 = \mathbf{123{,}86\,\%}$$

Dieser Verschuldungsgrad zeigt, dass das Unternehmen 1,24-mal so viel Fremdkapital wie Eigenkapital bindet. Der langfristige Verschuldungsgrad der bundesdeutschen Wohnungsunternehmen lag 2020 bei 126,3 %.

7.2.2.3 Kennzahlen der Anlagendeckung

Anlagendeckung
Finanzierung des Anlagevermögens

Die Anlagendeckung bringt die Finanzierung des Anlagevermögens durch langfristiges Kapital zum Ausdruck.

Merke!

Bei den Kennzahlen zur Anlagendeckung gilt der **Grundsatz der Fristenkongruenz**. Er besagt, dass langfristiges Vermögen (Anlagevermögen) auch durch langfristig bereitgestelltes Kapital (Eigenkapital und langfristiges Fremdkapital) zu finanzieren ist. Oder allgemeiner formuliert: Die **Finanzierungsdauer** sollte mit der **Verweildauer** der Vermögenspositionen im Unternehmen übereinstimmen.

So soll gesichert werden, dass in Zeiten von Liquiditätskrisen kein Anlagevermögen veräußert werden muss, um den Zahlungsverpflichtungen nachkommen zu können. Dieser Grundsatz wird auch als **„Goldene Bilanzregel"** bezeichnet.

Die Anlagendeckung kommt in zwei Kennzahlen zum Ausdruck.

Anlagendeckung 1. Grades (AD_I)

Anlagendeckung I
Inwieweit ist das Anlagevermögen durch Eigenkapital finanziert?

Die **Anlagendeckung I (AD_I)** verdeutlicht, in welchem Maße das Eigenkapital ausreicht, um das Anlagevermögen zu finanzieren.

Berechnung der Anlagendeckung 1. Grades

Wertansatz für das Berichtsjahr

$$AD_I = \frac{\text{Eigenkapital}}{\text{Anlagevermögen}} \cdot 100 = \frac{36.981\ \text{T€}}{77.385\ \text{T€}} \cdot 100 = \mathbf{47{,}51\,\%}$$

Eine Anlagendeckung von 47,51 % besagt, dass das Anlagevermögen nahezu zur Hälfte durch Eigenkapital finanziert ist.

Anlagendeckung 2. Grades (AD_{II})

In der Regel wird das Anlagevermögen aber nicht allein über das Eigenkapital finanziert, vielmehr sichern sowohl das Eigenkapital als auch das langfristige Fremdkapital (Darlehen) zusammen die Finanzierung des Anlagevermögens. Die **Anlagendeckung II (AD_{II})** verdeutlicht also, in welchem Maß das Eigenkapital und langfristiges Fremdkapital zusammen ausreichen, um das Anlagevermögen zu finanzieren.

Anlagendeckung II

In welchem Maße reichen Eigenkapital und langfristiges Fremdkapitel in Summe zur Finanzierung des Anlagevermögens aus?

Berechnung der Anlagendeckung 2. Grades

$$AD_{II} = \frac{\text{Eigenkapital + langfr. Fremdkapital}}{\text{Anlagevermögen}} \cdot 100$$

Wertansatz für das Berichtsjahr

$$= \frac{36.981\ \text{T€} + 45.805\ \text{T€}}{77.835\ \text{T€}} \cdot 100 = \mathbf{106{,}36\,\%}$$

In der GdW-Statistik ist grundsätzlich nur allgemein die Rede von einem „Anlagendeckungsgrad", und der versteht sich als Anlagendeckung II (AD II). Dieser Anlagendeckungsgrad lag 2020 mit 98,4 % leicht unter dem Vorjahresniveau (99,7 %) und zeigt, dass die Anlagevermögen der bundesdeutschen Wohnungsunternehmen durch Eigenmittel und langfristiges Fremdkapital nahezu gedeckt sind. Ideal gilt hier ein Wert von 100 %.

7.2.2.4 Kennzahlen der Liquiditätsanalyse

Liquidität

Ein Unternehmen gilt als zahlungsfähig, also liquid, wenn alle Verbindlichkeiten fristgerecht beglichen werden können.

Merke!

Ein Unternehmen gilt als zahlungsfähig, wenn es in der Lage ist, jederzeit und fristgerecht die fälligen Verbindlichkeiten zu begleichen.

Grundsätzlich ist bei der Liquiditätsanalyse zu **prüfen**, ob die **kurzfristig liquidierbaren Mittel** ausreichen, um die **kurzfristig fälligen Verbindlichkeiten zu begleichen**. In die Liquiditätsanalyse werden also nicht nur Geldmittel (liquide Mittel) einbezogen, sondern auch kurzfristige Forderungen und die anderen Positionen des Umlaufvermögens.

Liquidität I:

Inwieweit reichen die liquiden Mittel aus, um kurzfristige Verbindlichkeiten zu begleichen?

Die Liquidität I (Liq_I)

Die **Liquidität 1. Grades (Barliquidität)** zeigt auf, in welchem Maße die „tatsächlich Geld darstellenden" Vermögenswerte (flüssige Mittel) ausreichen, um kurzfristige Schulden zu decken. Aus bilanzanalytischer Sicht umfassen die **flüssigen Mittel** neben **Kassen- und Bankbeständen** auch **Wertpapiere des Umlaufvermögens**.

Kurzfristige Schulden (Verbindlichkeiten) umfassen alle Positionen, die gegebenenfalls **schnell** zum **Abfluss von Zahlungsmitteln** führen.

Neben den (442) Verbindlichkeiten aus Lieferungen und Leistungen gehören zu den kurzfristigen Verbindlichkeiten auch die

- (43) Erhaltenen Anzahlungen,
- (440) Verbindlichkeiten aus Vermietung,
- (47) Sonstigen Verbindlichkeiten.

Aber auch **kurzfristige Rückstellungen** und **(49) Passive Rechnungsabgrenzungsposten** gelten bilanzanalytisch als kurzfristige Verbindlichkeiten.

Berechnung der Liquidität 1. Grades

Wertansatz für das Berichtsjahr

$$Liq_I = \frac{\text{flüssige Mittel}}{\text{kurzfr. Fremdkapital}} \cdot 100 = \frac{1.940\ T€}{4.599\ T€} \cdot 100 = \mathbf{42{,}18\,\%}$$

Liquidität II

Inwieweit reichen liquide Mittel und kurzfristige Forderungen zusammen aus, um die kurzfristigen Verbindlichkeiten zu begleichen?

Die Liquidität II (Liq_{II})

Die **Liquidität 2. Grades (einzugsbedingte Liquidität)** verdeutlicht, in welchem Maße die flüssigen Mittel und die kurzfristig fälligen Forderungen ausreichen, um kurzfristige Verbindlichkeiten zu begleichen. Anzustreben ist hier ein Wert von 100 %.

Die hier zu betrachtenden **kurzfristigen Forderungen** schließen neben **den üblichen Forderungen aus Lieferungen und Leistungen** der Kontengruppen (20) bis (23) auch ein:

- **(25) Sonstige Vermögensgegenstände**, die faktisch als sonstige Forderungen zu verstehen sind (etwa Forderungen gegen Versicherungen, aus Steuern, aus Fördermitteln), und
- **(29) Aktive Rechnungsabgrenzungsposten**, die als „Forderungen auf eine Leistung" zu verstehen sind.

Berechnung der Liquidität 2. Grades

$$Liq_{II} = \frac{\text{flüssige Mittel + kurzfr. Forderungen}}{\text{kurzfr. Fremdkapital}} \cdot 100$$

Wertansatz für das Berichtsjahr

$$= \frac{1.940\ T€ + 610\ T€}{4.599\ T€} \cdot 100 = \mathbf{55{,}45\,\%}$$

Liquidität III

Reicht das kurzfristig liquidierbare Vermögen (Umlaufvermögen) aus, um die kurzfristigen Verbindlichkeiten auszugleichen?

Die Liquidität III (Liq_{III})

Die **Liquidität 3. Grades (umsatzbedingte Liquidität)** analysiert letztlich, inwieweit das Umlaufvermögen, also alle kurzfristig liquidierbaren, kurzfristig in Geld umwandelbaren Vermögensgegenstände in ihrer Gesamtheit ausreichen, um kurzfristige Schulden zu begleichen.

Berechnung der Liquidität 3. Grades

Wertansatz für das Berichtsjahr

$$Liq_{III} = \frac{\text{Umlaufvermögen}}{\text{kurzfr. Fremdkapital}} \cdot 100 = \frac{1.940\text{ T€}}{4.599\text{ T€}} \cdot 100 = \mathbf{207{,}65\,\%}$$

Zusammenfassung

Kennzahlen der Bilanzanalyse

Aktiva	Bilanz	Passiva
I. Anlagevermögen		**I. Eigenkapital**
II. Umlaufvermögen		**II. Fremdkapital**

Kennzahlen der Vermögensstruktur
- Anlagenintensität
- Umlaufvermögensquote

Kennzahlen der Kapitalstruktur
- Eigenkapitalquote
- Fremdkapitalquote
- Verschuldungsgrad

Kennzahlen der Anlagendeckung
- Anlagendeckung 1. und 2. Grades

Kennzahlen der Liquiditätsanalyse
- Liquidität 1. bis 3. Grades

7.3 Analyse der Erfolgsrechnung

Die Beurteilung der **wirtschaftlichen Lage** eines Wohnungsunternehmens wie der MEWOH Musterwohn GmbH beschränkt sich nicht allein auf die Analyse von **Bilanzkennzahlen**. Auch die **Erfolgsrechnung** (Gewinn- und Verlustrechnung) ist in den Analyseprozess einzubeziehen, nur dann ist die Jahresabschlussanalyse vollständig, nur dann lassen sich Kennzahlen ermitteln, die Auskunft über **Wirtschaftlichkeit** und **Rentabilität** des betrieblichen Leistungsprozesses geben.

Im Mittelpunkt der Erfolgsanalyse steht die **Beurteilung der Ertragskraft** des Unternehmens.

Merke!

Ertragskraft ist die Fähigkeit, in der Zukunft nachhaltig Gewinne zu erzielen und damit Entnahmen bzw. Gewinnausschüttungen sicherzustellen bzw. die Leistungsfähigkeit des Unternehmens durch Rücklagenbildung zu erhalten und zu stärken.

Auch die folgenden Betrachtungen orientieren sich an den Werten der MEWOH Musterwohn GmbH und hier an deren Gewinn- und Verlustrechnung, um die Erläuterungen anschaulich zu machen.

Bilanz der MEWOH Musterwohn GmbH zum 31.12.01

▶ LF 13, Kap. 7.2.1

Gewinn- und Verlustrechnung der MEWOH Musterwohn GmbH

Gewinn- und Verlustrechnung zum 31.12.01	Berichtsjahr	Vorjahr
	T€	T€
Erträge		
Umsatzerlöse	**13.350**	**12.720**
aus der Hausbewirtschaftung	11.500	11.200
aus Grundstücksverkäufen	1.320	1.000
aus Betreuungstätigkeit	450	420
aus anderen Lieferungen und Leistungen	80	100
Bestandsveränderungen	**95**	**80**
Bestandserhöhung aus Betriebskosten	3.325	3.230
Bestandsverminderung aus Betriebskosten	−3.230	−3.150
Andere aktivierte Eigenleistungen	**75**	**60**
Sonstige betriebliche Erträge	**800**	**610**
Sonstige betriebliche Erträge ($_{lw}$)	616	30
Sonstige betriebliche Erträge ($_{ln}$)	184	580
Erträge aus Beteiligungen	**0**	**0**
Erträge aus anderen Wertpapieren und Ausleihungen	**200**	**210**
Sonstige Zinsen und ähnliche Erträge	**110**	**100**
Summe Erträge	**14.630**	**13.780**
Aufwendungen		
Aufwendungen für bezogene Lieferungen und Leistungen	**5.580**	**5.030**
a) Aufwendungen für Hausbewirtschaftung	**4.700**	**4.750**
Betriebskosten (inkl. umlagefähige Grundsteuer)	3.500	3.400
Instandhaltungskosten	1.200	1.350
Sonstige HBW-Kosten	10	0
b) Aufwendungen für Verkaufsgrundstücke	**800**	**200**
c) Aufwendungen für andere Lieferungen und Leistungen	**80**	**80**
Personalaufwand	**890**	**810**
a) Löhne und Gehälter	700	650
b) Soziale Abgaben und Aufwendungen für Altersversorgung	190	160
Abschreibungen	**2.100**	**2.200**
Sonstige betriebliche Aufwendungen	**960**	**990**
a) Sachaufwand	450	400
b) Direkte und indirekte Abschreibung auf Mietforderungen	80	30
c) Sonstige betriebliche Aufwendungen/außerordentlich ($_{lw}$)	430	560
d) Sonstige betriebliche Aufwendungen/außerordentlich ($_{ln}$)	0	0
Zinsen und ähnliche Aufwendungen	**1.750**	**1.800**
Steuern vom Einkommen und Ertrag	**100**	**80**
Sonstige Steuern	**19**	**30**
Summe Aufwendungen	**11.399**	**10.940**
Jahresergebnis	**3.231**	**2.840**

7.3.1 Rentabilitätskennzahlen

Die **Gewinnerwirtschaftung** ist eines der zentralen Ziele der unternehmerischen Tätigkeit, aber die Betrachtung der absoluten Größe des Jahresgewinns allein ist ohne Aussagekraft. Es kommt vielmehr darauf an, den Gewinn im Zusammenhang mit den ihn verursachenden Größen zu betrachten.

Rentabilität

Rentabilität ist als das Verhältnis des Jahresergebnisses (Jahresüberschuss/Jahresfehlbetrag) zu ausgewählten Bezugsgrößen zu verstehen. Rentabilitätskennzahlen geben Aufschluss über die **Gewinnerzielungsfähigkeit** des Unternehmens.

Rentabilitätskennzahlen, also Kennzahlen, die das **Verhältnis des Jahresergebnisses zum Eigenkapital, Gesamtkapital** oder **Umsatz** zum Ausdruck bringen, sind ein wichtiger Maßstab zur Beurteilung der Ertragskraft von Unternehmen. Zu unterscheiden ist dabei zwischen:

- Eigenkapitalrentabilität (R_{EK})
- Gesamtkapitalrentabilität (R_{GK})
- Umsatzrentabilität (R_U)

7.3.1.1 Eigenkapitalrentabilität (R_{EK})

Die Eigenkapitalrentabilität zeigt die **Verzinsung der eingesetzten Eigenmittel** im Unternehmen und ist damit eine wesentliche Zielgröße erwerbswirtschaftlich orientierter Unternehmen. Sie wird als Quotient von Jahresergebnis nach Ertragssteuern und dem Eigenkapital gebildet.

Eigenkapitalrentabilität
Verzinsung des eingesetzten Eigenkapitals

Berechnung der Eigenkapitalrentabilität

Wertansatz für das Berichtsjahr

$$R_{EK} = \frac{\text{Jahresergebnis + Ertragssteuern}}{\text{Eigenkapital}} \cdot 100 = \frac{3.231\text{ T€} + 100\text{ T€}}{36.981\text{ T€}} \cdot 100 = \mathbf{9{,}01\,\%}$$

Für die MEWOH Musterwohn GmbH ergibt sich demzufolge eine Eigenkapitalrentabilität des Berichtsjahres (01) von 9,01 %.

2020 betrug die Eigenkapitalrentabilität im Durchschnitt der bundesdeutschen Wohnungsunternehmen 4,4 %.

Die mögliche Verzinsung einer Anlage auf dem langfristigen Kapitalmarkt gilt als Maßstab zur Beurteilung der unternehmensspezifischen Eigenkapitalrentabilität. Wird die Eigenkapitalrentabilität mit der üblicherweise möglichen Verzinsung langfristig angelegter Gelder verglichen, so entspricht der Überschuss der Eigenkapitalverzinsung der Prämie für das Risiko des Unternehmers (Unternehmerwagnis).

7.3.1.2 Gesamtkapitalrentabilität (R_{GK})

Die Gesamtkapitalrentabilität bringt die Verzinsung des im Unternehmen gebundenen Gesamtkapitals (Eigen- und Fremdkapital) zum Ausdruck. Sie wird auch als Grenzzinssatz für die Fremdkapitalaufnahme angesehen.

Gesamtkapitalrentabilität
Verzinsung des gesamten eingesetzten Kapitals

Da in der Finanzbuchhaltung die bei der Inanspruchnahme von Fremdkapital anfallenden Zinsen direkt als Aufwand verbucht werden, sind sie bei der Ermittlung des Jahresergebnisses bereits berücksichtigt. Bei der Ermittlung der Gesamtkapitalrentabilität muss also eine **Bereinigung** stattfinden, der **Zinsaufwand** ist dem durch die Gewinn- und Verlustrechnung ausgewiesenen Ergebnis wieder **hinzuzurechnen**.

Berechnung der Gesamtkapitalrentabilität

$$R_{GK} = \frac{\text{Jahresergebnis + Ertragssteuern + Zinsen für langfr. Fremdkapital}}{\text{Gesamtkapital}} \cdot 100$$

$$= \frac{3.231\text{ T€} + 100\text{ T€} + 1.750\text{ T€}}{87.385\text{ T€}} \cdot 100$$

Für die MEWOH Musterwohn GmbH lässt sich für das Berichtsjahr (01) eine Gesamtkapitalrentabilität von 5,81 % ermitteln.

Die Bundesstatistik der Wohnungswirtschaft verweist für 2020 auf eine durchschnittliche Gesamtkapitalrentabilität von 2,8 %.

7.3.1.3 Umsatzrentabilität (R_U)

Umsatzrentabilität

Welcher Gewinn kann mit 100,00 € Umsatz erzielt werden?

Die Kennzahl der Umsatzrentabilität zeigt, **wie viel Prozent der Umsatzerlöse** dem Unternehmen für **Investitionszwecke** und **Gewinnausschüttung** zugeflossen sind. Sie bringt zum Ausdruck, **wie viel Gewinn mit 100,00 € Umsatz erwirtschaftet** werden kann.

Berechnung der Umsatzrentabilität

$$R_U = \frac{\text{Jahresergebnis + Ertragssteuern}}{\text{Umsatzerlöse}} \cdot 100 = \frac{3.231\text{ T€} + 100\text{ T€}}{13.350\text{ T€}} \cdot 100 = \mathbf{24{,}95\,\%}$$

Bei der Ermittlung der Umsatzrentabilität wird das um die Ertragssteuern bereinigte Jahresergebnis zu den Umsatzerlösen ins Verhältnis gesetzt. Diese Zahl zeigt, dass ein Umsatz von 100,00 € einen Gewinn von 24,95 € ermöglicht.

7.3.2 Cashflow-Rechnungen

Das Ergebnis der Gewinn- und Verlustrechnung (Jahresüberschuss/Jahresfehlbetrag) wird auch als **„wirtschaftliches Ergebnis"** bezeichnet. Es ist das Ergebnis, das der Besteuerung, aber auch der Gewinnausschüttung zugrunde liegt. Fraglich ist jedoch, ob in dem Maße, wie Gewinn erwirtschaftet wird, auch ein **Geldzuwachs (Cashflow)** zu verzeichnen ist.

Die Beantwortung dieser Frage ist von zentraler Bedeutung, da nicht allein die (abstrakte) Gewinnerwirtschaftung als Ziel unternehmerischer Tätigkeit gilt. Bedeutsamer ist die **Sicherung der Zahlungsfähigkeit** und damit die **dauerhafte Sicherung der Existenz** des Unternehmens.

Zu klären ist an dieser Stelle, wie aus dem Ergebnis der Gewinn- und Verlustrechnung ein geldrechnerisches Ergebnis (Cashflow) abgeleitet werden kann.

Cashflow

Geldrechnerisches Ergebnis des Berichtsjahres

Merke!

Der Cashflow (CF) ist das geldrechnerische Ergebnis einer Periode.

Um das geldrechnerische Ergebnis aus der Gewinn- und Verlustrechnung ableiten zu können, ist die Unterteilung aller Aufwendungen und Erträge in ihre **liquiditätswirksamen (l_w)** und **liquiditätsneutralen (l_n)** Bestandteile erforderlich.

Merke!

- **Liquiditätswirksam (l_w)** sind alle Erfolgsgrößen, die **mit Geldfluss** verbunden sind.
- **Liquiditätsneutral (l_n)** sind Erträge und Aufwendungen, die **zahlungsunwirksam**, also ***nicht* mit Geldfluss** verbunden sind.

Im Sinne dieser Abgrenzung sind vor allem zu beachten

- Bestandsveränderungen und Andere aktivierte Eigenleistungen, die als liquiditätsneutral gelten,
- Konten im Zusammenhang mit der Bildung und Auflösung von Rückstellungen („Zuführung zu Rückstellungen" und „Erträge aus der Auflösung von Rückstellungen"), aber auch
- Konten im Rahmen der Sonstigen betrieblichen Erträge und Sonstigen betrieblichen Aufwendungen.

7.3.2.1 Direkte Ermittlung des Cashflows

Direkte Ermittlung des Cashflows

Einzahlungen – Auszahlungen

Die **direkte Cashflow-Ermittlung** erfolgt über die unmittelbare **Verrechnung** von **Einnahmen** (liquiditätswirksamen Erträgen (E_{lw})) und **Ausgaben** (liquiditätswirksamen Aufwendungen (A_{lw})).

Direkte Methode zur Berechnung des Cashflows

	Liquiditätswirksame Erträge (E_{lw})
–	Liquiditätswirksame Aufwendungen (A_{lw})
=	Cashflow (CF)

Cashflow-Rechnung (direkt)

Liquiditätswirksame Erträge	**T€**
Umsatzerlöse	13.350
Sonstige betriebliche Erträge (l_w)	616
Erträge aus anderen Wertpapieren und Ausleihungen	200
Sonstige Zinsen und ähnliche Erträge	110
Summe	**14.276**

Liquiditätswirksame Aufwendungen	**T€**
Aufwendungen für bezogene Leistungen	5.580
Personalaufwendungen	890
Sonstige betriebliche Aufwendungen (l_w)	880
Zinsaufwendungen	1.750
Steuerzahlungen	119
Summe	**9.219**

Zusammenfassung

	Liquiditätswirksame Erträge	14.276
–	Liquiditätswirksame Aufwendungen	9.219
=	**Cashflow**	**5.057**

Für die MEWOH Musterwohn GmbH ergibt sich bei der direkten Ermittlung des Cashflows für das Berichtsjahr (01) ein Wert von 5.057 T€.

7.3.2.2 Indirekte Ermittlung des Cashflows

Indirekte Ermittlung des Cashflows

Jahresergebnis wird um liquiditätsneutrale Größen bereinigt

Bei der **indirekten Methode** wird der Cashflow aus dem Jahresergebnis, unter Verrechnung liquiditätsneutraler Aufwendungen (A_{ln}) und liquiditätsneutraler Erträge (E_{ln}) abgeleitet. Diese Methode ist der zumeist in der Praxis angewandte Weg. Das Jahresergebnis (Jahresüberschuss/Jahresfehlbetrag) wird um die liquiditätsneutralen Größen bereinigt und so in die Finanzkennzahl Cashflow transformiert.

Indirekte Methode zur Berechnung des Cashflows

	Jahresergebnis (Jahresüberschuss/Jahresfehlbetrag)
+	Liquiditätsneutrale Aufwendungen (A_{ln})
–	Liquiditätsneutrale Erträge (E_{ln})
=	Cashflow

Cashflow-Rechnung (indirekt)

Wesenszüge der Abschreibung

▶ LF 13, Kap. 4.2.1

		T€
	Jahresergebnis	**3.231**
+	**Liquiditätsneutrale Aufwendungen**	**2.180**
	davon	
	Abschreibungen auf das Anlagevermögen	2.100
	Abschreibungen auf Mietforderungen	80
–	**Liquiditätsneutrale Erträge**	**354**
	davon	
	Bestandsveränderungen	95
	Andere aktivierte Eigenleistungen	75
	Sonstige betriebliche Erträge ($_{ln}$)	184
	Cashflow	**5.057**

Auch die indirekte Ermittlung des Cashflows führt zu einem Wert von 5.057 T€.

Das Ergebnis zeigt, dass der Beitrag des Geschäftsjahres (01) zur Liquidität und Finanzkraft des Unternehmens größer ist als der erfolgsrechnerische Jahresüberschuss (3.231 T€). Diese Abweichung ist wesentlich den liquiditätsneutralen Abschreibungen, aber auch anderen liquiditätsneutralen Vorgängen geschuldet.

8 Einführung in die Kosten- und Leistungsrechnung

SB ▶ SITUATION 111
Einführung in die Kosten- und Leistungsrechnung

Auch für die Immobilienwirtschaft ist unstrittig, dass es erforderlich ist, über die Nutzung wichtiger controllingorientierter Instrumente nachzudenken. Zu ihnen gehört auch die Kosten- und Leistungsrechnung.

8.1 Grundlagen

8.1.1 Kosten- und Leistungsrechnung im betrieblichen Rechnungswesen

Da die **Kosten- und Leistungsrechnung** aufs Engste mit den anderen Bereichen des betrieblichen Rechnungswesens verbunden ist, sollen diese in ihren Aufgaben und Funktionsweisen näher umrissen werden. Keiner dieser Bereiche funktioniert für sich allein.

Aufgaben und Organisation der Finanzbuchhaltung
▶ Band 1, LF 3, Kap. 1

Die **Finanzbuchhaltung** benötigt grundlegende Gestaltungshinweise von der Kosten- und Leistungsrechnung und den anderen Bereichen des Rechnungswesens.

Die **Kosten- und Leistungsrechnung** selbst kann nur effizient sein, wenn bereits in der Finanzbuchhaltung – etwa bei der Kostenerfassung – dafür Vorsorge getroffen wurde.

Für das **Kostenmanagement** sind die ökonomischen Größen in der betrieblichen Statistik und Vergleichsrechnung aufzubereiten. Alles zusammen bildet die Grundlage der betrieblichen Planungsrechnung.

Es ist zwischen **externem** und **internem** Rechnungswesen zu unterscheiden.

Bestandteile des betrieblichen Rechnungswesens

Betriebliches Rechnungswesen

- Betriebliches Rechnungswesen
  - Externe Adressaten
  - Finanzbuchhaltung
  - Umfangreiche Rechtsvorschriften (HGB, Steuergesetze, rechtsformspezifische Regelungen)
- Internes Rechnungswesen
  - Interne Belange des Unternehmens
  - Planungsrechnung
  - Betriebliche Statistiken
  - Kosten- und Leistungsrechnung

  (Planungsrechnung, Betriebliche Statistiken, Kosten- und Leistungsrechnung:) **im Wesentlichen keine Rechtsvorschriften**

Finanzbuchhaltung

Merke!

Die **Finanzbuchhaltung** ist eine **Zeitrechnung**, die auf die Erfassung aller
- das Vermögen und die Vermögensquellen (Kapital) und
- die Erfolgslage

betreffenden Geschäftsfälle gerichtet ist.

Sie hat wichtige **externe Aufgaben** zu erfüllen, da sie das Unternehmensgeschehen für externe Adressaten dokumentiert. Deshalb wird sie auch als **externes Rechnungswesen** bezeichnet.

Zugleich aber hat sie auch **interne Funktionen** zu erfüllen. Sie liefert Daten zur Steuerung des betrieblichen Geschehens, stellt wichtige Daten für die Kosten- und Leistungsrechnung (KLR), die betriebliche Statistik und die Unternehmensplanung bereit.

Planungsrechnung

Merke!

Planung ist ein vorausschauender, rational und systematisch gestalteter Prozess der Entscheidungsvorbereitung. Auf der Grundlage von Daten der Vergangenheit und Gegenwart werden Entscheidungen für künftige Entwicklungen abgeleitet.

Mit der Planungsrechnung wird versucht, die unternehmerische Entwicklung möglichst exakt zu bestimmen und so Orientierungshilfen für die Unternehmenssteuerung zu schaffen. Sie basiert auf Zahlen der Finanzbuchhaltung, der Kostenrechnung und der Statistik und liefert wichtige Daten für die Erstellung diverser Teilpläne (Erfolgspläne, Investitionspläne, Finanz- und Liquiditätspläne).

Betriebliche Statistik und Vergleichsrechnung

Kostenrechnung und Planungsrechnung funktionieren nur, wenn sie auf die Ergebnisse der betrieblichen Statistik zurückgreifen können.

Merke!

Betriebliche Statistik hat die Aufgabe, aktuelle und vergangenheitsbezogene ökonomische **Größen systematisch zu erfassen** und zu **analysieren.**

Dadurch werden Daten bereitgestellt, die die Beurteilung vergangener und aktueller ökonomischer Prozesse ermöglichen. Zugleich lassen sich damit auch Wertansätze für zukünftige Prozesse ermitteln.

Die **betriebliche Statistik** ist mit der **Vergleichsrechnung** verbunden, sie beinhaltet
- den **Zeitvergleich** als Gegenüberstellung ausgewählter betriebswirtschaftlicher Größen zweier oder mehrerer Zeiträume bzw. Zeitpunkte,
- den **Soll-Ist-Vergleich** als Gegenüberstellung geplanter Größen (Soll-Werten) mit den tatsächlichen aktuellen Größen (Ist-Werten) und die Ermittlung der **Soll-Ist-Abweichungen** und
- den **zwischenbetrieblichen Vergleich** als Gegenüberstellung der Größen gleicher oder ähnlich strukturierter Unternehmen.

Die regelmäßige zahlenmäßige Erfassung vergangener und aktueller betrieblicher Entwicklungen und deren Vergleich mit den Werten vorheriger Perioden mit geplanten Größen oder Werten anderer Unternehmen sind wichtige Instrumente der Unternehmenssteuerung.

Kosten- und Leistungsrechnung
Die Kosten- und Leistungsrechnung ist ein weiterer Bereich des betrieblichen Rechnungswesens, der die Prozesse der innerbetrieblichen Leistungserstellung und -verwertung erfasst und darstellt.

8.1.2 Stufen und Systeme der Kostenrechnung

Beim Aufbau der Kosten- und Leistungsrechnung wohnungswirtschaftlicher Unternehmen oder bei ihrer Implementierung in einzelne Funktionsbereiche sind verschiedene Systeme zu unterscheiden.

a) **Kostenarten-, Kostenstellen- und Kostenträgerrechnung als Stufen der Kostenrechnung**

- **Kostenartenrechnung**
  Die **erste Stufe** der Kosten- und Leistungsrechnung beinhaltet die Organisation und Durchführung der **Kostenerfassung**. Sie wird als **Kostenartenrechnung** bezeichnet, deren Aufgabe die nach Kostenarten gruppierte Erfassung und Ermittlung angefallener Kosten ist.

Kostenartenrechnung

Die **Kostenartenrechnung** hat die Frage zu beantworten, **welche Kosten** in welcher Höhe bei der Gestaltung der betrieblichen Prozesse entstanden sind.

Kostenartenrechnung
Welche Kosten sind entstanden?

- **Kostenstellenrechnung**
  Gegenstand der **zweiten Stufe** der Kosten- und Leistungsrechnung ist die Verteilung der Kosten auf die sie verursachenden **organisatorischen Einheiten (Kostenstellen)**.

Kostenstellenrechnung

Die **Kostenstellenrechnung** beantwortet die Frage, welche Stellen, welche organisatorischen Einheiten des Betriebes die Kosten verursacht haben.

Kostenstellenrechnung
Wo, innerhalb welcher organisatorischen Einheiten sind die Kosten entstanden?

- **Kostenträgerrechnung**
  In der **dritten Stufe** der Kosten- und Leistungsrechnung erfolgt eine **Verteilung** der Kosten auf die Markt- bzw. innerbetrieblichen Leistungen **(Kostenträger)**.

Kostenträgerrechnung

Im Rahmen der **Kostenträgerrechnung** wird bestimmt, welche Kostenträger (Leistungseinheiten) die Kosten verursacht haben und daher Umsatzerlöse zur Kostendeckung erbringen müssen.

Kostenträgerrechnung
Welche Marktleistungen haben die Kosten verursacht?

b) Vollkosten- und Teilkostenrechnung als Systeme der Kostenrechnung

Nach Art und Umfang der Kostenverrechnung in der Kostenstellen- und Kostenträgerrechnung ist zwischen der **Vollkostenrechnung** und der **Teilkostenrechnung** zu unterscheiden.

Vollkostenrechnung

Alle Kosten werden bei der Entscheidungsfindung berücksichtigt.

Vollkostenrechnung

- Von einer Vollkostenrechnung ist die Rede, wenn in den kostenrechnerischen Betrachtungen **alle angefallenen Kosten** Berücksichtigung finden. Dabei werden die Kosten als **Einzelkosten (K_E)** und anteilig als **Gemeinkosten (K_G)** den Kostenträgern zugerechnet.

- Die Vollkostenrechnung findet ihre Umsetzung in den Verfahren der **Divisionskalkulation,** der **Äquivalenzziffernkalkulation** oder auch der **Zuschlagskalkulation**.
- Ermittelt werden dabei die **Selbstkosten** des Kostenträgers, die der Preisbildung zugrunde liegen. Preisbildung ist das Ergebnis dieses Systemansatzes.

Vollkostenrechnung

Einzelkosten, anteilige Gemeinkosten, aber auch der Gewinn liegen der **Preisfindung** zugrunde.

Beispiel

Basis der Preisbildung (-findung) für eine Dienstleistung sollen die Selbstkosten sein. Nach dem Modell der Vollkostenrechnung wird dabei aus den Selbstkosten ein Preis abgeleitet.

	Einzelkosten (K_E)	1.000,00 €
+	anteilige Gemeinkosten (K_G)	200,00 €
=	**Selbstkosten (SK)**	**1.200,00 €**
+	Gewinn (G)	120,00 €
=	**Preis (P)**	**1.320,00 €**

Teilkostenrechnung

Ausgehend von einem erzielbaren Preis und den variablen Kosten wird entschieden, ob sich der Prozess lohnt.

Teilkostenrechnung

Im Rahmen der Teilkostenrechnung (Deckungsbeitragsrechnung) gestaltet sich die Fragestellung etwas anders. Hier geht die Rechnung **von einem am Markt erzielbaren Preis aus** und untersucht, in welchem Umfang der erzielbare Erlös der Kostendeckung dient.

Die Kosten werden dabei unterteilt

- in solche, die direkt durch die Erstellung und Verwertung einer konkreten Leistung verursacht wurden **(variable Kosten (K_v))**, und
- in solche, die allein durch die Vorhaltung der Leistungsbereitschaft des Betriebes und seiner Erwerbsabteilungen verursacht werden **(Fixkosten (K_f))**.

Merke!

Mithilfe der Informationen aus der **Teilkostenrechnung** wird gefragt, ob der mögliche, erzielbare Preis ausreicht, um die direkt durch die Leistungserstellung verursachten variablen Kosten zu decken, und ob er darüber hinaus einen Beitrag zur Deckung der Fixkosten und zur Gewinnerwirtschaftung zu leisten vermag.

Beispiel

Für eine Dienstleistung lässt sich am Markt ein **Preis (P)** von 1.320,00 € erzielen. Die variablen Kosten (K_{vE}) je Leistungseinheit (Reparatur) betragen 1.000,00 €.
Frage: Lohnt es sich, zu diesem Preis die Reparaturleistung anzubieten und zu verkaufen?
Antwort: Ja, denn mit jeder Einheit einer solchen Reparaturleistung wird ein Deckungsbeitrag (DB_E) von 320,00 € erwirtschaftet, der der Deckung der Fixkosten und darüber hinaus ab einer bestimmten Menge auch der Gewinnerwirtschaftung dient.

	Preis (P)	1.320,00 €
–	variable Kosten je Leistungseinheit (K_{vE})	1.000,00 €
=	**Deckungsbeitrag je Leistungseinheit (DB_E)**	**320,00 €**

Teilkostenrechnung

Im Rahmen der **Teilkostenrechnung** erfolgt die Entscheidungsfindung auf der Basis eines realisierbaren Preises und nur eines Teils der Kosten – der variablen Kosten (K_v).

In der Kostenrechnung der Unternehmen werden in der Regel sowohl die **Vollkostenrechnung** als auch die **Teilkostenrechnung** auf den verschiedenen Unternehmensebenen gleichermaßen angewendet.

8.2 Abgrenzungsrechnung

Gegenstand der Abgrenzungsrechnung ist die Betriebsergebnisrechnung.

Das Ergebnis der Gewinn- und Verlustrechnung zerfällt in ein Betriebsergebnis ein neutrales Ergebnis.

Die in die Erfolgsrechnung (GuV-Rechnung) der Finanzbuchhaltung einfließenden Zahlen sind für die Zwecke der Kosten- und Leistungsrechnung nicht hinreichend aussagefähig. Sie müssen für das weitere Vorgehen differenzierter betrachtet werden. In der Kosten- und Leistungsrechnung erfolgt deshalb eine **Splittung** der Aufwendungen und Erträge.

Die **Aufwendungen** werden unterteilt in Aufwendungen, die durch den eigentlichen betrieblichen Leistungsprozess verursacht werden **(Kosten)**, und solche, die mit der Erstellung und Verwertung von Marktleistungen in keinem unmittelbaren Zusammenhang stehen **(neutrale Aufwendungen)**.

Die **Erträge** werden unterschieden in solche, die aus dem eigentlichen betrieblichen Leistungsprozess stammen **(Leistungen)**, und solche, die mit der Erstellung und Verwertung von Marktleistungen in keinem unmittelbaren Zusammenhang stehen **(neutrale Erträge)**.

Betriebsergebnis
▶ LF 13, Kap. 8.2.2

In der Verrechnung dieser Größen wird in der Folge auch unterschieden zwischen den **Ergebnissen**, die durch **betriebstypische Prozesse (Betriebsergebnis)** verursacht wer-

Neutrales Ergebnis
▶ LF 13, Kap. 8.2.2

den, und solchen, die aus **betriebsuntypischen Prozessen** stammen **(neutrales Ergebnis)**. Denn letztlich ist entscheidend, ob der Erfolg durch die eigentlich typischen Prozesse des Wohnungsunternehmens (Hausbewirtschaftung, Grundstücksverkehr oder Betreuungstätigkeit) verursacht wurde oder ob er das Ergebnis von Nebengeschäften ist, durch Ergebnisse beeinflusst wird, die ursächlich früheren Jahren zuzuordnen sind oder gar durch außergewöhnliche Umstände bedingt ist.

8.2.1 Betriebliche und neutrale Erfolgsvorgänge

Die ursprüngliche Gewinn- und Verlustrechnung der MEWOH Musterwohn GmbH soll im Interesse der Gestaltung der Kosten- und Leistungsrechnung in Form einer **Ergebnistabelle** dargestellt werden. Die Ergebnistabelle hat dabei zunächst folgendes Aussehen:

Ergebnistabelle (T €)

Bezeichnung	Gesamtergebnisrechnung	
	Aufwendungen	Erträge
	T€	T€
Umsatzerlöse aus HBW (60)		11.500
Umsatzerlöse aus Grundstücksverkäufen (61)		1.320
Umsatzerlöse aus Betreuungstätigkeit (62)		450
Umsatzerlöse aus anderen Lieferungen und Leistungen (63)		80
Bestandsveränderungen (64)		95
Andere aktivierte Eigenleistungen (65)		75
Sonstige betriebliche Erträge (66)		120
Zinsen und ähnliche Erträge (67)/(68)		310
Außerordentliche Erträge (69)		680
Betriebskosten (800)	3.500	
Instandhaltungskosten (805)	1.200	
Sonstige Hausbewirtschaftungskosten (809)	0	
Aufwendungen für Verkaufsgrundstücke (81)	800	
Fremdkosten für Baubetreuung (820)	80	
Fremdkosten für Verwaltungsbetreuung (821)	0	
Löhne und Gehälter (830)	700	
Soziale Abgaben (831)	190	
Abschreibungen (84)	2.100	
Sonstige betriebliche Aufwendungen (85)	530	
Zinsaufwand (87)	1.750	
Außerordentlicher Aufwand (885)	430	
Steuern (89)	119	
	11.399	**14.630**
Ergebnis		**3.231**

Das Gesamtergebnis, der Jahresüberschuss von 3.231 T €, ist jedoch nur bedingt aussagefähig, denn es wird nicht deutlich, wodurch es verursacht wurde. Seine Quellen werden erst nach einer wesentlich differenzierteren Betrachtung der Kategorien Ertrag und Aufwand sichtbar.

Merke!

Die sachliche **Abgrenzung** dient der Definition von Aufwendungen und Erträgen, die den betriebstypischen Leistungsprozessen entstammen. Dazu werden die Aufwendungen in Kosten und sogenannte neutrale Aufwendungen unterschieden. Bei den Erträgen werden Leistungen und neutrale Erträge abgegrenzt.

Der Aufdeckung der Quellen des Unternehmenserfolges dient die **sachliche Abgrenzung der Aufwendungen und Erträge**.

8.2.1.1 Abgrenzung von Erträgen und Leistungen

Natürlich fallen alle Erträge, die das Wohnungsunternehmen erwirtschaftet, in der Gesamtrechnung positiv ins Gewicht. Entscheidend ist jedoch, herauszufinden, welche Bereiche des Unternehmens in welchem Maße zum Unternehmenserfolg beitragen. Dazu werden die Erträge in Leistungen und neutrale Erträge unterteilt.

Ertrag

Ertrag ist der gesamte erfolgswirksame Wertzuwachs einer Periode.

Die Erträge lassen sich in Abhängigkeit von der Verursachung voneinander unterscheiden.

a) **Betriebliche Erträge**

Merke!

Betriebliche Erträge sind all jene Erträge, die durch den betrieblichen Leistungsprozess verursacht werden, der die typischen, für den Markt gedachten Sach- und Dienstleistungen hervorbringt. Nur sie werden im Rahmen der Kosten- und Leistungsrechnung als Leistungen bezeichnet.

In den Unternehmen der Immobilienwirtschaft gehören hierzu in erster Linie:

- **Umsatzerlöse**
  - aus der Hausbewirtschaftung (60)
  - aus dem Verkauf von Grundstücken (61)
  - aus der Betreuungstätigkeit (62)
  - aus anderen Lieferungen und Leistungen (63)
- **Bestandsveränderungen (64)**
  bei zum Verkauf bestimmten Grundstücken sowie unfertigen Leistungen
- **Andere aktivierte Eigenleistungen (65),**
  die in erster Linie im Zusammenhang mit der Errichtung von Objekten des Anlagevermögens stehen.

Umsatzerlöse aus der Hausbewirtschaftung

▶ LF 5, Kap. 2

Bestandsveränderungen

▶ LF 5, Kap. 4; ▶ LF 8, Kap. 9

Andere aktivierte Eigenleistungen

▶ LF 8, Kap. 5

Leistungen sind nur die Erträge, die aus den betriebstypischen Prozessen resultieren.

Leistungen

Leistungen sind die in Geldeinheiten bewerteten Wertzuwächse an Sach- und Dienstleistungen, die Ergebnis des betrieblichen Leistungsprozesses sind.

b) Neutrale Erträge

Erträge und Leistungen können voneinander abweichen. Es gibt Erträge, die keine Leistungen darstellen. Das sind Erträge, die den nichtbetriebstypischen Prozessen entstammen und als **neutrale Erträge** bezeichnet werden.

Merke!

Neutrale Erträge sind über die Leistungen hinaus realisierte Erträge, die nicht in die Kosten- und Leistungsrechnung einfließen.

Dazu gehören:

- **Betriebsfremde Erträge**

Merke!

Betriebsfremde Erträge sind Erträge, die nicht aus dem eigentlichen betriebstypischen Leistungsprozess resultieren, sondern durch betriebsfremde, für das Unternehmen eher atypische Prozesse verursacht werden.

Der Kontenrahmen der Wohnungswirtschaft sieht für die Erfassung dieser Erträge u.a. die Gruppe **(66) Sonstige betriebliche Erträge** vor. Aber auch die in den Kontengruppen (67) und (68) ausgewiesenen Zinserträge gehören zu den betriebsfremden Erträgen.

- **Periodenfremde Erträge**

Merke!

Periodenfremde Erträge sind Erträge, die sich aus früheren Rechnungsperioden ergeben.

Sie werden erfasst in den Kontengruppen

- Erträge aus früheren Jahren (666) oder
- Steuererstattungen (8909) bzw. (8919).

Auch die **Umsatzerlöse der Kontengruppen (60) bis (63)** können periodenfremde Erträge enthalten. Das ist etwa der Fall, wenn die Erträge ursächlich früheren Rechnungsperioden zuzuordnen sind.

- **Außerordentliche Erträge**

Merke!

Außerordentliche Erträge sind Erträge, die außerhalb der gewöhnlichen Geschäftstätigkeit der Wohnungsunternehmen anfallen und im Rahmen der üblichen betrieblichen Tätigkeit nicht zu erwarten sind.

Sie sind in der Regel außergewöhnlichen Umständen geschuldet.

Außerordentliche Erträge können auch in anderen Konten enthalten sein, die es im Rahmen der Abgrenzungsrechnung zu ermitteln gilt.

Betriebliche und neutrale Erträge

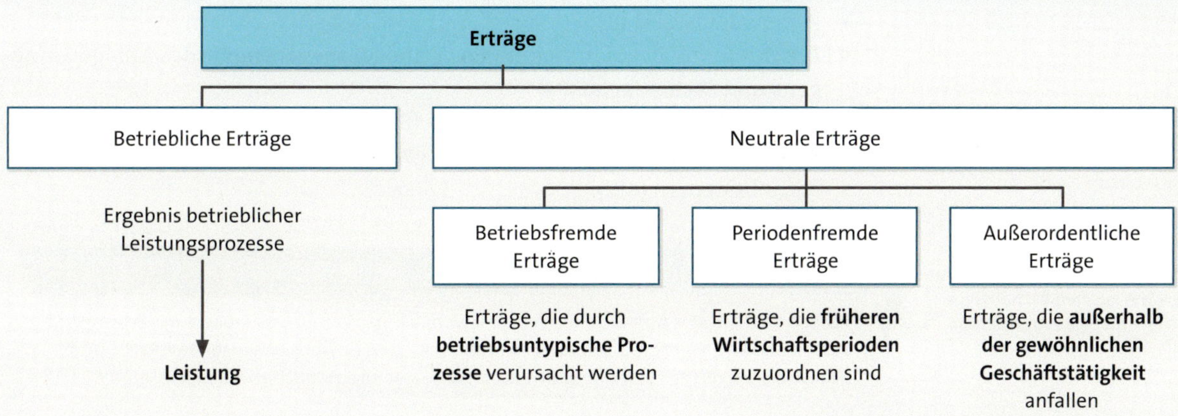

8.2.1.2 Abgrenzung von Aufwendungen und Kosten

Bedeutsam ist auch die Abgrenzung von Aufwendungen und Kosten, denn nur ein Teil der Aufwendungen ist tatsächlich auch durch betriebstypische Leistungsprozesse verursacht und als Kosten zu definieren.

Aufwand

Unter **Aufwand** ist der gesamte in Geld bewertete Verbrauch bzw. die in Geld bewertete Inanspruchnahme von Sachgütern, Dienstleistungen und Rechten – einschließlich der an die öffentliche Hand zu leistenden Abgaben – zu verstehen.

Aufwendungen sind in Abhängigkeit von ihrer Verursachung zu unterscheiden.

a) Betriebliche Aufwendungen

Merke!

Betriebliche Aufwendungen sind all jene Aufwendungen, die **durch** die **betriebstypischen Leistungsprozesse** verursacht werden. Nur sie werden im Rahmen der Kosten- und Leistungsrechnung als **Kosten** bezeichnet.

In den Wohnungsunternehmen gehören zu den betrieblichen Aufwendungen (Kosten):

- Aufwendungen
  - für die Hausbewirtschaftung (80)
  - für Verkaufsgrundstücke (81)
  - für andere Lieferungen und Leistungen (82)

  Bei den Kosten in der Immobilienwirtschaft ist erkennbar, dass die Positionen (80) bis (82) Kosten darstellen, die auf direkte Weise mit den Prozessen der Abteilungen Hausbewirtschaftung (HBW), Grundstücksverkehr (GV) und Betreuungsdienste (BD) verbunden sind. Sie sind also stets als Kosten zu definieren.

Hausbewirtschaftungskosten

▶ LF 5, Kap. 3

Aufwendungen für Verkaufsgrundstücke

▶ LF 8, Kap. 9

- Anders verhält es sich mit solchen **Aufwandspositionen**, die häufig nur **teilweise** den **Kosten** zuzurechnen sind, da sie sowohl **betrieblichen** als auch **neutralen Prozessen geschuldet** sein können.

  Dazu gehören:
  - Personalaufwand (83)
  - Abschreibungen auf immaterielle Vermögensgegenstände des Anlagevermögens und Sachanlagen (84)
  - Sonstige betriebliche Aufwendungen (85)
  - Zinsen und zinsähnliche Aufwendungen (87)
  - Betriebssteuern (891)

Kosten sind nur die Aufwendungen, die aus den betriebstypischen Prozessen resultieren.

Kosten

Kosten sind all jene Aufwendungen, die durch den geplanten betrieblichen Leistungsprozess verursacht werden. Sie sind der in Geldeinheiten bewertete Verzehr an Sach- und Dienstleistungen zur Erstellung und zum Absatz der betrieblichen Erzeugnisse.

- Zu den Kosten gehören alle Aufwendungen, die der eigentlichen Leistungserstellung und Aufrechterhaltung der für den betrieblichen Leistungsprozess notwendigen Kapazitäten dienen.

b) Neutrale Aufwendungen

Aufwendungen und Kosten können voneinander abweichen. Aufwendungen, die nicht den betriebstypischen Prozessen geschuldet sind, werden als neutrale Aufwendungen bezeichnet.

Merke!

Neutrale Aufwendungen sind Aufwendungen, die über die Kosten hinaus im Unternehmen verursacht werden und demzufolge nicht in die Kosten- und Leistungsrechnung eingehen.

Dazu gehören:

- **Betriebsfremde Aufwendungen**

Merke!

Betriebsfremde Aufwendungen sind Aufwendungen, die nicht durch den eigentlichen typischen betrieblichen Leistungsprozess verursacht werden, sondern aus der Verfolgung **betriebsfremder Ziele** resultieren.

Es sind Aufwendungen, die durch Prozesse verursacht werden, die für den Betrieb des Wohnungsunternehmens eher untypisch sind.

Betreibt ein Wohnungsunternehmen bspw. neben der typischen Vermietung von Immobilien auch eine Kantine oder ein Ferienobjekt, sind die dadurch verursachten Personalaufwendungen, Abschreibungen, Zinsaufwendungen, Verwaltungskosten oder auch Betriebssteuern als betriebsfremde Aufwendungen zu verstehen und in der Abgrenzungsrechnung entsprechend zu behandeln.

- **Periodenfremde Aufwendungen**

> **Merke!**
>
> **Periodenfremde Aufwendungen** sind Aufwendungen, die wirtschaftlich früheren Rechnungsperioden zuzuordnen sind.

Im Kontenrahmen der Immobilienwirtschaft sind für diese Positionen keine besonderen Konten vorgesehen, es ist aber empfehlenswert, Aufwendungen, die durch frühere Wirtschaftsperioden verursacht wurden, auch gesondert zu erfassen. Das ermöglicht eine bessere Abgrenzung im Sinne der Ergebnisrechnung.

- **Außerordentliche Aufwendungen**

> **Merke!**
>
> **Außerordentliche Aufwendungen** sind Aufwendungen, die außerhalb der gewöhnlichen Geschäftstätigkeit der Wohnungsunternehmen anfallen und im Rahmen der üblichen betrieblichen Tätigkeit nicht zu erwarten sind.

Außerordentliche Aufwendungen können aber auch in anderen Kostenkonten verborgen sein.

Betriebliche und neutrale Aufwendungen

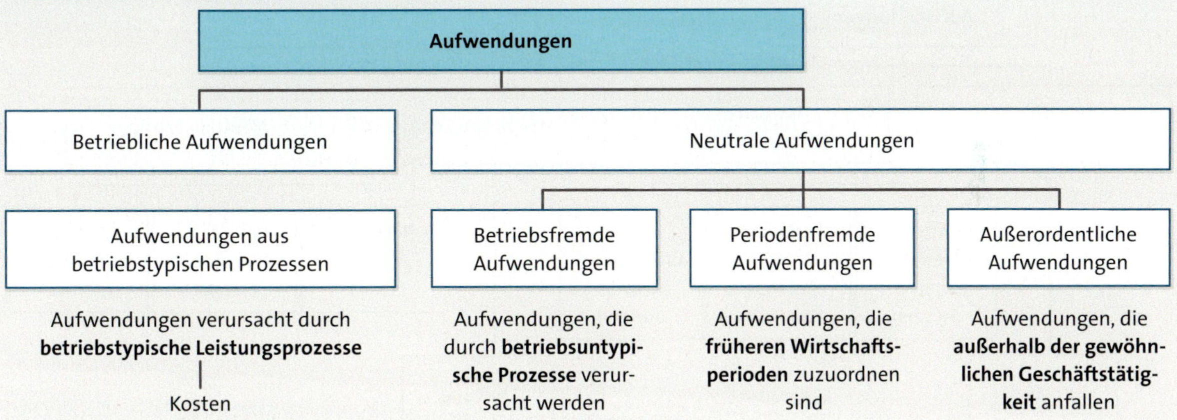

8.2.2 Betriebsergebnis und neutrales Ergebnis

Nachdem die Unterteilung der Aufwendungen und Erträge in ihre betrieblichen und neutralen Bestandteile vorgenommen wurde, kann auch das Gesamtergebnis in Teilergebnisse zerlegt werden.

1. Aus der Gegenüberstellung der Kosten (betrieblich verursachte Aufwendungen) und Leistungen (betrieblich bedingte Erträge) ergibt sich das **Betriebsergebnis**.

Es gilt:

> **Berechnung des Betriebsergebnisses**
>
> **Betriebsergebnis = Leistungen – Kosten**

2. Die Gegenüberstellung der neutralen (betriebsfremden, periodenfremden und außerordentlichen) Aufwendungen und Erträge ergibt das **neutrale Ergebnis**.

Es gilt:

Berechnung des neutralen Ergebnisses

Neutrales Ergebnis = neutrale Erträge – neutrale Aufwendungen

Wie das Betriebsergebnis ermittelt wird, lässt sich der folgenden Übersicht entnehmen.

Von der Gewinn- und Verlustrechnung zur Betriebsergebnisrechnung

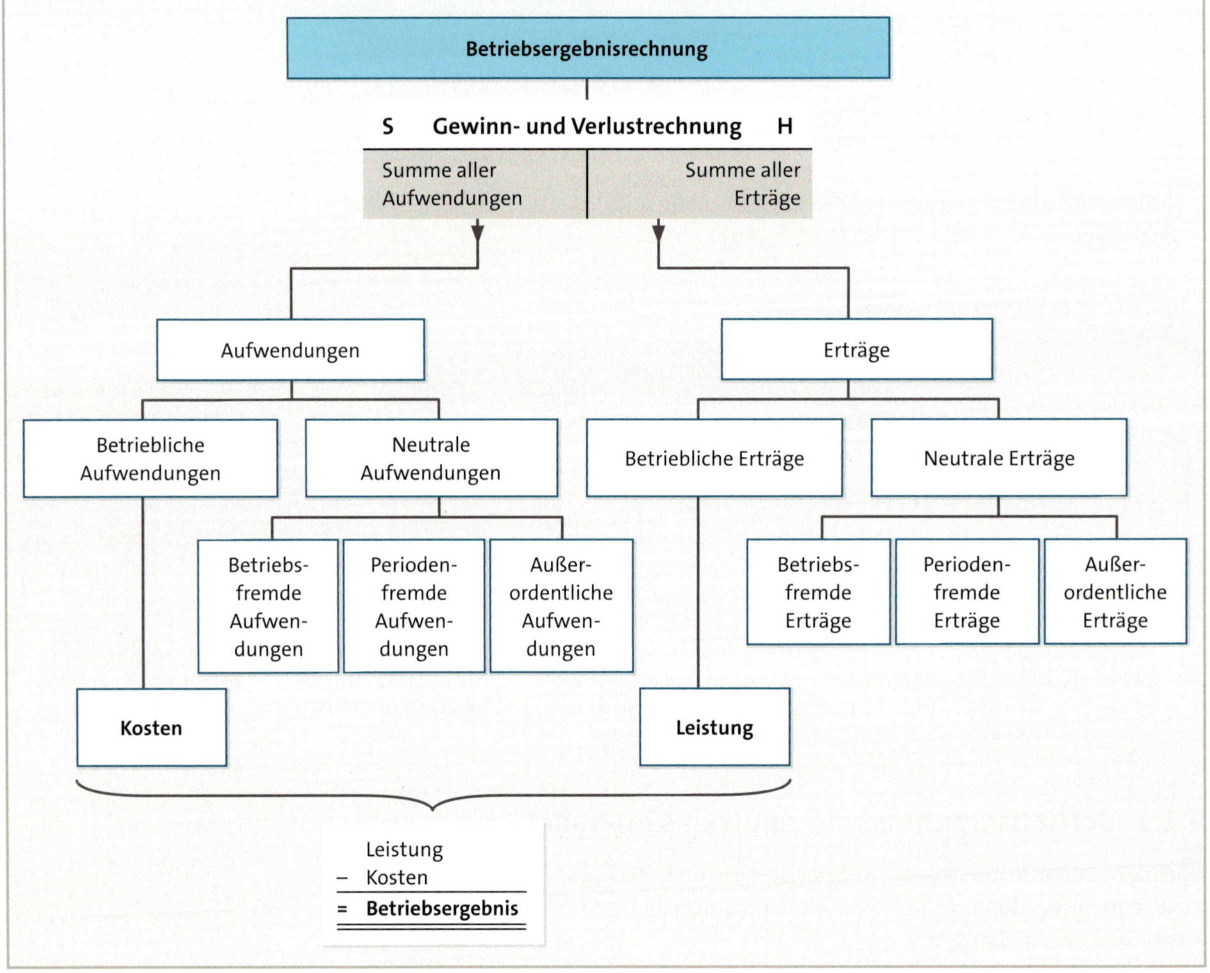

8.3 Grund-, Anders- und Zusatzkosten

Nachdem die Kategorie Kosten definiert wurde, ist zu untersuchen, ob die verschiedenen Kostenarten mit den Werten der Finanzbuchhaltung unverändert in die Kostenrechnung übernommen werden können. Zur Beantwortung dieser Frage sind die Kosten in **Grundkosten**, **Anderskosten** und **Zusatzkosten** zu unterteilen.

a) Grundkosten

Grundkosten

Grundkosten sind die Kosten, die mit unveränderten **Werten der Finanzbuchhaltung** in die Kostenrechnung übernommen werden können (aufwandsgleiche Kosten).

Grundkosten
Kalkulation mit den Werten der Finanzbuchhaltung

Dazu gehören u.a.:
- die als Aufwendungen für bezogene Leistungen definierten Kosten der Hausbewirtschaftung (80)
- Instandhaltungskosten (805)
- Personalkosten (83)
- die meisten Positionen des sächlichen Verwaltungsaufwands (850)
- Betriebssteuern (891)

b) Anderskosten

Anderskosten

Anderskosten sind Aufwendungen, die zwar betrieblich verursacht sind, aber **mit anderen Werten** als denen der Finanzbuchhaltung in die Kostenrechnung einfließen (aufwandsungleiche Kosten).

Anderskosten
Kalkulation mit anderen Werten als denen der Finanzbuchhaltung

Anderskosten können u.a. sein:
- **Abschreibungen**, die als **kalkulatorische Abschreibungen** in der Kostenrechnung Berücksichtigung finden;
- **Forderungsausfälle**, die als **kalkulatorische Wagnisse** in die Kostenrechnung einfließen;
- **Zinsaufwendungen**, die als **kalkulatorische Zinsen** in der Kostenrechnung berücksichtigt werden.

c) Zusatzkosten

Zusatzkosten

Zusatzkosten sind Kosten, für die sich aus der **Finanzbuchhaltung keine Werte** entnehmen lassen. Sie sind leistungsbedingter Werteverzehr, der in der Finanzbuchhaltung nicht erfasst wird, in der Kostenrechnung jedoch berücksichtigt werden muss.

Zusatzkosten
Berücksichtigung in der Kalkulation, obwohl sie in der Finanzbuchhaltung gar nicht erschienen.

Hierzu gehören u.a.:
- der kalkulatorische Unternehmerlohn
- die kalkulatorische Miete
- die kalkulatorischen Eigenkapitalzinsen

Kostenrechnerische Korrekturen

Anderskosten und Zusatzkosten sind Kosten, deren Höhe und/oder Berechnungsmethode in der Finanzbuchhaltung nicht den Erfordernissen der Kostenrechnung entsprechen. Im Rahmen kostenrechnerischer Korrekturen sind sie verursachungsgerecht als kalkulatorische Kosten zu ermitteln.

Merke!

Kostenrechnerische Korrekturen stellen sicher,
- dass die in der Finanzbuchhaltung ausgewiesenen Kosten mit den Werten zum Tragen kommen, die den Erfordernissen der Kostenrechnung genügen, und
- dass die tatsächlich anfallenden Kosten Berücksichtigung finden werden – unabhängig davon, ob sie in der Finanzbuchhaltung erfasst wurden oder nicht.

Mit den kostenrechnerischen Korrekturen werden die in der Kalkulation zu berücksichtigenden Kosten realer ausgewiesen, die Basis für unternehmenspolitische Entscheidungen ist exakter.

9 Die Kostenartenrechnung

SB ▶ SITUATION 112 Kostenartrechnung, Kostenstellenrechnung und Kostenträgerrechnung

9.1 Aufgaben der Kostenartenrechnung

Merke!

Als Ausgangspunkt der Kostenrechnung hat die **Kostenartenrechnung** die Aufgabe, alle bei der Erstellung und Verwertung betrieblicher Leistungen anfallenden Kosten systematisch zu erfassen und aus der Analyse der Kostenentwicklung erste Maßnahmen zur Kostensenkung abzuleiten.

9.2 Gliederung der Kostenarten

Bei der Einrichtung der Kostenartenrechnung ist eine den Zielstellungen der Kostenrechnung entsprechende **Gliederung der Kostenarten** vorzunehmen. Es gilt, alle innerhalb einer Rechnungsperiode anfallenden Kosten nach geeigneten Kriterien zu ordnen und für die weitere Verarbeitung zu erfassen. Das ermöglicht eine erste Analyse, Beurteilung und Beeinflussung der Kostenentwicklung. Zugleich ist all das aber auch die Grundlage der späteren Weiterverrechnung von Kosten auf Kostenstellen und Kostenträger.

Die Kosten lassen sich unterteilen:
- nach der **Art der eingesetzten Produktionsfaktoren** (z. B. Personalkosten, Instandhaltungskosten, Kapitalkosten),
- nach der **Verteilbarkeit auf Bezugsgrößen** in Einzel- und Gemeinkosten,
- nach ihrem Verhalten bei **Beschäftigungsschwankungen** in variable und fixe Kosten.

a) Kostengliederung nach Art der eingesetzten Produktionsfaktoren

Gliederung nach Produktionsfaktoren
entspricht Gliederung im Kontenrahmen

Art und Umfang der in den Wohnungsunternehmen wie der MEWOH Musterwohn GmbH anfallenden Kosten hängen in erster Linie von den dort stattfindenden Leistungsprozessen und den dabei zum Einsatz kommenden Produktionsfaktoren ab.

Merke!

Betriebliche Produktionsfaktoren sind die der Leistungserstellung und -verwertung zugrunde liegenden Einsatzgüter, deren Verknüpfung zu innerbetrieblichen Leistungen und zu Marktleistungen führen.

Zuordnung der Kosten zu Bezugsgrößen bedingt deren Unterteilung in Einzel- und Gemeinkosten.

b) Kostengliederung nach der Zurechenbarkeit zu Bezugsgrößen

Die verursachungsgerechte Verteilung der Kosten auf Bezugsgrößen (Kostenträger, Kostenstellen oder auch Prozesse) erfordert deren Unterteilung in **Einzelkosten** und **Gemeinkosten**.

Merke!

Als **Bezugsgröße** sind die Verursacher von Kosten zu verstehen. Das können u. a.
- Leistungseinheiten (Kostenträger),
- Orte der Leistungserstellung (Kostenstellen),
- aber auch einzelne Leistungsprozesse sein.

Die eindeutige Zuordnung der im betrieblichen Leistungsprozess angefallenen Kosten auf zuvor bestimmte Bezugsgrößen (Kostenträger, Kostenstelle) bedingt die Unterscheidung in **Einzel-** und **Gemeinkosten**.

Einzelkosten

Einzelkosten (K_E) sind Kosten, die einer Bezugsgröße direkt zugeordnet werden können.

Nach der Wahl der Bezugsgröße werden
- die einem **Kostenträger** direkt zuzuordnenden Kosten als **Kostenträgereinzelkosten**,
- die einer **Kostenstelle** direkt zuzuordnenden Kosten als **Kostenstelleneinzelkosten**

bezeichnet.

Gemeinkosten

Gemeinkosten (K_G) sind Kosten, die einer **Bezugsgröße nicht direkt zugeordnet** werden können. Nur über gesondert zu definierende Schlüssel ist deren Verteilung auf die Bezugsgrößen möglich.

Jedoch lassen sich nicht alle Kosten ohne Weiteres einer Bezugsgröße zuordnen. Solche nicht direkt zuordenbaren Kosten werden **Gemeinkosten** genannt.

In diesem Sinne lassen sich bspw. die Gehälter einiger Mitarbeiter, Abschreibungen oder auch bestimmte Verwaltungskosten nicht direkt auf eine Bezugsebene verteilen. Deren Zuordnung kann nur über Verteilerschlüssel erfolgen.

c) Kostengliederung entsprechend unterschiedlicher Beschäftigung

Die **Beschäftigung** ist ein weiteres wichtiges Kriterium der Kostengliederung.

Kostengliederung nach Verhalten bei Beschäftigungsschwankung führt zu Fixkosten und variablen Kosten.

Merke!

Die (mögliche) **Beschäftigung** verkörpert das **Leistungsvermögen** eines Unternehmens, sie stellt seine vorhandene **Kapazität** bei gegebenen Produktionsbedingungen dar und bringt zum Ausdruck, welche Leistungsmenge unter gegebenen materiell-technischen und personellen Bedingungen erbracht werden kann.

Beispiel

Die Kapazität (mögliche Beschäftigung) eines Wohnungsunternehmens kann bspw.
- durch einen zu bewirtschaftenden Bestand von 40 000 Wohn- und Gewerbeeinheiten oder auch
- durch die materiell-technischen und personellen Bedingungen zur Betreuung von 2 000 Verwaltungseinheiten bestimmt werden.

Merke!

Der **Beschäftigungsgrad** ist als **Grad der Kapazitätsauslastung** zu verstehen und stellt das Verhältnis aus tatsächlicher Auslastung der Kapazität und der technisch möglichen Kapazität dar.

Beispiel

Verfügt die MEWOH Musterwohn GmbH über einen Bestand von 40 000 Wohneinheiten, stellen diese die mögliche Kapazität (Beschäftigung) dar. Sind davon jedoch nur 38 000 Wohneinheiten vermietet, entspricht das einer Kapazitätsauslastung (Beschäftigungsgrad) von 95 %.

$$\text{Beschäftigungsgrad} = \frac{38\,000 \text{ WE}}{40\,000 \text{ WE}} \cdot 100 = \mathbf{95\,\%}$$

In welchem Maße die Kapazität wirklich ausgelastet ist, zeigt allerdings erst der **Beschäftigungsgrad**.

In Abhängigkeit von der Kapazitätsauslastung ist zwischen **fixen Kosten** und **variablen Kosten** zu unterscheiden.

- **Fixkosten (K_f)**

  Ein Wohnungsunternehmen und jede seiner betrieblichen Einheiten verfügt über ein bestimmtes **Leistungsvermögen**, das verdeutlicht, was (welche Leistungsmenge/Ausbringungsmenge) unter den gegebenen Bedingungen möglich und realisierbar ist. Es wird in erster Linie bestimmt durch
  - die Ausstattung mit **Betriebsmitteln** und
  - die **personelle Ausstattung**.

  Eine solche Leistungsbereitschaft und -fähigkeit muss – unabhängig davon, wie hoch der Grad der Kapazitätsauslastung ist – stets vorhanden sein. Dieses Bereitschaftspotenzial verursacht Kosten, die auch als **Bereitschaftskosten** bzw. **Fixkosten** bezeichnet werden.

Fixkosten

Fixkosten (K_f) sind Kosten, die unabhängig vom Grad der Kapazitätsauslastung anfallen und durch die Aufrechterhaltung der Betriebs- und Leistungsbereitschaft verursacht werden. Sie werden auch als **Bereitschaftskosten** bezeichnet.

Fixkosten

Mengenunabhängige Kosten, die durch Kapazitätsvorhaltung verursacht werden.

Variable Kosten
Mengenabhängige Kosten, sie verändern sich mit der Leistungsmenge.

Variable Kosten (K_v)

Neben den Fixkosten gibt es auch Kosten, die nur anfallen, wenn tatsächlich Leistungen erbracht werden, Wohnungen also tatsächlich vermietet, Objekte wirklich betreut oder Verkaufsobjekte errichtet werden. Anders ausgedrückt: Werden keine Leistungen produziert, fallen diese Kosten auch nicht an. Diese sich mit der Größe der Leistungsmenge verändernden Kosten werden als **variable Kosten (K_v)** bezeichnet.

Variable Kosten

Variable Kosten (K_v) sind Kosten, die sich mit dem sich verändernden (variierenden) Umfang der Leistungserbringung verändern.

Zusammenfassung

Gliederung der Kostenarten

Kosten lassen sich unterscheiden nach

Art der verbrauchten Produktionsfaktoren	**Verteilbarkeit auf Bezugsgrößen**	**Verhalten bei Beschäftigungsschwankungen**
• Personalkosten • Betriebsmittelkosten • Materialverbrauch • Zinsen • Abgaben • Kosten für bezogene Fremdleistungen	• Einzelkosten (der Bezugsgröße direkt zurechenbar) • Gemeinkosten (der Bezugsgröße nicht direkt zurechenbar)	• Verhalten bei Beschäftigungsschwankungen • Fixkosten (leistungsmengenunabhängig, Bereitschaftskosten) • Variable Kosten (mengenabhängig)

10 Die Kostenstellenrechnung

10.1 Aufgaben und Ziele der Kostenstellenrechnung

Kosten sind bekanntlich Aufwendungen, die durch betriebliche Leistungsprozesse verursacht werden, die sich in den bestehenden organisatorischen Einheiten eines Betriebes (seinen jeweiligen Bereichen, Abteilungen und Unterabteilungen, in Arbeitsgruppen wie auch am Arbeitsplatz eines einzelnen Mitarbeiters) vollziehen. An diesen Orten der Leistungserstellung und -verwertung werden die betrieblichen Produktionsfaktoren genutzt und verbraucht, hier entstehen die Kosten. Diese **Orte der Leistungserstellung** werden in der Kostenrechnung als **Kostenstellen** bezeichnet.

Kostenstellen

Kostenstellen sind **organisatorische Einheiten** eines Unternehmens, innerhalb derer sich der betriebliche Leistungsprozess vollzieht. Hier werden Leistungen für den innerbetrieblichen Kreislauf und für den Markt erbracht.

Die Kostenstellenrechnung hat die Aufgabe, Kosten auf die Orte ihrer Entstehung (Kostenstellen) zu verteilen.

10.2 Die Kostenstellenbildung in Unternehmen der Wohnungswirtschaft

Aufbau und Gestaltung der Kostenstellenrechnung in den Wohnungsunternehmen sind meist an die vorhandenen Organisationsstrukturen gebunden. Nur in den Fällen, in denen eine grundsätzliche Umstrukturierung des Betriebes oder der Abteilung geplant ist, können völlig neue Ansätze zur Kostenstellenbildung entwickelt werden. In der Regel aber folgt sie der Aufbauorganisation des Unternehmens.

Organisationsformen
▶ Band 1, LF 2, Kap. 6

Von zentraler Bedeutung ist jedoch die Strukturierung der Kostenstellen entsprechend dem sogenannten **Verrechnungsprinzip**. Dazu werden die Kostenstellen aus ihrer Rolle im betrieblichen Leistungsprozess heraus betrachtet und unterschieden in:

- Allgemeine Kostenstellen (AKSt)
- Hauptkostenstellen (HaKSt)
- Nebenkostenstellen (NeKSt)
- Hilfskostenstellen (HiKSt)

10.3 Der Betriebsabrechnungsbogen (BAB)

Die Verteilung der Kosten auf nachgelagerte Kostenstellen erfolgt zumeist mithilfe eines Betriebsabrechnungsbogens.

Betriebsabrechnungsbogen (BAB)

Der **Betriebsabrechnungsbogen (BAB)** ist ein Instrument der Kostenstellenrechnung, der die tabellarische Verteilung der Kosten auf Kostenstellen ermöglicht.

Die Entscheidung darüber, welche Kosten auf welcher Grundlage ein Betriebsabrechnungsbogen enthält, hängt von der eigentlichen Zielstellung der Kostenrechnung ab. Steht die Analyse der Gemeinkostenintensität bzw. die Gemeinkostenstruktur der Kostenstellen und die Vorbereitung der Verrechnung dieser Kosten auf die Kostenträger im Vordergrund, sind nur die Kostenstellengemeinkosten in den Betriebsabrechnungsbogen aufzunehmen. In diesem Fall kann ein **einfacher Betriebsabrechnungsbogen (BAB)** erstellt werden, der dann den folgenden **Grundaufbau** haben *kann*:

Bezeichnung (A) Gemeinkosten	**Zahlen der Kostenrechnung (B) €**	**Verteilung (C)**	**Kostenstelle (D)**		
			KSt 1 €	**KSt ... €**	**KSt n €**
Summe					

Sollen aber darüber hinaus auch **Ergebnisse** (Abteilungsergebnisse/Betriebsergebnis/Wirtschaftlichkeits- und Rentabilitätskennzahlen) ermittelt werden, sind neben den **Kostenstellengemeinkosten** auch die **Kostenstelleneinzelkosten** und die **Leistungskomponenten** der Erwerbsabteilung in die Betrachtung einzubeziehen. Der Betriebsabrechnungsbogen, der dann als **erweiterter Betriebsabrechnungsbogen** gilt, kann folgendermaßen aussehen:

Bezeichnung (A)	**Zahlen der Kostenrechnung (B) €**	**Verteilung (C)**	**Kostenstellen (D)**		
			KSt 1 €	**KSt ... €**	**KSt n €**
Umsatzerlöse					
Einzelkosten der Kostenstellen (Abteilungen)					
Rohergebnis					
Gemeinkosten der Kostenstellen (Abteilungen)					
Betriebs-/Abteilungsergebnis					
Umsatzrentabilität					
Wirtschaftlichkeit					

10.3.1 Der einfache Betriebsabrechnungsbogen

Von einem einfachen Betriebsabrechnungsbogen ist die Rede, wenn **Kostenstellengemeinkosten** auf **alle Kostenstellen** verteilt werden, **unabhängig davon, welche Funktion diese Stellen jeweils im betrieblichen Leistungsprozess einnehmen.** Eine weitere Verrechnung der Kosten allgemeiner Kostenstellen auf die Erwerbskostenstellen erfolgt nicht.

Einfacher BAB
Instrument zur Verteilung von Kostenstellengemeinkosten auf alle Kostenstellen

Dieser einfache Betriebsabrechnungsbogen weist die Gemeinkosten einer jeden Kostenstelle aus, und er bietet zugleich Möglichkeiten zur Gewinnung weiterer Informationen für unternehmenspolitische Entscheidungen.

10.3.2 Der erweiterte Betriebsabrechnungsbogen

Mit dem einfachen Betriebsabrechnungsbogen werden Kostenstellengemeinkosten auf alle Kostenstellen verteilt. Unberücksichtigt bleibt dabei jedoch, dass es Stellen gibt, die Marktleistungen (Erwerbsabteilungen) erbringen, und solche, die ihre Leistungen lediglich für innerbetriebliche Prozesse erstellen (allgemeine Kostenstellen). So erbringt die Abteilung HBW – als Erwerbsabteilung – Leistungen für den Markt (Vermietungsleistungen), die Abteilung Zentrale Dienste aber – als Abteilung, die für alle anderen Abteilungen wirkt – erstellt Leistungen nur für interne Zwecke.

Erweiterter BAB
Instrument zur Verteilung aller Leistungen und Kosten auf die Kostenstellen. Er ermöglicht eine differenzierte Ergebnisrechnung.

Jedes Unternehmen benötigt auch Abteilungen für allgemeine Dienste, da sonst die Rahmenbedingungen für die Erstellung von Marktleistungen nicht im erforderlichen Maße gegeben sind. Das Funktionieren eines Wohnungsunternehmens ist ohne Personalabteilung, ohne Geschäftsführung oder Buchhaltung undenkbar.

Alle Kosten, also auch die Gemeinkosten der allgemeinen Kostenstellen, müssen – nach dem Konzept der Vollkostenrechnung – durch Umsatzerlöse/Leistungen der Erwerbsabteilungen gedeckt werden. Die Unternehmensleitung hat also dafür zu sorgen, dass durch die Marktleistungen nicht nur die Kosten gedeckt werden, die die Erwerbsabteilungen direkt verursachen, sondern auch die Kosten, die durch das Unternehmen als Ganzes entstehen. Nur durch die Umsatzerlöse der Erwerbsabteilungen können die Mittel erwirtschaftet werden, die der ganzheitlichen Kostendeckung dienen. Die Umsatzerlöse müssen also mindestens die Selbstkosten des Betriebes in seiner Gesamtheit decken.

Ein wichtiges Instrument der Selbstkostenplanung und -kontrolle ist der **erweiterte Betriebsabrechnungsbogen**. Er ermöglicht nicht nur die Verteilung der primären Gemeinkosten auf die Kostenstellen, sondern auch die Verteilung der Gemeinkosten allgemeiner Kostenstellen auf die Erwerbskostenstellen.

11 Die Kostenträgerrechnung

11.1 Aufgaben der Kostenträgerrechnung

Als dritte Stufe der Kostenrechnung hat die Kostenträgerrechnung die Aufgabe, die durch den betrieblichen Leistungsprozess verursachten **Kosten auf die Kostenträger** zu verteilen.

Merke!

Die **Kostenträgerrechnung** stellt die Frage, durch welche Kostenträger die **Kosten verursacht** wurden.

- **Kostenträger**
  Unter einem Kostenträger sind alle Sach- und Dienstleistungen zu verstehen, die durch das Wohnungsunternehmen erstellt werden. Sie können als Leistungen direkt für den Markt oder als innerbetriebliche Leistungen produziert werden.

Kostenträger

Kostenträger sind die vom Unternehmen erstellten Sach- und Dienstleistungen. Sie haben als Kalkulationsobjekte der Kostenträgerrechnung alle Kosten zu „tragen". Als Absatzleistung werden sie am Markt verwertet. Als innerbetriebliche Leistung sind sie zur Weiterverwertung im Betrieb bestimmt.

- **Selbstkosten**
  Im Mittelpunkt der Kostenträgerrechnung steht die **Bestimmung der Selbstkosten** einzelner Kostenträger oder Kostenträgergruppen.

Selbstkosten

Selbstkosten sind die Summe aller Kosten, die durch die Erstellung und den Absatz einer Sach- oder Dienstleistung verursacht werden.

- Die Selbstkostenrechnung/Kalkulationsrechnung ist gerichtet auf
  - die **Bewertung** fertiger und unfertiger Leistungen,
  - die Planung, Kontrolle und Steuerung der **Kostenentwicklung**,
  - die Planung, Kontrolle und Steuerung des **kurzfristigen Unternehmenserfolges** und
  - die Gestaltung **preispolitischer Entscheidungen**, soweit dies in der Wohnungswirtschaft auf der Basis von Selbstkosten möglich ist.

11.2 Verfahren der Kostenträgerrechnung

Die Kostenträgerrechnung wird als **Kostenträgerstückrechnung** und als **Kostenträgerzeitrechnung** geführt.

Merke!

In der **Kostenträgerstückrechnung** erfolgt die eigentliche Kalkulation, also die Ermittlung der Selbstkosten je Leistung(seinheit) und je Periode (Selbstkostenrechnung).

In der **Kostenträgerzeitrechnung** werden die Kosten einer Rechnungsperiode ermittelt. Sie ist als kurzfristige Erfolgsrechnung zu verstehen, bei der alle durch die Kostenträger verursachten Kosten einer Rechnungsperiode ermittelt und den Umsatzerlösen gegenübergestellt werden.

Prinzipien der Kostenträgerstückrechnung

Als Selbstkostenrechnung soll die Kostenträgerstückrechnung die Selbstkosten der Kostenträgereinheiten ermitteln. Im Mittelpunkt der Betrachtung steht also die Verrechnung der im betrieblichen Leistungsprozess anfallenden Kosten auf die Kostenträger. Diese Zuweisung folgt dabei zwei wesentlichen Prinzipien: dem **Verursachungsprinzip** und dem **Durchschnittsprinzip**.

- **Verursachungsprinzip**

Merke!

Das **Verursachungsprinzip** fordert, die Kosten so weit wie möglich den **Kostenträgern direkt zuzuordnen**, die ursächlich für die Kostenentwicklung sind.

Diesem Prinzip folgt die Verteilung der Kostenträgereinzelkosten, denn bestimmte Kosten lassen sich direkt einer Wohn- oder Gewerbeeinheit oder einem anderen definierten Kostenträger zuordnen.

- **Durchschnittsprinzip**

Merke!

Das **Durchschnittsprinzip** besagt, dass Kosten, die sich nicht oder nur schwer einzelnen Kostenträgern zuordnen lassen, über **Schlüsselzahlen** auf die Kostenträger verrechnet werden. Das Wesen des Durchschnittsprinzips ist durch die Proportionalisierung, die proportionale Verteilung der Kosten auf die Kostenträger, bestimmt.

Mit mehr oder weniger großem Aufwand ließen sich natürlich bereits mit ihrer Entstehung die meisten Kosten direkt auf die Kostenträger verteilen. Jedoch sollte dabei auch die **Wirtschaftlichkeit der Kostenrechnung** selbst beachtet werden. Stets sollten Kosten und Nutzen der Informationen, die sich aus der Kostenverrechnung ableiten lassen, gegenübergestellt werden. Grundsätzlich gilt: Je detaillierter die Kostenverteilung, umso höher der damit verbundene Aufwand. Alle Methoden der Kostenträgerrechnung werden deshalb stets Kompromisse sein, Abstriche an der Genauigkeit und Aktualität der Kostenrechnung sind hinzunehmen.

Das Durchschnittsprinzip wird insbesondere durch die Divisionskalkulation, die Äquivalenzziffernkalkulation und die Zuschlagskalkulation realisiert.

SB ▶ SITUATION 113 Deckungsbeitragsrechnung

12 Die Deckungsbeitragsrechnung

12.1 Unterteilung der Kosten in fixe und variable Elemente

12.1.1 Fixkosten und Fixkostendegression

Fixkosten (K_f)

▶ LF 13, Kap. 9.2

Fixkosten

An anderer Stelle wurde bereits darauf hingewiesen, dass die Vorhaltung einer bestimmten Kapazität Kosten verursacht, die als **Fixkosten** bzw. **Bereitschaftskosten** bezeichnet werden. Diese Kosten fallen unabhängig von der Leistungsmenge an, die

durch den Betrieb oder die jeweiligen Erwerbsabteilungen erstellt und verkauft wird. Im Interesse einer hohen Wirtschaftlichkeit kommt es aber darauf an, diese Kosten auf eine große Leistungsmenge zu verteilen. Dadurch sinken die Selbstkosten je Leistungseinheit, sodass ein höherer Gewinn erwirtschaftet werden kann. Dieser Zusammenhang gilt insbesondere dann, wenn die Selbstkostenkalkulation mit fixen und variablen Kosten im Rahmen der Vollkostenrechnung vorgenommen wird.

Fixkostendegression

Ein wesentliches Interesse des Unternehmens und seiner Erwerbsabteilungen ist es, die vorhandenen Kapazitäten auszunutzen und alle Kosten (inkl. der Fixkosten) durch den Verkauf von Leistungen zu überschreiten bzw. mindestens zu decken.

Fixkostendegression

Mit steigender Menge sinken die je Einheit zu tragenden Fixkosten.

Dabei zeigt sich ein als **Fixkostendegression** bezeichnetes Phänomen, das besagt, dass **mit steigender Leistungsmenge (M) die von den Leistungseinheiten zu tragenden Fixkosten (K_{fE}) sinken**. Dies resultiert daraus, dass sich die gesamten fixen Kosten (K_{fG}) nach dem Durchschnittskostenprinzip auf eine hohe Anzahl von Leistungseinheiten verteilen.

Merke!

Es gilt: $\text{Fixkosten je Leistungsmenge } (K_{fE}) = \frac{\text{Fixkosten der Periode } (K_{fG})}{\text{Leistungsmenge } (M)}$

Merke!

Werden die Fixkosten der Erwerbsabteilung durch die Zahl der von ihr erbrachten Leistungseinheiten dividiert, ergeben sich die **Fixkosten je Leistungseinheit** (K_{fE}).

Beispiel

Bei gegebenen Fixkosten in Höhe von 25.000,00 €/Monat und einer Betreuungskapazität von 2 000 Verwaltungseinheiten (VE) wird der Effekt der Fixkostendegression bei steigender Zahl tatsächlich betreuter Einheiten in der folgenden Tabelle deutlich.

Fixkosten (K_{fG})	€	25.000	25.000	25.000	25.000	25.000	25.000	25.000	25.000	25.000	25.000
Leistungsmenge (M)	VE	1	100	200	600	700	900	1000	1250	1500	2000
$K_{fE} = \frac{K_{fG}}{M}$	€/VE	25.000	250,00	125,00	41,67	35,71	27,78	25,00	20,00	16,67	12,50

12.1.2 Variable Kosten

Neben den Fixkosten (K_f) sind auch die Kosten zu berücksichtigen, die durch die eigentliche Leistungserbringung verursacht werden. Dies betrifft solche Kosten, die unmittelbar durch die Vermietung einer Wohnung, den Bau eines Hauses oder durch die Betreuung einer Verwaltungseinheit entstehen. Mit einer sich verändernden (variierenden) Menge der Leistungserbringung verändern sich auch diese als **variable Kosten (K_v)** bezeichneten Werte.

Variable Kosten (K_v)

▶ LF 13, Kap. 9.2

Variable Kosten

Variable Kosten (K_v) sind Kosten, die sich mit dem variierenden Umfang der Leistungserbringung verändern.

Merke!

Es gilt: $K_{vG} = K_{vE} \cdot M$

bzw.

$$\text{variable Kosten je Leistungseinheit } (K_{vE}) = \frac{\text{variable Kosten der Periode } (K_{vG})}{\text{Leistungsmenge } (M)}$$

In der Regel wird unterstellt, dass sich die variablen Kosten einer Rechnungsperiode (K_{vG}) proportional zur Leistungsmenge verhalten. Aber auch eine unterproportionale (degressive) bzw. überproportionale (progressive) Entwicklung der variablen Kosten ist möglich, was hier aber nicht näher erläutert werden soll.

Beispiel

In Fortsetzung des obigen Beispiels soll unterstellt werden, dass die unmittelbar an die Betreuung einer einzelnen Verwaltungseinheit gebundenen variablen Kosten 5,00 €/Monat betragen. Wird von einer proportionalen Entwicklung der variablen Kosten ausgegangen, verändern sich diese mit steigender Zahl zu betreuender Verwaltungseinheiten wie folgt:

Leistungsmenge (M)	VE	1	100	200	600	700	900	1000	1250	1500	2000
$K_{vG} = K_{vE} \cdot M$	€/VE	5,00	500	1.000	3.000	3.500	4.500	5.000	6.250	7.500	10.000

12.1.3 Selbstkostenkalkulation mit fixen und variablen Kosten

Nach der Zerlegung der Kosten in ihre variablen und fixen Elemente und unter Berücksichtigung der Fixkostendegression lassen sich die Selbstkosten einer Erwerbsabteilung und der von ihr erbrachten Leistungseinheiten ableiten.

Merke!

Es gilt:

$SK_G = K_{fG} + K_{vG}$

bzw.

$$SK_E = \frac{K_{fG}}{M} + K_{vE}$$

SK_G = Gesamtselbstkosten der Periode
K_{fG} = Gesamtfixkosten der Periode
K_{vG} = Gesamtvariable Kosten der Periode
SK_E = Selbstkosten einer Leistungseinheit
K_{fG} = Fixkosten der Periode
M = Menge der Leistungseinheiten
K_{vE} = variable Kosten je Leistungseinheit

Aus der folgenden Tabelle ist ersichtlich, dass mit zunehmender **Leistungsmenge (M)** die **Gesamtkosten (SK_G)** steigen. Diese setzen sich aus den stets gleich hohen **Fixkosten (K_{fG})** zusammen und erhöhen sich regelmäßig um die **variablen Kosten je Leistungseinheit (K_{vE})**. Zugleich aber sinken die **Selbstkosten je Leistungseinheit (SK_E)**, da jede Leistungseinheit ihre eigenen variablen Kosten und einen Teil der Fixkosten aufzunehmen hat. Die variablen Kosten bleiben gleich, die anteilig zu tragenden Fixkosten je Leistungseinheit hingegen sinken mit steigender Leistungsmenge.

Leistungsmenge (M)	Fixe Kosten		Variable Kosten		Selbstkosten	
	Gesamt K_{fG}	je Einheit K_{fE}	je Einheit K_{vE}	Gesamt K_{vG}	Gesamt SK_G	je Einheit SK_E
VE	€	€	€	€	€	€
1	25.000,00	25.000,00	5,00	5,00	25.005,00	25.005,00
200	25.000,00	125,00	5,00	1.000,00	26.000,00	130,00
600	25.000,00	41,67	5,00	3.000,00	28.000,00	46,67
700	25.000,00	35,71	5,00	3.500,00	28.500,00	40,71
900	25.000,00	27,78	5,00	4.500,00	29.500,00	32,78
1000	25.000,00	25,00	5,00	5.000,00	30.000,00	30,00
1250	**25.000,00**	**20,00**	**5,00**	**6.250,00**	**31.250,00**	**25,00**
1500	25.000,00	16,67	5,00	7.500,00	32.500,00	21,67
2000	25.000,00	12,50	5,00	10.000,00	35.000,00	17,50

Ergebnisermittlung je Abteilung und Leistungseinheit

Die Bestimmung der Selbstkosten je Leistungseinheit dient häufig der Preisbildung. Dabei wird davon ausgegangen, dass der **Preis (P)** sich als Summe von **Selbstkosten (SK_E)** je Leistungseinheit und **Gewinnzuschlag (G)** ergibt.

Merke!

Es gilt: $P = SK_E + G$

Ginge die Abteilung Betreuungsdienste von einem Gewinnzuschlag von 5% aus, müsste sie bei **geringer Kapazitätsauslastung hohe Preise,** bei **hoher Kapazitätsauslastung relativ geringe Entgelte** einfordern.

Einer Kapazitätsauslastung von 75 % (Betreuung von 1 500 VE) entsprächen Selbstkosten von 21,67 €/Monat/Einheit. Die Preisforderung müsste dann 22,75 €/Monat betragen. Eine 30%ige Kapazitätsauslastung (Betreuung von 600 VE) führte zu Selbstkosten von 46,67 €/Monat/Einheit, und es müsste ein Betreuungsgeld von 49,00 € gefordert werden.

Auf dem Markt ist es jedoch so, dass der Kunde sich kaum für die mehr oder weniger hohen Kosten der Dienstleistungen interessiert, sondern vielmehr an einem guten Preis-Leistungs-Verhältnis interessiert ist. Es könnte demzufolge sein, dass für die Betreuung einer Verwaltungseinheit bspw. nur ein Preis von 25,00 €/Monat zu erzielen ist.

Unter Beachtung der bisher benannten monatlichen Fixkosten der Abteilung und der bekannten variablen Kosten je Leistungseinheit würde sich dann die folgende Ergebnisentwicklung abzeichnen.

Leistungsmenge	Selbstkosten		Erlöse		Ergebnis	
	je Einheit (SK_E)	Gesamt (SK_G)	je Einheit (P)	Gesamt (UE)	Gesamt	je Einheit
VE	€	€	€	€	€	€
200	130,00	26.000,00	25,00	5.000,00	– 21.000,00	– 105,00
600	46,67	28.000,00	25,00	15.000,00	– 13.000,00	– 21,67
700	40,71	28.500,00	25,00	17.500,00	– 11.000,00	– 15,71
900	32,78	29.500,00	25,00	22.500,00	– 7.000,00	– 7,78
1000	30,00	30.000,00	25,00	25.000,00	– 5.000,00	– 5,00
1250	**25,00**	**31.250,00**	**25,00**	**31.250,00**	**0,00**	**0,00**
1500	21,67	32.500,00	25,00	37.500,00	5.000,00	3,33
2000	17,50	35.000,00	25,00	50.000,00	15.000,00	7,50

Diese Übersicht macht deutlich, dass unter den beschriebenen Bedingungen in diesem Fall die Betreuung von weniger als 1250 Verwaltungseinheiten zu Verlusten führt und erst beim Überschreiten dieser Zahl, also erst mit 1 250 betreuten Einheiten Gewinn erwirtschaftet werden kann.

12.2 Grundzüge der Deckungsbeitragsrechnung

12.2.1 Deckungsbeitragsrechnung als Stückrechnung

Deckungsbeitragsrechnung

Die **Deckungsbeitragsrechnung** ist eine **Kalkulationsmethode**, bei der von den **am Markt erzielbaren Preisen (P)** und den **variablen Kosten je Leistungseinheit (K_{vE})** ausgegangen wird. Durch die Gegenüberstellung dieser beiden Größen wird ermittelt, ob der Umsatzerlös aus dem Verkauf einer Leistungseinheit die variablen Kosten zu deren Erstellung deckt und ob er darüber hinaus einen Beitrag zur Deckung der Fixkosten und zur Gewinnerwirtschaftung leistet.

Die **Deckungsbeitragsrechnung** ist ein Verfahren, bei dem – unter Verzicht auf die exakte Zuordnung von Fixkosten auf die Kostenträger – eine bessere Beurteilung der Kosten- und Erfolgssituation des Betriebes, der Erwerbsabteilungen und Leistungseinheiten angestrebt wird. Sie ist so konzipiert, dass den **Umsatzerlösen** (Gesamtheit erzielter bzw. erzielbarer Preise) der einzelnen Leistungseinheiten bzw. Erwerbsabteilungen lediglich **die variablen Kosten gegenübergestellt** werden.

Die Differenz zwischen **Preis (P)** und den **variablen Kosten einer Leistungseinheit (K_{vE})** wird als **Deckungsbeitrag (DB_E)** bezeichnet.

Merke!

Es gilt: $DB_E = P - K_{vE}$

Beispiel

Bei einem erzielbaren Entgelt je Verwaltungseinheit und Monat von 25,00 € und den unterstellten variablen Kosten von 5,00 € je Einheit ergibt sich ein einheitsbezogener Deckungsbeitrag (DB_E) von 20,00 €.

	Preis (P)	25,00 €
–	variable Kosten je Leistungseinheit (K_{vE})	5,00 €
=	**Deckungsbeitrag je Einheit (DB_E)**	**20,00 €**

Merke!

Dieser **Deckungsbeitrag (DB_E)** ist ein Beitrag, der zur Deckung der Fixkosten der Erwerbsabteilung bzw. des Betriebes und darüber hinaus der Gewinnerwirtschaftung dienen kann.

Bei der Entscheidung für oder gegen eine Auftragsannahme (Übernahme der Betreuung von Verwaltungseinheiten) ist in diesem Sinne stets zu prüfen, wie sich das **Verhältnis von Preis und variablen Kosten** gestaltet.

Merke!

Eine Auftragsannahme sollte in Erwägung gezogen werden, wenn der erzielbare Preis die variablen Kosten übersteigt. Dann nämlich wird ein Beitrag zur Kostendeckung, zum **Abbau von Fixkosten** und ab einer bestimmten abgesetzten Menge auch zur Gewinnerwirtschaftung geleistet.

Mitunter kann es auch bspw. marktbedingt erforderlich sein, niedrigere Preise zu akzeptieren. Diese sollten die variablen Kosten jedoch nicht unterschreiten. Ein Auftrag, dessen Umsatzerlöse nicht wenigstens die variablen Kosten decken, sollte nicht angenommen werden. Variable Kosten gelten als **kurzfristige Preisuntergrenze**.

Merke!

Durch die **kurzfristige Preisuntergrenze** wird der Preis definiert, der genau die variablen Kosten deckt und nicht unterschritten werden sollte.

Die Entscheidung für oder gegen eine Auftragsannahme setzt die exakte Ermittlung der variablen Kosten je Leistungseinheit voraus. Ist die Kostenartenrechnung des Unternehmens diesbezüglich nicht ausreichend entwickelt, können falsche Entscheidungen mit eventuell negativen Folgen gefällt werden.

12.2.2 Deckungsbeitragsrechnung als Periodenrechnung

Die Deckungsbeitragsrechnung – als Kalkulation mit Deckungsbeiträgen – ist ein wichtiges Instrument zur Beurteilung des Betriebsergebnisses bzw. der Abteilungsergebnisse. Dazu werden die Umsatzerlöse (UE) einer Periode den variablen Kosten derselben Periode (K_{vG}) gegenübergestellt. Dabei sind folgende Fragestellungen genauer zu bearbeiten.

a) Ermittlung des Periodenergebnisses

Beispiel

Wird unterstellt, dass die Abteilung Betreuungsdienste (BD) 900 völlig gleichartige Verwaltungseinheiten (VE) betreut, deren variable Kosten (K_{vE}) jeweils 5,00 €/Monat und die erzielten Preise 25,00 €/Monat betragen, ergibt sich bei monatlichen Fixkosten (K_{fG}) von 25.000,00 € das folgende Abteilungsergebnis auf Basis der Deckungsbeitragsrechnung:

	Umsatzerlöse (UE)	= (P · M)	= 25,00 € · 900 VE	=	22.500,00 €
–	variable Kosten der Periode (K_{vG})	= (K_{vE} · M) =	5,00 € · 900 VE	=	4.500,00 €
=	Deckungsbeitrag der Periode (DB_G)				18.000,00 €
–	Fixkosten der Periode (K_{fG})				25.000,00 €
=	**Ergebnis (E)**				**– 7.000,00 €**

b) Ergebnisverbesserung durch Annahme von Zusatzaufträgen

Beispiel

Wenn die Kapazitäten nicht ausgelastet sind, können Zusatzaufträge das Ergebnis verbessern. Aber auch hier ist über die Aufnahme oder Ablehnung solcher Aufträge zu entscheiden.

Es soll weiterhin unterstellt werden, dass die Abteilung Betreuungsdienste (BD) mit Fixkosten (K_{fG}) von 25.000,00 € und variablen Kosten von 5,00 € je Verwaltungseinheit (K_{vE}) nur zu 45 % ausgelastet ist, also statt der möglichen 2 000 Verwaltungseinheiten lediglich 900 betreut werden. Zugleich erzielt sie je Einheit einen Preis (P) von 25,00 € und muss so einen Verlust in Höhe von 7.000,00 € ausweisen.
Der Ausgleich dieses Verlustes ist unabdingbar, es müssen neue Kunden gewonnen werden. In diesem Zusammenhang bietet ein Eigentümer die zusätzliche Betreuung von 470 Verwaltungseinheiten (VE) zu einem Preis von 20,00 €/VE an. Das gebotene Entgelt scheint der Abteilungsleitung auf den ersten Blick zu niedrig.
Die letzte Entscheidung über die Annahme oder Ablehnung des Auftrages aber wird auf der Basis folgender Überlegungen vorgenommen.

- Gegen die Annahme des Auftrages spricht zunächst der niedrige erzielbare Preis (P) von 20,00 €/VE, der unter den bisherigen erzielten Entgelten und unter den auf Vollkostenbasis ermittelten Selbstkosten von 23,25 €/VE liegt.
  Denn:
  $$SK_E = \frac{K_{fG}}{M} + K_{vE} = \frac{25.000{,}00\,€}{(900\ VE + 470\ VE)} + 5{,}00\,€ = 23{,}25\,€$$
- Wenn das erzielbare Betreuungsentgelt von 20,00 €/VE die Selbstkosten hier auch unterschreitet, müssen die Überlegungen weitergehen. Es ist zu untersuchen, wie sich die **Annahme des Zusatzauftrages** auf das **Gesamtergebnis der Abteilung** auswirkt.
  Die Rechnung zeigt dabei Folgendes:

	Umsatzerlöse (UE_1)	= (P · M) = 25,00 € · 900 VE	=	22.500,00 €
	Umsatzerlöse (UE_2)	*= (P · M) = 20,00 € · 470 VE*	*=*	*9.400,00 €*
–	variable Kosten der Periode (K_{vG})	= (K_{vE} · M) = 5,00 € · 1.370 VE	=	6.850,00 €
=	Deckungsbeitrag der Periode (DB_G)			25.050,00 €
–	Fixkosten der Periode (K_{fG})			25.000,00 €
=	**Ergebnis**			**50,00 €**

Obwohl die Annahme des Zusatzauftrages für ein scheinbar zu niedriges Entgelt erfolgte, überwindet die Abteilung mit ihm die Verlustzone. Der Verlust von bisher 7.000,00 € wird durch die Deckungsbeiträge der Zusatzaufträge aufgefangen und in ein positives Ergebnis von 50,00 € verwandelt.

Merke!

Die wichtigste Erkenntnis ist, dass bei nicht ausgelasteten Kapazitäten jeder **Zusatzauftrag angenommen** werden sollte, **dessen Entgelt über den variablen Kosten je Leistungseinheit** liegt. Jeder Auftrag, der einen Preis über die variablen Kosten hinaus erzielt, leistet einen – wenn auch nur kleinen – Beitrag zur Deckung der Fixkosten des Unternehmens/der Abteilung.

Bestimmung der Gewinnschwellenmenge (M_G)

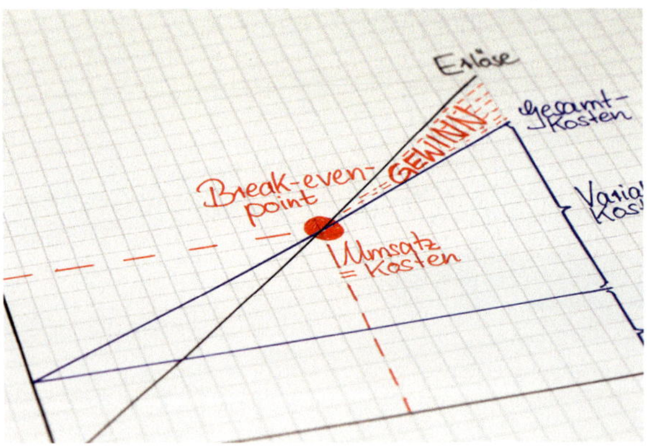

Wenn eine Erwerbsabteilung eine einheitliche und vergleichbare Leistungsart erbringt und wenn die Höhe des Deckungsbeitrages einer solchen Leistungseinheit (DB_E) bekannt ist, stellt sich für die Kostenrechnung die Frage, welche Leistungsmenge mindestens umgesetzt werden muss, um keinen Verlust zu machen und die Gewinnzone zu erreichen. Diese Menge, von der an der Betrieb nicht nur kostendeckend arbeitet, sondern auch Gewinn erwirtschaftet, wird als **Gewinnschwellenmenge (M_G)** oder **Break-even-Point (BEP)** bezeichnet.

Gewinnschwellenmenge (M_G) und Break-even-Point (BEP)

Die **Gewinnschwellenmenge (M_G)** ist die Leistungsmenge, bei der die anfallenden Kosten mit den Erlösen genau übereinstimmen. Kosten und Erlöse sind deckungsgleich, der Gewinn/Verlust ist gleich null. Dieser Punkt, in dem sich die Kosten und Erlöse schneiden, wird auch als **Break-even-Point (BEP)** bezeichnet.

Merke!

Es gilt: $$\text{Gewinnschwellenmenge } (M_G) = \frac{\text{Fixkosten } (K_{fG})}{\text{Deckungsbeiträge je Leistungseinheit } (DB_E)}$$

Beispiel

Für die Verwaltungseinheiten wurde bei einem Betreuungsentgelt von 25,00 € ein Deckungsbeitrag (DB_E) von 20,00 € ermittelt. Nun stellt sich die Frage, wie viele Einheiten von der Abteilung mindestens betreut werden müssen, d. h., wie viele Deckungsbeiträge von 20,00 € erforderlich sind, um die monatlichen Fixkosten von 25.000,00 € abzudecken. Diese Frage lässt sich mithilfe der folgenden Berechnung beantworten:

$$M_G = \frac{25.000{,}00\,€}{20{,}00\,€} = 1250\text{ VE}$$

Die Abteilung muss mindestens 1250 Verwaltungseinheiten betreuen, um über die variablen Kosten hinaus auch die Fixkosten der Rechnungsperiode decken zu können. Jede weitere Verwaltungseinheit trägt zur Gewinnerwirtschaftung der Abteilung bei.

	Umsatzerlöse (UE)	= (P · M)	= 25,00 € · 1250 VE =	31.250,00 €
–	variable Kosten der Periode (K_{vG})	= (K_{vE} · M)	= 5,00 € · 1250 VE =	6.250,00 €
=	Deckungsbeitrag der Periode (DB_G)			25.000,00 €
–	Fixkosten der Periode (K_{fG})			25.000,00 €
=	**Ergebnis**			**0,00 €**

Bisher wurde unterstellt, dass die Gewinnschwellenmenge (M_G) bestimmbar ist, sofern die am Markt erzielbaren Preise (P) und die Fixkosten (K_{fG}), aber auch die variablen Kosten je Leistungseinheit (K_{vE}) gegeben sind. Doch auch diese Größen können sich ändern, und es ist zu klären, welche Auswirkungen das auf die Gewinnschwellenmenge (M_G) hat.

Änderung der Gewinnschwellenmenge bei Preisänderung

Die am Markt erzielbaren Preise können bestimmten Schwankungen unterliegen. Es ist durchaus möglich, dass statt der bisher 25,00 €/VE nur noch 18,00 €/VE erzielbar sind. In diesem Fall wären mindestens 1924 VE zu akquirieren und zu betreuen, um zumindest kostendeckend zu arbeiten.

1. Ermittlung des Deckungsbeitrags (DB_E)

	Preis (P)	18,00 €
–	variable Kosten je Einheit (K_{vE})	5,00 €
=	**Deckungsbeitrag der Einheit (DB_E)**	**13,00 €**

2. Ermittlung der Gewinnschwellenmenge (M_G)

$$MG = \frac{K_{fG}}{DB_E} = \frac{25.000{,}00\,€}{13{,}00\,€} = \underline{\underline{\mathbf{1923{,}08\ VE}}}$$

- **Gewinnschwellenmenge bei veränderten Fixkosten**
  Höhere Personalkosten, IT-Kosten, Büromiete oder auch Investitionen in neue Technik können zu höheren Fixkosten führen. Steigen die Fixkosten auf 30.000,00 € und bleiben alle anderen Bedingungen gleich, so sind mehr Deckungsbeiträge (DB_E) als zuvor zur Deckung der nun höheren Fixkosten erforderlich. Die Gewinnschwellenmenge (M_G) steigt dann auf 1500 VE.

1. Ermittlung des Deckungsbeitrags (DB_E)

	Preis (P)	25,00 €
–	variable Kosten je Einheit (K_{vE})	5,00 €
=	**Deckungsbeitrag der Einheit (DB_E)**	**20,00 €**

2. Ermittlung der Gewinnschwellenmenge (M_G)

$$M_G = \frac{K_{fG}}{DB_E} = \frac{30.000{,}00\,€}{20{,}00\,€} = \underline{\underline{\mathbf{1500{,}00\ VE}}}$$

- **Gewinnschwellenmenge bei sich verändernden variablen Kosten**
  Auch bei Erhöhung der variablen Kosten erhöht sich die Gewinnschwellenmenge (M_G), denn in diesem Fall sinkt der Deckungsbeitrag (DB_E) je Leistungseinheit. Eine Steigerung der variablen Kosten von 5,00 €/VE auf 7,50 €/VE hätte demnach eine Erhöhung der Gewinnschwellenmenge (M_G) auf 1429 VE zur Folge.

1. Ermittlung des Deckungsbeitrags (DB_E)

	Preis (P)	25,00 €
–	variable Kosten je Einheit (K_{vE})	7,50 €
=	**Deckungsbeitrag der Einheit (DB_E)**	**17,50 €**

2. Ermittlung der Gewinnschwellenmenge (M_G)

$$M_G = \frac{K_{fG}}{DB_E} = \frac{25.000{,}00\,€}{17{,}50\,€} = \underline{\underline{\mathbf{1428{,}57\ VE}}}$$

LERNFELD 13

Jahresabschlussarbeiten und Informationen zur Unternehmenssteuerung

SITUATIONEN

Situation 104

Grundlagen des Jahresabschlusses

Isabell ist nun bereits im dritten Lehrjahr ihrer Ausbildung zur Immobilienkauffrau bei der MEWOH Musterwohn GmbH. Heute ist der erste Tag in der Berufsschule zum neuen Lehrjahr, und wie immer zu Beginn eines neuen Schuljahres ist Isabell etwas aufgeregt: Welcher Lernstoff erwartet sie? Gibt es vielleicht neue Kolleginnen oder Kollegen? Und vor allem: Wie sind die Lehrkräfte?

Da öffnet sich die Tür, und eine junge Frau betritt schwungvoll das Klassenzimmer. „Guten Morgen", beginnt sie. „Mein Name ist Concetta Spino, ich unterrichte Sie im Fach Buchführung." „Guten Morgen", tönt es zurück. Frau Spino fährt fort: „Dieses dritte Lehrjahr steht ganz unter der Überschrift Jahresabschlussarbeiten. Später werden wir uns dann der Kosten- und Leistungsrechnung widmen. Und damit ich weiß, wo Sie stofflich stehen, habe ich ein Arbeitsblatt für Sie vorbereitet, das Sie nun bitte auf Ihrem Tablet aufrufen." Als ein Aufstöhnen durch die Klasse geht, lächelt sie und sagt: „Keine Sorge, das ist natürlich kein Test. Ich möchte nur herausfinden, ob Ihnen die Grundlagen und Begriffe zur Erstellung eines Jahresabschlusses bereits geläufig sind. Und vielleicht macht es Ihnen ja sogar Spaß, Ihr Wissen zu testen."

ARBEITSAUFTRAG

Wie sieht es mit Ihrem Wissen aus? Testen Sie sich, indem Sie das Arbeitsblatt 13.1 „Begriffe zu Jahresabschlussarbeiten" bearbeiten, das den Webcodematerialien beiliegt.

Aufgaben

1 Welche zwei der folgenden Aussagen sind richtig? Ein Jahresabschluss ...

a) ist der kaufmännische, rechnerische Abschluss eines Geschäftsjahres.

b) besteht immer aus der Bilanz, der Gewinn- und Verlustrechnung, dem Anhang und einem Lagebericht.

c) soll einen Einblick in die Vermögens-, Finanz- und Ertragslage des Unternehmens geben.

d) ist streng vertraulich zu behandeln und steht nur der Geschäftsleitung zur Verfügung.

2 Ist die folgende Aussage richtig oder falsch? „Einzelunternehmen und Personengesellschaften erstellen die GuV-Rechnung in Staffelform, Kapitalgesellschaften müssen die zu veröffentlichende GuV-Rechnung in Kontenform aufstellen."

3 Was ist an den beiden Aussagen nicht korrekt? Korrigieren Sie die Aussagen.

a) Als Zeitraumrechnung weist die Bilanz zum Bilanzstichtag die Höhe des Vermögens, des Eigenkapitals und des Fremdkapitals aus.

b) Als Zeitpunktrechnung weist die Gewinn- und Verlustrechnung alle Aufwendungen und Erträge des Geschäftsjahres aus.

Situation 105

Bewertungsvorschriften zum Jahresabschluss

Vermögen
=
Niederstwertprinzip

In der Finanzbuchhaltung der MEWOH Musterwohn GmbH laufen die Arbeiten zum Jahresabschluss auf Hochtouren. Soeben hat dazu ein weiteres Bilanz-Meeting stattgefunden, an dem neben Isabell auch Adil teilnehmen durfte, der gerade sein zweites Lehrjahr begonnen hat.

Als Laura Deneke, die Leiterin der Abteilung Rechnungswesen und Controlling, mit ihrer Präsentation fertig ist, raunt Adil Isabell zu: „Du, sag mal, Isabell, hast du das alles verstanden? Warum werden in der Bilanz Schulden nach dem Höchstwertprinzip, Vermögen aber nach dem Niederstwertprinzip bewertet? Widerspricht das denn nicht dem Grundsatz der Bewertungsstetigkeit?“

Isabell antwortet: „Keine Sorge, Adil, das wirst du alles noch in der Berufsschule lernen. Im Moment nur so viel: Da hast du etwas durcheinandergebracht. Der Begriff ‚Bewertungsstetigkeit‘ bedeutet nicht, dass alle Vermögensgegenstände und alle Schulden ‚stetig‘, also gleichartig entweder nach dem Niederstwertprinzip oder dem Höchstwertprinzip, bewertet werden dürfen. Mit ‚Bewertungsstetigkeit‘ ist gemeint, dass ...“

Schulden
=
Höchstwertprinzip

ARBEITSAUFTRÄGE

1 Erklären Sie Adil zunächst mit eigenen Worten, was unter der Kategorie „Bewertungsstetigkeit“ zu verstehen ist. Zitieren Sie auch die entsprechende Formulierung aus § 252 HGB.

2 Weshalb sind in der Bilanz zwingend Vermögenspositionen nach dem Niederwertprinzip und Schulden hingegen nach dem Höchstwertprinzip zu bewerten?

3 Benennen Sie jeweils ein Beispiel, bei dem das Höchstwertprinzip bzw. Niederstwertprinzip in der Bilanzierung zu berücksichtigen ist.

4 Nennen und erläutern Sie drei weitere allgemeine Bewertungsgrundsätze nach § 252 HGB.

Situation 106

Bewertungsvorschriften in der Praxis

Es ist Montagmorgen, als Laura Deneke Isabell zu sich ins Büro bittet. „Liebe Isabell“, beginnt sie, „wie Sie wissen, ist Frau Wegner ab heute im Urlaub. Nun hat sich aber leider auch noch Herr Unseld krankgemeldet, und ich selbst jage wegen dem Jahresabschluss von einem Meeting zum nächsten. Es ist jedoch noch eine ganze Reihe von Rechnungen und Vorgängen für die Bilanz zu bewerten. Ich habe deshalb die EDV angewiesen, Ihnen Zugriffsrechte auf alle noch zu buchenden Belege einzurichten. Bitte stoppen Sie Ihre derzeitige Tätigkeit und buchen Sie als Erstes diese Rechnungen und Belege ein, ohne sie können wir keinen Jahresabschluss erstellen. Es sind leider sehr viele, aber Sie sind ja schon sehr versiert, Isabell, das schaffen Sie! Wenn Sie mit irgendwelchen Belegen nicht klarkommen, legen Sie diese einfach zur Seite, die besprechen wir dann morgen früh.“

Isabell arbeitet konzentriert den ganzen Tag und ist nicht wenig stolz, als sie alle Rechnungen und Belege bis auf fünf problemlos buchen kann. Diese fünf Vorgänge bespricht sie am nächsten Morgen mit Frau Deneke.

ARBEITSAUFTRAG

Helfen Sie Isabell beim Bearbeiten der folgenden fünf Vorgänge.

Vorgang 1

Laut Kontoauszug haben im Berichtsjahr (01) Zahlungen stattgefunden, die mit der wirtschaftlichen Verursachung nicht übereinstimmen. So hat die MEWOH Musterwohn GmbH Versicherungen im November (01) für ein Jahr im Voraus bezahlt und im Oktober bereits Pachterträge für ein Jahr im Voraus erhalten. Müssen diese Ein- und Auszahlungen bei der Vorbereitung des Jahresabschlusses besonders berücksichtigt werden?

TopBank Leipzig — **Kontoauszug**

BIC	IBAN	erstellt am
TOPBEDE729	DE24 1001 0700 0060 0521 98	01.11.01

Vorgang		
Gutschrift Pachterträge Aue 57, Leipzig, Zeitraum 01.10.01 bis 30.09.02	Buchungstag 30.10.01	Wert 30.10.01
Betriebliche Unfallversicherung, Vertrag Nr. 078/36989-01, Jahresbeitrag 01.11.01 bis 31.10.02	Buchungstag 01.11.01	Wert 01.11.01

Vorgang 2

Ein Grundstück der MEWOH Musterwohn GmbH stand mit 2,3 Mio. € in der letztjährigen Bilanz, was den ursprünglichen Anschaffungskosten vor rund 20 Jahren entspricht. Ein Mitarbeiter des technischen Gebäudemanagements weist darauf hin, dass dieses Grundstück aufgrund der gravierenden Preissteigerungen der letzten beiden Jahrzehnte zum jetzigen Bilanzstichtag für mindestens 3,1 Mio. € verkauft werden könnte. Seine Idee: In der Bilanz den Wertansatz des Grundstücks auf 3,1 Mio. € anzuheben. Ist das möglich?

Leipziger Gazette — 20.11.20...

Grundstückspreise in Leipzig so hoch wie nie

Grundstücke sind mittlerweile mindestens ein Drittel teurer als vor 20 Jahren
Ein Grundstück zu kaufen, das ist der Wunsch vieler. Wirft man allerdings einen Blick auf die gegenwärtigen Kaufpreise, so zeigt sich, dass diese spürbar gestiegen sind. Wie ein aktueller Vergleich zeigt, sind Grundstücke in Leipzig mindestens ein Drittel teurer als vor 20 Jahren.

Vorgang 3

Im Berichtsjahr (01) hat die MEWOH Musterwohn GmbH von einem amerikanischen Projektentwickler eine Rechnung über 130.000,00 US-$ bekommen. Zum Zeitpunkt des Rechnungseingangs hätten für 1,00 $ / 1,20 € bezahlt werden müssen. Zum Bilanzstichtag hat sich der Kurs verändert, je Dollar sind nun 1,30 € zu bezahlen. Da diese Rechnung zum 31.12.01 noch nicht bezahlt wurde, muss diese bei den Verbindlichkeiten ausgewiesen werden.

Isabell fragt sich, mit welchem Wert die Rechnung bei Zugang gebucht wurde und mit welchem Wert diese nun im Jahresabschluss ausgewiesen werden muss.

Boston, 13.12.01

Invoice No. 348/01

Dear Sirs,

For the project „Bayrischer Platz" in Leipzig
I charge you as agreed:

130.000,00 US-$

Terms of payment: 20 days

~~Kurs 15.12.01: 1 US-$ = 1,20 €~~

Kurs zum 31.12.01: 1 US-$ = 1,30 €

Vorgang 4

Aus dem Betriebskostenbereich kommt die Mitteilung, dass zum Jahresabschluss in den Mietobjekten insgesamt noch 12 300 Liter Heizöl vorhanden sind. Isabell muss mit Frau Deneke klären, mit welchem Wert dieses Heizöl zu bilanzieren ist. Aus den Unterlagen ergibt sich ein gewichteter Durchschnittspreis von 98,59 € je 100 Liter Heizöl, zum 31.12.01 kosten 100 Liter Heizöl jedoch nur noch 85,00 €. Die Kollegen der Betriebskostenabteilung sind der Meinung, dass der Heizöl-Endbestand in der Bilanz mit 98,59 € pro 100 Liter anzugeben sei, also mit einem Gesamtwert von 12.126,57 € (0,9859 € · 12 300 Liter = 12.126,57 €) zu bilanzieren wäre.

Ist diese Überlegung richtig oder muss ein anderer Ansatz gewählt werden?

Vorgang 5

Aus den Unterlagen der Technikabteilung geht hervor, dass die Instandhaltungskosten des Berichtsjahres (1.450.000,00 €), gemessen an den Werten des Vorjahres, deutlich höher sind.

Prüfen Sie, welche dieser Kosten aktiviert werden müssen und so die Gewinn- und Verlustrechnung entlasten können.

Erklären Sie auch, welche Auswirkung die Aktivierung auf das Ergebnis der Gewinn- und Verlustrechnung hat.

Zur Diskussion stehen die folgenden Positionen:

	Sachverhalt	Kosten in €
1	Kosten für den Ausbau von Dachgeschossen	523.000,00
2	Kosten für den erstmaligen Einbau von Aufzügen	420.000,00
3	Kosten für laufende Instandhaltungsmaßnahmen in den Bestandswohnungen	950.000,00
4	Modernisierung der vorhandenen Bäder	220.000,00

Folgesituation 1

Frau Deneke und Isabell ist durch das Bearbeiten der vorherigen Vorgänge klar geworden, dass nicht alle Kolleginnen und Kollegen mit den Regularien zur zeitlichen Abgrenzung von Aufwendungen und Erträgen für den Jahresabschluss vertraut sind. Frau Deneke bittet Isabell deshalb, eine allgemeine Übersicht zu den fünf möglichen Formen der zeitlichen Abgrenzung und deren Ziele sowie die abzugrenzenden Beträge zu erstellen.

ARBEITSAUFTRÄGE

1 Nutzen Sie das Arbeitsblatt 13.2 „Zeitliche Abgrenzungen von Aufwendungen und Erträgen für den Jahresabschluss“, das den Webcodematerialien beiliegt. Damit Sie genau wissen, was gefragt ist, sind hier in der ersten Zeile die Lösungen bereits vorgegeben. Ergänzen Sie den Rest von Isabells Übersicht.

Bilanzposition zur zeitlichen Abgrenzung	**Inhalt Was soll durch diese Abgrenzung erreicht werden?**	**Abzugrenzender Betrag Welcher Betrag ist in der jeweiligen Bilanzposition auszuweisen?**
(29) Aktive Rechnungsabgrenzungsposten (ARA)	Durch ARA werden Aufwendungen abgegrenzt, die im Berichtsjahr bereits bezahlt wurden, wirtschaftlich jedoch in das Folgejahr gehören. Abgegrenzt wird ein im „Voraus“ bezahlter Aufwand.	Abzugrenzen ist der Betrag, der wirtschaftlich durch das Folgejahr verursacht wird, jedoch schon im Berichtsjahr bezahlt wurde.
...	...	...

Nachdem Isabell die Übersicht erstellt hat, wird sie gebeten, für die folgenden Fälle Form und Höhe der zeitlichen Abgrenzungen zu bestimmen. Durch die Buchhaltung werden folgende Informationen übermittelt:

	Sachverhalt
(1)	Am 01.09.01 wurden 3.000,00 € als jährliche Vorauszahlungen für die Heizungswartung in den Mietobjekten bezahlt.
(2)	Am 01.12.01 ging eine Bankgutschrift für die halbjährlich im Voraus zu zahlenden Pachten in Höhe von 510,00 € ein.
(3)	Die MEWOH Musterwohn GmbH wird erst am 01.10.02 die Bankgutschrift für die jährlich nachträglich an das Unternehmen zu entrichtenden Erbbauzinsen in Höhe von 20.000,00 € erhalten. Der Geltungszeitraum dieser Zahlung reicht jeweils vom 1. Oktober eines Jahres bis zum 30. September des Folgejahres.
(4)	Für die Erneuerung einer Fassade, die bereits für das Jahr (01) geplant war, deren Realisation jedoch erst im März (02) zu erwarten ist, werden Kosten in Höhe von 25.000,00 € geschätzt.
(5)	Die Soll-Zinsen für die Zeit vom 01.12.01 bis zum 28.03.02 in Höhe von 1.740,00 € werden vertragsgemäß vierteljährlich nachträglich – also am 01.03.02 – entrichtet.

2 Helfen Sie Isabell bei diesen Buchungen. Nutzen Sie dazu das Arbeitsblatt 13.3 „Form und Höhe von Aufwendungen und Erträgen beim Jahresabschluss“, das den Webcodematerialien beiliegt.

Folgesituation 2

Nach dem Buchen der fünf Vorgänge aus dem Folgeauftrag 1 will Isabell gerade in die Kantine gehen, als eine E-Mail von Frau Deneke eingeht.

Löschen | Antworten | An alle | Weiterleiten

Von: Laura.Deneke@mewoh-musterwohn.dex
An: Isabell.Ahrens@mewoh-musterwohn.dex
Datum: 23.01.02
Betreff: Korrekturbuchungen der Abtlg. Baubetreuung

Hallo, Isabell,

soeben schrieb mir Dörthe Epstein, die Leiterin der Abteilung Baubetreuung. Irrtümlich hat Adil einige Belege, die anteilig das alte und das neue Geschäftsjahr betreffen, zeitlich nicht korrekt zugeordnet und verbucht. Bitte nehmen Sie die erforderlichen Korrekturen vor. Es handelt sich im Einzelnen um fünf Belege. Der Einfachheit halber leite ich Ihnen auch noch die E-Mail von Frau Epstein mit den Belegen als Anhang weiter. Sollte etwas unklar sein, kommen Sie bitte einfach auf mich zu.

Viele Grüße

Laura Deneke
Leitung Rechnungswesen & Controlling

Von: Doerthe.Epstein@mewoh-musterwohn.dex
An: Laura.Deneke@mewoh-musterwohn.dex
Datum: 23.01.02
Betreff: Falsch gebuchte Belege/Abgrenzungen Geschäftsjahr 01

Liebe Laura,

du hattest mir in unserer letzten Bilanz-Teambesprechung den vorläufigen Jahresabschluss meiner Abteilung zum abgelaufenen Geschäftsjahr zum Prüfen übergeben. Meine Mitarbeitenden haben zwischenzeitlich alles geprüft. Das war so weit in Ordnung, lediglich bei den angehängten fünf Belegen, die jahresübergreifend sind, ist keine jährliche Zuordnung erfolgt. Bitte veranlasse die entsprechenden Korrekturbuchungen.

Danke und viele Grüße
Dörthe

ARBEITSAUFTRÄGE

1 Nehmen sie zu den Sachverhalten (1) bis (5) die erforderlichen vorbereitenden Abschlussbuchungen zur zeitlichen Abgrenzung der Aufwendungen und Erträge vor.

2 Leiten Sie aus dem vorläufigen Jahresergebnis das endgültige Jahresergebnis ab. Die vorläufige Gewinn- und Verlustrechnung weist zunächst aus:

Erträge:	1.200.000,00 €
Aufwendungen:	900.000,00 €

Beleg 1

TopBank Leipzig

Kontoauszug **EUR-Konto**

BIC	IBAN	erstellt am	Auszug	Blatt
TOPBEDE729	DE24 1001 0700 0060 0521 98	04.12.01	143	1

Vorgang			
Pachterlöse An der Hebemärchte 11 für die Monate Dezember (01) bis einschließlich Februar (02)	Buchungstag 04.12.01	Wert 04.12.01	30.000,00 +
MEWOH Musterwohn GmbH Fangerstraße 15–20 04104 Leipzig		*alter Saldo*	224.479,50 **Haben**
		neuer Saldo	254.479,50 **Haben**

Beleg 2

Kreditvertrag

zwischen
der TopBank Leipzig (im Folgenden „Kreditgeber" genannt)
und der
MEWOH Musterwohn GmbH, Leipzig (im Folgenden „Kreditnehmer" genannt)

(...)

§ 11. Zinszahlungen

Die Zinsen für die Zeit vom 01.11.01 bis zum 31.01.02 belaufen sich auf 15.000,00 € (in Worten: fünfzehntausend Euro) und sind rückwirkend in einem Betrag am 31.01.02 zu zahlen. (...)

Beleg 3

Interne Mitteilung

von: Cornelia Gruber

Abteilung: Modernisierungen/Ressort Baubetreuung

an: Laura Deneke

Abteilung: Leitung Rechnungswesen und Controlling

Betreff: Reparaturarbeiten Geschäftsgebäude

Inhalt: Für die Abteilung Baubetreuung wurden zum Ende des Geschäftsjahres (01) umfangreiche Reparaturarbeiten am Geschäftsgebäude vorgenommen. Die Schlussrechnungen liegen noch nicht vor, es wird mit Kosten in Höhe von 22.000,00 € gerechnet.

Datum/ Unterschrift: 14.01.02, C. Gruber

Beleg 4

Finanzamt Leipzig

Kraft-St.-Nummer 220 L-B 209
(Bitte bei Rückfragen angeben)

Prager Straße 118-136
04317 Leipzig
Telefon: 0341 123XX64
Telefax: 0341 123XX56

01.10.01

Finanzamt Leipzig
Postfach 1351 04217 Leipzig

612/--/81939186

Bescheid
über Kraftfahrzeugsteuer

MEWOH MUSTERWOHN GmbH
Falkenstr. 15-20
04317 Leipzig

Festsetzung
Diese Änderung Ihres bisherigen Bescheides beruht auf
§ 12 Abs. 2 Nr. 1 Kraftfahrzeugsteuergesetz.
Die Steuer wird für das Fahrzeug mit dem amtlichen Kennzeichen
L.-BP 209 festgesetzt.
für die Zeit ab 01.11.01 auf jährlich .... 120,00 Euro

Abrechnung
nach dem Stand vom 01.11.01
Steuer für die Zeit vom 01.11.01 bis 31.10.02 .... 120,00 Euro
bereits gezahlt .... 0,00 Euro
zu wenig gezahlt .... 120,00 Euro

Bitte zahlen Sie
sofort .... 120,00 Euro
künftig jährlich
spätestens bis 31.10. .... 120,00 Euro
Der jeweils fällige Betrag wird zeitgleich durch SEPA-Lastschrift eingezogen.

Grundlagen der Festsetzung
Fahrzeugart .... Personenkraftwagen
Hubraum .... 1.998 cm
Erstzulassungsdatum 01.11.00

TopBank Leipzig

Kontoauszug **EUR-Konto**

IBAN	erstellt am	Auszug	Blatt
DE24 1001 0700 0060 0521 98	05.11..01	127	1

Vorgang			
Beitrag L-BP 209 Finanzamt Leipzig Steuernr. 218/L-BP 209 Kraftfahrzeugsteuer	*Buchungstag* 01.11.01	*Wert* 03.11.01	120,00 –

Beleg 5

Löschen Antworten An alle Weiterleiten

Von: Doerthe.Epstein@mewoh-musterwohn.dex
An: Laura.Deneke@mewoh-musterwohn.dex
Datum: 09.01.02
Betreff: Pauschalvergütung Ziegler Immobilien GmbH

Liebe Laura,

mit der Eigentümerin der Ziegler Immobilien GmbH ist eine jährliche Pauschalvergütung für die Verwaltungsbetreuung in Höhe von 30.000,00 € vereinbart, die jährlich rückwirkend am 1. März zu zahlen ist. Im Jahresabschluss ist zu berücksichtigen, dass für den vereinbarten Zeitraum am 01.03.02 eine Zahlung von 30.000,00 € erfolgen muss.

Viele Grüße
Dörthe

Folgesituation 3

Bestimmen Sie jeweils, aus welchen Gründen die folgenden Rückstellungen zu bilden sind, von welchen Wertansätzen auszugehen ist und erstellen Sie den Buchungssatz. Nutzen Sie dazu das Arbeitsblatt 13.4 „Rückstellungen", das den Webcodematerialien beiliegt.

Sachverhalt	
(1)	Die Rechnung für die Dachreparatur des Mietwohngebäudes Dresdner Straße 22 liegt zum 31.12.01 noch nicht vor. Der Kostenvoranschlag der Handwerker belief sich auf 80.000,00 € zzgl. 19 % gesetzlicher Umsatzsteuer.
(2)	Die Geschäftsleitung der MEWOH Musterwohn GmbH geht davon aus, dass der Jahresabschluss für das Berichtsjahr (01) im kommenden Jahr (02) 35.500,00 € inklusive Umsatzsteuer verursachen wird.
(3)	Die MEWOH Musterwohn GmbH hatte mit der Malerfirma „Palette" vereinbart, dass die Renovierung der Eingänge des Wohnhauses Lübecker Straße 55 bis zum Ende des Berichtsjahres (01) durchgeführt wird. Im Kostenvoranschlag wurde ein Betrag von 23.500,00 € zzgl. 19 % Umsatzsteuer angegeben. Die Firma teilte jedoch mit, dass die Renovierung erst im Februar des Folgejahres (02) durchgeführt werden kann.
(4)	Zu Beginn des Berichtsjahres (01) betrugen die Pensionsrückstellungen der MEWOH Musterwohn GmbH 210.000,00 €. Für den Jahresabschluss dieses Jahres verweist ein versicherungsmathematisches Gutachten darauf, dass die Pensionsrückstellungen nun eine Höhe von 223.000,00 € betragen sollen.
(5)	Der Steuerberater der MEWOH Musterwohn GmbH geht davon aus, dass für das Berichtsjahr (01) Nachzahlungen für die Körperschaftssteuer in Höhe von 40.000,00 € zu erwarten sind.
(6)	Die MEWOH Musterwohn GmbH hat einem Mieter gegenüber die fristlose Kündigung ausgesprochen. Es musste eine Räumungsklage angestrebt werden, und die daraus resultierenden Kosten belaufen sich auf 6.200,00 €. Es ist jedoch davon auszugehen, dass der Mieter diese Kosten nicht tragen wird, da er bereits eine eidesstattliche Versicherung abgegeben hat.

Aufgaben

1 Bilden Sie für nachstehende Geschäftsfälle die Buchungssätze zum Bilanzstichtag (31.12.01) und bei Zahlungseingang bzw. Zahlungsausgang (Bank) im neuen Jahr (02).

a) Die MEWOH Musterwohn GmbH erhält erst am 31.03.02 die Darlehenszinsen (600,00 €) für die Monate Oktober (01) bis März (02).

b) Die Raummiete für die Monate November (01), Dezember (01) und Januar (02) in Höhe von insgesamt 2.400,00 € wird erst nachträglich am 05.02.02 zu bezahlen sein.

c) Die MEWOH überweist jeweils zum 01.03. und 01.09. nachträglich für 6 Monate Zinsen für ein Zinszahlungsdarlehen in Höhe von 4.800,00 €.

d) Für einen Wartungsvertrag, der für die Aufzugsanlage des Verwaltungsgebäudes abgeschlossen wurde, zahlt das Wohnungsunternehmen vierteljährlich nachträglich 400,00 €. Die Rechnung für das letzte Jahresquartal liegt zum 31.12.01 noch nicht vor.

2 Buchen Sie die folgenden Sachverhalte. Berücksichtigen Sie im Regelfall stets die Bildung und die Auflösung der jeweiligen zeitlichen Abgrenzungen.

a) Am 01.09.01 bezahlt die MEWOH Musterwohn GmbH per Bank die jährlichen Vorauszahlungen für die Wartungsverträge der Heizungsanlage ihrer Mietwohnhäuser über 15.000,00 €.

b) Die stets halbjährlich fällige Vorauszahlung der Haftpflichtversicherung für die Geschäftsräume wird zum 01.10.01 durch Banküberweisung bezahlt (400,00 €).

c) Am 25.02.02 ist die Eingangsrechnung für die Erneuerung einer Fassade über 25.000,00 € zu erfassen. Für diese Instandsetzung wurde im Jahr (01) eine Rückstellung über 22.000,00 € gebildet.

d) Das Konto Pensionsrückstellungen weist einen Betrag von 450.000,00 € auf. Das versicherungsmathematische Gutachten ergibt eine notwendige Anpassung des Rückstellungskontos auf a) 500.000,00 € bzw. b) 320.000,00 €.

Situation 107

Bewertung des Anlagevermögens

Frau Deneke hat Isabell zu sich gebeten. „Isabell, für diese beiden Eingangsrechnungen vom 10. November und 22. Dezember müssen für unseren Jahresabschluss noch die Abschreibungspläne erstellt und die zeitanteiligen Abschreibungen zum Jahresende 01 vorgenommen werden. Adil hat den Eingang der Rechnungen bereits gebucht, bitte prüfen Sie seine Buchungen und korrigieren Sie sie gegebenenfalls." Mit folgenden Erläuterungen überreicht Frau Deneke Isabell zwei Rechnungen.

Rechnung 1:
Die Empfangstheke ist für die Kollegen, die ausschließlich mit der Vermietung von Wohnungen befasst sind. Es wird von einer Nutzungsdauer von 7 Jahren ausgegangen.

RECHNUNG Nr. 849 vom 10.11.01

Artikel	Beschreibung	Anzahl	Einzelpreis	Gesamt
K 289_X	Empfangstheke „Future Office 27" inkl. Lieferung und Montage	1	13.920,00 €	13.920,00 €
		Rechnungsbetrag netto		13.920,00 €
		19% Umsatzsteuer		2.644,80 €
		Rechnungsbetrag brutto		**16.564,80 €**

Adil hat die Eingangsrechnung wie folgt gebucht:

Soll	an	Haben	€
(051)			13.920,00
(253)			2.644,80
	an	(4421)	16.564,80

Rechnung 2:
Das E-Bike ist für die Mitarbeitenden der Fremdverwaltung, sie sollen sich schneller zwischen den zu verwaltenden Objekten bewegen können. Dieses E-Bike soll über einen Zeitraum von 5 Jahren abgeschrieben werden.

Rechnung-Nr.: 4397 vom 22.12.01, Kunden-Nr.: 11531

Pos.	Bezeichnung	Menge	Einheit (E)	Einzelpreis (€/E)	Gesamtpreis (€)
1	E-Bike, Modell „IMAGE 2030_TS"	1	Stück	5.200,00 €	5.200,00 €
				Gesamtbetrag (netto):	**5.200,00 €**
				19 % Umsatzsteuer:	988,00 €
				Gesamtbetrag (brutto):	**6.188,00 €**

Diese Eingangsrechnung hat Adil wie folgt gebucht:

Soll	an	Haben	€
(051)			6.188,00
	an	(4421)	6.188,00

ARBEITSAUFTRÄGE

1 Prüfen Sie Adils Buchungen der Eingangsrechnungen zu der Empfangstheke und dem E-Bike. Korrigieren Sie sie, sofern nötig.

2 Erstellen Sie für die Empfangstheke und das E-Bike jeweils einen Abschreibungsplan. Berücksichtigen Sie dabei, dass im Jahr (01) eventuell nur eine zeitanteilige Abschreibung möglich sein könnte.

3 Buchen Sie die Abschreibung zum 31.12.01 für die Empfangstheke und das E-Bike.

Folgesituation 1

Isabell ist gerade mit den beiden Abschreibungsplänen fertig, als Anuk Bente, die neue Auszubildende, in ihr Büro stürmt. „Isabell, das hat mir Frau Deneke gerade übergeben, es sei dringend!", keucht sie atemlos und legt ihr eine Mappe auf den Schreibtisch. Als Isabell sie öffnet, sieht sie drei Belege, jeweils mit ausführlichen Anweisungen von ihrer Chefin. Darauf prangt eine kurze Notiz.

Isabell erinnert sich an ihre erste Zeit als Auszubildende und lächelt Anuk freundlich an. „Das war sehr nett von dir, Anuk, mir das so rasch vorbeizubringen. So kann ich direkt nach dem Mittagessen damit loslegen – denn das machen wir zwei jetzt: erst mal zu Mittag essen!"

ARBEITSAUFTRAG

Unterstützen Sie Isabell und nehmen Sie die geforderten Buchungen und ggf. Berechnungen vor. Beachten Sie dabei Frau Denekes Anweisungen zu den einzelnen Belegen.

Beleg 1

SCHOLLE GMBH
Büroausstattung

RECHNUNG

Datum:	01.11.01
Rechnungs-Nr.	1735
Lieferdatum:	01.11.01
Kunden-Nr.	4223

Büroausstattung Scholle GmbH • Kurt-Eisner-Straße 3 • 04275 Leipzig
MEWOH Musterwohn GmbH
Fangerstraße 15 – 20
04104 Leipzig

RECHNUNG Nr. 1735

Artikel	Beschreibung	Anzahl	Einzelpreis	Gesamt
24987	Tablet, Typ „SimSon Super"	10	200,00 €	2.000,00 €
		Rechnungsbetrag netto		2.000,00 €
		19% Umsatzsteuer		380,00 €
		Rechnungsbetrag brutto		**2.380,00 €**

Die Ware wurde frei Haus geliefert.
Zahlungsziel 30 Tage.

Vielen Dank für Ihren Auftrag!

Anmerkungen zu den Belegen 1 und 2:

- Die Tablets (Beleg 1) und die Werkzeuge (Beleg 2) sind für die Mitarbeiter der Abteilung Wohnungswirtschaft bestimmt.
- Es soll die „250-€-Regel" gem. § 6 Abs. 2a EStG angewendet werden. Sie besagt (wie Sie bestimmt wissen, Isabell), dass immer dann, wenn die Netto-Anschaffungskosten je Wirtschaftsgut 250,00 € nicht übersteigen, diese im Jahr der Anschaffung sofort als Aufwand gebucht werden können.

Nehmen Sie bitte die folgenden Buchungen vor:

- Buchen Sie die beiden Eingangsrechnungen.
- Buchen Sie wenn erforderlich die Abschreibungen zum Bilanzstichtag.

Beleg 2

Wanser & Co. GmbH, Leipzig
WERKZEUGHANDEL

Datum: 05.12.2001
Rechnungsnr.: 33486
Kundennr.: 329

Pos.	Menge	Beschreibung	Einzelpreis (€)	Gesamtpreis (€)
1	1	RUBI Akkubohrmaschine PS 18X	210,00	210,00 €
2	1	Schlenz Tischkreissäge PK80	240,00	240,00 €
		Gesamtbetrag (netto)		**450,00 €**
		19 % Umsatzsteuer		85,50 €
		Gesamtbetrag (brutto)		**535,50 €**

Beleg 3

Bürobedarf Eggle GmbH • Kolbestraße 2 • 04205 Leipzig

MEWOH Musterwohn GmbH
Fangerstraße 15–20
04104 Leipzig

Datum: 15.12.2001

Rechnung-Nr.: 3847/296, Kunden-Nr.: 453298

Artikel	Beschreibung	Anzahl	Einzelpreis (€)	Gesamtpreis (€)
1	Ergonomischer Rollhocker Typ „Klausner-REGO 4B“	1	360,00 €	360,00 €
			Rechnungsbetrag (netto)	**360,00 €**
			19 % Umsatzsteuer	68,40 €
			Rechnungsbetrag (brutto)	**428,40 €**

Anmerkungen zu Beleg 3:

- Beachten Sie, Isabell, dass der Rollhocker für einen Mitarbeiter der Abteilung Fremdverwaltung gekauft wurde. Zudem wird § 6 Abs. 2 EStG in Anspruch genommen, der regelt: Wenn die Nettoanschaffungskosten der selbstständig nutzbaren, abnutzbaren und beweglichen Wirtschaftsgüter des Anlagevermögens höher als 250,00 € sind, 800,00 € aber nicht überschreiten, können Sie im Jahr der Anschaffung sofort als Betriebsausgabe geltend gemacht werden, also sofort abgeschrieben werden. Bei Erwerb sind sie jedoch zunächst in der Kontengruppe (05) Betriebs- und Geschäftsausstattung zu erfassen.

Nehmen Sie bitte die folgenden Buchungen vor:

- Buchen Sie die Eingangsrechnung.
- Buchen Sie die Sofortabschreibung zum Bilanzstichtag.

Folgesituation 2

Isabell hat alle drei Belege der Folgesituation 1 in kürzester Zeit erledigt. Als sie Frau Deneke ihre Ergebnisse vorlegt, ist diese voll des Lobes. „Liebe Isabell, das war nicht ganz einfach, doch Sie haben die Aufgabe mit Bravour gemeistert. Wenn Sie in Kürze die Abschlussprüfung gemeistert haben werden – woran ich keine Sekunde zweifle! –, würde ich mich sehr freuen, wenn Sie ..." Das Klingeln des Telefons unterbricht sie. Entschuldigend zuckt Isabells Chefin die Achseln und meldet sich. Und während Isabell überlegt, was Ihre Chefin ihr wohl vorschlagen wollte, hört sie eine aufgebrachte Frauenstimme am anderen Ende der Leitung und als Antwort von Frau Deneke ein knappes „Ich kümmere mich sofort darum, Frau Dr. Fuchs".

„Das war Frau Dr. Fuchs, die Leiterin der Rechtsabteilung", erklärt Frau Deneke. „Offenbar ist der Grundstückserwerb ‚Campus 27', welcher noch das alte Jahr betrifft, aus unerfindlichen Gründen überhaupt nicht verbucht worden. Das müssen wir schleunigst nachholen, sonst gibt es später Ärger mit der Revision. Ein Kaufpreis von 12,5 Millionen Euro ist schließlich kein Pappenstiel." Frau Deneke lacht unfroh auf, und während sie sich schon zum Computer wendet, ergänzt sie: „Ich bekomme gleich von Frau Dr. Fuchs per E-Mail alle erforderlichen Angaben, die ich an Sie weiterleiten werde. Ich selbst habe gleich ein Meeting bei Herrn Riedel und Frau Dr. Pohl zum Jahresabschluss, wo ich diese Sache ansprechen werde!"

Kurz darauf trifft bei Isabell die angekündigte E-Mail ein:

Löschen | Antworten | An alle | Weiterleiten

Von: Laura.Deneke@mewoh-musterwohn.dex
An: Isabell.Ahrens@mewoh-musterwohn.dex
Datum: 06.12.01
Betreff: Informationen Kauf „Campus 27"

Hallo, Isabell,

folgende Informationen habe ich zum nicht verbuchten Kauf des Mehrfamilienhauses „Campus 27" erhalten:

- Kaufpreis 12.500.000,00 €, 15 % davon sind dem Grund und Boden zuzuordnen.
- Die Notar- und Grundbuchgebühren betrugen 2,5 % des Kaufpreises.
- Der Grunderwerbsteuersatz in Sachsen beträgt, wie Sie wissen, 5,5 %.
- Der Kaufvertrag wurde am 21. Januar (01) geschlossen, als Termin für den Nutzenlastenwechsel wurde der 27. März (01) vereinbart, die Eigentumsumschreibung im Grundbuch erfolgte am 25. April (01).

Ich benötige von Ihnen dazu:

1. die zu bilanzierenden Anschaffungskosten,
2. die mögliche Abschreibung (Nutzungsdauer: 50 Jahre) und
3. den am 31.12.01 anzugebenden Buchwert des bebauten Grundstücks.

Sobald Sie die Zahlen haben, bitte mich gleich informieren, damit ich Frau Dr. Fuchs beruhigen kann.

Danke und viele Grüße
Laura Deneke

ARBEITSAUFTRAG

Bearbeiten Sie die Punkte 1. bis 3., die in der E-Mail aufgeführt sind.

Aufgaben

1 In Vorbereitung auf den Jahresabschluss der MEWOH Musterwohn GmbH sind für diverse bewegliche Wirtschaftsgüter die Wertansätze zum 31.12.01 festzustellen.

a) Für die Verwaltung wurde am 02.04.01 eine EDV-Anlage erworben. Die Anschaffungskosten betrugen 9.000,00 €, es wird eine Nutzungsdauer von drei Jahren unterstellt. Wie hoch ist die zulässige zeitanteilige Abschreibung zum 31.12.01?

b) Ein bewegliches Wirtschaftsgut (BGA) mit Anschaffungskosten von 25.000,00 € wurde bereits drei Jahre – in den Jahren (01) bis einschließlich (03) – linear mit 20 % abgeschrieben. Eröffnen Sie das entsprechende Konto im Jahr (04). Ermitteln und buchen Sie zum 31.12.04 die steuerlich höchstmögliche Abschreibung, wenn eine Nutzugsdauer von fünf Jahren unterstellt wird.

2 Die MEWOH Musterwohn GmbH hatte am 03.10.2021 einen Pkw (Anschaffungskosten 34.800,00 €) erworben und beabsichtigte, diesen über die steuerrechtlich zulässige Nutzungsdauer von sechs Jahren abzuschreiben. Nun wurde dieses Fahrzeug jedoch bereits am 28.09.2023 mit einem Verlust von 2.000,00 € verkauft.

a) Zu welchem Preis wurde das Fahrzeug verkauft?

b) Buchen Sie den umsatzsteuerpflichtigen Fahrzeugverkauf per Bank.

3 Die MEWOH Musterwohn GmbH hatte vor zwei Jahren einen Kleintransporter für 80.000,00 € gekauft. Die Gesamtfahrleistung wurde auf 200 000 km geschätzt. Die Fahrleistungen für das Jahr (01) betrugen 30 000 km, die des Jahres (02) 40 000 km. Ermitteln Sie die Leistungsabschreibung für die Jahre (01) und (02).

4 Das Anlagevermögen der Immobilien Becker GmbH, Leipzig, setzt sich aus den Positionen mit folgenden Buchwerten zusammen:

Vermögensposition	Buchwert (€)	Abschreibungssatz
Grundstücke mit Wohnbauten (darin Gebäudekosten 1.000.000,00 €)	1.500.000,00	2 %
Grundstücke mit Geschäftsbauten (darin Gebäudekosten 600.000,00 €)	800.000	2 %
Technische Anlagen und Maschinen	500.000,00	20 %
Betriebs- und Geschäftsausstattung	150.000,00	10 %

Berechnen Sie die jeweiligen Beträge der linearen Abschreibung und ermitteln Sie die Nutzungsdauer der verschiedenen Positionen.

5 Die MEWOH Musterwohn GmbH schreibt einen Vermögensgegenstand zunächst degressiv ab und wechselt zu gegebenem Zeitpunkt zur linearen Abschreibung.

a) Berechnen Sie die Werte jeweils für die lineare und die degressive Abschreibung. Nutzen Sie dazu das Arbeitsblatt 13.6 „Lineare und degressive Abschreibungen", das den Webcodematerialien beiliegt.

b) Ermitteln Sie den günstigsten Zeitpunkt des Wechsels von der degressiven zur linearen Abschreibung.

Ausgangslage	
Anschaffungskosten	200.000,00 €
Geschätzte Nutzungsdauer	8 Jahre
Abschreibungsbeginn	1. Januar 01
Abschreibungssatz	Bei der degressiven Abschreibung wird der steuerlich zulässige Höchstsatz berücksichtigt, der Abschreibungssatz darf das Zweieinhalbfache der linearen Abschreibung betragen, 25 Prozent aber nicht übersteigen.

Situation 108

Bewertung des Umlaufvermögens

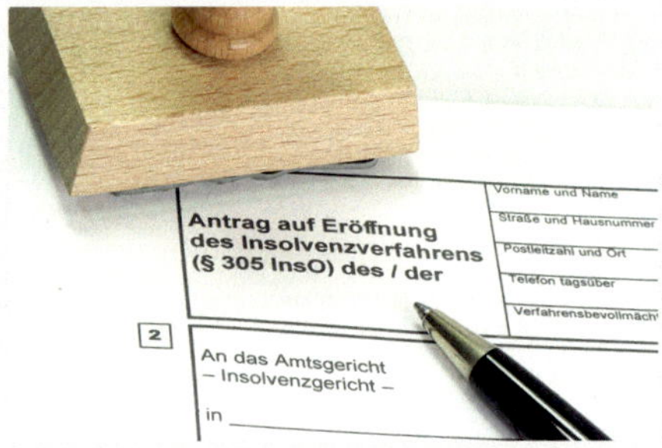

In der Abteilung Rechnungswesen und Controlling der MEWOH Musterwohn GmbH herrscht große Aufregung: Der Gewerbemieter des Restaurants „Leipziger Allerlei“, Jens Bratkus, hat Insolvenz angemeldet, wie Dr. Fuchs, die Leiterin der Rechtsabteilung, Frau Deneke soeben berichtet hat. Herr Bratkus schuldet der MEWOH eine rückständige Miete sowie die Miete für den laufenden Monat, insgesamt 23.600,00 €. Der Insolvenzverwalter gehe laut Dr. Fuchs von einer Insolvenzquote von voraussichtlich nur 15 % aus; das Verfahren werde sich mit Sicherheit über den Jahreswechsel hinziehen, da Herr Bratkus mehrere Restaurants betrieb.

„20.000,00 € in den Sand gesetzt“, seufzt Frau Deneke. „Das hätte ich nicht gedacht, das Restaurant gab es schon fast sieben Jahre! Doch wie man sieht, vor einem Ausfallrisiko ist man nie 100 %ig sicher. Bleibt also nur eine Einzelwertberichtigung dieser Forderung.“

„Aber wie verbuchen wir das, wenn wir noch gar nichts Genaues wissen?“, fragt Isabell.

„Das schreibt der Gesetzgeber uns genau vor“, lautet Frau Denekes Antwort. „Bei Forderungen gilt das strenge Niederstwertprinzip. Und um die Werthaltigkeit von Mietforderungen zu bestimmen, hilft Ihnen unsere Übersicht ‚Klassifikation von Forderungen‘.“

ARBEITSAUFTRÄGE

1 Was besagt das „strenge Niederstwertprinzip“ für Forderungen?

2 Das Arbeitsblatt 13.7 „Klassifikation von Forderungen“ liegt den Webcodematerialien bei. Ergänzen Sie die Übersicht.

Folgesituation

Als in der Berufsschule ein paar Wochen später die Bewertung von Forderungen und Forderungsausfälle Thema sind, ist Isabell dank der Übersicht von Frau Deneke und deren Auskünfte dazu bestens gerüstet. Das stellt sie auch bei dem Kurztest dazu unter Beweis: Bestnote!

ARBEITSAUFTRAG

Schneiden Sie beim Kurztest auch so gut ab wie Isabell? Nutzen Sie dazu das Arbeitsblatt 13.8 „Bewertung von Forderungen“, das den Webcodematerialien beiliegt. Beurteilen Sie die vier Sachverhalte, die in der Übersicht dargestellt sind. Ist die Forderung jeweils einwandfrei, zweifelhaft oder uneinbringlich? Nennen Sie zudem, wie hoch der zu erwartende Forderungsausfall bei den vier Fällen ist.

Aufgaben

1 Was ist unter dem Grundsatz der Einzelbewertung zu verstehen und warum ist bei der Bewertung von Materialvorräten auch eine Gruppenbewertung zulässig?

2 Sie haben den Auftrag, die Entwicklung des Heizölverbrauchs für das Objekt Bahnhofstraße 22 der MEWOH Musterwohn GmbH für das Berichtsjahr (01) genauer zu analysieren. Anfangsbestand, Zukäufe und gemeldete Verbräuche sind in der nachfolgenden Tabelle dargestellt.

a) Wie hoch ist der mengenmäßige Verbrauch und der Endbestand in Litern?

b) Bestimmen Sie den Wert des Endbestandes, wenn die Berechnungen nach
- der Durchschnittsmethode,
- der Fifo-Methode (first in, first out) oder
- der Lifo-Methode (last in, first out)

vorgenommen werden.

		Menge (Liter)	Preis (je Liter)
01.01.01	Anfangsbestand	2000	1,10 €
03.04.01	Kauf 1	2300	1,30 €
15.07.01	Verbrauch	1100	
30.08.01	Verbrauch	1400	
15.09.01	Kauf 2	2200	0,95 €
30.12.01	Verbrauch	1600	

3 Die Reparatur- und Bauabteilung der MEWOH Musterwohn GmbH lagert, verursacht durch umfangreiche Baumaßnahmen in den zu vermietenden Beständen, mehrere Paletten Zement. Ermitteln Sie auf der Grundlage der Ihnen nachfolgend zur Verfügung gestellten Aufzeichnungen

a) den wertmäßigen Verbrauch und

b) den Wert des Endbestandes

auf der Basis eines gewichteten Durchschnittspreises.

Laut Inventur sind zum Bilanzstichtag noch vier Paletten Zement vorhanden.

		Menge (Paletten)	Preis (€/Palette)
01.01.01	Anfangsbestand	2	350,00
24.04.01	Kauf 1	5	340,00
12.08.01	Kauf 2	7	355,00
15.10.01	Kauf 3	3	370,00

4 Folgende Übersicht zu Heizöleinkäufen und dem Inventurendbestand zum Bilanzstichtag steht Ihnen zur Verfügung:

		Menge (Liter)	Preis (je Liter)
01.01.01	Anfangsbestand	1800	1,15 €
03.02.01	Kauf 1	3500	1,30 €
12.06.01	Kauf 2	2000	1,25 €
13.08.01	Kauf 3	4500	0,95 €
14.12.01	Kauf 4	2100	1,10 €
Endbestand laut Inventur: 2200 Liter			

a) Ermitteln Sie auf Grundlage dieser Daten den gewichteten Durchschnittspreis je Liter Heizöl (fünf Nachkommastellen) und bestimmen Sie, mit welchem Betrag der Endbestand zum 31.12.01 zu bilanzieren ist.

b) Mit welchem Betrag wäre der Endbestand nach der Durchschnittsmethode zu bilanzieren, wenn am 31.12.01 ein Liter Heizöl 1,15 € kosten würde?

c) Mit welchem Betrag wäre der Endbestand nach der Durchschnittsmethode zu bilanzieren, wenn am 31.12.01 das Heizöl 1,05 € je Liter kosten würde?

d) Ermitteln Sie den Wert des Endbestandes nach der Fifo-Methode (first in, first out).

e) Ermitteln Sie den Wert des Endbestandes nach der Lifo-Methode (last in, first out).

Situation 109

Eigenkapitalausweis im Jahresabschluss von Kapitalgesellschaften

Isabell hat den Auftrag erhalten, für ein in Kürze stattfindendes Meeting der Finanzbuchhaltung Präsentationsmappen zu erstellen. Dazu benötigt sie eine Reihe Kopien. Auf dem Weg zum Kopiergerät muss sie am Zimmer von Herrn Riedel, dem Geschäftsführer der MEWOH Musterwohn GmbH, vorbei. Isabell ist sehr überrascht, als sie laute Stimmen von dort hört. Unwillkürlich bleibt sie stehen. Ist das neben der Stimme von Herrn Riedel nicht die von Geschäftsführerin Dr. Kerstin Pohl? Streiten die etwa? In diesem Moment wird schwungvoll die Tür aufgerissen, und eine aufgebrachte Frau Dr. Pohl verschwindet in Richtung ihres Büros, ohne Isabell auch nur zu bemerken. „Es ist mir egal, ob es angeblich zeitgemäß sein soll, wenn Unternehmen ihre stillen Reserven öffentlich ausweisen! Wir hier haben das nie gemacht, machen das nicht und werden es nie machen, solange ich Geschäftsführer bin!", hört Isabell Karsten Riedel seiner Kollegin hinterherrufen. Was zum Kuckuck sind denn „Stille Reserven"?, fragt sie sich und beschließt, ihre Chefin bei nächster Gelegenheit danach zu fragen.

ARBEITSAUFTRÄGE

1 Beschreiben Sie, was unter stillen Reserven (stillen Rücklagen) zu verstehen ist.

2 Stille Reserven entstehen entweder durch die Unterbewertung von Aktivposten oder durch die Überbewertung von Passivposten. Nennen Sie je zwei konkrete Beispiele dazu.

3 Worin liegt der Vorteil von stillen Reserven?

4 Worin liegt die Gefahr von stillen Reserven?

5 Es gibt Unternehmen, die mit ihren stillen Reserven offen umgehen. Ein Beispiel hierfür aus der Wohnungswirtschaft ist die nestbau AG in Tübingen (www.nestbau-ag.de).

a) Suchen Sie auf der Unternehmensseite der nestbau AG über den Link https://www.nestbau-ag.de/blog/was-ist-ein-unternehmen-wert nach der Definition von „Stillen Reserven".

b) Wo konkret sind die stillen Reserven der nestbau AG bspw. im Geschäftsbericht 2022 (https://www.nestbau-ag.de/das-unternehmen) aufgeführt?

c) Worin unterscheidet sich die Finanzierung der nestbau AG von herkömmlichen Wohnungsbauunternehmen wie z.B. der MEWOH Musterwohn GmbH?

d) Die nestbau AG hat sich zu den Buchstaben „nest" die Begriffe „nachhaltig – ethisch – sicher – transparent" als Slogan gewählt. Stimmt das in Ihren Augen? Wie finden Sie persönlich die nestbau AG und ihr Konzept?

6 Der Geschäftsführer der MEWOH Musterwohn GmbH will unter keinen Umständen die stillen Reserven des Unternehmens offenlegen. Was könnte der Grund dafür sein?

7 Neben den stillen Rücklagen (stillen Reserven) gibt es auch offene Rücklagen: Kapitelrücklagen und Gewinnrücklagen.

a) Welche vier Arten von Kapitelrücklagen unterscheidet § 272 Abs. 2 HGB?

b) Nennen Sie zudem die vier Arten von Gewinnrücklagen und erläutern Sie kurz, worum es dabei geht.

Situation 110

Jahresabschlussanalyse

Die MEWOH Musterwohn GmbH strebt eine Beteiligung an der Leipziger Mieten und Wohnen GmbH (LMW GmbH) an. Zuvor möchte sie jedoch eine Kennziffern-Analyse der Vermögens-, Finanz- und Ertragslage dieses Unternehmens vornehmen.

Paul Strenner, Leiter des Bereichs Unternehmenskommunikation, bittet Isabell, die vorgelegten Zahlen genauer zu analysieren. Dazu hat er ihr die folgende Bilanz und die Gewinn- und Verlustrechnung vom 31.12.01 übergeben:

Bilanz LMW GmbH zum 31.12.01
Angaben in T€

Aktiva		**Passiva**	
A. Anlagevermögen		**A. Eigenkapital**	
I. Immaterielle Vermögensgegenstände	**125**	Gezeichnetes Kapital	5.400
II. Sachanlagen		Gewinnrücklagen	13.000
Grundstücke mit Wohnbauten	67.000	Jahresüberschuss	935
Grundstücke mit anderen Bauten	2.200		
Grundstücke ohne Bauten	2.200	**B. Rückstellungen**	
Technische Anlagen und Maschinen	120	Pensionsrückstellungen (langfristig)	175
Betriebs- und Geschäftsausstattung	250	Sonstige Rückstellungen (kurzfristig)	710
III. Finanzanlagen			
Beteiligungen	5	**C. Verbindlichkeiten**	
		Verbindlichkeiten ggü. Kreditinstituten (langfristig)	52.800
B. Umlaufvermögen		Erhaltene Anzahlungen	2.900
I. Vorräte		Verbindlichkeiten aus Lieferungen und Leistungen	600
Grundstücke und grundstücksgleiche Rechte ohne Bauten	2.000	Sonstige Verbindlichkeiten	320
Unfertige Leistungen	2.800		
Andere Vorräte	60	**D. Rechnungsabgrenzungsposten**	**27**
II. Forderungen und sonstige Vermögensgegenstände			
Forderungen aus Vermietung	3		
Forderungen aus dem Verkauf von Grundstücken	12		
Forderungen aus anderen LuL	3		
Forderungen aus Betreuungstätigkeit	5		
Sonstige Vermögensgegenstände	460		
III. Flüssige Mittel	**1.500**		
C. Rechnungsabgrenzungsposten	**24**		
Bilanzsumme (Vermögen)	**76.867**	**Bilanzsumme (Vermögensquellen)**	**76.867**

Gewinn- und Verlustrechnung der LMW GmbH zum 31.12.01 Angaben in T€	
Umsatzerlöse	**13.400**
Umsatzerlöse aus der Hausbewirtschaftung (60)	11.300
Umsatzerlöse aus Betreuungstätigkeit (62)	600
Umsatzerlöse aus anderen LuL (63)	1.500
Bestandsveränderungen (64)	**– 200**
Bestandserhöhungen (646)	2.900
Bestandsverminderungen (648)	– 3.100
Andere aktivierte Eigenleistungen (65)	**0**
Sonstige betriebliche Erträge (66)	**785**
Aufwendungen für bezogene Leistungen	**6.150**
a) Aufwendungen für Hausbewirtschaftung (80)	5.550
b) Aufwendungen für andere LuL (82)	600
Personalaufwand (83)	**2.160**
a) Löhne und Gehälter (830)	1.700
b) Soziale Abgaben (831)	460
Abschreibungen (84)	**1.900**
Sonstige betriebliche Aufwendungen (85)	**1.440**
Erträge aus Beteiligungen und Finanzanlagen (67)	**0**
Sonstige Zinsen und ähnliche Erträge (68)	**200**
Abschreibungen auf Finanzanlagen und auf Wertpapiere des Umlaufvermögens (86)	**0**
Zinsen und ähnliche Aufwendungen (87)	**1.300**
Steuern vom Einkommen und Ertrag (890)	**100**
Ergebnis nach Steuern	**1.135**
Sonstige Steuern (891)	**200**
Jahresüberschuss/Jahresfehlbetrag	**935**

ARBEITSAUFTRAG

Ermitteln Sie den Cashflow
a) nach der direkten Methode und
b) nach der indirekten Methode.

Folgesituation

Für die Cashflow-Rechnung der LMW GmbH wurden die Werte der Gewinn- und Verlustrechnung noch einmal aus liquiditätsorientierter Sicht aufbereitet. Das Ergebnis führte zu folgender Darstellung, in der alle Erträge und Aufwendungen in ihre liquiditätswirksamen (l_w) und liquiditätsneutralen (l_n) Bestandteile unterteilt wurden.

Ergebnis der Gewinn- und Verlustrechnung		in T €
Erträge		
(60)	Umsatzerlöse aus der Hausbewirtschaftung (l_w)	11.300
(62)	Umsatzerlöse aus der Betreuungstätigkeit (l_w)	600
(63)	Umsatzerlöse aus anderen Lieferungen und Leistungen (l_w)	1.500
(64)	Bestandsveränderungen (l_n)	
	(646) Bestandserhöhungen (l_n)	2.900
	(648) Bestandsverminderungen (l_n)	3.100
(66)	Sonstige betriebliche Erträge	
	(666) Erträge aus früheren Jahren (l_w)	135
	(6697) Versicherungsentschädigungen (l_w)	200
	(6698) Schuldnachlässe (l_n)	450
(67)	Zinserträge (l_w)	200
Summe Erträge		**14.185**
Aufwendungen		
(800)	Betriebskosten (l_w)	2.800
(805)	Instandhaltungskosten (l_w)	2.750
(82)	Aufwendungen für andere Lieferungen und Leistungen (l_w)	600
(83)	Personalaufwand (l_w)	2.160
(84)	Abschreibungen (l_n)	1.900
(85)	Sonstige betriebliche Aufwendungen (l_w)	
	(850) Sächliche Verwaltungsaufwendungen (l_w)	800
	(8599) Außergewöhnliche Aufwendungen (l_w)	640
(87)	Zinsaufwendungen (l_w)	1.300
(890)	Steuern vom Einkommen und Ertrag (l_w)	100
(8910)	Grundsteuer (l_w)	200
Summe Aufwendungen		**13.250**

ARBEITSAUFTRAG

Isabell hält die Ergebnisse ihrer Betrachtung schriftlich für Paul Strenner fest. Unterstützen Sie Isabell bei dieser Aufgabe, indem Sie das Arbeitsblatt 13.9 „Kennziffern-Analyse“ ausfüllen, das den Webcodematerialien beiliegt.

Aufgaben

1 Die MEWOH Musterwohn GmbH veröffentlicht zum 31.12.02 folgende Bilanz:

Aktiva	Bilanz MEWOH Musterwohn GmbH zum 31.12.02 (in T€)		Passiva
I. Anlagevermögen		**I. Eigenkapital**	
1. Immaterielle Vermögensgegenstände	14	1. Gezeichnetes Kapital	9.500
2. Sachanlagen	45.000	2. Kapitalrücklage	4.000
3. Finanzanlagen	1.900		
	46.914		**13.500**
II. Umlaufvermögen		**II. Fremdkapital**	
1. Vorräte	500	1. Kurzfristige Rückstellungen	80
2. Forderungen	330	2. Verb. gegenüber Kreditinstituten	34.000
3. Kassenbestand/Guthaben bei Kreditinstituten	1.355	3. Verbindlichkeiten a. LuL	1.439
4. ARA	40	4. Sonstige Verbindlichkeiten	35
		5. PRA	85
	2.225		**35.639**
	49.139		**49.139**

Erträge	**7.200 T€**
davon Umsatzerlöse aus HBW	5.200 T€
Aufwendungen	**6.900 T€**
davon Zinsen	950 T€

Ermitteln Sie die folgenden Kennzahlen:

a) Anlagenintensität (Anlagevermögensquote)
b) Umlaufvermögensquote
c) Verschuldungsgrad (Fremdkapitalquote)
d) Grad der finanziellen Unabhängigkeit (Eigenkapitalquote)
e) Anlagendeckung I und Anlagendeckung II
f) Liquidität I. Grades, II. Grades und III. Grades
g) Umsatzrentabilität
h) Eigenkapitalrentabilität
i) Gesamtkapitalrentabilität

2 Der Jahresabschluss einer Wohnungsbaugesellschaft weist folgende Werte auf:

Erträge:	
Umsatzerlöse	5.300 T€
Sonstige betriebliche Erträge	200 T€
Aufwendungen:	
Aufwendungen	5.100 T€
davon Zinsaufwand	900 T€
Ausgewählte Bilanzpositionen:	
Eigenkapital	9.600 T€
Fremdkapital	8.000 T€

Ermitteln Sie

a) den Gewinn,
b) die Umsatz-, die Gesamt- und die Eigenkapitalrentabilität sowie
c) den Verschuldungsgrad und die Eigenkapitalquote des Unternehmens.

Situation 111

Einführung in die Kosten- und Leistungsrechnung

In der MEWOH Musterwohn GmbH rumort es. Hinter geschlossenen Türen wird gemunkelt, dass die Übernahme eines bedeutenden Konkurrenten, der Beck & Lengerich GmbH in Leipzig, kurz bevorstehe.

So ist Isabell, die derzeit im Bereich Kosten- und Leistungsrechnung eingesetzt ist, auch nicht allzu überrascht, als sie folgende E-Mail von ihrer Chefin Laura Deneke erhält.

Löschen | Antworten | An alle | Weiterleiten

Von: Laura.Deneke@mewoh-musterwohn.dex
An: Isabell.Ahrens@mewoh-musterwohn.dex
Datum: 21.01.02
Betreff: Streng vertraulich!

Hallo, Isabell,

Herr Riedel hat mir mitgeteilt, dass die MEWOH Musterwohn GmbH plant, in Kürze die Beck & Lengerich GmbH, einen unserer größten Konkurrenten, zu übernehmen. Zu den typischen Geschäftsfeldern dieses Immobilienunternehmens zählen die Sparten Hausbewirtschaftung und Fremdverwaltung. Die vorläufigen Zahlen zu den Aufwendungen und Erträgen des letzten Jahres wurden uns von der Beck & Lengerich GmbH zur Verfügung gestellt, der Jahresabschluss wird dort erst noch erstellt.

Als Besonderheit betreibt dieses Immobilienunternehmen auch ein Hotel, was zwar zusätzliche Erträge erbringt, aber auch spezifische Aufwendungen verursacht. Die Frage ist nun, ob die MEWOH die Beck & Lengerich GmbH mit oder ohne dieses Hotel erwerben soll. Dazu benötigen wir von Ihnen nicht nur das Jahresergebnis insgesamt, sondern eine Unterteilung in Betriebsergebnis und neutrales Ergebnis. Von diesem Ergebnis wird dann die Entscheidung der Geschäftsleitung abhängen.

Um die weiteren Kaufverhandlungen nicht zu behindern, muss ich Sie bitten, über alles im Zusammenhang mit der Übernahme der Beck & Lengerich GmbH strengstes Stillschweigen zu wahren.

Viele Grüße

Laura Deneke
Leitung Rechnungswesen & Controlling

ARBEITSAUFTRAG

Helfen Sie Isabell, indem Sie die Gewinn- und Verlustrechnung auswerten und die Arbeitsaufträge a) bis e) bearbeiten.

Beachten Sie dabei, dass
- **betriebliche Erträge und Aufwendungen** Wertgrößen sind, die sich aus den **typischen betrieblichen Leistungsprozessen** ergeben;
- **neutrale Erträge und Aufwendungen** Wertgrößen sind, die aus **betriebsfremden** (für das Unternehmen untypische), **periodenfremden** oder **außerordentlichen** Prozessen herrühren.

a) Ermitteln Sie das Ergebnis der Gewinn- und Verlustrechnung, das Betriebsergebnis und das neutrale Ergebnis. Beurteilen Sie das Ergebnis.
b) Bestimmen Sie die Wirtschaftlichkeit des Unternehmens auf Basis des Ergebnisses der Gewinn- und Verlustrechnung.
c) Bestimmen Sie die Wirtschaftlichkeit des Betriebes auf Basis des Betriebsergebnisses.
d) Bestimmen Sie die Eigenkapitalrentabilität des Unternehmens, wenn das Eigenkapital 35.000 T€ beträgt.
e) Ermitteln Sie die Gesamtkapitalrentabilität des Unternehmens, wenn die Summe von Eigen- und Fremdkapital 140.000 T€ beträgt.

Ergebnis der (vorläufigen) Gewinn- und Verlustrechnung der Beck & Lengerich GmbH:

Ergebnis der Gewinn- und Verlustrechnung		in T €
Erträge		
(60)	Umsatzerlöse aus der Hausbewirtschaftung (I_w)	23.100
(62)	Umsatzerlöse aus der Betreuungstätigkeit (I_w)	1.800
(63)	Umsatzerlöse aus anderen Lieferungen und Leistungen (I_w)	2.200
(64)	Bestandsveränderungen (I_n)	
	(646) Bestandserhöhungen (I_n)	5.800
	(648) Bestandsverminderungen (I_n)	6.200
(66)	Sonstige betriebliche Erträge	
	(666) Erträge aus früheren Jahren (I_w)	270
	(6697) Versicherungsentschädigungen (I_w)	400
	(6698) Schuldnachlässe (I_n)	900
(67)	Zinserträge (I_w)	400
Summe Erträge		
Aufwendungen		
(800)	Betriebskosten (I_w)	5.600
(805)	Instandhaltungskosten (I_w)	4.000
(82)	Aufwendungen für andere Lieferungen und Leistungen (I_w)	1.200
(83)	Personalaufwand (I_w)	4.320
(84)	Abschreibungen (I_n)	3.800
(85)	Sonstige betriebliche Aufwendungen (I_w)	
	(850) Sächliche Verwaltungsaufwendungen (I_w)	1.600
	(8599) Außergewöhnliche Aufwendungen (I_w)	1.280
(87)	Zinsaufwendungen (I_w)	2.600
(890)	Steuern vom Einkommen und Ertrag (I_w)	200
(8910)	Grundsteuer (I_w)	400
Summe Aufwendungen		

Aufgaben

1 Nennen Sie die wichtigsten Arbeitsbereiche des betrieblichen Rechnungswesens.

2 Worin bestehen die wesentlichen Unterschiede zwischen der Finanzbuchhaltung und der Kosten- und Leistungsrechnung?

3 Worin bestehen die wesentlichen Aufgaben der
- Planungsrechnung,
- betrieblichen Statistik und
- Vergleichsrechnung?

4 Nennen Sie je zwei Beispiele für
- Erträge, die nie zu Einnahmen werden.
- Einnahmen, die nie Ertragscharakter haben.
- Einnahmen, die stets zu Erträgen führen.
- Aufwendungen, die nie zu Ausgaben führen.
- Ausgaben, die nie Aufwandscharakter haben.
- Ausgaben, die stets Aufwandscharakter haben.

5 Die Kosten- und Leistungsrechnung unterscheidet zwischen Erträgen und Leistungen.
a) Grenzen Sie Erträge und Leistungen voneinander ab.
b) Nennen Sie fünf Ertragspositionen, die auch Leistungen sind.
c) Nennen Sie fünf Ertragspositionen, die keine Leistungen sind.

6 Die Kosten- und Leistungsrechnung unterscheidet zwischen Aufwendungen und Kosten.
a) Grenzen Sie Aufwendungen und Kosten voneinander ab.
b) Nennen Sie Aufwendungen, die auch Kosten sind.
c) Nennen Sie Aufwendungen, die keine Kosten sind.

7 Ordnen Sie folgende Ertragspositionen den Positionen (1) bis (4) zu.
(1) Leistungen
(2) Betriebsfremde Erträge
(3) Periodenfremde Erträge
(4) Außerordentliche Erträge

a) Bestandserhöhung bei noch nicht abgerechneten Betriebskosten
b) Andere aktivierte Eigenleistungen
c) Erstattung zu viel gezahlter Grundsteuer
d) Ertrag aus dem Verkauf von Anlagegütern über Buchwert
e) Erträge aus sonstigen Ausleihungen
f) Erträge aus Gläubigerverzicht
g) Umsatzerlöse aus Hausbewirtschaftung
h) Erträge aus früheren Jahren
i) Erträge aus der Auflösung von Rückstellungen
j) Sonstige Zinsen und ähnliche Erträge
k) Erträge aus Beteiligungen

8 Ordnen Sie folgende Aufwandspositionen den Positionen (1) bis (4) zu.
(1) Kosten
(2) Betriebsfremde Aufwendungen
(3) Periodenfremde Aufwendungen
(4) Außerordentliche Aufwendungen

a) Aufwendungen für die Hausbewirtschaftung
b) Verlust aus dem Abgang von Anlagegütern
c) Steuernachzahlungen
d) Abschreibungen auf Mietobjekte
e) Personalaufwand, verursacht durch die Hausbewirtschaftung
f) Verlust von Gebäuden durch Feuer (Schaden nicht versichert)
g) Personalaufwand, bedingt durch ein Ferienheim des Unternehmens
h) Zinsaufwendungen für Finanzierung von Mietwohnhäusern
i) Rückzahlung bereits erhaltener Erlöse
j) Nachzahlung von Lohn, das Vorjahr betreffend
k) Abschreibungen auf Ausstattungen des Ferienheims
l) Sächlicher Verwaltungsaufwand, verursacht durch Hausbewirtschaftung

9 Definieren und erläutern Sie folgende Kategorien:
- Grundkosten
- Zusatzkosten
- Kalkulatorische Kosten

Situation 112

Kostenartenrechnung, Kostenstellenrechnung und Kostenträgerrechnung

Isabell hatte sich kürzlich eine heftige Grippe eingefangen und musste fast zwei Wochen das Bett hüten. Zurück in der Berufsschule, erfährt sie als Erstes, dass im Fach Buchführung Ende der Woche ein Test ansteht – der letzte vor der Abschlussprüfung. Die Themen: Kostenarten-, Kostenstellen- und Kostenträgerrechnung. Wie bitte? Isabell hat keinen blassen Schimmer, der ganze Stoff war während ihrer Krankheit behandelt worden. „Kein Problem!“, beruhigt sie ihre Freundin Emma. „Ich komme diese Woche nachmittags zu dir, dann kannst du den Stoff aufholen. Lass uns gleich damit beginnen, indem wir als Erstes die drei Begriffe Kostenartenrechnung, Kostenstellenrechnung und Kostenträgerrechnung klären.“

ARBEITSAUFTRÄGE

Helfen Sie Isabell, indem Sie die folgenden Aufträge bearbeiten.

1 Nennen und erläutern Sie die Aufgaben der Kostenartenrechnung.

2 Was versteht man unter den Kostenstellen eines Unternehmens?

3 Nennen und erläutern Sie die Aufgaben und Ziele der Kostenträgerrechnung.

Aufgaben

1 Definieren und erläutern Sie folgende Kategorien:
- Grundkosten
- Zusatzkosten
- Kalkulatorische Kosten

2 Nennen und erläutern Sie mögliche Gliederungsmöglichkeiten der Kostenarten eines Wohnungsunternehmens.

3 Nennen und erläutern Sie jeweils zwei Kostenarten, die sich aus folgender Unterteilung der Kosten ergeben:
- nach der Art der verbrauchten betrieblichen Produktionsfaktoren
- nach der Art der Herkunft der betrieblichen Produktionsfaktoren
- nach der Verteilung auf Bezugsgrößen
- nach dem Verhalten bei Beschäftigungseinschränkungen

4 Was verstehen Sie unter
- allgemeinen Kostenstellen,
- Hauptkostenstellen,
- Nebenkostenstellen und
- Hilfskostenstellen?

5 Eine Wohnungsbaugesellschaft erfasst in der Finanzbuchhaltung Umsatzerlöse und Kosten für die fremdbezogenen Leistungen der Abteilungen Hausbewirtschaftung (HBW), Grundstücksverkehr (GV) und Betreuungsdienste (BD) getrennt.

Die Gemeinkosten werden mithilfe des Betriebsabrechnungsbogens direkt auf die Erwerbsabteilungen verteilt und so die Abteilungsergebnisse ermittelt.

Die Kosten der allgemeinen Kostenstellen werden dabei nicht gesondert ausgewiesen.

Ermitteln Sie mithilfe eines verfügbaren Kalkulationsprogramms und auf der Basis der folgenden Daten das Betriebsergebnis und die Abteilungsergebnisse der Rechnungsperiode.

Informationen zur Aufstellung des Betriebsabrechnungsbogens:

a) Die Personalkosten in Höhe von 230.000,00 € sind
   - mit 120.000,00 € der Abteilung Hausbewirtschaftung (HBW),
   - mit 30.000,00 € der Abteilung Grundstücksverkehr (GV),
   - mit 80.000,00 € der Abteilung Betreuungsdienste (BD)

   zuzurechnen.
b) Die Büroflächen verteilen sich im Verhältnis 8 : 3 : 1 auf HBW, BD und GV.
c) Weitere Angaben finden Sie in der folgenden Übersicht.

Bezeichnung	Betrag	Verteilungsschlüssel	HBW	GV	BD
Umsatzerlöse	850.000,00 €	lt. Unterlagen	560.000,00 €	120.000,00 €	170.000,00 €
K_E d. Erw.-abtl.	455.000,00 €	lt. Unterlagen	280.000,00 €	95.000,00 €	80.000,00 €
Rohergebnis	395.000,00 €		?	?	?
Personalkosten	230.000,00 €	Liste	120.000,00 €	30.000,00 €	80.000,00 €
Abschreibungen	10.000,00 €	m^2	8	3	1
Bürokosten	20.000,00 €	m^2	8	3	1
Energiekosten	3.200,00 €	m^2	8	3	1
Reise/Kfz	4.500,00 €	Mitarbeiter	21	10	5
EDV-Kosten	10.080,00 €	Mitarbeiter	21	10	5
Geschäftsführung	6.000,00 €	Mitarbeiter	21	10	5
PR/Werbung	12.000,00 €	Rohgewinn	?	?	?
Betriebssteuern	12.000,00 €	Liste	2	2	1

6 Die Wohnungsbaugesellschaft verteilt die Kosten der vorhergehenden Aufgabe 5 unter Beachtung einer allgemeinen Kostenstelle „Zentrale Dienste“.

Angaben zur Kostenverteilung:

a) Die Büroflächen für die Abteilungen Zentrale Dienste (ZD), Hausbewirtschaftung (HBW), Grundstücksverkehr (GV) und Betreuungsdienste (BD) stehen im Verhältnis 3 : 12 : 3 : 7.
b) Die Personalkosten verteilen sich in der Relation 50.000,00 €, 100.000,00 €, 25.000,00 € und 55.000,00 €.
c) In der Abteilung Zentrale Dienste sind drei Mitarbeiter beschäftigt, in der Hausbewirtschaftung 20, im Grundstücksverkehr neun und bei den Betreuungsdiensten vier Mitarbeiter.
d) Die Betriebssteuern sind im Verhältnis 2 : 8 : 3 : 5 zu verteilen.
e) Die Verteilung der Gemeinkosten der Abteilung Zentrale Dienste erfolgt nach der Summe der bis dahin angefallenen Gemeinkosten.

Erstellen Sie den erweiterten Betriebsabrechnungsbogen und vergleichen Sie die Abteilungsergebnisse mit dem Betriebsabrechnungsbogen von Aufgabe 5.

7 Was verstehen Sie unter einem Kostenträger?

8 Nennen Sie mögliche Kostenträger eines Wohnungsunternehmens.

Situation 113

Deckungsbeitragsrechnung

Der Fremdverwaltung der MEWOH Musterwohn GmbH wird angeboten, die Verwaltungsaufträge eines Konkurrenzunternehmens zu übernehmen. Dabei geht es um 800 Wohnungen zu einer jährlichen Verwaltungsgebühr von 335,00 € je Wohneinheit und Jahr. Dieser Auftrag soll von einem eigenständigen, neu zu schaffenden Team übernommen werden. Dafür sind entsprechende Ressourcen vorzuhalten, was zusätzliche Kosten verursacht. Die jährlichen Fixkosten (Vorhaltung technischer Kapazität, Raummiete und Personalkosten) werden mit 120.000,00 € veranschlagt, zudem wird von variablen Kosten je Verwaltungseinheit und Jahr in Höhe von 85,00 € ausgegangen.

ARBEITSAUFTRÄGE

1 Prüfen Sie, wie viele Einheiten das Team unter den definierten Bedingungen mindestens verwalten müsste, um keinen Verlust zu machen (Break-even-Point).

2 Berechnen Sie, wie hoch der Gewinn wäre, wenn die MEWOH Musterwohn GmbH diese 800 Wohnungen verwalten würde.

Aufgaben

1 Definieren Sie die Begriffe „variable Kosten (K_v)“ und „Fixkosten (K_f)“.

2 Bestimmen Sie die richtige Aussage zur Auswirkung einer Erhöhung der Fixkosten auf die Gewinnschwellenmenge.
- a) Um bei steigenden Fixkosten eine Kostendeckung zu erreichen, ist eine Erhöhung der Leistungsmenge erforderlich.
- b) Bei steigenden Fixkosten ändert sich die Gewinnschwellenmenge nicht, weil die variablen Kosten gleich bleiben.
- c) Bei steigenden Fixkosten sinkt die Gewinnschwellenmenge.
- d) Werden mit steigenden Fixkosten auch die Preise erhöht, verändert sich die Gewinnschwellenmenge nicht.
- e) Der Deckungsbeitrag je Leistungseinheit verändert sich nicht, also bleibt auch die Gewinnschwellenmenge gleich.

3 Wie wird der Deckungsbeitrag einer Leistungseinheit (DB_E) ermittelt?

4 Was verstehen Sie unter einer Fixkostendegression?

5 Bestimmen Sie die richtige Aussage zum Deckungsbeitrag (DB_G).
- a) Der Deckungsbeitrag (DBG) ist die Differenz von Umsatzerlösen (UE) und Fixkosten (K_{fG}).
- b) Wenn die Umsatzerlöse (UE) gleich bleiben und die variablen Kosten (K_{vG}) steigen, steigt auch der Deckungsbeitrag (DB_G).
- c) Der Deckungsbeitrag (DB_G) ist der Beitrag einer Leistungseinheit zur Deckung der variablen Gesamtkosten (K_{vG}).
- d) Soll in der Erwerbsabteilung Gewinn erzielt werden, muss der Deckungsbeitrag (DB_G) die Fixkosten (K_{fG}) übersteigen.

6 Was verstehen Sie unter einer Gewinnschwellenmenge (M_G)?

Stichwortverzeichnis

Bildquellenverzeichnis

Grafiken/Illustrationen:

Annette Schamuhn: S. 299

Claudia Hild: S. 219, 241, 242, 243, 244, 245, 246, 247, 264, 276, 290, 306

LemmeDesign: S. 233, 234

PER Medien+Marketing: S. 69, 85, 114, 136, 140, 147, 296, 331, 332, 333, 334, 336, 337, 422, 431

Sofarobotnik: S. 427

Abbildungen:

S. 15: Shutterstock.com/Anna Issakova | **S. 16:** Shutterstock.com/fizkes | **S. 20:** stock.adobe.com/Studio Romantic | **S. 23 (ob.):** stock.adobe.com/NongAsimo | **S. 23 (un.):** Shutterstock.com/FrankHH | **S. 43:** Shutterstock.com/fizkes | **S. 52:** Shutterstock.com/Antonio Guillem | **S. 54:** stock.adobe.com/chinnarach | **S. 56:** Shutterstock.com/Chay_Tee | **S. 59:** © SINUS Markt- und Sozialforschung GmbH | **S. 62:** Shutterstock.com/Roman Babakin | **S. 64:** Shutterstock.com/Petr Vaclavek | **S. 65:** Shutterstock.com/Red ivory | **S. 75:** Shutterstock.com/LightField Studios | **S. 79:** stock.adobe.com/Kara | **S. 82:** stock.adobe.com/Mark | **S. 86:** dpa Picture-Alliance/dpa-infografik GmbH | **S. 87:** Shutterstock.com/Frame Stock Footage | **S. 90:** Shutterstock.com/voronaman | **S. 97:** Shutterstock.com/hydebrink | **S. 119:** Shutterstock.com/fizkes | **S. 120 (1+2):** Shutterstock.com/Ground Picture | **S. 122:** Shutterstock.com/Evgeny Atamanenko | **S. 122 (QR-Code):** Shutterstock.com/natrot | **S. 123 (ob.):** Shutterstock.com/Rido | **S. 123 (un.):** Shutterstock.com/Patino | **S. 125:** Shutterstock.com/Rawpixel.com | **S. 129:** Shutterstock.com/Frank Oppermann | **S. 132:** stock.adobe.com/Daniel Ernst | **S. 134:** stock.adobe.com/elxeneize | **S. 135:** Shutterstock.com/Zivica Kerkez | **S. 138:** Shutterstock.com/d.ee_angelo | **S. 141:** Shutterstock.com/BadPixma | **S. 145:** Shutterstock.com/microstock3D | **S. 153:** stock.adobe.com/MQ-Illustrations | **S. 157:** Shutterstock.com/Skyler_Sawyer | **S. 163:** Shutterstock.com/MIND AND I | **S. 169:** stock.adobe.com/GrafKoks | **S. 172:** stock.adobe.com/Gerhard Seybert | **S. 174:** Shutterstock.com/brizmaker | **S. 177:** Shutterstock.com/Indypendenz | **S. 178:** Shutterstock.com/Milje Ivan | **S. 186:** stock.adobe.com/CrazyCloud | **S. 188:** stock.adobe.com/Gorodenkoff Productions OU/Gorodenkoff | **S. 194:** Shutterstock.com/fizkes | **S. 196 (1):** Shutterstock.com/Followtheflow | **S. 196 (2+3):** Shutterstock.com/Pixel-Shot | **S. 198:** Shutterstock.com/elxeneize | **S. 202:** stock.adobe.com/Stockfotos-MG | **S. 207:** Shutterstock.com/Owlie Productions | **S. 214:** stock.adobe.com/Varina Patel | **S. 215 (1):** Shutterstock.com/Tirachard Kumtanom | **S. 215 (2):** Shutterstock.com/2M media | **S. 215 (3):** Shutterstock.com/Kmpzzz | **S. 217:** Shutterstock.com/PIXEL to the PEOPLE | **S. 218:** Shutterstock.com/Roman Debree | **S. 220:** Shutterstock.com/ssuaphotos | **S. 228:** stock.adobe.com/M. Schuppich | **S. 231:** Shutterstock.com/Dusan Petkovic | **S. 235 (1):** stock.adobe.com/doris oberfrank-list | **S. 235 (2):** stock.adobe.com/Photographee.eu | **S. 235 (3):** stock.adobe.com/Gina Sanders | **S. 235 (4):** stock.adobe.com/jarun011 | **S. 237:** Shutterstock.com/Pickadook | **S. 260:** dpa Picture-Alliance/dpa-infografik GmbH | **S. 265:** stock.adobe.com/Ideenkoch | **S. 268:** dpa Picture-Alliance/dpa-infografik GmbH | **S. 274:** dpa Picture-Alliance/dpa-infografik GmbH | **S. 277:** dpa Picture-Alliance/dpa-infografik GmbH | **S. 278:** dpa Picture-Alliance/dpa-infografik GmbH | **S. 286:** dpa Picture-Alliance/dpa-infografik GmbH | **S. 293 (ob.):** Shutterstock.com/DigitalPen | **S. 293 (un.):** dpa Picture-Alliance/dpa-infografik GmbH | **S. 300:** Shutterstock.com/pisaphotography | **S. 301 (ob.):** Shutterstock.com/Pixel-Shot | **S. 301 (un.):** Shutterstock.com/Chutima Chaochaiya | **S. 303:** Shutterstock.com/Shyntartanya | **S. 305:** Shutterstock.com/U. J. Alexander | **S. 311:** Shutterstock.com/Gorodenkoff | **S. 316:** Shutterstock.com/create jobs 51 | **S. 322:** stock.adobe.com/guukaa | **S. 323:** Shutterstock.com/Zerbor | **S. 324 (ob.):** Shutterstock.com/Anja W | **S. 324 (un.):** Shutterstock.com/DesignRage | **S. 327:** Shutterstock.com/Anja W | **S. 329:** Shutterstock.com/Andrey_Popov | **S. 330:** Shutterstock.com/PhotoSGH | **S. 343:** Shutterstock.com/elxeneize | **S. 347:** Shutterstock.com/Aleksandr Kurganov | **S. 353:** Shutterstock.com/Supertrooper | **S. 354:** Shutterstock.com/gerdharder | **S. 360:** Shutterstock.com/elxeneize | **S. 361:** Shutterstock.com/Photo smile | **S. 362:** Shutterstock.com/Nuttapong Photographer | **S. 365:** Shutterstock.com/Creative Cat Studio | **S. 367:** Shutterstock.com/Bjoern Wylezich | **S. 369:** Shutterstock.com/VAKS-Stock Agency | **S. 373:** Shutterstock.com/Andrey_Popov | **S. 374:** stock.adobe.com/Rawpixel.com | **S. 376:** Shutterstock.com/alexandre zveiger | **S. 378:** Shutterstock.com/Bartolomiej Pietrzyk | **S. 379:** Shutterstock.com/Andrey_Popov | **S. 381:** Shutterstock.com/ktasimar | **S. 386:** Shutterstock.com/doodlia | **S. 387:** Shutterstock.com/Diki Prayogo | **S. 390:** Shutterstock.com/FrankHH | **S. 391:** Shutterstock.com/ktasimar | **S. 393:** Shutterstock.com/Francesco Scatena | **S. 394:** Shutterstock.com/Thapana_Studio | **S. 400:** Shutterstock.com/Dilok Klaisataporn | **S. 401:** Shutterstock.com/Rawpixel.com | **S. 402:** Shutterstock.com/Leszek Glasner | **S. 404:** Shutterstock.com/elxeneize | **S. 405:** Shutterstock.com/takasu | **S. 407:** Shutterstock.com/Lisa-S | **S. 408:** Shutterstock.com/Varavin88 | **S. 410:** Shutterstock.com/Daniela Staerk | **S. 416:** Shutterstock.com/Jeanette Dietl | **S. 420:** Shutterstock.com/Monkey Business Images | **S. 421:** Shutterstock.com/TarikVision | **S. 422:** Shutterstock.com/Antonio Guillem | **S. 423 (ob.):** Shutterstock.com/gcpics | **S. 423 (un.):** Shutterstock.com/Daniel Jedzura | **S. 429:** Shutterstock.com/creativemarc | **S. 430:** stock.adobe.com/fotopak | **S. 432:** Shutterstock.com/vizual3d | **S. 434 (ob.):** stock.adobe.com/Birgit Reitz-Hofmann | **S. 434 (un.):** stock.adobe.com/Robert Lehmann | **S. 436:** Shutterstock.com/Zivica Kerkez | **S. 437:** Shutterstock.com/mrmohock | **S. 438:** Shutterstock.com/valiantsin suprunovich | **S. 441:** Shutterstock.com/Claudio Stocco | **S. 444:** Shutterstock.com/Cast Of Thousands | **S. 446:** Shutterstock.com/struvictory